本书为国家社会科学基金一般项目
"明代蜀王府遗址 2013～2020 年发掘资料整理与研究"
（21BKG010）的阶段性研究成果

成都琉璃厂窑址

——2018～2019年考古发掘报告

成都文物考古研究院　编著

文物出版社

北京·2021

图书在版编目（CIP）数据

成都琉璃厂窑址：2018～2019年考古发掘报告／成

都文物考古研究院编著．--北京：文物出版社，2021.10

ISBN 978 - 7 - 5010 - 7285 - 9

Ⅰ.①成…　Ⅱ.①成…　Ⅲ.①窑址（考古）－文化遗址

－发掘报告－成都－2018－2019　Ⅳ.①K872.711

中国版本图书馆 CIP 数据核字（2021）第227813号

成都琉璃厂窑址——2018～2019年考古发掘报告

编　　著：成都文物考古研究院

封面设计：程星涛
责任编辑：杨冠华
责任印制：苏　林

出版发行：文物出版社
社　　址：北京市东城区东直门内北小街2号楼
邮　　编：100007
网　　址：http://www.wenwu.com
经　　销：新华书店
印　　刷：北京荣宝艺品印刷有限公司
开　　本：889mm×1194mm　1/16
印　　张：32.5
版　　次：2021年10月第1版
印　　次：2021年10月第1次印刷
书　　号：ISBN 978 - 7 - 5010 - 7285 - 9
定　　价：580.00元

Liulichang Kiln

2018 ~ 2019 Excavation Report

(with an English Abstract)

by

Chengdu Institute of Cultural Relics and Archaeology

Cultural Relics Press

Beijing · 2021

"天府之国"繁荣经济的遗痕

(代序)

  琉璃厂窑址，位于成都市中心城区东南约 7 公里的琉璃厂老镇区，属于城郊地区平原向山地过渡的浅山丘陵地带。这个位置既没有紧邻或位于当时的大都市成都之中，又相距不远，十分符合在城市经济体系出现以后构成的中心城市所带动的周边腹地的位置。经过近一个世纪的调查、勘探和发掘，判定琉璃厂窑址的面积达到 24 万平方米。在 20 世纪 50 年代，窑址上还保留有 21 个由窑业废弃物构成的窑包，保存窑包的数量超过了北方的重要窑场河北曲阳定窑的涧磁岭遗址（13 个）和位于邛崃市的十方堂邛崃窑遗址（14 个）。通过 2018 年以来开展的大规模的考古发掘工作，可见琉璃厂窑址的文化层厚度大体为 2~3 米。窑址发掘期间，我曾前往参观，看到局部的文化层厚达 7~8 米，地层中超过半数的包含物是窑业废弃物。由此可见，这是一个生产规模相当大的瓷器生产中心。

  从 20 世纪前半叶开始，这处规模宏大的窑址就引起了学界的关注并开展了小规模的考古发掘工作，也对出土资料开展过科技分析研究，成为最早在窑址上开展考古工作的一个古代窑场。而且，琉璃厂窑的产品并不算精美，在古代并未被收藏者关注，在古代的谈瓷文献中未见记录，也就未被列入唐宋时期的所谓"名窑"。因此，对这个窑址的研究从一开始就是从考古学的角度出发的，是为了探索成都平原地区古代手工业的生产，具有较明确的考古学研究的目的。

  2018 年以来，成都文物考古研究院在这里开展了大规模的考古发掘工作，发掘面积达 4300 多平方米。通过发掘者的整理工作可知，琉璃厂窑的主体生产时代为三个阶段。第一阶段，五代到北宋初期，是窑场的初创时期，生产规模还不是很大，产品以日常生活用瓷为主，以青釉瓷为主，酱釉瓷次之，流行褐、绿色彩的彩绘装饰；与邛崃窑和成都青羊宫窑颇为相似。第二阶段，北宋中晚期到南宋中期，是琉璃厂窑的繁荣生产时期，产量较大，但产品的质量比第一阶段大为逊色，除了大宗的日用器皿以外，也生产宋代娴雅生活的茶、酒用具，还生产了一些陈设瓷；这一时期酱釉瓷占了多数，青釉瓷次之，流行用化妆土在釉下绘制简单的纹饰。第三阶段，南宋晚期到元代，产品种类急剧减少，以素面的黑釉瓷为主，生产规模缩小，是生产的衰亡时期。另外，根据文献记载和成都地区出土的文物，可知明代琉璃厂窑曾经为蜀王府生产建筑用瓷，但窑址上未能发掘到此阶段的地层。

琉璃厂窑的生产水平始终不是很高，自始至终都采用裸烧的方法装烧瓷器，大量使用套烧和涩圈叠烧等经济生产的方式。虽然不乏茶酒器具，但器物的造型也不算精致。除了早期阶段受到邛崃窑和青羊宫窑的影响，尚有一些比较精致的彩绘产品，在主要的生产阶段产品的胎釉质量较差。

尽管琉璃厂窑的产品缺少精品，但这并不影响这个窑场在宋代所具有的重要地位。经过多年来开展的陶瓷考古工作与研究，我们现在清楚地知道，陶瓷器物走入平民百姓家，开始大规模被民众广泛使用的时间大体在晚唐时期，全国的制瓷业都在晚唐五代时期进入了一个快速发展的阶段。上林湖地区越窑的窑址数量数倍于唐代前期，北方地区则出现了一大批新窑场，如登封曲河窑、白沙窑，新密西关窑，鹤壁集窑，鲁山段店窑等。河北定窑、井陉窑，陕西耀州窑都进入了繁荣生产的时期，山西也出现了以泽州窑为代表的一批窑场。琉璃厂窑在这个时期创烧，并且迅速地达到了较大的生产规模，有两点值得关注。第一，这正是该时期全国制瓷业发展在成都平原地区的反映，也是成都平原地区在这一阶段经济上走向繁荣的表征，经济繁荣，人口蕃息，对瓷器的需求迅速扩大，琉璃厂窑应运而生。第二，琉璃厂窑的兴起与青羊宫窑业的衰亡相始终，本书作者注意到在青羊宫窑址附近在唐末以后出现了大规模的道观遗址，挤占了制瓷业的空间；从另一个角度看，青羊宫窑址的位置比较接近城市，随着城市经济的发展，也会将资源型、高耗能、劳动密集型的手工业向相对远离城市核心区的地域迁移。琉璃厂窑产品的质量并不高，应该是主要面向普通的市民阶层生产的。

北宋中晚期，社会经济进入了繁荣发展的时期，一个重要的表征就是城市经济体系形成，成都府成为宋朝境内西部地区最为繁荣的中心城市，作为中心城市腹地的琉璃厂窑在此时进入了繁荣生产的时期，尽管产品质量有所下降，但产量大大增加，这正体现了作为中心城市的成都府经济繁荣、人口增长的状况，大量的瓷器产品满足了城市中和周边地区众多民众日益增长的需求。以前学界在讨论河北定窑和景德镇湖田窑在宋代出现了覆烧工艺，使瓷器产量大大增加时，也曾特别提到，这种工艺的创新有效地解决了民众对日用瓷器不断增加的大量需求。琉璃厂窑坚持生产质低量大的器物，面向普通市民和民众的市场取向十分清晰。本书作者系统地收集了成都府路地区一些墓葬中出土琉璃厂窑器物的资料，使我们看到，北宋中期到南宋中期阶段，琉璃厂窑的产品持续地大量供应当地的需求，包括一些品官和豪绅的需求。我们也看到，在这一时期，四川地区还发现了一定数量的来自长江中游地区景德镇窑的精美青白瓷产品，表现在使用功能方面，二者存在互为补充的产品分工。然而我们可以看到的是，本地产品终究是占据了主要地位，琉璃厂窑此期巨大的生产规模，恰恰代表了北宋中后期以降，成都府路经济走向繁荣、人口增殖的场景。这个时期，在成都周边地区还陆续出现了一些窑场，如都江堰金凤窑、重庆涂山窑等，共同构成了供应当地需求的制瓷手工业生产格局。工艺上也汇集了从蜀道传来的北方地区的技术和通过长江水道传来的中下游地区的技术，琉璃厂窑则始终秉持了本地的传统，而生产规模最大，极好地诠释了"天府之国"繁荣发展的局面。

　　琉璃厂窑的第三期，四川地区乃至全国由于交通运输条件的发展变化，瓷器的长程贸易在全国普及，长江中下游的龙泉窑和景德镇青白瓷以更大的规模涌入四川，全国的瓷器生产出现了新的格局，远距离输入的器物迅速普及，并深入到平民百姓的生活当中，质量较为低劣的琉璃厂窑最终走向了衰亡。

　　琉璃厂窑的发掘，为我们全景化地展现了一处五代至宋元时期制瓷手工业工场的生产面貌和发展脉络。作为历史时期考古中手工业考古的一项工作，对于我们全面了解成都平原地区经济生产和社会生活的发展和繁荣，提供了不可多得的重要资料。

秦大树

2021 年 10 月识于燕园德斋

目　录

"天府之国"繁荣经济的遗痕（代序） ·· I

第一章　绪　言 ·· 1

第一节　地理位置与自然环境 ··· 1

第二节　历史沿革 ··· 2

第三节　窑址概况与既往考古成果 ··· 5

第四节　工作缘起与概况 ·· 8

第二章　地层堆积与主要遗迹 ··· 13

第一节　地层堆积 ·· 13

第二节　主要遗迹 ·· 15

　　一　窑炉 ·· 15

　　二　房屋基址 ··· 16

　　三　井 ··· 21

　　四　池 ··· 24

　　五　道路 ·· 24

　　六　沟渠 ·· 26

　　七　墓葬 ·· 26

　　八　挡墙 ·· 28

　　九　灰坑 ·· 29

第三章　出土遗物 ··· 36

第一节　产品 ··· 36

　　一　瓷器 ·· 36

　　二　陶器 ·· 257

　　三　窑工印记 ··· 267

第二节　生产工具 ·· 274

　　　　一　窑具 ………………………………………………………………… 274
　　　　二　作坊具 ……………………………………………………………… 309
　　　第三节　生活用具 ………………………………………………………… 310
　　　　一　外地窑口瓷器 ……………………………………………………… 310
　　　　二　石器 …………………………………………………………………… 318
　　　　三　钱币 …………………………………………………………………… 318

第四章　分期与年代 …………………………………………………………… 321
　　　第一节　第一期 …………………………………………………………… 321
　　　第二节　第二期 …………………………………………………………… 323
　　　第三节　第三期 …………………………………………………………… 326
　　　第四节　第四期 …………………………………………………………… 327

第五章　相关问题研究 ………………………………………………………… 328
　　　第一节　从考古材料看琉璃厂窑的兴衰变迁 …………………………… 328
　　　　一　创始阶段 ……………………………………………………………… 328
　　　　二　繁荣阶段 ……………………………………………………………… 329
　　　　三　衰弱阶段 ……………………………………………………………… 329
　　　　四　专控阶段 ……………………………………………………………… 330
　　　第二节　琉璃厂窑产品的受众阶层与流布范围 ………………………… 331
　　　　一　遗址材料 ……………………………………………………………… 331
　　　　二　墓葬材料 ……………………………………………………………… 332
　　　第三节　琉璃厂窑与文献所谓"均（埍）窑"之关系 ………………… 334

附录一　成都市琉璃厂古窑址 2010 年试掘报告 …………………………… 340

附录二　成都琉璃厂窑址出土部分南宋陶瓷器的科技分析 ………………… 381

附录三　成都琉璃厂窑古陶瓷文献索引 ……………………………………… 396

后　记 …………………………………………………………………………… 398

英文提要 ………………………………………………………………………… 399

插图目录

图一 窑址地理位置图 ……………………………………………………… 6

图二 工地所在地理位置图 ………………………………………………… 8

图三 发掘区位置平面图 …………………………………………………… 9

图四 第 I 发掘区平面图 …………………………………………………… 10

图五 第 II 发掘区平面图 …………………………………………………… 11

图六 第 I 发掘区 T3 东壁剖面图 ………………………………………… 13

图七 第 II 发掘区北壁剖面图 …………………………………………… 14

图八 Y1 平、剖面图 ……………………………………………………… 16

图九 Y2 平、剖面图 ……………………………………………………… 17

图一〇 Y3 平、剖面图 …………………………………………………… 18

图一一 F4 平、剖面图 …………………………………………………… 19

图一二 F6 平、剖面图 …………………………………………………… 20

图一三 F8 平、剖面图 …………………………………………………… 21

图一四 F9、F10 平、剖面图 …………………………………………… 22

图一五 J1 平、剖面图 …………………………………………………… 23

图一六 J2 平、剖面图 …………………………………………………… 23

图一七 C1 平、剖面图 …………………………………………………… 24

图一八 L1 平、剖面图 …………………………………………………… 25

图一九 G1 平、剖面图 …………………………………………………… 26

图二〇 M1 平、剖面图 …………………………………………………… 27

图二一 M2 平、剖面图 …………………………………………………… 27

图二二 Q1 平、剖面图 …………………………………………………… 28

图二三 H1 平、剖面图 …………………………………………………… 29

图二四 H2 平、剖面图 …………………………………………………… 29

图二五 H3 平、剖面图 …………………………………………………… 30

图二六 H7 平、剖面图 …………………………………………………… 30

图二七 H9 平、剖面图 …………………………………………………… 31

图二八 H10 平、剖面图 ………………………………………………… 32

图二九 H12 平、剖面图 ………………………………………………… 33

图三〇　H13 平、剖面图 ……………………………………………………………… 33

图三一　H17 平、剖面图 ……………………………………………………………… 33

图三二　H18 平、剖面图 ……………………………………………………………… 34

图三三　H19 平、剖面图 ……………………………………………………………… 35

图三四　H22 平、剖面图 ……………………………………………………………… 35

图三五　Aa 型白釉瓷碗 ……………………………………………………………… 37

图三六　Aa 型白釉瓷碗 ……………………………………………………………… 37

图三七　Aa 型白釉瓷碗 ……………………………………………………………… 38

图三八　Aa 型白釉瓷碗 ……………………………………………………………… 39

图三九　白釉瓷碗 …………………………………………………………………… 40

图四〇　Ba 型白釉瓷碗 ……………………………………………………………… 41

图四一　Ba 型白釉瓷碗 ……………………………………………………………… 42

图四二　白釉瓷器 …………………………………………………………………… 43

图四三　白釉盏 ……………………………………………………………………… 44

图四四　白釉瓶 ……………………………………………………………………… 45

图四五　白釉瓷器 …………………………………………………………………… 46

图四六　Aa 型青釉饼足碗 …………………………………………………………… 47

图四七　青釉饼足碗 ………………………………………………………………… 48

图四八　青釉饼足碗 ………………………………………………………………… 49

图四九　Bb 型青釉饼足碗 …………………………………………………………… 50

图五〇　Bb 型青釉饼足碗 …………………………………………………………… 50

图五一　Ca 型青釉饼足碗 …………………………………………………………… 51

图五二　青釉饼足碗 ………………………………………………………………… 52

图五三　Db 型青釉饼足碗 …………………………………………………………… 53

图五四　青釉碗 ……………………………………………………………………… 54

图五五　Aa 型青釉圈足碗 …………………………………………………………… 55

图五六　Aa 型青釉圈足碗 …………………………………………………………… 56

图五七　Aa 型青釉圈足碗 …………………………………………………………… 57

图五八　青釉圈足碗 ………………………………………………………………… 58

图五九　青釉圈足碗 ………………………………………………………………… 59

图六〇　B 型青釉圈足碗 ……………………………………………………………… 60

图六一　B 型青釉圈足碗 ……………………………………………………………… 61

图六二　Ca 型青釉圈足碗 …………………………………………………………… 62

图六三　青釉圈足碗 ………………………………………………………………… 63

图六四　青釉瓷器 …………………………………………………………………… 64

图六五　A 型青釉盘 ………………………………………………………………… 66

图六六　B 型青釉盘 ……………………………………………………………… 67

图六七　青釉瓷器 …………………………………………………………………… 68

图六八　青釉盆 ……………………………………………………………………… 69

图六九　C 型青釉盆 ………………………………………………………………… 70

图七〇　Da 型青釉盆 ……………………………………………………………… 71

图七一　青釉盆 ……………………………………………………………………… 72

图七二　E 型青釉盆 ………………………………………………………………… 73

图七三　F 型青釉盆 ………………………………………………………………… 74

图七四　G 型青釉盆 ………………………………………………………………… 75

图七五　青釉盆 ……………………………………………………………………… 76

图七六　青釉盆残件 ………………………………………………………………… 77

图七七　青釉盆残件 ………………………………………………………………… 78

图七八　青釉钵 ……………………………………………………………………… 79

图七九　青釉钵 ……………………………………………………………………… 80

图八〇　Aa 型青釉盏 ……………………………………………………………… 81

图八一　Aa 型青釉盏 ……………………………………………………………… 83

图八二　Aa 型青釉盏 ……………………………………………………………… 84

图八三　A 型青釉盏 ………………………………………………………………… 85

图八四　青釉盏 ……………………………………………………………………… 86

图八五　青釉瓷器 …………………………………………………………………… 88

图八六　青釉无系罐 ………………………………………………………………… 89

图八七　A 型青釉横系罐 …………………………………………………………… 90

图八八　A 型青釉横系罐 …………………………………………………………… 91

图八九　青釉横系罐 ………………………………………………………………… 92

图九〇　青釉竖系罐 ………………………………………………………………… 93

图九一　青釉竖系罐 ………………………………………………………………… 94

图九二　青釉罐残件 ………………………………………………………………… 95

图九三　青釉注壶 …………………………………………………………………… 96

图九四　B 型青釉注壶 ……………………………………………………………… 97

图九五　青釉注壶 …………………………………………………………………… 98

图九六　青釉注壶 …………………………………………………………………… 99

图九七　青釉注壶 ………………………………………………………………… 101

图九八　青釉瓷器 ………………………………………………………………… 102

图九九　青釉瓶 …………………………………………………………………… 103

图一〇〇　青釉瓷器 ……………………………………………………………… 104

图一〇一　青釉瓷器 ……………………………………………………………… 105

图一〇二　青釉器盖 ……………………………………………………………… 107

图一〇三　青釉器盖残件 …………………………………………………………… 108

图一〇四　A 型青釉砚台 …………………………………………………………… 109

图一〇五　青釉瓷器 ………………………………………………………………… 110

图一〇六　青釉瓷器 ………………………………………………………………… 111

图一〇七　青釉瓷器 ………………………………………………………………… 112

图一〇八　Aa 型酱釉碟 …………………………………………………………… 112

图一〇九　Aa 型酱釉碟 …………………………………………………………… 113

图一一〇　酱釉碟 …………………………………………………………………… 114

图一一一　酱釉碟 …………………………………………………………………… 116

图一一二　Ba 型酱釉碟 …………………………………………………………… 118

图一一三　Ba 型酱釉碟 …………………………………………………………… 119

图一一四　Bb 型酱釉碟 …………………………………………………………… 120

图一一五　酱釉碟 …………………………………………………………………… 122

图一一六　酱釉碟 …………………………………………………………………… 124

图一一七　Cc 型酱釉碟 …………………………………………………………… 125

图一一八　酱釉碟 …………………………………………………………………… 126

图一一九　Db 型 I 式酱釉碟 ……………………………………………………… 128

图一二〇　Db 型 II 式酱釉碟 ……………………………………………………… 129

图一二一　Db 型酱釉碟 …………………………………………………………… 130

图一二二　E 型酱釉碟 ……………………………………………………………… 131

图一二三　酱釉碟 …………………………………………………………………… 133

图一二四　酱釉碟 …………………………………………………………………… 135

图一二五　Aa 型酱釉炉 …………………………………………………………… 136

图一二六　酱釉炉 …………………………………………………………………… 137

图一二七　酱釉炉 …………………………………………………………………… 138

图一二八　酱釉瓷器 ………………………………………………………………… 139

图一二九　A 型酱釉研磨器 ………………………………………………………… 141

图一三〇　酱釉研磨器 ……………………………………………………………… 142

图一三一　酱釉研磨器 ……………………………………………………………… 143

图一三二　酱釉碗 …………………………………………………………………… 144

图一三三　酱釉碗 …………………………………………………………………… 144

图一三四　酱釉碗 …………………………………………………………………… 145

图一三五　酱釉碗 …………………………………………………………………… 146

图一三六　Bc 型酱釉碗 …………………………………………………………… 148

图一三七　酱釉碗 …………………………………………………………………… 149

图一三八　酱釉瓷器 ………………………………………………… 150

图一三九　酱釉钵 …………………………………………………… 152

图一四○　酱釉钵 …………………………………………………… 153

图一四一　酱釉钵 …………………………………………………… 154

图一四二　A 型酱釉盏 ……………………………………………… 155

图一四三　酱釉瓷器 ………………………………………………… 157

图一四四　酱釉盏 …………………………………………………… 158

图一四五　C 型酱釉盏 ……………………………………………… 160

图一四六　酱釉盏 …………………………………………………… 161

图一四七　酱釉盘 …………………………………………………… 163

图一四八　酱釉瓷器 ………………………………………………… 164

图一四九　酱釉瓷器 ………………………………………………… 166

图一五○　Aa 型酱釉急须 ………………………………………… 167

图一五一　酱釉急须 ………………………………………………… 168

图一五二　B 型酱釉急须 …………………………………………… 169

图一五三　酱釉急须 ………………………………………………… 170

图一五四　酱釉急须残件 …………………………………………… 171

图一五五　酱釉瓷器 ………………………………………………… 172

图一五六　酱釉盖 …………………………………………………… 173

图一五七　酱釉盖 …………………………………………………… 174

图一五八　酱釉瓷器 ………………………………………………… 176

图一五九　酱釉瓷器 ………………………………………………… 177

图一六○　Aa 型酱釉注壶 ………………………………………… 179

图一六一　酱釉注壶 ………………………………………………… 180

图一六二　酱釉注壶 ………………………………………………… 182

图一六三　酱釉注壶 ………………………………………………… 183

图一六四　酱釉注壶 ………………………………………………… 184

图一六五　G 型酱釉注壶 …………………………………………… 186

图一六六　酱釉注壶 ………………………………………………… 187

图一六七　Ha 型Ⅱ式酱釉注壶 …………………………………… 188

图一六八　Hb 型酱釉注壶 ………………………………………… 189

图一六九　Ia 型酱釉注壶 ………………………………………… 190

图一七○　酱釉注壶 ………………………………………………… 191

图一七一　酱釉注壶 ………………………………………………… 192

图一七二　酱釉注壶 ………………………………………………… 194

图一七三　酱釉注壶 ………………………………………………… 195

图一七四　Mb 型酱釉注壶 …………………………………………………………………… 196

图一七五　酱釉注壶 ………………………………………………………………………… 197

图一七六　酱釉壶 …………………………………………………………………………… 199

图一七七　酱釉注壶 ………………………………………………………………………… 200

图一七八　注壶残件 ………………………………………………………………………… 202

图一七九　酱釉瓷器 ………………………………………………………………………… 203

图一八〇　Aa 型酱釉罐 …………………………………………………………………… 204

图一八一　Ab 型酱釉罐 …………………………………………………………………… 205

图一八二　酱釉罐 …………………………………………………………………………… 207

图一八三　酱釉罐 …………………………………………………………………………… 208

图一八四　酱釉罐 …………………………………………………………………………… 209

图一八五　酱釉罐 …………………………………………………………………………… 210

图一八六　酱釉罐 …………………………………………………………………………… 212

图一八七　酱釉罐 …………………………………………………………………………… 213

图一八八　酱釉罐 …………………………………………………………………………… 214

图一八九　酱釉罐 …………………………………………………………………………… 216

图一九〇　酱釉罐 …………………………………………………………………………… 217

图一九一　Aa 型酱釉小罐 ………………………………………………………………… 218

图一九二　A 型酱釉小罐 …………………………………………………………………… 220

图一九三　酱釉小罐 ………………………………………………………………………… 221

图一九四　酱釉小罐 ………………………………………………………………………… 222

图一九五　酱釉罐 …………………………………………………………………………… 224

图一九六　酱釉瓷器 ………………………………………………………………………… 225

图一九七　酱釉瓷器 ………………………………………………………………………… 226

图一九八　酱釉小瓶 ………………………………………………………………………… 228

图一九九　酱釉杯 …………………………………………………………………………… 229

图二〇〇　酱釉铃铛 ………………………………………………………………………… 230

图二〇一　酱釉腰鼓 ………………………………………………………………………… 231

图二〇二　酱釉瓷器 ………………………………………………………………………… 232

图二〇三　酱釉俑 …………………………………………………………………………… 234

图二〇四　酱釉瓷器 ………………………………………………………………………… 235

图二〇五　黑釉碗 …………………………………………………………………………… 236

图二〇六　黑釉碗 …………………………………………………………………………… 237

图二〇七　Bb 型黑釉碗 …………………………………………………………………… 239

图二〇八　黑釉碗 …………………………………………………………………………… 240

图二〇九　黑釉瓷器 ………………………………………………………………………… 241

图二一〇　黑釉盘 …… 242

图二一一　黑釉瓷器 …… 243

图二一二　黑釉瓷器 …… 245

图二一三　黑釉盖 …… 246

图二一四　黑釉瓷器 …… 248

图二一五　黑釉瓷器 …… 249

图二一六　瓷器 …… 250

图二一七　A 型素烧瓶 …… 252

图二一八　素烧器 …… 253

图二一九　素烧器 …… 254

图二二〇　素烧器 …… 255

图二二一　素烧器 …… 256

图二二二　陶器 …… 258

图二二三　陶盖 …… 259

图二二四　陶器 …… 260

图二二五　釉陶炉 …… 262

图二二六　釉陶器 …… 263

图二二七　釉陶器 …… 264

图二二八　丧葬明器 …… 265

图二二九　丧葬明器 …… 266

图二三〇　丧葬明器、建筑构件 …… 268

图二三一　建筑构件 …… 269

图二三二　窑工印记 …… 270

图二三三　窑工印记 …… 271

图二三四　窑工印记 …… 272

图二三五　窑工印记 …… 273

图二三六　火照 …… 275

图二三七　垫环 …… 276

图二三八　C 型垫环 …… 277

图二三九　垫片 …… 278

图二四〇　Ac 型垫片 …… 279

图二四一　窑具 …… 280

图二四二　窑具 …… 281

图二四三　A 型支钉 …… 283

图二四四　A 型Ⅱ式支钉 …… 284

图二四五　五齿支钉 …… 285

图二四六　C 型五齿支钉 ·· 286

图二四七　五齿支钉 ·· 287

图二四八　A 型 I 式六齿支钉 ·· 288

图二四九　六齿支钉 ·· 289

图二五〇　C 型六齿支钉 ·· 290

图二五一　Cc 型六齿支钉 ··· 291

图二五二　D 型六齿支钉 ·· 292

图二五三　支钉 ·· 293

图二五四　A 型多齿支钉 ·· 295

图二五五　A 型多齿支钉 ·· 296

图二五六　窑具 ·· 297

图二五七　Ab 型窑柱 ··· 298

图二五八　Ac 型窑柱 ··· 299

图二五九　窑柱 ·· 300

图二六〇　Bc 型窑柱 ··· 301

图二六一　窑柱 ·· 302

图二六二　C 型窑柱 ·· 303

图二六三　窑柱 ·· 304

图二六四　A 型垫饼 ·· 305

图二六五　A 型垫饼 ·· 306

图二六六　垫饼 ·· 307

图二六七　窑具、作坊具 ·· 308

图二六八　印模、石器 ·· 310

图二六九　邛窑瓷器 ·· 311

图二七〇　磁峰窑瓷碗 ·· 312

图二七一　磁峰窑、金凤窑瓷器 ·· 313

图二七二　景德镇窑青白釉瓷器 ·· 315

图二七三　景德镇窑青白釉瓷器 ·· 316

图二七四　定窑、不明窑口瓷器 ·· 317

图二七五　石器 ·· 318

图二七六　"开元通宝"拓片 ··· 319

图二七七　"开元通宝"拓片 ··· 320

图二七八　第一期装烧方式复原示意图 ······································ 322

图二七九　第二、三期装烧方式复原示意图 ·································· 324

彩版目录

彩版一　窑址发掘区全景

彩版二　第 I 发掘区俯视

彩版三　第 II 发掘区俯视

彩版四　窑址调查勘探平面图

彩版五　调查采集的明代遗物

彩版六　第 II 发掘区现场（由西北向东南）

彩版七　第 II 发掘区现场

彩版八　第 II 发掘区作坊建筑基址俯视

彩版九　窑炉

彩版一○　窑炉 Y2

彩版一一　窑炉 Y2

彩版一二　窑炉 Y2

彩版一三　窑炉 Y2 出土瓷器

彩版一四　窑炉

彩版一五　房址

彩版一六　房址

彩版一七　房址

彩版一八　房址

彩版一九　房址、井

彩版二○　井、池

彩版二一　道路、沟渠

彩版二二　墓葬 M1

彩版二三　M1 南室

彩版二四　M1 南室

彩版二五　M1 中室及北室、买地券与挡墙

彩版二六　白釉碗

彩版二七　Aa 型白釉盏

彩版二八　白釉瓷器

彩版二九　白釉瓶

彩版三〇　青釉饼足碗

彩版三一　Aa 型青釉圈足碗

彩版三二　青釉圈足碗

彩版三三　青釉圈足碗

彩版三四　青釉盘

彩版三五　青釉瓷器

彩版三六　Da 型青釉盆

彩版三七　青釉盆

彩版三八　青釉盆

彩版三九　青釉盆残件

彩版四〇　青釉瓷器

彩版四一　青釉罐

彩版四二　青釉罐

彩版四三　青釉竖系罐

彩版四四　Ba 型青釉注壶（H9∶202）

彩版四五　青釉注壶

彩版四六　D 型青釉注壶

彩版四七　Aa 型青釉瓶

彩版四八　Aa 型青釉瓶

彩版四九　青釉瓷器

彩版五〇　青釉瓷器

彩版五一　青釉瓷器

彩版五二　酱釉碟

彩版五三　Gb 型酱釉碟

彩版五四　酱釉炉

彩版五五　酱釉瓷器

彩版五六　酱釉碗

彩版五七　酱釉瓷器

彩版五八　酱釉瓷器

彩版五九　酱釉急须

彩版六〇　酱釉瓷器

彩版六一　酱釉盖

彩版六二　B 型酱釉蛙形灯

彩版六三　酱釉省油灯

彩版六四　酱釉注壶

彩版六五　Aa 型酱釉注壶（H10∶862）

彩版六六　　Db 型酱釉注壶（H17：116）

彩版六七　　酱釉注壶

彩版六八　　Ⅱa 型Ⅰ式酱釉注壶

彩版六九　　酱釉注壶残件（H22：34）

彩版七〇　　Aa 型酱釉罐

彩版七一　　酱釉罐

彩版七二　　酱釉罐

彩版七三　　酱釉瓷器

彩版七四　　酱釉腰鼓

彩版七五　　黑釉碗

彩版七六　　黑釉瓷器

彩版七七　　黑釉瓷器

彩版七八　　黑釉瓷器

彩版七九　　黑釉腰鼓（H9：2133）

彩版八〇　　绿釉碟（H9：631）

彩版八一　　釉陶炉

彩版八二　　釉陶鼓钉洗

彩版八三　　釉陶器

彩版八四　　釉陶器

彩版八五　　釉陶滴水

彩版八六　　釉陶瓦当

彩版八七　　作坊具及窑具

彩版八八　　作坊具及窑具

彩版八九　　作坊具及窑具

彩版九〇　　作坊具及窑具

彩版九一　　其他窑口瓷器

第一章 绪 言

第一节 地理位置与自然环境

成都位于四川省中部，地处四川盆地西部的成都平原腹地，地理坐标介于北纬 30°05′~31°26′、东经 102°54′~104°53′之间。东与德阳市、资阳市毗邻，西与雅安市、眉山市和阿坝藏族羌族自治州接壤，距离东海 1852 千米，距离南海 1090 千米。成都市现为四川省省会、副省级城市，是我国中西部重要的中心城市，是我国西南地区物流、商贸、金融、科技、文化、教育中心和交通、通信枢纽及国家统筹城乡综合配套改革试验区。

成都市总面积 14335 平方公里，建成区面积 931.58 平方公里，常住人口 1633 万人。目前下辖有 11 个市辖区、4 个县级市和 4 个县，共 100 个镇、161 个街道办事处。市辖区分别为锦江区、青羊区、成华区、金牛区、武侯区、龙泉驿区、青白江区、新都区、温江区、双流区和郫都区，县级市分别为彭州市、都江堰市、邛崃市和崇州市，县分别为新津县、蒲江县、大邑县和金堂县。

成都市区海拔 500 余米，锦江、府河、沙河从城区穿流而过。成都境内的地形较为复杂，东部为龙泉山脉和盆中丘陵，中部为成都平原，西部为邛崃山脉。境内海拔最高处是位于大邑县境内西岭雪山的大雪塘（又名苗基岭），海拔 5353 米；海拔最低处是位于金堂县东南的云合镇河谷，海拔 378 米。东部丘陵区主要属于龙泉山脉，海拔 600~1000 米，以东北—西南走向穿过成都市东部的龙泉驿区和金堂县，该山脉为成都平原和盆中丘陵的分界线，龙泉山脉以东，浅丘连绵起伏。成都市域内只有金堂县的部分地区位于该山脉以东的丘陵区。中部平原区属于成都平原，介于龙泉山脉与邛崃山脉之间，面积约占成都市总面积的 50%，海拔 450~720 米，是由岷江、沱江及其支流冲积而成的冲扇形平原。成都平原得益于都江堰水利工程，河网密布，同时由于土地肥沃，是国内最重要的粮食产区之一。平原上也零星分布着一些浅丘，比如成都近郊的凤凰山、磨盘山等。西部山地区属于邛崃山脉，是横断山脉最东缘的山系，以东北—西南走向穿过成都市西部的彭州市、都江堰市、大邑县、崇州市和邛崃市，许多山峰海拔在 4000 米以上。该地区海拔落差巨大，地貌丰富，拥有壮美绮丽的自然景观。

成都位于川西北高原向四川盆地过渡的交接地带，具有其独特的气候资源。一是东、西两部分之间气候不同。由于成都市东、西高低悬殊，热量由东向西随海拔高度急增而锐减，所以呈现出东暖西凉两种气候类型并存的格局；而且，在西部盆周山地，山上山下同一时间的气温可以相差若干度，甚至由下而上呈现出暖温带、温带、寒温带、亚寒带、寒带等多种气候类型。这种热量的垂直变化，为成都市发展农业特别是多种经营创造了有利条件。二是冬湿冷，春早，无霜期较长，四季分明，热量丰富。年平均气温约 16℃，≥10℃ 的年平均活动积温为 4700℃～5300℃。全年无霜期为 278 天，初霜期多出现在 11 月底，终霜期一般在 2 月下旬。冬季最冷月（1 月）平均气温约为 5℃，最低气温在 0℃ 以下的天气集中出现在 12 月中下旬和 1 月上旬，少部分出现在 1 月中下旬，平均气温比同纬度的长江中下游地区高 1℃～2℃，提前半个月入春。三是冬春雨少，夏秋多雨，雨量充沛，年平均降水量为 900～1300 毫米；而且降水的年际变化不大，最大年降水量与最小年降水量的比值约为 2：1。四是光、热、水基本同季，气候资源的组合合理，有利于生物繁衍。五是风速小，广大平原、丘陵地区风速为 1～1.5 米/秒；晴天少，日照率在 24%～32%之间，年平均日照时数为 1042～1412 小时，年平均太阳辐射总量为 83.0～94.9 千米/平方厘米。成都极端最低气温为 -5.9℃，大部分区市县低温期出现在 12 月，少部分出现在 1 月。成都市属中亚热带湿润季风气候区，常年最多风向是静风；次多风向：6～8 月为北风，其余各月为东北偏北风。

成都地处亚热带湿润地区，地形地貌复杂，自然生态环境多样，生物资源丰富。据初步统计，仅动物、植物资源就有 11 纲、200 科、764 属、3000 余种。其中，种子植物 2682 种，特有和珍稀植物有银杏、珙桐、黄心树、香果树等；主要脊椎动物 237 种，国家重点保护的珍稀动物有大熊猫、小熊猫、金丝猴、牛羚等；中药材 860 多种，川芎、川郁金、乌梅、黄连等蜚声中外。矿产资源主要集中在西部边沿山区的彭州市、都江堰市、崇州市和大邑县；天然气主要集中于蒲江县、邛崃市、大邑县、都江堰市和金堂县一带；钙芒硝储量全国第一，主要集中于新津县和双流县，多种金属矿产资源则相对集中于彭州市。

第二节　历史沿革

成都是我国首批 24 个国家级历史文化名城之一，有着悠久的历史文化积淀和灿烂辉煌的城市发展史。

考古发掘表明，距今 4500～3700 年，成都平原就已活跃着一支发达的新石器文化——宝墩文化，并且陆续出现了一批带有夯土城墙的早期大型聚落，如新津宝墩古城、郫县三道堰古城、温江鱼凫古城、都江堰芒城、崇州双河古城和紫竹古城、大邑盐店古城和高山古城。在这些大型聚落周围分布着众多的小型村落，表明此时聚落已经出现分化，开始出现一些早期文明因素。在相当于中原地区的夏商周时期，以成都平原为中心，古蜀人建立了一个早期国家，史称"蜀国"。三星堆遗址发现的夏商时期的环壕城址是古蜀国当时的都城所在。在商周时期，古蜀国的都邑几度迁徙，或"移治郫邑，或治瞿上"[①]，或称"本治广都樊乡"[②]。成都金沙遗址的发掘，反映出商代晚期至西周时期，成都市西郊的金沙村一带是古蜀国的都城所在，是继三星堆古蜀国都城之后的又一个古蜀国政治中心。春秋战国时期，据《华阳国志·蜀志》载："开明王自梦郭移，乃徙治成都。"[③]

周慎靓王五年（前 316 年）秋，秦大夫张仪、司马错、都尉墨等从石牛道伐蜀，蜀王败走至武阳，为秦军所害，开明氏遂亡，凡王蜀十二世，蜀地自此并入秦国。此后，秦王三立三废蜀侯，

① （晋）常璩撰，刘琳校注：《华阳国志校注》（修订版）卷三，成都时代出版社，2007 年，第 92 页。
② （北宋）欧阳忞：《舆地广记》卷二九，四川大学出版社，2003 年，第 833 页。
③ （晋）常璩撰，刘琳校注：《华阳国志校注》（修订版）卷三，成都时代出版社，2007 年，第 94 页。

终置蜀郡，郡治即设于古蜀国都——成都。周赧王四年（前311年），秦国蜀郡郡守张仪按首都咸阳建制营建成都城，成都从此成为我国有确切史料记载的最长时间城址不变的城市。周赧王五十九年（前256年），秦昭王任命李冰为蜀郡郡守。李冰任内主持修建了举世闻名的都江堰水利工程。成都平原从此沃野千里，"水旱从人，不知饥馑，时无荒年，谓之天府"[①]。经过数十年经营，成都在秦末便取代关中平原，获"天府之国"之称，这一美誉一直延续至今。

汉承秦制，继续推行郡县制。武帝元封五年（前106年），在全国设置刺史部作为中央政府委派到地方的监督机构，益州刺史部分管蜀郡、巴郡、广汉郡、犍为郡、汉中郡、武都郡、牂牁郡、越嶲郡、益州郡、永昌郡，范围大致为今四川、重庆、云南、贵州大部、陕西南部的汉中地区以及湖北、甘肃最东南部一隅，刺史部初设于广汉郡雒县（今四川广汉），成都为蜀郡治所。至武帝时期，成都因经济发达，贸易繁荣，市场兴盛，得以与洛阳、邯郸、临淄、宛并列"五都"，成为全国最重要的商业都会之一。新莽天凤四年（17年），绿林赤眉起义爆发，公孙述趁机在成都建立"成家"政权，改益州刺史部为司隶校尉，以蜀郡为成都尹。东汉建武十二年（36年），光武帝刘秀命大司马吴汉讨伐公孙述，最终攻陷成都，"成家"政权灭亡，中央政府在成都重新设置益州刺史部。灵帝中平五年（188年），因朝廷想尽快镇压"黄巾之乱"，朝廷接受刘焉的建议，改各中央政府委派到地方的州刺史部为拥有实际财政权和兵权的州牧，刘焉得领益州牧，设治所于广汉郡绵竹县。献帝初平五年（194年），益州牧迁驻成都。

魏黄初二年（蜀汉章武元年，221年），汉中王刘备在诸葛亮等人的辅佐下，于成都武担山之阳称帝，宣称继承汉统，沿定国号为汉（史称蜀汉，亦简称蜀），成都为国都所在。这一时期，形成了曹魏、蜀汉、吴三国割据鼎立的局面，成都的农业、盐业和织锦业在这一时期得到较大的恢复发展，成都成为蜀汉政权的政治、经济、军事、文化中心。魏景元四年（蜀汉景耀六年，263年），魏将邓艾、钟会、诸葛绪率军进攻蜀汉，兵临成都城下，蜀后主刘禅出降，蜀汉政权灭亡。

西晋时，益州分为益、梁二州，成都继续为益州治所。武帝立皇子颖为成都王，"以蜀郡、广汉、犍为、汶山十万户为王国"[②]。永安元年（304年），氐人李雄攻陷成都，自称成都王。光熙元年（306年），李雄在成都建立割据政权，自立为帝，国号大成，定都成都。东晋咸康四年（338年），李寿改国号为"汉"，史称成汉。永和三年（347年），成汉为东晋桓温所攻灭，成都归入建康政权版图，建立益州。东晋宁康元年（前秦建元九年，373年），前秦攻取梁、益二州，成都并入前秦疆土。淝水之战后，前秦瓦解，东晋将领桓冲趁势于太元十年（385年）收复益州。东晋义熙元年（405年），参军谯纵叛乱，占据巴蜀之地，自称成都王，而后又向后秦称藩，被封为蜀王。义熙九年（413年），东晋太尉刘裕以朱龄石为帅征伐谯纵，攻克成都。

南朝时期，成都仍属建康政权版图，一直是地区政治、经济、文化中心。萧齐时期以始兴王萧鉴为益州刺史，主张德化，放弃以往镇压前朝宗室的政策，成都恢复安定，成为"西方之一都焉"[③]。萧梁时期，邓元起、萧纪等先后出任益州刺史，成都一带"内修耕桑盐铁之政，外通商贾

---

① （晋）常璩撰，刘琳校注：《华阳国志校注》（修订版）卷三，成都时代出版社，2007年，第103页。
② （晋）常璩撰，刘琳校注：《华阳国志校注》（修订版），成都时代出版社，2007年，第333页。
③ 《南齐书》卷一五，中华书局，1974年，第298页。

远方之利"①。侯景之乱后，西魏军攻入成都，益州并入西魏疆土。西魏恭帝三年（556 年），宇文觉接受禅位，于次年正式建立北周政权，益州为周所领。

开皇元年（581 年），隋朝建立，结束全国分裂局面，益州一度改郡为州，不久又改州为郡，成都为蜀郡、成都县两级治所。及至唐代，太宗贞观元年（627 年）分全国为十道，成都属剑南道。贞观十七年（643 年），析成都县之东偏置蜀县。肃宗至德二年（757 年），升成都府，作为南京，改成都守为尹，时又分剑南为东、西两川，成都为西川节度使的治所驻地。乾元元年（758 年），改蜀县为华阳县，华阳本蜀国之号，因以为名。隋唐时期，成都经济发达，文化繁荣，是当时全国最大的城市之一，人口规模仅次于长安和洛阳。唐代后期，又与扬州并列为全国最繁华的两大商业都会，"号为天下繁侈，故称扬、益"②。

唐哀帝天祐四年（后梁开平元年、前蜀天复元年，907 年），西川节度使王建自立为帝，定都成都，建立割据政权，国号蜀，史称前蜀。后唐同光三年（前蜀咸康元年，925 年），前蜀最终被后唐攻灭。后唐应顺元年（后蜀明德元年，934 年），西川节度使孟知祥自立为帝，建都成都，再次建立割据政权，国号亦为蜀，史称后蜀。在这段动荡的时间里，成都再次成为短暂的国都。后蜀广政二十八年（北宋乾德三年，965 年），后蜀政权灭亡，成都归入北宋版图。

北宋初期，朝廷在成都设立成都府，为川陕四路（利州路、成都府路、梓州路、夔州路）的成都府路治所。北宋淳化四年（993 年），王小波、李顺在成都附近发动起义，攻克成都，建立"大蜀"政权。当年五月，宋军收复成都，起义失败，成都府被降为益州，成都府路改为益州路，成都仍为治所。宋徽宗重和元年（1118 年），再升格为成都府，益州路再改成都府路，治所照旧。宋理宗端平元年（1234 年），因"端平入洛"导致宋蒙（元）战争爆发。南宋灭亡后，分川蜀为四道，以成都等路为四川西道。元世祖至元二十三年（1286 年），中央政府分秦蜀为二省，正式设置四川等处行中书省，简称"四川省"，治所一度迁往重庆，后复移至成都。元顺帝至正十九年（1359 年），明玉珍所部攻取成都，后建立大夏政权，定都重庆。

明洪武四年（1371 年），明军攻灭大夏政权，取成都，先后设成都卫和四川都指挥使司，又设四川承宣布政使司，其中成都为首府。洪武十一年（1378 年），明太祖封第十一子朱椿为蜀王，王府设在成都。洪武二十三年（1390 年），蜀王府建成，朱椿至成都就藩，今人称其为"皇城"。明崇祯十七年（1644 年），张献忠率军攻陷成都，自立为帝，国号大西，称成都为西京。

清顺治三年（1646 年），成都全城被张献忠焚毁于战火之中，导致人口大量减员，因此当时四川布政使司的治所曾迁往保宁府阆中。顺治十五年（1658 年）之后，清廷下令实施"湖广填四川"大移民，成都逐渐恢复生机，省会又迁回成都。清沿明制，设四川布政使司于成都。康熙年间，皇帝另派四川总督、成都将军驻成都。

民国元年（1912 年），成都之大汉军政府与重庆之蜀军政府合并为四川军政府，军政府驻成都。民国三年（1914 年），北洋政府通令在成都设置西川道，领成都、华阳等 31 县。后废道复

---

① 《资治通鉴》卷一六四，中华书局，1976 年，第 5084 页。
② （北宋）乐史撰，王文楚等点校：《太平寰宇记》卷一二三《淮南道》，中华书局，2007 年，第 2442 页。

省，成都仍为四川省会。民国十七年（1928 年），正式改市政公所为市政府，国民政府遂置成都市成为省辖市，并继续为四川省省会。

中华人民共和国成立后，四川省被分为东、南、西、北四个行署，成都成为川西行署的驻地。1952 年，中央人民政府撤销各行署，恢复四川省建制，成都市作为四川省省会，延续至今。

第三节　窑址概况与既往考古成果

琉璃厂窑，又称"琉璃场窑"或"华阳窑"，旧址位于成都市中心东南约 7 公里外的琉璃场老镇内。自 20 世纪 20 年代起，琉璃场初具场镇雏形，因多系草房，故俗称"草草场"或"溜溜场"。抗日战争期间，华阳县政府曾从成都城内的正府街迁此办公。1944 年，经当时的华阳县政府批准，正式建场镇名琉璃场。1945 年以后，琉璃场才有了乡的建制，为纪念抗战胜利定名作胜利乡。1959 年，胜利乡划归成都市郊区管辖，随后又改名为胜利公社。1984 年，恢复乡村建制后，金牛区人民政府（1991 年以前，该地行政上属于金牛区管辖）将胜利公社改名为琉璃场乡人民政府，其所辖十个大队分别为琉璃场村、麻柳湾村、包江桥村、祝国寺村、大安桥村、江家堰村、潘家沟村、桊子树村、金像寺村、皇经楼村。目前，该地属于锦江区锦华路街道琉璃社区管辖，窑址核心区南临三环路琉璃立交段，东临锦华路（新成仁公路），西临洗瓦堰河（小沙河），再往西距府河约 1000 米，北临科创路，再往北距成昆铁路约 800 米，其中部被老成仁公路（今琉璃路）南北向穿越，中心地理坐标为北纬 30°36′02″，东经 104°05′25″，平均海拔约495 米（图一）。

窑址所在区域地貌上属于成都平原向龙泉山低山过渡地带，以延绵起伏的台地丘陵为主，地表相对高差为 20~50 米，地层剖面的上部为黄褐色含铁锰结核、钙质结核的黏土，中部为黄色——黄红色黏土，裂隙发育，其倾角陡缓不一，隙壁由灰白色黏土组成，裂隙交叉呈现网纹状，下部为砖红色黏土，地质结构属更新世的成都黏土层（Chengdu clay）[①]。大量的窑址及窑业废品在这些浅丘之上日积月累，堆积形成了若干个大小不一的窑包，至今仍依稀可辨。1981 年 11月，金牛区开展土壤普查工作，把窑址瓦砾堆积改土而成的耕地定名为一个新的土种——瓦片土，据资料显示主要分布在琉璃场村、包江桥村一带，占地达 21.3 亩，在整个庞大的金牛区绝无仅有。后因修建琉三公路、新成仁公路，这些瓦片土遭到大面积破坏。据当地人介绍，这种土壤通常为灰黄色黏土，内含瓦砾较多，风化程度低，土瘦背肥，耕作困难，但是用来耕种红薯却品质颇好。

关于琉璃厂窑的文献记载极少，因此其烧造历史等方面的信息，长期以来并不为人所知。民国二十二年（1933 年）版《华阳县志》"山水条"对此窑曾有零星的描述："马家坡之东南约二里曰祝王山，山下多蜀王墓……而北山之北即琉璃厂，明世官烧琉璃地也。"[②] 1955 年，考古工作者在成都外西的瘟祖庙清理了一座明嘉靖二十一年（1542 年）蜀藩太监丁祥墓，据墓志铭载：

---

① 成都市地方志编纂委员会：《成都市志·地理志》，成都出版社，1993 年，第 39 页。
② （民国）陈法驾等修，曾鉴等纂，王晓波等点校：《民国华阳县志》卷二《成都旧志》（16），成都时代出版社，2008 年，第54 页。

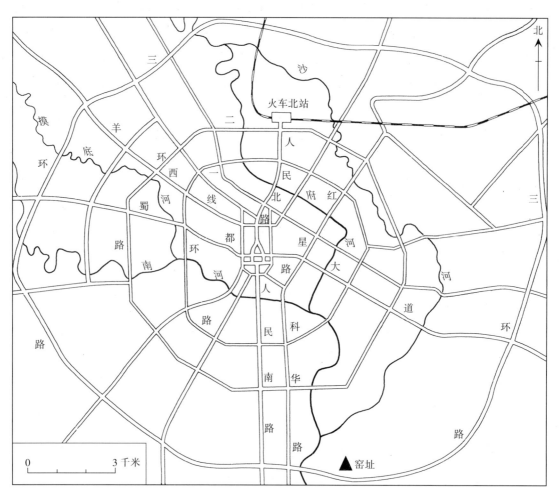

图一　窑址地理位置图
（底图采自《2018 年成都市街道详图》，成都地图出版社，2018 年，审图号：川 S（2015）23 号）

"（丁祥）至正德初，侍于今上，尤重其能，屡命于琉璃厂董督陶冶，建诸瓴甓。自是工不告劳，事多就绪而上下咸得欢心。"① 上述两段有关琉璃厂窑的文字虽语焉不详，但可以肯定的是，至迟到明代后期，琉璃厂窑仍作为蜀王府的下属机构而一度存在，只是明代以前的情况依旧一片空白。早在 20 世纪 20～30 年代，时任华西协合大学（West China Union University）古物博物馆（今四川大学博物馆前身）馆长的美国学者葛维汉（David Crockett Graham，1932～1941 年在任）已注意到窑址的存在，与副馆长林名均等人开始着力收集相关遗物和文献资料，并于 1933 年 3 月组织开展了一次短期的发掘活动，资料发表于 1939 年出版的《华西边疆研究学会杂志》（Journal of the West China Border Society）第 11 卷。这次发掘出土的器物十分丰富，有碗、碟、壶、坛、罐、盆、瓶、砚台、玩具模型、"纺锤球"等，并且还采集到带南宋"隆兴"年号的砖块，经分析后葛维汉认为该窑的年代应较邛窑为晚，"当在北宋初，经历南宋，下至元朝前半期"②。然而在随后不

① 四川省文物管理局：《四川文物志》（上），巴蜀书社，2006 年，第 355 页。
② 英文原文见 David Crockett Graham，"The Liu Li Chang Kilnsite"，Journal of the West China Border Research Society，Vol. XI（1939），pp. 36–45. 中译文见（美）葛维汉著，恩成元译：《琉璃厂窑址》，《四川古陶瓷研究》（一），四川省社会科学院出版社，1984 年，第 154～168 页。

久的 1936 年夏，窑址遭到四川军阀的大肆盗掘，毁坏严重。1939 年，华西协和大学化学系的高毓灵运用科技检测手段，分析了琉璃厂窑瓷器的釉面成分，结论指出其釉似长石类，并且没有铅的存在①。1942 ~ 1943 年，"中央研究院"历史语言研究所、四川博物馆、"中央博物院"筹备处等单位联合发掘了成都老西门外的前蜀王建墓（光天元年，918 年），墓内出土了碗、盆、四系罐等几件瓷器②。1944 年 4 月，四川大学望江校区唐墓出土了碗、盏、双系罐等一批瓷器③。冯汉骥在这两座墓葬的正式报告（简报）中，均将出土瓷器判断为琉璃厂窑的产品，琉璃厂窑的烧造历史首次被提早到晚唐五代时期。1957 年，郑德坤在其所著的《四川考古研究》（Archaeological Studies in Szechwan）一书中，亦提到早年私人收藏的琉璃厂窑瓷器中，见有政和七年（1117年）、绍兴十年（1140 年）、嘉定十二年（1219 年）等宋代纪年款④。

20 世纪 50 年代以后，国内的文物考古事业取得空前发展。1955 年 3 月，四川省文物管理委员会傅汉良、袁明森、林坤雪一行在胜利乡一带清理明墓时，对琉璃厂窑做了初步的考古调查和勘测，当时测量窑址的占地面积约 340 亩，共发现大小窑包 21 处⑤。1960 年，国内著名陶瓷考古学家陈万里、冯先铭在介绍十年来故宫博物院开展的古窑址调查情况时，也涉及了琉璃厂窑的情况，他们认为该窑"从晚唐至明代一直没有停烧过"⑥。至 20 世纪 70 年代末，《四川陶瓷史料》编写组（丁祖春等）又先后四次对琉璃厂窑址展开田野调查，采集到大量的实物标本，对该窑的产品类型、制作技术、装烧工艺及烧造时代等问题有了更为深入的认识⑦。1981 年 12 月，成都市太平横街 42 号工地出土南宋绍定元年（1228 年）蒋文华墓，四川大学博物馆的陈德富通过比较研究，将墓内随葬的一批釉陶俑和瓷碗、壶等判断为琉璃厂窑产品⑧。1984 年 11 月，金牛区人民政府批准公布琉璃厂窑址为区级文物保护单位。1997 年 9 月，成都市文物考古工作队在配合琉璃场镇供销社的修建过程中，对该窑址也进行过局部的试掘工作，然详细资料至今仍未发表。2010年 7 ~ 9 月，成都市文物考古工作队再次对市针织器材厂的窑址区开展了小规模试掘，清理出土五代至两宋时期的窑炉、挡墙、取土坑等，以及大量的瓷器和窑具标本⑨。2013 年，杨颖东、罗武干、易立还对成都市双流区黄龙溪明蜀藩王墓陵园出土的部分绿釉瓦件开展了胎釉配方工艺的分析检测，结果显示这些釉陶瓦件属于琉璃厂窑烧造的可能性很大⑩，从科技考古角度证实了前述明

---

① 英文原文见 Kao yu - lin, "Identification of Szechwan Porcelains by Chemical Analysis", Journal of the West China Border Research Society, Vol. XI (1939), pp. 54 ~ 65. 中译文见高毓灵著，曾中懋译，秦学圣校：《四川瓷器 的化学分析鉴定》，《四川古陶瓷研究》（一），四川省社会科学院出版社，1984 年，第 1 ~ 15 页。

② 冯汉骥：《前蜀王建墓发掘报告》，文物出版社，2002 年，第 63、64 页。

③ 冯汉骥：《记唐印本陀罗尼经咒的发现》，《文物参考资料》1957 年第 5 期。

④ 英文原版见 Cheng te - kun, "Archaeological Studies in Szechwan", Cambridge：Cambridge University Press, 1957, pp. 160 - 166. 中译文见郑德坤著，成恩元译：《邛窑、琉璃厂窑遗址》，《四川古陶瓷研究》（一），四川省社会科学院出版社，1984 年，第 33 页。

⑤ 林坤雪：《四川华阳县琉璃厂调查记》，《文物参考资料》1956 年第 9 期。

⑥ 陈万里、冯先铭：《故宫博物院十年来对古窑址的调查》，《故宫博物院院刊》（总第 2 期），1960 年。

⑦ 丁祖春：《成都胜利公社琉璃厂古窑》，《四川古陶瓷研究》（一），四川省社会科学院出版社，1984 年，第 171 ~ 180 页。

⑧ 陈德富：《成都太平横街南宋墓出土陶器浅析》，《景德镇陶瓷》，1984 年（总第 26 期）。

⑨ 成都文物考古研究所：《成都市琉璃厂古窑址 2010 年试掘报告》，《成都考古发现·2010》，科学出版社，2012 年，第 352 ~ 395 页。

⑩ 杨颖东、罗武干、易立：《成都市黄龙溪镇明蜀藩王墓与琉璃厂窑出土釉陶分析研究》，《成都考古发现·2011》，科学出版社，2013 年，第 562 ~ 568 页。

代丁祥墓志的有关内容。除专业、科学的田野调查和发掘外，一些业余爱好者也通过实地走访获取了相当多的遗物标本，如1998～2002年期间，蒲存忠在三环路琉璃立交段附近采集到5200余件圈足碗底残片，并对其中的窑工印记符号进行了细致的分类和统计，为探索两宋时期琉璃厂窑的窑户组织结构及商品化进程提供了重要的参考依据[①]。

第四节　工作缘起与概况

2018年5月至2019年7月，为配合成都市土地储备中心的用地需要，并报经国家文物局批准，成都文物考古研究院对位于锦江区锦华路街道琉璃社区的原琉璃村6组、包江桥村1组地块（下称"印染厂地块"）开展了考古勘探和发掘，该地块平面大致呈扇形，占地约25600平方米，曾为成都市织布印染厂厂区，东临琉璃路（老成仁公路），西临沙河支流——洗瓦堰河，南临南三环路三段，北临2010年开展过试掘工作的原市针织器材厂地块，中心地理坐标为北纬30°35′51.21″，东经104°05′31.35″，平均海拔约492米（图二）。

因印染厂地块占地范围较大，并且前期勘探结果显示局部的堆积状况不理想，故进场之初选定堆积较好的一东一西两个发掘区（分别定名为Ⅰ区、Ⅱ区）（图三；彩版一），发掘代码2018CL。其中第Ⅰ区的探方按阿拉伯数字序号编排，共布10米×10米探方2个（编号T1、T2）、

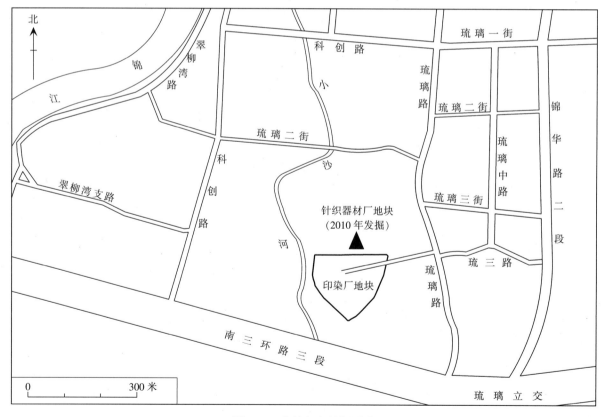

图二　工地所在地理位置图

---

①　蒲存忠：《成都琉璃厂窑北宋窑工印记》，《四川文物》2004年第6期。

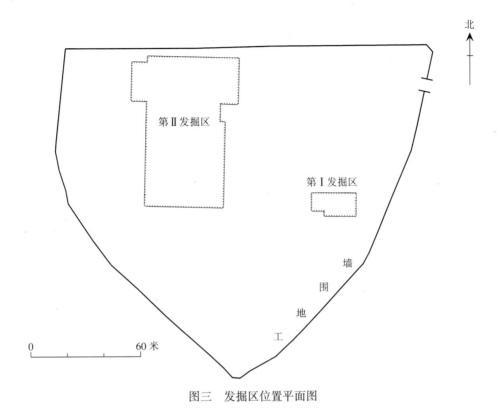

图三 发掘区位置平面图

5米×10米探方1个（编号T3），加上局部扩方，实际发掘面积302.5平方米（彩版二）；第Ⅱ区的探方按"T＋南北向编号＋东西向编号"的方式排定，实际发掘面积4045平方米（彩版三），所有探方均按正南北方向布设，总发掘面积逾4300平方米。此次工作清理揭露出大面积的琉璃厂窑遗存，包括窑炉、房屋基址、井、池、墓葬、道路、挡墙、灰坑等遗迹（图四、五），以及丰富的瓷器、陶器、窑具、工具等遗物。

与此同时，为掌握发掘区以外的窑址分布和堆积状况，我们亦组织力量对周边区域开展了全面的调查勘探工作。通过前期大量的实地踏查走访，发现周边区域地表上的建筑渣土厚薄不均，且民房棚户和硬化路网众多，甚至部分区域地表还种植有农作物，由于开展整体清场、清表作业的条件并不具备，勘探工具（主要是探铲）难以穿透，故无法用大面积普探的方式进行考古勘探工作。针对上述问题，我们最终决定采取人工开挖解剖沟为主，并辅以普探、重点勘探、断壁清理观察等多种方式。其中解剖沟的平面规格采用2米×1米，深度以下挖至生土为准，如遇解剖沟超深（3米以下）或易塌方，则尽量满足探铲能够穿透即可；布孔方法一般采用3米×3米中间加一孔的梅花式布孔法，无法整体布孔的，采用不等距布孔的方式进行，也就是视具体情况确定孔距和孔数。测绘工作主要运用静态GPS控制测量的方法，布设控制点，建立控制网，利用RTK进行地形及遗迹的数据采集，测绘标准采用2000国家大地坐标系。

本次调查勘探的总面积超过84万平方米，共布设解剖沟426条，探孔21个，清理断壁剖面11处，在发掘区以外新发现五代至明代的烧窑遗迹13处、建筑遗迹1处、墓葬1座、古河道1条，并最终确认窑址现存面积约24万平方米，合计360亩（彩版四、五）。

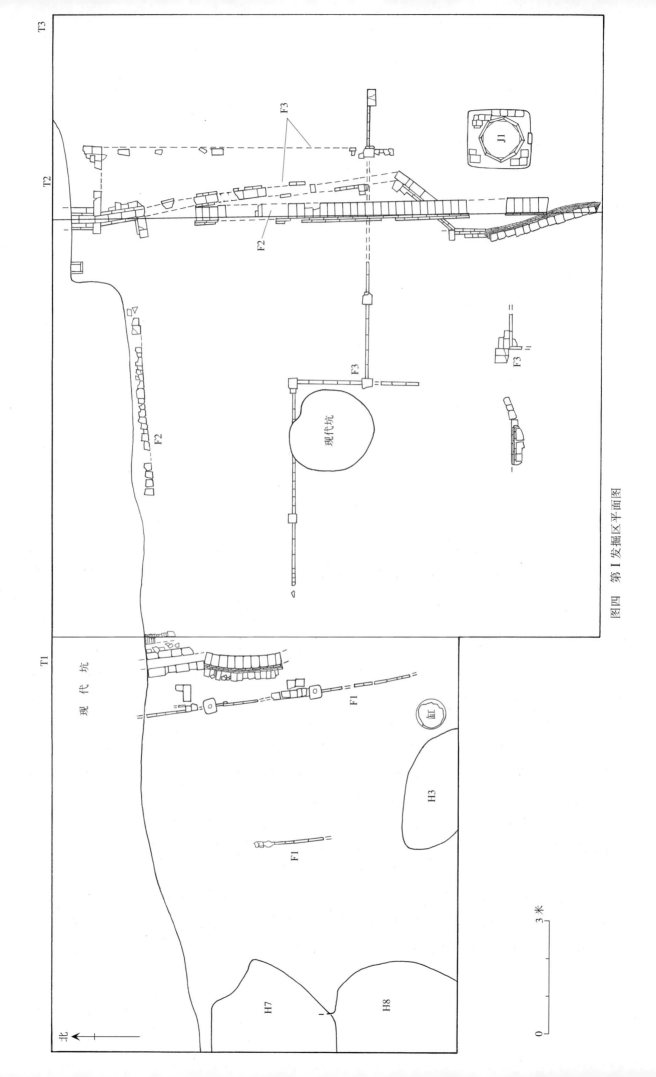

图四 第I发掘区平面图

北

T3

T2

T1

T2

F3

J1

F2

F3

F2

F3

现代坑

F1

F1

现 代 坑

缸

H3

H7

H8

0

3 米

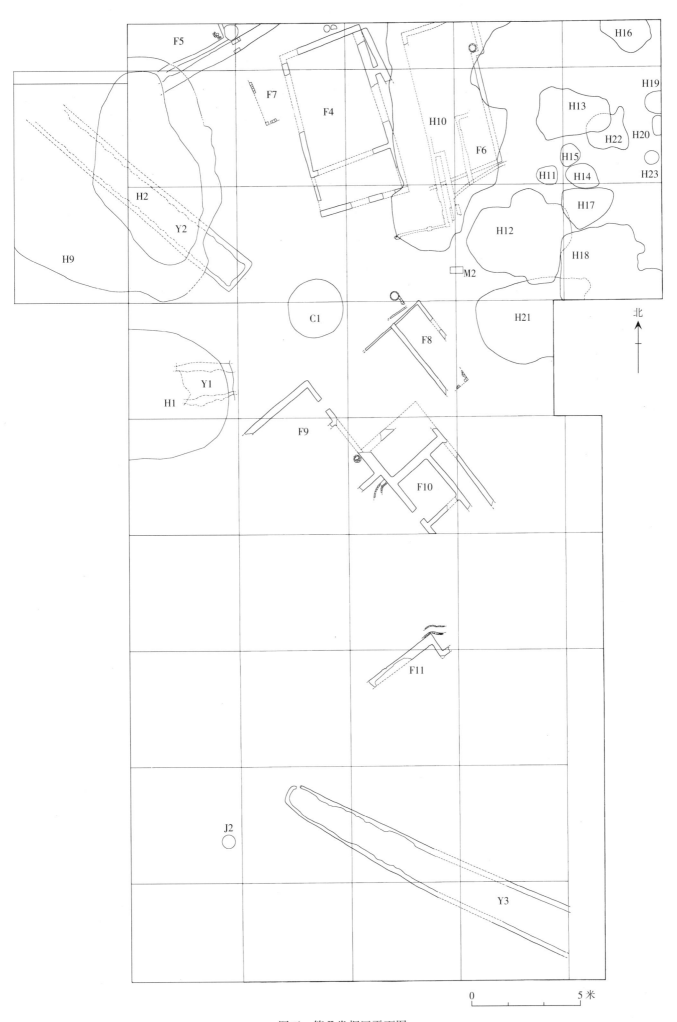

图五 第Ⅱ发掘区平面图

　　本次考古发掘的领队为易立，现场工作人员还有成都文物考古研究院的王瑾、唐彬、高潘、钟宝峰、郑蝶、周杨、李万强及锦江区文物保护管理所的包绍远，四川大学考古系硕士研究生张南金、张成杰也参加了短期发掘，勘探技术服务由洛阳鼎原勘探有限公司提供。2019 年 7 月，资料整理和报告编写正式启动，此项工作由成都文物考古研究院江章华研究员统筹安排，具体业务由易立、王瑾负责，参与人员还有包绍远及四川大学考古系硕士研究生候晓宁、鲁云霞、吴雪、叶攀等，制图由张立超、李福秀、曾雳负责，拓片由严彬、戴福尧负责。至 2021 年初，考古报告的文字、绘图、照相、拓片、排版等工作基本完成。

第二章　地层堆积与主要遗迹

第一节　地层堆积

第Ⅰ发掘区的地层堆积以 T3 东壁剖面（图六）为例介绍如下。

第①层：为现代生产建设活动翻动、扰乱窑址后形成的堆积，包含大量现代水泥块、砖渣、生活垃圾及琉璃厂窑瓷器、窑具等，土色杂乱，质地松散。大致呈水平分布，厚 0.55~0.6 米。

第②层：灰褐色土夹杂黑色土，质地较紧密，见有零星青花瓷器和较多的琉璃厂窑瓷器、窑具等，可辨碗、碟、注壶、瓶、俑等，推测为清代地层。大致呈水平分布，厚约 0.45 米。该层下叠压的遗迹单位有 H7 等。

第③层：暗黄色土夹杂烧土块，质地较紧密，包含大量琉璃厂窑瓷器、窑具等残片，瓷器以酱釉、黑釉为主，器形可辨碗、碟、盏、杯、球等，推测为元代地层。大致呈水平分布，厚 0.35~0.55 米。该层下叠压的遗迹单位有 F1、F2、J1、H3 等。

第④层：暗黄色土，烧土块含量较低，质地紧密，包含较多琉璃厂窑瓷器、窑具等残片，瓷器以青釉、酱釉为主，器形可辨碗、盏、杯、壶、小罐、器盖等，推测为南宋地层。大致呈水平分布，厚 0.1~0.35 米。该层下叠压的遗迹单位有 F3。

以下为暗黄色黏土，土质纯净，无任何遗物，属于生土。

第Ⅱ发掘区的地层堆积以 TN04E01、TN04E02、TN04E03、TN04E04 及 TN04E05 的北壁剖面（图七）为例介绍如下。

第①层：为现代生产建设活动翻动、扰乱窑址后形成的堆积，包含大量现代水泥块、砖渣、生活垃圾及琉璃厂窑瓷器、窑具等，土色杂乱，质地松散。呈东高西低的倾斜状分布，厚 0.75~1.9 米。

第②层：灰褐色土，质地较紧密，包含少量青花瓷器、滴水、筒瓦和密集的琉璃厂窑瓷器、

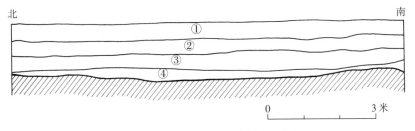

图六　第Ⅰ发掘区 T3 东壁剖面图

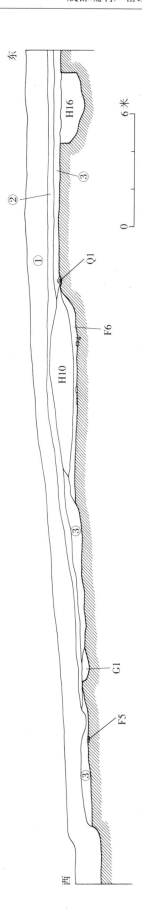

图七　第 II 发掘区北壁剖面图

窑具等残片，推测为清代地层。呈东高西低的倾斜状分布，厚 0.15~0.6 米。该层下叠压的遗迹单位有 M2、H1。

　　第③层：灰褐色土夹杂暗黄色土、烧土块，质地紧密，包含大量琉璃厂窑瓷器、窑具等残片，瓷器以白釉、青釉、酱釉、黑釉为主，器形可辨碗、盏、碟、盆、瓶、炉、器盖、器座、铃铛、俑等，推测为元代地层。呈东高西低的倾斜状分布，厚 0.1~0.7 米。该层下叠压的遗迹单位有 Y1~Y3、F4、F6、F8~F10、J2、C1、L1、G1、M1、Q1、H2、H9、H10、H12、H13、H16~H19、H22 等。

　　以下为暗黄色黏土，土质纯净，无任何遗物，属于生土。

第二节　主要遗迹

　　此次发掘揭露的遗迹现象较丰富，包括窑炉 3 座、房屋基址 11 座、井 2 口、池 1 座、道路 1 条、沟渠 1 条、墓葬 2 座、挡墙 1 段、灰坑 23 个，其中大多数遗迹分布于第 II 发掘区（彩版六~八）。

　　一　窑炉

　　3 座，编号 Y1、Y2、Y3，均为斜坡式龙窑，以 Y2、Y3 的保存情况最好。

　　Y1　位于第 II 发掘区中部的 TN01E01 内，叠压于第③层下，打破生土，被 H1 及近现代坑打破。残存部分变形较严重，平面大致呈长条形，顺坡势开挖斜底隧道而成，现存窑床和窑壁两部分，方向 80°，长 5.21 米。窑床坡度 10°~22.5°，内宽 1.68~2.58 米，内部残深 0.2 米，窑床下垫层厚 0.22~0.28 米，为红色烧土堆积。窑壁厚 0.26~0.82 米，可分为内外两层，外侧由黄色土堆筑，残存厚 0.12~0.7 米，其内壁涂抹耐火泥，经长期高温烘烤呈红色烧结面，厚 0.04~0.7 米。窑内废弃堆积为瓷器和窑具，可辨碗、盏、碟、盆、垫饼、支钉、窑柱等（图八；彩版九，1）。

　　Y2　位于第 II 发掘区西北部，跨越探方 TN03W01、TN03E01、TN02W01、TN02E01、TN02E02，叠压于第③层下，打破生土，被 H2、H9 打破。平面呈狭窄的长条形，系在生土丘陵上顺坡势开挖斜底隧道而成，现存窑床、窑壁和窑顶三个部分，方向 128°，揭露长度 22.3 米。窑床坡度 18°~21°，内宽 2.25 米，内部残深 0.52 米，窑床内尚留有许多未及取出的瓷器成品，可辨碗、盘、盏、注壶等，窑床下垫层厚 0.4 米，分为两层，上层为青灰色沙土，下层为红色烧土堆积。窑壁使用耐火砖或黏土坯材料砌筑，厚 0.3~0.45 米，内壁附着有类似玻璃态物质的黑灰色窑汗。窑顶为券拱结构，残存 21 段，使用耐火砖和窑具等材料纵联砌筑，大多已坍塌。窑炉前端被现代坑打破，且靠近工地围墙，高低落差较大，出于安全考虑未予清理，故窑炉的完整长度及火膛的保存状况等不清楚（图九；彩版九，2~一三，1）。窑炉中段北侧存留有一块成品堆积区（编号 Y2D1），倚靠边坡重叠摆放，均为体型较大的罐类，可辨直口四系罐、盘口四系罐等（彩版一三，2；彩版一四，1）。

　　Y3　位于第 II 发掘区南部，跨越探方 TS04E02、TS04E03、TS04E04、TS05E03、TS05E04，叠压于第③层下，打破生土，中部被现代坑打破。平面亦呈狭窄的长条形，前窄后略宽，系在生土丘陵上顺坡势开挖斜底隧道而成，现存火膛、窑床、窑壁和窑顶四个部分，方向 119°，揭露长度

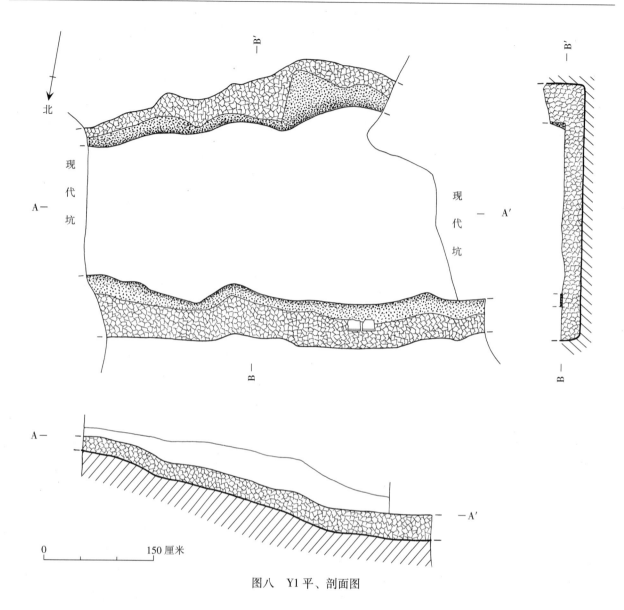

图八　Y1 平、剖面图

29.1 米。火膛位于窑炉最前端，平面近椭圆形，内长 3.15、内宽 2、深 0.35～1 米，西北角留有一个投柴孔，宽 0.26 米。窑床坡度 17°～25°，内宽 1.7～3.2 米，内部残深 0.1～0.55 米，窑床内可见少量瓷器成品，如碗、盏等，窑床下垫层较厚，厚 0.8～1.44 米，主要为红色烧土和沙土。窑顶大部分已塌毁不存，从残存痕迹判断为券拱结构，使用耐火砖和窑具等材料纵联砌筑（图一〇；彩版一四，2）。

二　房屋基址

11 座，编号 F1～F11，应属于窑业生产环节中的作坊建筑，大多修筑简陋粗糙，建材挑选随意，类似于工棚或窝棚。

F1　位于第 I 发掘区 T1 内，叠压于第③层下，打破第④层，被 H3 打破。保存情况差，可见东、西两段墙基。西段墙基残长 1.7 米，使用残砖砌筑；东段墙基残长 6.7 米，亦使用残砖砌筑，局部铺垫红砂岩打制的石板作为柱础。屋内活动面主要为泥土和碎瓷瓦砾混杂的垫层，东段墙基

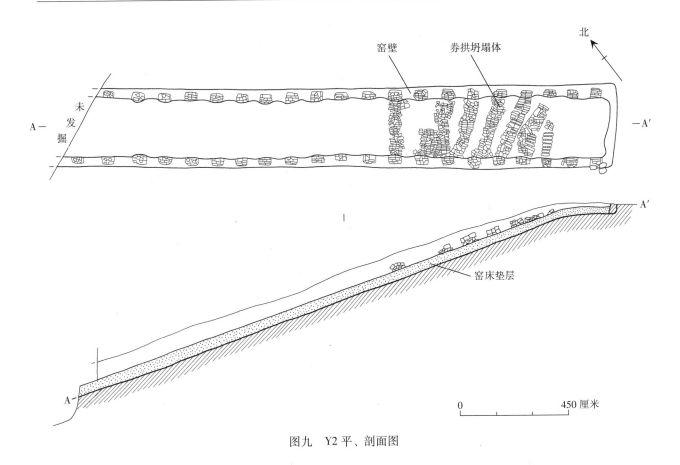

图九　Y2 平、剖面图

的西南侧残存 1 口陶缸（瓮），嵌于地表下，直径 0.7 米（图四；彩版一五，1）。

　　F2　位于第 I 发掘区 T1、T2 和 T3 内，叠压于第③层下，打破第④层。保存情况差，可见墙基、堡坎、排水沟、散水等设施，均为砖砌，西段墙基残长 0.75 米，北段墙基残长 4.5 米；排水沟位于西段墙基外侧（西侧），残长 3.4、宽 0.5～0.6 米；堡坎位于房址东南边缘，用砖错缝平铺，残长 3.8、高 0.26 米，用砖规格较杂乱，厚 3～6 厘米，以素面砖为主，夹杂少量的花纹砖；散水位于房址东部边缘，残长 8.7、宽 0.45 米。屋内活动面主要为泥土和碎瓷瓦砾混杂的垫层（图四；彩版一五，2）。

　　F3　位于第 I 发掘区 T2、T3 内，叠压于第④层下，打破生土。保存情况差，可见墙基、排水沟等设施，墙基以房址中部相对完好，东西残长 8.1 米，纵横相交，将屋内分隔为多个相对独立的空间。墙基主体用丁砖砌筑，局部平铺一层砖作为柱础，柱础之间的间距 1.6～2.9 米。排水沟残长 10.1、宽 0.2 米。屋内活动面主要为泥土和碎瓷瓦砾混杂的垫层（图四）。

　　F4　位于第 II 发掘区北部，跨越探方 TN02E02、TN02E03、TN03E02、TN03E03、TN04E02、TN04E03，叠压于第③层下，打破生土、F6 及 L1。平面呈长方形，大体呈西北至东南坐向，长 14.75、宽 8.1 米，房屋四面墙体均已不存，墙基使用窑具和残砖砌筑，柱础使用红砂岩打制的石板，屋内活动面主要为泥土和碎瓷瓦砾混杂的垫层，局部铺设密集的鹅卵石。房屋内偏南部有一段宽约 0.4 米的墙基，将整座建筑分为南、北两部分。北墙外残存 2 口陶缸（瓮），嵌于地表下，直径 0.5～0.6 米。西墙中段外侧残存 5 个柱洞痕迹，多呈圆形，直径 0.3～0.4 米（图一一；彩版一六，1）。

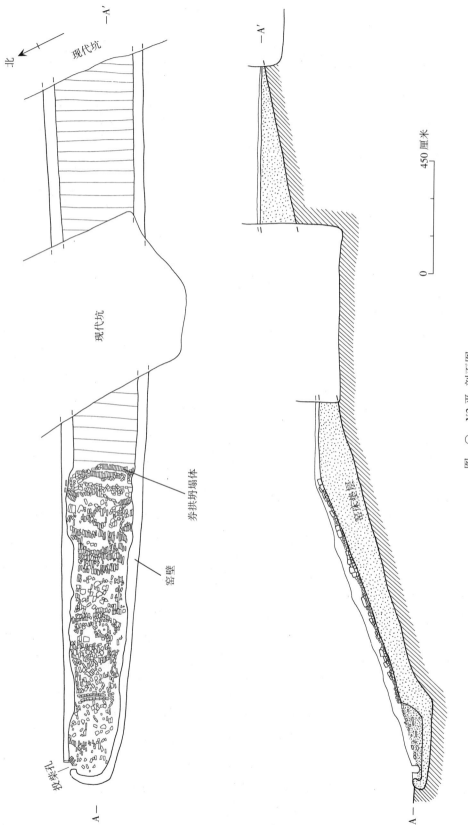

图一〇 Y3 平、剖面图

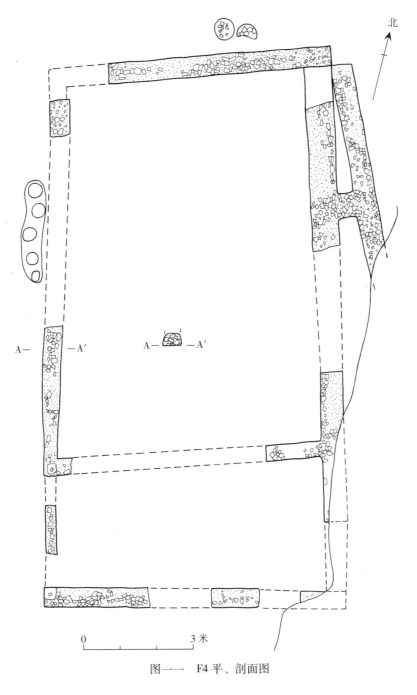

图一一　F4平、剖面图

　　F6　位于第Ⅱ发掘区中部偏北，跨越探方 TN02E03、TN03E03、TN04E03、TN02E04、TN03E04、TN04E04，叠压于第③层下，打破生土。平面近刀形，大体呈西北至东南坐向。根据其残存结构分析，应有东、西两室。东室保存较完好，长13.6、宽6.3~7米，四面墙体皆不存，墙基使用窑具和残砖砌筑，室内活动面主要为暗黄色黏土、红烧土块和碎瓷瓦砾混杂的垫层，东北角残存1口陶缸（瓮），嵌于地表下。西南部有一块平铺砖砌筑的区域，外砌一层丁砖，可能为天井之类的设施。为使天井和室内排水通畅，分别连接有2条排水沟延伸至室外，其中偏西的排水沟较宽，宽约0.45米，沟壁局部用残砖和支钉等砌筑，沟内埋设陶质排水管套接导水；偏东的排水沟相对较窄，宽0.25~0.5米，沟内用废弃的注壶紧密排列，从而起到导水和过滤的作用。西室保存较差，仅存东墙（与东室西墙共用）、南墙和东南角，墙体早已不存，墙基用残砖和垫板、支钉等窑具垒砌，室内活动面亦为暗黄色黏土、红烧土块和碎瓷瓦砾混杂的垫层（图一二；彩版一六，2；彩版一七，1）。

　　F8　位于第Ⅱ发掘区中部偏北的 TN01E03、TN01E04、TN02E03 内，叠压于第③层下，打破生土。平面大体呈长方形，西北至东南坐向，现存北墙、东墙和内部隔墙的墙基，其中北墙残长6.4、厚0.15～0.2米，东墙残长3.9、厚0.3米，内部隔墙残长7.6、厚0.35～0.4米。墙基用残砖和窑具砌筑，局部放置红石岩打制的石板作为柱础，屋内活动面主要用暗黄色黏土和红烧土块

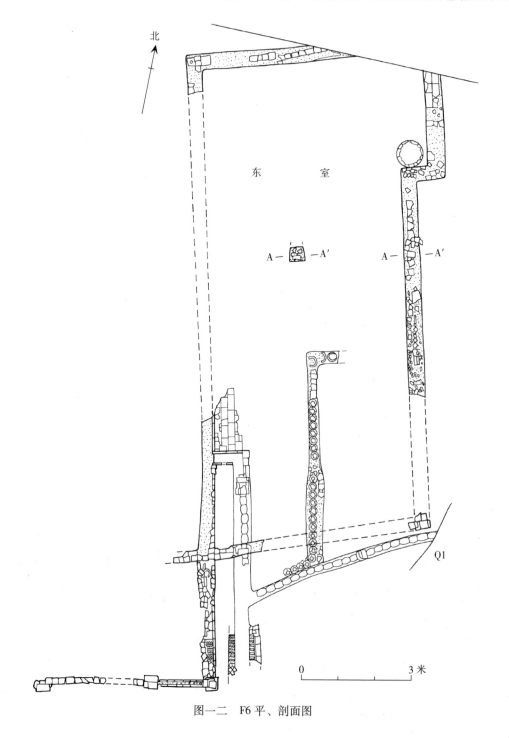

图一二　F6平、剖面图

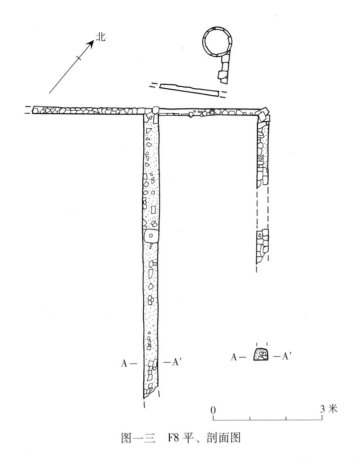

图一三　F8 平、剖面图

铺垫。房屋北墙外有一段长约 1.5 米的鹅卵石散水，其北侧地表下残存 1 口陶缸（瓮），直径 0.8 米（图一三；彩版一七，2；彩版一八，1）。

　　F9　位于第 Ⅱ 发掘区中部的 TN01E02、TS01E02、TS01E03 内，叠压于第③层下，打破生土。平面大体呈长方形，西北至东南坐向，现存北墙、东墙、南墙和内部隔墙的墙基，其中北墙残长 7.6、厚 0.6 米，东墙长 11、厚 0.4 米，南墙残长 2.2、厚 0.5 米，内部隔墙残长 0.4、厚 0.36 米。墙基用残砖和窑具砌筑，夹杂碎瓷片和红砂岩块，房屋内活动面用红沙土块和碎瓷片铺垫，混杂少量残砖与鹅卵石，屋内东南部有一鹅卵石堆积坑，平面近圆形，直径 0.7 米。墙基东南角外、与 F10 的西墙之间残存一条用残砖砌筑的排水沟，宽 0.2～0.5 米（图一四；彩版一八，2）。

　　F10　位于第 Ⅱ 发掘区南部的 TS01E03、TS01E04 内，叠压于第③层下，打破生土。平面大体呈长方形，西北至东南坐向，现存北墙、东墙、西墙和内部隔墙的墙基，西墙局部与 F9 的东墙紧贴而建，其中北墙残长 1.5、厚 0.6 米，东墙长 8.8、厚 0.35～0.45 米，西墙残长 9.6、厚 0.48～0.6 米；内部隔墙现存 3 段，长 3.6～6.1、厚 0.45～0.75 米，将屋内划分为 4 个长方形区域。墙基用残砖和窑具砌筑，夹杂少量鹅卵石和红砂岩块，局部放置红石岩打制的石板作为柱础，屋内活动面主要用红烧土块和碎瓷瓦砾铺垫。西墙外、与 F9 的东南角之间残存一条用残砖砌筑的排水沟，宽 0.2～0.5 米（图一四；彩版一九，1）。

　　三　井

　　2 口，编号 J1、J2，均为土圹式砖（石）井。

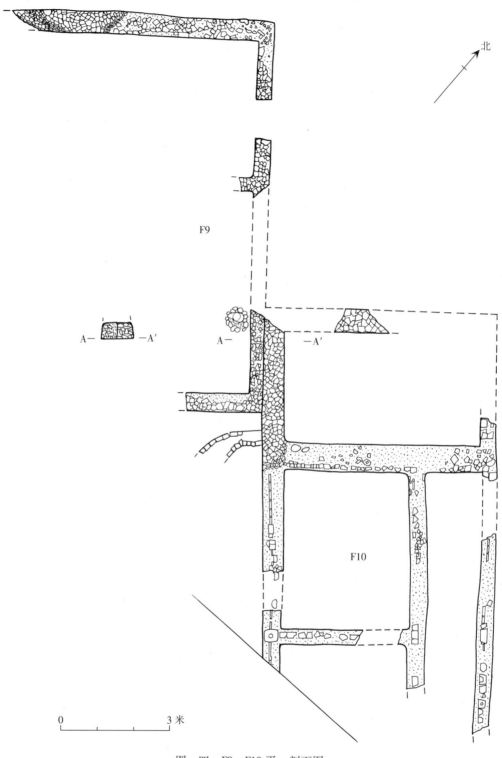

北

A———A'

F9

A——　——A'

F10

0　　　　　　　3 米

图一四　F9、F10 平、剖面图

J1　位于第 I 发掘区 T3 的南面扩方部分，叠压于第③层下，打破第④层，出于安全因素考虑
未清理至底。由井扩、井台和井圈两部分组成，井扩平面略呈长方形，长 1.6、宽 1.36、揭露深
度 5.2 米，直壁，内填暗黄色黏土，夹杂碎瓷片和细鹅卵石。井台部分残存一层平铺砖，围绕于
井圈四周。井圈使用长方形砖丁砌，平面呈八角形，直径 0.94~1、揭露残深 5 米。井圈用砖均为

素面青砖，尺寸规格为 38×18－7 厘米。井圈内堆积主要为瓷器、窑具和残砖等废弃物，瓷器以碗为主（图一五；彩版一九，2）。

　　J2　位于第Ⅱ发掘区南部的 TS04E01 内，叠压于第③层下，打破生土，因地处陡峭的边坡旁，出于安全因素考虑未清理至底。由井圹、井圈两部分组成，井圹平面呈圆形，带二层台，上部直径 1.98、下部直径 1.2、揭露深度 2.19 米，直壁，内填暗黄色黏土，夹杂细鹅卵石。井圈上部使用长方形或梯形砖横、丁交替砌筑，平面呈八角形，直径 0.7 米；中部 3 层用红砂岩打制的石圈套接，平面呈圆形，直径 0.69~0.82、厚 3~10 厘米；下部再用长方形或梯形砖横、丁交替砌筑，井圈揭露总深度 2.18 米。井圈用砖均为素面青砖，尺寸规格共有 5 种，分别为：35×18－3 厘米、34.5×18.5－4 厘米、34×18.5－5 厘米、（32－36）×19－5 厘米、（30－34）×18－5 厘米。井圈内堆积主要为瓷器、窑具和残砖等废弃物（图一六；彩版二○，1）。

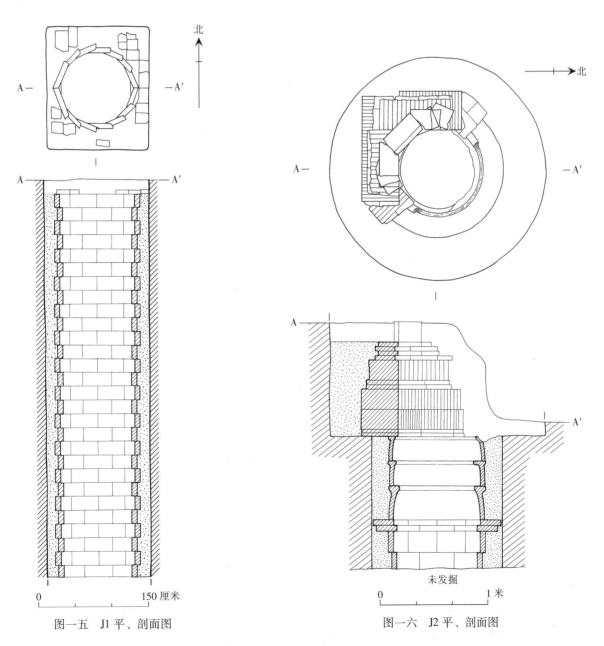

图一五　J1 平、剖面图　　　　　　　　　　　　图一六　J2 平、剖面图

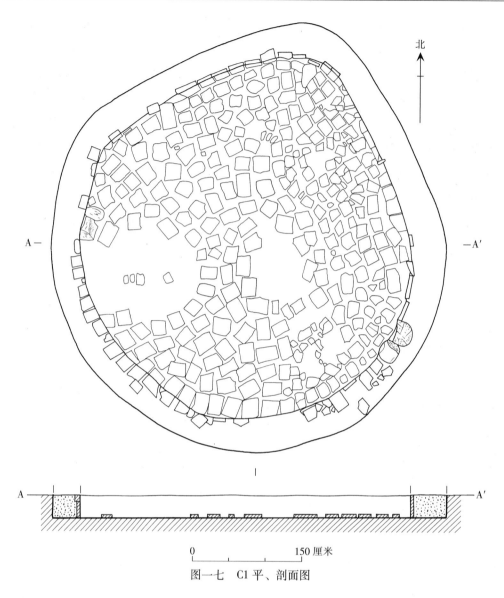

图一七 C1 平、剖面图

四 池

1 座，编号 C1。位于第Ⅱ发掘区中部偏北，跨越探方 TN02E02、TN01E02，叠压于第③层下，打破生土。平面近圆形，为先开挖土圹，后修筑池体。土圹平面亦近圆形，直径 4.9～5.3、残深 0.28 米，内填暗黄色黏土。池体直径 4.2～4.4、残深 0.28 米，池壁使用残砖丁砌，外沿再平铺一层，池底亦平铺一层砖。池体用砖残破不堪，厚 3～6 厘米。池内回填物为瓷片、窑具等废弃堆积（图一七；彩版二〇，2）。

五 道路

1 条，编号 L1。位于第Ⅱ发掘区中部偏北的 TN02E02、TN02E03 内，叠压于第③层下，打破生土，被 F4 打破。平面呈不规则带状，大体为西北—东南走向，残长 19.4、宽 1.2～3.8 米。由上、下两层构成，上层为路面，厚约 8 厘米，为大量瓷片瓦砾和细砂石堆积，构筑较紧密，泥土包含量少；下层为路基，厚约 28 厘米，为暗黄色黏土夹杂极少量的瓷片，质地紧密（图一八；彩版二一，1）。

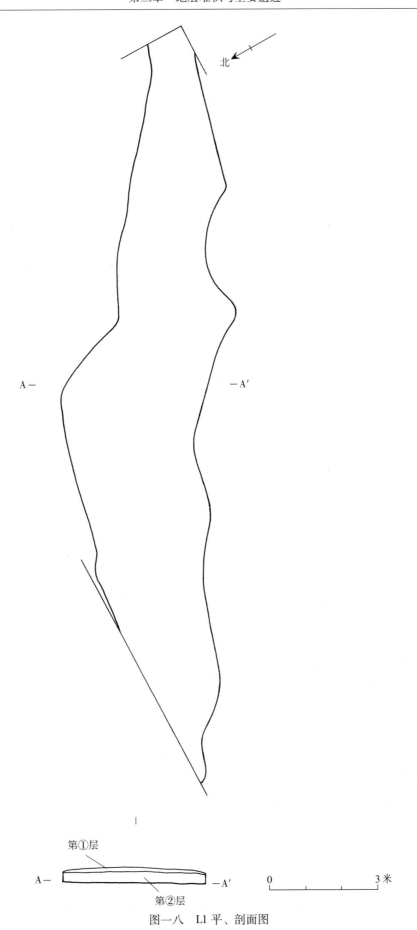

第①层

A —   — A′

第②层

0   3 米

图一八 L1 平、剖面图

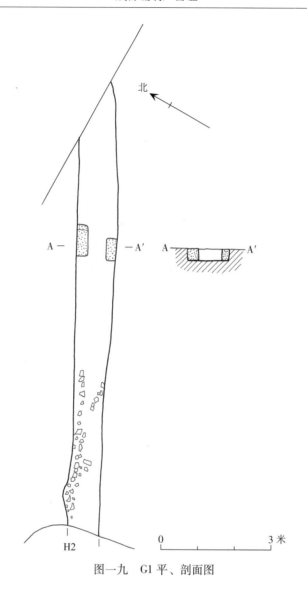

图一九　G1 平、剖面图

六　沟渠

1 条，编号 G1。位于第 II 发掘区北部的 TN03E01、TN04E01、TN04E02 内，叠压于第③层下，打破生土及 H9，被 H2 打破。平面呈长条形，方向 243°，残长 10.6、宽 0.45、深 0.2 米，沟壁用残砖、窑具、红砂岩块、瓷片等砌筑，沟内堆积主要是碎瓷、瓦砾等废弃物（图一九；彩版二一，2）。

七　墓葬

2 座，编号 M1、M2。

M1　位于第 II 发掘区西部偏北的 TN02W01 内，叠压于第③层下，打破 H9。为带土圹的三室并列砖室火葬墓，方向 274°，可分为南、中、北三室（图二〇；彩版二二～二五,1），其中北室和中室之间以各自的墓壁墙相隔，南室与中室之间则以较厚的生土墙相隔。南室保存最完好，平面呈梯形，长 1.62、宽 1.06～1.24、深 1.02 米。墓门处用砖横联成券拱，砖缝之间用垫板等窑具填塞，其上再平铺两层砖，墓门外立面涂抹有较厚的一层白灰，表面用红彩作画，两侧描绘对称

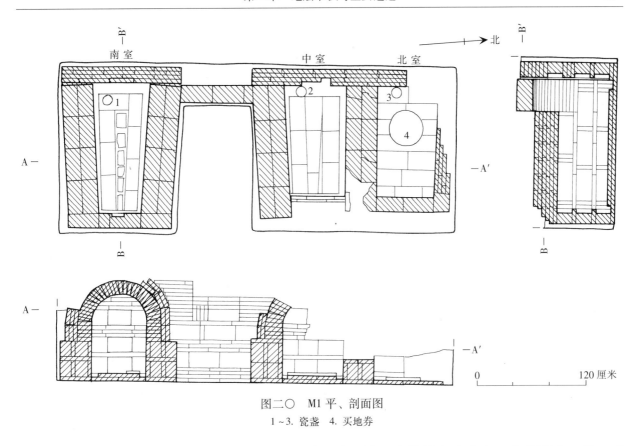

图二〇　M1 平、剖面图
1~3. 瓷盏　4. 买地券

的缠枝荷叶图案，中间书写一"祖"字。封门墙用砖以横丁交替的方式全砌，墓壁用砖一横一丁交替砌筑三层，其上再平铺数层砖构筑叠涩式墓顶。墓底平铺一层砖，再砌筑棺台，棺台平面呈梯形，长 1.18、宽 0.36 ~ 0.46、高 0.04 米，棺台上西南角摆放 1 件瓷盏，西北角残留少量石灰；中室和北室的平面亦为梯形，形制、尺寸及砌筑方式与南室都比较接近，墓顶皆遭破坏几已不存，中室的棺台上普遍残留一层石灰，可能作墓室防潮之用；北室的墓门内侧亦放置 1 件瓷盏，棺台中部放置 1 件买地券，通体为圆形的垫板类窑具，表面墨书券文（彩版二五，2），字迹漫漶，录文为"宣和七年岁次乙巳八月……壬寅故赵文……宅□火穴役……（华阳）县安养乡之原……东至青（龙）……（北）至玄武……墓陌（伯）方步……（整）齐阡陌……吉急急……"地券之下堆放有骨灰渣。墓砖均为长方形素面砖，尺寸规格共有 3 种，分别为：32×16-3 厘米、32×16-3.5 厘米、32×16-4 厘米。

　　M2　位于第Ⅱ发掘区东偏北的 TN02E03、TN02E04 内，叠压于第②层下，打破第③层。为清代小型土坑墓，方向 272°，墓坑平面呈窄长方形，长 1.27、宽 0.47、深 0.32 米，墓底铺垫土后放置一层板瓦，板瓦弧面朝下，厚约 3 厘米，其上摆放人骨一具，无随葬品（图二一）。

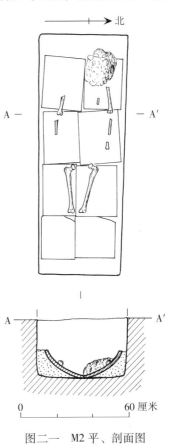

图二一　M2 平、剖面图

八　挡墙

1 条，编号 Q1。位于第Ⅱ发掘区北部偏东的 TN04E04、TN03E04、TN02E04 内，叠压于第③层下，打破生土，被 H10、H12 打破。主体大致呈南北走向，跨过 TN03E04 后转向西南，残长 14.9、宽 0.2 ~0.4 米，墙体用残砖、支钉、支柱、垫板等窑具砌筑，颇显随意且简陋粗糙（图二二；彩版二五，3）。

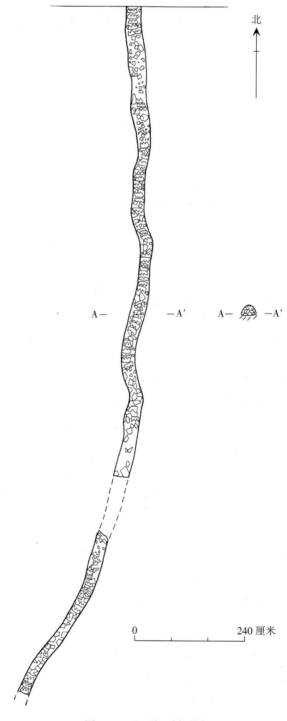

北

A — 　　　 —A'　　A — 　　 —A'

0　　　　　　　240 厘米

图二二　Q1 平、剖面图

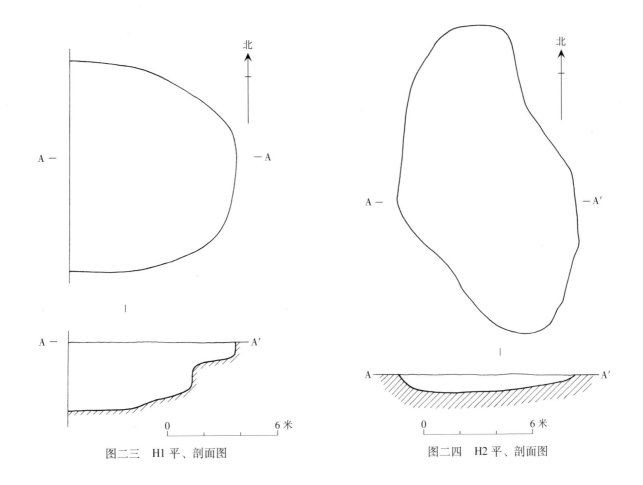

图二三　H1 平、剖面图　　　　　　　图二四　H2 平、剖面图

九　灰坑

23 个，编号 H1～H23。以第Ⅱ发掘区东北部的作坊区以东分布较集中，大小不一，平面形状多不规则，主要都属于各时期窑业生产过程中形成的取土坑，后改作废弃瓷器和窑具的填埋坑。择要介绍如下。

H1　位于第Ⅱ发掘区中部偏西的探方 TN01E01、TS01E01 内。揭露不完整，往西延伸至发掘区外。叠压于第②层下，打破第③层及 Y1。长 11.2、宽 9.1、深 3.6 米。平面呈半圆形。坑壁呈两级阶梯状，底近平。坑内填浅褐色含沙黏土，夹杂红烧土块，堆积疏松呈倾斜状。出土大量的白釉、酱釉瓷器，可辨碗、罐、盏、壶、瓶以及支钉、支柱等（图二三）。

H2　位于第Ⅱ发掘区西北部，跨越探方 TN02W01、TN03W01、TN02E01 和 TN03E01，叠压于第③层下，打破生土及 H9。长 16.9、宽 8.7、深 0.9 米，平面形状不规则，坑壁斜弧内收，底部较平整。坑内填灰黑色含沙黏土，夹杂少量红烧土块和木炭灰，堆积疏松呈倾斜状。出土大量的白釉、酱釉瓷器，可辨碗、盏、碟、罐、小罐、钵、壶、炉、瓶、盒、盆等，另有支钉等窑具（图二四）。

H3　位于第Ⅰ发掘区 T1 的南部内，揭露不完整，往南延伸至发掘区外，叠压于第③层下，打破第④层及 F1。长 2.96、宽 1.3、深 1.1 米，平面形状不规则，坑壁东部及北部呈袋状，坑壁西部斜弧内收，底部凹凸不平。坑内填红褐色黏土，夹杂较多红烧土块，堆积疏松。出土瓷器以白釉、酱釉居多，可辨碗、盏、罐、瓶、钵、小罐、玩具球等（图二五）。

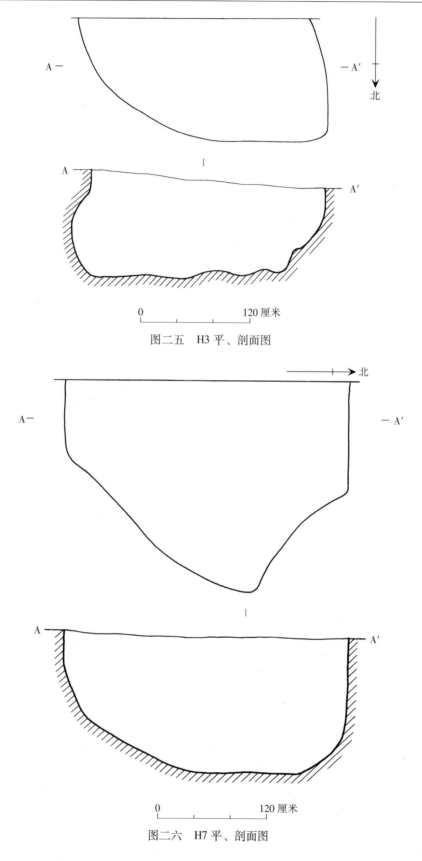

图二五　H3 平、剖面图

图二六　H7 平、剖面图

　　H7　位于第Ⅰ发掘区 T1 的西部，揭露不完整，往西延伸至发掘区外，叠压于第②层下，打破第③层。长 3、宽 2.2、深 1.4 米。平面形状不规则。直壁内收，坑底近平。坑内堆积分为 3 层：

第①层为黄褐色泥土，泥土量少，包含有青釉及酱釉瓷片；第②层为青灰色黏土，泥土量较多且夹杂少量青釉及酱釉瓷片；第③层堆积多出土酱釉瓷片，青釉瓷片较少。堆积出土遗物总体以青瓷和酱釉瓷为主，还有釉陶器、素烧器等，可辨器形有碗、盏、罐、急须、砚台、垫圈、支钉等（图二六）。

H9 位于第Ⅱ发掘区西北部，跨越探方 TN02W01、TN03W01、TN02E01、TN03E01 和 TN04E01。揭露不完整，西部及北部延伸至发掘区外。叠压于第③层下，打破生土及 Y2，被 H2、M1 打破。长 15、宽 13.7、深 3.5 米。平面形状不规则。坑壁呈斜坡状，底近平。坑内堆积为褐色、灰黑色及暗黄色黏土混杂红烧土块。土质较疏松。出土物可辨碗、盘、盆、盏、罐、注壶、器座、笔架、研磨器、急须、俑、支钉、垫圈及火照等（图二七）。

H10 位于第Ⅱ发掘区东北部，跨越探方 TN02E03、TN03E03、TN04E03、TN02E04、TN03E04 和 TN04E04。揭露不完整，北部延伸至发掘区外。开口于第③层下，打破生土及 F4、F6、Q1。长 21、宽 10.8、深 1.8 米。平面形状不规则。坑壁较直，坑底凹凸不平。坑内堆积分为 2 层：第①层为浅褐色含沙黏土，土量较多，包含物较少；第②层为浅黄色黏土，土质较紧密，

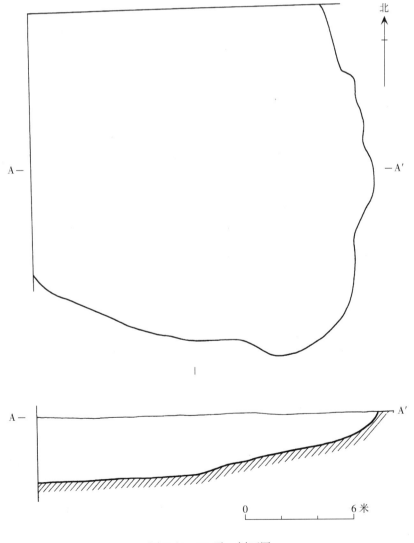

图二七 H9 平、剖面图

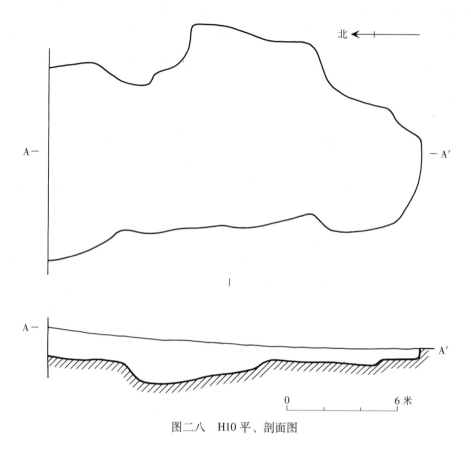

图二八　H10平、剖面图

土量较少，包含物较多。出土物有酱釉、青釉瓷片，以及少量白釉、黑釉瓷片，还有陶器、釉陶器等，器形有碗、碟、盏、盆、瓶、盒、钵、灯、罐、杯、腰鼓、器盖、研磨器、急须、铃铛及大量窑具，如支钉、垫圈等（图二八）。

　　H12　位于第Ⅱ发掘区探方TN02E04、TN02E05内，叠压于第③层下，打破生土及H21，被H17、H18打破。长9.8、宽8.2、深1.5米。平面形状不规则。坑壁呈阶梯状，坑底凹凸不平。坑内堆积由夹杂烧土颗粒的灰黑色黏土和黄色黏土组成，土质较紧密，土量较多。灰坑包含物较多，出土有大量青釉及酱釉瓷片等，还出土了大量窑具，器形可辨碗、碟、盘、盆、盏、罐、瓶、钵、盒、器盖、注壶、陶缸及垫片、支钉、窑柱等（图二九）。

　　H13　位于第Ⅱ发掘区的探方TN03E04、TN03E05内，叠压于第③层下，打破生土及H22。长6.5、宽4.4、深1米。平面形状不规则。坑壁斜弧内收，坑底呈斜坡状，坑内堆积呈斜坡状，土量较少，为灰色含沙黏土，其中夹杂有大量红烧土颗粒。出土物有青釉和酱釉瓷片等，可辨器形有碗、碟、盘、盆、钵、注壶、盏、炉、砚台、器盖、支钉、窑柱、急须等，另见有少量陶俑残件（图三〇）。

　　H17　位于第Ⅱ发掘区的探方TN02E05、TN02E04内，叠压于第③层下，打破生土及H12。长4.7、宽3.4、深1.85米。平面形状不规则。西壁垂直，东壁呈两级阶梯状，坑底平整，坑内堆积为暗黄色黏土混杂红烧土块。土质较疏松。出土物有青釉、酱釉瓷片及部分窑具，器形可辨碗、碟、罐、盘、盆、注壶、急须、杵、器柄、垫饼、支钉及窑柱等（图三一）。

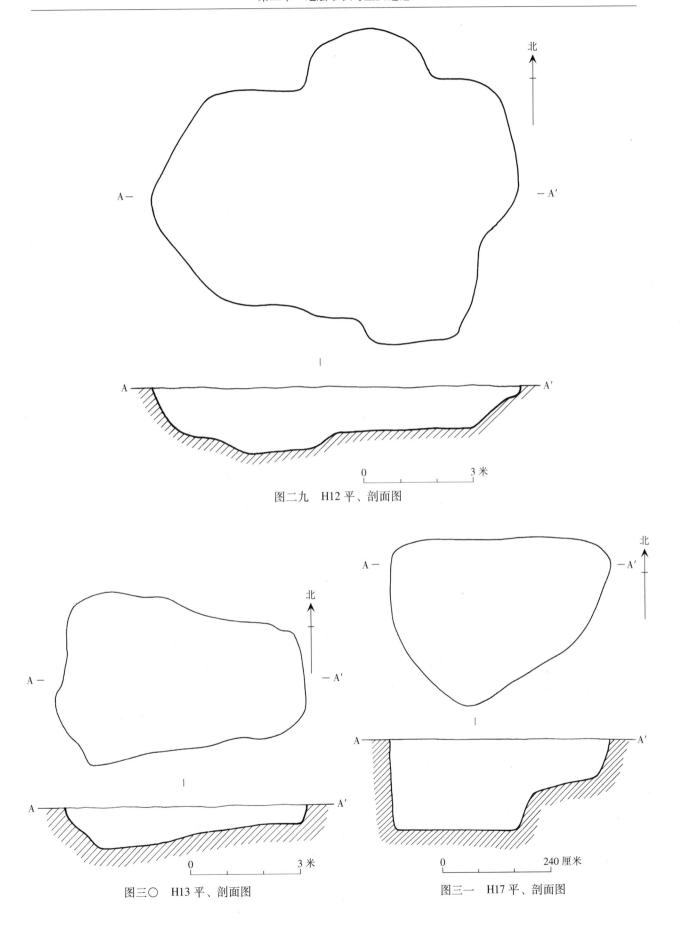

图二九　H12 平、剖面图

图三〇　H13 平、剖面图

图三一　H17 平、剖面图

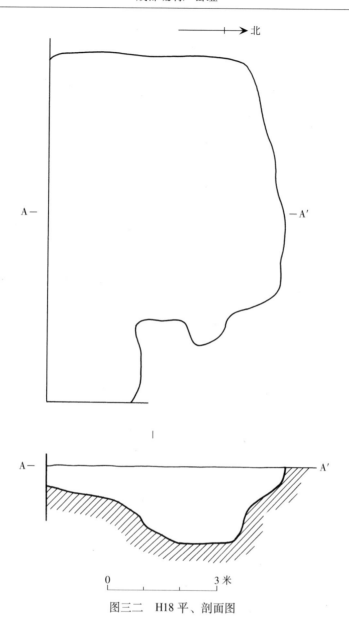

图三二　H18 平、剖面图

　　H18　位于第Ⅱ发掘区探方 TN02E05 南部，揭露不完整，南部延伸至发掘区外，叠压于第③层下，打破生土及 H12、H21。长6.2、宽9、深2米。平面形状呈不规则。坑壁阶梯状内收，坑底呈斜坡状。坑内堆积呈倾斜状，由黄褐色含沙黏土夹杂大量红烧土块及部分黑色烧土颗粒组成，土质较疏松，泥土含量较少。出土物有青釉、酱釉、白釉瓷片及窑具，可辨器形有碗、碟、盆、钵、盏、罐、盒、炉、注壶、器盖、臼、研磨器、急须、支钉等（图三二）。

　　H19　位于第Ⅱ发掘区探方 TN03E05 东北部，揭露不完整，东部延伸至发掘区外，叠压于第③层下，打破生土。长2、宽1.4、深0.48米。平面呈半圆形。坑壁斜弧内收，坑底面略凹凸，坑内堆积为黄褐色含沙黏土夹杂烧土颗粒，土质较疏松。出土物较少，有青釉、酱釉瓷片及窑具等，器形可辨盘、碟、盆、炉、腰鼓、器盖、笔架、垫片、支钉等（图三三）。

　　H22　位于第Ⅱ发掘区探方 TN03E05 中部，叠压于第③层下，被 H13 打破。长4、宽4、深2.1米。平面形状不规则。西壁垂直，东壁呈阶梯状，坑底凹凸不平。坑内堆积呈斜坡状，主要由

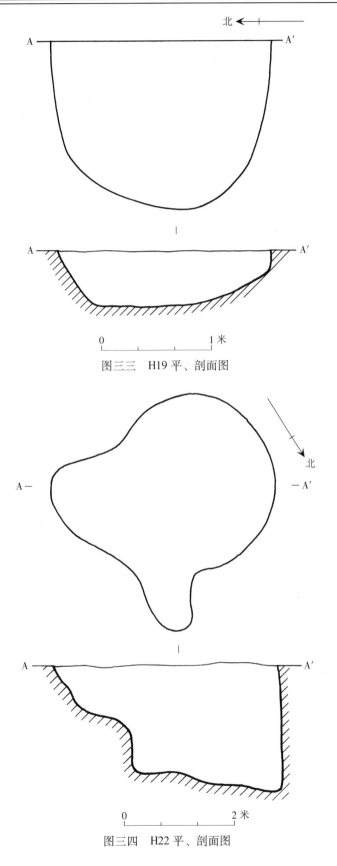

北 ←

A ————————— A′

A ————————— A′

0 ————— 1米

图三三　H19平、剖面图

北

A — — A′

A ————————— A′

0 ————— 2米

图三四　H22平、剖面图

夹杂烧土颗粒和炭屑的黄色黏土及部分深灰色黏土组成，土量较多。出土物有青釉、酱釉瓷片等，器形可辨碗、盘、盆、盏、罐、炉、碟、瓶、器盖等（图三四）。

第三章　出土遗物

窑址出土遗物丰富，可分为产品、生产工具及生活用具三大类。

第一节　产　品

产品是指由琉璃厂窑烧造，供给各地消费市场的器物，包括瓷器和陶器两大类。

一　瓷器

出土总量数以万计，以当地黄黏土为原料制坯而成，绝大多数器物粗坯耐用，胎体粗糙呈棕红色。按釉色区分，主要包括白釉、青釉、酱釉、黑釉、绿釉及素烧器共六类。

（一）白釉瓷器

出土数量较少，主要器形包括碗、盏、瓶、碟、盘五种，胎体绝大多数为棕红色，也有少量砖红色及棕灰色，胎面挂粉黄色化妆土，釉色偏灰白或米黄。

碗　53件。圆唇，圈足，内、外底残留石英砂垫烧痕。根据腹部形态差异，可分为2型。

A型　37件。弧腹。根据口部形态差异，可分为2亚型。

Aa型　35件。口微侈。F4垫：128，口沿一周青黄釉边，圈足内模印窑工印记。口径17.1、底径5.8、高5.2厘米（图三五，1）。Y1：18，釉面开片现象较明显，口沿一周青黄釉边。口径17.6、底径6.8、高5.6厘米（图三五，2）。Y1：20，口沿一周青黄釉边。口径16.8、底径5.6、高5.6厘米（图三五，3）。Y1：23，釉面脱落。口径17.4、底径5.3、高6厘米（图三五，4）。H1：585，口沿一周青黄釉边，外壁近底处残留跳刀痕。口径17.4、底径5.6、高5.2厘米（图三五，5）。H1：588，口沿一周青黄釉边。口径16.2、底径5.4、高4.6厘米（图三五，6；彩版二六，1）。H1：599，为上下两件粘连，口沿一周青黄釉边。口径16.4、底径5.6、高5.4厘米（图三六，1）。H1：520，口沿一周青黄釉边，圈足内模印一"干"字。口径19.2、底径5.3、高6厘米（图三六，2）。H1：526，口沿一周青釉边，圈足内模印一"利"字。口径16.4、底径5.5、高5.4厘米（图三六，3）。H1：561，口沿一周青釉边，圈足内模印一"九"字。口径16.8、底径5.4、高5.9厘米（图三六，4）。H1：601，口沿一周酱青釉边，圈足内模印窑工印记。口径15.8、底径5.8、高5.1厘米（图三六，5）。H1：590，口沿一周酱青釉边，圈足内模印窑工印记。口径16.2、底径5.6、高4.8厘米（图三六，6）。H1：499，釉面脱落较甚，圈足内模印窑工印记。口径17.2、底径5.4、高5.9厘米（图三七，1）。H1：554，口沿一周青釉边，圈足

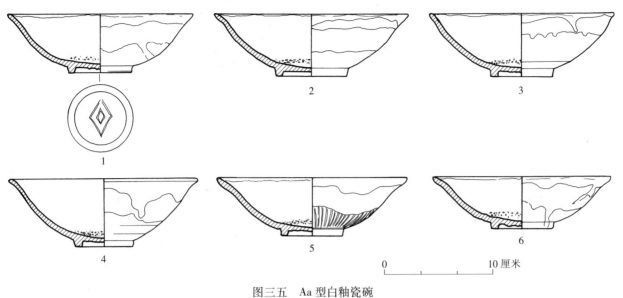

图三五　Aa 型白釉瓷碗
1. F4 垫：128　2. Y1：18　3. Y1：20　4. Y1：23　5. H1：585　6. H1：588

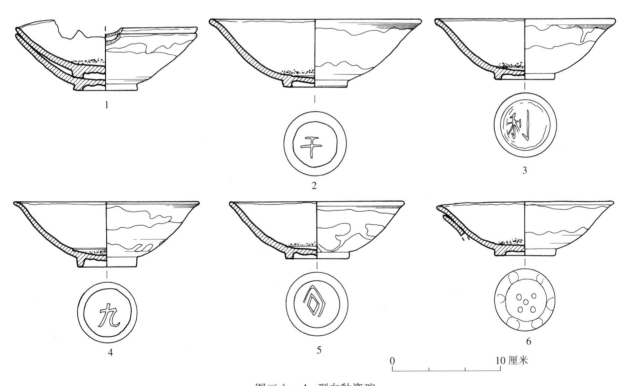

图三六　Aa 型白釉瓷碗
1. H1：599　2. H1：520　3. H1：526　4. H1：561　5. H1：601　6. H1：590

内模印窑工印记。口径 17.2、底径 5.6、高 6 厘米（图三七，2）。H1：600，口沿一周青釉边，圈足内模印窑工印记。口径 18.6、底径 6.5、高 5.6 厘米（图三七，3）。H1：498，釉面部分脱落，口沿一周青釉边，圈足内残留一块布纹，模印窑工印记。口径 16.6、底径 5.6、高 4.6 厘米（图三七，4）。H1：541，口沿一周青黄釉边，圈足内残留一块布纹，模印窑工印记。口径 18.6、底径 6.6、高 6 厘米（图三七，5）。H1：545，口沿一周青黄釉边，圈足内模印窑工印记。口径 19、

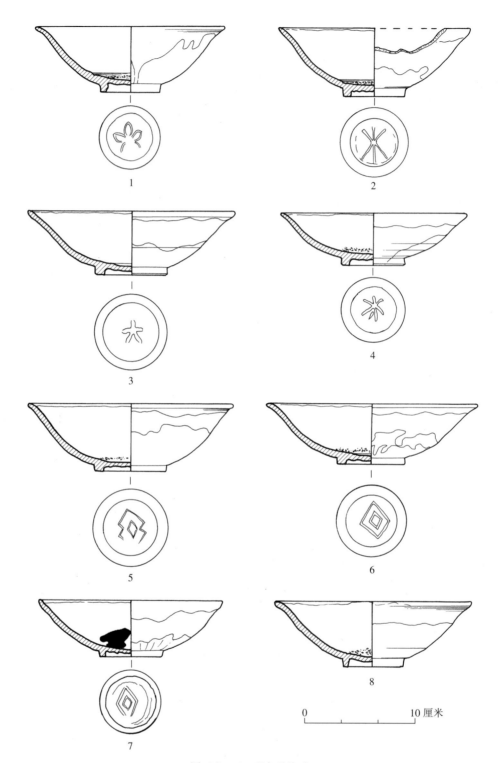

图三七　Aa 型白釉瓷碗

1. H1：499　2. H1：554　3. H1：600　4. H1：498　5. H1：541　6. H1：545　7. H1：602　8. H9：1964

底径 6.2、高 5.4 厘米（图三七，6）。H1：602，口沿一周青黄釉边，外底残留窑渣，圈足内模印窑工印记。口径 16.8、底径 5.6、高 5.1 厘米（图三七，7）。H9：1964，釉面脱落较甚，口沿一周青黄釉边，圈足内模印窑工印记。口径 17.6、底径 5.4、高 5.8 厘米（图三七，8）。H9：1966，圈足内残留一块布纹。口径 17、底径 5.5、高 6 厘米（图三八，1）。H2：226，釉面脱落较甚，口

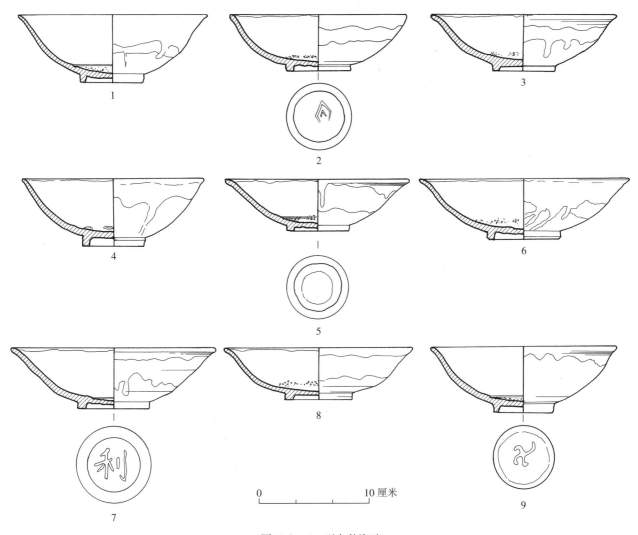

图三八 Aa 型白釉瓷碗

1. H9：1966 2. H2：226 3. H2：227 4. H20：4 5. H3：14 6. H3：15 7. H3：17 8. H18：84 9. H10：1100

沿一周青黄釉边，圈足内模印窑工印记。口径 16、底径 5.8、高 5 厘米（图三八，2）。H2：227，釉面脱落较甚，口沿一周青黄釉边。口径 16.8、底径 5.8、高 5 厘米（图三八，3）。H20：4，口沿一周青釉边。口径 16.4、底径 5.2、高 6 厘米（图三八，4）。H3：14，口沿一周青黄釉边。圈足内模印窑工印记。口径 16.4、底径 5.6、高 4.6 厘米（图三八，5）。H3：15，釉面脱落，口沿一周青黄釉边。口径 19.2、底径 6.6、高 5.3 厘米（图三八，6）。H3：17，釉面脱落，口沿一周青黄釉边，外底及外壁残留大量窑渣落灰，圈足内模印一"利"字。口径 18.6、底径 6.5、高 5.5 厘米（图三八，7）。H18：84，口沿一周青黄釉边。口径 17、底径 6、高 4.5 厘米（图三八，8）。H10：1100，圈足内残留一块布纹，模印窑工印记。口径 17、底径 5.4、高 5.8 厘米（图三八，9）。H10：1101，釉面脱落，口沿一周青黄釉边，圈足内残留一块布纹，模印窑工印记。口径 17.2、底径 5.3、高 6 厘米（图三九，1）。H10：1104，釉面脱落，口沿一周青釉边，圈足内残留一块布纹，模印一"九"字。口径 17.2、底径 5.6、高 5.5 厘米（图三九，2）。H10：1107，为上下两件粘连，口沿一周青黄釉边，圈足内残留一块布纹、模印窑工印记。口径 17.8、底径 5.5、高 6.8 厘米（图三九，3）。F10：1，釉面开片现象明显。口径 17、底径 5.6、高 5.2 厘米

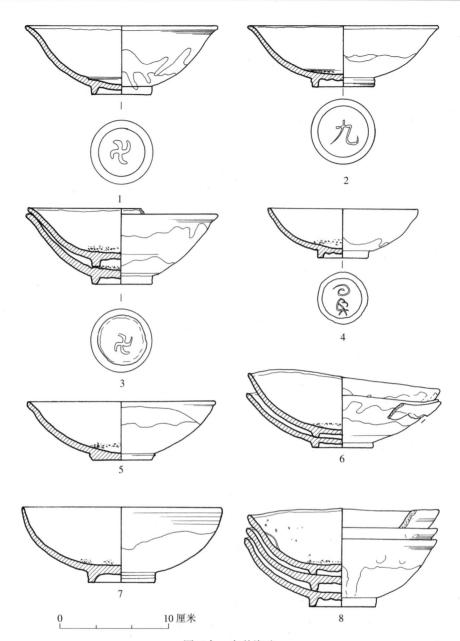

图三九　白釉瓷碗

1~3、5、6、8. Aa 型（H10：1101、H10：1104、H10：1107、F10：1、采：52、采：53）　4、7. Ab 型（H18：80、H2：233）

（图三九，5）。采：52，为上下两件粘连，釉面开片现象较明显，口沿一周酱黄釉边，外壁口沿下残留较多窑渣落灰。口径 17.2、底径 5.5、高 6.9 厘米（图三九，6）。采：53，为上中下三件粘连，釉面脱落，口沿一周青黄釉边。口径 17.6、底径 6、高 8.6 厘米（图三九，8）。

Ab 型　2 件。敞口。H2：233，釉面脱落，圈足内残留一块布纹。口径 17.6、底径 6、高 6.5 厘米（图三九，7）。H18：80，口沿一周青釉边，圈足内残留一块布纹，模印窑工印记。口径 13.6、底径 4.6、高 4.4 厘米（图三九，4）。

B 型　16 件。斜直腹。根据近底部形态差异，可分为 2 亚型。

Ba 型　15 件。近底部斜直内收。H1：564，为上中下三件粘连，口沿一周釉层较薄。圈足内模印一"席"字，残留一块布纹。口径 16.6、底径 5.7、高 7.6 厘米（图四〇，1）。H1：571，口

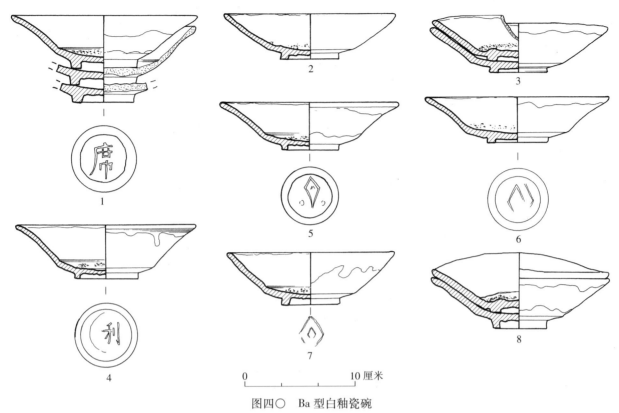

图四〇　Ba 型白釉瓷碗

1. H1：564　2. H1：571　3. H1：577　4. H1：537　5. H1：547　6. H2：228　7. H3：5　8. H10：1112

沿一周青黄釉边。口径 15.4、底径 5.2、高 4 厘米（图四〇，2）。H1：577，为上下两件粘连，口沿一周青黄釉边。口径 16.2、底径 5.2、高 5 厘米（图四〇，3；彩版二六，2）。H1：537，釉面脱落，口沿一周青黄釉边。圈足内模印一"利"字。口径 16.3、底径 5.7、高 4.8 厘米（图四〇，4）。H1：547，口沿一周青黄釉边。圈足内残留一块布纹，模印窑工印记。口径 16.1、底径 5.3、高 4.2 厘米（图四〇，5）。H2：228，釉面脱落，口沿一周青黄釉边。圈足内模印窑工印记。口径 16.6、底径 5.4、高 4 厘米（图四〇，6）。H3：5，口沿一周酱釉边。圈足内模印窑工印记。口径 15、底径 5、高 4.5 厘米（图四〇，7）。H10：1112，为上下两件粘连，圈足内残留一块布纹。口径 16.2、底径 5.1、高 6.8 厘米（图四〇，8）。H10：1103，口沿一周青黄釉边，釉面开片现象较明显。圈足内模印窑工印记，残留一块布纹。口径 16.2、底径 5、高 4.8 厘米（图四一，1）。H10：1111，釉面脱落较甚，口沿一周青黄釉边，圈足内模印窑工印记，残留一块布纹。口径 16.2、底径 4、高 4.3 厘米（图四一，2）。H10：1105，上下两件粘连，并以泥垫间隔，口沿一周酱青釉边。圈足内模印窑工印记，残留一块布纹。口径 16.2、底径 5.2、高 5.6 厘米（图四一，3）。H10：1106，釉面脱落，口沿一周酱釉边印迹。圈足内模印一"王"字。口径 14.6、底径 5.4、高 3.8 厘米（图四一，4）。Y1：19，釉面脱落较甚，口沿一周青黄釉边。口径 16.4、底径 5.4、高 4.8 厘米（图四一，5）。F4 垫：12，釉面脱落，口沿一周青黄釉边。圈足内模印窑工印记。口径 17、底径 5.4、高 4 厘米（图四一，7）。采：57，为上下两件粘连，釉面脱落较甚，圈足内残留一块布纹。口径 17、底径 5.2、高 5.2 厘米（图四一，6）。

Bb 型　1 件。无内收现象。H9：2148，为上下两件粘连，釉面脱落较甚，圈足内残留一块布

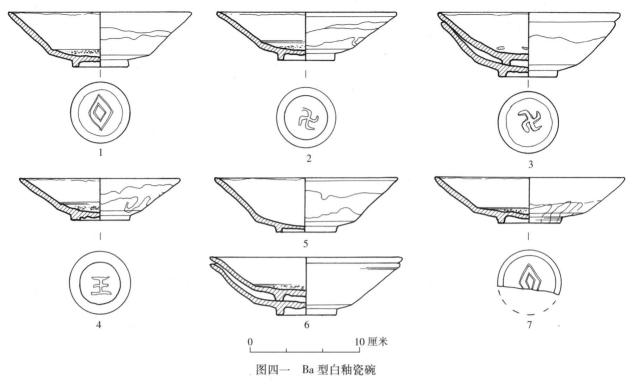

图四一　Ba 型白釉瓷碗
1. H10：1103　2. H10：1111　3. H10：1105　4. H10：1106　5. Y1：19　6. 采：57　7. F4 垫：12

纹。口径 16.4、底径 5.4、高 5.5 厘米（图四二，1）。

　　碗残件　1 件。F9：41，内底残留石英砂垫烧痕，圈足内模印一窑工印记。底径 5.5、残高
3.1 厘米（图四二，2）。

　　盏　29 件。圆唇，圈足。内、外底残留石英垫烧痕。根据腹部形态差异，可分为 2 型。

　　A 型　22 件。斜直腹。根据口部和腹部深浅差异，可分为 2 亚型。

　　Aa 型　13 件。口微侈，腹部较深。F4 垮：120，口径 12.2、底径 4、高 4 厘米（图四二，3）。
H1：607，为上下两件粘连，上面一件完整，釉面部分脱落，口沿处一周青黄釉边。口径 12.4、
底径 4.3、高 4.8 厘米（图四二，4；彩版二七，1）。H1：608，口沿处一周青黄釉边。口径 13、
底径 4.4、高 4 厘米（图四二，5）。H1：612，口沿处一周青黄釉边。口径 12.4、底径 4、高 4 厘
米（图四二，6）。H1：613，口径 12.5、底径 4、高 3.6 厘米（图四二，7）。H1：619，釉面脱落
较甚，口沿处一周青黄釉边。口径 13、底径 4、高 4.6 厘米（图四二，8；彩版二七，2）。H2：179，
釉面脱落较甚，口沿处一周青黄釉边。口径 12.7、底径 4.4、高 4.1 厘米（图四二，9）。H2：180，
釉面脱落较甚，口沿处一周青黄釉边。口径 12.7、底径 4.3、高 4.5 厘米（图四二，10）。
H9：1965，口沿处一周青黄釉边。口径 13.4、底径 4.4、高 4.4 厘米（图四二，11）。H10：1098，
为上下两件粘连，上面一件完整。口沿处一周青黄釉边。口径 12.6、底径 4、高 4.2 厘米（图
四二，12）。Y1：13，口沿处一周青黄釉边。口径 13、底径 4、高 4 厘米（图四二，13；彩版
二八，1）。F4 垫：6，釉面脱落较甚，口沿处一周青黄釉边。口径 13、底径 4、高 4.5 厘米
（图四二，14）。采：56，口沿处一周青黄釉边。口径 13、底径 4、高 4 厘米（图四二，15）。

　　Ab 型　9 件。敞口，腹部较坦浅。H1：592，口沿处一周棕黄釉边。口径 13.9、底径 4.8、高

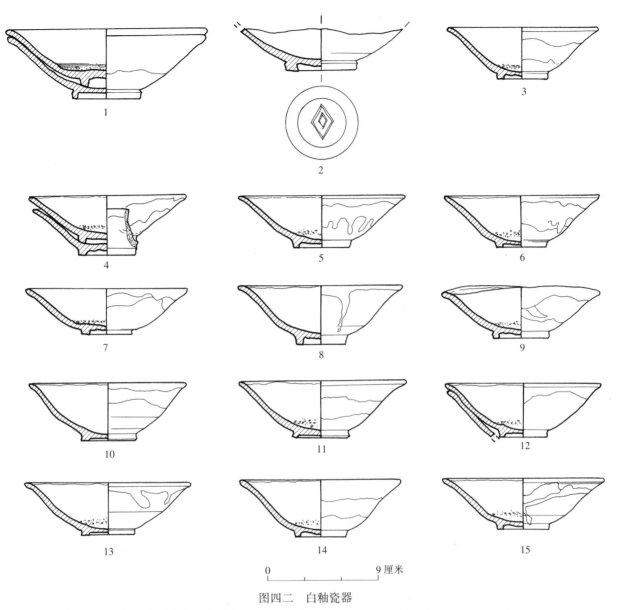

图四二　白釉瓷器

1. Bb 型碗（H9：2148）　2. 碗残件（F9：41）　3~15. Aa 型盏（F4 垮：120、H1：607、H1：608、H1：612、H1：613、
H1：619、H2：179、H2：180、H9：1965、H10：1098、Y1：13、F4 垫：6、采：56）

3.5 厘米（图四三，1）。H1：594，釉面脱落较甚。口径 13.4、底径 4.7、高 4 厘米（图四三，2）。H1：603，外壁粘连器物口沿碎片，口沿处一周青黄釉边。口径 12、底径 4、高 3.6 厘米（图四三，3）。H1：604，口沿处一周青黄釉边，釉面开片现象较甚。口径 13.6、底径 4.2、高 3.8 厘米（图四三，4）。H1：617，釉面脱落较甚，口沿处一周青黄釉边。口径 12.3、底径 4.4、高 3.8 厘米（图四三，5）。H2：181，口沿处一周青黄釉边。口径 12.2、底径 4.3、高 3.6 厘米（图四三，6）。H10：1108，釉面脱落较甚，口沿处一周棕黄釉边，圈足内模印一"卍"字。口径 14.3、底径 4.4、高 4 厘米（图四三，7）。F4 垫：8，口沿处一周棕黄釉边，圈足内模印一"九"字。口径 14.4、底径 4.4、高 4 厘米（图四三，8）。采：58，口沿处一周棕黄釉边。口径 14.2、底径 4.4、高 4.2 厘米（图四三，9）。

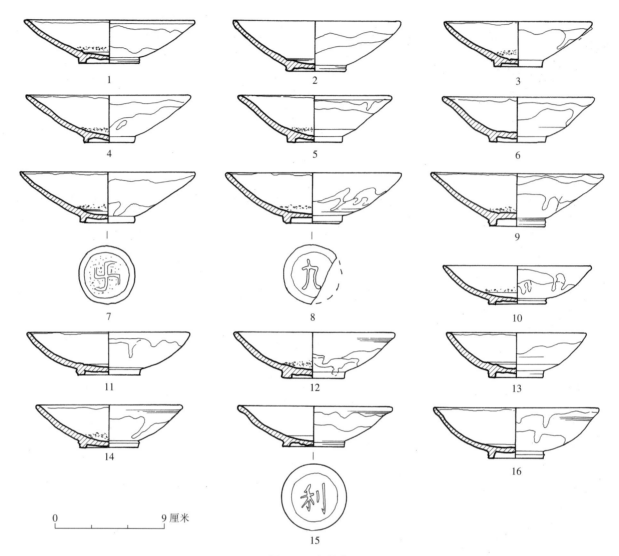

图四三　白釉盏

1~9. Ab 型（H1：592、H1：594、H1：603、H1：604、H1：617、H2：181、H10：1108、F4 垫：8、采：58）　　10~14. Ba 型（H1：595、H1：596、H1：597、H1：620、H10：998）　　15、16. Bb 型（H1：598、H18：422）

　　B 型　7 件。弧腹。根据口部形态差异，可分为 2 亚型。

　　Ba 型　5 件。敞口。H1：595，釉面脱落甚重。口径 12、底径 4.6、高 3 厘米（图四三，10）。H1：596，口沿处一周青黄釉边，内底釉面炸纹。口径 13、底径 5、高 3.4 厘米（图四三，11）。H1：597，口径 13、底径 4、高 3.7 厘米（图四三，12）。H1：620，釉面脱落较甚，口沿处一周青黄釉边。口径 11.4、底径 4.4、高 3.6 厘米（图四三，13）。H10：998，釉面脱落较甚，口沿处一周青黄釉边。口径 11.9、底径 4.8、高 3.4 厘米（图四三，14）。

　　Bb 型　2 件。口微侈。H1：598，圈足内模印一"利"字。口径 12.6、底径 4.8、高 3.2 厘米（图四三，15）。H18：422，口沿处一周青黄釉边。口径 13.4、底径 4.4、高 4 厘米（图四三，16）。

　　瓶　4 件。溜肩，球形腹。根据颈部形态的差异，可分为 2 型。

　　A 型　3 件。颈部较长。根据足部形态差异，可分为 2 亚型。

　　Aa 型　2 件。饼足。H1：691，腹部施绿釉花草纹。腹径 10.5、底径 6.8、残高 13.2 厘米

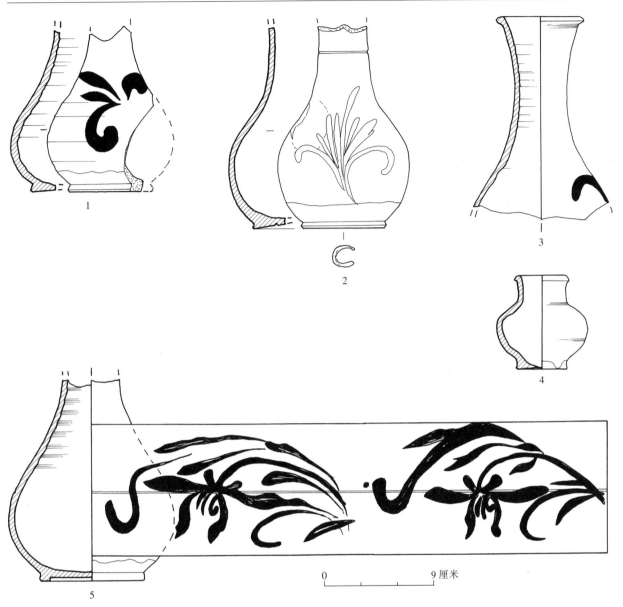

图四四　白釉瓶

1、2. Aa 型（H1：691、H2：397）　3. 瓶残件（采：67）　4. B 型（TN01E02②：9）　5. Ab 型（H1：70）

（图四四，1）。H2：397，颈部饰一周凹弦纹，腹部施绿釉花草纹，底部粘连少许窑渣。腹径
10.8、底径6.8、残高16.4厘米（图四四，2；彩版二八，2）。

　　Ab 型　1件。宽圈足。H1：70，颈部以上残。腹部施酱釉花草纹。腹径13.7、底径8.6、残
高16厘米（图四四，5；彩版二九，1）。

　　B 型　1件。颈部较短。TN01E02②：9，斜方唇，侈口，饼足。釉面脱落。口径4.5、腹径
7.4、底径4、高7.5厘米（图四四，4）。

　　瓶残件　1件。采：67，尖圆唇，侈口，细长颈，溜肩，残存少许腹部，推测为 A 型瓶的残
件。腹部施酱釉花草纹。口径7、残高16.2厘米（图四四，3；彩版二九，2）。

　　碟　6件。圆唇或尖圆唇，敞口，弧腹，内底略下凹，平底。H1：281，底部残留有炉渣痕。
口径9、底径3.8、高2厘米（图四五，1）。H1：285，釉面大部分脱落。口径9、底径4.3、高

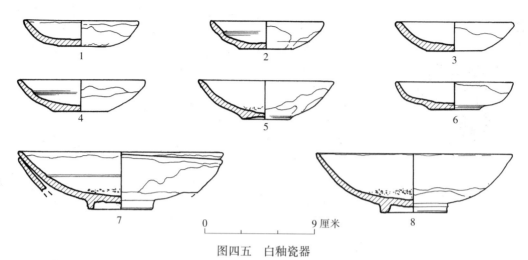

图四五　白釉瓷器
1~6. 碟（H1∶281、H1∶285、H1∶286、H1∶287、H10∶151、H18∶51）　7、8. 盘（H1∶573、H20∶6）

2.1（图四五，2）。H1∶286，口径9.3、底径4.4、高2.2厘米（图四五，3）。H1∶287，口径10.2、底径4.4、高2.4厘米（图四五，4）。H10∶151，内外底有石英砂垫烧痕。口径10.9、底径、3.8高3厘米（图四五，5）。H18∶51，釉面大部分脱落。口径9.4、底径4、高2.1厘米（图四五，6）。

盘　2件。圆唇，敞口，斜弧腹，较浅，圈足。内、外底残留石英垫烧痕，圈足内残留一块布纹。H1∶573，为上下粘连的两件，上面一件完整，内壁近底部一周凹弦纹，口沿处一周棕黄釉边。口径16.4、底径5.2、高4.4厘米（图四五，7）。H20∶6，口沿处一周棕黄釉边。口径15.8、底径5.2、高4.6厘米（图四五，8）。

（二）青釉瓷器

青釉瓷器的出土量在整个瓷器中位居第二，仅次于酱釉。器形可辨有饼足碗、圈足碗、盘、碟、盆、钵、盏、盒、无系罐、横系罐、竖系罐、注壶、瓶、炉、急须、杯、研磨器等20余种。绝大多数为棕红胎，也有部分砖红胎及个别棕灰胎，胎面挂粉黄色化妆土，部分釉色偏青黄或青绿。

饼足碗　73件。根据器物口部、沿部及腹部形态差异，可分为5型。

A型　21件。圆唇或尖圆唇，敞口，折沿，斜弧腹。根据器物胎体及饼足厚度差异，可分为2亚型。

Aa型　19件。胎体及饼足较厚。H1∶724，釉面开片现象较明显，内底粘一枚支钉。口径19.8、底径7.8、高6.4厘米（图四六，1）。H1∶662，为上下两件粘连，口沿施酱釉点彩。口径20.6、底径7.5、高7厘米（图四六，2）。H1∶629，釉面脱落较甚，内壁残留窑渣落灰。口径14.2、底径5.4、高4厘米（图四六，3）。H1∶630，口沿两处酱釉点彩，内底残留五枚支钉痕。口径13.6、底径6.2、高4.4厘米（图四六，4）。H9∶1887，釉面脱落，口部三处酱釉点彩。口径13.4、底径6、高4.1厘米（图四六，5）。H9∶1889，釉面粘大片窑渣，开片现象明显，内壁残留三枚支钉痕。口径13.8、底径5.8、高4.5厘米（图四六，6）。H9∶1890，口部三处酱釉点彩。口径13.2、底径5.4、高5厘米（图四六，7）。H9∶1891，挂橙黄色化妆土，内底残留五枚支钉痕。口径13.7、底径5.7、高4.8厘米（图四六，8）。H9：1897，为上下三件粘连，口部酱釉点彩。口径20、底径7.6、高8.5厘米（图四六，9）。H9：1898，口部酱釉点彩，内底残留五枚支钉痕。口径19、底径7、高7厘米（图四六，10；彩版三〇，1）。H12：118，釉面脱落。口径14、底径6、高4.4厘米（图四六，11）。H13：200，釉面脱落较甚，内底残留五枚支钉痕。口径13.3、底径5.6、高4.3厘米（图四六，12）。H16：5，釉面脱落较甚，内底残留五枚支钉痕。口径14、底径5.6、高4.6厘米（图四六，13）。H18：64，釉面开片现象较明显，内壁残留窑渣落灰。变形较甚。口径14.4、底径5.4、高4.4厘米（图四七，1）。H18：74，内底残留五枚支钉痕。口径18.4、底径7.8、高6.5厘米（图四七，2）。H18：420，口沿绘三处草叶纹，内底残留

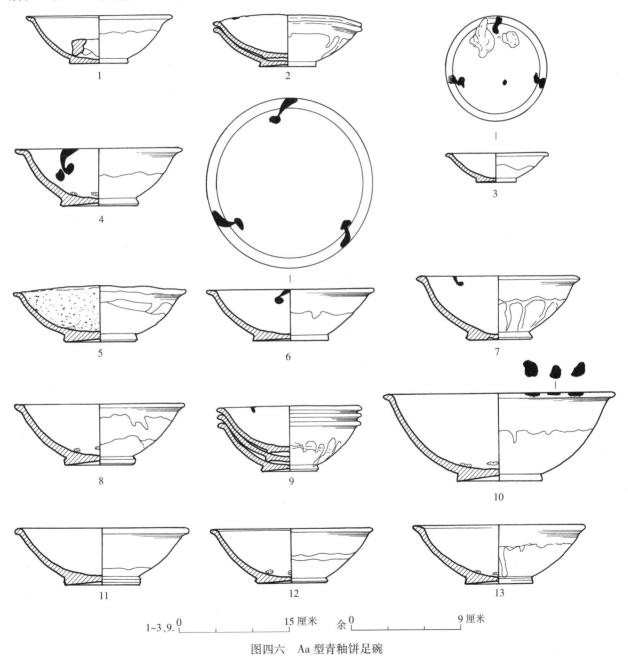

图四六　Aa型青釉饼足碗

1. H1：724　2. H1：662　3. H1：629　4. H1：630　5. H9：1887　6. H9：1889　7. H9：1890　8. H9：1891　9. H9：1897
10. H9：1898　11. H12：118　12. H13：200　13. H16：5

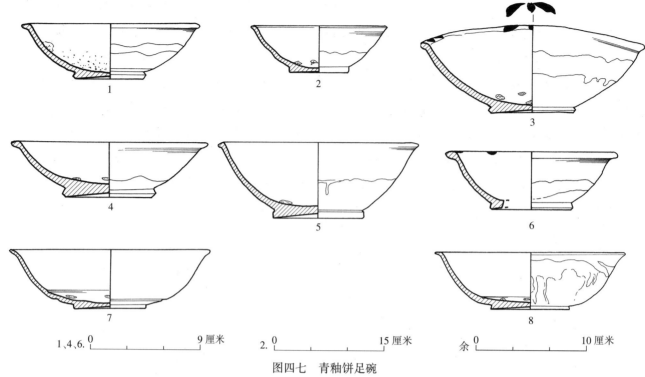

图四七　青釉饼足碗

1~7. Aa 型（H18：64、H18：74、H18：420、H21：5、F3 垫：4、F4 垫：114）　7、8. Ab 型（H9：943、采：68）

五枚支钉痕。变形较甚。口径 20、底径 7.5、高 7.7 厘米（图四七，3）。H21：5，砖红色胎，内底残留五枚支钉痕。口径 16、底径 7、高 4.4 厘米（图四七，4）。F3 垫：4，釉面脱落较甚，内底残留五枚支钉痕。口径 19.2、底径 8.7、高 7 厘米（图四七，5）。F4 垫：114，釉面粘连大量窑渣。口径 14、底径 6.6、高 4.6 厘米（图四七，6）。

Ab 型　2 件。胎体及饼足较薄，内底多一周凹弦纹。H9：943，釉面脱落，内底残留五枚支钉痕。口径 18.3、底径 6.4、高 5.2 厘米（图四七，7）。采：68，釉面脱落，内底残留五枚支钉痕。口径 17.4、底径 7、高 5 厘米（图四七，8）。

B 型　28 件。圆唇，敞口或微侈，无折沿，斜弧腹。根据胎体厚度差异，可分为 2 亚型。

Ba 型　2 件。胎体较厚。H9：1899，为上下两件粘连，内壁施酱青釉彩，口沿一周露胎，外壁残留较多窑渣落灰。口径 19.4、底径 8、高 8 厘米（图四八，1）。F4 垫：258，釉面粘连少量窑渣。口径 19.4、底径 7、高 6.6 厘米（图四八，2）。

Bb 型　26 件。胎体较薄，内底多一周凹弦纹。Y2①：3，釉面脱落较甚，内底残留五枚支钉痕。口径 15.4、底径 5.6、高 5 厘米（图四八，3）。C1：8，内底残留五枚支钉痕。口径 14、底径 4.6、高 4.2 厘米（图四八，4）。F2 垫：357，内底残留五枚支钉痕。口径 14.4、底径 6、高 4.2 厘米（图四八，5）。F3 垫：3，内底残留五枚支钉痕。口径 14.8、底径 5.2、高 4.2 厘米（图四八，6）。F4 垫：406，内底残留支钉痕。口径 17、底径 6.4、高 5.2 厘米（图四八，7）。H1：640，内底残留支钉痕。口径 13.4、底径 5.8、高 4.5 厘米（图四八，8）。H2：193，内底残留五枚支钉痕。口径 14.8、底径 5.7、高 4.2 厘米（图四八，9）。H2：204，内底残留五枚支钉痕，内壁较多釉泡。口径 15.8、底径 6.2、高 4.8 厘米（图四八，10）。H9：648，内底残留五枚

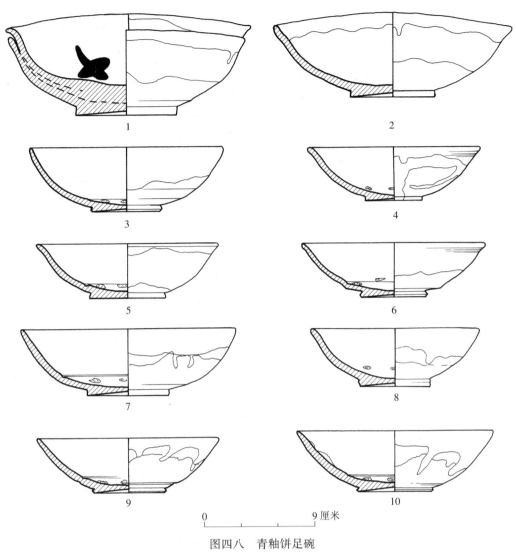

0 ⊢————⊣ 9厘米

图四八　青釉饼足碗

1、2. Ba 型（H9：1899、F4 垫：258）　　3～10. Bb 型（Y2①：3、C1：8、F2 垫：357、F3 垫：3、F4 垫：406、H1：640、H2：193、H2：204）

支钉痕。口径 15.6、底径 6.2、高 5.4 厘米（图四九，1）。H9：1905，内底残留五枚支钉痕，外壁残留较多窑渣落灰。口径 14.5、底径 6.3、高 4.6 厘米（图四九，3）。H9：934，内底残留五枚支钉痕，外底粘连一块渣饼。口径 15.2、底径 6.4、高 4.6 厘米（图四九，2）。H9：938，内底残留三枚支钉痕。口径 15.8、底径 6.4、高 5.5 厘米（图四九，4）。H9：1102，釉面脱落较甚，内底残留四枚支钉痕。口径 16.4、底径 6.4、高 5.5 厘米（图四九，5）。H10：995，釉层脱落。口径 12.8、底径 4.4、高 3.8 厘米（图四九，6）。H12：43，釉层脱落。口沿绿釉点彩，内底残留五枚支钉痕。口径 16.8、底径 6.6、高 5.4 厘米（图四九，7）。H16：13，釉层脱落，内底残留五枚支钉痕。口径 17、底径 7、高 5.5 厘米（图五〇，1）。H17：81，釉层脱落，口沿三处绿釉团彩，内底残留五枚支钉痕。口径 15.4、底径 6.3、高 4.3 厘米（图五〇，2）。H17：82，内底残留五枚支钉痕。口径 17、底径 6.1、高 4.7 厘米（图五〇，3）。H18：440，口沿两处绿釉团彩，内底残留五枚支钉痕。口径 16.6、底径 6.6、高 4.8 厘米（图五〇，4）。H18：441，内底残留五枚支钉痕。口径 16.3、底径 5.6、高 4.7 厘米（图五〇，5）。H22：19，口沿施绿釉彩，内底残留五枚支

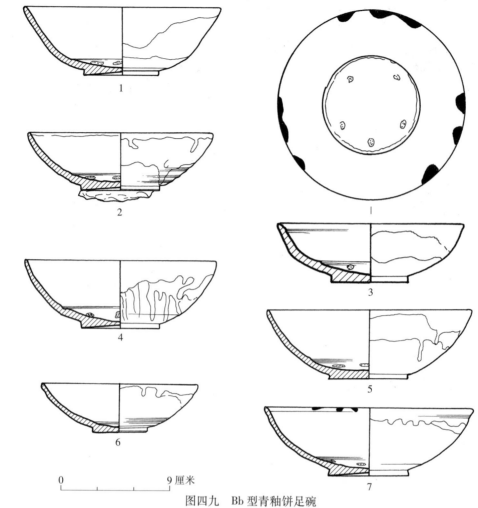

0　　　　　　9厘米

图四九　Bb型青釉饼足碗
1. H9：648　2. H9：934　3. H9：1905　4. H9：938　5. H9：1102　6. H10：995　7. H12：43

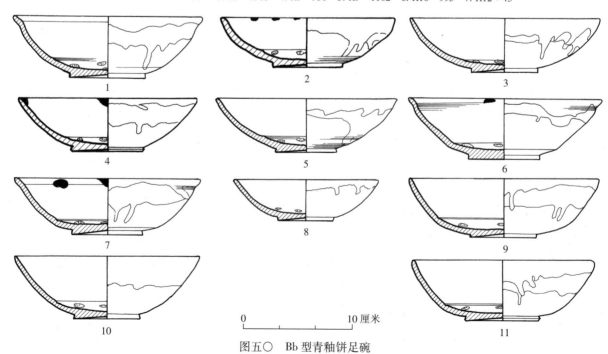

0　　　　　　10厘米

图五〇　Bb型青釉饼足碗
1. H16：13　2. H17：81　3. H17：82　4. H18：440　5. H18：441　6. H22：19　7. H22：118　8. TN01E02②：60　9. Y2②：18
10. Y2②：20　11. Y2②：21

钉痕，口径 17.3、底径 6.4、高 5.4 厘米（图五〇，6）。H22：118，口沿两处绿釉团彩，内底残留五枚支钉痕。口径 16.8、底径 6.5、高 5 厘米（图五〇，7）。TN01E02②：60，釉层脱落，内底残留五枚支钉痕。口径 13、底径 5、高 3.6 厘米（图五〇，8）。Y2②：18，釉面部分脱落，内底残留支钉痕。口径 17、底径 6、高 5.2 厘米（图五〇，9）。Y2②: 20，内底残留支钉痕。口径 16.8、底径 6、高 5.6 厘米（图五〇，10）。Y2②: 21，内底残留五枚支钉痕。口径 16.6、底径 6.6、高 5.4 厘米（图五〇，11）。

C 型　14 件。圆唇，敞口或微侈，无折沿，斜直腹。根据近底部形态差异，可分为 2 亚型。

Ca 型　8 件。近底部斜直内收。可分为 2 式。

Ⅰ式　6 件。内收处较宽。H9：1955，敞口，腹部较深，釉面脱落，内壁饰青釉草叶纹，内底残留支钉痕。口径 26.4、底径 11.4、高 9.1 厘米（图五一，1）。H9：947，敞口，腹部较深，釉面脱落，内底残留支钉痕。口径 22.5、底径 10、高 7.8 厘米（图五一，2；彩版三〇，2）。H10：1245，敞口，腹部较深，内底残留支钉痕。口径 25.6、底径 11、高 9.2 厘米（图五一，3）。H16：6，敞口，

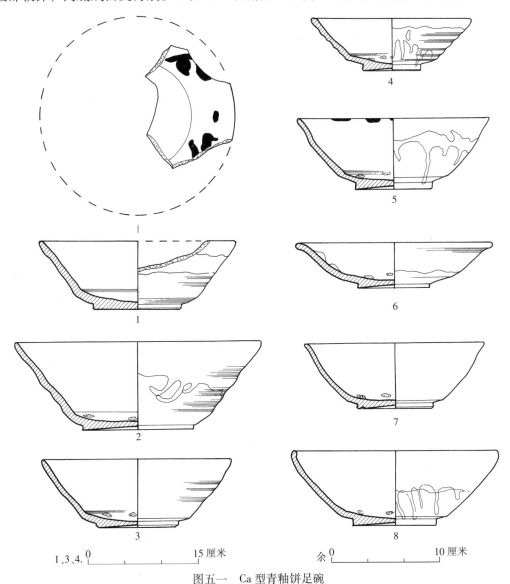

图五一　Ca 型青釉饼足碗

1~6. Ⅰ式（H9：1955、H9：947、H10：1245、H16：6、F4 垫：272、Y2D1：5）　　7、8. Ⅱ式（H13：74、F4 垫：279）

腹部较深，内底残留支钉痕。口径21.6、底径8、高7厘米（图五一，4）。F4垫：272，口沿施酱釉点彩，内底残留支钉痕。口径17.4、底径7、高6.2厘米（图五一，5）。Y2D1：5，变形较甚，釉面大量釉泡，内底残留支钉痕。口径18、底径6.6、高4厘米（图五一，6）。

Ⅱ式　2件。内收处较窄。H13：74，釉面脱落较甚，内底残留四枚支钉痕。口径16.4、底径7.1、高5.8厘米（图五一，7）。F4垫：279，釉面脱落，内底残留支钉痕。口径18.8、底径7.8、高6.6厘米（图五一，8）。

Cb型　6件。近底部无内收现象。H12：45，釉面脱落较甚，内底残留五枚支钉痕。口径16.2、底径6.8、高5.6厘米（图五二，1）。H15：10，釉面脱落较甚，内底残留支钉痕。口径16.2、底径6.4、高5厘米（图五二，2）。H16：10，内底残留支钉痕。口径18、底径7.4、高

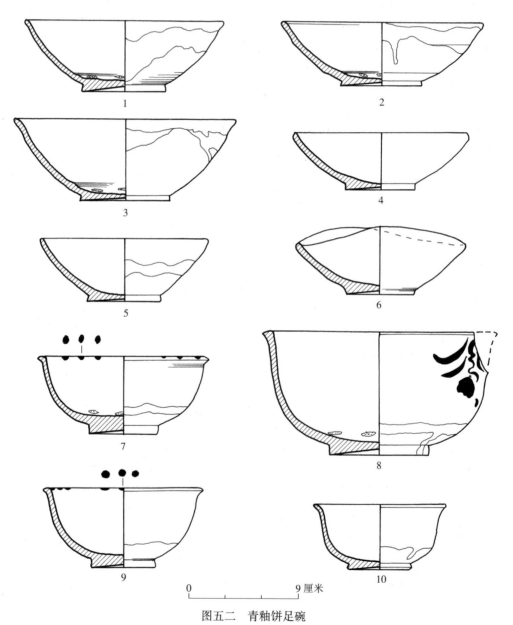

图五二　青釉饼足碗

1～6. Cb型（H12：45、H15：10、H16：10、H18：71、H18：73、H21：4）　7～10. Da型（H12：48、
H12：46、TN01E02②：3、TN01E02②：1）

6.4 厘米（图五二，3）。H18：71，釉层脱落。口径 14、底径 5.6、高 4.5 厘米（图五二，4）。H18：73，釉层脱落。口径 13.8、底径 6、高 5 厘米（图五二，5）。H21：4，内壁残留窑灰落渣。口径 14、底径 5.6、高 5.4 厘米（图五二，6）。

D 型　9 件。口近直，折沿，深弧腹。根据器物沿部宽窄差异，可分为 2 亚型。

Da 型　4 件。折沿较窄。H12：46，釉面开片现象较明显，外壁用绿釉、酱釉绘花草纹，内底残留支钉垫烧痕。口径 19、底径 8、高 9.8 厘米（图五二，8）。H12：48，釉面脱落较甚，口沿处酱青釉点彩，内底残留支钉痕。口径 13.6、底径 5.4、高 6 厘米（图五二，7）。TN01E02②：3，釉面脱落，口部处酱釉点彩，内底残留支钉痕。口径 13、底径 5、高 6.2 厘米（图五二，9）。TN01E02②：1，釉面脱落较甚。口径 10.6、底径 4.8、高 5.1 厘米（图五二，10）。

Db 型　5 件。折沿较宽。H12：123，腹部以下残，釉面脱落较甚，沿部残存酱釉绘波浪纹印迹。残高 7 厘米（图五三，1）。H18：118，腹部以下残，釉面脱落较甚，沿部及外壁用绿釉、酱釉绘卷草纹。残高 4.4 厘米（图五三，3）。TN01E02②：2，釉面部分脱落，沿部施酱釉及绿釉条纹彩。口径 13.2、底径 5.8、高 4.4 厘米（图五三，5）。TN01E02②：4，釉面开片现象明显，内底残留支钉垫烧痕。口径 18.4、底径 8.4、高 10 厘米（图五三，2）。TN01E02②：5，釉面开片现象明显，内底残留支钉垫烧痕。口径 20.2、底径 8.6、高 8.4 厘米（图五三，4）。

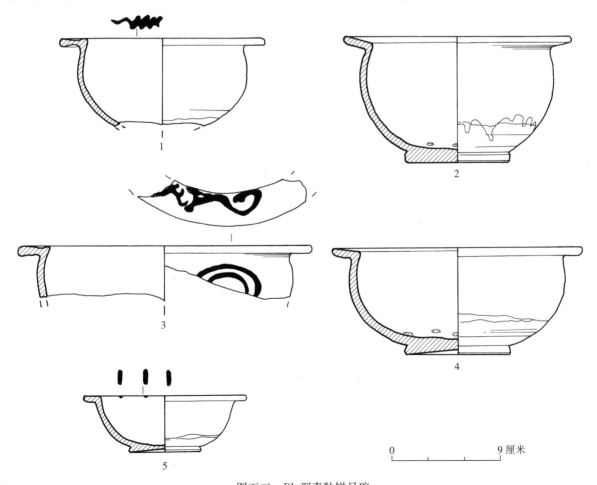

图五三　Db 型青釉饼足碗
1. H12：123　2. TN01E02②：4　3. H18：118　4. TN01E02②：5　5. TN01E02②：2

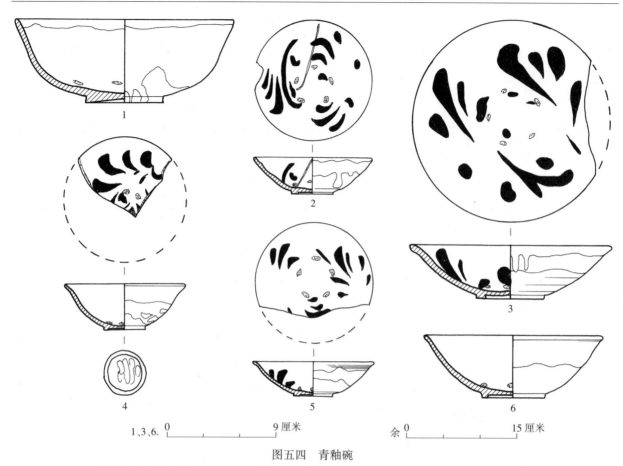

1、3、6. 0 ——————— 9厘米　　　余 0 ——————— 15厘米

图五四　青釉碗
1. E型饼足碗（H9：945）　　2～6. Aa型圈足碗（H1：652、H1：653、H2：200、H1：657、H2：187）

　　E型　1件。敞口，无折沿，深弧腹。H9：945，口沿一周挂化妆土，内底残留五枚支钉痕。口径17.6、底径6.4、高6.6厘米（图五四，1）。

　　圈足碗　76件。根据腹部及足部形态差异，可分为5型。

　　A型　41件。斜弧腹，圈足制作较精细，普遍矮窄。据口部形态及体型大小差异，可分为2亚型。

　　Aa型　34件。圆唇，口微侈，体型较小。H1：652，内壁饰草叶纹，内底残留支钉垫烧痕。口径16.3、底径5.8、高4.8厘米（图五四，2）。H1：653，饰草叶纹，内壁粘连大片窑灰，内底残留支钉垫烧痕。口径16.2、底径5.4、高4.2厘米（图五四，3；彩版三一，1）。H1：657，饰草叶纹，内壁粘连大片窑灰，内底残留支钉垫烧痕。口径16.5、底径5.6、高4.7厘米（图五四，5）。H2：187，内底残留支钉垫烧痕。口径14.6、底径5、高5厘米（图五四，6）。H2：200，内壁饰草叶纹，内底残留支钉垫烧痕。口径16、底径5.8、高6.2厘米（图五四，4）。H2：205，内底残留支钉垫烧痕。口径15.8、底径5.6、高4.6厘米（图五五，1）。H3：12，内壁饰草叶纹，内底残留支钉垫烧痕。口径17.2、底径5.4、高4.6厘米（图五五，7）。H7：12，内底残留支钉垫烧痕。口径16.6、底径5.4、高5.2厘米（图五五，2）。H7：22，内壁饰草叶纹。口径15.5、底径5.5、高4.8厘米（图五五，3）。H9：637，内底略内凹，口沿露胎一周。口径12.4、底径4.8、高4厘米（图五五，4）。H9：902，内底残留支钉垫烧痕。口径16、底径5.5、高5.8厘米（图五五，5）。H9：1907，内壁饰草叶纹，内底残留支钉垫烧痕。口径18、底径6.2、高5.8厘米

图五五　Aa 型青釉圈足碗
1. H2：205　2. H7：12　3. H7：22　4. H9：637　5. H9：902　6. H9：1908　7. H3：12　8. H9：1907

（图五五，8）。H9：1908，内壁饰草叶纹，口沿露胎一周，残留对口烧痕。口径 13.8、底径 4.7、高 4.8 厘米（图五五，6）。H10：1041，内底残留支钉垫烧痕。口径 16.6、底径 5.8、高 5 厘米

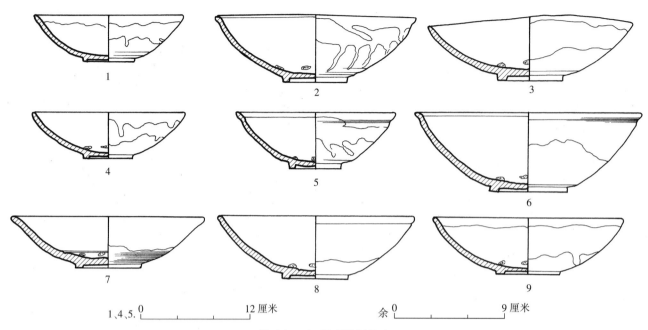

1、4、5. 0 ╟─────────┤ 12厘米　　　　　余 0 ╟─────────┤ 9厘米

图五六　Aa 型青釉圈足碗

1. H10：1041　2. H10：1048　3. H10：1047　4. H10：1046　5. H10：1051　6. H10：1057　7. H10：1059　8. H10：1061　9. H10：1386

（图五六，1）。H10：1046，口沿一周酱釉边，内壁"橘皮"现象明显，内底残留支钉垫烧痕。口径16.2、底径5.5、高5厘米（图五六，4；彩版三一，2）。H10：1047，内底残留支钉垫烧痕。口径16.4、底径5.3、高5.2厘米（图五六，3）。H10：1048，口沿一周酱釉边，内底残留支钉垫烧痕。口径16.6、底径5、高5.4厘米（图五六，2）。H10：1051，口沿一周酱釉边，内底残留支钉垫烧痕。口径17.6、底径5.9、高6厘米（图五六，5）。H10：1057，釉面大部分脱落，口沿一周酱釉边，内底残留支钉垫烧痕。口径18、底径6.2、高6.2厘米（图五六，6）。H10：1059，近内底处有凹弦纹一周，釉面大部分脱落，口沿一周酱釉边，内底残留支钉垫烧痕。口径15.4、底径5.2、高4厘米（图五六，7）。H10：1061，釉面脱落较甚，内壁压印草叶纹，内底残留支钉垫烧痕。口径16、底径5.3、高5厘米（图五六，8）。H10：1073，内壁饰草叶纹，内底残留支钉垫烧痕。口径13.7、底径5、高3.6厘米（图五七，1）。H10：1077，内壁饰草叶纹，内底残留支钉垫烧痕。口径18.4、底径6.1、高6.2厘米（图五七，3；彩版三二，1）。H10：1386，内底残留支钉垫烧痕。口径15.4、底径5.2、高4.5厘米（图五六，9）。H10：1390，近内底处使凹弦纹一周，釉面脱落较甚，口沿一周酱釉边，内底残留支钉垫烧痕。口径16.9、底径5.6、高4.8厘米（图五七，5）。H18：68，釉面少量脱落，内壁饰草叶纹，内底残留支钉垫烧痕。口径16、底径5.5、高5厘米（图五七，6）。H18：423，釉面大部分脱落，内壁饰草叶纹，内底残留支钉垫烧痕。口径14、底径4.4、高3.4厘米（图五七，4）。TN01E03③：333，内底残留支钉垫烧痕。口径16、底径5.4、高4.5厘米（图五七，7）。TN01E03③：536，釉面大部分脱落，内壁饰草叶纹，内底残留支钉垫烧痕。口径13.8、底径4.8、高5厘米（图五七，2）。F2垫：359，内底残留支钉垫烧痕。口径15.8、底径6、高5.5厘米（图五八，1）。F2垫：644，内底残留支钉痕。口径13.4、底径4.4、高3.7厘米（图五八，1）。F4垫：28，釉面大部分脱落，内底残留支钉垫烧痕。口径13.6、底径4.2、高5厘米（图五八，2）。F4垫：29，口沿未施化妆土，内底残留支钉垫烧

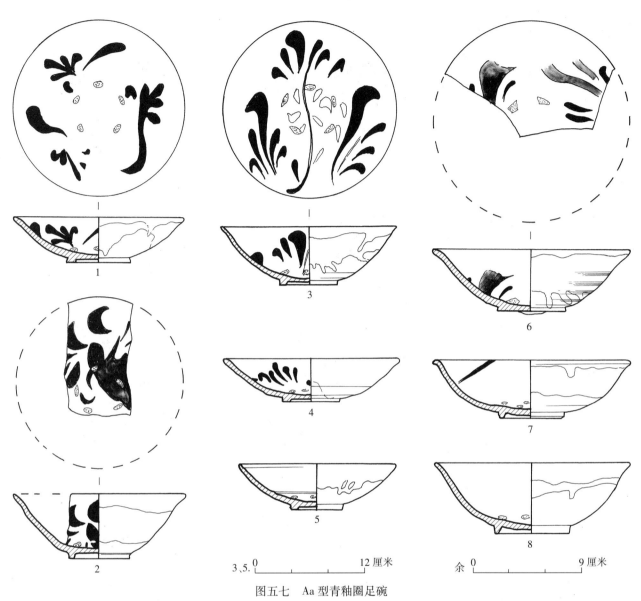

图五七　Aa 型青釉圈足碗

1. H10：1073　2. TN01E03③：536　3. H10：1077　4. H18：423　5. H10：1390　6. H18：68　7. TN01E03③：333　8. F2 垫：359

痕。口径 16、底径 6、高 5 厘米（图五八，3）。采：71，内壁饰草叶纹，内底残留支钉垫烧痕。口径 13.2、底径 4.4、高 4.8 厘米（图五八，5）。

　　Ab 型　7 件。圆唇或尖圆唇，敞口，体型较大。H2：236，釉面部分脱落，内壁饰草叶纹，内底残留支钉垫烧痕。口径 23.4、底径 8.4、高 7.6 厘米（图五八，7）。H2：237，内壁上腹部饰一圈凹弦纹，下腹部饰草叶纹，釉面大部分脱落，内底残留支钉垫烧痕。口径 22、底径 8.2、高 7 厘米（图五八，4）。H10：1081，釉面大部分脱落，内壁饰草叶纹，内底残留支钉垫烧痕。口径 23.8、底径 8.8、高 8 厘米（图五八，6）。H10：1082，内壁饰草叶纹，内底残留支钉垫烧痕。口径 25.6、底径 9.4、高 9 厘米（图五八，8）。H10：1387，内壁饰草叶纹，内底残留支钉垫烧痕。口径 24、底径 8.6、高 8.5 厘米（图五九，1）。F2 垫：647，内底残留五枚支钉痕。口径 16、底径 5.6、高 4.6 厘米（图五九，3）。F4 垮：37，内壁饰草叶纹，残留大量窑灰，内底残留支钉痕。口径 18.8、底径 6.2、高 6.4 厘米（图五九，5）。

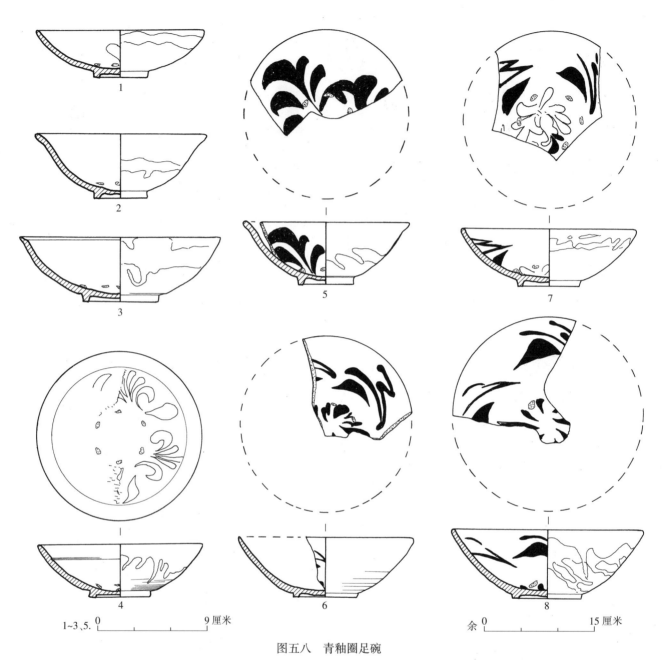

图五八　青釉圈足碗

1~3、5. Aa 型（F2 垫：644、F4 垫：28、F4 垫：29、采：71）　　4、6~8. Ab 型（H2：237、H10：1081、H2：236、H10：1082）

　　B 型　18 件。圆唇或尖圆唇，敞口或微侈，斜弧腹，圈足制作较粗犷，普遍高宽。H1：500，内壁露胎部分呈多角星纹，近内底处一周凹弦纹，口沿一周酱釉边，内底残留石英砂垫烧痕，圈足内模印一窑工印记。口径 16.8、底径 6.2、高 6 厘米（图五九，2；彩版三二，2）。H1：635，釉面大部分脱落，口沿一周酱釉边，内底残留石英砂垫烧痕。口径 17、底径 5.8、高 5.1 厘米（图五九，6）。H1：637，内壁露胎部分呈多角星纹，近内底处有一周凹弦纹，釉面大部分脱落，口沿一周酱釉边，内底残留石英砂垫烧痕。口径 17.6、底径 6.4、高 5.5 厘米（图五九，7）。H1：638，口沿一周酱釉边，内底残留石英砂垫烧痕。口径 17.5、底径 5.8、高 5.6 厘米（图五九，8）。H1：663，近内底处略内凹，口沿一周酱釉边，内底残留石英砂垫烧痕，圈足内模印一"利"字。口径 19.4、底径 6、高 5.4 厘米（图五九，4）。H1：664，近内底处有一周凹弦纹，口沿一周

图五九 青釉圈足碗

1、3、5. Ab 型（H10：1387、F2 垫：647、F4 垮：37） 2、4、6~8. B 型（H1：500、H1：663、H1：635、H1：637、H1：638）

酱釉边，内底残留石英砂垫烧痕，圈足内模印一窑工印记。口径 16.4、底径 6、高 5 厘米（图六〇，1）。H2：182，近内底处有一周凹弦纹，口沿一周酱釉边，内底残留石英砂垫烧痕，圈足内模印一窑工印记。口径 19.2、底径 6.2、高 5.2 厘米（图六〇，2）。H2：230，近内底处有一周凹弦纹，口沿一周酱釉边，内底残留石英砂垫烧痕。口径 16、底径 5.2、高 5.5 厘米（图六〇，3）。

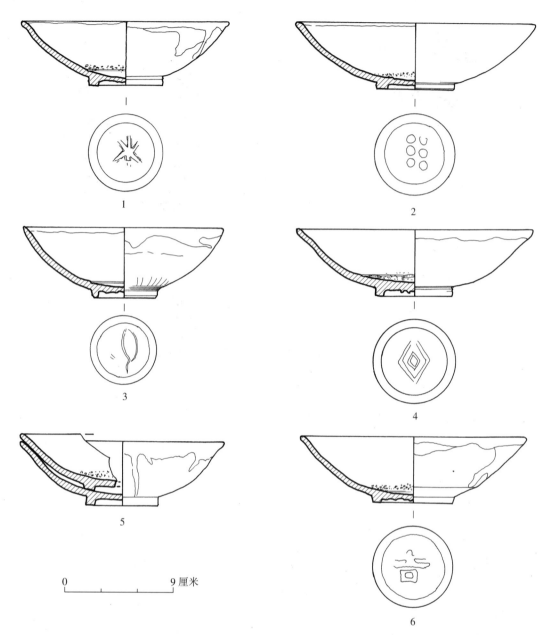

图六〇　B型青釉圈足碗

1. H1：664　2. H2：182　3. H2：230　4. H3：3　5. H3：13　6. H7：14

H3：3，近内底处有一周凹弦纹，口沿一周酱釉边，内底残留石英砂垫烧痕，圈足内模印一窑工印记。口径18.8、底径6.2、高5.2厘米（图六〇，4）。H3：13，为上下两件粘连，口沿一周酱釉边，内底残留石英砂垫烧痕，圈足内残留一块布纹。口径16.4、底径5.8、高5.5厘米（图六〇，5）。H7：14，近内底处有一周凹弦纹，口沿一周酱釉边，内底残留石英砂垫烧痕，圈足内模印一窑工印记。口径18、底径6.4、高5.2厘米（图六〇，6）。H7：17，近内底处有一周凹弦纹，釉面大部分脱落，口沿一周酱釉边，内底残留石英砂垫烧痕。口径18.4、底径5.8、高5.6厘米（图六一，1）。H7：18，近内底处有一周凹弦纹，釉面粘连少量窑灰，口沿一周酱釉边，内底残留石英砂垫烧痕。口径15.5、底径5.5、高5厘米（图六一，2）。H10：1066，近内底处有一周凹弦纹，釉面大部分脱落，内底残留石英砂垫烧痕。口径17.5、底径6.7、高5.5厘米（图六一，

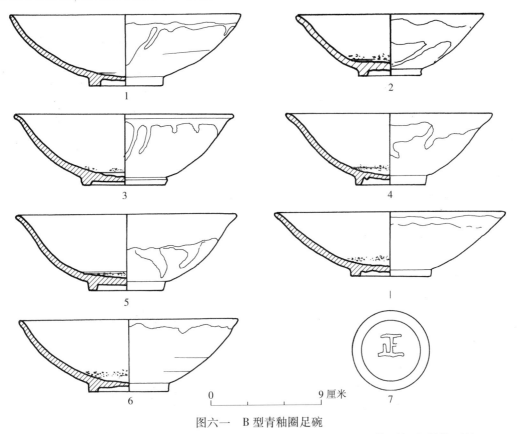

图六一　B 型青釉圈足碗
1. H7：17　2. H7：18　3. H10：1066　4. H10：1070　5. H10：1120　6. F4 垮：39　7. F4 垫：102

3）。H10：1070，近内底处有一周凹弦纹，内底残留石英砂垫烧痕，圈足内模印一块布纹。口径 16.6、底径 5.8、高 5.6 厘米（图六一，4）。H10：1120，近内底处有一周凹弦纹，内底残留石英砂垫烧痕，圈足内模印一块布纹。口径 17.8、底径 5.8、高 6 厘米（图六一，5）。F4 垮：39，釉面脱落，内底残留石英砂垫烧痕。口径 17.4、底径 6.4、高 5.6 厘米（图六一，6）。F4 垫：102，釉面脱落，内底残留石英砂垫烧痕，圈足内模印一“正”字。口径 18.4、底径 6.5、高 5 厘米（图六一，7）。

C 型　10 件。圆唇，敞口，斜直腹，圈足精细，普遍矮窄。据腹部深浅差异，可分为 2 亚型。

Ca 型　7 件。腹部坦浅。大部分近内底处有一周凹弦纹。T3④：26，器内饰草叶纹，且残留支钉痕。口径 16.4、底径 5.7、高 4.6 厘米（图六二，1）。H1：647，内壁饰草叶纹，内底残留支钉垫烧痕。口径 17.2、底径 5.4、高 5.4 厘米（图六二，2）。H2：198，内壁饰草叶纹，内底残留支钉垫烧痕。口径 16.4、底径 5.4、高 4 厘米（图六二，3）。H10：1074，内壁饰草叶纹，内底残留支钉垫烧痕。口径 16.6、底径 5.2、高 4.4 厘米（图六二，4；彩版三三，1）。H10：1075，内壁饰草叶纹，内底残留支钉垫烧痕。口径 16、底径 5.4、高 4.1 厘米（图六二，5）。H10：1239，釉面有较多釉泡，内壁饰草叶纹，内底残留支钉垫烧痕。口径 16.5、底径 5.3、高 4 厘米（图六二，6）。F4 垫：107，釉面脱落较甚，内壁饰草叶纹，内底残留支钉痕。口径 15.8、底径 5、高 4 厘米（图六三，1）。

Cb 型　3 件。腹部较深。H1：622，口沿下饰一周凹弦纹，内壁模印草叶纹，内底残留石英砂垫烧痕，圈足内残留一块布纹，模印“范皿”二字。口径 18.4、底径 6、高 6.8 厘米（图六三，2）。H2：219，釉面大部分脱落，内底残留支钉垫烧痕。口径 16.6、底径 5.4、高 5.7 厘米（图

1,6. 0 ⊢———————⊣ 12 厘米

余 0 ⊢———————⊣ 10 厘米

图六二　Ca 型青釉圈足碗

1. T3④：26　2. H1：647　3. H2：198　4. H10：1074　5. H10：1075　6. H10：1239

六三，3）。H9：1892，釉面较多气泡，口沿一周酱釉，内底残留五枚支钉垫烧痕。口径15.8、底径5.6、高5.8厘米（图六三，4）。

D型　6件。尖圆唇或圆唇，敞口微侈，圆弧腹，圈足精细，普遍高窄。H2：195，近底处略内凹，釉面有较多釉泡，口沿一周酱釉边。口径16.2、底径6.4、高6.4厘米（图六三，5）。H2：235，口沿一周酱釉边。口径16、底径5.6、高6.2厘米（图六三，8）。H7：15，内底残留支钉垫烧痕。口径16、底径6.2、高6.7厘米（图六三，7）。H9：643，内底残留支钉垫烧痕。口径13.4、底径5.2、高5厘米（图六三，6；彩版三三，2）。H9：937，底部残留四枚支钉垫烧痕。口径16.3、底径6.3、高6.4厘米（图六三，9）。F4垮：34，釉面脱落较甚，内底残留支钉痕。口径15.6、底径6.6、高5.6厘米（图六三，10）。

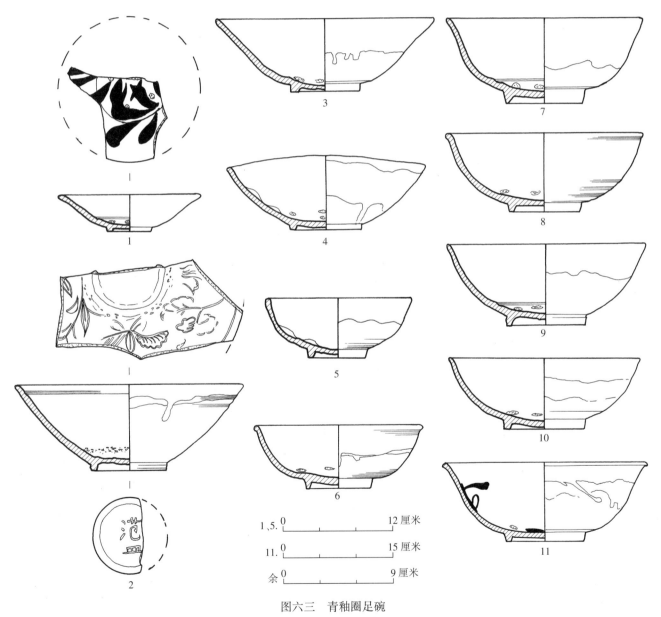

图六三　青釉圈足碗

1. Ca型（F4垫：107）　　2～4. Cb型（H1：622、H2：219、H9：1892）　　5～10. D型（H2：195、H9：643、H7：15、H2：235、H9：937、F4垮：34）　　11. E型（H9：1956）

E 型　1 件。方唇，口微侈，深弧腹，圈足较精细、高窄。H9：1956，内壁饰绿釉草叶纹。口径 27.8、底径 11、高 10.6 厘米（图六三，11）。

碗残件　5 件。根据足部形态差异，可分为 2 型。

A 型　1 件。大饼足。F7：2，釉面少量釉泡，开片现象明显，内底残留支钉痕。底径 7.8、残高 3.7 厘米（图六四，1）。

B 型　4 件。圈足。F2 垫：651，内底一周凹弦纹，内底残留支钉痕。底径 5.2、残高 1.9 厘米（图六四，2）。F4：30，釉面脱落，内壁饰草叶纹，内底残留五枚支钉垫烧痕。底径 5、残高 2.4 厘米（图六四，3）。F4：29，内底一周凹弦纹，釉面脱落。底径 5.7、残高 3.2 厘米（图六四，4）。F10：2，内底一周凹弦纹，内底残留石英砂垫烧痕，圈足内模印一窑工印记。底径 6、残高 3.2 厘米（图六四，5）。

盘　37 件。根据沿部、腹部及足部形态的差异，可分为 4 型。

A 型　21 件。无折沿，斜弧腹，饼足。绝大多数腹部或近底部一周凹弦纹。根据口部及体型大小的差异，可分为 3 亚型。

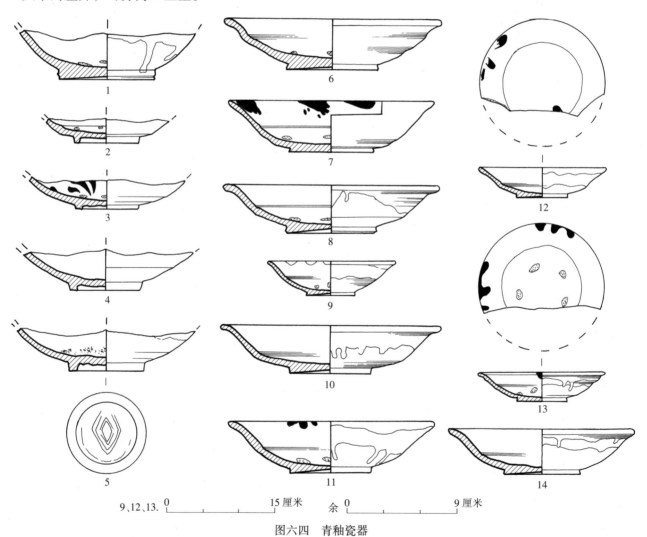

9、12、13.　0　　　　　　　　15 厘米　　　余　0　　　　　　9 厘米

图六四　青釉瓷器

1. A 型碗残件（F7：2）　2～5. B 型碗残件（F2 垫：651、F4：30、F4：29、F10：2）　6～14. Aa 型盘（H1：689、H9：548、H12：50、H12：51、H12：52、H13：55、H13：60、H13：61、H13：65）

Aa 型　14 件。圆唇，口微侈，体型较大。H1：689，内底残留支钉痕。口径 17.2、底径 7.2、高 4.2 厘米（图六四，6）。H9：548，内壁口沿处施酱釉团彩，内底残留支钉垫烧痕。口径 16.4、底径 6.8、高 4 厘米（图六四，7）。H12：50，内壁口沿处残留酱绿釉团彩，釉面脱落，内底残留支钉垫烧痕。口径 17.5、底径 7、高 3.8 厘米（图六四，8）。H12：51，内壁口沿处施酱绿釉团彩，釉面脱落较甚，内底残留支钉垫烧痕。口径 17.3、底径 6.3、高 4.3 厘米（图六四，9）。H12：52，釉面脱落较甚，内底残留支钉垫烧痕。口径 17.5、底径 6.6、高 3.9 厘米（图六四，10）。H13：55，内壁口沿处施绿釉团彩，釉面有少量釉泡且开片现象较甚，内底残留支钉垫烧痕。口径 16.2、底径 6.4、高 4 厘米（图六四，11）。H13：60，内壁口沿处施酱绿釉团彩，釉面脱落较甚，内底残留支钉垫烧痕。口径 17.2、底径 6.6、高 4 厘米（图六四，12）。H13：61，内壁口沿处施绿釉团彩，内底残留支钉垫烧痕。口径 17.6、底径 6.6、高 4 厘米（图六四，13）。H13：65，釉面粘连大量窑灰，且釉面脱落较甚。口径 14.8、底径 6、高 3.6 厘米（图六四，14）。H15：12，内壁口沿处施绿釉团彩，釉面鬃眼现象较甚，内底残留支钉垫烧痕。口径 18、底径 7.6、高 3.8 厘米（图六五，1）。H15：13，釉面脱落较甚，且有大量落灰痕迹，内底残留支钉垫烧痕。口径 18、底径 7、高 4.4 厘米（图六五，2）。H19：11，釉面脱落，内底残留支钉垫烧痕。口径 17.6、底径 6.2、高 3.3 厘米（图六五，3）。H22：120，内壁口沿处施绿釉团彩，内底残留支烧痕。口径 17.6、底径 6.6、高 3.7 厘米（图六五，4）。F4 垫：268，口沿等距施酱釉点彩，内底残留支钉痕。口径 16、底径 6.2、高 4 厘米（图六五，6）。

Ab 型　5 件。口微侈，圆唇，体型较小。H9：1904，内壁口沿处施酱绿釉团彩，釉面脱落较甚，内底残留支钉垫烧痕。口径 14.6、底径 5.2、高 3.1 厘米（图六五，5）。H12：53，内壁口沿处疑施酱绿釉团彩，釉面有少量釉泡，且开片现象较甚，内底残留支钉垫烧痕。口径 14.2、底径 5.8、高 3.2 厘米（图六五，7）。H13：64，内壁口沿处施酱绿釉团彩，釉面有较少釉泡，内底残留支钉垫烧痕。口径 15.3、底径 5.4、高 3.6 厘米（图六五，9；彩版三四，1）。H13：71，内壁口沿处施酱绿釉团彩，釉面有较少釉泡，内底残留支钉垫烧痕。口径 14、底径 5.4、高 3.8 厘米（图六五，8）。H15：11，内底残留支钉垫烧痕。口径 14.8、底径 5.6、高 3 厘米（图六五，10）。

Ac 型　2 件。尖唇，敞口，体型较小。Y2②：23，内底残留支钉痕。口径 16、底径 7.2、高 3.7 厘米（图六五，11）。H9：954，釉面脱落，内底残留支钉垫烧痕。口径 12.6、底径 6、高 3 厘米（图六五，12）。

B 型　10 件。圆唇，口微侈，无折沿，折腹，饼足。根据腹部折棱位置差异，可分为 2 亚型。

Ba 型　7 件。腹部折棱居中。H9：909，腹部一周凹弦纹，釉面开片现象较甚，口沿露胎一周。口径 15.9、底径 6.2、高 3.4 厘米（图六六，1）。H9：1874，内底施一处酱绿釉团彩，釉面有少量釉泡、炸纹，且内底残留支烧痕。口径 17.3、底径 6.8、高 5.2 厘米（图六六，2）。H9：1875，釉面脱落较甚，内底残留支钉垫烧痕，外壁粘连少量窑渣。口径 15.3、底径 6.4、高 3.8 厘米（图六六，3）。H9：1876，釉面脱落较甚，且有大量落灰痕迹，内底残留支钉垫烧痕，外底残留一处窑渣。口径 16.8、底径 6.4、高 4.4 厘米（图六六，4）。H9：2171，内底粘连一枚支钉。口径 16.4、底径 6.4、高 4.1 厘米（图六六，5）。H12：54，内底残留支钉垫烧痕。口径 16.4、底径 6.4、高 3.7 厘米（图六六，6）。F4 垫：274，口沿施酱釉点彩，内底残留支钉痕。口

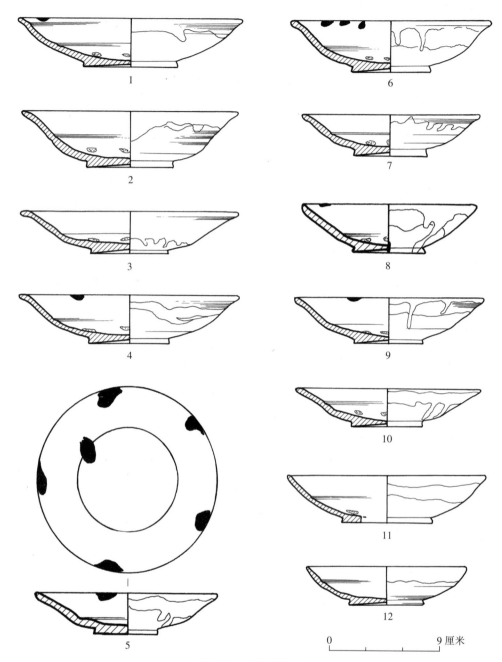

图六五　A型青釉盘

1~4、6. Aa 型（H15：12、H15：13、H19：11、H22：120、F4 垫：268）　5、7~10. Ab 型（H9：1904、
H12：53、H13：71、H13：64、H15：11）　11、12. Ac 型（Y2②：23、H9：954）

径 16.2、底径 6.6、高 4 厘米（图六六，7）。

Bb 型　3件。腹部折棱靠上。H9：1873，内壁口沿处施酱釉团彩，釉面脱落较甚，内底残留支钉垫烧痕。口径 17.4、底径 6.4、高 4 厘米（图六六，8）。H9：1878，内壁口沿处施酱釉点彩，内底残留支钉垫烧痕。口径 17.7、底径 6.4、高 4 厘米（图六六，9）。H9：1943，内壁口沿处施酱釉团彩，内底残留支钉垫烧痕，外壁粘连大量窑渣。口径 17.4、底径 6.8、高 3.8 厘米（图六六，10；彩版三四，2）。

C 型　5件。敞口，折沿，斜弧腹，饼足。根据沿部宽窄差异，可分为 2 亚型。

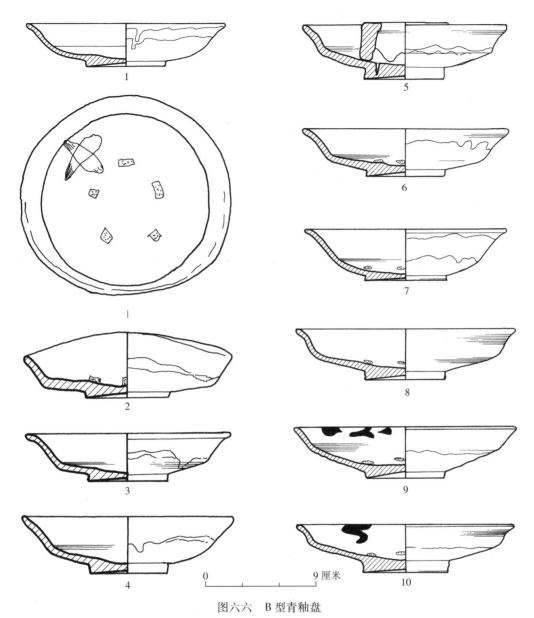

图六六　B 型青釉盘

1~7. Ba 型（H9：909、H9：1874、H9：1875、H9：1876、H9：2171、H12：54、F4 垫：274）　　8~10. Bb 型
（H9：1873、H9：1878、H9：1943）

　　Ca 型　2 件。折沿较宽。H12：116，方唇。釉面脱落，且釉面少量炸纹，内底残留支钉垫烧痕。口径 24、底径 8.8、高 5.7 厘米（图六七，1）。H16：12，方圆唇。釉面开片现象较甚，内底残留支钉垫烧痕、落灰痕迹。口径 30、底径 10.2、高 8 厘米（图六七，2）。

　　Cb 型　3 件。折沿较窄。H18：67，尖圆唇。内底残留支钉垫烧痕，外底粘连少量窑渣。口径 17.6、底径 6.8、高 4 厘米（图六七，3）。H18：89，尖圆唇。釉面脱落，内底残留支钉垫烧痕。口径 16.8、底径 6.7、高 3.1 厘米（图六七，4）。F4 垫：133，内底残留支钉痕。口径 17.6、底径 6.6、高 4.2 厘米（图六七，5）。

　　D 型　1 件。圆唇，侈口，无折沿，斜直腹，平底。H9：1153，内底饰有绿釉花卉纹，釉面脱落较甚，有少量落灰痕迹，内底残留支钉垫烧痕。口径 24.2、底径 17.4、高 3.8 厘米（图六七，6；

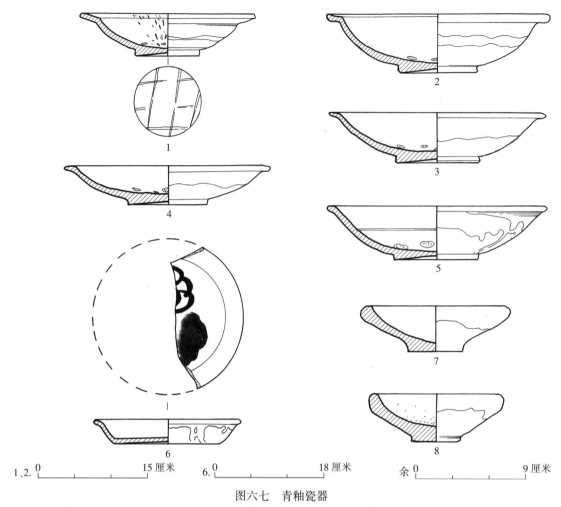

图六七　青釉瓷器

1、2. Ca 型盘（H12：116、H16：12）　　3～5. Cb 型盘（H18：67、H18：89、F4 垫：133）　　6. D 型盘（H9：1153）

7、8. 碟（H9：1826、F6：161）

彩版三五，1）。

　　碟　2 件。圆唇，敞口，斜直腹，略带饼足。H9：1826，口沿釉面残损。唇部釉面残损，外部粘少量窑渣。口径 12.2、底径 4.4、高 3.6 厘米（图六七，7）。F6：161，釉面粘连大量窑渣。口径 10、底径 4、高 3.8 厘米（图六七，8）。

　　盆　54 件。根据唇部、口沿及足部形态差异，可分为 10 型。

　　A 型　1 件。圆唇，敞口，沿部略外翻，斜弧腹，卧足。H10：1069，釉面脱落较甚。口径 22、底径 7、高 7.6 厘米（图六八，1；彩版三五，2）。

　　B 型　7 件。凸唇，敞口，斜弧腹，平底。H2：488，凸圆唇，腹部以下残，内壁饰绿釉草叶纹。口径 37.4、残高 8.4 厘米（图六八，8）。H2：201，凸圆唇，内壁饰绿釉草叶纹，内底残留支钉垫烧痕。口径 18.8、底径 9.4、高 5 厘米（图六八，5）。H9：1103，凸圆唇，内壁饰绿釉卷草纹，内底残留支钉垫烧痕。口径 25、底径 15.2、高 8.2 厘米（图六八，6）。H19：19，凸方唇，釉面较多釉泡。口径 46、残高 11.8 厘米（图六八，2）。TN01E03③：557，凸圆唇，内壁饰绿釉卷草纹，内底残留支钉垫烧痕。口径 21.8、底径 8.7、高 6 厘米（图六八，4）。F4 垫：117，凸圆

图六八　青釉盆

1. A 型（H10：1069）　　2～8. B 型（H19：19、F4 垫：117、TN01E03③：557、H2：201、H9：1103、F9：9、H2：488）

唇，釉面脱落，内底残留支钉垫烧痕。口径 21.6、底径 9.6、高 5.4 厘米（图六八，3）。F9：9，凸圆唇，内底残留四枚支钉垫烧痕。口径 25、底径 10.4、高 7 厘米（图六八，7）。

C 型　6 件。凸圆唇，口微敛，口沿下部一周凸棱，斜直腹或略带弧度，平底。H9：1150，内壁饰绿釉卷草纹，内底残留支钉垫烧痕。口径 26、底径 14.4、高 7.3 厘米（图六九，1）。H9：1151，内壁饰绿釉草叶纹，内底残留支钉垫烧痕。口径 30、底径 17.4、高 9 厘米（图六九，

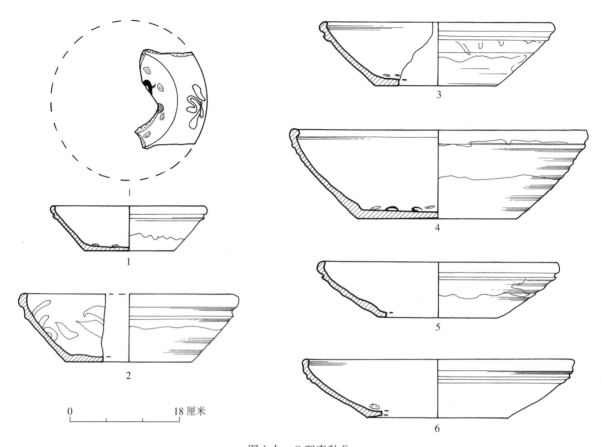

图六九　C 型青釉盆
1. H9：1150　2. H9：1151　3. H9：1154　4. H9：1160　5. H9：1162　6. F3 垫：69

2）。H9：1154，内底残留支钉垫烧痕。口径 38、底径 20、高 10.2 厘米（图六九，3）。H9：1160，内底残留支钉垫烧痕。口径 48、底径 25.5、高 14 厘米（图六九，4）。H9：1162，口径 38、底径 19.6、高 8.8 厘米（图六九，5）。F3 垫：69，内底残留支钉痕。口径 44、底径 22.4、高 9.2 厘米（图六九，6）。

D 型　9 件。圆唇，敞口，口沿下外部饰凹槽一周，斜直腹，平底。据内壁形态差异，可分为 2 亚型。

Da 型　7 件。内壁口沿下凸起。H9：1157，内壁饰绿釉卷草纹，内底残留支钉垫烧痕。口径 30.4、底径 16.6、高 8.3 厘米（图七○，1；彩版三六，1）。H9：1159，内壁饰绿釉卷草纹，内底残留支钉垫烧痕。口径 33.6、底径 22.6、高 9.3 厘米（图七○，2；彩版三六，2）。H9：1945，内壁饰绿釉卷草纹，内底残留支钉垫烧痕。口径 29、底径 16.7、高 7.8 厘米（图七○，3）。H9：1952，内壁饰绿釉卷草纹，内底残留支钉垫烧痕。口径 40、底径 24.4、高 12 厘米（图七○，5）。H10：1244，内底残留支钉垫烧痕。口径 34、底径 22、高 8.5 厘米（图七○，4）。F4 垫：121，内底残留支钉垫烧痕。口径 30、底径 15.2、高 8 厘米（图七○，6）。F4 垫：286，内壁绿釉卷草纹，内底残留支钉垫烧痕。口径 30、底径 17.2、高 9 厘米（图七○，7）。

Db 型　2 件。内壁无凸起。H2：481，内壁刻划卷草纹，内底刻划荷花纹，纹饰之间用绿釉、酱釉填彩，内底残留支钉垫烧痕。口径 33.2、底径 22.4、高 9 厘米（图七一，1；彩版三七，1）。

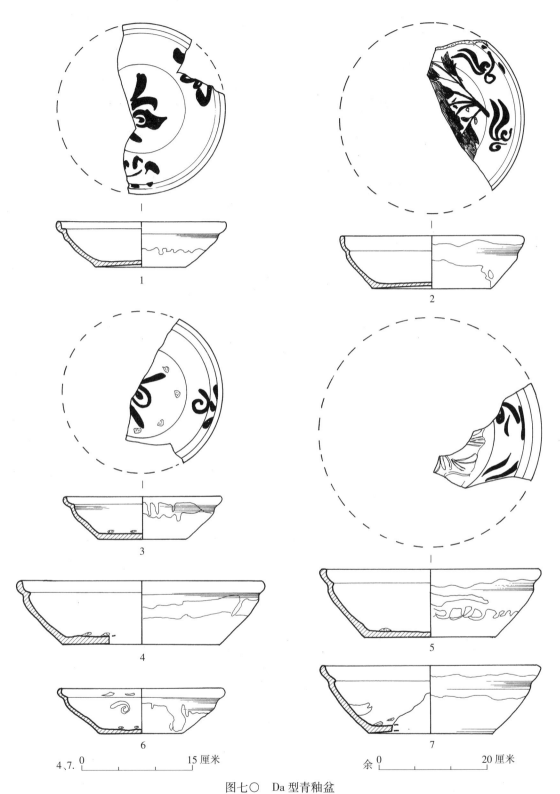

图七〇　Da 型青釉盆

1. H9：1157　2. H9：1159　3. H9：1945　4. H10：1244　5. H9：1952　6. F4 垫：121　7. F4 垫：286

TN01E03③：351，口径52、残高11.7厘米（图七一，2）。

　　E 型　12 件。方唇或方圆唇，敞口，口沿下饰一周凸棱，斜直腹，平底。H9：1152，内壁饰绿釉卷草纹，内底残留支钉垫烧痕。口径26、底径16、高7.8厘米（图七一，3）。H9：1148，部

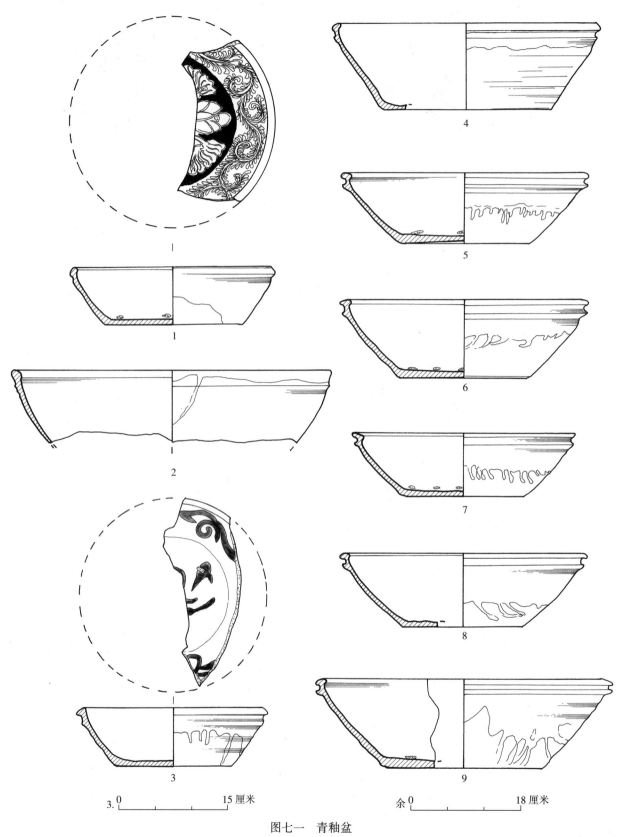

图七一　青釉盆

1、2. Db 型（H2：481、TN01E03③：351）　　3~9. E 型（H9：1152、H9：1148、H12：82、H12：83、H12：86、H13：113、H13：114）

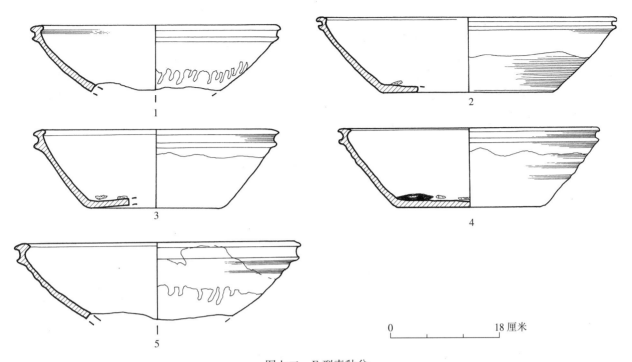

图七二　E 型青釉盆
1. H14：8　2. H17：83　3. H22：63　4. F4 垫：138　5. Y2②：25

分釉面脱落，内底残留支钉痕垫烧痕。口径 44、底径 27.2、高 13.5 厘米（图七一，4）。H12：82，釉面脱落较甚，内底残留支钉垫烧痕。口径 40、底径 21.6、高 11.2 厘米（图七一，5）。H12：83，釉面脱落较甚，内底残留支钉垫烧痕。口径 40.2、底径 21.8、高 12.5 厘米（图七一，6）。H12：86，釉面脱落较甚，内底残留支钉垫烧痕。口径 36、底径 20、高 10 厘米（图七一，7）。H13：113，釉面脱落较甚，内底残留支钉垫烧痕。口径 40、底径 20、高 11.8 厘米（图七一，8）。H13：114，釉面脱落较甚，内底残留支钉垫烧痕。口径 48、底径 26、高 14.3 厘米（图七一，9）。H14：8，口径 40、残高 10.8 厘米（图七二，1）。H17：83，内底残留支钉垫烧痕。口径 48、底径 28、高 11.7 厘米（图七二，2）。H22：63，釉面较多釉泡，内底残留支钉垫烧痕。口径 39.8、底径 22.4、高 12.4 厘米（图七二，3）。F4 垫：138，内底残留支钉垫烧痕。口径 42、底径 24.6、高 12.4 厘米（图七二，4）。Y2②：25，口径 46、残高 12.6 厘米（图七二，5）。

F 型　6 件。圆唇，敞口，斜弧腹，平底。TN04E03②：21，内壁刻划卷草纹，纹饰之间用绿釉填彩。口径 38.4、底径 23、高 9.8 厘米（图七三，1）。H9：1147，内壁刻划卷草纹，内底刻划荷花纹，纹饰之间用绿釉、酱釉填彩，内底残留支钉垫烧痕。口径 38、底径 22.2、高 11.6 厘米（图七三，2）。H10：1187，内壁刻划卷草纹，纹饰之间用绿釉填彩。口径 46、残高 10 厘米（图七三，3）。TN01E03③：349，内壁刻划卷草纹，纹饰之间用绿釉填彩。口径 36、残高 9 厘米（图七三，4）。F4 垫：283，内壁绿釉卷草纹，内底残留支钉垫烧痕。口径 26.2、底径 16.2、高 7.2 厘米（图七三，5）。F4 垫：407，内壁绿釉卷草纹，内底残留支钉垫烧痕。口径 31.6、底径 19.4、高 8.3 厘米（图七三，6）。

G 型　5 件。圆唇，敞口，卷沿，斜弧腹，平底。H1：713，内壁刻划鱼纹，纹饰之间填绿彩。口径 38、底径 15.2、高 10.4 厘米（图七四，1）。H1：714，内壁刻划卷草纹，内底刻划荷花

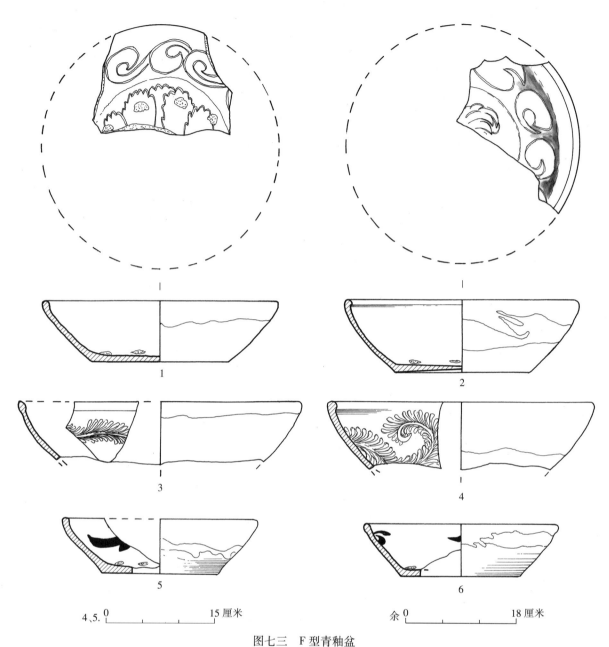

图七三　F 型青釉盆

1. TN04E03②：21　2. H9：1147　3. H10：1187　4. TN01E03③：349　5. F4 垫：283　6. F4 垫：407

纹，纹饰之间填绿彩，内底残留支钉垫烧痕。口径 38.8、底径 17.4、高 11.5 厘米（图七四，2）。
H1：719，内壁刻划鱼纹，纹饰之间填绿彩。口径 44、残高 7.8 厘米（图七四，3）。H1：721，内
壁刻划卷草纹，纹饰之间填绿彩。口径 48、残高 12.8 厘米（图七四，4）。采：90，内壁刻划卷草
纹，内底刻划荷花纹，纹饰之间用绿釉、酱釉填彩，内底残留支钉垫烧痕。口径 44.8、底径
28.5、高 10.4 厘米（图七四，5；彩版三七，2）。

　　H 型　4 件。圆唇，敞口，折沿，斜弧腹，饼足。H9：935，近内底处一周凹弦纹，釉面较多
釉泡，底部一处窑裂，内底残留支钉垫烧痕。口径 21.8、底径 9.4、高 8 厘米（图七五，1）。
H9：1944，近内底处有一周凹弦纹，内底残留支钉垫烧痕。口径 24.8、底径 10.8、高 8.5 厘米
（图七五，2）。H12：84，釉面较多釉泡，内底残留支钉垫烧痕。口径 33.8、底径 11.8、高 14 厘

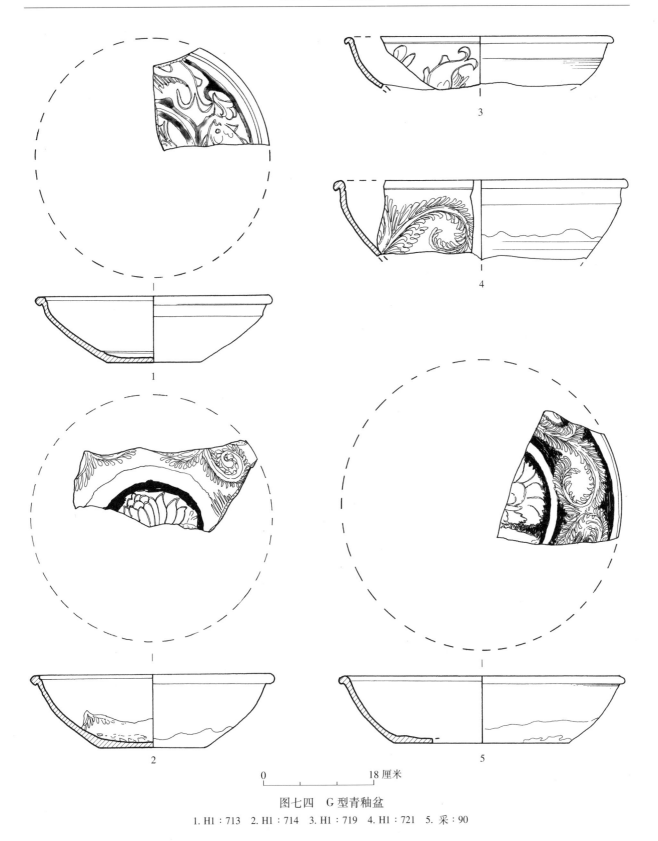

图七四　G型青釉盆

1. H1：713　2. H1：714　3. H1：719　4. H1：721　5. 采：90

米（图七五，3）。H13：118，近内底处有一周凹弦纹，内壁饰绿釉草叶纹，内底残留支钉垫烧痕。口径28.4、底径12.2、高11.1厘米（图七五，4；彩版三八，1）。

I型　2件。方唇，敞口，折沿，斜弧腹，平底。H12：114，釉面脱落较甚。口径28、残高

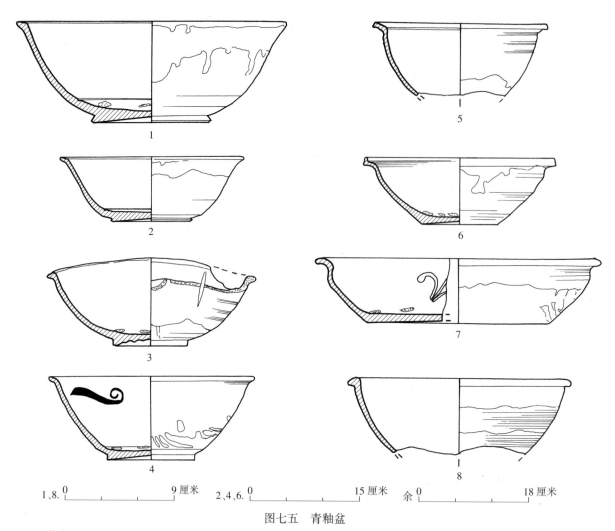

图七五　青釉盆

1～4. H型（H9：935、H9：1944、H12：84、H13：118）　　5、6. I型（H12：114、H13：115）　　7、8. J型（H12：88、H21：11）

11.6厘米（图七五，5）。H13：115，内底残留支钉垫烧痕。口径25.8、底径10.4、高8.9厘米（图七五，6；彩版三八，2）。

J型　2件。圆唇，敞口，折沿，斜弧腹，平底。H12：88，釉面开片现象较明显，内壁饰绿釉草叶纹，内底残留支钉垫烧痕。口径46、底径29.8、高10.2厘米（图七五，7）。H21：11，釉面脱落较甚。口径36、残高12厘米（图七五，8）。

盆残件　9件。H1：696，平底，内底残留支钉垫烧痕。底径17、残高10.3厘米（图七六，1）。H1：718，平底，内壁刻划荷叶纹，纹饰之间酱釉填彩，内底残留支钉垫烧痕。底径15.9、残高9厘米（图七六，2）。H17：87，平底，底部刻划双鱼纹及卷草纹，纹饰之间绿釉填彩，残留支钉垫烧痕。底径28、残高4厘米（图七六，3）。H9：1951，平底，内壁刻划卷草纹，底部刻划鱼纹，纹饰之间绿油填彩，内底残留支钉痕。底径34、残高5.3厘米（图七六，4）。H9：1953，平底，内壁刻划卷草纹，底部刻划花卉纹，纹饰之间绿油填彩，内底残留支钉痕。底径38、残高6.4厘米（图七六，5；彩版三九，1）。H10：1152，平底，内壁刻划卷草纹，底部刻划花卉纹，纹饰之间绿油及酱绿釉填彩，内底残留支钉垫烧痕。底径16.4、残高6.7厘米（图七七，1；彩版三九，2）。H10：1178，平底，内壁刻划卷草纹，底部刻划花卉纹，纹饰之间绿油填彩，内底残留支钉垫烧痕。底径 35.2、残高 5.5 厘米（图七七，2；彩版四〇，1）。H23：4，饼足，内底等距书写三字符，残留支钉痕。底径 11、残高 3.6 厘米（图七七，3）。F2：21，平底，内壁刻划卷草纹，底部刻划荷花纹，纹饰之间绿油填彩，内底残留支钉痕。底径 32、残高 5.2 厘米（图七七，4）。

钵　14 件。根据口部、肩部及腹部形态差异，可分为 5 型。

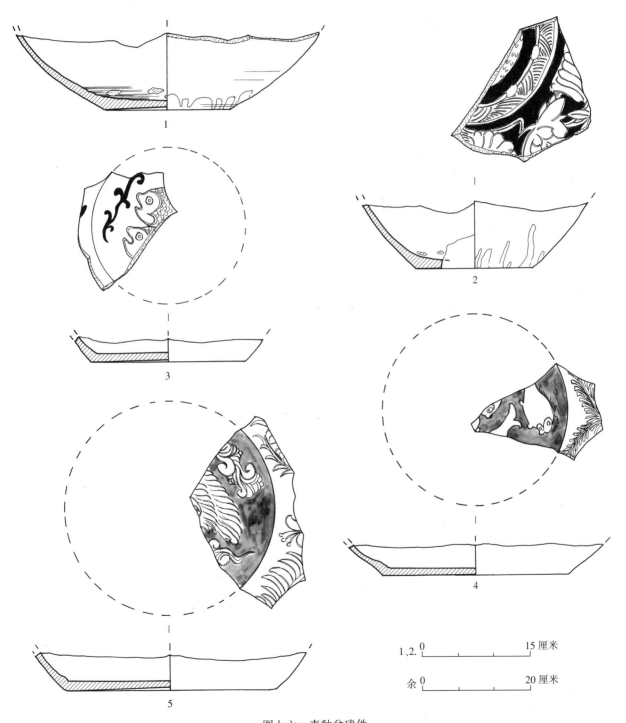

图七六　青釉盆残件
1. H1：696　2. H1：718　3. H17：87　4. H9：1951　5. H9：1953

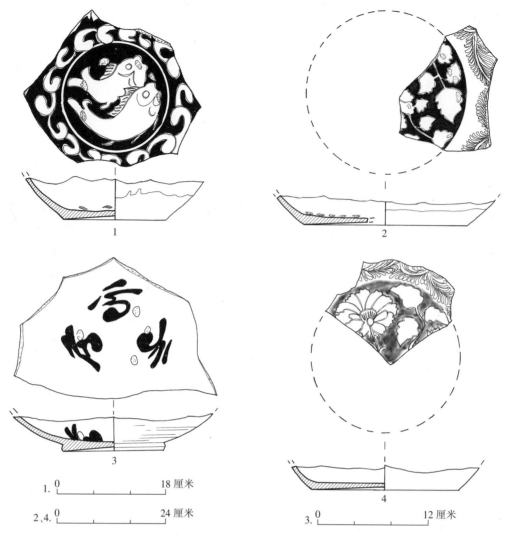

图七七　青釉盆残件
1. H10：1152　2. H10：1178　3. H23：4　4. F2：21

A 型　1件。圆唇，敛口，折肩，斜弧腹，饼足。H13：89，釉面脱落较甚。口径11.2、底径6、高5.8厘米（图七八，1；彩版四〇，2）。

B 型　2件。圆唇或尖圆唇，敛口，折肩，深弧腹。H12：110，釉面脱落较甚，外壁用绿釉、酱釉绘卷草纹。残高9厘米（图七八，2）。H18：428，釉面脱落较甚，外壁用绿釉、酱釉绘卷草纹。口径15.3、残高8.4厘米（图七八，3）。

C 型　4件。圆唇，敛口，鼓肩，斜直腹。肩部下饰一周凹弦纹。H12：67，饼足，釉面脱落，内底残留支钉垫烧痕。口径15.4、底径6.8、高6.7厘米（图七八，4）。H12：68，釉面脱落，内底残留支钉垫烧痕。口径16、底径7、高6.5厘米（图七八，5）。H12：69，釉面有少量釉泡，开片现象较明显。口径17.6、残高7厘米（图七八，6）。TN01E02②：13，釉面开片现象较明显。口径16.4、残高7.2厘米（图七八，7）。

D 型　3件。敛口，肩部不明显，圆弧腹。据唇部及足部形态差异，可分为3亚型。

Da 型　1件。尖圆唇，平底。H2：475，唇下饰一周凹弦纹，口沿一周刮釉露胎。口径21.6、底径13、高14.6厘米（图七八，8）。

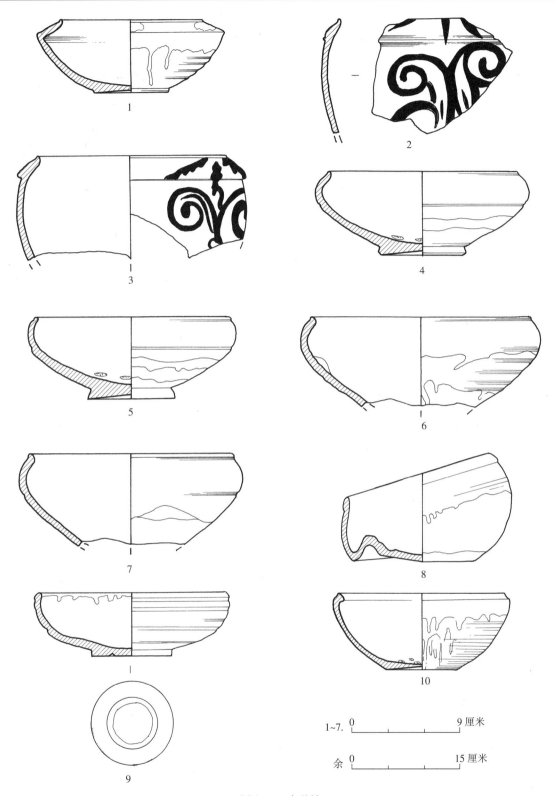

图七八 青釉钵

1. A 型（H13：89） 2、3. B 型（H12：110、H18：428） 4～7. C 型（H12：67、H12：68、H12：69、TN01E02②：13）
8. Da 型（H2：475） 9. Dc 型（H14：9） 10. Db 型（F4 垫：285）

Db 型 1 件。方圆唇，平底。F4 垫：285，釉面脱落较甚，内底残留支钉垫烧痕。口径 22.6、底径 9.8、高 10 厘米（图七八，10）。

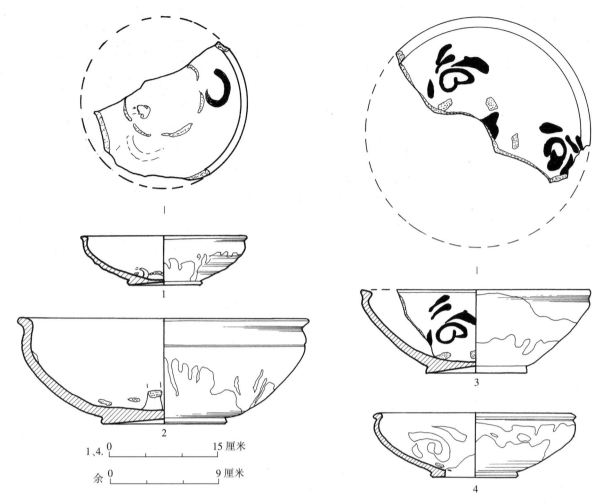

图七九　青釉钵
1、3. Ea 型（H2：482、H2：484）　　2、4. Eb 型（H13：186、H10：1243）

Dc 型　1 件。圆唇，玉璧足。H14：9，唇下饰两周凹弦纹，釉面脱落。口径 26、底径 11、高 8.6 厘米（图七八，9）。

E 型　4 件。敛口，无肩，斜直腹，饼足。据唇部及沿部形态差异，可分为 2 亚型。

Ea 型　2 件。方唇，无折沿。H2：482，内底残留支钉垫烧痕。口径 22.4、底径 10、高 6.6 厘米（图七九，1）。H2：484，内壁饰绿釉卷草纹，内底残留支钉垫烧痕。口径 18.6、底径 8、高 6.6 厘米（图七九，3）。

Eb 型　2 件。尖圆唇，折沿。H10：1243，内壁残留卷草纹印迹，内底残留支钉垫烧痕。口径 27.6、底径 11.8、高 8.6 厘米（图七九，4）。H13：186，釉面有较多釉泡，内底残留支钉垫烧痕。口径 23.6、底径 10、高 8.2 厘米（图七九，2）。

盏　107 件。根据腹部及体型大小的差异，可分为 4 型。

A 型　78 件。尖唇或尖圆唇，敞口，斜弧腹较浅，体型较大。根据足部形态的差异，可分为 3 亚型。

Aa 型　63 件。足部制作不规整，平底或略带饼足。部分内底略内凹。T1④：5，釉面粘连较多窑灰，脱落较甚，口沿刮釉一周。口径 11、底径 4、高 3 厘米（图八〇，1）。T1④：6，口径

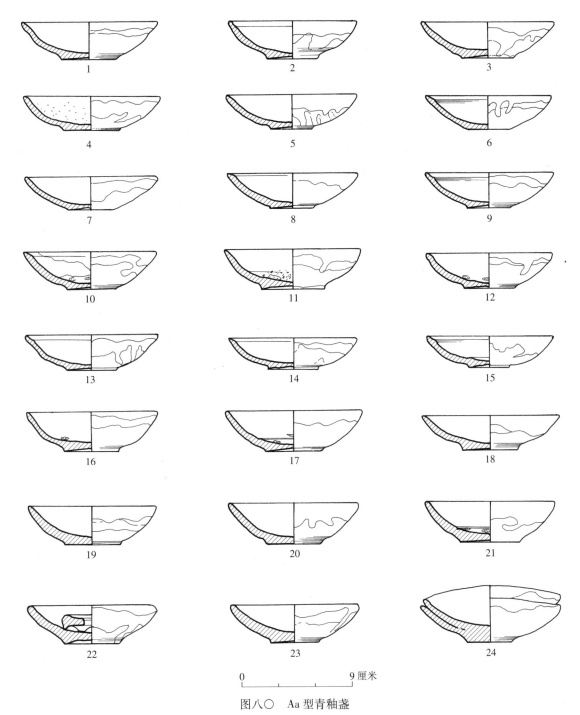

0　　　　　　9厘米

图八〇　Aa 型青釉盏

1. T1④：5　2. T1④：6　3. T3④：8　4. TN02E03②：44　5. H1：242　6. H1：253　7. H1：256　8. H1：270　9. H1：276
10. H2：57　11. H2：84　12. H2：87　13. H7：7　14. H7：8　15. H7：10　16. H8：1　17. H9：559　18. H9：579　19. H9：588
20. H9：626　21. H9：629　22. H9：1616　23. H9：1741　24. H9：1733/H9：2164

10.4、底径 4、高 3 厘米（图八〇，2）。T3④：8，釉面脱落。口径 11、底径 4.2、高 2.8 厘米
（图八〇，3）。TN02E03②：44，口径 11.2、底径 4.4、高 2.7 厘米（图八〇，4）。H1：242，釉
面大部分脱落。口径 10.6、底径 3.5、高 2.8 厘米（图八〇，5）。H1：253，釉面脱落。口径 10.5、
底径 3.5、高 2.7 厘米（图八〇，6）。H1：256，口径 10.5、底径 3.8、高 2.6 厘米（图八〇，7）。
H1：270，内壁粘连少量窑灰。口径 10.7、底径 3.8、高 2.8 厘米（图八〇，8）。H1：276，口径

10.3、底径3.5、高2.8厘米（图八〇，9）。H2：57，内底残留支钉垫烧痕。口径10.8、底径4.1、高3厘米（图八〇，10）。H2：84，釉面有细密的开片，内底残留支钉垫烧痕。口径11、底径5、高3.2厘米（图八〇，11）。H2：87，釉面大量脱落，内底残留支钉垫烧痕。口径10.5、底径4.2、高2.8厘米（图八〇，12）。H7：7，口沿一周露胎，内底残留支钉垫烧痕。口径10.6、底径4、高2.8厘米（图八〇，13）。H7：8，口沿一周露胎。口径10.4、底径4、高2.5厘米（图八〇，14）。H7：10，釉面大部分脱落，口沿一周露胎。口径10.6、底径3.7、高2.5厘米（图八〇，15）。H8：1，釉面粘连大片窑灰，内底残留支钉垫烧痕。口径10.6、底径4.4、高3.1厘米（图八〇，16）。H9：559，近底处有一周凹弦纹，内底残留支钉垫烧痕。口径11.2、底径4.6、高3.2厘米（图八〇，17）。H9：579，口沿一周露胎。口径11.2、底径4.5、高2.8厘米（图八〇，18）。H9：588，釉面较多釉泡、开片现象明显，口沿及外底均残留一周叠烧痕，窑裂现象明显。口径10.4、底径4.4、高3厘米（图八〇，19）。H9：626，釉面大部分脱落，口沿一周露胎。口径10.6、底径4.5、高3.2厘米（图八〇，20）。H9：629，近底处有一周凹弦纹，内底残留支钉垫烧痕。口径10.7、底径4.8、高3.3厘米（图八〇，21）。H9：1616，釉面有较多釉泡，内底粘连一支钉。口径10.6、底径4.5、高3厘米（图八〇，22）。H9：1741，釉面较多釉泡，口沿及外壁均残留一周叠烧痕。口径10.6、底径4、高3厘米（图八〇，23）。H9：1733，与H9：2164上下粘连，外壁粘少量窑渣。口径11.4、底径3.8、高3厘米（图八〇，24）。H9：2164，釉面部分脱落，粘较多窑渣，口沿局部刮釉。口径11.3、底径3.7、高3.1厘米。H9：1842，釉面大部分脱落，口沿一周露胎，内底残留石英砂垫烧痕。口径10.6、底径4.4、高3厘米（图八一，1）。H10：21，口径10.8、底径3.6、高3厘米（图八一，2）。H10：92，釉面有"橘皮"现象。口径11、底径3.9、高3.2厘米（图八一，3）。H10：151，釉面大部分脱落，内壁有落灰现象。口径10.9、底径3.8、高3厘米（图八一，4）。H10：157，釉面部分脱落。口径9.4、底径4、高2.8厘米（图八一，5）。H11：7，釉面大量脱落，口沿一周露胎。口径11.5、底径4、高3.4厘米（图八一，6）。H15：6，近底处有一周凹弦纹，内底残留支钉垫烧痕。口径11、底径4.4、高3.6厘米（图八一，7）。H15：7，口沿一周露胎。口径11、底径4、高3.1厘米（图八一，8）。TN01E02②：54，口沿一周露胎。口径10.7、底径3.8、高3.1厘米（图八一，9）。TN01E02②：55，釉面有大量落灰，口沿一周露胎。口径10.5、底径3.7、高2.5厘米（图八一，10）。TN01E03③：233，口沿一周露胎。口径10.6、底径4、高2.6厘米（图八一，11）。TN01E03③：237，内底残留支钉垫烧痕。口径10.9、底径3.8、高3.1厘米（图八一，12）。TN01E03③：249，内底残留支钉垫烧痕。口径10.6、底径4.2、高3厘米（图八一，13）。TN01E03③：259，釉面大部分脱落。口径10.5、底径4、高2.9厘米（图八一，14）。TN01E03③：459，内底残留支钉垫烧痕。口径10.8、底径4.4、高2.9厘米（图八一，15）。F2：7，内底残留支钉垫烧痕。口径10.8、底径4.2、高3厘米（图八二，1）。F2：14，口沿一周无釉，绝大部分露胎。口径11.4、底径4、高2.8厘米（图八二，2）。F2：15，内底残留支钉垫烧痕。口径10.4、底径4.4、高3厘米（图八二，3）。F2：16，口沿露胎一周。口径10.6、底径4、高2.5厘米（图八二，4）。F2垫：2，口沿露胎一周。口径10.7、底径4.4、高2.6厘米（图八二，5）。F2垫：353，口沿露胎一周，残留对口烧痕。口径10.4、底径4、高2.6厘米（图八二，6）。F2垫：569，内底残留支钉垫烧痕。口径

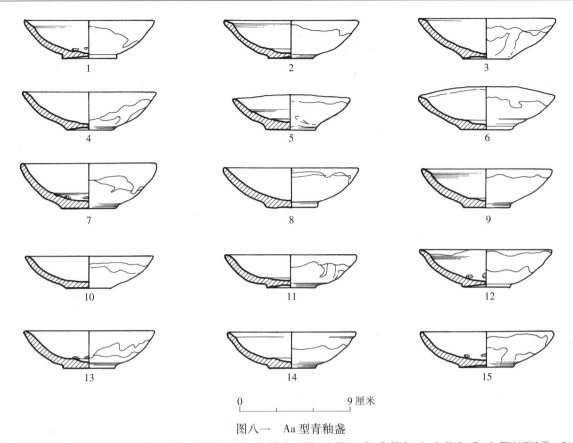

0   9 厘米

图八一 Aa 型青釉盏

1. H9：1842　2. H10：21　3. H10：92　4. H10：151　5. H10：157　6. H11：7　7. H15：6　8. H15：7　9. TN01E02②：54
10. TN01E02②：55　11. TN01E03③：233　12. TN01E03③：237　13. TN01E03③：249　14. TN01E03③：259　15. TN01E03③：459

10.4、底径 4、高 2.5 厘米（图八二，7）。F2 垫：645，釉面脱落较甚，口沿露胎一周。口径
10.6、底径 4、高 3 厘米（图八二，8）。F2 垫：646，釉面橘皮现象明显。口沿刮釉一周。口径
11、底径 3.8、高 2.9 厘米（图八二，9）。F4：5，釉面大部分脱落，口沿露胎一周。口径 11、底
径 3.6、高 3.2 厘米（图八二，10）。F4 垫：472，口沿露胎一周，内底残留支钉痕。口径 11.4、
底径 4、高 3 厘米（图八二，11）。F4 垮：1，釉面少量釉泡，口沿残留一周叠烧痕。口径 10.8、
底径 3.8、高 3.2 厘米（图八二，12）。F4 垮：26，釉面橘皮现象明显，口沿及外壁近底处各残留
一周叠烧痕。口径 10.8、底径 4.5、高 3 厘米（图八二，13）。F4 垮： 30，釉面较多釉泡，内底
残留支钉垫烧痕。口径 10.5、底径 3.8、高 3 厘米（图八二，14）。F9：1，釉面大量脱落，内底
残留支钉垫烧痕。口径 11.4、底径 3.7、高 3 厘米（图八二，15）。F9：2，内底残留支钉垫烧痕。
口径 11、底径 4.6、高 3 厘米（图八二，16）。F9：6，釉面有较多釉泡，口沿一周露胎，残留对
口烧痕，外底粘连一倒置器底。口径 11.4、底径 3.6、高 2.9 厘米（图八二，17）。F9：40，口沿
下部残留对口烧痕。口径 10.8、底径 3.8、高 3.2 厘米（图八二，18）。F11：2，釉面脱落较甚，
口沿露胎一周，釉面残存较多窑灰。口径 11.1、底径 4、高 2.8 厘米（图八二，19）。Y1：4，口
径 11、底径 3.6、高 3.2 厘米（图八二，20）。Y3：10，内底残留支钉痕。口径 10.4、底径 4、高
3 厘米（图八二，21）。Y3：11，内底残留支钉痕。口径 11.6、底径 5.4、高 3.4 厘米（图八二，
22）。L1②：11，口径 11、底径 4、高 3.2 厘米（图八二，23）。采：9，口沿露胎一周，内底残留
支钉垫烧痕。口径 10.4、底径 3.8、高 3 厘米（图八二，24）。

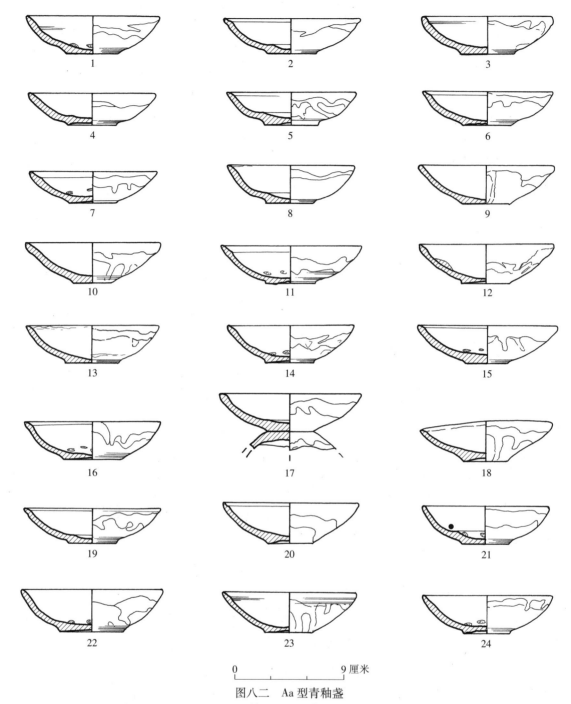

0   9厘米

图八二 Aa 型青釉盏

1. F2：7　2. F2：14　3. F2：15　4. F2：16　5. F2 垫：2　6. F2 垫：353　7. F2 垫：569　8. F2 垫：645　9. F2 垫：646　10. F4：5　11. F4 垫：472　12. F4 垮：1　13. F4 垮：26　14. F4 垮：30　15. F9：1　16. F9：2　17. F9：6　18. F9：40　19. F11：2　20. Y1：4　21. Y3：10　22. Y3：11　23. L1②：11　24. 采：9

  Ab 型 12 件。足部制作不规整，饼足，近足部斜削一周。T3④：9，釉面气泡现象较明显。口径 11、底径 4.6、高 2.6 厘米（图八三，1）。H2：67，内壁粘连少量窑灰，口沿露胎一周。口径 10.8、底径 4.4、高 3 厘米（图八三，2）。H9：557，近内底处有一周凹弦纹，内底残留支钉垫烧痕。口径 11.4、底径 4.8、高 3.2 厘米（图八三，3）。H9：1883，釉面大部分脱落，口沿露胎一周。口径 12.4、底径 4.6、高 3.4 厘米（图八三，4）。H9：630，内底处有一周凹弦纹，残留支钉垫烧痕。口径 11、底径 4.4、高 3.3 厘米（图八三，5）。H9：641，内底处有一周凹弦纹，残留

支钉垫烧痕。口径 11.6、底径 4.7、高 3.4 厘米（图八三，6）。H10：999，内底有一周凹弦纹，
釉面大部分脱落，口沿露胎一周。口径 12.5、底径 4.4、高 3.7 厘米（图八三，7）。H10：1369，
釉面大部分脱落，口沿露胎一周。口径 11、底径 4、高 3.5 厘米（图八三，8）。H13：69，釉面大
部分脱落，内底残留支钉垫烧痕。口径 12.1、底径 4.8、高 3.5 厘米（图八三，9）。F2 垫：356，
内底残留支钉垫烧痕。口径 11.8、底径 4.8、高 4 厘米（图八三，10）。F4 垫：475，内底残留支
钉痕。口径 10.4、底径 4.4、高 3 厘米（图八三，11）。F4 垮：6，内底残留支钉痕。口径 10.4、
底径 4.5、高 3 厘米（图八三，12）。

　　Ac 型　3 件。圈足。H1：626，近内底处有一周凹弦纹，口沿一周酱釉边，内底残留石英砂
垫烧痕。口径 12.8、底径 4.8、高 3.6 厘米（图八三，13）。H2：83，近内底处有一周凸弦纹，口
沿一周酱釉边，内底残留石英砂垫烧痕，圈足内模印窑工印记。口径 10.8、底径 4.2、高 3.3 厘米
（图八三，14）。H10：32，釉面有较多釉泡。口径 11.9、底径 3.9、高 4 厘米（图八三，15）。

　　B 型　13 件。尖唇或尖圆唇，斜弧腹、较深，体型较大。根据足部形态差异，可分为 2 亚型。
　　Ba 型　11 件。口微侈，饼足，近足部一周斜削。可分为 2 式。
　　Ⅰ 式　10 件。足径较大，近内底处内凹。H10：1042，内底残留支钉垫烧痕。口径 11.9、底
径 4.7、高 3.6 厘米（图八四，1）。H12：38，内底残留支钉垫烧痕。口径 12、底径 5、高 4.4 厘
米（图八四，2）。H12：41，釉面有较多釉泡，内底残留支钉垫烧痕。口径 11.8、底径 5、高 4.1

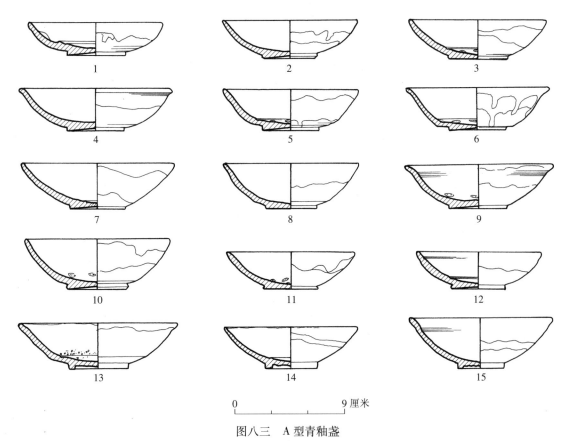

图八三　A 型青釉盏

1～12. Ab 型（T3④：9、H2：67、H9：557、H9：1883、H9：630、H9：641、H10：999、H10：1369、H13：69、F2 垫：356、
F4 垫：475、F4 垮：6）　13～15. Ac 型（H1：626、H2：83、H10：32）

厘米（图八四，3）。H13∶53，釉面有大量釉泡，内底残留支钉垫烧痕。口径12、底径5、高4厘米（图八四，4）。H13∶54，内底残留支钉垫烧痕。口径12.6、底径5、高4厘米（图八四，5）。H13∶68，内底残留支钉垫烧痕。口径12.5、底径5、高4厘米（图八四，6）。H17∶80，釉面大部分脱落，内底残留支钉垫烧痕。口径11.3、底径5、高3.4厘米（图八四，7）。H18∶419，内底残留支钉垫烧痕。口径11.8、底径4.8、高4厘米（图八四，8）。H22∶18，内壁有"橘皮"现象，内底残留支钉垫烧痕。口径11.8、底径5.2、高4.1厘米（图八四，9）。H22∶17，釉面大部分脱落，内底残留支钉垫烧痕。口径12、底径5.4、高4.2厘米（图八四，10）。

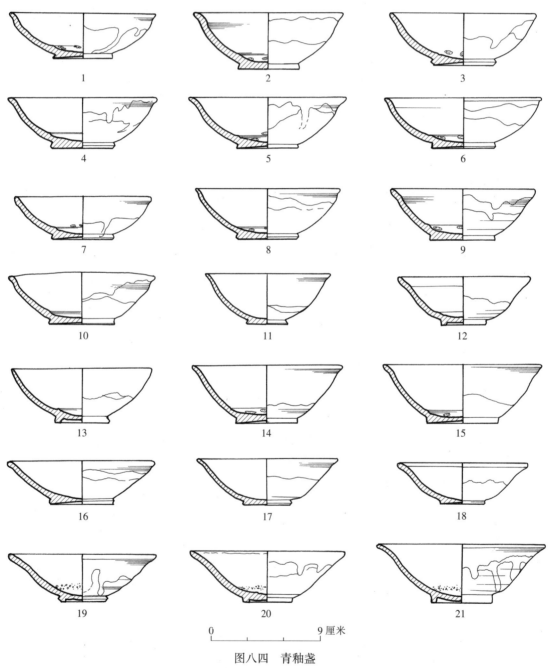

0　　　　　　　9厘米

图八四　青釉盏

1～10. Ba型Ⅰ式（H10∶1042、H12∶38、H12∶41、H13∶53、H13∶54、H13∶68、H17∶80、H18∶419、H22∶18、H22∶17）

11. Ba型Ⅱ式（H9∶642）　　12、13. Bb型（H2∶166、H2∶196）　　14～16. Ca型Ⅰ式（H22∶15、F4垫∶280、F6∶34）

17、18. Ca型Ⅱ式（H9∶1886、H10∶1377）　　19～21. Cb型（H1∶660、H1∶661、H10∶1117）

Ⅱ式　1件。足径变小。H9：642，口径10、底径3.2、高4厘米（图八四，11）。

Bb型　2件。敞口或微侈，圈足。近内底处有一周凹弦纹。H2：166，釉面脱落，圈足内略带鸡心突。口径10.6、底径3.6、高3.8厘米（图八四，12）。H2：196，釉面脱落，口沿一周酱釉边，内底残留石英砂垫烧痕。口径11.4、底径4.4、高4.3厘米（图八四，13）。

C型　8件。尖圆唇，敞口或微侈，斜直腹，体型较大。根据足部形态差异，可分为2亚型。

Ca　5件。饼足。可分为2式。

Ⅰ式　3件。足径较大。H22：15，近内底处内凹，内壁有"橘皮"现象，内底残留支钉垫烧痕。口径12.2、底径5、高4.6厘米（图八四，14）。F4垫：280，内底残留支钉痕。口径12.8、底径5.8、高4.6厘米（图八四，15）。F6：34，内壁粘连少量窑渣落灰。口径12、底径5.4、高3.5厘米（图八四，16）。

Ⅱ式　2件。足径变小。H9：1886，釉面脱落。口径11.4、底径4、高3.7厘米（图八四，17）。H10：1377，釉面大部分脱落，内壁粘连大片窑渣落灰。口径10.4、底径3.4、高3.2厘米（图八四，18）。

Cb型　3件。圈足。内底有一周凹弦纹。H1：660，口沿一周酱釉边，内底残留石英砂垫烧痕。口径12、底径3.8、高3.8厘米（图八四，19）。H1：661，釉面脱落，内底残留石英砂垫烧痕。口径12.6、底径4.1、高4厘米（图八四，20）。H10：1117，口沿一周酱釉边，内底残留石英砂垫烧痕。口径13.4、底径4.8、高4.6厘米（图八四，21）。

D型　8件。斜弧腹，饼足，体型较小。据唇部及口部形态差异，可分为3亚型。

Da型　6件。凸圆唇，敞口。内底有一周凹弦纹。H2：151，釉面有较多釉泡。口径9、底径3、高3.4厘米（图八五，1）。H2：154，釉面粘连少量窑渣落灰。口径8.8、底径3、高3.2厘米（图八五，2）。H9：1857，釉面大部分脱落。口径8.6、底径2.8、高3.2厘米（图八五，3）。H9：1858，釉面粘连少量窑渣落灰。口径8.8、底径3、高3.4厘米（图八五，4）。H9：1859，口径8.5、底径2.8、高3.4厘米（图八五，5）。F4垮：32，口径8.4、底径3、高3.4厘米（图八五，6）。

Db型　1件。圆唇，口微侈。H2：149，口径8、底径2.8、高3厘米（图八五，7）。

Dc型　1件。圆唇，敞口，口近直。H9：647，釉面大部分脱落。口径8.6、底径3.2、高3.2厘米（图八五，8）。

盒　4件。根据唇部、口部及腹部形态差异，可分为3型。

A型　2件。方唇，子口，折肩，斜弧腹，腹部下残。Y2①：31，口径20.8、残高10.2厘米（图八五，9）。Y2②：5，口径26.6、残高12厘米（图八五，10）。

B型　1件。圆唇，敛口，折肩，斜直腹，饼足。H18：134，釉面脱落较甚，器表残存窑灰落渣。口径14.4、残高6.2厘米（图八五，11）。

C型　1件。尖唇，子口，折肩，直腹，平底。H2：476，釉面脱落。口径3.8、底径4、高2.6厘米（图八五，12）。

无系罐　13件。根据口部、颈部、肩部、腹部形态差异，可分为2型。

A型　1件。斜方唇，直口，短颈斜直，溜肩，肩部上下各有一周凹弦纹，弧腹，平底。

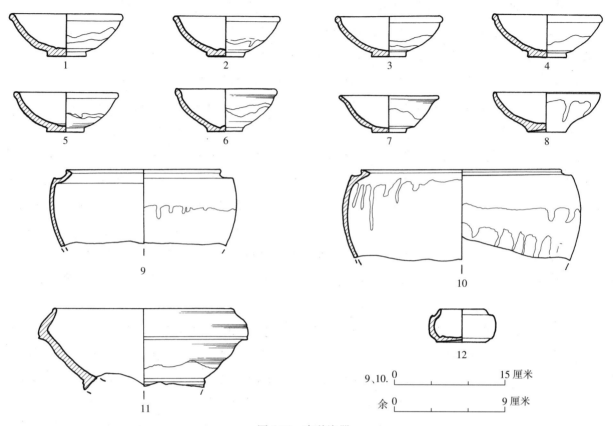

图八五　青釉瓷器

1～6. Da 型盏（H2：151、H2：154、H9：1857、H9：1858、H9：1859、F4 垮：32）　7. Db 型盏（H2：149）
8. Dc 型盏（H9：647）　9、10. A 型盒（Y2①：31、Y2②：5）　11. B 型盒（H18：134）　12. C 型盒（H2：476）

H13：100，腹部及底部镂空。口径 7.4、底径 10.4、高 15.4 厘米（图八六，1；彩版四一，1）。

B 型　12 件。侈口，束颈，溜肩，鼓腹，平底或略带饼足。根据颈部粗细，可分为 2 亚型。

Ba 型　1 件。圆唇，颈部较粗。H9：118，釉面少量釉泡，残留少量窑渣落灰。口径 6、腹径 5.7、底径 4、高 5.4 厘米（图八六，2）。

Bb 型　11 件。方唇，颈部较细。H2：385，口沿釉面残损一周。口径 3.4、腹径 5.7、底径 3.5、高 5 厘米（图八六，3）。H2：396，口径 3.6、腹径 4.4、底径 3、高 4.4 厘米（图八六，4）。H9：2004，口径 3.4、腹径 5.2、底径 3.6、高 5.4 厘米（图八六，5）。H9：115，口径 3.5、腹径 5.2、底径 3.6、高 5.2 厘米（图八六，6）。H9：2000，口径 3.5、腹径 5.8、底径 3.6、高 6 厘米（图八六，7）。H9：2002，口径 3.4、腹径 5.3、底径 3.8、高 5.4 厘米（图八六，8）。H11：9，口径 3.8、腹径 5.8、底径 3.8、高 6.3 厘米（图八六，12）。F4 垫：411，口径 3.6、底径 3.6、高 5.8 厘米（图八六，9）。H9：1996，口径 4.2、腹径 6.4、底径 4、高 6.5 厘米（图八六，10）。H17：121，口径 3.6、腹径 6.2、底径 3.8、高 5.8 厘米（图八六，13）。F6：162，口径 3.6、腹径 6.9、底径 4.6、高 6 厘米（图八六，11）。

横系罐　21 件。肩部置横系。根据唇部及颈部形态差异，可分为 5 型。

A 型　13 件。方唇，直口，短颈。根据器物颈部倾斜度及肩部形态差异，可分为 4 亚型。

Aa 型　5 件。颈部垂直于肩部，丰肩，肩部下残。H10：1160，腹部施酱彩草叶纹。口径 16、

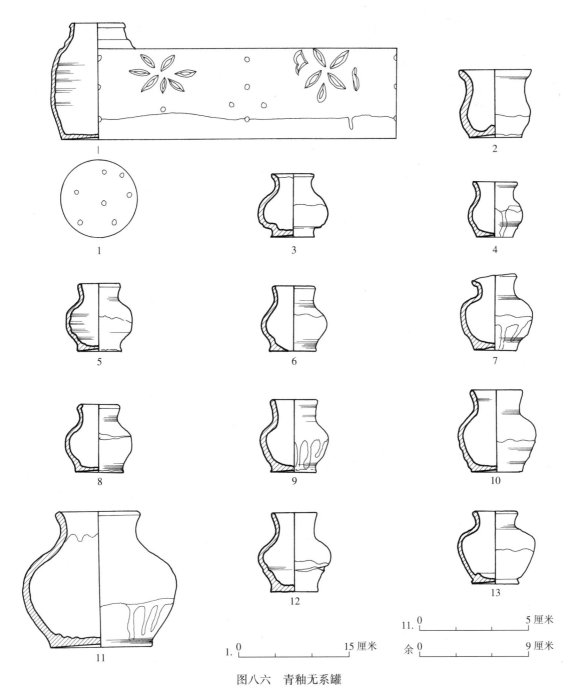

图八六　青釉无系罐

1. A 型（H13：100）　　2. Ba 型（H9：118）　　3～13. Bb 型（H2：385、H2：396、H9：2004、H9：115、H9：2000、
H9：2002、F4 垫：411、H9：1996、F6：162、H11：9、H17：121）

腹径 34.5、残高 12.2 厘米（图八七，1；彩版四一，2）。H13：124，口径 13.2、残高 8.8 厘米
（图八七，2）。H12：104，腹部施绿彩草叶纹。口径 8、腹径 19.8、残高 13.6 厘米（图八七，3）。
F4 垫：409，口径 15.5、残高 6 厘米（图八七，5）。Y2D1：2，口径 14、腹径 29.4、底径 15.5、残高
29 厘米（图八七，4）。

　　Ab 型　1 件。颈部垂直于肩部，圆肩，不及 Aa 型丰满。H9：2021，釉面棕眼现象较明显且
脱落较甚。口径 6.4、腹径 9.6、底径 6.6、高 11.2 厘米（图八七，6）。

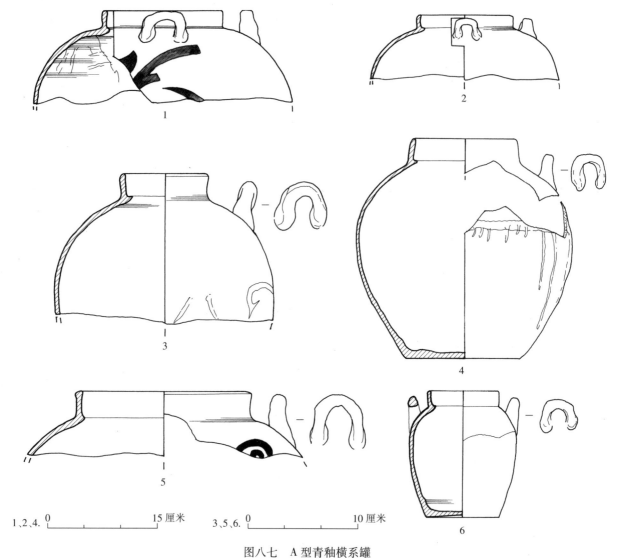

1、2、4. 0 　　　　　　　15 厘米　　　3、5、6. 0 　　　　　　　10 厘米

图八七　A 型青釉横系罐

1~5. Aa 型（H10：1160、H13：124、H12：104、Y2D1：2、F4 垫：409）　6. Ab 型（H9：2021）

　　Ac 型　6 件。颈部略斜直，溜肩，肩部下残。H15：21，口径 17.6、残高 11.8 厘米（图八八，1）。H15：22，肩腹部施绿彩草叶纹。口径 18.8、残高 10 厘米（图八八，2）。H16：17，肩腹部施酱彩草叶纹。口径 21.2、残高 11.8 厘米（图八八，3）。F4 垫：408，口径 17.9、残高 17.1 厘米（图八八，4）。F8：8，肩部施绿彩草叶纹。口径 26.8、残高 10.2 厘米（图八八，5）。采：92，釉面脱落较甚。口径 23.2、残高 14 厘米（图八八，6）。

　　Ad 型　1 件。颈部更加斜直，与肩部连为一体，溜肩，肩部下残。H1：715，口径 21.8、残高 14 厘米（图八八，7）。

　　B 型　3 件。斜方唇，直口微敞，颈部较 A 型长，溜肩，肩部下残。H12：110，口径 10.6、残高 9.8 厘米（图八九，1）。H12：112，肩部饰绿彩草叶纹，釉面脱落较甚，器表残留大量窑灰。口径 7.8、残高 6.6 厘米（图八九，2）。H22：58，釉层脱落较甚，肩腹部施酱彩草叶纹。口径 16.5、残高 12.6 厘米（图八九，3）。

　　C 型　2 件。长颈，溜肩，肩部下残。H9：1173，颈部施酱彩。残高 24.4 厘米（图八九，

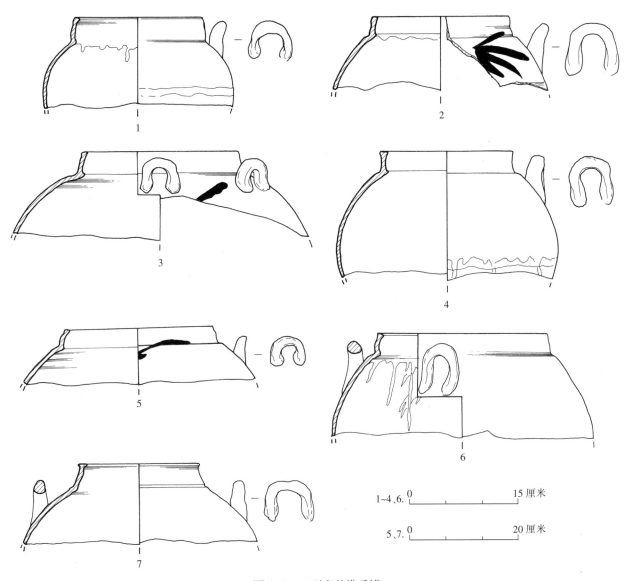

图八八　A 型青釉横系罐

1~6. Ac 型（H15：21、H15：22、H16：17、F4 垫：408、F8：8、采：92）　7. Ad 型（H1：715）

5）。H21：9，釉层脱落。残高 8.1 厘米（图八九，6）。

D 型　2 件。方唇或圆唇，敛口，无颈，溜肩，弧腹。H9：1170，釉面残留较多窑渣落灰。口径 19.2、残高 13.5 厘米（图八九，4；彩版四二，1）。Y2D1：4，口径 16、残高 12.9 厘米（图八九，7）。

E 型　1 件。斜方唇，直口微敞，短束颈，溜肩，弧腹，平底。H7：28，釉面脱落。口径 4.6、腹径 9、底径 5.6、高 9.5 厘米（图八九，8）。

竖系罐　20 件。化妆土多挂于器物上半部。根据唇部、口部、颈部、系部差异，可分为 9 型。

A 型　3 件。方唇，直口，筒形颈较短粗，溜肩，弧腹，肩腹部置两对单股竖系，平底。H2：391，近底处残留一周叠烧痕。口径 8.2、腹径 9.1、底径 4.8、高 10.2 厘米（图九〇，1）。H9：98，釉面脱落。口径 8.4、腹径 8.7、底径 5.4、高 10.2 厘米（图九〇，2；彩版四二，2）。H9：99，釉面脱落。口径 8、腹径 9.2、底径 5、高 11.4 厘米（图九〇，3）。

B 型　5 件。方圆唇或尖唇，口微敞，筒形颈较 A 型细长，溜肩，弧腹，肩腹部置两对单股

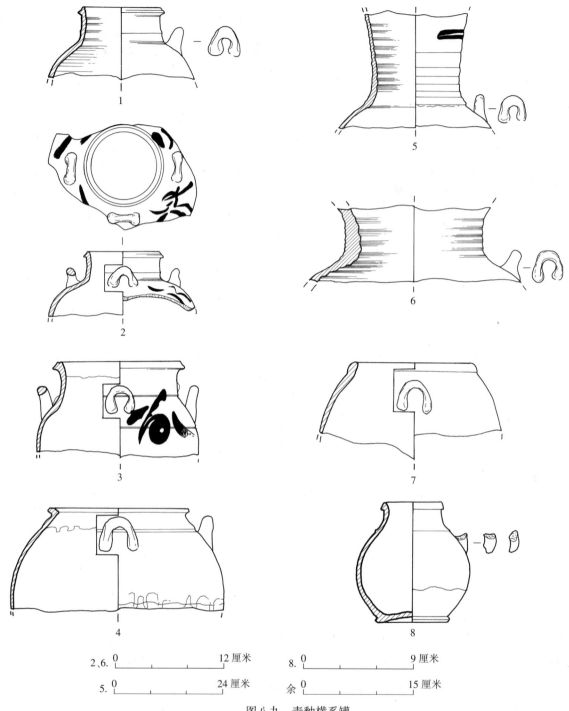

图八九　青釉横系罐

1～3. B 型（H12：110、H12：112、H22：58）　　4、7. D 型（H9：1170、Y2D1：4）　　5、6. C 型（H9：1173、H21：9）
8. E 型（H7：28）

竖系，平底。可分为2式。

　　I 式　2件。腹部较丰满，且最大腹径偏上。H13：109，釉面脱落。口径8.8、腹径10.8、底径6、高 14.6 厘米（图九〇，4）。H22：122，口径7.8、腹径11.2、底径8.2、高 18.5 厘米（图九〇，5）。

　　II 式　3件。腹部较瘦长，最大腹径较 I 式降低。H9：93，变形较甚，釉泡现象较明显。口径6、

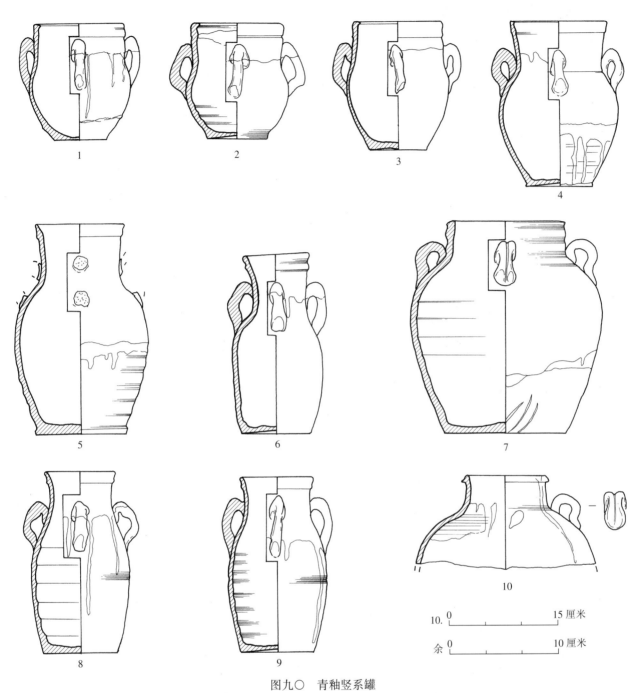

图九〇　青釉竖系罐

1~3. A 型（H2：391、H9：98、H9：99）　4、5. B 型 I 式（H13：109 、H22：122）　6、8、9. B 型 II 式（H9：93、H9：2055、H9：2056）　7、10. Ca 型（F4 垫：508、H12：105）

腹径 8.2、底径 6.4、高 16 厘米（图九〇，6）。H9：2055，口径 6.2、腹径 9、底径 6.8、高 16 厘米（图九〇，8）。H9：2056，釉面脱落。口径 6.2、腹径 8.9、底径 6.8、高 15.3 厘米（图九〇，9）。

C 型　3 件。斜方唇，直口，短直颈，溜肩，弧腹，肩腹部置竖系。根据体型大小差异，可分为 2 亚型。

Ca 型　2 件。体型较大，腹部下残。H12：105，口径 11.2、残高 12.6 厘米（图九〇，10）。F4 垫：508，釉面"橘皮"现象明显，粘连大量窑渣。口径 10.6、腹径 16.7、底径 11、高 18.6 厘米（图九〇，7；彩版四三，1）。

Cb 型　1件。体型较小，饼足。H15：15，釉面脱落较甚。口径5.6、腹径8.2、底径4.2、高8.8厘米（图九一，1）。

D 型　2件。方唇，敛口，斜直颈呈瓦棱状，溜肩，弧腹，肩腹部置竖系，腹部下残。Y2①：27，单股竖系。口径17、残高7.4厘米（图九一，2）。H13：120，双股竖系，腹部饰酱釉卷草纹。口径16、残高15.4厘米（图九一，3；彩版四三，2）。

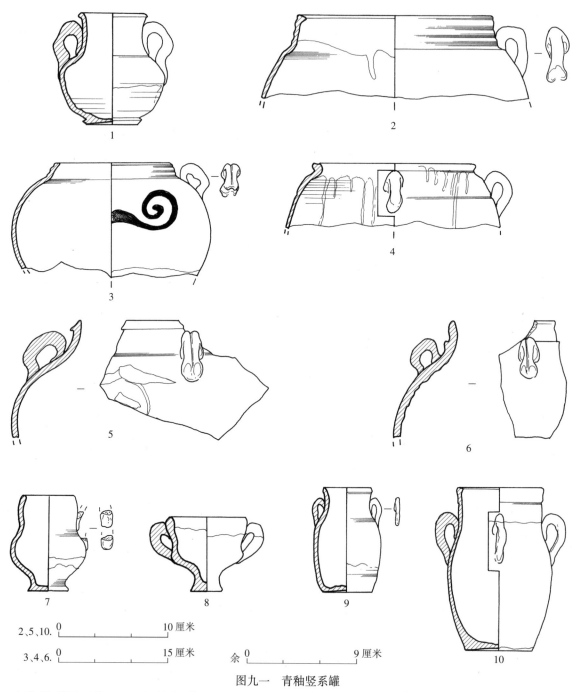

2、5、10.　0 ————————— 10厘米
3、4、6.　　0 ————————— 15厘米
余　0 ————————— 9厘米

图九一　青釉竖系罐

1. Cb 型（H15：15）　　2、3. D 型（Y2①：27、H13：120）　　4. E 型（H10：1161）　　5、6. F 型（F4 垫：288、Y2D1：6）
7、8. G 型（H9：1067、H10：975）　　9. I 型（H9：86）　　10. H 型（H9：2053）

E 型　1 件。圆唇，敛口，无颈，溜肩，弧腹，肩腹部置单股竖系，腹部下残。H10：1161，口径 21.7、残高 8.4 厘米（图九一，4）。

F 型　2 件。方唇，敛口，颈部斜直，带一周凸棱，丰肩，弧腹，肩腹部置双股竖系。F4 垫：288，釉面部分脱落、"橘皮"现象明显。残高 10.5 厘米（图九一，5）。Y2D1：6，残高 10.3 厘米（图九一，6）。

G 型　2 件。圆唇，口近直，筒形颈，溜肩，圆弧腹较扁，颈腹部置单股竖系，腹下内收为小根足，体型较小。H9：1067，釉面脱落。口径 6.4、腹径 6.4、底径 2.6、高 5.9 厘米（图九一，7）。H10：975，釉面脱落。口径 4.2、腹径 6、底径 3.2、高 7.6 厘米（图九一，8）。

H 型　1 件。方唇，直口，筒形颈，颈部粗细及长短介于 A 型与 B 型之间，溜肩，弧腹，肩腹部置两对单股竖系，平底。H9：2053，口径 7.6、腹径 9.2、底径 5.8、高 14.2 厘米（图九一，10）。

I 型　1 件。方圆唇，口微敞，束颈，溜肩，肩部一对称竖系，弧腹较长，平底。H9：86，口径 4、腹径 5.2、底径 4、高 8.2 厘米（图九一，9）。

罐残件　6 件。H9：1172，大盘口罐，残存颈部及肩部。釉下施绿彩。残高 10.6 厘米（图九二，1）。Y2D1：1，残存颈部以下，溜肩，肩部四系，弧腹。腹径 24.3、底径 14、残高 26.6 厘米（图九二，4）。Y2D1：7，残存口部。圆唇，敛口，斜直颈较短，溜肩。口径 20.3、残高 6.4 厘米（图九二，5）。Y2D1：8，残存口部及肩部。方唇，直口，短颈，丰肩，肩部置横系。

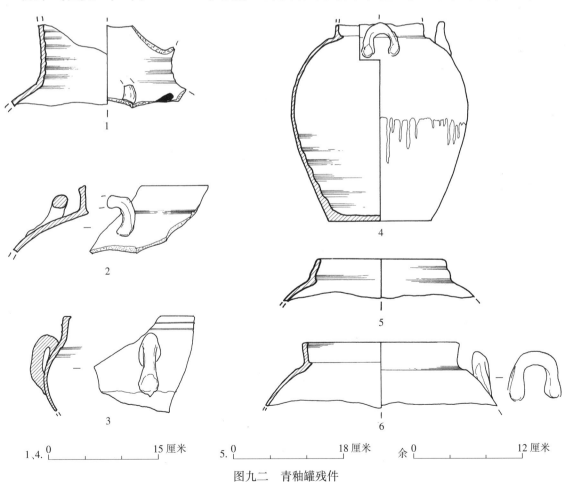

1,4.　0　　　　　　　　　15 厘米　　　5.　0　　　　　　18 厘米　　　余　0　　　　　12 厘米

图九二　青釉罐残件

1. H9：1172　2. Y2D1：9　3. Y2②：24　4. Y2D1：1　5. Y2D1：7　6. Y2D1：8

口径16.5、残高7厘米（图九二，6）。Y2D1∶9，残存口部及肩部。方唇，直口，短颈，丰肩，肩部置横系。似Aa型横系罐。残高7厘米（图九二，2）。Y2②∶24，残存口部及肩部。方唇，敛口，斜直颈呈瓦棱状，溜肩，弧腹，肩腹部置竖系。似D型竖系罐。残高10厘米（图九二，3）。

注壶　29件。壶身两侧分别置流及执柄。根据口部及颈部形态差异，可分为4型。

A型　3件。方唇，盘口，束颈，溜肩，弧腹，长流，平底或饼足。采∶82，釉面开片明显。口径7、腹径10.4、底径7.6、高18厘米（图九三，1）。H9∶194，肩部一周凹弦纹。口径6.8、腹径10.8、底径7.3、高18.1厘米（图九三，3）。H9∶2111，腹径10.4、底径7.8、残高14.7厘米（图九三，2）。

B型　10件。直口，斜直颈，溜肩，弧腹，长流，平底或饼足。根据颈部装饰差异，可分为3亚型。

Ba型　5件。方唇，颈部一周凹弦纹。H9∶201，肩腹部置对称竖系，肩部饰青釉点彩。口径7.5、腹径12、底径8、高16.6厘米（图九三，4）。H9∶202，肩腹部置对称单股竖系，肩部饰青釉点彩。口径7.6、腹径12.6、底径8、高16.4厘米（图九三，5；彩版四四）。Y2①∶8，肩腹部置对称单股竖系，肩部残存点彩印迹。口径7.2、腹径11.2、底径7.4、高16.2厘米（图九四，1）。Y2①∶51，腹部置对称单股竖系，肩部饰绿釉草叶纹。口径9、腹径16.4、底径9.8、高20.4厘

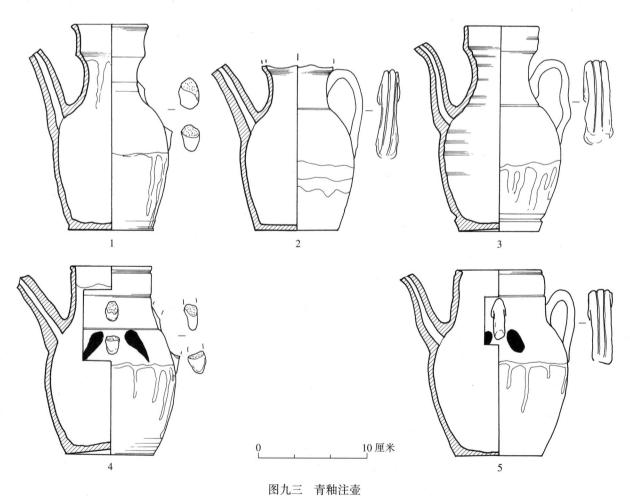

0　　　　　　　　　10厘米

图九三　青釉注壶

1~3. A型（采∶82、H9∶2111、H9∶194）　　4、5. Ba型（H9∶201、H9∶202）

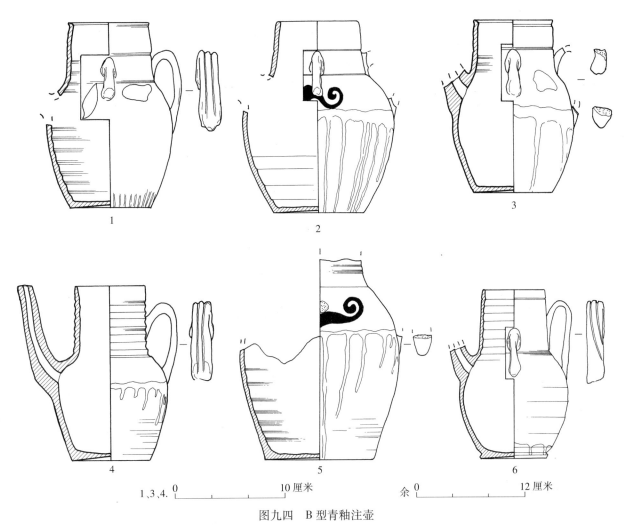

图九四　B 型青釉注壶

1~3. Ba 型（Y2①：8、Y2①：51、F4 垫：410）　　4~6. Bb 型（H9：2112、H9：1091、H10：894）

米（图九四，2）。F4 垫：410，肩部饰青釉点彩。口径 7.2、腹径 11、底径 7.2、高 15.2 厘米（图九四，3；彩版四五，1）。

　　Bb 型　5 件。颈部瓦棱状。H9：2112，尖圆唇。口径 6.4、腹径 9.8、底径 7、高 15.4 厘米（图九四，4；彩版四五，2）。H9：1091，腹部饰青釉卷草纹。腹径 17、底径 11.7、残高 21.2 厘米（图九四，5）。H10：894，尖圆唇，肩腹部置对称单股竖系。口径 6.8、腹径 11、底径 7.4、高 18 厘米（图九四，6）。H10：1400，肩腹部置对称单股竖系，腹部饰青釉卷草纹。腹径 11.6、底径 7.3、残高 15.2 厘米（图九五，1）。H13：108，釉面脱落较甚，腹部饰青釉卷草纹。腹径 11、底径 7.4、残高 13 厘米（图九五，2）。

　　Bc 型　1 件。H9：210，釉面脱落较甚，肩部饰绿釉点彩。口径 7.2、腹径 11.6、底径 8.2、高 15.4 厘米（图九六，1）。

　　C 型　9 件。口部残，细颈内束，溜肩，弧腹，长流，饼足。根据腹部形态及有无系的差异，可分为 3 亚型。

　　Ca 型　6 件。腹部光滑呈椭圆形，无系。H9：192，腹部刻划鸟纹，纹饰件绿釉填彩。腹径 10.6、底径 7.4、残高 14.8 厘米（图九五，4；彩版四五，3）。H9：193，腹部刻划鸟纹，纹饰间

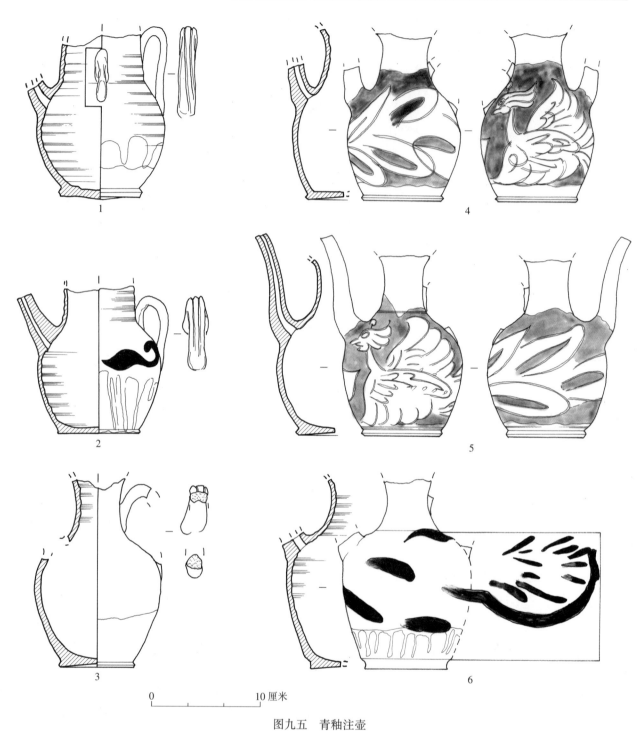

0　　　　　　10厘米

图九五　青釉注壶
1、2. Bb 型（H10：1400、H13：108）　3～6. Ca 型（H13：106、H9：192、H9：193、H9：2117）

绿釉填彩。腹径 10、底径 7、残高 17.6 厘米（图九五，5；彩版四五，4）。H9：2117，腹部饰绿
釉草叶纹。腹径 11.6、底径 7.4、残高 16.7 厘米（图九五，6）。H13：106，釉面脱落。腹径
11.4、底径 7、残高 17 厘米（图九五，3）。H16：27，釉面脱落较甚。腹径 12.4、底径 8、残高
15.6 厘米（图九七，1）。Y2①：9，釉面脱落较甚，腹部刻划鸟纹，纹饰间绿釉填彩。腹径 11.6、
底径 7.2、残高 16.8 厘米（图九七，2）。

　　Cb 型　2 件。腹部呈瓜棱状，无系。H10：896，釉面脱落，器表残留大量窑渣落灰。腹径 12、底

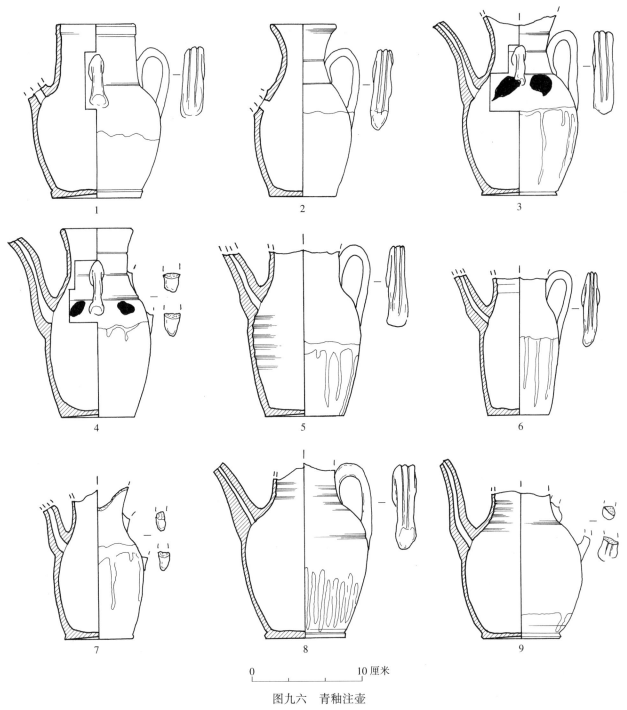

0 　　　　　　10厘米

图九六　青釉注壶

1. Bc 型（H9：210）　　2~4. Db 型（H9：196、H9：199、H9：2199）　　5~9. 注壶残件（H9：195、H9：197、H9：198、
H13：107、H17：115）

径7.5、残高15.2厘米（图九七，3）。H17：114，腹径10.8、底径8.2、残高15.8厘米（图九六，4）。

　　Cc 型　1件。腹部光滑呈球形，肩部置对称单股竖系。H2：319，腹径7.4、底径4、残高8.7
厘米（图九七，5）。

　　D 型　6件。方唇或方圆唇，敞口，束颈较粗，呈喇叭状，溜肩，弧腹，长流，平底或略带饼
足。根据敞口程度及颈部粗细差异，可分为2亚型。

　　Da 型　3件。口微敞，颈部较粗。H2：472，釉面脱落较甚，肩腹部饰绿釉草叶纹。口径

7.8、腹径 12.5、底径 7.4、高 20 厘米（图九七，6）。H2：473，釉面脱落较甚，肩腹部饰绿釉草叶纹。口径 7.2、腹径 11.6、底径 7.8、高 20.8 厘米（图九七，8）。H9：1092，肩腹部饰绿釉草叶纹。口径 8.2、腹径 16.5、底径 9、高 25 厘米（图九七，7；彩版四六，1）。

　　Db 型　3 件。敞口更甚，颈部较细。H9：196，口径 6、腹径 8.7、底径 6、高 15.2 厘米（图九六，2）。H9：199，肩部饰绿釉点彩。腹径 10.5、底径 6.6、残高 16 厘米（图九六，3；彩版四六，2）。H9：2199，肩部饰绿釉点彩。口径 6.4、腹径 9.4、底径 6.6、高 16.6 厘米（图九六，4）。

　　注壶残件　9 件。H9：195，溜肩，弧腹较长，器身两侧分别置流及执柄，平底。腹径 10.1、底径 7.2、残高 14.6 厘米（图九六，5）。H9：197，溜肩，弧腹较长，器身两侧分别置流及执柄，平底。腹径 7.3、底径 5.6、残高 12.9 厘米（图九六，6）。H9：198，溜肩，弧腹，腹较长，器身两侧分别置流及执柄，平底。腹径 8.2、底径 6.4、残高 13.3 厘米（图九六，7）。H13：107，溜肩，弧腹，器身两侧分别置流及执柄，平底。釉面脱落。腹径 11.4、底径 7.4、残高 15.6 厘米（图九六，8）。H17：115，溜肩，弧腹，器身两侧分别置流及执柄，平底。釉面脱落。腹径 11、底径 7、残高 16 厘米（图九六，9）。H14：6，方唇，敞口，长颈呈喇叭状，下残，为 Da 型注壶残片。口径 6.4、残高 6.4 厘米（图九八，1）。Y2②：8，为注壶流部，管状，略弧。残高 7.2 厘米（图九八，2）。H18：85，斜方唇，短直颈，颈部一周凸棱，溜肩，弧腹，器身一侧带短直流，下残。口径 10、残高 10.8 厘米（图九八，3）。F8：7，盘口略内收，颈部瓦棱状，肩部下残。口径 10.4、残高 12.4 厘米（图九八，4）。

　　瓶　11 件。根据颈部、肩部和系部形态的差异，可分为 3 型。

　　A 型　9 件。口均残，细长颈，溜肩，无系，球形腹。根据足部形态的差异，可分为 2 亚型。

　　Aa 型　8 件。饼足。多数器物化妆土施于肩部以上。H1：63，颈部及肩部饰三组等距凹弦纹，腹部饰网格纹，釉面脱落较甚。腹径 12.6、底径 8.4、残高 20.8 厘米（图九八，5；彩版四七，1）。H1：64，腹部釉下用化妆土描画交叉斜线纹。腹径 10.4、底径 6.5、残高 12.6 厘米（图九八，6；彩版四七，2）。H1：65，腹部釉下用化妆土描画斜线纹。腹径 10.2、底径 6.8、残高 18 厘米（图九八，7）。H1：66，腹部釉下用化妆土描画斜线纹。腹径 10.4、底径 6.5、残高 14.3 厘米（图九八，8）。H2：398，腹部釉下用化妆土描画斜线纹。腹径 10、底径 6.8、残高 14.2 厘米（图九八，9）。H2：399，腹部釉下用化妆土描画斜线纹，釉面脱落较甚。腹径 10.4、底径 6.6、残高 11.6 厘米（图九八，10）。H2：400，斜方唇，残存部分口沿，敞口。颈部及肩部饰两组等距凹弦纹，腹部釉下用化妆土描画卷草纹。口径 5.4、腹径 10.2、底径 6.8、高 19 厘米（图九九，1；彩版四八，1）。H10：904，腹部釉下用化妆土描画花草纹。腹径 10、底径 6.6、残高 16 厘米（图九九，3；彩版四八，2）。

　　Ab 型　1 件。宽圈足。H10：903，颈部饰一周凹弦纹。釉面脱落。腹径 11、底径 7、残高 17.2 厘米（图九九，5）。

　　B 型　1 件。方唇，直口，短直颈，颈部饰一周凸棱，丰肩，横系。TN02E04③：13，釉面脱落较甚。口径 7、残高 8.7 厘米（图九九，2）。

　　C 型　1 件。体型较小，制作不规整。唇部外翻呈凸圆唇，口近直，筒形颈较长，折肩，无系，

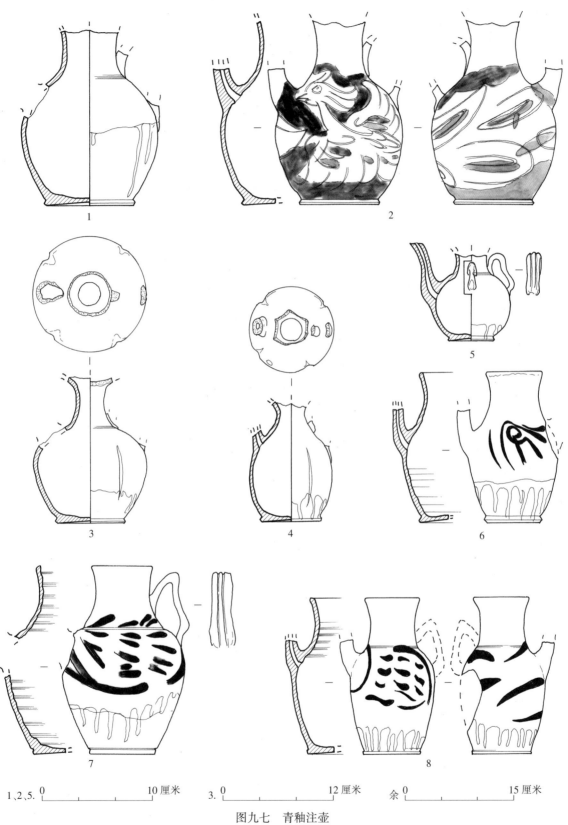

1、2.Ca 型（H16：27、Y2①：9）　　3、4.Cb 型（H10：896、H17：114）　　5.Cc 型（H2：319）　　6～8.Da 型（H2：472、
H9：1092、H2：473）

图九七　青釉注壶

图九八　青釉瓷器

1～4. 注壶残件（H14：6、Y2②：8、H18：85、F8：7）　5～10. Aa 型瓶（H1：63、H1：64、H1：65、H1：66、H2：398、H2：399）

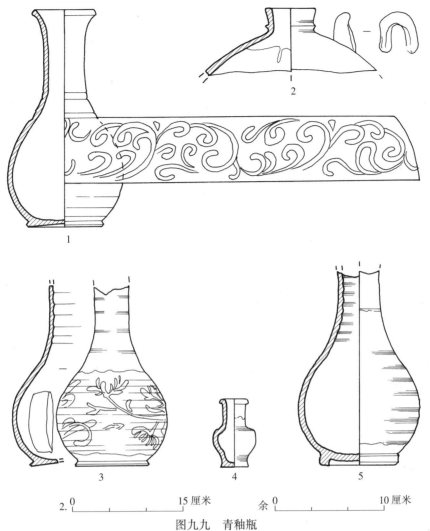

图九九　青釉瓶

1、3. Aa 型（H2：400、H10：904）　2. B 型（TN02E04③：13）　4. C 型（H12：134）　5. Ab 型（H10：903）

斜直腹或斜弧腹，喇叭形饼足。化妆土仅施于颈部及其上。H12：134，釉面脱落较甚。口径 2.6、腹径 4、底径 2.5、高 6 厘米（图九九，4）。

　　瓶残件　3 件。H2：499，细长颈，溜肩，球形腹，腹部以下残，推测为 A 型瓶的残件。颈部及肩部饰两组等距凹弦纹，腹部釉下用化妆土描画花草纹。残高 13.2 厘米（图一〇〇，1）。H14：5，残存颈部以上，方唇，敞口，推测为穿带瓶的口部[1]。口径 6.6、残高 7 厘米（图一〇〇，2）。H9：1088，圆唇，盘口，细长颈，下残。口径 14、残高 8.2 厘米（图一〇〇，3）。

　　炉　11 件。根据沿部及足部形态差异，可分为 4 型。

　　A 型　6 件。沿部下翻，筒形腹，平底下附蹄足。H10：1396，足残，沿部饰酱绿釉团彩，内底无釉。口径 10.8、腹深 3.2、残高 4.2 厘米（图一〇〇，4）。H12：63，足残，沿部饰酱绿釉团彩，内底无釉。口径 11.3、腹深 3.4、残高 4.6 厘米（图一〇〇，5）。H13：98，足残，釉面脱落较甚，沿部饰绿釉团彩，内底无釉，残留支钉痕。口径 11.1、腹深 3.4、残高 4 厘米

① 相同形制的完整器参见成都文物考古研究所：《成都琉璃厂古窑址 2010 年试掘报告》，《成都考古发现·2010》，科学出版社，2012 年，第 367 页。

图一○○　青釉瓷器

1～3. 瓶残件（H2：499、H14：5、H9：1088）　　4～9. A型炉（H10：1396、H12：63、H13：98、H19：12、H22：51、TN01E02②：7）
10. B型（H9：2076）　　11～13. C型（H2：266、TN01E03③：336、TN01E04③：23）　　14. D型（H9：1068）

（图一○○，6；彩版四九，1）。H19：12，釉面脱落。口径11、腹深2.8、高6.6厘米（图一○○，7）。H22：51，釉面脱落较甚，内底无釉，残留五枚支钉痕。口径11、腹深3.5、残高4.6厘米（图一○○，8）。TN01E02②：7，釉面脱落。口径11.3、腹深3.4、残高4厘米（图一○○，9）。

　　B型　1件。沿部下翻，筒形腹，平底下附筒形足。H9：2076，口沿饰酱釉草叶纹，内底残留支钉痕。口径12.6、腹深3.7、残高6.8厘米（图一○○，10）。

　　C 型　3 件。平折沿，筒形腹，内底下凹呈柄形足。H2：266，内底无釉。口径 9.7、腹深 2.9、残高 3.4 厘米（图一〇〇，11）。TN01E03③：336，内底无釉，残留支钉垫烧痕。口径 6、残高 4 厘米（图一〇〇，12）。TN01E04③：23，足底另附捏制器座，釉面脱落。口径 11、腹深 4.6、残高 6.4 厘米（图一〇〇，13）。

　　D 型　1 件。直口，无折沿，直腹，腹部贴饰一周花瓣，圈足。H9：1068，器表残留窑灰。口径 8.6、底径 5.4、高 6 厘米（图一〇〇，14）。

　　炉残件　3 件。H12：65，残存器身，筒形腹，下附蹄足，内底露胎。残高 5.2 厘米（图一〇一，1）。F3 垫：6，釉面脱落。口径 12.5、残高 2.9 厘米（图一〇一，5）。H18：431，残存单只足，足面模印兽面纹，釉面脱落。残高 9 厘米（图一〇一，10）。

　　急须　5 件。均残。H1：730，管状柄，末端微侈。残高 9.6 厘米（图一〇一，2）。H7：35，管状柄，末端微侈，柄上饰凸螺旋纹。残长 9.4 厘米（图一〇一，3）。H12：115，敛口，尖圆唇，肩部带一"U"形流，弧腹。残高 7.2 厘米（图一〇一，11）。H17：85，侈口，尖唇，直腹，内

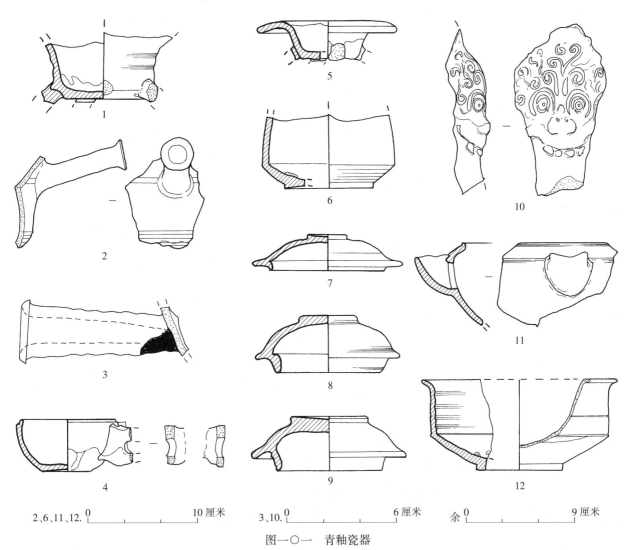

图一〇一　青釉瓷器

1、5、10. 炉残件（H12：65、F3 垫：6、H18：431）　2、3、6、11、12. 急须（H1：730、H7：35、H23：3、H12：115、H17：85）
4. 杯（H10：814）　　7~9. Aa 型器盖（H10：837、H12：71、H18：424）

壁饰浅凹弦纹三周，近底处斜直内收，饼足，内底残留支钉痕①。口径 18、底 8、高 8 厘米（图一〇一，12）。H23：3，直腹，近底处斜直内收，饼足。残高 6.6 厘米（图一〇一，6）。

杯　1 件。圆唇，直口，弧腹，平底，器身一侧附执柄。H10：814，口径 7.4、底径 3.8、高 4 厘米（图一〇一，4）。

器盖　14 件。根据口部形态差异，可分为 2 型。

A 型　8 件。子口。据纽部、盖面及沿部形态差异，可分为 5 亚型。

Aa 型　3 件。饼形纽，盖面弧拱，折沿。H10：837，口径 9.3、高 2.8 厘米（图一〇一，7）。H12：71，口径 8.4、高 4.5 厘米（图一〇一，8）。H18：424，口径 8.4、高 4.2 厘米（图一〇一，9）。

Ab 型　1 件。饼形纽，盖面斜直上拱，上戳一小孔，无折沿。H10：820，口径 8.7、高 3 厘米（图一〇二，1）。

Ac 型　2 件。宝塔形纽，盖面弧拱，折沿。H10：817，釉面脱落较甚，盖面青釉绘卷草纹。口径 5.3、高 8.2 厘米（图一〇二，3；彩版四九，2）。H10：818，盖面青釉绘卷草纹。口径 5.5、高 7.9 厘米（图一〇二，4；彩版四九，3）。

Ad 型　1 件。宝塔形纽，盖面斜直上拱，无沿。H22：43，口径 5.8、高 4.8 厘米（图一〇二，2）。

Ae 型　1 件。宝塔形纽，盖面斜直下凹，上戳一小孔，无沿。H10：828，口径 3.7、高 2.6 厘米（图一〇二，5）。

B 型　6 件。母口，盖顶较平，盖身斜直。据纽部形态差异，可分为 3 亚型。

Ba 型　1 件。宝塔形纽。H2：269，釉面脱落较甚。残高 12.8 厘米（图一〇二，6）。

Bb 型　1 件。喇叭形纽。H19：14，盖顶戳一小孔，釉面脱落，盖面酱釉绘卷草纹。残高 6.8 厘米（图一〇二，7）。

Bc 型　4 件。简化宝塔形纽。H12：80，盖顶上戳一小孔，盖面酱釉绘卷草纹。残高 8.4 厘米（图一〇二，8）。H22：40，盖顶上戳一小孔，釉面脱落，盖面酱釉绘卷草纹印迹。残高 10 厘米（图一〇二，9）。H22：41，盖顶上戳一小孔，盖面酱釉绘卷草纹。口径 24.5、残高 10.6 厘米（图一〇二，10）。H22：42，盖面酱釉绘卷草纹。口径 16.4、高 9 厘米（图一〇二，11）。

器盖残件　8 件。H1：374，宝塔形纽。残高 3.8 厘米（图一〇三，1）。H12：81，宝塔形纽，釉面脱落较甚。残高 8.1 厘米（图一〇三，2）。H9：1044，宝塔形纽，釉面粘较多窑渣。残高 7.2 厘米（图一〇三，3）。H9：1047，残存纽部，宝塔形纽。残高 7.8 厘米（图一〇三，4）。H18：79，简易宝塔形纽，平顶。残高 4.4 厘米（图一〇三，8）。H13：119，母口，盖面酱釉绘卷草纹，残留两枚支钉痕。残高 5 厘米（图一〇三，7）。TN01E03③：341，宝塔形纽。残高 6.6 厘米（图一〇三，5）。TN01E03③：342，宝塔形纽。残高 5.6 厘米（图一〇三，6）。

砚台　5 件。根据器物平面形态及有无足部的差异，可分为 2 型。

A 型　4 件。平面呈"风"字形，方唇，浅腹，内底近平，外底接两锥形足。H7：29，釉面

① 相同的完整器可参见附录一或成都文物考古研究所：《成都琉璃厂古窑址 2010 年试掘报告》，《成都考古发现·2010》，科学出版社，2012 年，第 367 页。

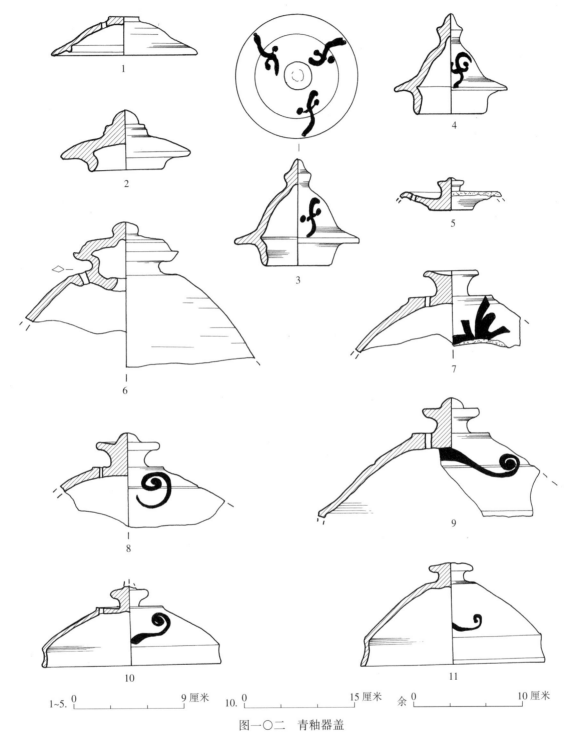

图一〇二　青釉器盖

1. Ab 型（H10：820）　2. Ad 型（H22：43）　3、4. Ac 型（H10：817、H10：818）　5. Ae 型（H10：828）
6. Ba 型（H2：269）　7. Bb 型（H19：14）　8～11. Bc 型（H12：80、H22：40、H22：41、H22：42）

少量釉泡，粘较多窑渣。长12.2、高3.8厘米（图一〇四，1）。H9：1920，长11.7、高2.6厘米（图一〇四，2；彩版五〇，1）。H13：97，长9.7、高3厘米（图一〇四，3）。F4垫：126，长11、高2.4厘米（图一〇四，4）。

B 型　1件。平面呈圆形，方唇，直口，直腹，外壁饰一周凸棱，平底。H13：66，内底酱釉绘

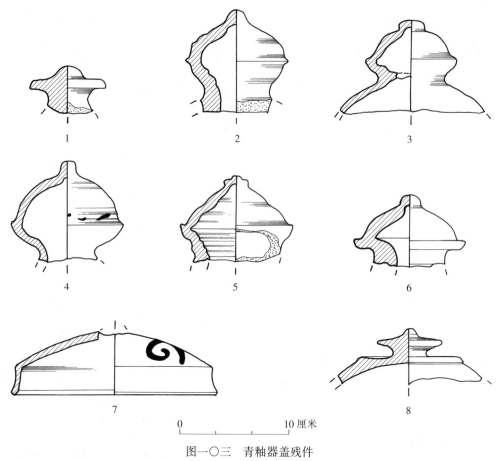

图一〇三　青釉器盖残件

1. H1：374　2. H12：81　3. H9：1044　4. H9：1047　5. TN01E03③：341　6. TN01E03③：342　7. H13：119　8. H18：79

草叶纹且书写一"马"字，残留支钉痕。口径18、底径15.6、高2.5厘米（图一〇五，1）。

研磨器　1件。圆唇，敞口，口部下一道凹槽，斜直腹，内壁戳刻放射状齿，略带饼足。H10：503，釉面脱落较甚。口径12、底径3.8、高2.8厘米（图一〇五，2）。

腰鼓　1件。H9：2136，残存中段，呈筒状，外壁刻划网格纹及三叶草纹，纹饰间绿釉填彩。腹径7.2、残高7.2厘米（图一〇五，4；彩版五〇，2）。

臼　1件。H18：429，残存小半，弧腹，厚平底。残高10.8厘米（图一〇五，3）。

器座　2件。根据器物形态差异，可分为2型。

A型　1件。中空，尖圆唇，直口，口沿外残存贴饰印迹，直腹，喇叭形足，足端垂直于地面，饰绳纹。H9：1070，口径8.5、底径10、高11厘米（图一〇五，5；彩版五一，1）。

B型　1件。中空，尖唇，直口，瓦棱状短直颈，折肩，短弧腹，平底。TN01E03③：438，腹部穿孔，釉面脱落较甚。口径14、底径17、高6.7厘米（图一〇五，6）。

铃铛　6件。圆球形，顶部带一穿孔系，器身内含一陶球。绝大多数仅于器身下部挂粉黄色化妆土，施青釉。H1：797，直径4.6、高5.2厘米（图一〇六，1）。H9：1065，直径4.9、高5.5厘米（图一〇六，2；彩版五一，2）。TN01E03③：533，釉面部分脱落。直径4.8、高5.4厘米（图一〇六，3）。TN01E03③：562，釉面脱落较甚。直径4.5、高5.3厘米（图一〇六，4）。TN01E02②：68，釉面脱落较甚。直径4.6、高4.8厘米（图一〇六，5）。F2垫：364，釉面脱落

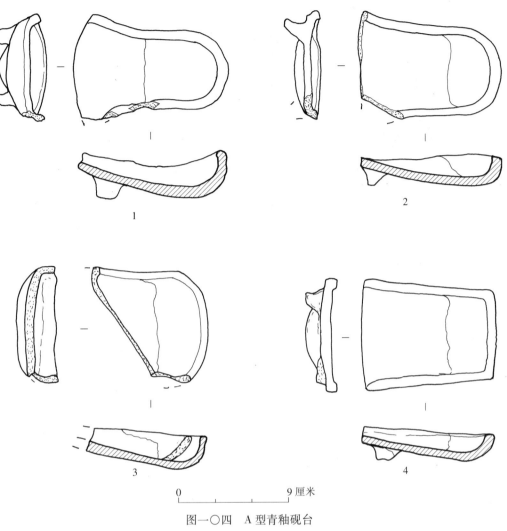

图一〇四　A 型青釉砚台
1. H7：29　2. H9：1920　3. H13：97　4. F4 垫：126

较甚。直径 5.7、高 5.8 厘米（图一〇六，6）。

笔架　2 件。根据器物形态差异，可分为 2 型。

A 型　1 件。整器呈马状，马身细长，腿及尾部残。H9：1112，残长 14.8、残高 6.4 厘米（图一〇六，7）。

B 型　1 件。整器弧拱，呈连弧形。H19：18，釉面脱落较甚。残长 12.6、残高 5.5 厘米（图一〇六，8）。

器柄　1 件。形如鸭首，曲颈。H17：158，残高 8.1 厘米（图一〇六，9）。

骑马俑　1 件。捏制，皆有不同程度的残损。马长颈，短尾，呈奔跑状，骑马者手握缰绳坐于其上。H22：136，釉面脱落较甚。长 6、高 6.7 厘米（图一〇六，10）。

匍匐俑　1 件。仰头前视，双手合十，双脚后伸上翘，呈匍匐状。TN01E03③：1005，高 4.4、长 7.2 厘米（图一〇六，11）。

不明器物　1 件。残，筒形，略弧，或为钟。H10：1420，釉面脱落，一端刮釉一周。残高 22.5 厘米（图一〇七，1）。

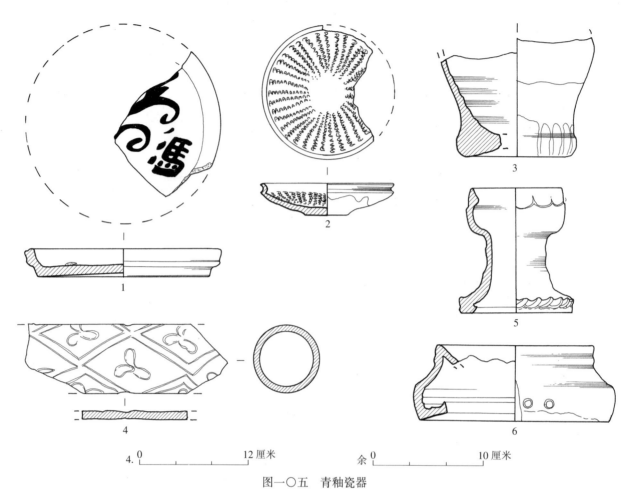

4. $\underset{0}{\mid}$ ————————— $\underset{12厘米}{\mid}$ 余 $\underset{0}{\mid}$ ————————— $\underset{10厘米}{\mid}$

图一〇五 青釉瓷器

1. B 型砚台（H13：66）   2. 研磨器（H10：503）   3. 臼（H18：429）   4. 腰鼓（H9：2136）   5. A 型器座（H9：1070）
6. B 型器座（TN01E03③：438）

枕   1 件。H23：35，枕面呈椭圆形，略内凹，酱青釉绘卷草纹，其下残，釉面部分脱落，开片现象明显。长 16.2、宽 8.4、残高 3.6 厘米（图一〇七，2）。

（三）酱釉瓷器

酱釉瓷器的出土量在整个瓷器中最多，主要器形包括碟、炉、研磨器、碗、钵、盏、盘、盆、盒、急须、盖、盏托、灯、注壶、罐、瓶、杯等 30 余种。但制作较青釉粗糙，胎色以棕红及砖红居多，也有个别棕灰胎，部分不挂化妆土，釉色有酱黄、酱青、酱黑或酱褐者。

碟   373 件。根据唇部及腹部形态差异，可分为 9 型。

A 型   78 件。尖圆唇较厚，敞口，斜直腹，平底或饼足。根据胎壁厚薄及有无执柄，可分为 3 亚型。

Aa 型   41 件。胎壁较厚，无柄。胎面皆挂粉黄色化妆土。H1：119，釉面粘少量窑渣落灰。口径 11.2、底径 5.2、高 2.9 厘米（图一〇八，1）。H1：123，釉面脱落较甚。口径 11.5、底径 5、高 3 厘米（图一〇八，2）。H1：129，口径 11、底径 4.4、高 3 厘米（图一〇八，3）。H1：139，釉面部分脱落，粘大片窑渣落灰。口径 11.2、底径 4.6、高 3 厘米（图一〇八，4）。H2：13，釉面

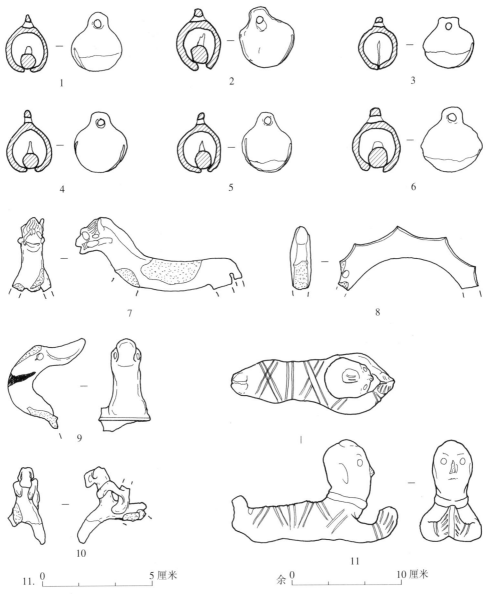

图一〇六　青釉瓷器

1~6. 铃铛（H1：797、H9：1065、TN01E03③：533、TN01E03③：562、TN01E02②：68、F2垫：364）　7. A型笔架（H9：1112）
8. B型笔架（H19：18）　　9. 器柄（H17：158）　　10. 骑马俑（H22：136）　　11. 匍匐俑（TN01E03③：1005）

粘大片窑灰。口径11.6、底径3.6、高3.3厘米（图一〇八，5）。H2：16，釉面大部分脱落。口径10.8、底径4.6、高2.8厘米（图一〇八，6）。H9：288，口沿釉面部分残损。口径11.2、底径5.6、高2.8厘米（图一〇八，7）。H9：1668，口径11、底径4、高3.2厘米（图一〇八，8）。H9：1816，口沿釉面部分残损。口径11.8、底径4.5、高3.5厘米（图一〇八，9）。H9：1821，口沿釉面部分残损。口径11.8、底径4.4、高4厘米（图一〇八，10）。H10：468，釉面部分脱落。口径10.8、底径3.9、高3厘米（图一〇八，11）。H10：476，釉面较多釉泡。口径10.6、底径4.2、高2.8厘米（图一〇八，12）。H11：1，釉面部分脱落。口径9.8、底径4、高2.8厘米（图一〇八，13）。H12：12，釉面开片现象较明显。口径12.4、底径4.9、高2.8厘米（图一〇八，14）。H12：13，釉面开片现象较明显。口径12.3、底径4.5、高3厘米（图一〇八，15）。

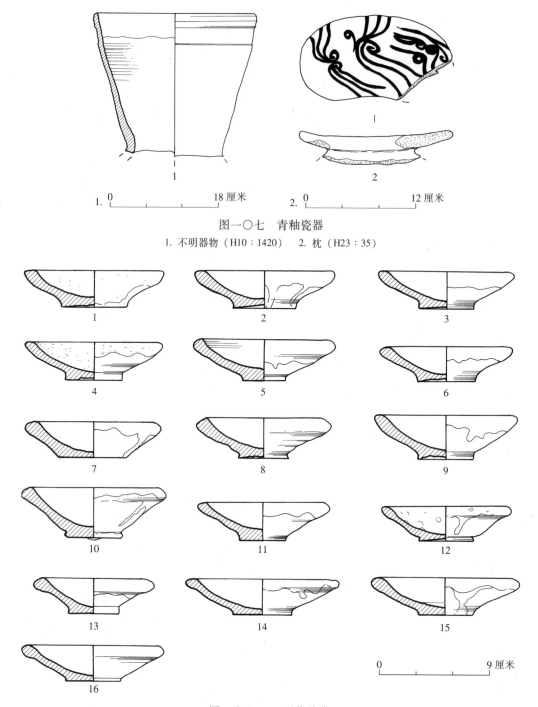

1. 0 ————————— 18 厘米　　　　2. 0 ————————— 12 厘米

图一○七　青釉瓷器
1. 不明器物（H10：1420）　　2. 枕（H23：35）

0 ——————————— 9 厘米

图一○八　Aa 型酱釉碟
1. H1：119　2. H1：123　3. H1：129　4. H1：139　5. H2：13　6. H2：16　7. H9：288　8. H9：1668　9. H9：1816　10. H9：1821
11. H10：468　12. H10：476　13. H11：1　14. H12：12　15. H12：13　16. H12：14

H12：14，釉面开片现象较明显。口径 11.6、底径 4.4、高 2.9 厘米（图一○八，16）。H13：1，口径 12.8、底径 3.4、高 3.4 厘米（图一○九，1）。H13：3，口沿处釉面残损严重。口径 13.2、底径 5、高 3.6 厘米（图一○九，2）。H13：4，釉面有开片现象。口径 11、底径 4.8、高 3 厘米（图一○九，3）。H13：21，釉面开片现象较明显。口径 13、底径 4.6、高 3.2 厘米（图一○九，4）。H13：28，釉面较多釉泡，开片现象较明显，口沿一周露胎。口径 9.8、底径 4、高 3 厘米

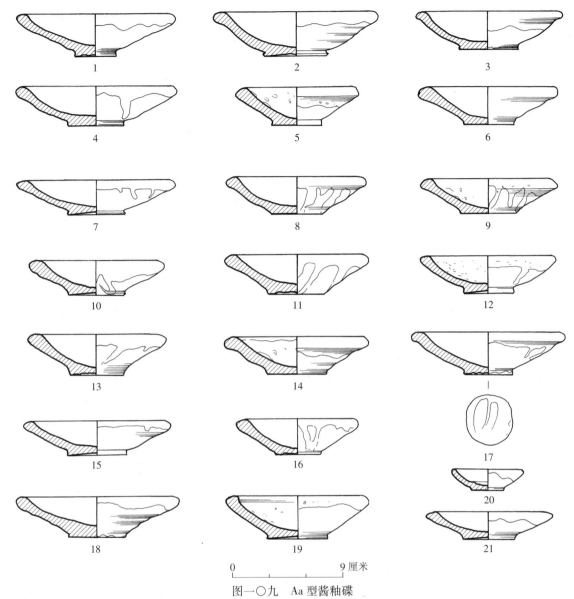

图一〇九　Aa 型酱釉碟

1. H13：1　2. H13：3　3. H13：4　4. H13：21　5. H13：28　6. H15：1　7. H16：1　8. H17：4　9. H17：15　10. H17：24　11. H18：21
12. H18：25　13. H18：413　14. H18：437　15. H22：14　16. H22：113　17. H19：8　18. F3 垫：70　19. 采：38　20. TN01E03③：276
21. F2 垫：584

（图一〇九，5）。H15：1，口径 11.5、底径 4.2、高 3 厘米（图一〇九，6）。H16：1，釉面部分
脱落。口径 12.8、底径 4.6、高 2.9（图一〇九，7）。H17：4，釉面少量釉泡，"橘皮"现象较明
显。口径 11.4、底径 4、高 2.9 厘米（图一〇九，8）。H17：15，釉面少量釉泡，开片现象较明
显。口径 11.2、底径 4.4、高 2.8 厘米（图一〇九，9）。H17：24，口径 11、底径 4.4、高 2.7 厘
米（图一〇九，10；彩版五二，1）。H18：21，釉面大部分脱落。口径 11.7、底径 4.4、高 3.2 厘
米（图一〇九，11）。H18：25，釉面粘大片窑灰。口径 11、底径 4、高 3 厘米（图一〇九，12）。
H18：413，釉面大部分脱落。口径 11.4、底径 4.4、高 3.2 厘米（图一〇九，13）。H18：437，
釉面较多釉泡。口径 11.8、底径 4.8、高 3 厘米（图一〇九，14）。H19：8，口径 12.4、底径 4、
高 3.4 厘米（图一〇九，17）。H22：14，口径 11.8、底径 4.8、高 2.7 厘米（图一〇九，15）。
H22：113，釉面较多釉泡。口径 9.8、底径 3.6、高 2.8 厘米（图一〇九，16）。TN01E03③：276，

釉面部分脱落，"橘皮"现象较明显。口径5.8、底径2.7、高1.7厘米（图一〇九，20）。采：38，挂粉黄色化妆土，酱黄釉，釉面少量釉泡，开片现象较明显。口径11.8、底径4.8、高3.4厘米（图一〇九，19）。F2垫：584，口径10.3、底径4.3、高2.2厘米（图一〇九，21）。F4垫：142，釉面粘少量窑渣。口径13、底径4.5、高3厘米（图一一〇，1）。F6：101，釉面开片现象明显。口径11.2、底径4.6、高3.1厘米（图一一〇，2）。F3垫：70，釉面大量釉泡，部分窑变呈蓝色。口径9.4、底径4.8、高2.8厘米（图一〇九，18）。F3垫：71，釉面少量釉泡及"黑米点"。口径10.8、底径4.5、高3厘米（图一一〇，3）。

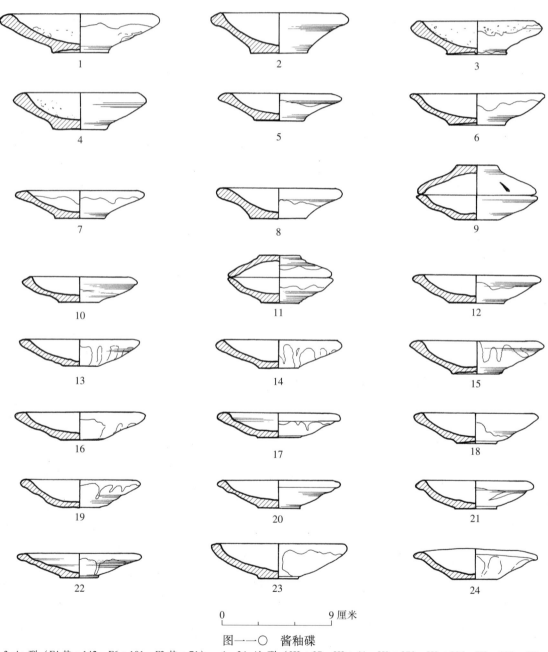

0 —————— 9厘米

图一一〇　酱釉碟

1~3. Aa型（F4垫：142、F6：101、F3垫：71）　4~24. Ab型（H2：37、H2：41、H9：279、H9：326、H9：334、H9：2156/H9：334、H9：444、H9：788/H9：2155、H9：1663、H10：469、H10：471、H10：1354、H12：15、H12：20、H12：22、H12：23、H13：29、H13：32、H13：36、H13：43、H14：2）

Ab 型　33 件。胎壁较薄，无柄。部分胎面不挂化妆土，直接施釉。H2：37，釉面部分脱落。口径 10.2、底径 4.2、高 2.2 厘米（图一一〇，4）。H2：41，口径 10.8、底径 4.4、高 2.5 厘米（图一一〇，5）。H9：279，釉面脱落较甚，缩釉现象明显。口径 10.6、底径 4、高 2.2 厘米（图一一〇，6）。H9：326，釉面大部分脱落，鬃眼现象明显。口径 10.2、底径 4.6、高 2.4 厘米（图一一〇，7）。H9：334，口径 9.6、底径 3.4、高 2.1 厘米（图一一〇，8）。H9：2156，与 H9：334 对口粘连，外壁残留一周叠烧痕。口径 9.7、底径 3.3、高 2.2 厘米（图一一〇，9）。H9：444，釉面部分脱落，外壁残留一周叠烧痕。口径 9.4、底径 3.4、高 2 厘米（图一一〇，10）。H9：788，口径 8.6、底径 3.2、高 2 厘米（图一一〇，11）。H9：2155，与 H9：788 对口粘连，外壁残留一周叠烧痕。口径 8.7、底径 3.2、高 1.9 厘米（图一一〇，11）。H9：1663，口径 10.4、底径 4.6、高 2.2 厘米（图一一〇，12）。H10：469，釉面大部分脱落，有窑变现象。口径 9.7、底径 3.2、高 2.1 厘米（图一一〇，13）。H10：471，釉面部分脱落。口径 10.2、底径 3.2、高 2.2 厘米（图一一〇，14）。H10：1354，釉面大部分脱落。口径 10.8、底径 4、高 2.6 厘米（图一一〇，15）。H12：15，釉面脱落。口径 10.2、底径 3.4、高 2.3 厘米（图一一〇，16）。H12：20，口径 10.2、底径 3.4、高 2 厘米（图一一〇，17）。H12：22，口径 10、底径 3.4、高 2.4 厘米（图一一〇，18）。H12：23，口沿釉面残损。口径 9.8、底径 3、高 2.2 厘米（图一一〇，19）。H13：29，釉面大部分脱落。口径 10.2、底径 3.4、高 2.1 厘米（图一一〇，20）。H13：32，釉面大部分脱落。口径 9.7、底径 3.4、高 2.2 厘米（图一一〇，21）。H13：36，釉面大部分脱落。口径 10、底径 3、高 2 厘米（图一一〇，22）。H13：43，釉面部分脱落。口径 10.3、底径 3.2、高 2.8 厘米（图一一〇，23）。H14：2，釉面部分脱落。口径 10、底径 3.8、高 2.4 厘米（图一一〇，24）。H17：66，釉面部分脱落。口径 9.6、底径 3.2、高 2.4 厘米（图一一一，1）。H17：72，釉面部分脱落。口径 9.3、底径 3、高 2.4 厘米（图一一一，2）。H18：39，口径 10.2、底径 3.2、高 2.2 厘米（图一一一，3）。H19：9，釉面脱落。口径 10、底径 3、高 2.2 厘米（图一一一，4）。H19：10，釉面部分脱落。口径 10、底径 3.4、高 2.6 厘米（图一一一，5）。H22：7，口径 10.4、底径 3.6、高 2.2 厘米（图一一一，6）。H22：10，酱釉。口径 10.2、底径 3.4、高 2.3 厘米（图一一一，7）。H22：13，口沿残损较严重。口径 10.2、底径 3.4、高 2 厘米（图一一一，8）。采：49，口径 9.2、底径 2.8、高 2 厘米（图一一一，9）。采：294，与采：49 对口粘连。口径 9、底径 2.8、高 2 厘米（图一一一，9）。TN01E03③：896，内底一处窑裂。口径 10、底径 2.7、高 2.2 厘米（图一一一，10）。

Ac 型　3 件。胎壁较厚，附短执柄。胎面皆挂粉黄色化妆土。H9：1916，内壁酱釉，口沿及外壁青釉，釉面少量釉泡，执柄中部一穿孔。口径 11、底径 3.8、高 3.8 厘米（图一一一，11）。H9：1919，内壁酱黑釉，口沿及外壁青釉，口沿釉面部分残损，执柄残，中部一穿孔。口径 11.6、底径 4.6、高 3.2 厘米（图一一一，12）。H13：79，釉面较多釉泡。口径 10.3、底径 3.4、高 2.7 厘米（图一一一，13）。

B 型　98 件。厚圆唇，敞口，斜直腹，平底或饼足。根据胎壁厚薄差异，可分为 2 亚型。

Ba 型　57 件。胎壁较厚。部分器物胎面未挂化妆土。T3④：28，釉面脱落。口径 10.2、底径 4.3、高 3 厘米（图一一一，14）。H1：112，釉面脱落。口径 11.2、底径 4.2、高 3 厘米（图一一一，15）。

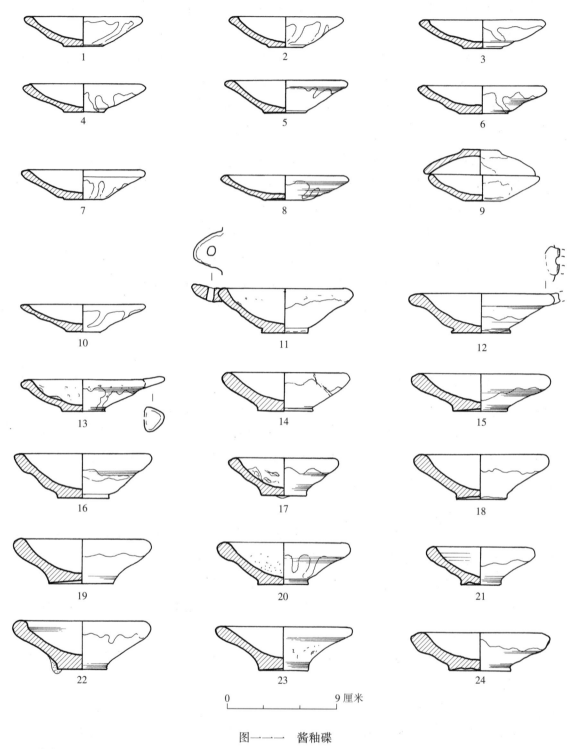

0　　　　　　　　　　9厘米

图一一一　酱釉碟

1～10. Ab 型（H17∶66、H17∶72、H18∶39、H19∶9、H19∶10、H22∶7、H22∶10、H22∶13、采∶49/采∶294、TN01E03③∶896）　11～13. Ac 型（H9∶1916、H9∶1919、H13∶79）　14～24. Ba 型（T3④∶28、H1∶112、H1∶124、H1∶138、H2∶8、H2∶11、H2∶12、H9∶254、H9∶1623、H9∶1637、H9∶1648）

H1∶124，釉面开片和"橘皮"现象较甚。口径11、底径4、高3.5厘米（图一一一，16）。H1∶138，内壁粘大量窑渣。口径8.8、底径3.6、高3厘米（图一一一，17）。H2∶8，釉面脱落。口径11、底径4、高3.5厘米（图一一一，18）。H2∶11，釉面脱落较甚，且有大量开片现象。口径

11.3、底径 5.4、高 3.6 厘米（图一一一，19）。H2：12，内壁粘大量窑渣。口径 10.8、底径 4、高 3.4 厘米（图一一一，20）。H9：254，口径 8.7、底径 3.4、高 3 厘米（图一一一，21）。H9：1623，内、外壁粘大量窑渣。口径 11、底径 4、高 3.8 厘米（图一一一，22）。H9：1637，底部一处窑裂，外壁粘大量窑渣落灰。口径 11.3、底径 4.2、高 3.5 厘米（图一一一，23）。H9：1648，釉面缩釉现象较明显。口径 11.1、底径 4.8、高 3 厘米（图一一一，24）。H10：467，釉面有窑变现象。口径 10.6、底径 4.2、高 2.8 厘米（图一一二，1）。H10：1357，内、外壁粘大量窑渣。口径 10.8、底径 4.8、高 3 厘米（图一一二，2）。H11：2，釉面脱落。口径 10.4、底径 3.4、高 3.4 厘米（图一一二，3）。H11：3，釉面脱落。口径 9.8、底径 4.2、高 3.2 厘米（图一一二，4）。H11：4，釉面脱落。口径 10.6、底径 4.4、高 3 厘米（图一一二，5）。H11：5，釉面脱落。口径 11.8、底径 4.4、高 3.2 厘米（图一一二，6）。H12：1，釉面脱落较甚，且有釉泡。口径 13、底径 4.5、高 4 厘米（图一一二，7）。H12：2，釉面脱落较甚，外壁粘大量窑渣。口径 11.5、底径 5、高 2.8 厘米（图一一二，8）。H12：6，釉面脱落。口径 10.8、底径 4.5、高 3.1 厘米（图一一二，9）。H12：9，釉面脱落。口径 11、底径 4、高 3.3 厘米（图一一二，10）。H13：10，釉面开片现象较甚，且有少量釉泡。口径 13.2、底径 4.2、高 3.4 厘米（图一一二，11）。H13：16，口径 12.7、底径 3.8、高 3.2 厘米（图一一二，12）。H13：44，釉面脱落。口径 9.7、底径 3.4、高 2.8 厘米（图一一二，13）。H13：45，唇部釉面残损，釉面脱落较甚。口径 10.4、底径 3、高 2.2 厘米（图一一二，14）。H15：2，底部有窑裂现象。口径 11、底径 4.9、高 3.6 厘米（图一一二，15）。H17：12，口径 11.2、底径 5.6、高 2.4 厘米（图一一二，16）。H17：122，釉面有窑变现象，外壁粘窑渣。口径 9.8、底径 3.4、高 3 厘米（图一一二，17）。H18：3，釉面脱落。口径 11.4、底径 4、高 3.6 厘米（图一一二，18）。H18：7，釉面脱落，内壁粘大量窑渣。口径 10.8、底径 4、高 2.7 厘米（图一一二，19）。H18：13，釉面有开片现象。口径 10.7、底径 4.4、高 3 厘米（图一一二，20）。H18：22，唇部有一处窑裂现象，釉面有窑变现象。口径 10.8、底径 4、高 3.4 厘米（图一一二，21）。H18：26，唇部釉面残损。口径 11.2、底径 4.8、高 3 厘米。H18：408，口径 10.8、底径 4.7、高 3.2 厘米（图一一三，1）。H19：1，釉面脱落。口径 11.2、底径 4、高 3.6 厘米（图一一三，2）。H19：4，口径 10.8、底径 4、高 2.3 厘米（图一一三，3）。H19：5，唇部釉面残损。口径 10.4、底径 3.8、高 3.6 厘米（图一一三，4）。H21：1，釉面脱落，内壁粘窑渣。口径 11.2、底径 5.2、高 3.1 厘米（图一一三，5）。H21：2，釉面脱落较甚，且釉面有开片现象。口径 11、底径 4.2、高 3.2 厘米（图一一三，6）。H21：3，釉面脱落。口径 11、底径 4.5、高 3.6 厘米（图一一三，7）。H22：3，口径 10.4、底径 3、高 2.4 厘米（图一一三，8）。H22：4，口径 10.6、底径 3.8、高 2.4 厘米（图一一三，9）。H22：76，底部有一处窑裂。口径 10.2、底径 3.4、高 2.2 厘米（图一一三，10）。TN01E03③：241，内壁残留一处对口烧痕迹。口径 9.2、底径 3.4、高 3 厘米（图一一三，11）。TN01E03③：675，口径 11.4、底径 3.4、高 3.6 厘米（图一一三，12）。F2：8，釉面脱落。口径 9.6、底径 4.4、高 2.6 厘米（图一一三，13）。F6：1，口径 11.2、底径 4.4、高 3.2 厘米（图一一三，14）。F6：2，口径 11.2、底径 4、高 3.6 厘米（图一一三，15）。F6：17，釉面脱落。口径 10.6、底径 4.6、高 3.2 厘米（图一一三，16）。F6：18，釉面脱落。口径 10.5、底径 4、高 2.6 厘米（图一一三，17）。Y1：1，釉面有大量釉泡。口径 10.6、底

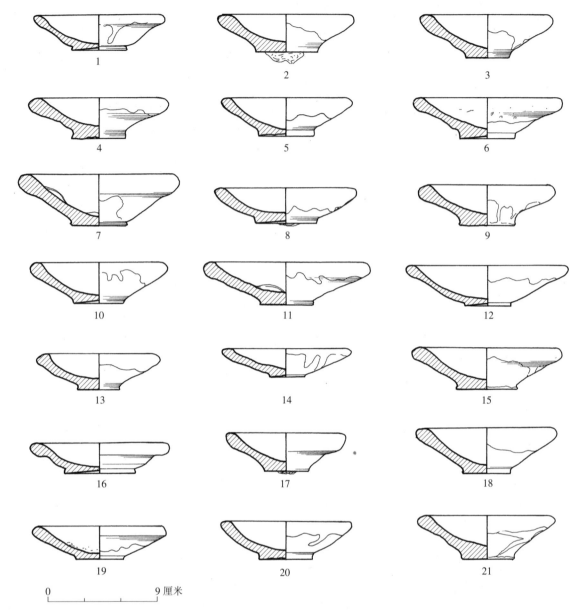

图一一二　Ba 型酱釉碟

1. H10：467　2. H10：1357　3. H11：2　4. H11：3　5. H11：4　6. H11：5　7. H12：1　8. H12：2　9. H12：6　10. H12：9
11. H13：10　12. H13：16　13. H13：44　14. H13：45　15. H15：2　16. H17：12　17. H17：122　18. H18：3　19. H18：7
20. H18：13　21. H18：22

径 4、高 3.4 厘米（图一一三，18）。Y1：2，口径 11、底径 4.6、高 3.5 厘米（图一一三，19）。
采：41，唇部釉面残损，釉面脱落较甚。口径 9.6、底径 3.6、高 2.4 厘米（图一一三，20）。
采：47，釉面脱落较甚。口径 11、底径 3.8、高 3.1 厘米（图一一三，21）。F4 垫：297，器身一
侧窑裂。口径 13.2、底径 6、高 3.2 厘米（图一一三，22）。F7：1，口沿一周青釉边，釉面大部
分脱落。口径 10.8、底径 4.4、高 3.1 厘米（图一一三，23）。

Bb 型　41 件。胎壁较薄。绝大部分器物胎面不挂化妆土，直接施釉。TN02E05③：9，釉面
少量釉泡，口沿釉面残损一周，残留对口烧痕。口径 9.2、底径 3.4、高 1.8 厘米（图一一四，
1）。H1：288，唇部釉面残损，底部有窑裂现象。口径 9.2、底径 3、高 2.5 厘米（图一一四，2）。

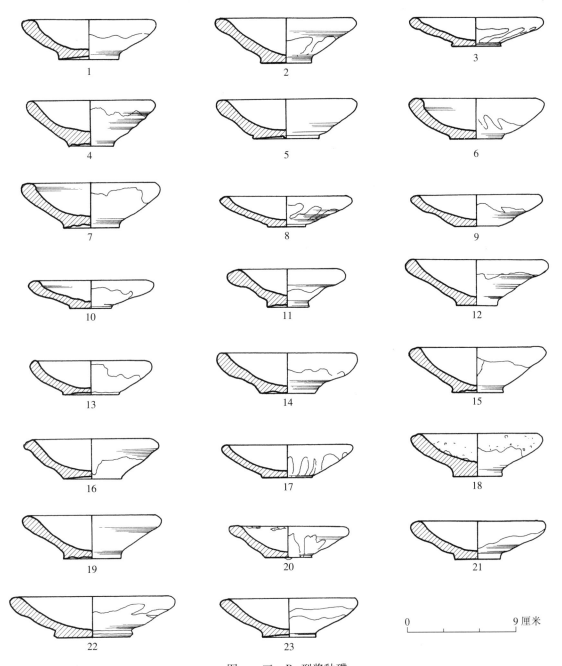

图一一三　Ba 型酱釉碟
1. H18：408　2. H19：1　3. H19：4　4. H19：5　5. H21：1　6. H21：2　7. H21：3　8. H22：3　9. H22：4　10. H22：76
11. TN01E03③：241　12. TN01E03③：675　13. F2：8　14. F6：1　15. F6：2　16. F6：17　17. F6：18　18. Y1：1　19. Y1：2
20. 采：41　21. 采：47　22. F4 垫：297　23. F7：1

H2：115，唇部釉面残损，底部有窑裂现象。口径 8.6、底径 3.2、高 2 厘米（图一一四，3）。
H2：118，唇部釉面残损。口径 8.7、底径 3、高 1.8 厘米（图一一四，4）。H2：122，唇部釉面残
损。口径 9.2、底径 3.6、高 2 厘米（图一一四，5）。H2：124，唇部釉面残损，釉面有少量釉泡。
口径 9.2、底径 3、高 2 厘米（图一一四，6）。H9：336，与 H9：2159 对口粘接。口径 9.1、底径
3.5、高 2 厘米（图一一四，7）。H9：2159，外壁残留一周叠烧痕。口径 9.1、底径 3.5、高 2.1
厘米（图一一四，7）。H9：408，内壁釉面较多釉泡，外壁釉面鬃眼现象较明显，唇部残留一周

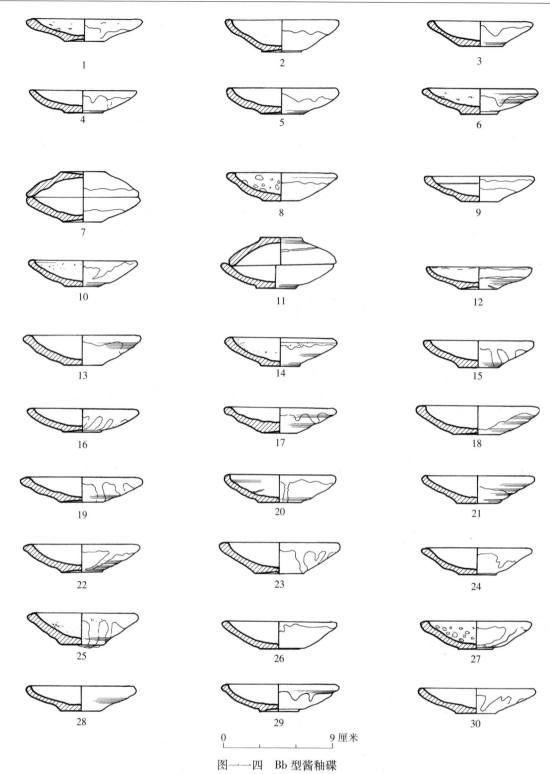

图一一四　Bb 型酱釉碟

1. TN02E05③：9　2. H1：288　3. H2：115　4. H2：118　5. H2：122　6. H2：124　7. H9：336/H9：2159　8. H9：408　9. H9：419
10. H9：442　11. H9：1787/H9：2160　12. H15：4　13. H10：470　14. H10：1227　15. H10：1228　16. H10：1229　17. H11：6
18. H12：24　19. H12：26　20. H12：30　21. H12：31　22. H13：40　23. H15：42　24. H17：32　25. H17：41　26. H17：56
27. H17：60　28. H18：43　29. H18：44　30. H18：438

对口烧痕，外壁残留一周叠烧痕。口径 9.1、底径 3、高 2.2 厘米（图一一四，8）。H9：419，内
壁残留一周对口烧痕，外壁残留一周叠烧痕。口径 8.8、底径 3.2、高 2 厘米（图一一四，9）。

H9：442，内壁粘少量落灰。口径8.8、底径3、高2.1厘米（图一一四，10）。H9：1787，与H9：2160对口粘黏。口径9.4、底径3.5、高2厘米（图一一四，11）。H9：2160，外壁残留一周叠烧痕。口径9.4、底径3.4、高2厘米（图一一四，11）。H15：4，釉面脱落较甚，底部一处窑裂，唇部残留一周对口烧痕，外壁残留一周叠烧痕。口径8.4、底径3、高1.8厘米（图一一四，12）。H10：470，唇部釉面残损，釉面脱落较甚。口径9.7、底径3.2、高2.4厘米（图一一四，13）。H10：1227，唇部釉面残损，釉面有较多"鬃眼"。口径9.2、底径3.2、高2.7厘米（图一一四，14）。H10：1228，唇部釉面残损，釉面脱落较甚。口径9、底径3.5、高2.2厘米（图一一四，15）。H10：1229，唇部釉面残损。口径9.2、底径3.2、高1.8厘米（图一一四，16）。H11：6，唇部釉面残损，釉面脱落较甚，底部有窑裂现象。口径9.2、底径3、高2厘米（图一一四，17）。H12：24，唇部釉面残损，釉面脱落较甚，底部有窑裂现象。口径10、底径4、高2.2厘米（图一一四，18）。H12：26，唇部釉面残损，釉面有较多"鬃眼"。口径10.2、底径3.6、高2厘米（图一一四，19）。H12：30，唇部釉面残损，釉面脱落较甚，内壁有窑裂现象。口径9、底径3.5、高2.2厘米（图一一四，20）。H12：31，唇部釉面残损。口径9、底径3.5、高2.2厘米（图一一四，21）。H13：40，唇部釉面残损，釉面脱落较甚。口径9.3、底径3.2、高2.3厘米（图一一四，22）。H15：42，唇部釉面残损，釉面脱落较甚。口径10、底径3.8、高2.5厘米（图一一四，23）。H17：32，唇部釉面残损，釉面有窑变现象。口径9、底径4、高2.1厘米（图一一四，24）。H17：41，唇部釉面残损，釉面开片现象较甚，且有较多"鬃眼"，外壁粘窑渣。口径9.2、底径3.6、高2.6厘米（图一一四，25）。H17：56，唇部釉面残损。口径9.2、底径3、高2.2厘米（图一一四，26）。H17：60，釉面有大量釉泡。口径9、底径2.8、高2.2厘米（图一一四，27）。H18：43，釉面脱落。口径8.6、底径3.4、高2厘米（图一一四，28）。H18：44，唇部釉面残损，釉面脱落较甚。口径9.5、底径3.4、高2.1厘米（图一一四，29）。H18：438，唇部釉面残损，釉面脱落较甚。口径9.4、底径3.2、高2厘米（图一一四，30）。H22：9，唇部釉面残损，釉面有较多"鬃眼"。口径10、底径3.2、高2.2厘米（图一一五，1）。H22：116，釉面多处残损。口径10.2、底径3.5、高2厘米（图一一五，2）。TN01E03③：268，唇部釉面残损，底部有窑裂现象。口径8.2、底径2.7、高1.7厘米（图一一五，4）。TN01E03③：328，唇部釉面残损，釉面"橘皮"现象较甚，外壁粘窑渣。口径7.8、底径3.2、高2厘米（图一一五，5）。F6：19，唇部釉面残损。口径9.6、底径3.6、高2.4厘米（图一一五，6）。Y1：3，唇部釉面残损。口径9、底径3.2、高2.2厘米（图一一五，7）。F4垮：72，釉面部分脱落，内壁残留一周叠烧痕。口径8.4、底径3.4、高2.3厘米（图一一五，8）。F4垫：495，釉面鬃眼现象明显，口沿釉面残损一周，残留对口烧痕。口径8.5、底径3.5、高2.1厘米（图一一五，9）。

　　C型　45件。厚方唇，唇部下垂，敞口，斜直腹或略带弧度。绝大多数器物胎面挂粉黄色化妆土。根据足部形态差异，可分为3亚型。

　　Ca型　14件。圈足。H2：1，内壁刻写一字符。口径10.4、底径4、高3.4厘米（图一一五，11）。H2：2，内壁刻写"蒋亘"二字。口径9.8、底径3.6、高3.1厘米（图一一五，12）。H2：4，釉面有大量釉泡，内壁刻写"蒋且"二字。口径12.5、底径4.8、高3.7厘米（图一一五，14）。H2：5，釉面有釉泡。内壁刻写"蒋复"二字。口径10.3、底径3.8、高3.4厘米（图一一五，10）。

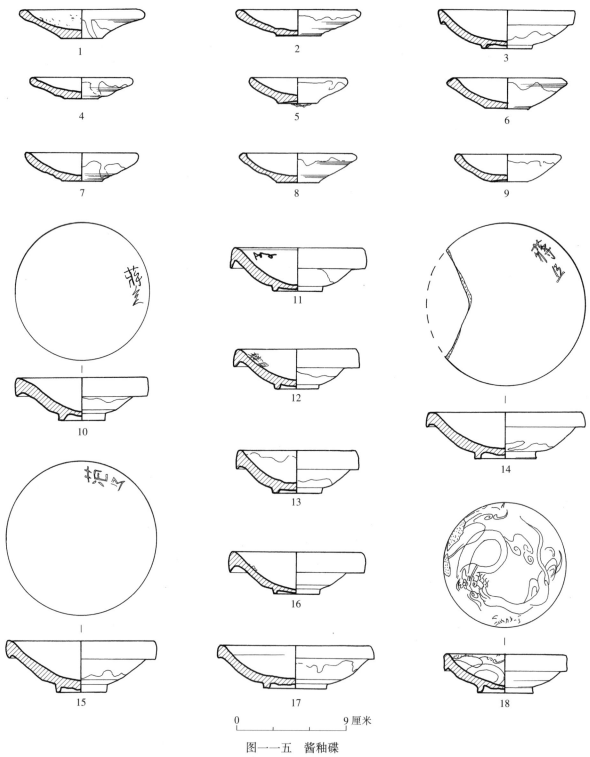

图一一五　酱釉碟

1、2、4~9. Bb 型（H22：9、H22：116、TN01E03③：268、TN01E03③：328、F6：19、Y1：3、F4 垮：72、F4 垫：495）

3、10~18. Ca 型（H10：233、H2：5、H2：1、H2：2、H2：6、H2：4、H9：1720、H9：1708、H10：231、H10：1421）

H2：6，釉面缩釉现象较甚。口径9.2、底径3.9、高3.4厘米（图一一五，13）。H9：1708，内壁刻写一字符。口径10.6、底径3.9、高3.2厘米（图一一五，16；彩版五二，2）。H9：1720，釉面脱落较甚，内壁刻写"范且"二字。口径12、底径4、高4厘米（图一一五，15）。H10：231，口径12.6、底径5、高3.4厘米（图一一五，17）。H10：233，釉面有釉泡。口径10.8、底径4、高3厘米（图一一五，3）。H10：1421，内壁刻划双龙纹。口径9.6、底径4、高3厘米（图一一五，18）。TN01E03③：514，釉面脱落较甚，且有"橘皮"现象。口径11.4、底径4、高3.6厘米（图一一六，1）。TN01E03③：538，内壁刻写"蒋旦"二字。口径9.8、底径4、高3.6厘米（图一一六，4）。F2垫：590，口径10.6、底径4、高2.8厘米（图一一六，2）。TN01E03③：760，釉面大量釉泡，内壁刻写字符。口径12、底径5.2、高4厘米（图一一六，5）。

　　Cb型　12件。饼足，足部制作较规整。H2：3，口径11.6、底径4.8、高3.3厘米（图一一六，3）。H2：26，口沿釉面残损，残存对口烧痕迹。口径9.4、底径3.8、高3厘米（图一一六，6）。H9：260，缩釉现象较明显。口径9.9、底径4.2、高3.1厘米（图一一六，7）。H10：275，釉面脱落。口径9.2、底径3.8、高2.9厘米（图一一六，8）。TN01E03③：286，口径9、底径3.5、高3厘米（图一一六，9）。TN01E03③：287，釉面脱落较甚，口沿釉面残损，残存对口烧痕迹，内壁刻写"王6"二字。口径10、底径4、高2.8厘米（图一一六，14）。TN01E03③：288，釉面脱落较甚，口沿釉面残损，残存对口烧痕迹，内壁刻写"王6"二字。口径10.5、底径4.2、高3厘米（图一一六，15）。TN01E03③：505，口径10、底径3.4、高2.6厘米（图一一六，10）。TN01E03③：513，釉面部分脱落。口径8.8、底径3.6、高2.8厘米（图一一六，11）。TN01E03③：515，内壁少量釉泡，刻写"大观三年蒋衾造作盏"九字。口径12、底径4、高3.7厘米（图一一六，16）。F4垮：56，口径11.2、底径4.6、高3.2厘米（图一一六，13）。F4垫：394，口沿釉面残损一周，残留对口烧痕。口径11.2、底径4、高3.4厘米（图一一六，12）。

　　Cc型　19件。平底。H1：145，釉面大部分脱落。口径10、底径3.6、高2.5厘米（图一一七，1）。H1：156，釉面脱落，口沿釉面残损一周，残留对口烧痕。口径9.8、底径4.2、高2.8厘米（图一一七，2）。H2：21，釉面大部分脱落。口径12、底径4.5、高3.2厘米（图一一七，3）。H9：258，脱釉及"橘皮"现象较明显。口径10.2、底径4、高2.8厘米（图一一七，4）。H9：272，口径9.4、底径4、高2.5厘米（图一一七，5）。H9：1719，釉面少量窑渣落灰。口径11.8、底径4.4、高3厘米（图一一七，6）。H9：1700，釉面较多釉泡。口径9.4、底径4.2、高2.5厘米（图一一七，7）。H9：1802，釉面脱落较甚。口径10.4、底径4、高3厘米（图一一七，8）。H9：1812，釉面脱落较甚。口径9.8、底径4、高2.7厘米（图一一七，9）。H10：189，釉面大部分脱落，鬃眼现象较明显。口径10、底径3.8、高3厘米（图一一七，10）。H10：198，底部有窑裂现象。口径9.7、底径3.8、高2.8厘米（图一一七，11）。H10：220，釉面粘少量窑渣落灰。口径10.2、底径3.8、高3厘米（图一一七，12）。H10：237，釉面大部分脱落，缩釉现象明显，口沿局部刮釉。口径10.2、底径4、高2.8厘米（图一一七，13）。H10：312，釉面脱落。口径9.6、底径3.4、高2.8厘米（图一一七，14）。TN01E03③：292，釉面部分脱落，缩釉现象明显。口径9.6、底径3.8、高2.6厘米（图一一七，15）。TN01E03③：295，釉面大部分脱落，底部有窑裂现象。口径9.3、底径4、高2.4厘米（图一一七，16）。TN01E03③：306，釉面有少量釉泡。口径9.4、底径3.8、高2.2厘米（图一一七，17）。TN01E03③：542，口径9.8、底径4、高2.6厘米（图一一七，18）。F2垫：347，釉面脱落，鬃眼现象较明显。口径9.4、底径4、高2.5厘米（图一一七，19）。

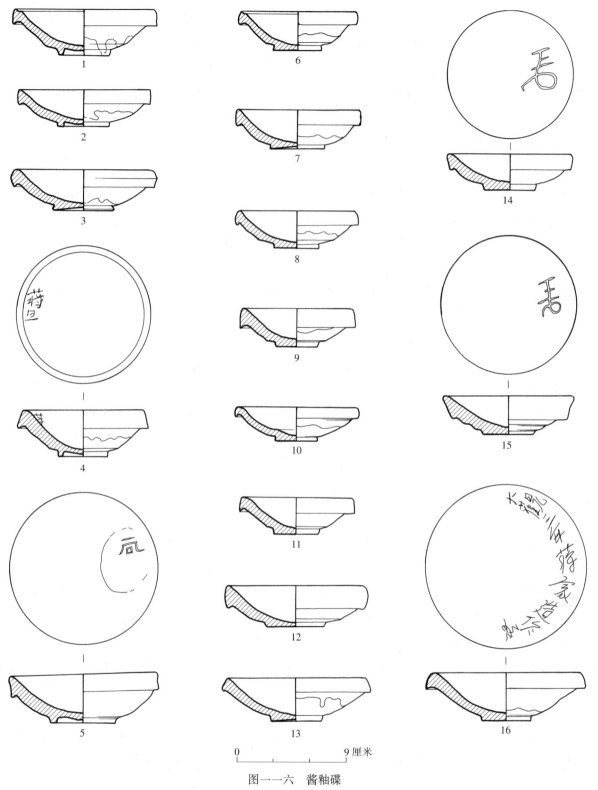

图一一六　酱釉碟

1、2、4、5. Ca 型（TN01E03③：514 、F2 垫：590、TN01E03③：538、TN01E03③：760）　　3、6～16. Cb 型（H2：3、H2：26、H9：260、H10：275、TN01E03③：286、TN01E03③：505、TN01E03③：513、F4 垫：394、F4 垮：56、TN01E03③：287、TN01E03③：288、TN01E03③：515）

　　D 型　84 件。方唇，唇部无明显下垂现象，敞口，斜直腹或略带弧度。根据足部形态差异，可分为 2 亚型。

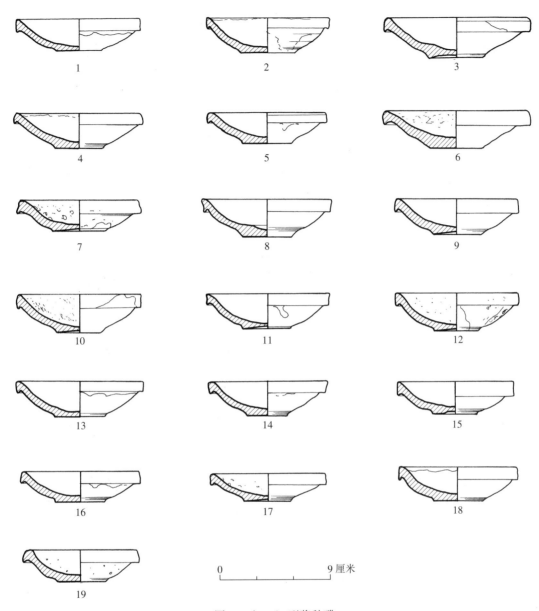

图一一七　Cc 型酱釉碟

1. H1：145　2. H1：156　3. H2：21　4. H9：258　5. H9：272　6. H9：1719　7. H9：1700　8. H9：1802　9. H9：1812
10. H10：189　11. H10：198　12. H10：220　13. H10：237　14. H10：312　15. TN01E03③：292　16. TN01E03③：295
17. TN01E03③：306　18. TN01E03③：542　19. F2 垫：347

　　Da 型　8 件。圈足。胎面皆挂粉黄色化妆土。H1：111，口径 10.8、底径 4.3、高 3.2 厘米（图一一八，1）。H1：108，口径 10.6、底径 3.8、高 2.6 厘米（图一一八，2）。H1：140，口径 11、底径 4、高 2.8 厘米（图一一八，3）。H9：255，釉面少量窑渣落灰，口沿一周刮釉，残存对口烧痕迹，外壁近底部残存一周对口烧痕迹。口径 12、底径 4.9、高 3.4 厘米（图一一八，4）。H10：232，釉面少量釉泡。口径 11.6、底径 4.2、高 3.2 厘米（图一一八，5）。H10：384，器底有窑裂现象。口径 9.3、底径 3.7、高 2.4 厘米（图一一八，6）。H10：386，内壁少量釉泡。口径 9.8、底径 4、高 2.6 厘米（图一一八，7）。H10：387，内壁少量釉泡。口径 11.1、底径 4.5、高 3 厘米（图一一八，8）。

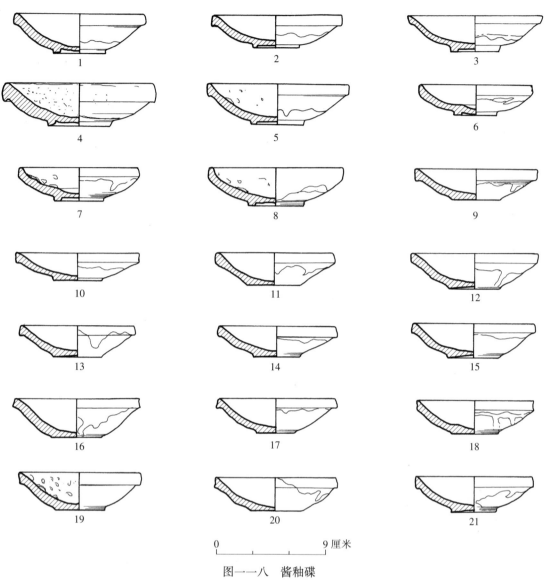

0　　　　　　　　　9厘米

图一一八　酱釉碟

1~8. Da 型（H1：111、H1：108、H1：140、H9：255、H10：232、H10：384、H10：386、H10：387）　　9~21. Db 型 I 式
（TN02E03②：46、TN04E03②：1、F2：13、F2 垫：571、F2 垫：346、F2 垫：348、F2 垫：1、F4：1、F4：3、F4：4、F4 垫：2、
F4 垮：50、F9：7）

Db 型　76 件。平底或饼足。少数器物胎面不挂化妆土，直接施釉。可分为 3 式。

I 式　32 件。胎壁较厚。TN02E03②：46，口径 10、底径 4、高 2.5 厘米（图一一八，9）。
TN04E03②：1，口径 10、底径 4、高 2.2 厘米（图一一八，10）。F2：13，口径 9.4、底径 4.2、
高 2.6 厘米（图一一八，11）。F2 垫：571，口径 10.4、底径 4.2、高 2.8 厘米（图一一八，12）。
F2 垫：346，口径 9.2、底径 4.2、高 2.5 厘米（图一一八，13）。F2 垫：348，口径 9.6、底径 4、
高 2.6 厘米（图一一八，14）。F2 垫：1，口径 10、底径 4、高 2.7 厘米（图一一八，15）。F4：1，
内壁较多窑渣落灰。口径 10、底径 4、高 3 厘米（图一一八，16）。F4：3，口径 9.7、底径 3.5、
高 2.8 厘米（图一一八，17）。F4：4，口径 9.4、底径 3.8、高 2.6 厘米（图一一八，18）。
F4 垫：2，釉面脱落较甚，内壁较多釉泡。口径 9.8、底径 4、高 3 厘米（图一一八，19）。
F4 垮：50，口径 9.8、底径 4、高 2.6 厘米（图一一八，20）。F9：7，口径 9.4、底径 3.6、高 2.8

厘米（图一一八，21）。H1∶142，唇部釉面残损。口径10.5、底径4、高2.8厘米（图一一九，1）。H1∶143，口径10、底径3.1、高2.8厘米（图一一九，2）。H1∶157，釉面脱落较甚。口径9.6、底径3.8、高2.5厘米（图一一九，3）。H1∶161，口径10、底径3.8、高2.8厘米（图一一九，4）。H2∶7，釉面开片现象明显，口沿一周刮釉。口径11.2、底径5.8、高3.8厘米（图一一九，5）。H2∶9，口沿刮釉一周。口径14、底径6.4、高3.7厘米（图一一九，6）。H2∶24，口径9、底径4、高2.3厘米（图一一九，7）。H2∶29，釉面缩釉现象明显。口径9.2、底径4.2、高2.6厘米（图一一九，8）。H9∶256，缩釉及釉泡现象较明显，口沿残存对口烧痕迹。口径12.5、底径4.6、高3.2厘米（图一一九，9）。H9∶268，内壁刻写"赵且"二字，口沿一周刮釉，残存对口烧痕迹。口径9.3、底径4.5、高2.9厘米（图一一九，10）。H9∶1792，缩釉及脱釉现象较甚，口沿一周刮釉，残存对口烧痕迹。口径11、底径5.2、高3.5厘米（图一一九，11）。H9∶1793，口沿一周刮釉、残存对口烧痕迹。口径11、底径5、高3.8厘米（图一一九，12）。H10∶349，内壁残存五枚支钉痕。口径8.7、底径3.7、高2.6厘米（图一一九，13）。H10∶162，内壁较多釉泡，内壁一侧窑裂。口径9.7、底径4.6、高2.7厘米（图一一九，17）。H10∶224，釉面有窑变现象。口径9、底径3.8、高2.7厘米（图一一九，18）。H10∶393，釉面脱落。口径9.8、底径4、高2.9厘米（图一一九，14）。H20∶2，内壁较多釉泡。口径10.2、底径4、高3厘米（图一一九，15）。TN01E03③∶314，内壁较多釉泡。口径10.2、底径4.2、高3厘米（图一一九，19）。Y3∶9，口径9.4、底径4.2、高2.6厘米（图一一九，16）。

Ⅱ式　30件。胎壁较Ⅰ式薄。H1∶149，口沿釉面残损一周，残存对口烧痕迹。口径10.2、底径3.2、高2.8厘米（图一二〇，1）。H1∶150，釉面脱落较甚，内、外壁分别残存一圈叠烧痕，器身一侧窑裂。口径10.6、底径4、高3厘米（图一二〇，2）。H1∶203，口沿釉面残损一周，残存对口烧痕迹，器身一侧窑裂。口径10.1、底径4、高2.8厘米（图一二〇，3）。H1∶216，口沿釉面残损一周，残存对口烧痕迹。口径9.8、底径4.2、高2.4厘米（图一二〇，4）。H1∶230，口沿一周刮釉。口径9.7、底径4、高2.5厘米（图一二〇，5）。H1∶231，口沿釉面残损一周，残存对口烧痕迹。口径9.7、底径3.8、高2.6厘米（图一二〇，6）。H2∶32，釉面脱落。口径10、底径4、高2.6厘米（图一二〇，7）。H2∶142，口沿釉面残损一周，残存对口烧痕迹。口径10、底径4.4、高2.4厘米（图一二〇，8）。H2∶116，口沿残存对口烧痕迹。口径8.6、底径3.6、高2厘米（图一二〇，9）。H7∶2，釉面脱落较甚，口沿下残存对口烧痕迹。口径9.4、底径3.5、高2.6厘米（图一二〇，10）。H7∶3，釉面脱落，口沿残存对口烧痕迹。口径9.2、底径3.6、高2.5厘米（图一二〇，11）。H9∶1681，釉面少量釉泡。口径9.8、底径3.6、高2.8厘米（图一二〇，12）。H9∶1689，釉面较多釉泡。口径9.8、底径3.6、高2.8厘米（图一二〇，13）。H9∶1799，口沿残存对口烧痕迹。口径10.4、底径3.6、高3厘米（图一二〇，14）。H9∶1809，釉面脱落较甚。口径9.2、底径4.6、高2.2厘米（图一二〇，15）。H10∶219，口沿釉面残损一周，残存对口烧痕迹。口径10.5、底径3.8、高2.6厘米（图一二〇，16）。H10∶368，口径10、底径3.4、高2.7厘米（图一二〇，17）。H10∶452，釉面脱落较甚，口沿一周刮釉。口径10.2、底径4.5、高2.8厘米（图一二〇，18）。H10∶484，口沿釉面残损一周，残存对口烧痕迹。口径10、底径3.5、高2.4厘米（图一二〇，19）。H18∶34，口径9.8、底径3.8、高2.6厘米

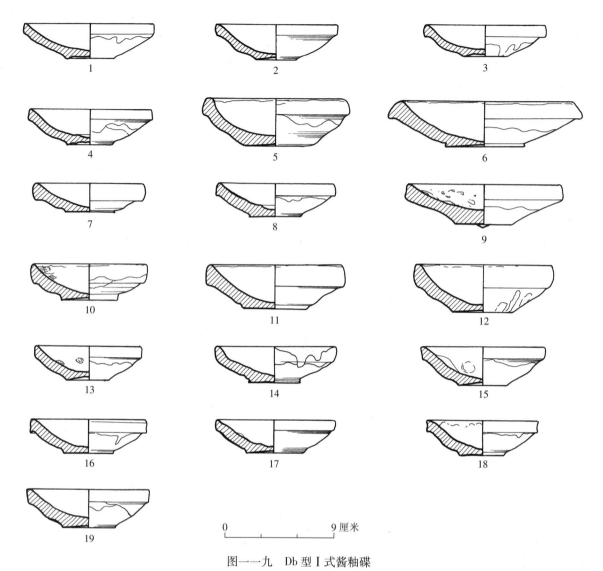

图一一九　Db 型 I 式酱釉碟

1. H1：142　2. H1：143　3. H1：157　4. H1：161　5. H2：7　6. H2：9　7. H2：24　8. H2：29　9. H9：256　10. H9：268
11. H9：1792　12. H9：1793　13. H10：349　14. H10：393　15. H20：2　16. Y3：9　17. H10：162　18. H10：224
19. TN01E03③：314

（图一二〇，20）。H18：30，口径 10.2、底径 4、高 2.8 厘米（图一二〇，21）。H18：32，口沿
残存一周对口烧痕迹。口径 10、底径 4、高 2.5 厘米（图一二〇，22）。TN01E03③：296，内壁少
量釉泡。口径 10、底径 4、高 2.6 厘米（图一二〇，23）。TN01E03③：678，釉面脱落。口径 10、
底径 4、高 2.7 厘米（图一二〇，24）。采：20，内壁较多釉泡，口沿釉面残损一周，残存对口烧
痕迹，底部残存一圈叠烧痕。口径 9.5、底径 3.6、高 2.8 厘米（图一二〇，25）。采：27，内壁
较多釉泡，口沿釉面残损一周，残存对口烧痕迹。口径 10.4、底径 4、高 3 厘米（图一二〇，26）。
F2 垫：595，口沿釉面残损一周、残留对口烧痕。口径 10.2、底径 4、高 2.7 厘米（图一二〇，
27）。F9：23，口沿釉面残损一周。口径 10.6、底径 3.8、高 3 厘米（图一二一，1）。F9：38，口
沿残存对口烧痕迹。口径 10.4、底径 3.5、高 2.5 厘米（图一二一，2）。F9：39，口沿刮釉一周，
残存对口烧痕迹。口径 10.2、底径 2.9、高 2.6 厘米（图一二一，3）。

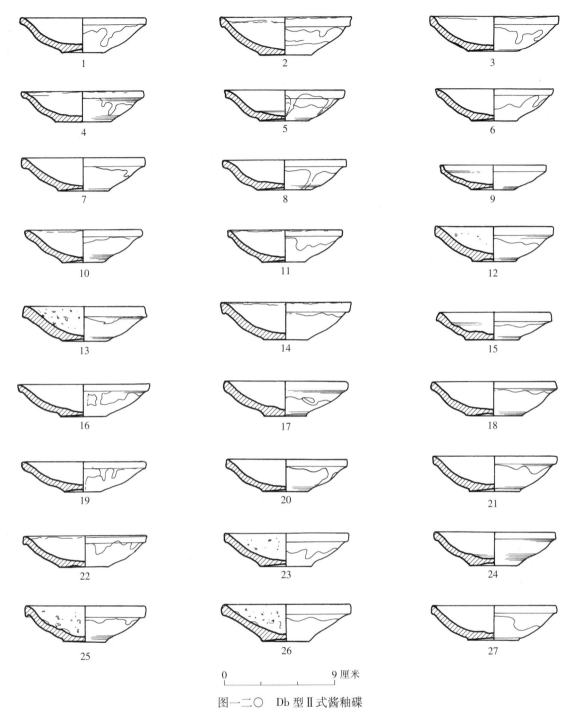

图一二○　Db 型 II 式酱釉碟

1. H1：149　2. H1：150　3. H1：203　4. H1：216　5. H1：230　6. H1：231　7. H2：32　8. H2：142　9. H2：116
10. H7：2　11. H7：3　12. H9：1681　13. H9：1689　14. H9：1799　15. H9：1809　16. H10：219　17. H10：368
18. H10：452　19. H10：484　20. H18：34　21. H18：30　22. H18：32　23. TN01E03③：296　24. TN01E03③：678
25. 采：20　26. 采：27　27. F2 垫：595

III 式　14 件。唇部较 II 式变圆。H1：199，口沿釉面残损。口径 9.8、底径 3.4、高 2.6 厘米
（图一二一，4）。H1：204，釉面残存大量窑渣落灰。口径 9.7、底径 4.2、高 2.8 厘米（图一二一，
5）。H1：237，口沿残存对口烧痕迹。口径 10、底径 4.2、高 2.4 厘米（图一二一，6）。
H1：228，口沿残存对口烧痕迹。口径 10、底径 3.6、高 2.6 厘米（图一二一，7）。H2：144，釉面脱落，口沿残存对口烧痕迹。口径9.2、底径3.2、高2厘米（图一二一，8）。H2：141，釉面脱落较甚，口沿残存对口烧痕迹。口径9.2、底径3.1、高2.4厘米（图一二一，9）。H2：143，口沿残存对口烧痕迹。口径9.5、底径3.3、高2.8厘米（图一二一，10）。H3：1，口径9.8、底径3.6、高2.7厘米（图一二一，11）。H9：1778，釉面脱落较甚，内壁残留对口烧痕迹。口径9.5、底径3.6、高2.8厘米（图一二一，12）。H9：1856，内壁残留对口烧痕迹。口径10.4、底径3.6、高3厘米（图一二一，13）。H10：1353，釉面脱落。口径9.8、底径3.6、高2.6厘米（图一二一，14）。H18：31，口沿釉面残损一周，残存对口烧痕迹。口径10.2、底径4.2、高2.8厘米（图一二一，15）。H18：35，釉面脱落较甚，口沿残存对口烧痕迹。口径10.4、底径3.8、高3厘米（图一二一，16）。H18：40，釉面几近脱落。口径9.8、底径3.8、高2.5厘米（图一二一，17）。

　　E型　26件。尖圆唇，较薄，敞口，折腹，较浅。仅个别器物胎面挂粉黄色化妆土。根据腹部折棱位置及足部形态差异，可分为3亚型。

　　Ea型　20件。折棱位置居中，足部制作不规整，平底或略带饼足。TN04E03②：7，口沿刮釉一周，残留对口烧痕，底部一处窑裂。口径10.6、底径3.8、高2厘米（图一二二，1）。H2：97，口沿釉面残损一周，残留对口烧痕，外壁残留一周叠烧痕。口径10.4、底径3、高2厘米（图一二二，2）。H2：100，釉面部分脱落，口沿釉面残损一周，残留对口烧痕，内底有窑裂现象。口径10.7、底径3.5、高2厘米（图一二二，3）。H2：104，口沿釉面残损一周，残留对口

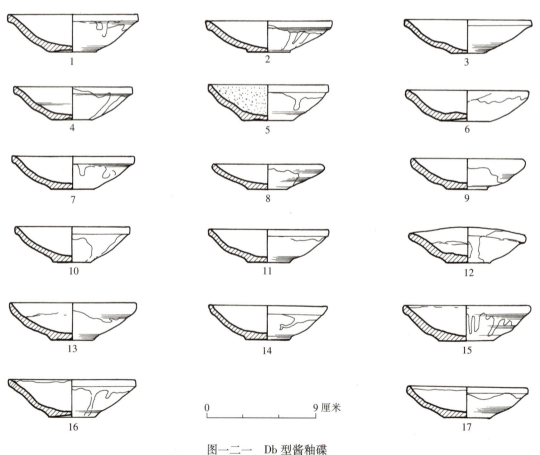

图一二一　Db型酱釉碟

1~3. Ⅱ式（F9：23、F9：38、F9：39）　4~17. Ⅲ式（H1：199、H1：204、H1：237、H1：228、H2：144、H2：141、H2：143、H3：1、H9：1778、H9：1856、H10：1353、H18：31、H18：35、H18：40）

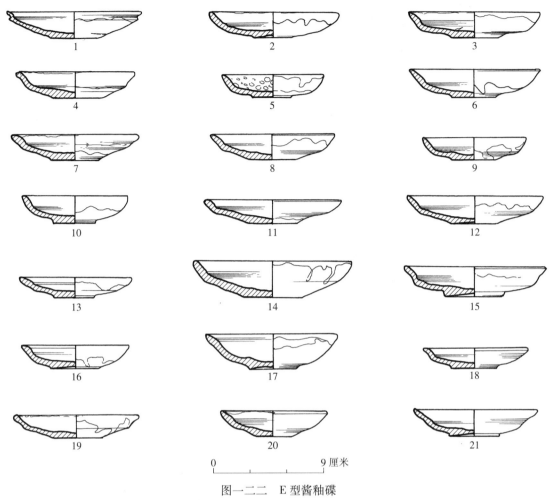

图一二二 E 型酱釉碟

1~20. Ea 型（TN04E03②：7、H2：97、H2：100、H2：104、H2：119、H2：138、H9：480、H9：1835、H10：490、H10：1374、
H12：32、H16：4、TN01E02②：56、TN01E03③：262、TN01E03③：263、TN01E03③：266、TN01E03③：90、F2 垫：606、F4
垮：61、F6：130） 21. Eb 型（TN01E02②：57）

烧痕，内底有窑裂现象，外壁残留一周叠烧痕。口径 9.6、底径 3.8、高 2 厘米（图一二二，4）。
H2：119，釉面部分脱落，有较多釉泡，口沿釉面残损一周，残留对口烧痕，外壁残留一周叠烧
痕。口径 8.3、底径 3、高 1.8 厘米（图一二二，5）。H2：138，口沿釉面残损一周，残留对口烧
痕。口径 10.4、底径 3.8、高 2.2 厘米（图一二二，6）。H9：480，釉面脱落较甚，少量气泡，口
沿刮釉一周，残留对口烧痕，外壁残留一周叠烧痕。口径 10.4、底径 3.7、高 2 厘米（图一二二，
7）。H9：1835，口沿残损一周，残留对口烧痕，器身一侧窑裂。口径 9.8、底径 3.6、高 2 厘米
（图一二二，8）。H10：490，釉面脱落。口径 8.2、底径 3.6、高 1.8 厘米（图一二二，9）。
H10：1374，釉面部分脱落，口沿釉面残损一周。口径 8.4、底径 3.4、高 2.1 厘米（图一二二，
10）。H12：32，釉面部分脱落，口沿釉面残损一周，残留对口烧痕，外壁残留一周叠烧痕。口径
10.8、底径 4、高 2.8 厘米（图一二二，11）。H16：4，釉面部分脱落，口沿釉面残损一周、残留
对口烧痕，内底有窑裂现象，外壁残留一周叠烧痕。口径 11、底径 3.4、高 2.2 厘米（图一二二，
12）。TN01E02②：56，口沿刮釉一周。口径 9、底径 3.6、高 1.6 厘米（图一二二，13）。
TN01E03③：262，釉面部分脱落，口沿釉面残损一周，残留对口烧痕，器身一侧窑裂。口径

12.4、底径4.5、高2.8厘米（图一二二，14）。TN01E03③：263，釉面部分脱落，口沿釉面残损一周。口径11、底径4.2、高2.4厘米（图一二二，15）。TN01E03③：266，釉面脱落，口沿釉面残损一周。口径8.6、底径3.8、高1.8厘米（图一二二，16）。TN01E03③：90，口沿釉面残损一周。口径10.7、底径3.9、高2.8厘米（图一二二，17）。F2垫：606，釉面脱落，底部一处窑裂。口径8.4、底径3.7、高1.6厘米（图一二二，18）。F4垮：61，口沿釉面残损一周，残留对口烧痕。口径9.9、底径3.5、高1.8厘米（图一二二，19）。F6：130，口沿釉面残损一周，残留对口烧痕。口径8.6、底径3、高2厘米（图一二二，20）。

Eb型　1件。折棱位置接近底部，足部制作规则，饼足。TN01E02②：57，釉面大部分脱落，口沿釉面残损一周，残留对口烧痕。口径10、底径4、高2厘米（图一二二，21）。

Ec型　5件。折棱位置居中，足部制作规则，饼足。T1③：68，口沿刮釉一周。口径11.7、底径4.4、高2.6厘米（图一二三，1）。F2垫：591，内底残留支钉痕。口径10.7、底径4.6、高2.4厘米（图一二三，2）。F4垫：493，底部一处窑裂。口径11.9、底径4.6、高2.9厘米（图一二三，3）。H9：2178，底部一处窑裂，残留支钉痕。口径11.4、底径4.4、高2.8厘米（图一二三，4）。TN01E03③：905，釉面脱落较甚。口径11、底径4.6、高3厘米（图一二三，5）。

F型　23件。薄圆唇，敞口，斜弧腹，较浅，近底处内凹，平底或略带饼足。仅少数器物挂粉黄色化妆土。TN02E02③：44，口径6.5、底径3、高1.6厘米（图一二三，6）。TN02E03③：26，口径6.4、底径3、高1.5厘米（图一二三，7）。H1：313，釉面大部分脱落，口沿釉面残损一周，残留对口烧痕。口径6.7、底径3.1、高1.7厘米（图一二三，8）。H1：314，釉面部分脱落，口沿残留对口烧痕。口径6、底径3、高1.6厘米（图一二三，9）。H1：315，釉面大部分脱落，口沿残留对口烧痕。口径5.8、底径2.8、高1.5厘米（图一二三，10）。H1：317，釉面部分脱落，口沿釉面残损。口径6、底径2.5、高1.5厘米（图一二三，11）。H1：319，口沿釉面残损一周，残留对口烧痕。口径6、底径3、高1.6厘米（图一二三，12）。H2：117，釉面大部分脱落，口沿残留对口烧痕。口径7.8、底径4、高1.8厘米（图一二三，13）。H2：133，釉面脱落。口径6.1、底径3、高1.6厘米（图一二三，14）。H9：341，口径6.5、底径3.2、高1.7厘米（图一二三，15）。H10：491，釉面大部分脱落，口沿釉面残损。口径6.6、底径2.6、高1.6厘米（图一二三，16）。H10：492，釉面大部分脱落。口径6.6、底径3.1、高1.8厘米（图一二三，17）。H10：1375，口径6.4、底径2.6、高1.7厘米（图一二三，18）。H18：45，釉面部分脱落，口沿残留对口烧痕。口径6.6、底径2.8、高1.7厘米（图一二三，19）。H18：46，釉面部分脱落，有少量气泡。口径6.2、底径2.6、高2.1厘米（图一二三，20）。TN01E03③：273，口沿残留对口烧痕。口径6、底径3、高1.5厘米（图一二三，21）。TN01E03③：493，釉面大部分脱落，口沿釉面残损一周，残留对口烧痕，内底有窑裂现象。口径7.2、底径3.8、高1.9厘米（图一二三，22）。TN01E03③：686，外壁与TN01E03③：300内壁粘连，釉面大部分脱落，口沿釉面残损一周，残留对口烧痕，内底有窑裂现象。口径5.8、底径2.6、高2厘米（图一二三，23）。TN01E03③：682，釉面脱落，口沿釉面残损一周，残留对口烧痕。口径5.9、底径3.2、高1.6厘米（图一二三，24）。F2垫：572，釉面大部分脱落，口沿釉面残损，残留对口烧痕。口径5.8、底径3.4、高1.6厘米（图一二三，25）。F4垫：30，大釉面部分脱落。口径6.2、底径3、高1.6厘米（图一二三，

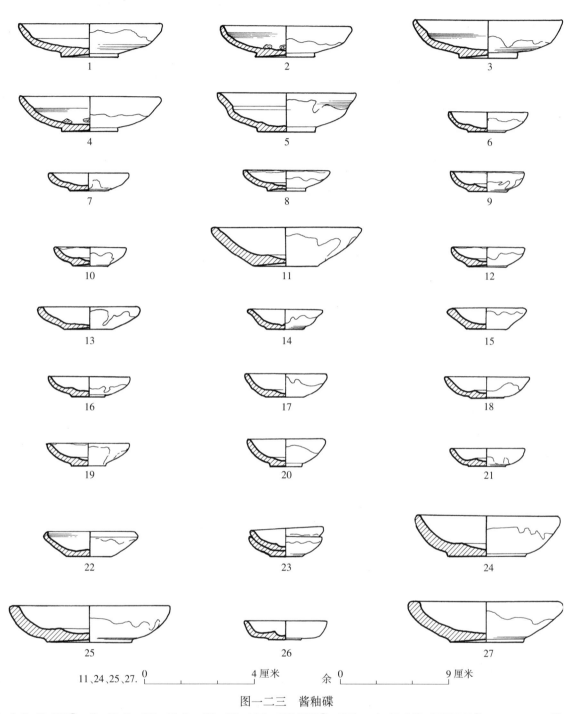

11、24、25、27. 0 _____ 4厘米　余 0 _____ 9厘米

图一二三　酱釉碟

1~5. Ec 型（T1③：68、F2 垫：591、F4 垫：493、H9：2178、TN01E03③：905）　6~27. F 型（TN02E02③：44、TN02E03③：26、H1：313、H1：314、H1：315、H1：317、H1：319、H2：117、H2：133、H9：341、H10：491、H10：492、H10：1375、H18：45、H18：46、TN01E03③：273、TN01E03③：493、TN01E03③：686/TN01E03③：300、TN01E03③：682、F2 垫：572、F4 垮：76、F4 垫：30）

27）。F4 垮：76，口径 6.7、底径 2.6、高 1.5 厘米（图一二三，26）。

G 型　14 件。花瓣唇，敞口，折腹。仅个别器物胎面挂化妆土。根据腹部折棱位置及足部形态差异，可分为 3 亚型。

Ga 型　7 件。折棱位置居中，平底。H9：854，内底一处窑裂。口径 11、底径 3.6、高 2.6 厘米（图一二四，1）。H9：855，腹部及内底各有一处窑裂。口径11.4、底径4.2、高3.4厘米（图一二四，2）。H9：856，釉面脱落。口径11.6、底径4、高2.6厘米（图一二四，3）。H9：896，口径11.5、底径4.2、高3.1厘米（图一二四，4）。H9：1783，其下与一件Gc碟粘连，口径11.2、高3.4厘米（图一二四，5）。H9：1784，其下与碗类器物粘连，口径11.2、底径6.3、高3.4厘米（图一二四，6）。H18：48，釉面大部分脱落。口径11.2、底径3.4、高3厘米（图一二四，7）。

Gb型　4件。折棱位置近底部，饼足。H2：145，近底部一周凹弦纹，口沿釉面残损，内底有窑裂现象。口径10.6、底径3.5、高2.8厘米（图一二四，19；彩版五三，1）。H2：146，近底部一周凹弦纹，口沿釉面残损。口径10.2、底径4、高2.6厘米（图一二四，18）。H2：147，近底部一周凹弦纹，口沿釉面残损。口径10、底径4、高3厘米（图一二四，8；彩版五三，2）。H9：1860，口径11、底径3.4、高3厘米（图一二四，20）。

Gc型　3件。折棱位置居中，圈足。H9：897，口径13.6、底径4.8、高4.2厘米（图一二四，9）。H9：857，釉面缩釉现象明显。口径13.4、底径5、高4厘米（图一二四，10）。H9：910，口径11.8、底径4.6、高4.2厘米（图一二四，11）。

H型　5件。薄圆唇，敞口，斜直腹。胎面皆挂粉黄色化妆土。根据足部形态差异，可分为2亚型。

Ha型　2件。圈足。H10：483，釉面大部分脱落，口沿釉面残损一周，残留对口烧痕。口径10.6、底径4、高2.9厘米（图一二四，12）。H10：986，釉面大部分脱落，口沿釉面残损一周，残留对口烧痕。口径11.5、底径4.2、高3厘米（图一二四，13）。

Hb型　3件。略带饼足。H10：480，口沿釉面残损一周，残留对口烧痕。口径11、底径3.8、高3.2厘米（图一二四，14）。H10：481，有缩釉现象，内底窑裂，口沿釉面残损一周，残留对口烧痕。口径11.2、底径4、高3.2厘米（图一二四，15）。H10：482，釉面少量釉泡，橘皮现象明显，口沿釉面残损一周，残留对口烧痕。口径11、底径3.8、高3.2厘米（图一二四，16）。

Ⅰ型　1件。尖唇，唇部下翻，敞口，斜直腹，平底。胎面无化妆土，直接施釉。H2：47，口沿一侧戳两小孔，残存对口烧痕迹。口径9.7、底径2.7、高2.6厘米（图一二四，17）。

炉　36件。根据足部形态差异，可分为5型。

A型　7件。直口或微敞，筒形腹，腹下接五只兽面蹄足，兽面清晰，蹄足较长。胎面皆挂粉黄色化妆土。根据唇部及沿部形态差异，可分为2亚型。

Aa型　4件。方唇或圆唇，平折沿。H2：268，沿部残，釉面大部分脱落。底径5.5、残高8厘米（图一二五，1）。H9：2072，沿部等距刻画三组卷草纹，内底残留一周叠烧痕。口径19.6、腹深5、残高11厘米（图一二五，2；彩版五四，1）。H9：2073，沿部等距刻划三组线条纹，近口沿处饰一周凹弦纹，内底残留一周叠烧痕。口径13.6、腹深3.7、高7.1厘米（图一二五，3）。H18：56，足部残，釉面脱落。口径14、腹深4、残高4.8厘米（图一二五，4）。

Ab型　3件。尖圆唇，卷沿下翻。H21：8，足部残，釉面大部分脱落。口径12、腹深4.1、残高5.4厘米（图一二六，1）。TN01E03③：337，口径10、腹深4、残高5厘米（图一二六，2）。

B型　8件。方唇或尖圆唇，直口或微敞，腹下接五只柱形蹄足，足较A型短。胎面皆挂粉黄色化妆土。根据口沿及腹部形态差异，可分为2亚型。

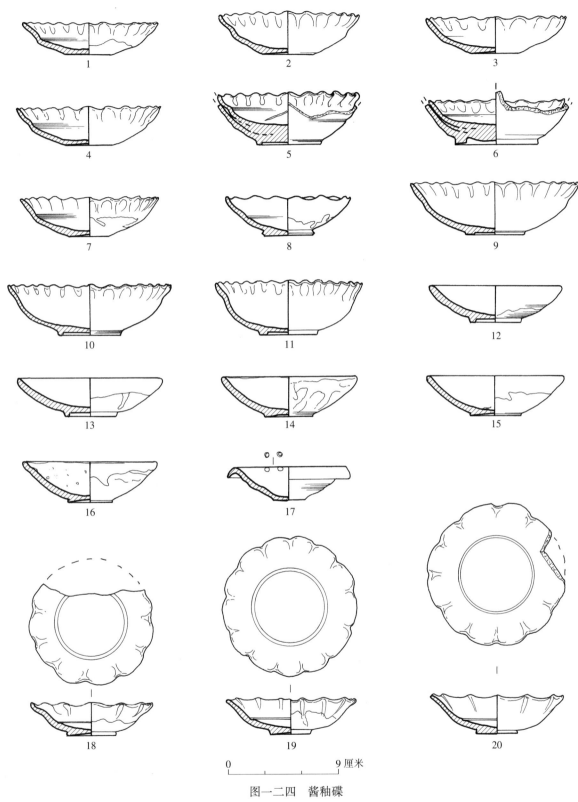

图一二四　酱釉碟

1～7. Ga 型（H9：854、H9：855、H9：856、H9：896、H9：1783、H9：1784、H18：48）　　8、18～20. Gb 型（H2：147、H2：146、H2：145、H9：1860）　　9～11. Gc 型（H9：897、H9：857、H9：910）　　12、13. Ha 型（H10：483、H10：986）　14～16. Hb 型（H10：480、H10：481、H10：482）　　17. I 型（H2：47）

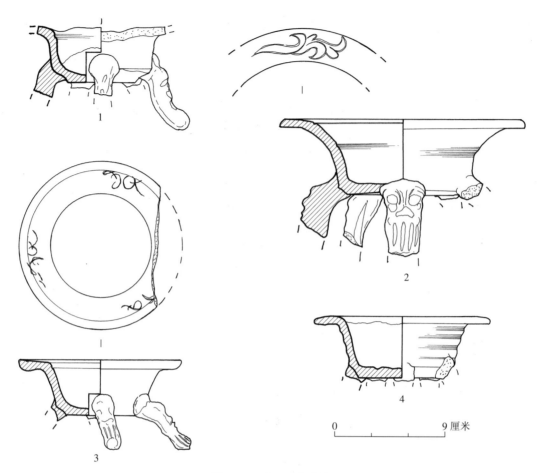

图一二五　Aa 型酱釉炉
1. H2：268　2. H9：2072　3. H9：2073　4. H18：56

　　Ba 型　4件。平折沿，筒形腹，腹部较深。H10：808，沿面饰一周凹弦纹。口径12.2、腹深3.2、高5.5厘米（图一二六，3）。H10：810，沿面饰一周凹弦纹。口径11.2、腹深4.1、高7厘米（图一二六，4）。TN01E03③：529，沿部等距刻划三组波浪纹，外壁饰凸弦纹三周。口径12.5、腹深3.8、高7厘米（图一二六，5）。TN01E03③：531，沿面饰一周凹弦纹。口径10、腹深3、高4.6厘米（图一二六，6）。

　　Bb 型　4件。沿微下翻。筒形腹，腹部较浅。H9：874，沿面饰一周凹弦纹。口径10、腹深1.7、高3.4厘米（图一二六，7）。H9：875，沿面饰一周凹弦纹，釉面少量釉泡。口径10.7、腹深2.2、高4厘米（图一二六，8）。H9：882，沿面饰一周凹弦纹，釉面粘少量窑渣。口径11.4、腹深2.3、高4.6厘米（图一二六，9）。H9：883，口径11.4、腹深3.4、高5.6厘米（图一二六，10）。

　　C 型　3件。圆唇，敞口，平折沿，筒形腹，腹下接五只锥形足。胎面皆挂粉黄色化妆土。H1：347，沿面饰一周凹弦纹，釉面部分脱落。口径10.2、腹深2.2、高2.7厘米（图一二六，11）。H1：349，沿面饰一周凹弦纹。口径10、腹深2、高2.8厘米（图一二六，12）。H10：811，沿面饰一周凹弦纹，釉面大部分脱落，鬃眼现象较明显。口径11、腹深3、高4厘米（图一二六，13）。

　　D 型　13件。圆唇或尖圆唇，腹部内凹，喇叭状柄形足。胎面皆挂化妆土。根据沿部差异及足部下是否附带器座，可分为2亚型。

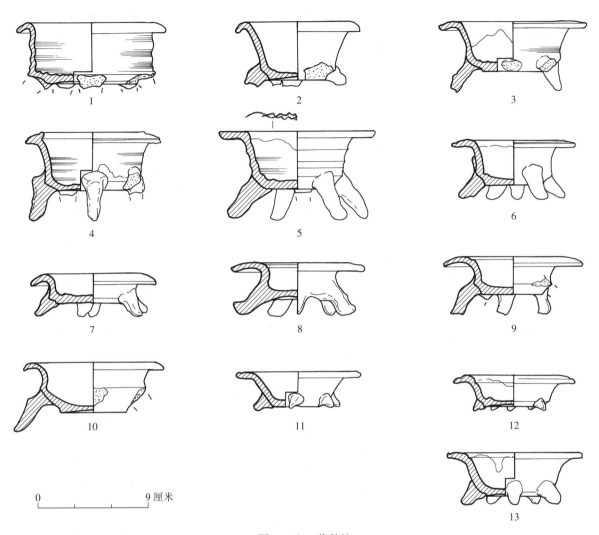

0　　　　　　　9厘米

图一二六　酱釉炉

1、2. Ab 型（H21：8、TN01E03③：337）　　3～6. Ba 型（H10：808、H10：810、TN01E03③：529、TN01E03③：531）

7～10. Bb 型（H9：874、H9：875、H9：882、H9：883）　　11～13. C 型（H1：347、H1：349、H10：811）

Da 型　11 件。直口或微敞，平折沿，足底另附捏制的环形器座。H1：376，足部以上残，釉面脱落。残高 4 厘米（图一二七，1）。H2：265，器座脱落，沿面饰一周凹弦纹，釉面大部分脱落。口径 9、腹深 4.2、残高 5.2 厘米（图一二七，2）。H9：888，沿面饰一周凹弦纹。口径 10.1、腹深 4.5、高 7.7 厘米（图一二七，3）。H9：892，沿部残。腹深 4、高 7.9 厘米（图一二七，4）。H9：894，器座脱落，沿面饰一周凹弦纹。口径 12.5、腹深 5.4、残高 6.2 厘米（图一二七，5；彩版五四，2）。H9：2075，器座脱落，沿面饰一周凹弦纹。口径 10.4、腹深 3.4、残高 4.6 厘米（图一二七，6）。H10：1395，器座脱落，沿面饰一周凹弦纹。口径 12.2、腹深 4.2、残高 5.8 厘米（图一二七，7）。H10：1225，器座脱落，釉面脱落。口径 10.2、腹深 3.4、残高 5 厘米（图一二七，8）。TN01E03③：335，沿面饰一周凹弦纹，釉面大部分脱落。口径 9.6、腹深 2.2、高 5.2 厘米（图一二七，9）。TN01E03③：683，沿面饰一周凹弦纹。口径 10、腹深 4.3、高 7.7 厘米（图一二七，10）。采：88，器座脱落，沿面饰一周凹弦纹，釉面脱落。口径 8.9、腹深 3.9、残高 4.7 厘米（图一二七，11）。

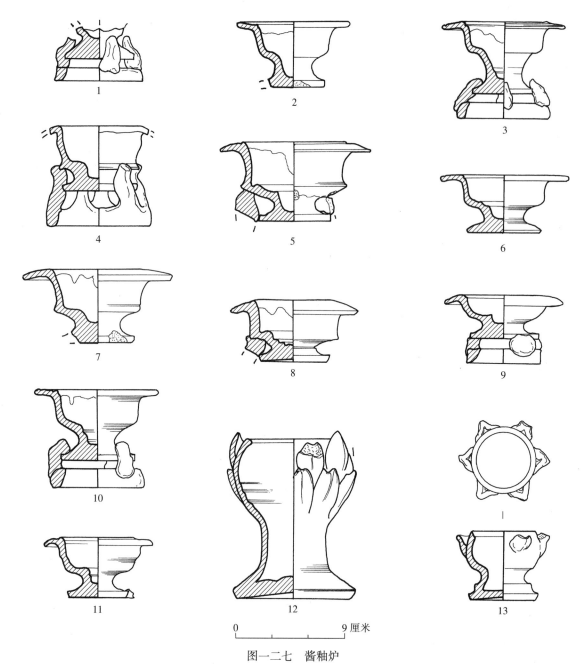

图一二七　酱釉炉

1～11. Da 型（H1：376、H2：265、H9：888、H9：892、H9：894、H9：2075、H10：1395、H10：1225、TN01E03③：335、TN01E03③：683、采：88）　12、13. Db 型（H9：1071、H2：264）

　　Db 型　2件。敛口，口沿贴饰一周花瓣，无器座。H2：264，釉面部分脱落。口径5、腹深4.8、高5.5厘米（图一二七，13）。H9：1071，口径7.6、腹深10.6、高13.4厘米（图一二七，12；彩版五五，1）。

　　E 型　5件。斜方唇，敛口，筒形腹，腹部带一系，平底。绝大部分器物胎面不挂化妆土，直接施釉。H9：860，单股竖系，口沿釉面残损一周，残留对口烧痕。口径9.5、底径9.2、高5厘米（图一二八，1）。H9：864，双股竖系，腹部粉黄色化妆土绘月牙纹，釉面粘连少量窑渣，口沿刮釉一周，残留对口烧痕，底部窑裂。口径10.4、底径12.5、高4厘米（图一二八，2）。H9：866，单股竖系。口径10.4、底径11.3、高4.6厘米（图一二八，3）。H9：869，双股竖系，口沿刮釉一周，底部窑裂。口径 10、底径 10、高 3.2 厘米（图一二八，4）。H9：871，单股竖系，腹部粉黄色化妆土绘月牙纹，釉面粘连少量窑渣，口沿釉面残损一周，残留对口烧痕，外底残留一周叠烧痕。口径 9.6、底径 10、高 4.6 厘米（图一二八，5）。

研磨器　28 件。折腹，下腹斜直内收，内壁戳刻呈放射状锯齿面。部分胎面挂粉黄色化妆土。根据上腹深浅差异，可分为 2 型。

A 型　23 件。圆唇，直口或微敞，上腹较浅，外壁上、下腹之间一周凸棱，平底或略带饼足。F4 垮：96，口沿一周挂粉黄色化妆土。口径 13.8、底径 4.6、高 3 厘米（图一二八，8）。F4 垫：395，

图一二八　酱釉瓷器

1~5. E 型炉（H9：860、H9：864、H9：866、H9：869、H9：871）　6~11. A 型研磨器（F4 垫：395、H1：325、F4 垮：96、H1：326、H1：333、H1：334）

口径12、底径4.2、高3厘米（图一二八，6；彩版五五，2）。H1：325，唇部残留对口烧痕迹，内壁粘少量窑渣。口径8.7、底径3.5、高2.5厘米（图一二八，7）。H1：326，口径10.5、底径4.4、高2.6厘米（图一二八，9）。H1：333，唇部残留对口烧痕迹，内底一处窑裂。口径10、底径3.7、高2.7厘米（图一二八，10）。H1：334，内、外壁粘少量窑渣。口径10.5、底径4.2、高3厘米（图一二八，11）。H2：500，唇部残留对口烧痕迹，外壁残留一周叠烧痕。口径13、底径5.4、高3厘米（图一二九，1）。H2：501，内壁粘少量窑渣，外壁残留一周叠烧痕。口径11.2、底径4.8、高3厘米（图一二九，4）。H2：502，唇部残留对口烧痕迹。口径10、底径3.9、高2.5厘米（图一二九，5）。H8：53，口径12.8、底径4.8、高4厘米（图一二九，2）。H9：508，内底一处窑裂，外壁粘少量窑渣。口径12、底径3.6、高3.2厘米（图一二九，6）。H9：1865，唇部残留一周对口烧痕迹，外壁残留一周叠烧痕。口径11.8、底径4.8、高2.8厘米（图一二九，7）。H9：1866，外壁残留半周叠烧痕。口径13.5、底径5.2、高2.9厘米（图一二九，3）。H9：1867，内、外壁粘少量窑渣。口径13、底径4.8、高3厘米（图一二九，9）。H10：500，唇部残留对口烧痕迹，釉面少量釉泡。口径11.7、底径4.7、高3.4厘米（图一二九，8）。H10：505，唇部残留对口烧痕迹。口径12.4、底径4.6、高3厘米（图一三〇，1）。H10：506，唇部残留一周对口烧痕迹。口径12.6、底径3.5、高3.5厘米（图一三〇，2）。H10：1393，口径12.5、底径3.2、高3厘米（图一三〇，4）。H18：54，内壁残存半周叠烧痕。口径13、底径5、高3.7厘米（图一三〇，5）。TN01E03③：334，唇部刮釉一周。口径11、底径4.6、高2.4厘米（图一三〇，6）。TN01E03③：525，内壁粘少量窑渣。口径12.6、底径4.6、高3.1厘米（图一三〇，7）。F4：22，口径13.6、底径5.6、高3厘米（图一三一，1）。采：76，内壁残留一周叠烧痕，内、外壁均有一处窑裂。口径12.4、底径6、高3厘米（图一三一，2）。

B型　5件。直口或微侈，上腹较A型更深，外壁上、下腹之间无明显凸棱。据唇部及足部形态差异，可分为2亚型。

Ba型　2件。方唇，足部制作不规整，平底或略带饼足。H9：496，唇部残留一周对口烧痕迹，外壁残留一周叠烧痕。口径11.8、底径4.8、高2.6厘米（图一三〇，3）。H10：497，唇部残留一周对口烧痕迹。口径11、底径3.5、高2.6厘米（图一三一，3）。

Bb型　3件。尖圆唇，饼足，制作规整。H9：1863，外壁粘少量窑渣。口径14.4、底径5.7、高4厘米（图一三一，4）。H11：8，外壁有大量落灰痕迹。口径12.9、底径5.6、高4厘米（图一三一，5）。H18：52，口径13.5、底径6.2、高4.3厘米（图一三一，6）。

碗　55件。圆唇或尖圆唇，部分变形较严重。根据口部及腹部形态差异，可分为5型。

A型　17件。口微侈，斜弧腹，圈足。胎面皆挂粉黄色化妆土。根据圈足高矮差异，可分为3亚型。

Aa型　1件。圈足较高且内收。H2：248，口沿一周青釉边。口径17.7、底径5、高6.6厘米（图一三二，1）。

Ab型　14件。圈足较矮窄，无内收现象。H1：673，口沿处一周青黄釉边，内底残留五枚支钉痕，外壁粘连另一器物口沿。口径17.2、底径6、高5.6厘米（图一三二，2）。H10：1018，口沿处一周青黄釉边，内底残留五枚支钉痕，底部一处窑裂。口径17.7、底径5.8、高5.4厘米

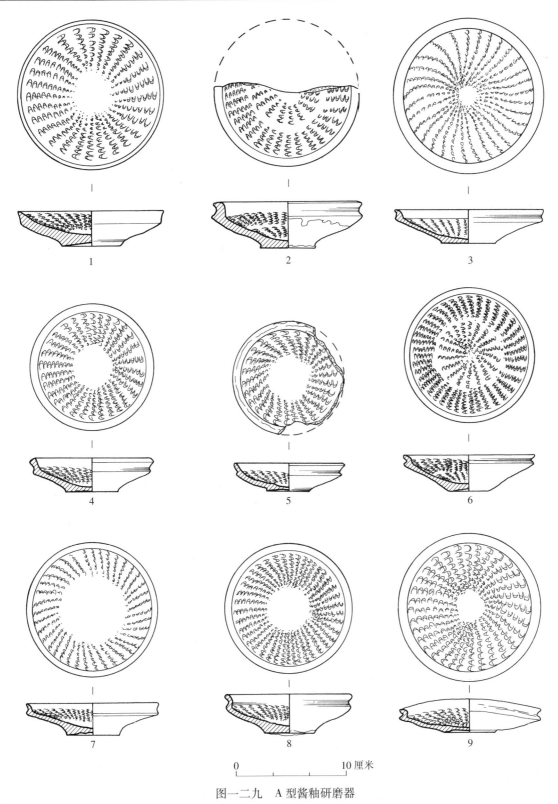

图一二九　A 型酱釉研磨器

1. H2：500　2. H8：53　3. H9：1866　4. H2：501　5. H2：502　6. H9：508　7. H9：1865　8. H10：500　9. H9：1867

（图一三二，3）。H10：1025，口沿处一周青黄釉边，内底残留五枚支钉痕。口径 17.8、底径 5.8、高 5.6 厘米（图一三二，4）。H10：1030，口沿处一周青黄釉边，釉面大量釉泡，内底残留五枚支钉痕。口径 18、底径 6、高 6 厘米（图一三二，5）。H10：1092，口沿处一周青釉边，内底残留五

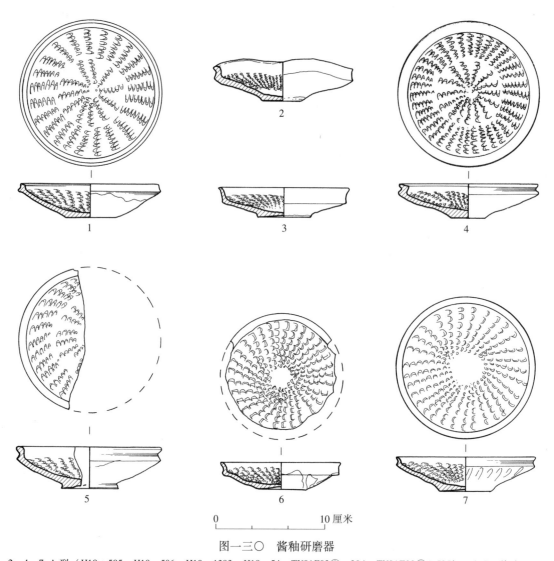

图一三〇 酱釉研磨器

1、2、4～7. A 型（H10：505、H10：506、H10：1393、H18：54、TN01E03③：334、TN01E03③：525） 3. Ba 型（H9：496）

枚支钉痕，底部一处窑裂。口径 16.4、底径 5.4、高 5.2 厘米（图一三二，6）。TN01E03③：761，内底残留支钉痕。口径 16、底径 5.4、高 5 厘米（图一三三，1）。F2 垫：598，内底残留支钉痕。口径 15.6、底径 6.6、高 5.9 厘米（图一三三，3）。F4：9，唇部釉面残损，口沿处一周青黄釉边，内底残留支钉痕。口径 18、底径 7、高 5.4 厘米（图一三三，2）。F4：10，唇部釉面残损，内底残留支钉痕。口径 17.6、底径 6.6、高 5.7 厘米（图一三三，4）。F4 垫：31，内底残留支钉痕。口径 15、底径 5.2、高 5.4 厘米（图一三三，5）。F4 垮：89，内底残留支钉痕。口径 16、底径 6、高 5.1 厘米（图一三三，6）。F11：3，内底残留两枚支钉痕。口径 15、底径 5.2、高 5 厘米（图一三三，7）。L1②：23，口沿一周青釉边，内底残留支钉痕。口径 18、底径 5.5、高 5.4 厘米（图一三三，10）。H2：210，口沿处一周青黄釉边，内底残留五枚支钉痕。口径 18、底径 6、高 6.4 厘米（图一三三，8）。

Ac 型 2 件。圈足高度介于 Aa 和 Ab 之间，无内收现象。H2：208，口径 14、底径 4.6、高 5.6 厘米（图一三三，9）。F2 垫：643，釉面橘皮现象明显，口沿一周青釉边，内底残留五枚支钉

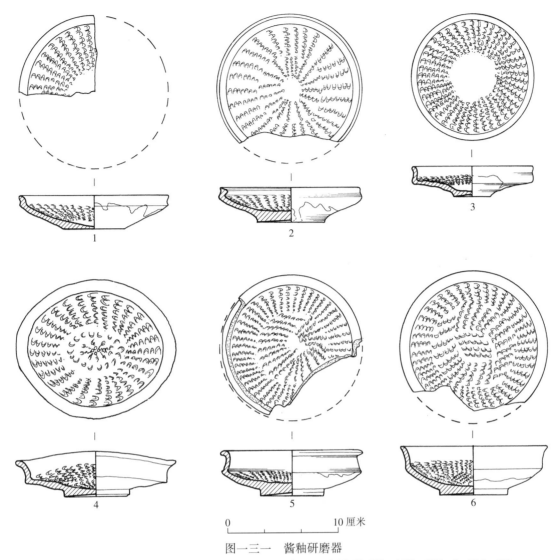

图一三一　酱釉研磨器

1、2. A 型（F4∶22、采∶76）　3. Ba 型（H10∶497）　4～6. Bb 型（H9∶1863、H11∶8、H18∶52）

痕。口径 19、底径 6、高 8 厘米（图一三三，11）。

B 型　30 件。敞口，斜弧腹。大部分胎面挂粉黄色化妆土。根据足部形态差异，可分为 3 亚型。

Ba 型　3 件。饼足。H10∶1095，内壁无釉，胎面均匀涂抹一层沙粒，内底残留五枚支钉垫烧痕。口径 16.8、底径 5.4、高 4.8 厘米（图一三四，1）。F4 垫∶32，内壁无釉，胎面均匀涂抹一层沙粒。口径 18、底径 7.2、高 5.6 厘米（图一三四，3）。F4 垫∶311，内底一周凹弦纹，釉面橘皮现象明显，内底残留支钉痕。口径 18、底径 7.6、高 5.5 厘米（图一三四，4）。

Bb 型　11 件。圈足细小，制作规整。近内底处饰一周凹弦纹。H2∶206，内底残留五枚支钉垫烧痕，外壁残留叠烧痕。口径 15.7、底径 5.4、高 5.2 厘米（图一三四，2）。H2∶207，釉面脱落较甚，口沿一周青釉边。口径 14.6、底径 5、高 4.2 厘米（图一三四，5）。H9∶1894，口沿一周青釉边，釉面部分脱落，内底残留五枚支钉垫烧痕。口径 17、底径 5.4、高 4.8 厘米（图一三四，8）。H9∶1895，口径 14.8、底径 4.6、高 4.6 厘米（图一三四，6）。H10∶1013，口沿挂一周粉黄色化妆土，内壁化妆土绘制草叶纹，内底残留五枚支钉垫烧痕。口径 15.2、底径 5.1、

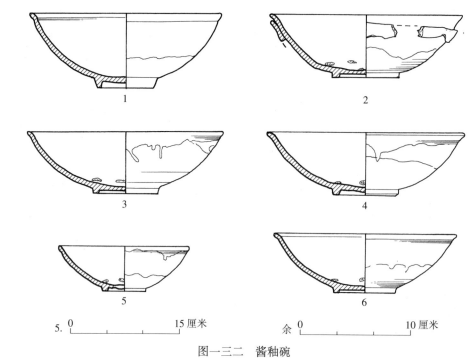

5. |0 ——————— 15厘米|
余 |0 ——————— 10厘米|

图一三二　酱釉碗

1. Aa 型（H2：248）　　2~6. Ab 型（H1：673、H10：1018、H10：1025、H10：1030、H10：1092）

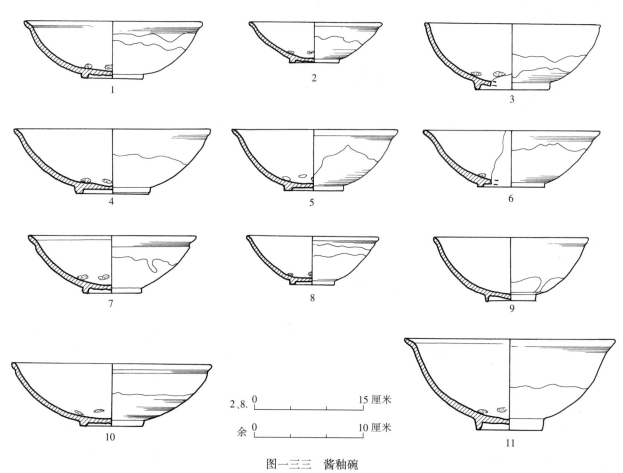

2、8. |0 ——————— 15厘米|
余 |0 ——————— 10厘米|

图一三三　酱釉碗

1~7、8、10. Ab 型（TN01E03③：761、F4：9、F2垫：598、F4：10、F4垫：31、F4垮：89、F11：3、H2：210、L1②：23）
9、11. Ac 型（H2：208、F2垫：643）

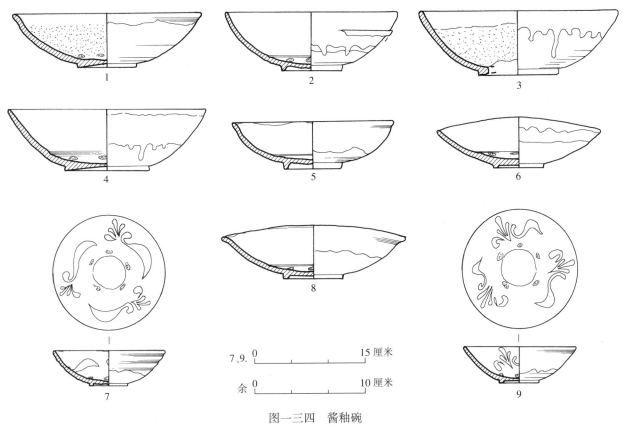

图一三四　酱釉碗

1、3、4. Ba 型（H10：1095、F4 垫：32、F4 垫：311）　　2、5～9. Bb 型（H2：206、H2：207、H9：1895、H10：1013、H9：1894、H10：1014）

高4.8厘米（图一三四，7）。H10：1014，口沿挂一周粉黄色化妆土，内壁化妆土绘制草叶纹，釉面部分脱落，窑变现象明显，内底残留五枚支钉垫烧痕。口径15.4、底径5.4、高4.8厘米（图一三四，9）。H10：1017，口沿一周青釉边，内底残留五枚支钉垫烧痕。口径17.2、底径5.6、高4.8厘米（图一三五，1）。H10：1021，内底残留五枚支钉垫烧痕。口径15.1、底径5、高4.5厘米（图一三五，2）。H10：1384，内壁化妆土绘制草叶纹，釉面窑变现象明显，内底残留五枚支钉垫烧痕。口径20、底径6.4、高6.7厘米（图一三五，3）。H20：15，釉面部分脱落，内壁有出筋制法将其划分为六瓣，内底残留五枚支钉垫烧痕。口径18.2、底径6.6、高6厘米（图一三五，5）。F2垫：599，有出筋做法将内壁等分为六瓣，内底残留支钉痕。口径19.8、底径6.3、高6.6厘米（图一三五，6）。

　　Bc 型　16件。圈足宽矮，制作较粗犷。H1：665，内底残留五枚支钉垫烧痕。口径17.7、底径6、高4.8厘米（图一三五，7）。H1：667，内底残留五枚支钉垫烧痕。口径17.2、底径6.2、高5厘米（图一三五，8）。H1：670，口沿挂一周粉黄色化妆土，口沿下饰一周凹弦纹，内壁化妆土绘制草叶纹，内底残留五枚支钉垫烧痕。口径22、底径8、高6.6厘米（图一三五，4）。H1：676，口沿挂一周粉黄色化妆土，内壁化妆土绘制草叶纹，内底残留五枚支钉垫烧痕。口径20.4、底径7.2、高7.2厘米（图一三五，9）。H1：679，釉面部分脱落，内底残留一支钉。口径18.2、底径6.4、高6厘米（图一三六，1）。H2：209，口沿釉面残损，内底残留五枚支钉垫烧痕。口径

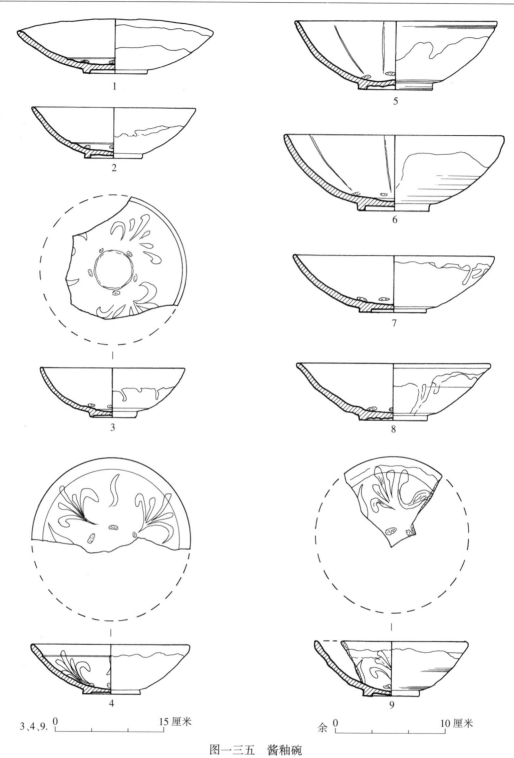

图一三五　酱釉碗

1～3、5、6. Bb 型（H10：1017、H10：1021、H10：1384、H20：15、F2 垫：599）　　4、7～9. Bc 型（H1：670、
H1：665、H1：667、H1：676）

18.6、底径 6、高 6.4 厘米（图一三六，2）。H2：240，口沿下饰一周凹弦纹，釉面大部分脱落，
有窑变现象，呈灰蓝色内底残留六枚支钉垫烧痕。口径 21.4、底径 7.8、高 6.4 厘米（图一三六，
3）。H2：247，釉面窑变呈灰蓝色，且脱落较甚，其中内壁无釉，胎面均匀涂抹一层沙粒，内底残
留五枚支钉垫烧痕。口径 18、底径 6.8、高 5 厘米（图一三六，4）。H3：11，口沿挂一周粉黄色

化妆土，口沿下饰一周凹弦纹，内壁化妆土绘制草叶纹，内底残留六枚支钉垫烧痕。口径15.1、底径5.6、高5厘米（图一三六，5；彩版五六，1）。H10：1096，口沿处挂一周粉黄色化妆土，釉面部分脱落，内壁无釉，胎面均匀涂抹一层沙粒，内底残留六枚支钉垫烧痕。口径21、底径7.3、高6.6厘米（图一三六，6）。H10：1097，内壁无釉，胎面均匀涂抹一层沙粒，内底残留六枚支钉垫烧痕。口径21.2、底径7.4、高6.5厘米（图一三六，7）。H15：9，内底残留五枚支钉垫烧痕。口径17.4、底径5.8、高5.2厘米（图一三六，8）。F2垫：360，口沿挂一周粉黄色化妆土。口沿下饰一周凹弦纹，内壁化妆土绘制草叶纹，内底残留六枚支钉垫烧痕。口径22.4、底径8、高7厘米（图一三六，9）。F9：10，釉面脱落，其中内壁无釉，胎面均匀涂抹一层沙粒。口径19.4、底径7.4、高5.6厘米（图一三六，10）。F9：11，内壁无釉，胎面均匀涂抹一层沙粒，内底残留六枚支钉垫烧痕。口径19.6、底径7、高6厘米（图一三六，11）。采：77，釉面窑变呈灰蓝色，内底残留五枚支钉垫烧痕。口径18、底径6.4、高5.7厘米（图一三六，12）。

C型　5件。敞口，斜直腹，圈足。胎面皆挂化妆土。H1：668，内底残留五枚支钉痕。口径18.7、底径6.5、高6.1厘米（图一三七，1）。H10：1003，有出筋做法将内壁等分为六瓣，内底残留五枚支钉痕。口径19.6、底径6、高6.3厘米（图一三七，2）。H10：1004，有出筋做法将内壁等分为六瓣，内底残留五枚支钉痕口径19.4、底径6.4、高6.6厘米（图一三七，3）。H10：1008，有出筋做法将内壁等分为六瓣，内底残留五枚支钉痕。口径16.7、底径5.8、高5.7厘米（图一三七，4；彩版五六，2）。H10：1009，有出筋做法将内壁等分为六瓣，酱黄釉，内底残留五枚支钉痕，外底残留一块泥饼。口径15.6、底径5.5、高6.8厘米（图一三七，5）。

D型　2件。侈口，深弧腹。胎面挂化妆土。根据足部形态差异，可分为2亚型。

Da型　1件。饼足。H16：14，内底一周凹弦纹，内底残留五枚支钉痕。口径18、底径7、高5.4厘米（图一三七，6）。

Db型　1件。圈足。H2：249，外壁刻划成花瓣状，内底一周凹弦纹。口径12.4、底径4.3、高5.8厘米（图一三七，7；彩版五七，1）。

E型　1件。敞口，深弧腹，玉璧足。胎面挂化妆土。H9：1913，釉面脱落较甚，唇部一周露胎。口径15.2、底径6.2、高6.2厘米（图一三七，8）。

碗残件　4件。根据足部形态差异，可分为2型。

A型　1件。圈足，足墙矮窄、略内收。F2垫：650，釉面粘连较多窑渣，近底处跳刀痕现象明显。底径5、残高2.6厘米（图一三八，1）。

B型　3件。圈足，足墙宽大。F5垫：10，内外底残留石英砂垫烧痕，圈足内模印一窑工印记。底径6.6、残高2.8厘米（图一三八，2）。F5垫：11，内外底残留石英砂垫烧痕，圈足内模印一窑工印记。底径6.8、残高2.2厘米（图一三八，3）。F5垫：12，内外底残留石英砂垫烧痕。底径7、残高3.2厘米（图一三八，4）。

钵　48件。敛口。根据足部形态差异，可分为4型。

A型　22件。内底下凹，小饼足。根据唇部及腹部形态差异，可分为3亚型。

Aa型　18件。方唇，弧腹。部分器物胎面挂粉黄色化妆土。H2：256，腹部呈简易瓜棱状，外壁口沿下一周凹弦纹。唇部刮釉一周，腹部有一处窑裂。口径10.8、底径4.6、高6.6厘米

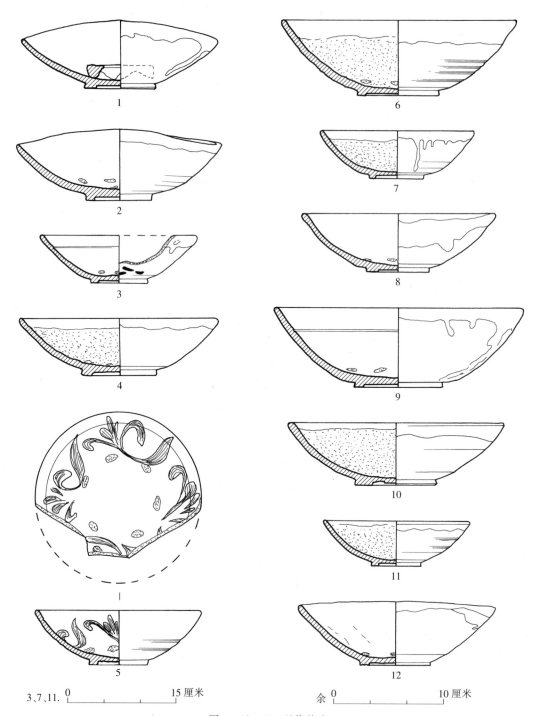

图一三六　Bc 型酱釉碗

1. H1：679　2. H2：209　3. H2：240　4. H2：247　5. H3：11　6. H10：1096　7. H10：1097　8. H15：9　9. F2 垫：360
10. F9：10　11. F9：11　12. 采：77

（图一三八，5）。H2：257，唇部刮釉一周，腹部多处窑裂，外壁残留一周叠烧痕。口径 11.4、底
径 4.7、高 6.6 厘米（图一三八，6）。H2：258，腹部呈简易瓜棱状，外壁口沿下一周凹弦纹。唇
部刮釉一周，外壁残留一周叠烧痕。口径 9.7、底径 4、高 5.6 厘米（图一三八，7）。H2：259，
唇部刮釉一周，外壁残留一周叠烧痕。口径 11.8、底径 5、高 6.6 厘米（图一三八，8）。
H9：959，唇部刮釉一周，外壁残留半周叠烧痕。口径 11.3、底径 4.6、高 6.8 厘米（图一三八，

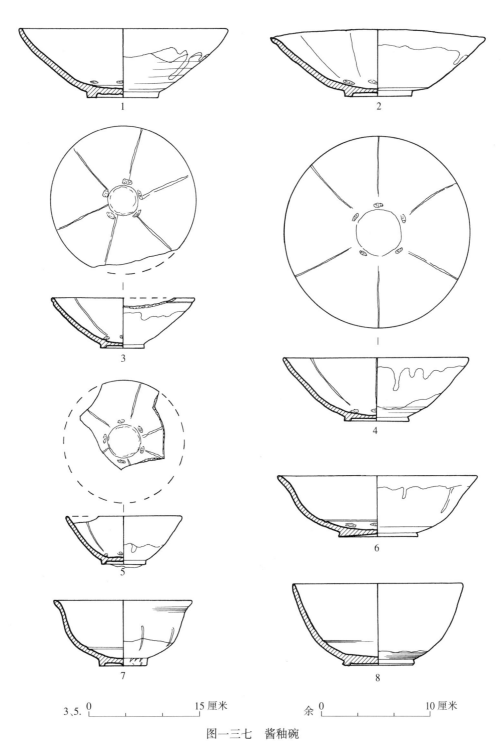

图一三七 酱釉碗

1~5. C 型（H1：668、H10：1003、H10：1004、H10：1008、H10：1009） 6. Da 型（H16：14） 7. Db 型（H2：249）
8. E 型（H9：1913）

9)。H9：1971，唇部刮釉一周，外壁残留一周叠烧痕。口径10.7、底径4.4、高6厘米（图一三
八，10）。H9：1972，腹部呈简易瓜棱状，外壁口沿下一周凹弦纹。釉面有大量釉泡。唇部刮釉一
周，内底一处窑裂，外壁残留一周叠烧痕。口径10.8、底径4.2、高7厘米（图一三八，11）。
H9：1990，腹部呈简易瓜棱状，外壁口沿下一周凹弦纹。唇部刮釉一周，腹部有一处窑裂，外壁

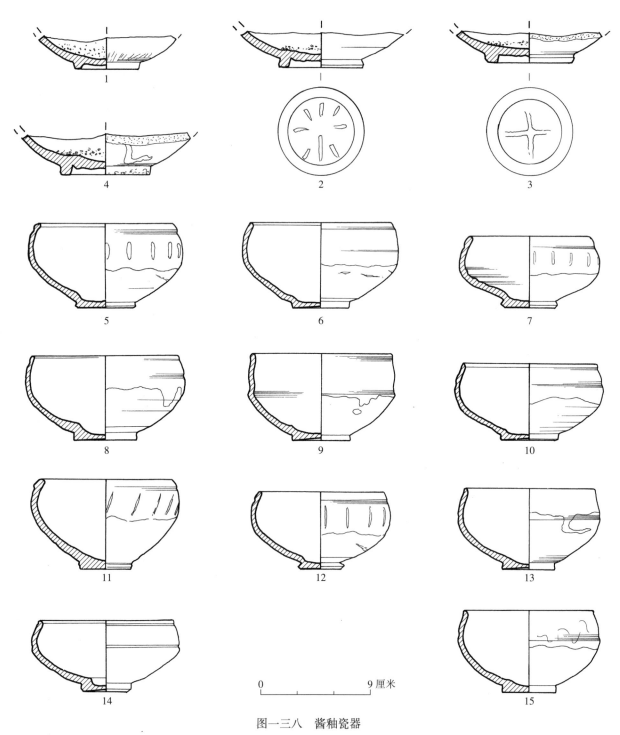

图一三八　酱釉瓷器

1. A 型碗残件（F2 垫：650）　2～4. B 型碗残件（F5 垫：10、F5 垫：11、F5 垫：12）　5～15. Aa 型钵（H2：256、H2：257、H2：258、H2：259、H9：959、H9：1971、H9：1972、H9：1990、H10：783、H10：787、H10：793）

残留半周叠烧痕。口径 10、底径 3.6、高 6 厘米（图一三八，12）。H10：783，唇部刮釉一周，腹部及底部各一处窑裂，外壁残留一周叠烧痕。口径 10.6、底径 4、高 6.3 厘米（图一三八，13）。H10：787，唇部刮釉一周，釉面"橘皮"现象较甚，外壁残留一周叠烧痕。口径 10.8、底径 3.7、高 5.6 厘米（图一三八，14）。H10：793，唇部刮釉一周，且有"缩釉"现象，腹部一处窑裂，外壁残留一周叠烧痕。口径 10.3、底径 4.4、高 6.4 厘米（图一三八，15）。H16：15，变形较甚，内底粘窑渣，外壁口沿下及腹部各一周凹弦纹，下腹部残留一周叠烧痕。口径10.2、底径5、高7厘米（图一三九，1）。TN01E03③：339，唇部刮釉一周，内底略下凹，外壁残留一周叠烧痕。口径12.8、底径4.6、高6.2厘米（图一三九，2）。TN01E03③：526，唇部刮釉一周，外壁残留一周叠烧痕。口径11.5、底径4、高7.3厘米（图一三九，3）。F2垫：10，釉面脱落较甚。唇部刮釉一周，外壁残留半周叠烧痕。口径10.5、底径4.5、高5.2厘米（图一三九，4）。F4垮：77，唇部釉面残损一周。口径10.2、底径4.4、高7.7厘米（图一三九，5）。F6：131，唇部釉面残损一周。口径10.6、底径4.4、高6.3厘米（图一三九，6）。F9：8，唇部刮釉一周，腹部一处窑裂，外壁残留一周叠烧痕。口径10.6、底径4.8、高6.6厘米（图一三九，7）。

Ab型　3件。斜方唇，弧腹。胎面皆不挂化妆土。TN01E03③：338，唇部刮釉一周，腹部一处窑裂，外壁近底部粘另一器物口沿。口径9.5、底径4.8、高6.8厘米（图一三九，8）。TN01E03③：340，唇部刮釉一周，腹部一处窑裂，外壁残留半周叠烧痕。口径9.8、底径4.8、高7.3厘米（图一三九，9）。TN01E03③：527，唇部刮釉一周，外壁残留一周叠烧痕。口径9.6、底径4.6、高6厘米（图一三九，10）。

Ac型　1件。方唇，扁球形腹。TN02E01③：31，肩部粉黄色化妆土等距绘平行斜线纹。唇部刮釉一周。口径5.2、底径4、高5厘米（图一三九，11）。

B型　16件。弧腹，大饼足。根据唇部形态差异，可分3亚型。

Ba型　13件。方唇。少数器物口沿及外壁胎面挂一周粉黄色化妆土，绝大部分器物外壁胎面以化妆土绘斜线纹。TN01E01③：2，口径10、底径5.8、高5.2厘米（图一三九，12；彩版五七，2）。TN03E01③：86，口径10.6、底径6.1、高5.5厘米（图一三九，13）。H1：351，唇部刮釉一周，外壁残留一周叠烧痕。口径11.4、底径6.3、高6厘米（图一三九，14）。H1：356，釉面部分脱落，外壁残留一周叠烧痕。口径11、底径6.4、高5.6厘米（图一三九，15）。H1：357，釉面脱落较甚，唇部刮釉一周。口径10、底径6、高5厘米（图一四〇，1）。H1：359，口沿下饰一周凹弦纹，外壁残留一周叠烧痕。口径14、底径7.2、高8厘米（图一四〇，9）。H2：255，唇部刮釉一周，外壁残留一周叠烧痕。口径10、底径6、高5.2厘米（图一四〇，2）。H9：1973，口沿下饰一周凹弦纹，唇部刮釉一周，外壁残留一周叠烧痕。口径11.4、底径7、高6.6厘米（图一四〇，3）。H10：788，口沿下饰一周凹弦纹，唇部刮釉一周，外壁残留一周叠烧痕。口径11.8、底径7、高7.7厘米（图一四〇，4）。H10：789，口沿下饰一周凹弦纹，釉面部分脱落，唇部刮釉一周。口径11.4、底径8、高8厘米（图一四〇，11）。H10：795，唇部刮釉一周，外壁残留一周叠烧痕。口径16.2、底径9.4、高11厘米（图一四〇，10）。H13：80，唇、口沿下各饰一周凹弦纹，唇部刮釉一周。口径9.2、底径5.4、高6.6厘米（图一四〇，5）。TN01E03③：910，口径11.2、底径6.2、高5.1厘米（图一四〇，6）。

Bb型　2件。斜方唇。胎面不挂化妆土。H9：963，变形较甚，釉面大部分脱落，唇部刮釉一周，内底及外壁皆残留一周叠烧痕。口径9.6、底径6、高7.5厘米（图一四〇，7）。H9：1989，变形较甚，唇部刮釉一周，外壁残留叠烧痕。口径10、底径6.2、高7厘米（图一四〇，8）。

Bc型　1件。斜方唇，斜弧腹。胎面不挂化妆土。F6：102，唇部刮釉一周。口径12.4、底径6.4、高7.2厘米（图一四一，1）。

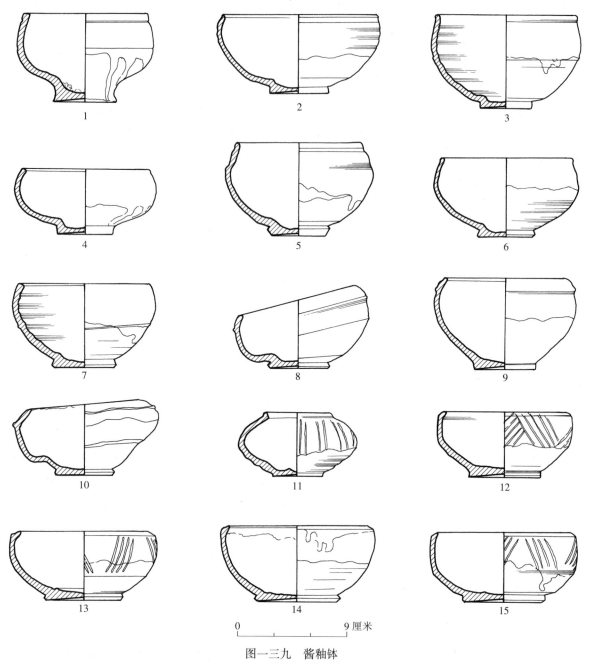

图一三九　酱釉钵

1～7. Aa 型（H16：15、TN01E03③：339、TN01E03③：526、F2 垫：10、F4 垮：77、F6：131、F9：8）　8～10. Ab 型
（TN01E03③：338、TN01E03③：340、TN01E03③：527）　11. Ac 型（TN02E01③：31）　12～15. Ba 型（TN01E01③：2、
TN03E01③：86、H1：351、H1：356）

　　C 型　8 件。平底。根据口部内敛程度及腹部形态差异，可分 2 亚型。

　　Ca 型　7 件。方唇，口部内敛较甚，斜弧腹，底径口径之比大于 2：3 小于 1：2。胎面不挂化
妆土。H2：260，釉面脱落，唇部残留一周叠烧痕。口径 9.4、底径 7.2、高 6.1 厘米（图一四一，
2）。H9：1977，釉面脱落，外壁残留一周叠烧痕。底径 8、残高 6.5 厘米（图一四一，3）。F9：12，
内壁胎面均匀涂抹一层沙粒，外壁残留一周叠烧痕。口径 17、底径 6.2、高 7.6 厘米（图一四一，
4）。J1：80，内壁胎面均匀涂抹一层沙粒，唇部残存一周叠烧痕。口径 13.6、底径 8、高 7.5 厘米

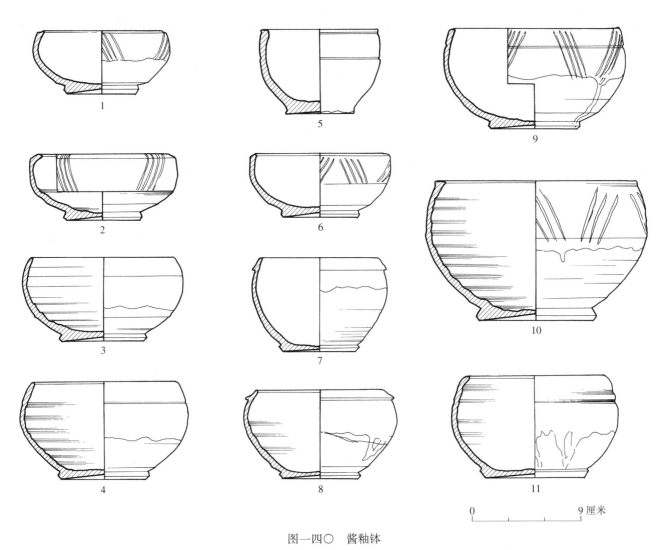

0   9 厘米

图一四〇 酱釉钵

1~6、9~11. Ba 型（H1：357、H2：255、H9：1973、H10：788、H13：80、TN01E03③：910、H1：359、H10：795、H10：789）
7、8. Bb 型（H9：963、H9：1989）

（图一四一，5）。J1：81，内壁胎面均匀涂抹一层沙粒，唇部残存一周叠烧痕。口径 13.6、底径 7.2、高 6.6 厘米（图一四一，6）。J1：82，内壁胎面均匀涂抹一层沙粒，唇部残存一周叠烧痕。口径 13、底径 7.8、高 6.5 厘米（图一四一，7）。H9：1974，口沿及外壁胎面挂一周粉黄色化妆土，唇部刮釉一周，外壁残留一周叠烧痕。口径 10.4、底径 6、高 7 厘米（图一四一，9）。

Cb 型 1 件。方唇，口微敛，斜弧腹，底径口径之比小于 2：3。胎面挂粉黄色化妆土。H7：23，唇部刮釉一周。口径 16.4、底径 12.2、高 6.8 厘米（图一四一，8）。

D 型 2 件。尖唇，直口，肩部带折沿，弧腹，圈足。胎面不挂化妆土。根据腹部及圈足形态差异，可分为 2 亚型。

Da 型 1 件。斜直腹，圈足矮宽。H9：1979，唇部刮釉一周，底部一处窑裂。口径 12、底径 6.8、高 8.8 厘米（图一四一，10）。

Db 型 1 件。弧腹，圈足高窄。TN01E03③：528，口沿挂一周粉黄色化妆土，且刮釉一周。口径 7.4、底径 4.2、高 6 厘米（图一四一，11）。

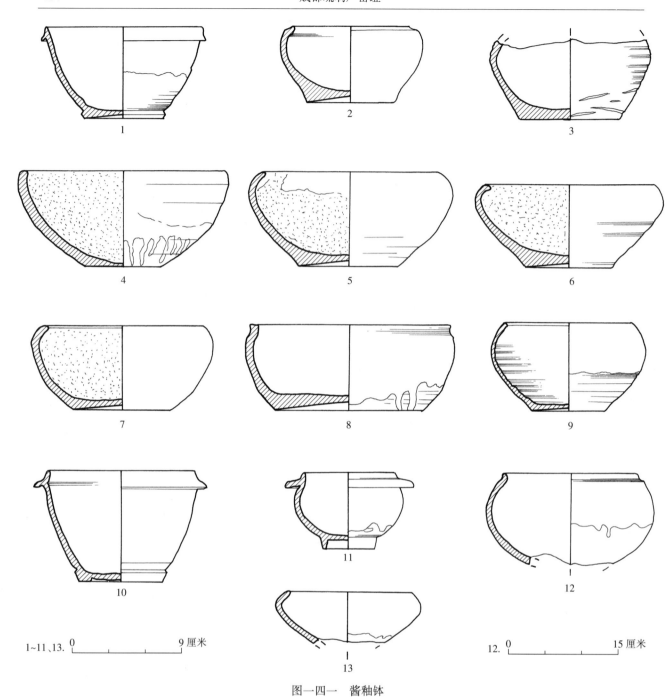

图一四一　酱釉钵

1. Bc 型（F6：102）　　2～7、9. Ca 型（H2：260、H9：1977、F9：12、J1：80、J1：81、J1：82、H9：1974）　　8. Cb 型（H7：23）
10. Da 型（H9：1979）　　11. Db 型（TN01E03③：528）　　12、13. 钵残件（TN01E02②：14、H18：415）

　　钵残件　2件。腹部以下残。H18：415，圆唇，敛口，折肩，斜直腹，釉面有少量釉泡。口径10.8、残高4.1厘米（图一四一，13）。TN01E02②：14，方唇，敛口，鼓腹，唇下一周凹弦纹。口径18、残高12.4厘米（图一四一，12）。

　　盏　92件。根据口部及腹部形态及足径宽窄差异，可分为5型。

　　A 型　29件。圆唇或尖圆唇，敞口，斜弧腹，足径较宽。部分器物胎面挂粉黄色化妆土。根据足部形态差异，可分为3亚型。

　　Aa 型　18件。饼足。可分为2式。

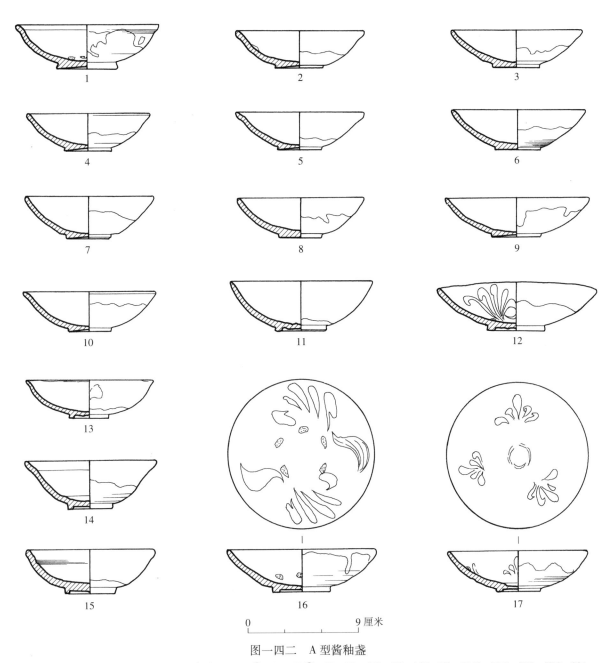

图一四二　A型酱釉盏

1. Aa Ⅰ式（H12：42）　　2～10. A a Ⅱ式（TN02E03③：27、T2③：91、F6：127、H2：139、H9：2147、H10：979、H10：981、TN01E03③：523、TN01E03③：908）　　11～17. Ab型（F4垫：84、H1：362、TN01E03③：553、H2：166、H9：1881、H1：303、H10：1012）

Ⅰ式　1件。胎壁较厚，饼足较大。H12：42，近底处一周凹弦纹，釉面少量釉泡，内底残留四枚支钉垫烧痕。口径11.7、底径4.8、高3.5厘米（图一四二，1）。

Ⅱ式　17件。胎壁较薄，饼足较小。TN02E03③：27，釉面少量釉泡，口沿刮釉一周。口径10.1、底径3.8、高3厘米（图一四二，2）。T2③：91，口沿釉面残损一周，残留对口烧痕。口径10.7、底径3.8、高3.1厘米（图一四二，3）。F6：127，釉面脱落较甚，口沿釉面残损一周。口径10、底径3.9、高3厘米（图一四二，4）。H2：139，粘少量窑渣。口径10.4、底径3.4、高3厘米（图一四二，5）。H9：2147，近底处斜削一周。口沿刮釉一周，残留对口烧痕。口径11、底径3.6、高3.2厘米（图一四二，6）。H10：979，近底处斜削一周，口沿刮釉一周。口径10.6、底径3.6、高3.4厘米（图一四二，7）。H10：981，近底处斜削一周，口沿刮釉一周，残留对口烧痕。口径10.4、底径3.6、高3.3厘米（图一四二，8）。TN01E03③：523，口沿刮釉一周，残留对口烧痕。口径11.8、底径4、高3.1厘米（图一四二，9）。TN01E03③：908，口沿釉面残损一周。口径10.6、底径3.5、高3.2厘米（图一四二，10）。F4垫：488，口径9、底径3.3、高3.1（图一四三，1）。H2：161，内、外壁粘连大量窑渣，外壁口沿处窑裂。口径9、底径3、高3.4厘米（图一四三，2）。H2：168，仅口沿处挂一周化妆土，内壁粘少量窑渣。口径9.5、底径3.3、高3.4厘米（图一四三，3）。H2：170，口径9、底径3.1、高3.4厘米（图一四三，4）。H2：172，腹部一处窑裂。口径9、底径3.4、高3.6厘米（图一四三，5）。H2：174，唇部釉面残损，内底粘大量窑渣。口径9、底径3.3、高3.2厘米（图一四三，6）。TN01E03③：320，内壁粘大量窑渣。口径8.8、底径3.2、高3.4厘米（图一四三，7）。TN01E03③：321，釉面大量釉泡。口径8.8、底径3.5、高3.6厘米（图一四三，8）。

Ab型　7件。圈足。F4垫：84，口径11.6、底径4、高4厘米（图一四二，11）。H1：303，口沿挂一周粉黄色化妆土，釉下用化妆土绘制草叶纹，内底残留支钉垫烧痕。口径12、底径4.6、高3.3厘米（图一四二，16）。H1：362，近底处一周凹弦纹，胎面模印草叶纹，口沿挂一周粉黄色化妆土，酱釉，内底残留四枚支钉垫烧痕。口径13、底径4.6、高3.8厘米（图一四二，12）。H2：166，近底处饰一周凹弦纹，釉面粘少量窑渣。口径10.4、底径3.6、高3.8厘米（图一四二，14）。H9：1881，内壁一周浅凹弦纹，釉面脱落，圈足内略带鸡心突。口径10.2、底径4、高3.5厘米（图一四二，15）。H10：1012，近底处一周凹弦纹，釉下化妆土绘制三组等距草叶纹，口沿刮釉一周，残留对口烧痕。口径11.4、底径3.6、高3.2厘米（图一四二，17）。TN01E03③：553，口沿刮釉一周，残留对口烧痕。口径10.2、底径3.2、高3厘米（图一四二，13）。

Ac型　4件。平底。TN03E02③：22，内壁残留一周叠烧痕。口径9.6、底径4、高2.5厘米（图一四四，1）。H9：1785，与H9：2161对口粘连，口沿多处窑裂。口径11.1、底径5、高3.1厘米（图一四四，2）。H9：2161，口沿多处窑裂，外壁残留一周叠烧痕。口径11.1、底径4.6、高3厘米（图一四四，2）。H10：486，近底处略内凹，口沿刮釉一周，残留对口烧痕。口径11、底径3.8、高3.4厘米（图一四四，3）。

B型　20件。圆唇或尖圆唇，口微束，斜直腹或略带弧度，足径较宽。根据足部形态差异，可分为2亚型。

Ba型　7件。饼足。绝大部分器物胎面不挂化妆土，直接施釉。H1：293，唇部残留一周对口烧痕迹，外壁残留一周叠烧痕。口径10.3、底径4、高3.2厘米（图一四四，4）。H1：295，唇部残留一周对口烧痕迹，外壁残留一周叠烧痕。口径10、底径4.2、高3厘米（图一四四，5）。H1：296，釉面大量鬃眼，外壁粘少量窑渣，唇部残留一周对口烧痕迹。口径10、底径3.8、高3.3厘米（图一四四，6）。H1：298，釉面有少量釉泡。口径10.4、底径3.9、高3.2厘米（图一四四，7）。H2：215，器身多处窑裂，唇部残留一周对口烧痕迹。口径10.7、底径3.6、高3.3厘米（图一四四，8）。H10：990，釉面有少量釉泡，唇部残留一周对口烧痕迹。口径8.4、底径3.6、高3.8厘米（图一四四，9）。H10：991，釉面脱落较甚，唇部残留一周对口烧痕迹，内底一

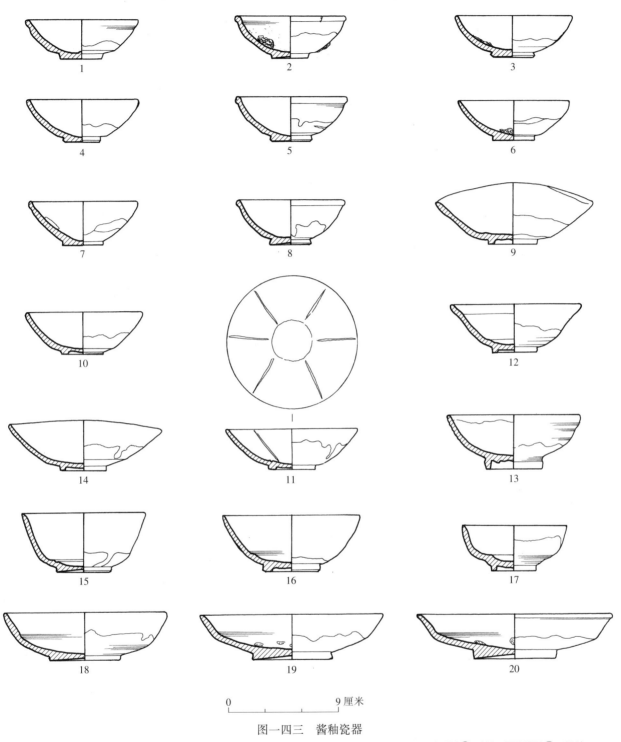

图一四三　酱釉瓷器

1～8. Aa 型 Ⅱ 式盏（F4 垫：488、H2：161、H2：168、H2：170、H2：172、H2：174、TN01E03③：320、TN01E03③：321）

9～14. Db 型盏（TN02E02③：88、H1：169、H1：674、H2：166、H10：1040、TN01E03③：332）　　15. Ea 型盏（H2：221）

16、17. Eb 型盏（H9：638、H10：992）　　18～20. Aa 型盘（TN04E03②：4、F4 垮：57、H1：680）

处窑裂，外底残留半周叠烧痕。口径 8.4、底径 3.9、高 3.4 厘米（图一四四，10）。

　　Bb 型　13 件。圈足。部分器物胎面挂粉黄色化妆土。F4 垮：95，口沿挂一周化妆土，器身少量坯泡。口径 12、底径 4、高 4.5 厘米（图一四四，11）。H1：294，釉面脱落较甚。内壁粘少量窑渣。口径 10、底径 3、高 3.4 厘米（图一四四，12）。H1：299，内壁粘少量窑渣。口径 10、

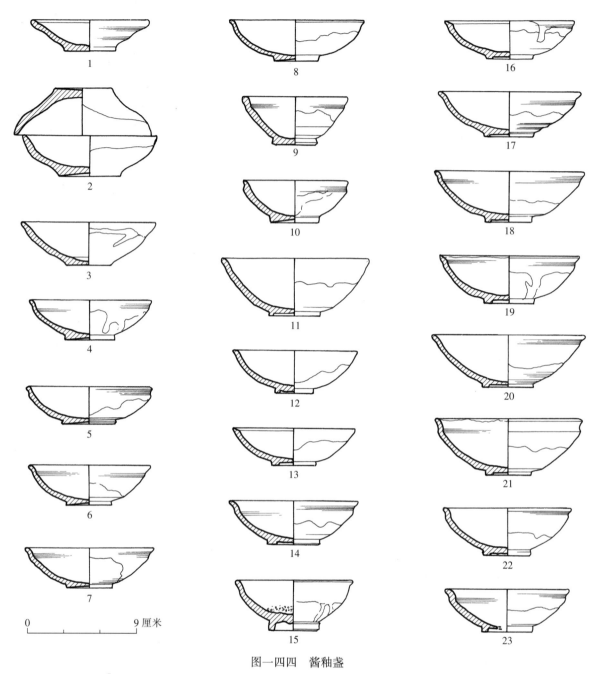

0　　　　　　　　9厘米

图一四四　酱釉盏

1~3. Ac 型（TN03E02③：22、H9：1785/H9：2161、H10：486）　　4~10. Ba 型（H1：293、H1：295、H1：296、H1：298、H2：215、H10：990、H10：991）　　11~23. Bb 型（F4垮：95、H1：294、H1：299、H1：300、H1：707、H2：140、H9：1882、H10：985、H10：996、H10：1001、H10：1039、F2垫：575、F2垫：649）

底径3.6、高3厘米（图一四四，13）。H1：300，外壁粘少量窑渣。口径10.4、底径4.2、高3.5厘米（图一四四，14）。H1：707，口沿一周釉面脱落，内、外底残留石英砂垫烧痕。口径9.4、底径4、高4厘米（图一四四，15）。H2：140，釉面开片现象较明显，内壁口沿下露胎一周。口径10.4、底径3.8、高3厘米（图一四四，16）。H9：1882，唇部刮釉一周，残留一周对口烧痕迹。口径11.4、底径4、高3.6厘米（图一四四，17）。H10：985，口沿一周无釉，残留对口烧痕迹，口径12、底径3.8、高4厘米（图一四四，18）。H10：996，釉面脱落较甚。口径11.3、底径4、高3.8厘米（图一四四，19）。H10：1001，釉面脱落较甚，内、外壁粘黏大量窑渣落灰，口沿一周无釉。口径 12.2、底径 4.2、高 4.2 厘米（图一四四，20）。H10：1039，釉面橘皮现象较明显。口径 11.8、底径 3.9、高 4.5 厘米（图一四四，21）。F2 垫：575，内底粘少量窑渣。口径 10.3、底径 3.8、高 3.8 厘米（图一四四，22）。F2 垫：649，腹部以下挂化妆土。口径 10、底径 4、高 3.4 厘米（图一四四，23）。

C 型　19 件。圆唇或尖圆唇，敞口或微侈，腹部斜直，底径较窄，形如斗笠。根据足部形态差异及体型大小，可分为 4 亚型。

Ca 型　2 件。饼足，体型较大。胎面皆不挂化妆土。H9：635，口沿釉面残损，残留对口烧痕。口径 11、底径 3.4、高 4.7 厘米（图一四五，1）。TN01E03③：554，口沿釉面残损一周，残留对口烧痕。口径 10.2、底径 3.2、高 3.7 厘米（图一四五，2）。

Cb 型　2 件。饼足，体型较小。部分器物胎面挂化妆土。H2：148，釉面脱落。口径 8、底径 2.8、高 3.2 厘米（图一四五，3）。H2：173，口径 9、底径 2.9、高 3.4 厘米（图一四五，6）。

Cc 型　11 件。圈足，体型较大。部分器物胎面挂粉黄色化妆土。H1：706，内底残留石英砂垫烧痕。口径 11.2、底径 4.4、高 4 厘米（图一四五，4）。H2：214，口沿釉面残损，残留对口烧痕。口径 13、底径 4.7、高 5.1 厘米（图一四五，5）。H9：1780，釉面脱落较甚。口径 10.8、底径 3、高 4 厘米（图一四五，7）。H10：989，口径 10.8、底径 3、高 4 厘米（图一四五，8）。H10：1237，近底处一周凹弦纹，釉面脱落，内壁有出筋制法将其划分为六瓣，口沿釉面残损，残留对口烧痕。口径 11.7、底径 3.6、高 3.8 厘米（图一四五，9）。H10：1376，内壁模印团菊纹，口沿刮釉一周，残留对口烧痕。口径 11.1、底径 3.4、高 4 厘米（图一四五，10）。H20：1，釉面脱落较甚，内壁模印"花事"纹，口沿刮釉一周，残留对口烧痕。口径 10.8、底径 4、高 3.8 厘米（图一四五，11）。TN01E02②：87，内壁模印花草纹。口径 11.4、底径 3.5、高 4 厘米（图一四五，12）。TN01E03③：319，口沿刮釉一周，残留对口烧痕。口径 11、底径 3.6、高 3.6 厘米（图一四五，13）。F9：13，口部与 F9：14 粘连。口径 13、底径 4、高 3.3 厘米（图一四五，14）。F9：14，口径 13、底径 4、高 3.5 厘米（图一四五，14）。

Cd 型　4 件。圈足，体型较小。胎面挂粉黄色化妆土。F4 垫：487，口径 9、底径 3.1、高 4 厘米（图一四六，1）。F4 垮：58，口径 9.4、底径 3.2、高 4 厘米（图一四六，2）。H2：159，釉面较多釉泡，开片现象明显。口径 9.4、底径 3.4、高 4 厘米（图一四六，3）。H2：163，釉面少量釉泡。口径 9.6、底径 3.2、高 4 厘米（图一四六，4）。

D 型　21 件。圆唇，敞口，斜直腹较 C 型浅，底径较宽。根据足部形态差异，可分为 2 亚型。

Da 型　15 件。饼足，体型较大。胎面皆不挂化妆土。T1③：8，口径 9.6、底径 3.6、高 3.4 厘米（图一四六，5）。TN02E03②：47，口沿釉面残损一周，残留对口烧痕。口径 10.4、底径 4、高 3.2 厘米（图一四六，6）。F4 垫：82，釉面大量釉泡，口沿釉面残损一周，残留对口烧痕。口径 10.3、底径 3.7、高 3.6 厘米（图一四六，7）。H2：176，釉面脱落较甚。内壁粘少量窑渣，腹部一处窑裂。唇部刮釉一周。口径 10、底径 3.6、高 3.6 厘米（图一四六，8）。H2：177，釉面脱落较甚。外壁粘少量窑渣。唇部刮釉一周，且残留一周对口烧痕。口径 10.4、底径 4.3、高 3.5 厘米（图一四六，9）。H2：217，内、外壁粘少量窑渣。口径 10.4、底径 3.5、高 3.6 厘米（图一四六，10）。H9：649，内壁口沿下有缩釉现象，腹部一处窑裂。唇部残留一周对口烧痕迹。口径 10.2、

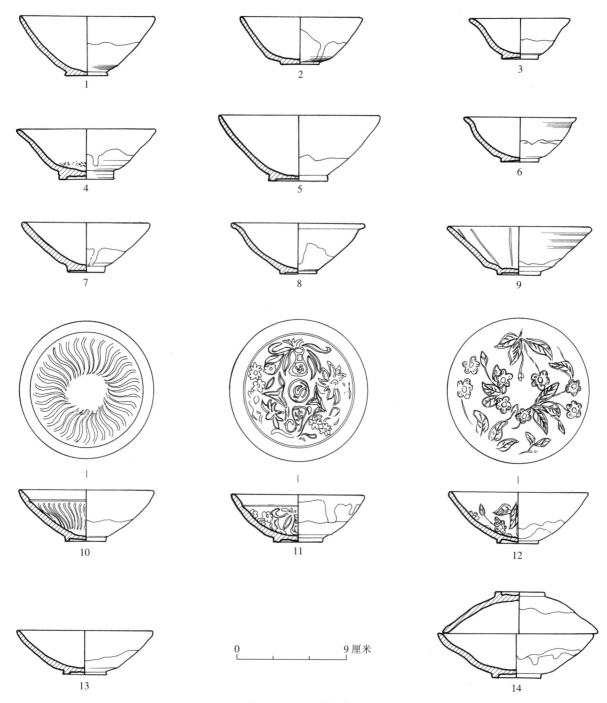

图一四五　C 型酱釉盏

1、2. Ca 型（H9：635、TN01E03③：554）　　3、6. Cb 型（H2：148、H2：173）　　4、5、7 ~ 14. Cc 型（H1：706、H2：214、
H9：1780、H10：989、H10：1237、H10：1376、H20：1、TN01E02②：87、TN01E03③：319、F9：13/F9：14）

底径 3.4、高 3.8 厘米（图一四六，11）。H9：1786，与 H9：2154 对口粘接。口径 10.6、底径 4、
高 3.4 厘米（图一四六，12）。H9：2154，外壁有少量釉泡。口径 10.6、底径 4、高 3.5 厘米（图
一四六，12）。TN01E02②：58，内壁粘大量落灰。口径 9.8、底径 3.5、高 3.4 厘米（图一四六，
13）。TN01E02②：59，唇部刮釉一周。口径 10、底径 3.8、高 3.2 厘米（图一四六，14）。
TN01E03③：316，釉面脱落较甚。口径 10.2、底径 3.6、高 3.6 厘米（图一四六，15）。TN01E03

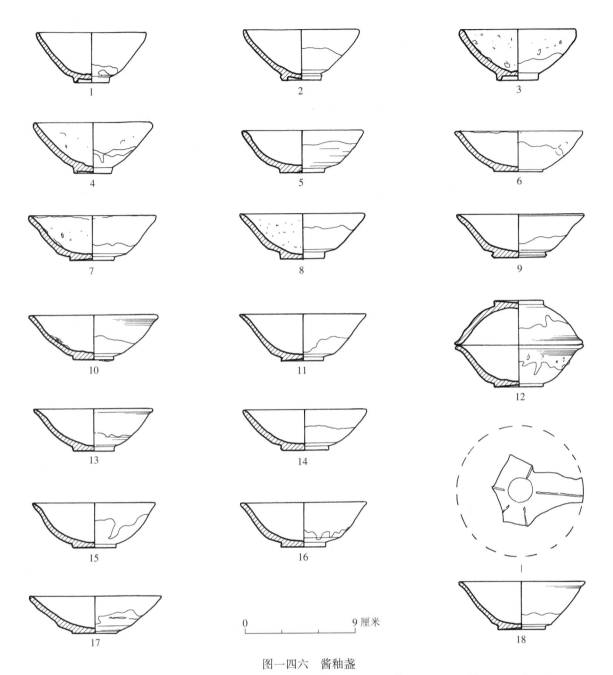

图一四六 酱釉盏

1~4. Cd 型（F4 垫：487、F4 垮：58、H2：159、H2：163） 5~18. Da 型（T1③：8、TN02E03②：47、F4 垫：82、
H2：176、H2：177、H2：217、H9：649、H9：1786/H9：2154、TN01E02②：58、TN01E02②：59、TN01E03③：316、
TN01E03③：317、TN01E03③：318、F4：12）

③：317，釉面脱落较甚。内壁少量鸡爪纹，唇部刮釉一周。口径 10.2、底径 3.6、高 3.5 厘米
（图一四六，16）。TN01E03③：318，唇部刮釉一周，且残留一周对口烧痕，外壁腹部残留半周叠
烧痕。口径 10.7、底径 3.6、高 3 厘米（图一四六，17）。F4：12，内壁有出筋制法将其划分为五
瓣。口径 10.2、底径 3.9、高 3.9 厘米（图一四六，18）。

Db 型 6 件。圈足。部分器物胎面挂化妆土。TN02E02③：88，口沿釉面残损一周。口径
12.8、底径 4、高 4.8 厘米（图一四三，9）。H1：169，内壁粘大量窑渣。口径 9.6、底径 3.5、高
3.4 厘米（图一四三，10）。H1：674，内壁有出筋制法将其划分为六瓣。唇部釉面残损，内壁残

留一处叠烧痕，口径 10.6、底径 3.8、高 3.2 厘米（图一四三，11）。H2：166，内壁粘大量窑渣。口径 10.4、底径 3.6、高 3.8 厘米（图一四三，12）。H10：1040，釉面脱落较甚。内、外底残留石英砂垫烧痕。口径 10.8、底径 4.6、高 4.2 厘米（图一四三，13）。TN01E03③：332，唇部刮釉一周。口径 12.7、底径 3.8、高 4 厘米（图一四三，14）。

E 型　3 件。尖唇，敞口，斜直腹，近底处略弧内收。根据足部形态差异，可分为 2 亚型。

Ea 型　1 件。饼足。H2：221，近底处一周凹弦纹，口沿釉面残损，残留对口烧痕。胎面皆不挂化妆土。口径 10、底径 4.2、高 4.7 厘米（图一四三，15）。

Eb 型　2 件。圈足。H9：638，釉面少量釉泡，口沿刮釉一周，残留对口烧痕。胎面皆不挂化妆土。口径 11、底径 4.4、高 4.4 厘米（图一四三，16）。H10：992，内底略内凹。胎面挂粉黄色化妆土。口径 9.6、底径 3.6、高 3.6 厘米（图一四三，17）。

盘　30 件。根据腹部形态差异，可分为 2 型。

A 型　16 件。折腹，饼足。绝大部分器物胎面挂化妆土。根据唇部、口部形态及有无折沿的差异，可分为 2 亚型。

Aa 型　11 件。圆唇，敞口，无折沿。TN04E03②：4，口沿釉面残损一周。口径 13.2、底径 5.6、高 3.8 厘米（图一四三，18）。F4 垮：57，内底残留支钉痕。口径 14.8、底径 6.4、高 3.6 厘米（图一四三，19）。H1：680，内底残留五枚支钉痕。口径 16、底径 6.8、高 3.6 厘米（图一四三，20）。H1：681，内壁残存大量窑渣落灰。口径 14、底径 6.2、高 3.9 厘米（图一四七，1）。H1：683，内底残留五枚支钉痕。口径 15.7、底径 6.5、高 3.6 厘米（图一四七，2）。H1：685，内底残留五枚支钉痕。口径 16、底径 6、高 3.5 厘米（图一四七，3）。H1：686，釉面脱落较甚，内壁残存大量窑渣落灰。口径 16.4、底径 6.2、高 4.2 厘米（图一四七，4）。H2：222，内底残留五枚支钉痕。口径 14、底径 6.1、高 3.2 厘米（图一四七，5）。H9：1873，变形较甚，内底残留五枚支钉痕。口径 17.4、底径 6.6、高 4 厘米（图一四七，6）。H12：33，内底残留五枚支钉痕。口径 13.6、底径 5.6、高 3.7 厘米（图一四七，7）。H23：1，口径 13.8、底径 5.4、高 3.2 厘米（图一四七，8）。

Ab 型　5 件。方唇，直口，宽折沿。H12：56，釉面脱落，底部一处窑裂。口径 17.2、底径 7.2、高 4.3 厘米（图一四七，9）。H12：57，釉面脱落较甚，内底残留支钉痕。口径 16.8、底径 6、高 4.4 厘米（图一四七，10）。H12：58，釉面脱落较甚。口径 16.8、底径 6.6、高 4.4 厘米（图一四七，11）。H21：7，釉面脱落较甚。内底残留六枚支钉痕，口径 17、底径 6.6、高 4.8 厘米（图一四七，12）。F6：163，内底残留支钉痕。口径 14.6、底径 5.6、高 3.6 厘米（图一四七，13）。

B 型　14 件。圆唇，斜弧腹。绝大部分器物胎面挂化妆土。根据口部及足部形态差异，可分为 6 亚型。

Ba 型　2 件。圆口盘，口微侈，饼足。F2 垫：5，内底残留二枚支钉痕。口径 14.4、底径 5.2、高 4 厘米（图一四七，14）。H12：34，内底残留五枚支钉痕。口径 14.4、底径 5.2、高 3.2 厘米（图一四七，15）。

Bb 型　1 件。葵口盘，敞口，饼足。F3 垫：5，口沿残留一周对口烧痕迹。口径 15.4、底径 6、高 3.4 厘米（图一四七，16）。

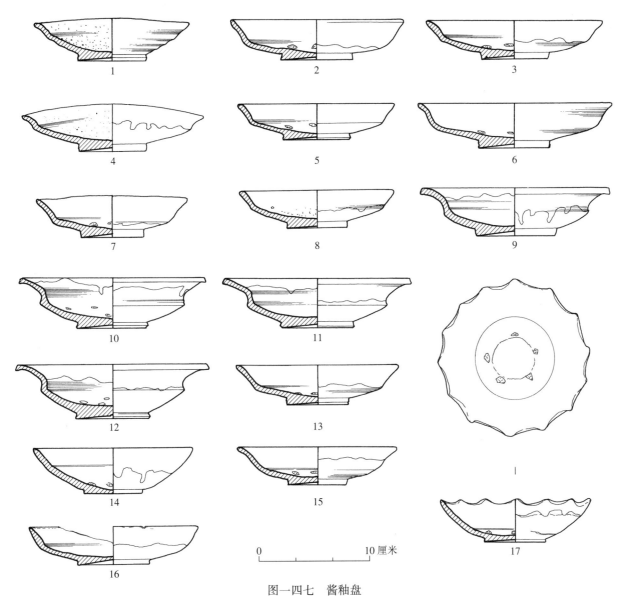

图一四七 酱釉盘

1~8. Aa 型（H1：681、H1：683、H1：685、H1：686、H2：222、H9：1873、H12：33、H23：1） 9~13. Ab 型（H12：56、H12：57、
H12：58、H21：7、F6：163） 14、15. Ba 型（F2 垫：5、H12：34） 16. Bb 型（F3 垫：5） 17. Bc 型（采：909）

　　Bc 型　1 件。花口盘，敞口，饼足。采：909，底部一处窑裂，残留五枚支钉痕。口径 13.6、
底径 5.4、高 3.8 厘米（图一四七，17）。

　　Bd 型　7 件。圆口盘，敞口微侈，圈足。H2：211，釉面棕眼现象较明显，内底残留五枚支钉
痕。口径 15.3、底径 5.7、高 3.6 厘米（图一四八，1）。H2：212，内底残留五枚支钉痕。口径
15.4、底径 5.2、高 3.9 厘米（图一四八，2）。H2：213，内底残留五枚支钉痕。口径 15.2、底径
5.2、高 3.8 厘米（图一四八，3）。H9：1896，仅于口沿处挂一周化妆土，内底残留五枚支钉痕。
口径 16、底径 4.9、高 4 厘米（图一四八，4）。TN01E03③：524，内底残留五枚支钉痕。口径
15.4、底径 5.6、高 3.5 厘米（图一四八，5）。L1①：12，内底残留四枚支钉痕。口径 14.6、底
径 5.4、高 4.2 厘米（图一四八，6）。采：78，内底一处窑裂，残留五枚支钉痕。口径 15.4、底
径 5.6、高 4.3 厘米（图一四八，7）。

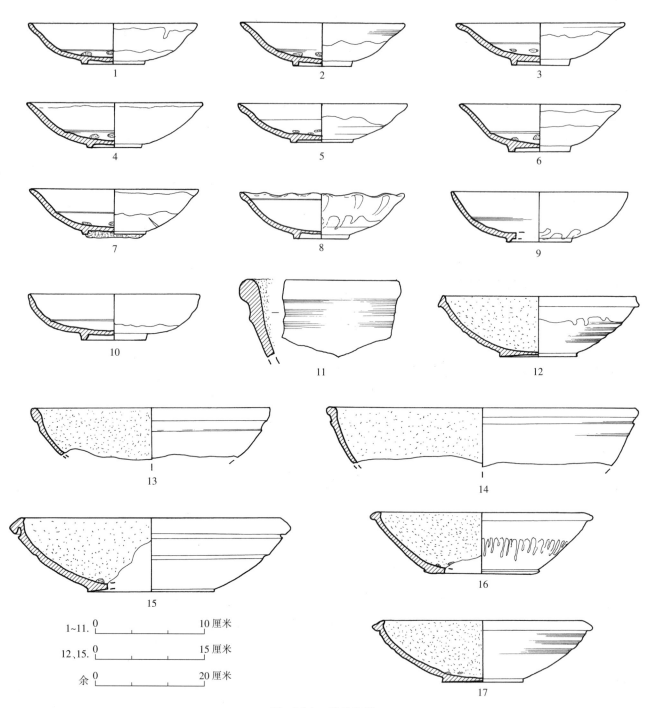

图一四八　酱釉瓷器

1～7. Bd 型盘（H2：211、H2：212、H2：213、H9：1896、TN01E03③：524、L1①：12、采：78）　　8. Be 型盘（F2 垫：4）
9、10. Bf 型盘（F4 垫：85、F4 垮：91）　　11、13、14. B 型盆（Y1：25、H10：1163、F4：15）　　12. A 型盆（H9：1104）
15～17. C 型盆（H9：1174、H2：490、H17：84）

　　Be 型　1 件。花口盘，敞口，圈足。F2 垫：4，内底残留支钉痕。口径 15、底径 5、高 4 厘米（图一四八，8）。

　　Bf 型　2 件。圆口盘，敞口，圈足。F4 垫：85，口沿釉面残损一周。口径 16、底径 6.2、高 4.4 厘米（图一四八，9）。F4 垮：91，内底一周凹弦纹，外壁近底处挂化妆土。口径 15.6、底径

6、高4厘米（图一四八，10）。

盆 9件。胎面皆不挂化妆土，内壁胎面皆均匀涂抹一层沙粒。根据唇部和口部形态差异，可分为4型。

A型 1件。斜方唇，敞口，斜直腹，饼足。H9：1104，外壁粘少量窑渣。口径26.1、底径10.6、高8厘米（图一四八，12）。

B型 3件。凸圆唇，敞口，腹部以下皆残。H10：1163，釉面脱落较甚。口径43.2、残高9厘米（图一四八，13）。F4：15，釉面脱落较甚。口径56、残高10.6厘米（图一四八，14）。Y1：25，釉面脱落较甚。残高7厘米（图一四八，11）。

C型 3件。方唇，口微敛，折沿，斜直腹，饼足。H2：490，外壁粘少量窑渣，内底残留一枚支钉痕。口径40、底径20、高11厘米（图一四八，16）。H9：1174，外壁粘少量窑渣，内底残留一枚支钉痕。口径38.2、底径17.1、高9.6厘米（图一四八，15）。H17：84，口沿一周无釉，外壁粘少量窑渣，内底残留两枚支钉痕。口径40、底径14.8、高11厘米（图一四八，17）。

D型 2件。圆唇，口微敛，折沿，斜直腹。根据口沿下有无凸棱，可分为2亚型。

Da型 1件。口沿下有一周凸棱。F8：12，口径48、残高10.8厘米（图一四九，1）。

Db型 1件。口沿下无凸棱。H10：1246，饼足，口沿一周釉面残损，近底部一处窑裂。口径42.5、底径20.4、高12.6厘米（图一四九，13）。

盆残件 3件。H1：702，残存器底，饼足。底径15.6、残高6厘米（图一四九，2）。H2：487，口沿以下残，尖圆唇，折沿，内壁用化妆土描绘波浪纹。口径18.9、残高2.7厘米（图一四九，12）。H12：90，残存器底，饼足。底径15.2、残高7厘米（图一四九，3）。

盒 12件。根据腹部及足部形态差异，可分为5型。

A型 3件。皆为盒身，尖唇，子口内敛，斜弧腹，较浅，饼足。胎面皆挂化妆土。H12：35，釉面脱落较甚，口部无釉。口径9.8、底径5.3、高3厘米（图一四九，14）。H12：36，釉面脱落，口部无釉，残存对口烧痕迹。口径10、底径5.4、高3.3厘米（图一四九，4）。H12：37，釉面脱落较甚，口部无釉。口径10、底径5、高3.2厘米（图一四九，16）。

B型 3件。为盒身，斜方唇，近直口，折腹，饼足。胎面不挂化妆土，直接施釉。H10：824，口径6.3、底径3.1、高1.9厘米（图一四九，6）。H10：1251，口径8.7、底径4.2、高2.4厘米（图一四九，5）。L1①：49，口径6.6、底径3.7、高2.7厘米（图一四九，8）。

C型 1件。分为盒身及盒盖。盒身尖唇，子口内敛，斜直腹，较浅，平底。F2垫：574，盒身，内底挂化妆土，釉面脱落。口径3.6、底径2.4、高0.8厘米。盒盖方唇，母口近直，平顶。不挂化妆土，釉面脱落较甚。口径3.8、顶径3、高0.9厘米（图一四九，9）。

D型 4件。为盒身，子口，弧腹，较深，平底。胎面皆挂化妆土。H2：263，下腹一周叠烧痕。口径6.4、底径5.7、高5.4厘米（图一四九，11）。H9：1058，底部一周叠烧痕。口径8.8、底径6.6、高5.3厘米（图一四九，15；彩版五八，1）。H9：1980，口径7.6、底径6.6、高5.8厘米（图一四九，7）。Y2②：26，口径7.8、底径7.6、高5.8厘米（图一四九，17）。

E型 1件。为盒身，方唇，敛口，圆弧腹，饼足。胎面挂化妆土。H9：1059，釉面脱落较甚，近底处一周叠烧痕。口径7.5、底径3.8、高4.3厘米（图一四九，10）。

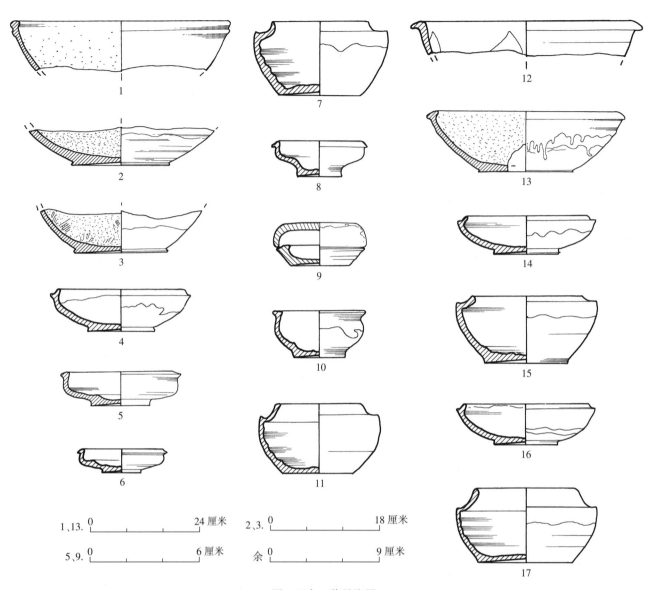

图一四九　酱釉瓷器

1. Da 型盆（F8：12）　　2、3、12. 盆残件（H1：702、H12：90、H2：487）　　4、14、16. A 型盒（H12：36、H12：35、H12：37）
5、6、8. B 型盒（H10：1251、H10：824、L1①：49）　　7、11、15、17. D 型盒（H9：1980、H2：263、H9：1058、Y2②：26）
9. C 型盒（F2 垫：574）　　10. E 型盒（H9：1059）　　13. Db 型盆（H10：1246）

急须　23 件。根据腹部及柄部形态差异，可分为 5 型。

A 型　10 件。敛口，球形腹，器身一侧带执柄，饼足。根据唇部及流部形态差异，可分为 2 亚型。

Aa 型　8 件。方唇，"U"形流。H2：252，肩部一处粉黄色化妆土施团彩，唇部一周露胎，下腹一周叠烧痕。口径 13.4、底径 8.6、高 8.8 厘米（图一五〇，1）。H9：858，唇部一周露胎，下腹一周叠烧痕。口径 12.5、底径 7.4、高 8.4 厘米（图一五〇，2）。H9：859，肩部一处粉黄色化妆土施团彩，唇部一周露胎，下腹一周叠烧痕。口径 12.6、底径 8.6、高 9.8 厘米（图一五〇，4）。H9：1984，唇部一周露胎，下腹一周叠烧痕，口径 11.8、底径 7.5、高 9.2 厘米（图一五〇，5）。H9：1988，肩部一处粉黄色化妆土施团彩，釉面大量釉泡，唇部与 H9：2153 粘连，下腹一

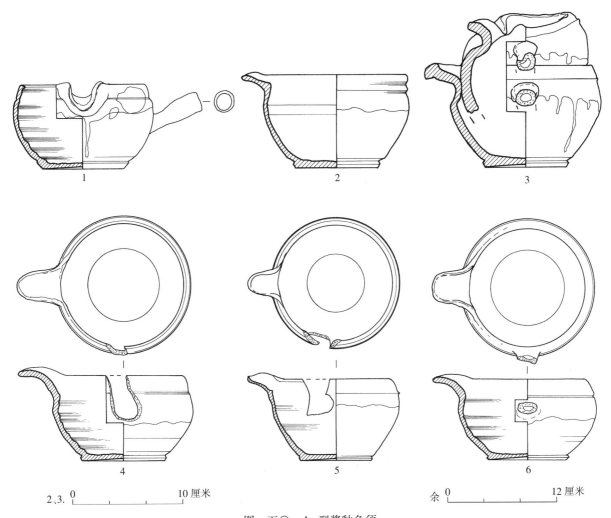

图一五〇　Aa 型酱釉急须

1. H2：252　2. H9：858　3. H9：1988/H9：2153　4. H9：859　5. H9：1984　6. H10：799

周叠烧痕。口径 12、底径 7.4、高 8.8 厘米（图一五〇，3）。H9：2153，肩部一处粉黄色化妆土
施团彩，釉面大量釉泡，唇部一周露胎（图一五〇，3）。H10：799，唇部一周露胎，下腹一周叠
烧痕。口径 12.4、底径 8.8、高 9.3 厘米（图一五〇，6）。TN02E03③：33，唇部刮釉一周，釉面
脱落较甚，下腹残留叠烧痕。口径 14、底径 8、高 8.6 厘米（图一五一，1；彩版五八，2）。

Ab 型　2 件。斜方唇，管状流。H9：1053，肩部一处粉黄色化妆土施团彩，唇部刮釉一周，
下腹一周叠烧痕。口径 14、底径 9、高 10 厘米（图一五一，2）。H9：1054，肩部一处粉黄色化妆
土施团彩，唇部刮釉一周，下腹一周叠烧痕。口径 13、底径 9.4、高 9.6 厘米（图一五一，4）。

B 型　9 件。方唇或斜方唇，敛口，U 形流，折腹，器身一侧带执柄，饼足。大部分器物胎面
挂化妆土。H1：693，肩部一处粉黄色化妆土施团彩，唇部刮釉一周，下腹部残留一周叠烧痕。口
径 14.8、底径 9.1、高 10 厘米（图一五一，3；彩版五九，1）。H2：253，唇部刮釉一周。口径
12.6、底径 7.6、高 8.6 厘米（图一五一，5）。H2：254，唇部刮釉一周。口径 14、底径 7.6、高
9 厘米（图一五一，6）。H9：1986，其上粘连两件相同类型器物，变形较甚。口径 13.9、底径 9、
高 13.2 厘米（图一五二，1）。H9：1987，其上粘连两件相同类型器物，变形较甚。口径 14.6、

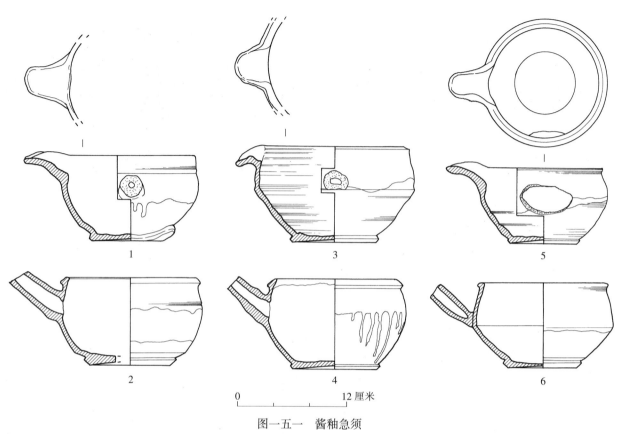

图一五一　酱釉急须

1. Aa 型（TN02E03③：33）　　2、4. Ab 型（H9：1053、H9：1054）　　3、5、6. B 型（H1：693、H2：253、H2：254）

底径 9、高 11 厘米（图一五二，2）。H10：796，唇部露胎一周，下腹部残存一周叠烧痕。口径 13.4、底径 8.4、高 8.5 厘米（图一五二，3）。H10：797，唇部刮釉一周。口径 16.6、底径 9、高 8.1 厘米（图一五二，4）。H10：798，唇部刮釉一周，釉面较多气泡，内底一处窑裂。口径 16.6、底径 8.4、高 8.6 厘米（图一五三，1）。H10：801，唇部釉面残损一周，釉面较多窑渣落灰。口径 14、底径 9.2、高 10.2 厘米（图一五三，2）。

C 型　1 件。方唇，敛口，斜弧腹，器身一侧带执柄，饼足。胎面挂化妆土。H22：49，流部残，内底残留支钉痕。口径 14.8、底径 7、高 7.2 厘米（图一五三，3）。

D 型　1 件。圆唇，敞口，"U" 形流，直腹，近底处斜直内收，器身一侧带执柄，饼足。胎面挂化妆土。H1：694，内底残留五枚支钉痕。口径 12.5、底径 7、高 9 厘米（图一五三，4；彩版五九，2）。

E 型　2 件。方唇，口微敛，"U" 形流，斜弧腹，较浅，无执柄，饼足。H10：462，内壁涂抹化妆土及沙粒，釉面脱落，唇部一周露胎，腹部残留一周叠烧痕。口径 11.5、底径 5、高 4.5 厘米（图一五三，5）。H10：463，内壁无釉、涂抹化妆土及沙粒，唇部一周露胎，腹部残留一周叠烧痕。口径 11.7、底径 4.6、高 4.6 厘米（图一五三，6）。

急须残件　9 件。可分为器柄及器身。器柄皆中空，一端与器身相连，柄面呈螺纹状，部分胎面局部挂化妆土。H9：1050，柄径 3.3、长 8 厘米（图一五四，1）。H9：1051，柄径 2.9、长 8.7 厘米（图一五四，2）。H9：1052，柄径 3.5、长 8 厘米（图一五四，3）。H18：140，柄径

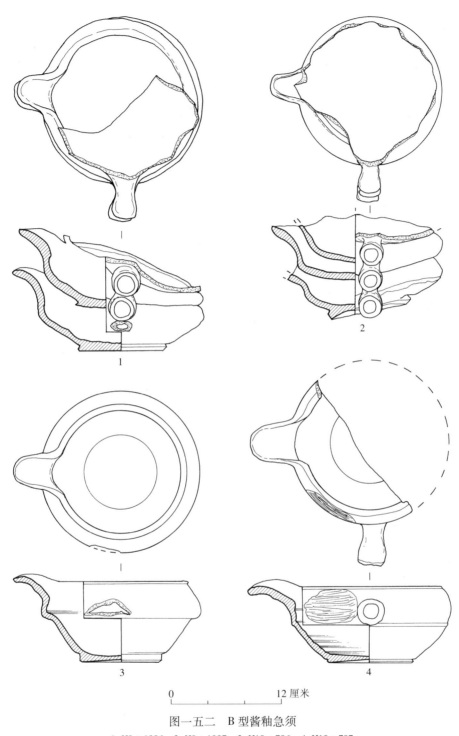

图一五二　B 型酱釉急须

1. H9：1986　2. H9：1987　3. H10：796　4. H10：797

2.9、长 7 厘米（图一五四，4）。H18：141，柄径 2.8、长 10 厘米（图一五四，5）。TN01E03③：442，柄径 3.8、长 6.6 厘米（图一五四，6）。TN01E03③：561，釉面脱落。柄径 2.8、长 8.8 厘米（图一五四，7）。C1：32，柄径 2.5、长 7.2 厘米（图一五四，8）。F4 垫：19，釉面脱落较甚。柄径 2.6、长 6 厘米（图一五四，9）。器身形如 E 型。

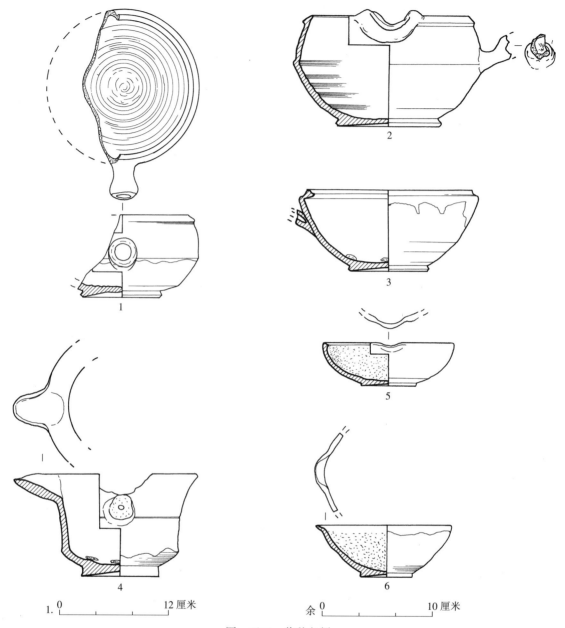

1. 0 _____ 12 厘米

余 0 _____ 10 厘米

图一五三　酱釉急须

1、2. B 型（H10：798、H10：801）　　3. C 型（H22：49）　　4. D 型（H1：694）　　5、6. E 型（H10：462、H10：463）

砚台　4 件。砚台体呈“风”字形，方唇，浅腹，外底下接两只锥形足。个别胎面挂化妆土。F4 垫：498，内底近平。长 13.6、高 3.5 厘米（图一五五，1）。H9：651，内底近平。长 15.8、高 3.6 厘米（图一五五，2）。H9：652，内底略内凹。长 12.6、高 3.1 厘米（图一五五，3）。C1：17，内底近平。长 11、高 4 厘米（图一五五，4；彩版六〇，1）。

盖　38 件。可分为母口盖、子口盖以及非子母口盖三类。

母口盖　7 件。大部分胎面不挂化妆土，直接施釉，且皆于盖面施釉，盖内无釉。根据纽部形态差异，可分为 2 型。

A 型　6 件。简易宝塔形纽，根据盖面及顶部形态差异，可分为 2 亚型。

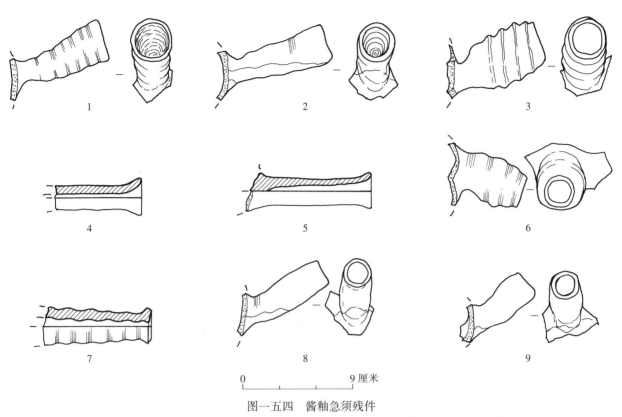

图一五四 酱釉急须残件

1. H9：1050　2. H9：1051　3. H9：1052　4. H18：140　5. H18：141　6. TN01E03③：442　7. TN01E03③：561　8. C1：32
9. F4 垫：19

Aa 型　5 件。盖面微弧，无顶。H18：77，釉面粘少量窑渣，口部无釉。口径 11.2、高 5.6 厘米（图一五五，7）。J1：103，釉面部分脱落。口径 12.2、高 7.6 厘米（图一五五，8）。H9：1034，口径 11.2、高 5.5 厘米（图一五五，6）。F4 垫：424，釉面部分脱落。口径 10.5、高 4.8 厘米（图一五五，5）。H9：1042，釉下化妆土绘团彩。口径 13.5、高 8.4 厘米（图一五六，1；彩版六一，1）。

Ab 型　1 件。盖面斜直，平顶。H9：2074，盖面戳一小孔，残留一周叠烧痕。口径 16.9、高 8.4 厘米（图一五六，2）。

B 型　1 件。无纽。TN01E03③：868，口径 9.3、高 2.2 厘米（图一五六，3）。

子口盖　29 件。大部分器物胎面不挂化妆土，直接施釉，且仅盖面施釉，盖内无釉。根据盖面形态差异，可分为 7 型。

A 型　2 件。盖面下凹，子口实心，乳丁形纽。TN01E03③：522，盖面戳一小孔，釉面部分脱落。口径 3.7、高 1.4 厘米（图一五六，9）。F2 垫：604，盖面戳一小孔，釉面部分脱落。口径 7.2、高 2.6 厘米（图一五六，6）。

B 型　5 件。盖面微弧。根据沿部形态差异分，可分为 2 亚型。

Ba 型　2 件。微折沿。H1：365，柱形纽，釉面粘少量窑渣。口径 10.7、高 4.4 厘米（图一五六，7）。H9：2142，简易宝塔形纽，沿部呈锯齿状，釉面部分脱落，粘少量窑渣。口径 9.8、高 4.8 厘米（图一五六，8）。

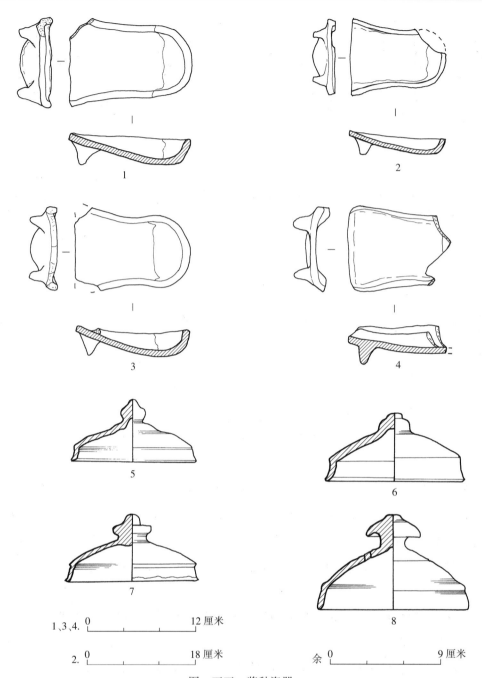

图一五五　酱釉瓷器

1~4. 砚台（F4 垫：498、H9：651、H9：652、C1：17）　5~8. Aa 型母口盖（F4 垫：424、H9：1034、H18：77、J1：103）

　　Bb 型　3 件。无折沿。H10：827，柱形纽，盖面残留一周叠烧痕。口径 4.4、高 1.8 厘米（图一五六，12）。F2 垫：363，纽残，盖面残留一周叠烧痕。口径 5.2、高 1.8 厘米（图一五六，18）。F6：39，桥形纽，盖面残留一周叠烧痕。口径 9.5、高 3.3 厘米（图一五六，15）。

　　C 型　6 件。盖面呈阶梯状。根据纽部形态差异，可分为 3 亚型。

　　Ca 型　1 件。饼形纽。H9：1021，釉面部分脱落，粘少量窑渣。口径 6.9、高 3.1 厘米（图一五六，16）。

　　Cb 型　4 件。柱形纽。H1：369，釉面部分脱落。口径 5.5、高 3 厘米（图一五六，17）。

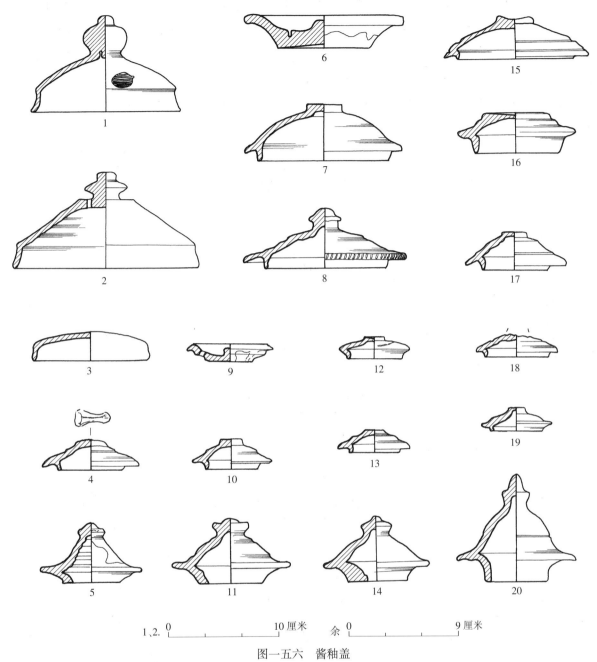

图一五六 酱釉盖

1. Aa 型母口盖（H9：1042） 2. Ab 型母口盖（H9：2074） 3. C 型母口盖（TN01E03③：868） 4. Cc 型子口盖（H10：1249）
5、11、14、20. Da 型子口盖（F4 垫：501、H9：1028、F6：105、H10：819） 6、9. A 型子口盖（F2 垫：604、TN01E03③：522）
7、8. Ba 型子口盖（H1：365、H9：2142） 10、13、17、19. Cb 型子口盖（H1：373、H1：375、H1：369、H10：826） 12、15、
18. Bb 型子口盖（H10：827、F6：39、F2 垫：363） 16. Ca 型子口盖（H9：1021）

H1：373，盖面残留一周叠烧痕。口径 4.2、高 2.4 厘米（图一五六，10）。H1：375，口径 4、高 1.8
厘米（图一五六，13）。H10：826，盖面残留一周叠烧痕。口径 4、高 1.9 厘米（图一五六，19）。

Cc 型 1 件。桥形纽。H10：1249，釉面部分脱落，盖面残留一周叠烧痕。口径 5.5、高 2.4
厘米（图一五六，4）。

D 型 5 件。简易宝塔形纽，盖面弧拱较甚，呈圆堆形，平折沿。根据体型大小，可分为 2
亚型。

　　Da 型　4 件。体型较大。F4 垫：501，盖面残留一周叠烧痕。口径 2.9、高 4.7 厘米（图一五六，5）。H9：1028，器身一侧窑裂。口径 5、高 5.1 厘米（图一五六，11）。H10：819，釉面粘少量窑渣。口径 5.2、高 8.4 厘米（图一五六，20；彩版六一，2）。F6：105，釉面脱落，缩釉现象明显。口径 4.9、高 5.3 厘米（图一五六，14）。

　　Db 型　1 件。体型较小。H9：1019，釉面脱落较甚。口径 3.6、高 5 厘米（图一五七，1）。

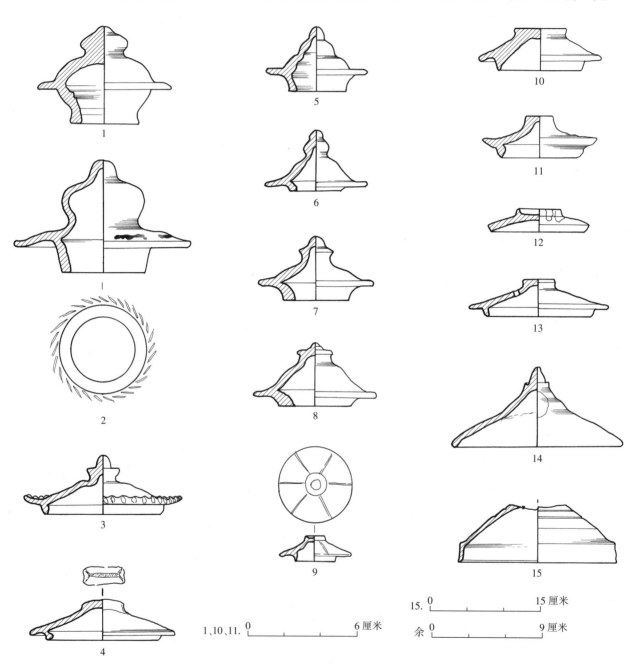

图一五七　酱釉盖

1. Db 型子口盖（H9：1019）　2. Eb 型子口盖（H9：1043）　3、7、8. Fa 型子口盖（F4 垫：423、H2：272、H10：1417）　4. Fb 型子口盖（H18：75）　5、6. Ea 型子口盖（H9：2084、C1：30）　9、10、13. Fc 型子口盖（TN02E03③：34、T1④：4、H2：271）　11. G 型子口盖（H10：825）　12. A 型非子母口盖（H10：823）　14. B 型非子母口盖（H9：2198）　15. 盖残件（Y2①：23）

E 型　3 件。盖面与纽部连为一起呈宝塔形，折沿。根据折沿形态差异，可分为 2 亚型。

Ea 型　2 件。平折沿。H9：2084，釉面部分脱落。口径 4.6、高 5.1 厘米（图一五七，5）。C1：30，釉面部分脱落。口径 4、高 4.7 厘米（图一五七，6）。

Eb 型　1 件。斜折沿。H9：1043，釉面部分脱落，粘大量窑渣，窑裂现象明显，内壁残留一周叠烧痕。口径 6.8、高 8.8 厘米（图一五七，2；彩版六一，3）。

F 型　7 件。盖面斜直。根据纽部形态差异，可分为 3 亚型。

Fa 型　3 件。宝塔形纽。F4 垫：423，沿部呈波浪状。口径 9.4、高 4.6 厘米（图一五七，3）。H2：272，缩釉现象明显。口径 5.2、高 5 厘米（图一五七，7）。H10：1417，釉面部分脱落。口径 5.6、高 5 厘米（图一五七，8）。

Fb 型　1 件。桥形纽。H18：75，釉面脱落较甚，盖面残留一周叠烧痕。口径 9、高 3.3 厘米（图一五七，4）。

Fc 型　3 件。柱形纽。T1④：4，口径 3.8、高 1.8 厘米（图一五七，10）。H2：271，盖面戳一小圆孔。砖红胎，釉面脱落。口径 8.5、高 2.9 厘米（图一五七，13）。TN02E03③：34，盖面有出筋制法将其划分为六瓣，残留一周叠烧痕。口径 3.1、高 2.1 厘米（图一五七，9）。

G 型　1 件。盖面平直。H10：825，柱形纽，釉面脱落较甚。口径 4.2、高 1.8 厘米（图一五七，11）。

非子母口盖　2 件。盖面斜直。根据纽部形态差异，可分为 2 型。

A 型　1 件。环形纽。H10：823，胎面挂化妆土，釉面粘较多窑渣，缩釉现象明显，口沿及内壁残留叠烧痕。口径 7.6、高 1.8 厘米（图一五七，12）。

B 型　1 件。简易宝塔形纽。H9：2198，盖内无釉，盖面酱釉，釉上化妆土绘团彩，粘少量窑渣，内壁残留一周垫烧痕。口径 13.6、高 6.2 厘米（图一五七，14）。

盖残件　1 件。Y2①：23，纽部以上残，母口。盖内无釉，盖面酱釉，釉面脱落较甚，盖面残留两枚支钉垫烧痕。口径 21.2、高 7.8 厘米（图一五七，15）。

灯　可分为蛙形灯及省油灯。

蛙形灯　8 件。圆唇或尖圆唇，敛口，近口沿处带一兽形提梁，平底或略带饼足。胎面皆不挂化妆土，直接施釉。根据腹部形态差异，可分为 2 型。

A 型　2 件。圆鼓腹。H10：804，釉面少量釉泡，外壁粘少量窑渣。口径 5、底径 4.2、高 7 厘米（图一五八，1）。H10：805，外壁粘少量窑渣。口径 4.4、底径 4.2、高 6.4 厘米（图一五八，2）。

B 型　6 件。折腹。根据腹部深浅差异，可分为 2 亚型。

Ba 型　2 件。腹部较深，提梁均残。H10：802，釉面脱落，腹部多处窑裂。口径 5、底径 5、高 3.5 厘米（图一五八，3）。H10：803，外底粘少量窑渣。口径 5、底径 4、高 5 厘米（图一五八，4；彩版六二，1）。

Bb 型　4 件。腹部较浅。H1：339，底部一处窑裂。口径 5、底径 4.2、高 3.2 厘米（图一五八，5）。H1：341，口径 3.8、底径 3.8、高 2.3 厘米（图一五八，6）。H1：343，上腹部粘少量窑渣。口径 3.2、底径 3.8、高 3.1 厘米（图一五八，7）。H1：344，口径 4.4、底径 5.1、高 3

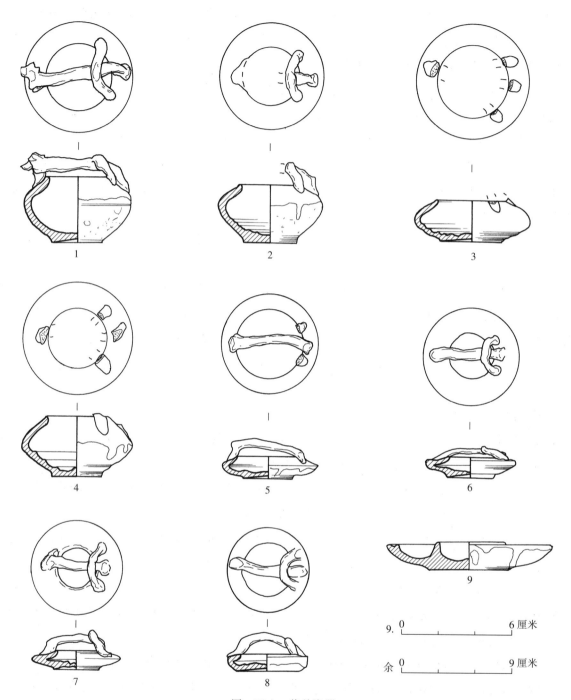

图一五八　酱釉瓷器

1、2. A 型蛙形灯（H10：804、H10：805）　3、4. Ba 型蛙形灯（H10：802、H10：803）　5～8. Bb 型蛙形灯（H1：339、H1：341、H1：343、H1：344）　9. 盏托（H9：1079）

厘米（图一五八，8；彩版六二，2）。

省油灯　7件。尖圆唇或圆唇，敞口，双夹层，外腹一侧置短流与夹层相通，饼足。胎面皆挂化妆土。根据外腹及有无执柄的形态差异，可分为 3 型。

A 型　5件。斜弧腹，较浅，无执柄。H2：250，釉面脱落较甚。口径11、底径3.4、高3.6厘米（图一五九，1）。H9：1056，外壁粘一窑渣。口径11、底径4、高3.4厘米（图一五九，2）。

H9：1790，口径11、底径3.1、高3.5厘米（图一五九，3；彩版六三，1）。H9：1917，口沿处一周凹弦纹，釉面少量釉泡。口径10.8、底径3.8、高3.3厘米（图一五九，4）。H10：1423，口径11.2、底径4.4、高3.4厘米（图一五九，5）。

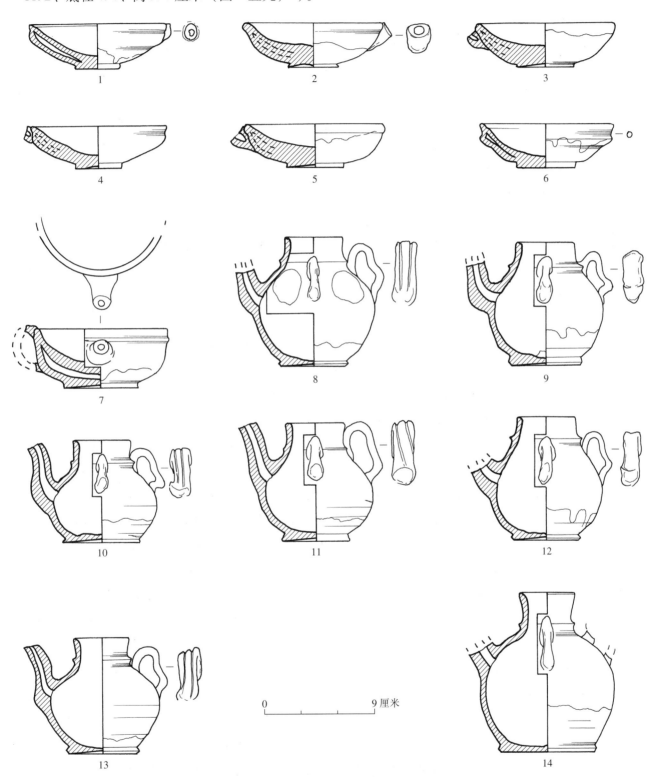

图一五九　酱釉瓷器

1～5. A 型省油灯（H2：250、H9：1056、H9：1790、H9：1917、H10：1423）　　6. B 型省油灯（F4 垫：68）　　7. C 型省油灯（F4 垫：146）　　8～14. Aa 型注壶（H1：4、H1：6、H1：7、H1：8、H2：315、H2：316、H2：469）

B 型　1 件。折腹，近底处斜削一周，无执柄。F4 垫：68，外壁口沿下一周凹弦纹。口径 11、底径 4.6、高 3.5 厘米（图一五九，6）。

C 型　1 件。弧腹较深，器身一侧置执柄。F4 垫：146，釉面开片现象明显。口径 10.7、底径 5.8、高 4.6 厘米（图一五九，7；彩版六三，2）。

盏托　1 件。托口近直，托盘敞口，与托口同高，平底。H9：1079，釉下化妆土绘团彩。托口口径 2.9、托盘口径 7.4、底径 3.6、高 1.2 厘米（图一五八，9）。

注壶　154 件。器身一侧置流。根据器物形态差异，可分为 13 型。

A 型　24 件。方唇，直口或微侈，短颈，且颈部一周凸棱，球形腹，肩腹部置系及执柄，饼足。绝大部分器物胎面不挂化妆土，直接施釉，部分器物肩部以化妆土等距施四处团彩。根据系部形态差异，可分为 2 亚型。

Aa 型　22 件。竖系。H1：4，底部残留一周叠烧痕。口径 4.6、腹径 9.8、底径 5.5、高 10 厘米（图一五九，8）。H1：6，口沿残留叠烧痕，底部残留一周叠烧痕。口径 4.5、腹径 9.3、底径 5.6、高 9.6 厘米（图一五九，9）。H1：7，口部残留叠烧痕，底部窑裂，残留一周叠烧痕。口径 4.4、腹径 8.8、底径 6、高 8 厘米（图一五九，10）。H1：8，口沿刮釉，残留叠烧痕，器身一侧窑裂。口径 4.4、腹径 9.1、底径 5.2、高 9.2 厘米（图一五九，11）。H2：315，釉面部分脱落。口径 4.6、腹径 9.1、底径 5.5、高 9.7 厘米（图一五九，12）。H2：316，口径 4.2、腹径 9.3、底径 5.6、高 9 厘米（图一五九，13）。H2：469，口径 4.4、腹径 10.9、底径 7.6、高 12.4 厘米（图一五九，14）。H9：217，釉面部分脱落，外底残留一周叠烧痕。腹径 11.9、底径 7.6、高 13.7 厘米（图一六〇，1）。H9：220，底部窑裂。腹径 10.5、底径 7.6、高 11.1 厘米（图一六〇，2；彩版六四，1）。H9：2103，口沿残留叠烧痕。口径 4.2、腹径 11.6、底径 8.7、高 14.2 厘米（图一六〇，3）。H9：2104，外底残留一周叠烧痕。口径 4.8、腹径 11.9、底径 7、高 14 厘米（图一六〇，4）。H9：2143，外底残留一周叠烧痕。口径 4.2、腹径 10.2、底径 7、高 10.1 厘米（图一六〇，5）。H10：861，底部窑裂。口径 3.7、腹径 9、底径 6、高 9.6 厘米（图一六〇，6）。H10：862，釉面脱落较甚。口径 3.9、腹径 9.4、底 6、高 10 厘米（图一六〇，7；彩版六五）。H10：864，釉面脱落较甚，底部窑裂，残留一周叠烧痕。口径 3.6、腹径 9.6、底径 6、高 9.1 厘米（图一六〇，8）。H10：867，釉面较多釉泡，粘连少量窑灰，外底残留一周叠烧痕。口径 4.2、腹径 10.2、底径 6.2、高 10.2 厘米（图一六一，1）。H10：868，底部残留叠烧痕，外底残留一周叠烧痕。口径 4、腹径 8.7、底径 6、高 9.6 厘米（图一六一，2）。H10：870，釉面脱落较甚。口径 4.3、腹径 11.2、底径 7.2、高 10 厘米（图一六一，3）。H10：886，外底残留一周叠烧痕。口径 4.7、腹径 11.6、底径 7.4、高 14.6 厘米（图一六一，4）。TN01E03③：412，釉面部分脱落，底部窑裂。口径 4.4、腹径 9.3、底径 6.8、高 12.5 厘米（图一六一，6）。TN01E03③：944，釉面脱落较甚。口径 3.8、腹径 9.4、底径 5.8、高 9.1 厘米（图一六一，5）。采：80，口沿釉面部分残损，外底残留一周叠烧痕。口径 3.6、腹径 9、底径 5.2、高 9 厘米（图一六一，7）。

Ab 型　2 件。横系。H9：2121，口径 4.2、腹径 11.4、底径 7.3、高 15 厘米（图一六一，8）。H10：1399，釉面粘大量窑渣，外底残留一周叠烧痕。腹径 11.6、底径 8、残高 10.9 厘米（图一六一，9）。

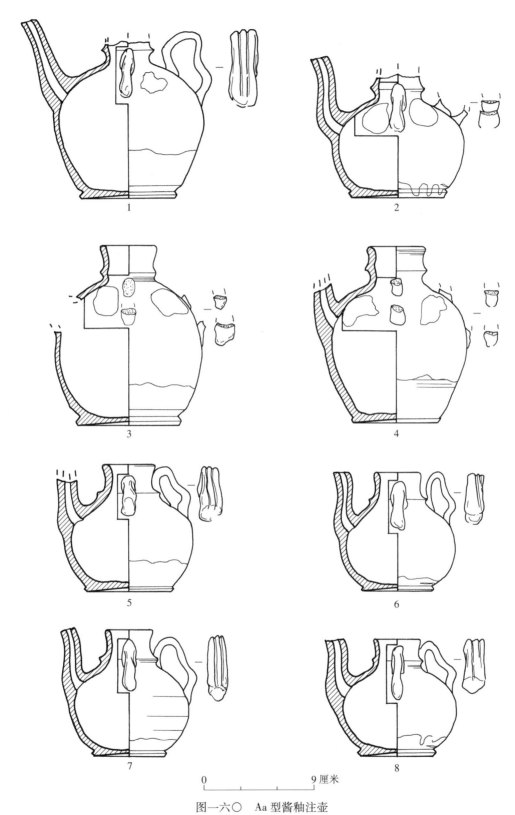

图一六〇　Aa 型酱釉注壶

1. H9：217　2. H9：220　3. H9：2103　4. H9：2104　5. H9：2143　6. H10：861　7. H10：862　8. H10：864

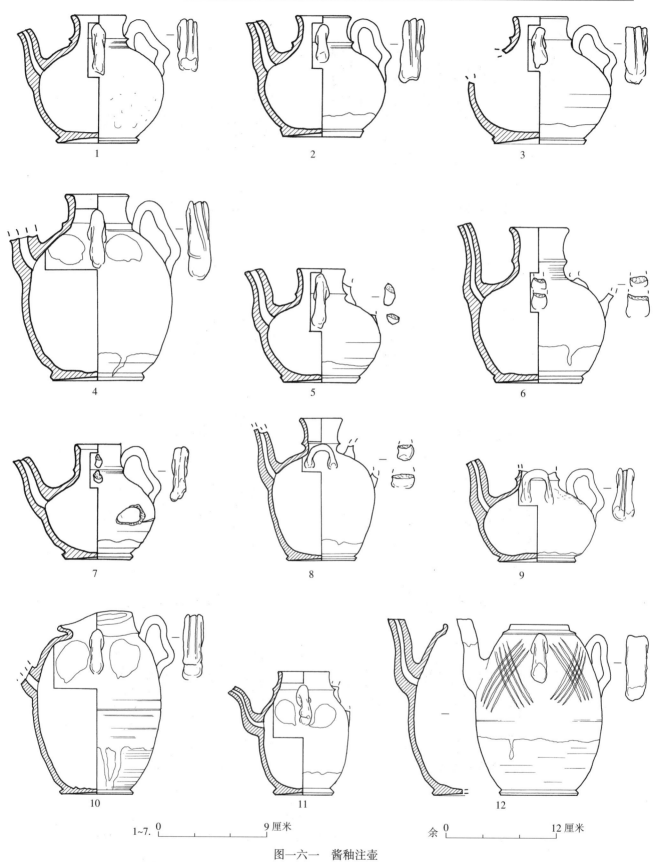

图一六一　酱釉注壶

1～7. Aa 型（H10：867、H10：868、H10：870、H10：886、TN01E03③：944、TN01E03③：412、采：80）　8、9. Ab 型
（H9：2121、H10：1399）　10～12. B 型（H1：1、H1：2、T1②：65）

B型　7件。方唇或尖唇，直口或微敛，短颈，椭圆形腹，肩腹部一对称竖系，一侧置柄，饼足。多以化妆土在肩、腹部等距绘四处斜线纹或团彩。T1②：65，外底残留一周叠烧痕。口径6、腹径13.2、底径8.2、残高18.6厘米（图一六一，12）。H1：1，腹部一道凹弦纹，口沿釉面部分残损，器身多处窑裂。口径7.4、腹径13.4、底径7.6、高19.3厘米（图一六一，10）。H1：2，口沿釉面残损，残留叠烧痕，外底粘连少量窑渣。口径5.2、腹径9.3、底径6.2、高13厘米（图一六一，11）。H1：3，外底残留一周叠烧痕。口径5、腹径8.8、底径6.4、高11厘米（图一六二，1）。H2：302，釉面部分脱落，底部粘连少量窑渣，残留叠烧痕。腹径8.7、底径6、残高10.7厘米（图一六二，2）。H2：464，釉面脱落较甚，口沿釉面残损，残留叠烧痕。口径6.4、腹径12.5、底径7.8、高18.4厘米（图一六二，3）。H2：465，口径5、腹径9.6、底径6.4、高12厘米（图一六二，4）。

C型　9件。双唇、上方下尖，直口，短颈，肩部一对称横系，无柄，扁球形腹，饼足。大部分器物胎面不挂化妆土，直接施釉。H9：215，口沿刮釉、残留叠烧痕，近底处残留一周叠烧痕。口径7.6、腹径10.4、底径5.6、高7.9厘米（图一六二，6；彩版六四，2）。H12：126，釉面大部分脱落，口沿釉面残损，残留叠烧痕，近底处残留一周叠烧痕。口径9、腹径12.5、底径6.5、高10.2厘米（图一六二，5）。H12：127，釉面脱落较甚，口沿刮釉，残留叠烧痕。口径7.6、腹径10.8、底径5.8、高9.6厘米（图一六二，7）。H13：110，釉面部分脱落，口沿刮釉，残留叠烧痕，近底处残留一周叠烧痕。口径8.4、腹径12.2、底径6、高9.8厘米（图一六二，8）。H17：110，釉面部分脱落，口沿釉面残损，残留叠烧痕，近底处残留一周叠烧痕。口径8.2、腹径11.4、底径6、高9厘米（图一六二，9）。H17：112，釉面部分窑变呈蓝色，口沿刮釉，残留叠烧痕，近底处残留一周叠烧痕。口径8.1、腹径11.6、底径5.8、高9.2厘米（图一六二，10）。H17：113，釉面脱落较甚，口沿刮釉，残留叠烧痕，近底处残留一周叠烧痕。口径8、腹径10.4、底径5.4、高8.6厘米（图一六二，11）。H18：442，口叠烧沿釉面部分残损，近底处残留一周叠烧痕。口径8.2、腹径11.8、底径5.6、高9.3厘米（图一六二，12）。Y2①：52，口沿刮釉一周，近底处残留一周叠烧痕。口径7.4、腹径10.4、底径5.6、高9.2厘米（图一六三，1）。

D型　9件。方唇，杯形口，束颈，溜肩，弧腹、呈椭圆形。根据足部形态差异及肩部是否带系，可分为3亚型。

Da型　6件。肩部无系，饼足。胎面皆不挂化妆土，直接施釉。H9：145，釉面脱落较甚，口沿刮釉，外底残留叠烧痕。口径6.4、腹径11、底径7.6、高18.6厘米（图一六三，2）。H9：146，釉面脱落较甚，口沿刮釉，外底残留叠烧痕。口径6.6、腹径10.8、底径7.8、高19.4厘米（图一六三，3）。H9：150，釉面脱落较甚，口沿刮釉，外底残留叠烧痕。口径6.2、腹径10.4、底径7、高16.8厘米（图一六三，4）。H9：151，釉面脱落较甚，口沿刮釉，外底残留叠烧痕。口径6.8、腹径10.6、底径7.8、高18.2厘米（图一六三，5）。H9：152，釉面脱落较甚，口沿刮釉，外底残留叠烧痕。口径6.8、腹径10、底径8.7、高18厘米（图一六三，6）。F4垫：400，口沿刮釉。口径6、腹径10.6、底径7、高17.8厘米（图一六三，7）。

Db型　2件。肩部带系，饼足。肩部以化妆土施团彩。H17：116，竖系。口径5.4、腹径12.2、底径8.2、高18.6厘米（图一六三，8；彩版六六）。H17：160，横系，腹部呈瓜棱状。口

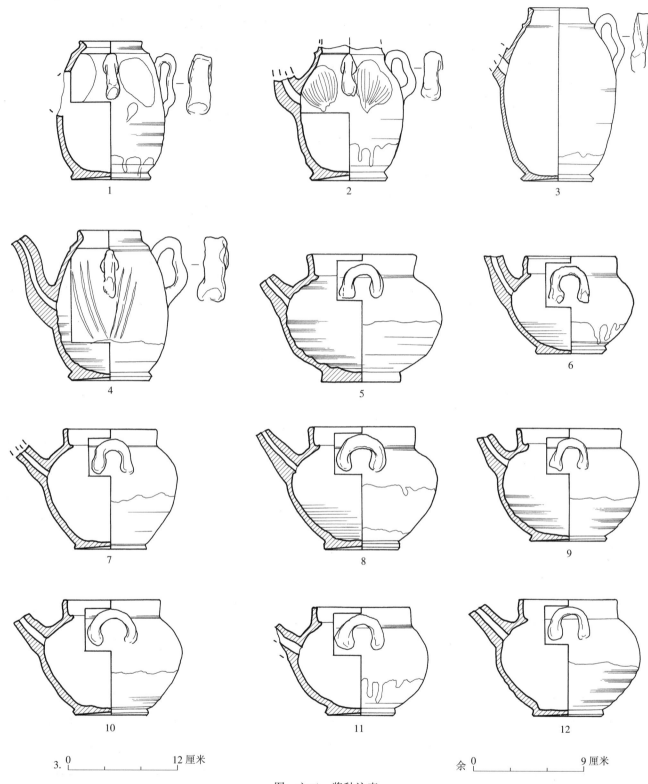

图一六二　酱釉注壶

1～4. B 型（H1：3、H2：302、H2：464、H2：465）　　5～12. C 型（H12：126、H9：215、H12：127、H13：110、H17：110、H17：112、H17：113、H18：442）

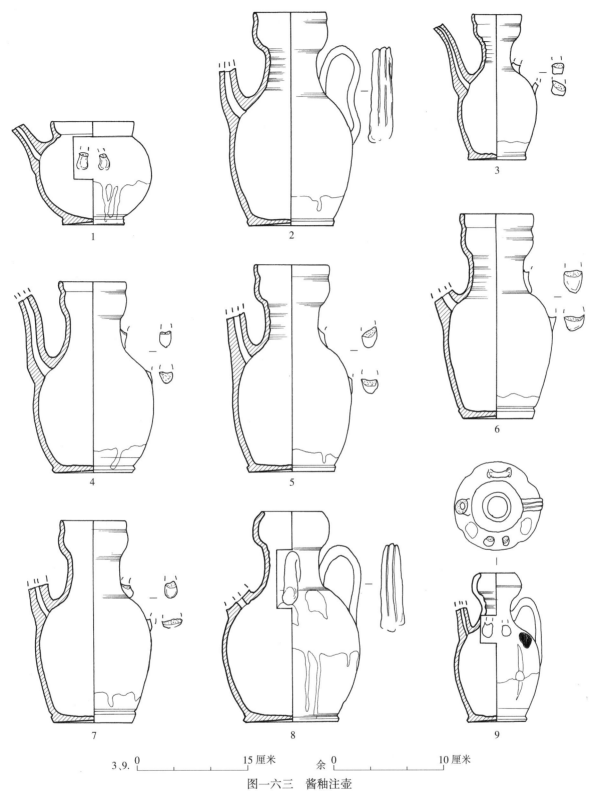

3、9. 0　　　　　　　15 厘米　　余 0　　　　　　　10 厘米

图一六三　酱釉注壶

1. C 型（Y2①：52）　2~7. Da 型（H9：145、H9：146、H9：150、H9：151、H9：152、F4 垫：400）　8、9. Db 型（H17：116、H17：160）

径 4.8、腹径 11.9、底径 7.8、高 19.8 厘米（图一六三，9；彩版六七，1）。

Dc 型　1 件。肩部带竖系，平底，肩部以化妆土施团彩。H9：238，口径 8、腹径 15、底径 9.2、高 25.4 厘米（图一六四，1）。

E 型　2 件。尖唇，敛口呈葫芦形，束颈，溜肩，球形腹，肩部一对称横系，饼足。胎面不挂化妆土，直接施釉。H9：241，口沿及外底残留一周叠烧痕。口径 2.4、腹径 10、底径 6.4、高 15 厘米（图一六四，2；彩版六七，2）。TN01E03③：415，外地残留叠烧痕。腹径 8.6、底径 6.2、残高 12.5 厘米（图一六四，3）。

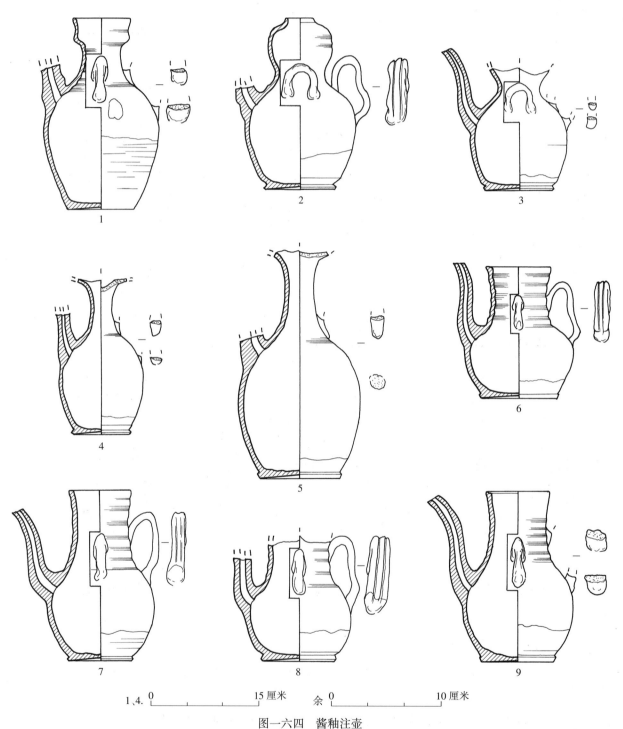

图一六四　酱釉注壶

1. Dc 型（H9：238）　　2、3. E 型（H9：241、TN01E03③：415）　　4、5. F 型（H9：226、H9：227）　　6～9. G 型（H2：306、H2：307、H2：314、H2：467）

F 型　2 件。颈部以上残，细长颈，溜肩，椭圆形腹，饼足，整器瘦高。胎面不挂化妆土，直接施釉。H9：226，腹径 11.4、底径 7.8、残高 20.8 厘米（图一六四，4）。H9：227，腹径 11.2、底径 7.4、残高 20.2 厘米（图一六四，5）。

G 型　19 件。方唇，口微侈，颈部微束呈瓦棱状，球形弧腹，较矮，肩颈处置一对称竖系，一侧置柄，饼足。大部分器物下腹部及底部挂化妆土。H2：306，口沿刮釉一周。口径 5.8、腹径 9.9、底径 6.8、高 12 厘米（图一六四，6）。H2：307，口沿刮釉一周。口径 5.6、腹径 9.8、底径 6、高 15 厘米（图一六四，7）。H2：314，外底残留一周叠烧痕。腹径 9.6、底径 6.6、残高 11.4 厘米（图一六四，8）。H2：467，釉面脱落较甚，底部一处窑裂，口沿刮釉一周。口径 5.6、腹径 10、底径 6.6、高 15 厘米（图一六四，9）。H2：468，釉面脱落较甚，口沿刮釉，外底残留一周叠烧痕。口径 5.2、腹径 9.2、底径 6、高 13.5 厘米（图一六五，1）。H9：2130，釉面脱落较甚，口沿刮釉一周。口径 5.6、腹径 10、底径 6.8、高 13.2 厘米（图一六五，2）。H10：871，釉面脱落，口沿刮釉一周。口径 5.2、腹径 10、底径 6、高 13.6 厘米（图一六五，3）。H10：873，釉面脱落较甚，口沿刮釉。口径 5.2、腹径 9.3、底径 6、高 13 厘米（图一六五，4）。H10：874，外底残留一周叠烧痕。腹径 9.8、底径 6、残高 14 厘米（图一六五，5）。H10：877，釉面脱落较甚，口沿刮釉一周，外底残留一周叠烧痕。口径 5.6、腹径 10.2、底径 6.2、高 14 厘米（图一六五，6）。H10：879，口沿刮釉一周，外底残留一周叠烧痕。口径 5.6、腹径 9.4、底径 6、高 13.2 厘米（图一六五，7）。TN01E03③：403，口沿刮釉一周，外底残留一周叠烧痕。口径 5.6、腹径 8、底径 6.5、高 12.8 厘米（图一六五，8）。TN01E03③：405，釉面脱落较甚，口沿刮釉一周。口径 5.4、腹径 8.8、底径 5.6、高 13.5 厘米（图一六五，9）。TN01E03③：407，口沿刮釉一周，外底残留一周叠烧痕。口径 5.6、腹径 9.2、底径 6、高 13.2 厘米（图一六六，1）。TN01E03③：591，口沿刮釉一周，残留叠烧痕。口径 5.5、腹径 8、底径 5.8、高 12.4 厘米（图一六六，2）。TN01E03③：597，口沿刮釉一周。口径 5.6、腹径 9、底径 6.4、高 13.4 厘米（图一六六，3）。F4垮：112，腹径 10、底径 6、残高 13.3 厘米（图一六六，4）。F4垫：480，腹径 9.4、底径 6.2、残高 9.4 厘米（图一六六，5）。采：81，口沿刮釉一周。口径 5.6、腹径 9.1、底径 6、高 12.2 厘米（图一六六，6）。

H 型　19 件。方唇，直口，筒形颈呈瓦棱状，椭圆形弧腹，腹部一侧置柄，平底或饼足。根据肩颈部是否带系，可分为 2 亚型。

Ha 型　10 件。带对称竖系。可分为 2 式。

I 式　2 件。腹部较丰满。F6：164，直流短小。口沿刮釉一周，残存叠烧痕。口径 8.5、腹径 14、底径 9、高 20.6 厘米（图一六六，7；彩版六八，1）。Y2②：15，肩部以化妆土等距绘四处团彩，外底残留一周叠烧痕。口径 7.2、腹径 12.7、底径 8.2、高 16 厘米（图一六六，8；彩版六八，2）。

II 式　8 件。腹部较瘦高。大部分器物肩部以化妆土绘团彩。H2：278，口沿刮釉一周，底部窑裂。口径 7.2、腹径 10、底径 7.8、高 20.4 厘米（图一六七，1）。H2：295，口沿刮釉一周，底部窑裂。口径 7.2、腹径 9.6、底径 8、高 20.2 厘米（图一六七，2）。H2：303，釉面脱落较甚，口沿刮釉一周。口径 7.2、腹径 9.4、底径 8、高 19.3 厘米（图一六七，3）。H2：305，釉面脱落

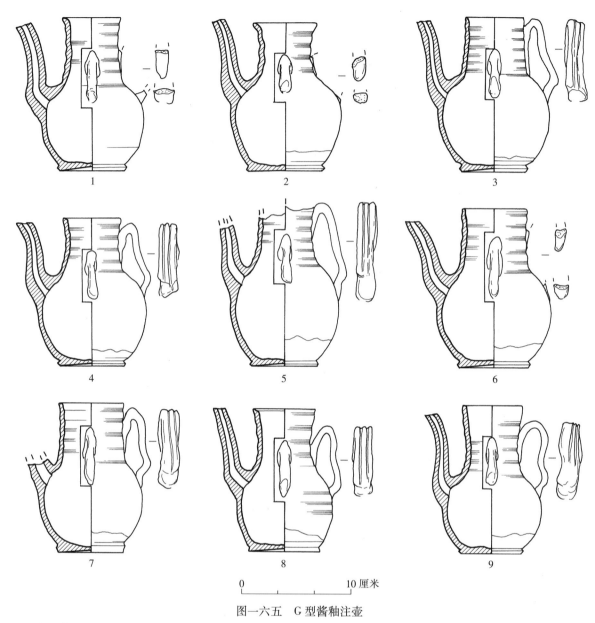

图一六五　G 型酱釉注壶

1. H2：468　2. H9：2130　3. H10：871　4. H10：873　5. H10：874　6. H10：877　7. H10：879　8. TN01E03③：403
9. TN01E03③：405

较甚，口沿刮釉一周。口径 7、腹径 9.9、底径 7.6、高 18.6 厘米（图一六七，4）。H9：179，釉面脱落较甚，口沿刮釉一周。口径 7.4、腹径 10.1、底径 7.5、高 20.6 厘米（图一六七，5）。H9：182，腹径 14.5、底径 10.4、高 26.1 厘米（图一六七，6）。TN01E03③：580，釉面大部分脱落，口沿刮釉一周，残留叠烧痕。口径 6.4、腹径 8.5、底径 7、高 14.6 厘米（图一六七，8）。TN01E03③：594，口沿刮釉一周。口径 6.4、腹径 8.8、底径 7、高 15 厘米（图一六七，7）。

　　Hb 型　9 件。无系，腹部较瘦长。绝大部分胎面不挂化妆土，直接施釉。H2：470，口沿釉面残损，残留叠烧痕，外底残留一周叠烧痕。口径 6、腹径 9.2、底径 6.8、高 15.5 厘米（图一六八，1）。H2：471，口沿刮釉一周。口径 5.8、腹径 9.2、底径 6.6、高 15.6 厘米（图一六八，2）。H9：183，口沿釉面残损。口径 6.5、腹径 9.4、底径 7.2、高 16.8 厘米（图一六八，3）。

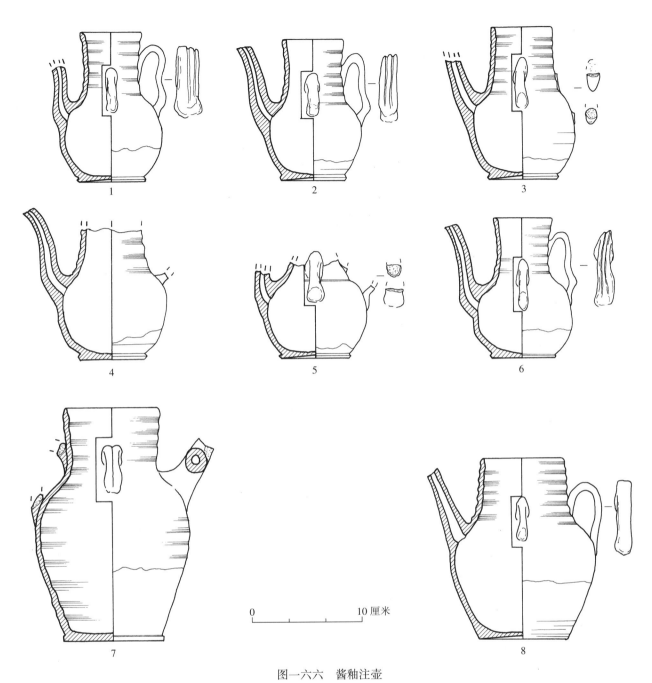

图一六六　酱釉注壶

1~6. G 型（TN01E03③：407、TN01E03③：591、TN01E03③：597、F4垮：112、F4垫：480、采：81）　　7、8. Ha 型Ⅰ式（F6：164、Y2②：15）

H9：184，釉面少量釉泡及窑渣落灰，口沿残留一周叠烧痕，底部窑裂，残留一周叠烧痕。口径6.1、腹径9.1、底径6.6、高15.6厘米（图一六八，4）。H9：187，口沿刮釉一周，外底残留一周叠烧痕。口径6、腹径9.2、底径6.6、高15厘米（图一六八，5）。H9：188，底部窑裂，残留一周叠烧痕。口径5.4、腹径8、底径6.2、高14.5厘米（图一六八，6）。H9：190，釉面脱落。口径5、腹径7.2、底径6、高15.2厘米（图一六八，7）。TN01E03③：937，口沿釉面部分残损。口径6.2、腹径7.7、底径6.2、高15.5厘米（图一六八，8）。F4垫：397，腹径7.4、底径6.2、残高15.5厘米（图一六八，9）。

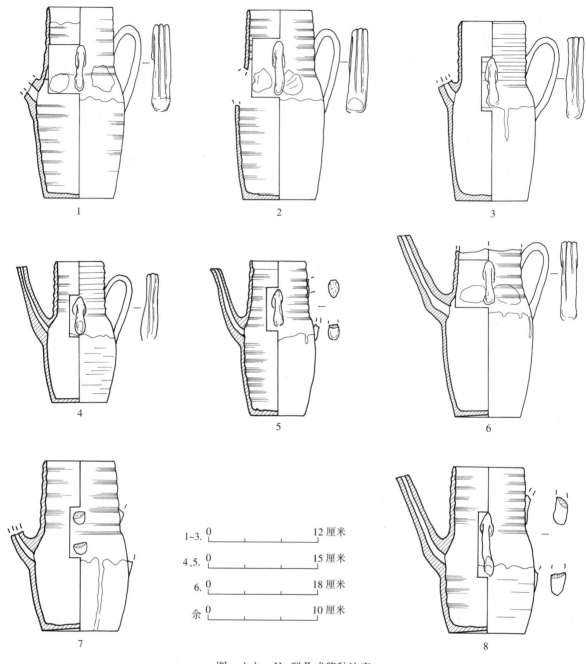

图一六七 Ⅱa 型Ⅱ式酱釉注壶

1. H2：278   2. H2：295   3. H2：303   4. H2：305   5. H9：179   6. H9：182   7. TN01E03③：594   8. TN01E03③：580

Ⅰ型 19 件。方唇，直口或微敛，直颈或斜直颈呈筒形，弧腹，腹部一侧置柄。根据肩部及系部形态差异，可分为 4 亚型。

Ⅰa 型 13 件。溜肩，肩颈处置一对称竖系，平底或饼足。部分器物肩部以下挂化妆土。H1：9，口沿刮釉一周，底部一处窑裂，残留一周叠烧痕。口径 6.4、腹径 9.2、底径 7、高 13.7 厘米（图一六九，1）。H2：301，肩部以化妆土等距绘四处团彩，口沿及外底残留一周叠烧痕。口径 5.3、腹径 10.6、底径 7.5、高 17 厘米（图一六九，2）。H2：304，口沿刮釉一周，残留叠烧痕，底部一处窑裂，残留一周叠烧痕。口径 7.6、腹径 11.5、底径 8.5、高 20 厘米（图一六九，

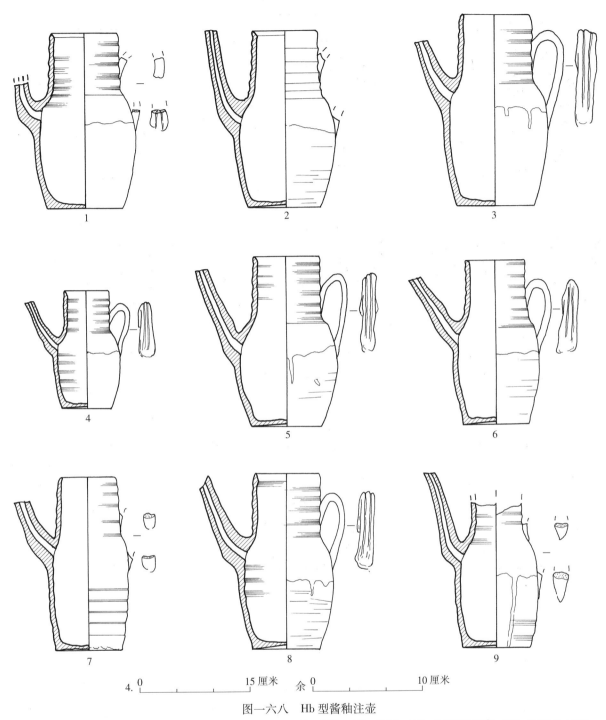

4.
0 ———————— 15 厘米   余 0 ———————— 10 厘米

图一六八 Hb 型酱釉注壶

1. H2：470　2. H2：471　3. H9：183　4. H9：184　5. H9：187　6. H9：188　7. H9：190　8. TN01E03③：937　9. F4 垫：397

3）。H9：205，器身多处窑裂，口沿刮釉一周，残留叠烧痕，底部残留叠烧痕。口径6.2、腹径
10.1、底径6.6、高13.4厘米（图一六九，4）。H9：207，口沿釉面残损。口径6.4、腹径11.2、
底径7.5、高14.2厘米（图一六九，5）。H9：209，釉面粘较多窑渣，口沿釉面残损，残留叠烧
痕，底部残留一周叠烧痕。口径6.1、腹径11、底径8、高15.2厘米（图一六九，6）。H9：210，
口沿刮釉一周，底部一处窑裂。口径7.2、腹径11.6、底径8.2、高15.4厘米（图一六九，7）。
H9：212，系部两侧以化妆土绘团彩，口沿刮釉一周，残留叠烧痕。口径8、腹径14.1、底径9、

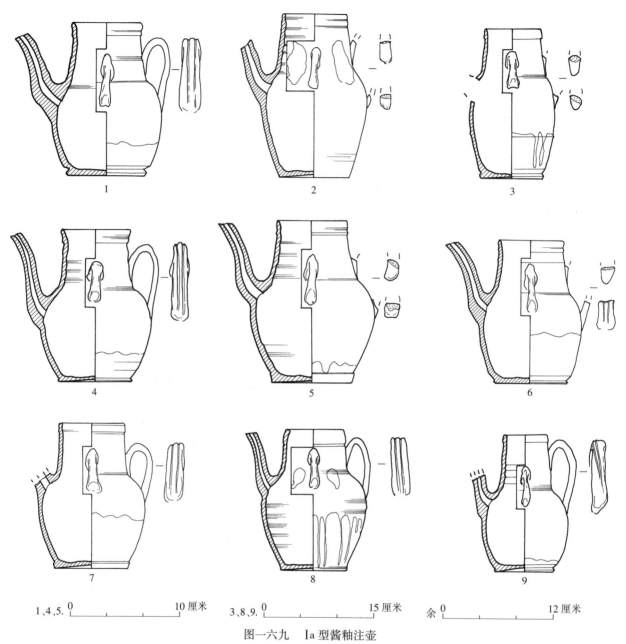

1、4、5. 0 ————— 10 厘米　　3、8、9. 0 ————— 15 厘米　　余 0 ————— 12 厘米

图一六九　Ia 型酱釉注壶

1. H1：9　2. H2：301　3. H2：304　4. H9：205　5. H9：207　6. H9：209　7. H9：210　8. H9：212　9. H9：2124

高 18.8 厘米（图一六九，8）。H9：2124，釉面较多釉泡，粘少量窑渣，口沿及外底残留一周叠烧痕。口径 6、腹径 11.7、底径 8、高 18 厘米（图一六九，9）。H10：889，釉面少量釉泡。腹径 12、底径 7.6、残高 14.6 厘米（图一七〇，1）。H9：2123，腹径 12.1、底径 8.4、残高 21 厘米（图一七〇，7）。H10：887，肩部一周凹弦纹，釉面较多釉泡，器身多处窑裂。腹径 11.4、底径 7.6、残高 16 厘米（图一七〇，8）。H10：888，肩部一周凹弦纹，底部残留叠烧痕。腹径 11.5、底径 7.6、残高 16.5 厘米（图一七〇，9）。

　　Ib 型　3件。丰肩，肩部一对称横系，饼足。胎面不挂化妆土，直接施釉。H9：178，口沿釉面残损，残留叠烧痕。口径 5.8、腹径 12.2、底径 7.6、高 12.8 厘米（图一七〇，2）。H9：203，口沿刮釉一周，外底残留一周叠烧痕。口径 6.4、腹径 11.4、底径 7、高 13.2 厘米（图一七〇，3）。

H9：2120，釉面及外底粘少量窑渣，口沿刮釉一周，残留叠烧痕。口径6.6、腹径11.4、底径7.2、高12.5厘米（图一七〇，4）。

Ic型　2件。折肩，肩部一对称横系，饼足。胎面不挂化妆土，直接施釉。H9：228，腹径12.3、底径8.4、残高18.3厘米（图一七〇，5）。H9：2165，釉面脱落较甚，较多釉泡，外底残留一周叠烧痕。腹径15.2、底径9.4、残高18.2厘米（图一七〇，6）。

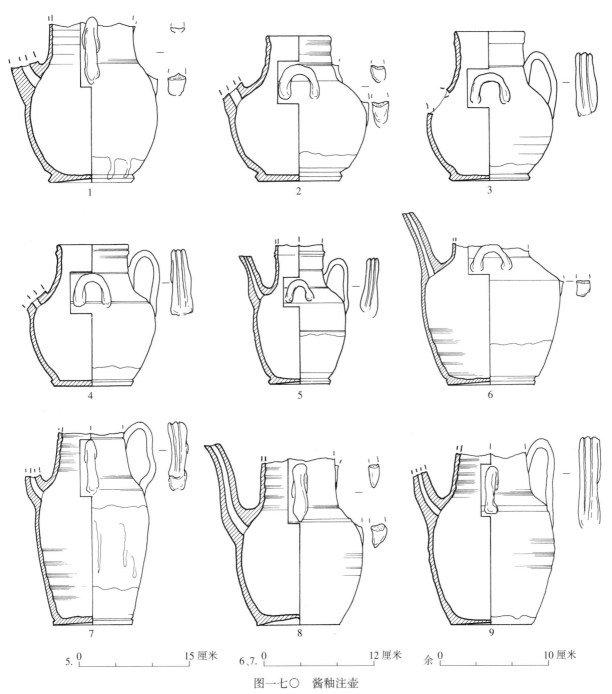

图一七〇　酱釉注壶

1、7～9.Ia型（H10：889、H9：2123、H10：887、H10：888）　2～4.Ib型（H9：178、H9：203、H9：2120）
5、6.Ic型（H9：228、H9：2165）

　　Id 型　　1 件。溜肩，肩部无系，平底。胎面不挂化妆土，直接施釉。H9：185，口沿刮釉一周。口径 6.2、腹径 8.2、底径 6.8、高 15 厘米（图一七一，1）。

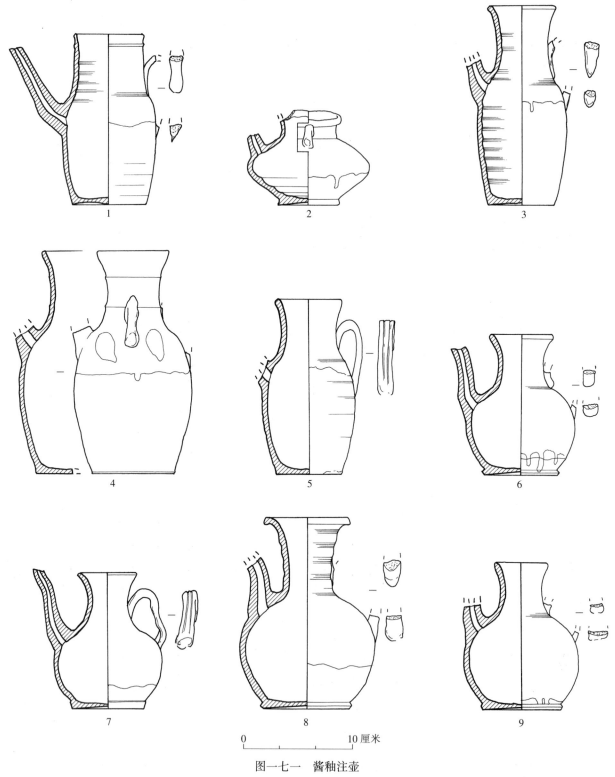

0　　　　　　　　10 厘米

图一七一　酱釉注壶

1. ld 型（H9：185）　2. J 型（H18：60）　3～5. Ka 型（H9：191、H9：2102、H9：2107）　6～9. Kb 型（H9：239、H9：2115、
H9：2118、H10：897）

J 型　1 件。斜方唇，直口，短颈，扁折腹，肩颈处置对称竖系，无柄。胎面挂化妆土。H18：60，外底残留叠烧痕。口径 5.6、腹径 11、底径 5.4、高 8.3 厘米（图一七一，2）。

K 型　9 件。方唇或方圆唇，喇叭形口，束颈，弧腹，腹部一侧置柄。根据腹部高矮及足部形态差异，可分为 2 亚型。

Ka 型　3 件。腹部较瘦长，平底。肩部以上挂化妆土。H9：191，无系。口径 6、腹径 7.4、底径 5.8、高 17.4 厘米（图一七一，3）。H9：2102，肩部竖系，肩部以化妆土等距施四处点彩。口径 6.6、腹径 10.6、底径 7.4、高 19.6 厘米（图一七一，4）。H9：2107，口沿刮釉。口径 6、腹径 8.2、底径 6、高 15.4 厘米（图一七一，5）。

Kb 型　6 件。腹部矮胖呈球形，饼足。胎面皆挂化妆土。H9：239，外底残留一周叠烧痕。口径 5.6、腹径 9、底径 6.6、高 12.4 厘米（图一七一，6）。H9：2115，釉面残留较多窑渣落灰。口径 5.2、腹径 9.8、底径 6.6、高 12.2 厘米（图一七一，7）。H9：2118，外底残留一周叠烧痕。口径 7.6、腹径 12.2、底径 8、高 16.8 厘米（图一七一，8）。H10：897，口沿刮釉，外底残留一周叠烧痕。口径 4.7、腹径 10.1、底径 7.2、高 13.1 厘米（图一七一，9）。H22：27，口径 6.2、腹径 11.4、底径 7.4、高 16 厘米（图一七二，1）。TN01E03③：936，口径 5.4、腹径 9.4、底径 5.8、高 13 厘米（图一七二，2）。

L 型　6 件。方唇，盘口较深，颈部斜直或微束，溜肩，腹部瘦长略弧，无系，腹部一侧置柄，平底。部分胎面挂化妆土。H9：166，口沿刮釉，残留叠烧痕迹。口径 5.6、腹径 8.7、底径 7、高 17.7 厘米（图一七二，3）。H9：167，口沿刮釉。口径 5.6、腹径 8、底径 6.4、高 17 厘米（图一七二，4）。H9：168，口沿处残留叠烧痕。口径 6、腹径 8.1、底径 6.8、高 16.8 厘米（图一七二，5）。H9：169，口沿处残留叠烧痕。口径 4.8、腹径 8.2、底径 6.6、高 16.6 厘米（图一七二，6）。H9：170，腹径 7.9、底径 6.4、残高 15.5 厘米（图一七二，7）。H9：171，口径 3.2、腹径 8.5、底径 5.6、高 17.5 厘米（图一七二，8）。

M 型　28 件。方唇，盘口，束颈，溜肩或丰肩，弧腹，肩腹部一侧置柄，饼足较 L 型丰满。根据盘口形态差异及肩部是否带系，可分为 4 亚型。

Ma 型　4 件。盘口较深，无系。胎面皆挂化妆土，且化妆土多施于下腹及底部。H12：253，釉面大部分脱落，粘连较多窑渣。腹径 9.6、底径 7、残高 16.2 厘米（图一七二，9）。H13：104，口沿刮釉一周，底部窑裂。口径 6、腹径 9.6、底径 6.5、高 15.8 厘米（图一七三，1）。H22：28，釉面脱落较甚，外底残留叠烧痕。口径 5.8、腹径 9.4、底径 6.8、高 16.4 厘米（图一七三，2）。H22：31，口沿釉面部分残损。口径 6.4、腹径 10、底径 7.2、高 17.6 厘米（图一七三，3）。

Mb 型　17 件。盘口较浅，无系。大部分器物胎面不挂化妆土，直接施釉。H2：321，口沿刮釉一周，外底残留一周叠烧痕。口径 6.8、腹径 11.6、底径 7.4、高 18.6 厘米（图一七三，4）。H9：143，口沿刮釉一周，器身一侧窑裂。口径 6.6、腹径 10.8、底径 7.4、高 18 厘米（图一七三，5）。H9：144，口沿刮釉一周。口径 6.2、腹径 11、底径 6.2、高 17 厘米（图一七三，6）。H9：159，口沿刮釉一周，残留叠烧痕，底部残留一周叠烧痕。口径 5.8、腹径 9.6、底径 6.4、高 15.3 厘米（图一七三，7）。H9：161，口沿刮釉一周，器身一侧窑裂。口径 6.2、腹径 10、底径 7、高 15 厘米（图一七三，8）。H9：162，口沿刮釉一周，残留叠烧痕，底部窑裂。口径 6.2、腹

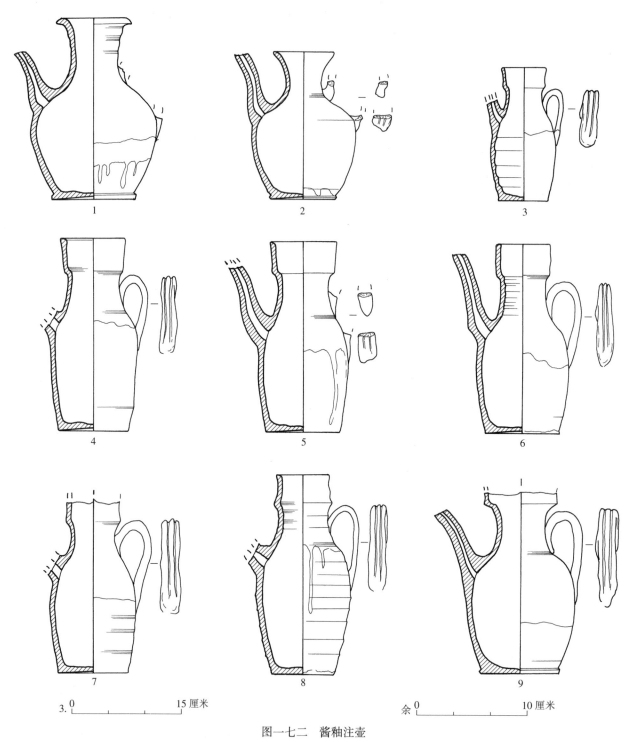

3.　0 ————————— 15 厘米

余　0 ————————— 10 厘米

图一七二　酱釉注壶

1、2. Kb 型（H22：27、TN01E03③：936）　3~8. L 型（H9：166、H9：167、H9：168、H9：169、H9：170、H9：171）　9. Ma 型
（H12：253）

径 10、底径 7.2、高 15.6 厘米（图一七三，9）。H9：163，口沿刮釉一周。口径 6.2、腹径 9.8、
底径 7、高 15.5 厘米（图一七四，1）。H10：883，釉面粘少量窑渣，口沿刮釉一周，底部残留一
周叠烧痕。口径 5.1、腹径 9.8、底径 6、高 13.6 厘米（图一七四，2）。H10：884，口沿刮釉一
周，底部残留一周叠烧痕。口径 5、腹径 9、底径 5.8、高 13.8 厘米（图一七四，3）。H10：898，

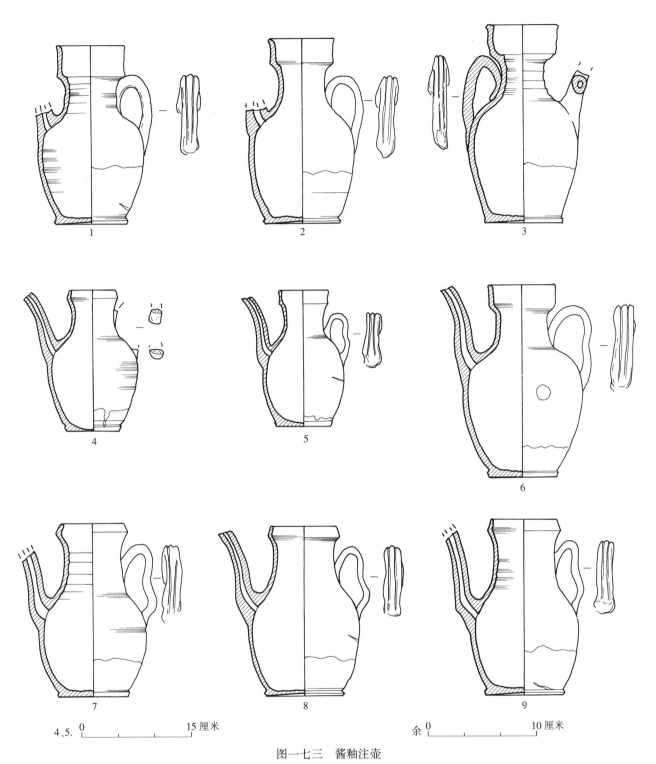

图一七三 酱釉注壶

1~3. Ma 型（H13：104、H22：28、H22：31）　　4~9. Mb 型（H2：321、H9：143、H9：144、H9：159、H9：161、H9：162）

腹部呈瓜棱状，口沿刮釉一周。口径 7.6、腹径 14.1、底径 8.2、高 19.4 厘米（图一七四，4）。
H16：24，口沿刮釉一周。口径 6、腹径 10、底径 6.8、高 15.8 厘米（图一七四，5）。H17：117，
腹部呈瓜棱状，釉面脱落较甚，口沿釉面残损，口部一处窑裂，底部残留一周叠烧痕。口径 7.2、
腹径 12.1、底径 7.7、高 17 厘米（图一七四，6）。TN01E03③：417，口沿刮釉一周。口径 5.2、

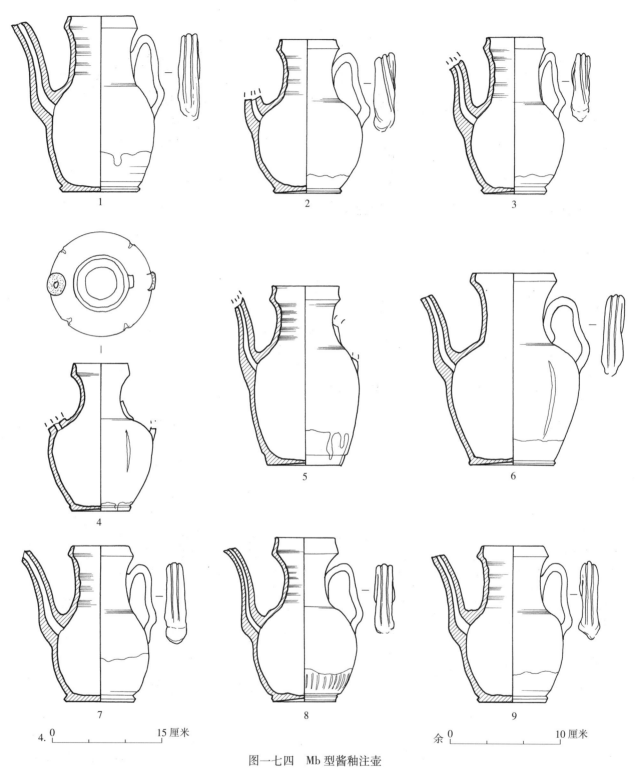

图一七四　Mb 型酱釉注壶

1. H9：163　2. H10：883　3. H10：884　4. H10：898　5. H16：24　6. H17：117　7. TN01E03③：417　8. TN01E03③：603　9. TN01E03③：607

腹径 8.8、底径 6.4、高 13.8 厘米（图一七四，7）。TN01E03③：603，口沿刮釉一周，近底处跳刀痕现象明显，底部窑裂。口径 5.7、腹径 9.2、底径 5.8、高 14.4 厘米（图一七四，8）。TN01E03③：607，口沿刮釉一周，残留叠烧痕。口径 5.6、腹径 9.2、底径 6.2、高 13.8 厘米（图一七四，9）。TN01E03③：608，釉面较多釉泡，底部窑裂，口沿刮釉一周，外底残留一周叠烧痕。口径5.6、腹径9、底径6.2、高14.6厘米（图一七五，1）。TN01E03③：614，釉面黏粘少量窑灰，鬃眼现象明显，口沿刮釉一周，底部窑裂。口径5.5、腹径9.8、底径6.8、高14.6厘米（图一七五，2）。

　　Mc型　6件。盘口较浅，肩部置对称横系或竖系。胎面皆挂化妆土，且施于肩部以下。H9：173，口沿刮釉一周，底部残留一周叠烧痕。口径7.2、腹径11.2、底径7.1、高15.8厘米（图一七五，3）。H9：174，口沿刮釉一周，外底残留一周叠烧痕。口径6.4、腹径10.6、底径

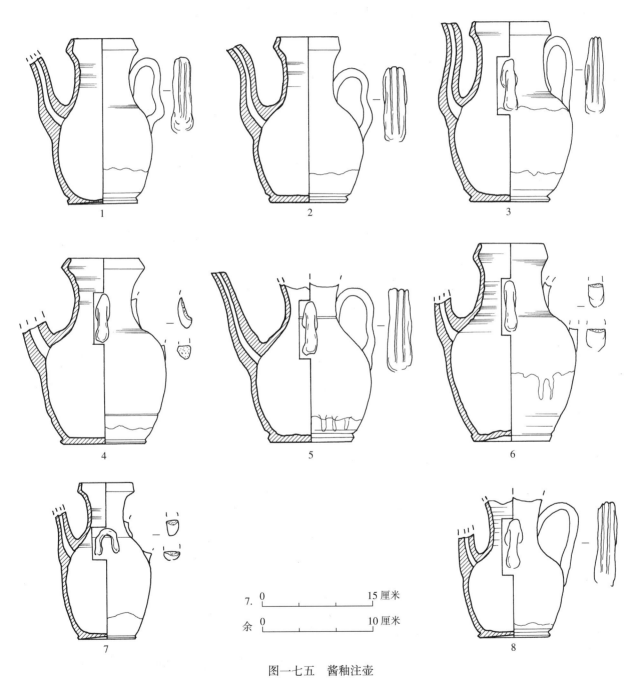

图一七五　酱釉注壶

1、2. Mb型（TN01E03③：608、TN01E03③：614）　　3～8. Mc型（H9：173、H9：174、H9：175、H9：176、H9：177、TN01E03③：596）

7.6、高 16.4 厘米（图一七五，4）。H9：175，腹径 10.8、底径 7.6、残高 15.2 厘米（图一七五，5）。H9：176，口沿釉面残损，残留叠烧痕，底部残留一周叠烧痕。口径 6、腹径 11.8、底径 7、高 17.5 厘米（图一七五，6）。H9：177，口沿刮釉一周，残留叠烧痕，外底残留一周叠烧痕。口径 7.4、腹径 12、底径 8、高 20.8 厘米（图一七五，7）。TN01E03③：596，釉面较多釉泡，底部窑裂，残留一周叠烧痕。腹径 9.2、底径 6.2、残高 12.6 厘米（图一七五，8）。

Md 型　1 件。盘口外撇，无系。部分器物腹部以下挂化妆土。H9：222，腹部呈瓜棱状，口沿刮釉，外底残留一周叠烧痕。口径 8、腹径 12.9、底径 8、高 19.4 厘米（图一七六，1）。

小壶　14 件。体型较小，有流，器身一侧置柄。根据肩部、系部及腹部形态差异，可分为 6 型。

A 型　4 件。尖唇或尖圆唇，直口，溜肩，肩部置一对竖系，球形腹，饼足或略带饼足，部分器物胎面挂化妆土。根据颈部形态差异，可分为 3 亚型。

Aa 型　1 件。葫芦形颈。TN01E03③：414，釉面脱落较甚。口径 2.4、腹径 6.6、底径 4、高 8.1 厘米（图一七六，2）。

Ab 型　2 件。细颈，微束，颈部以上均残。H2：318，釉面大部分脱落。腹径 7.3、底径 4.2、残高 8.6 厘米（图一七六，3）。H9：243，肩部以化妆土等距绘四处团彩。腹径 6.4、底径 3.8、残高 8.3 厘米（图一七六，4）。

Ac 型　1 件。斜直颈较粗，颈部一道凸棱。H1：5，口沿釉面残损，残留叠烧痕。口径 4.4、腹径 8.8、底径 5.4、高 9.1 厘米（图一七六，5）。

B 型　1 件。尖圆唇，直口，短直颈，溜肩，无系，直腹，平底。H10：902，器身以化妆土绘竖条纹，釉面缩釉现象明显，外底一周叠烧痕。口径 2.8、腹径 6.7、底径 6、高 4.8 厘米（图一七六，6）。

C 型　3 件。双唇，浅盘口，细颈较长、微束，丰肩，无系，弧腹较长，饼足。部分器物胎面挂化妆土。H10：900，肩腹部一周凹弦纹，口沿釉面残损。口径 3、腹径 6、底径 3.5、高 8.5 厘米（图一七六，7）。H10：901，颈部以上残，肩腹部一周凹弦纹。腹径 6、底径 3.6、残高 8.6 厘米（图一七六，8）。F6：58，肩腹部一周凹弦纹，釉面脱落较甚，口沿釉面残损，底部一处窑裂。口径 3、腹径 6、底径 3.8、高 8.8 厘米（图一七六，9）。

D 型　4 件。溜肩，无系，圆弧腹，略带饼足。肩部胎面皆以化妆土绘团彩。H9：244，颈部以上残。腹径 6、底径 3.4、残高 6.6 厘米（图一七六，10）。H10：899，颈部以上残。腹径 5.8、底径 3.6、残高 7 厘米（图一七六，11）。H10：1213，尖圆唇，盘口，短直颈、微束。口径 3.3、腹径 6、底径 4、高 8.2 厘米（图一七六，12）。F4 垫：398，颈部以上残。腹径 5.8、底径 3.6、残高 7.4 厘米（图一七七，1）。

E 型　1 件。圆唇，直口，无颈，溜肩，无系，垂腹，略带饼足。胎面挂化妆土。T3④：10，口径 1.4、腹径 6、底径 3.4、高 7 厘米（图一七七，2）。

F 型　1 件。长颈，折肩，斜弧腹，喇叭形饼足。胎面不挂化妆土，直接施釉。TN01E03③：946，颈部上残。腹径 5.2、底径 3.6、残高 8.1 厘米（图一七七，3）。

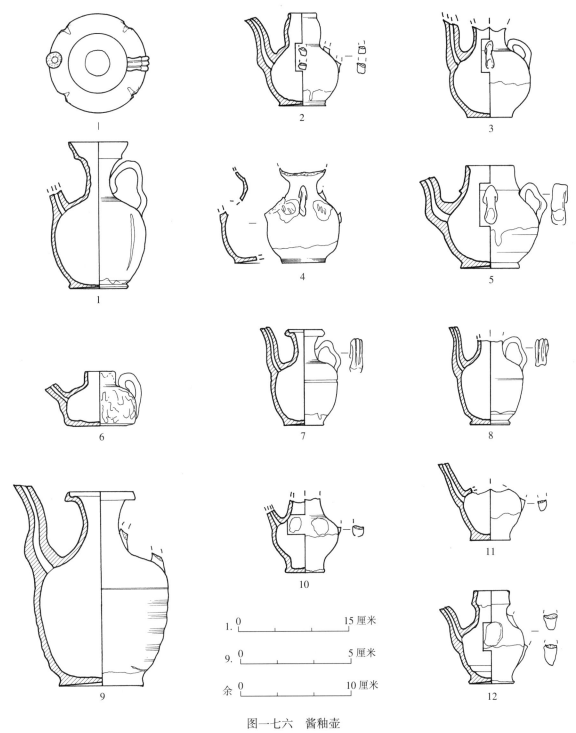

图一七六　酱釉壶

1. Md 型注壶（H9：222）　　2. Aa 型小壶（TN01E03③：414）　　3、4. Ab 型小壶（H2：318、H9：243）　　5. Ac 型小壶（H1：5）　　6. B 型小壶（H10：902）　　7～9. C 型小壶（H10：900、H10：901、F6：58）　　10～12. D 型小壶（H9：244、H10：899、H10：1213）

　　注壶残件　22 件。H1：727，为壶流部，双流，砖红胎，酱釉。残长 12 厘米（图一七七，4）。H1：728，为壶流部，系带双流。长 13.4 厘米（图一七七，5）。H1：729，为壶流部，系带双流。残长 11.6 厘米（图一七七，6）。H2：466，肩部以化妆土等距施团彩，器身一侧窑裂。腹径 11.4、底径 7.2、残高 15 厘米（图一七七，7）。H9：223，溜肩，腹部呈瓜棱状，饼足。腹径

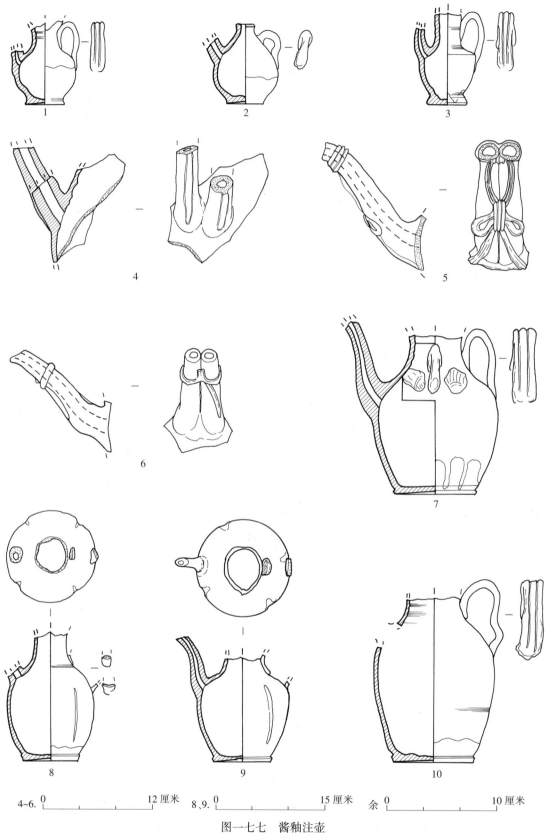

图一七七　酱釉注壶

1. B 型（F4 垫：398）　2. E 型（T3④：10）　3. F 型（TN01E03③：946）　4~10. 注壶残件（H1：727、H1：728、H1：729、H2：466、H9：223、H9：224、H10：895）

12.1、底径7.6、残高18厘米（图一七七，8）。H9：224，长流，丰肩，腹部呈瓜棱状，一侧置柄，饼足。腹径12.6、底径8、残高16.5厘米（图一七七，9）。H10：895，长流，溜肩，弧腹，较瘦长，饼足，与Da型注壶较为接近。腹径11、底径7.4、残高16.1厘米（图一七七，10）。H12：129，溜肩，弧腹，饼足。腹径9.4、底径6.6、残高14.4厘米（图一七八，1）。H12：131，体型较小，颈部以上残，溜肩，弧腹，饼足。釉面大部分脱落，开片现象明显。腹径7、底径4.8、残高6.7厘米（图一七八，2）。H13：102，圆肩，弧腹，饼足。腹径9.6、底径6.6、残高14.7厘米（图一七八，3）。H22：34，折肩，腹部呈瓜棱状，下腹部斜直内收，饼足。腹径11.4、底径7、残高15厘米（图一七八，4；彩版六九）。TN01E02②：61，溜肩，弧腹呈球形，饼足，与Md型注壶较接近。外底残留一周叠烧痕。腹径9.4、底径6、残高12.2厘米（图一七八，5）。TN01E03③：617，丰肩，弧腹，饼足，釉面脱落较甚，釉面残留较多窑渣落灰，外底残留一周叠烧痕。腹径12.2、底径8、残高14厘米（图一七八，6）。Y2①：10，长流，溜肩，弧腹呈圆球形，饼足。外底残留一周叠烧痕。腹径10.1、底径6.6、残高11厘米（图一七八，7）。Y2①：12，圆肩，弧腹，饼足。腹径10.6、底径7.8、残高15.6厘米（图一七八，8）。Y2①：13，长流，溜肩，弧腹、较瘦长，饼足。腹径11.4、底径8、残高17.7厘米（图一七八，9）。F4垮：115，方唇，盘口，束颈。口径7.6、残高11厘米（图一七八，10）。F4垮：114，溜肩，弧腹，饼足。腹径10.8、底径7.4、残高15.2厘米（图一七八，11）。F4垫：399，溜肩，弧腹，肩部一侧置柄，饼足。腹径11.2、底径7、残高15厘米（图一七九，1）。Y2②：14，颈部以上残，束颈，溜肩，弧腹，肩腹部置对称竖系，饼足。系部两侧以化妆土等距施四处团彩。腹径11.2、底径7、残高18.4厘米（图一七九，2）。Y2②：16，颈部以上残，溜肩，无系，弧腹，平底。底部残留一周叠烧痕。腹径9、底径6.8、残高15.4厘米（图一七九，3）。Y2②：17，颈部以下残，尖唇，盘口外撇，细颈微束，似Md型壶。口沿残留一周叠烧痕。口径8.2、残高8.4厘米（图一七九，4）。

罐 118件。根据器物形态差异，可分为13型。

A型 32件。双唇，直口，短直颈，溜肩，肩部带系，球形腹，饼足或平底。根据系部形态差异，可分2亚型。

Aa型 16件。横系。部分器物胎面挂化妆土。H2：324，肩部一道折棱，釉面脱落较甚，口沿刮釉一周，残留一周叠烧痕。口径7、腹径11.3、底径7.4、高11厘米（图一七九，5）。H2：453，肩部一道折棱，釉面脱落较甚，口沿刮釉一周，底部一处窑裂，残留一周叠烧痕。口径6.5、腹径10.5、底径7.2、高10.2厘米（图一七九，6）。H9：28，肩部一道折棱，口沿刮釉一周，器身一侧窑裂，外底残留一周叠烧痕。口径6.8、腹径11.3、底径6.8、高11厘米（图一七九，7）。H9：2015，肩部一周凹弦纹，口沿刮釉一周，残留一周叠烧痕，器身一侧窑裂，外底残留一周叠烧痕。口径9.4、腹径14.9、底径10.6、高13厘米（图一七九，8）。H9：2017，肩部一道折棱，口沿刮釉一周，残留叠烧痕，器身一侧窑裂，外底残留一周叠烧痕。口径7.2、腹径12.1、底径7.4、高11.4厘米（图一七九，9）。H9：2018，肩部一道折棱，釉面粘少量窑渣，口沿刮釉一周，外底残留一周叠烧痕。口径6.5、腹径10、底径7、高9.5厘米（图一七九，10）。H9：2028，肩部一道折棱，口沿刮釉一周，外底残留一周叠烧痕。口径6.9、腹径10.8、底径7.7、高10.2厘米（图一七九，11；彩版七〇，1）。H2：456，肩部一道折棱，口沿刮釉一周，残留叠烧痕，底

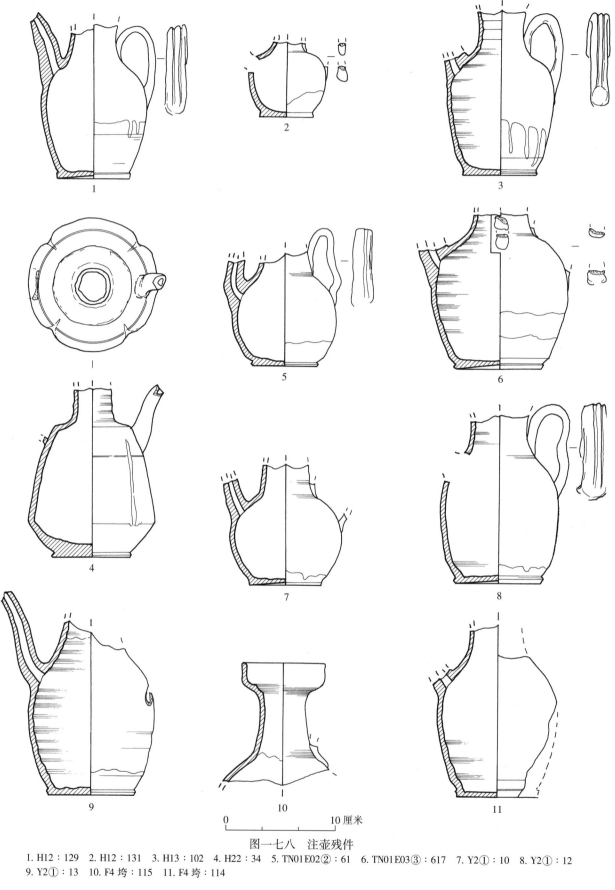

图一七八　注壶残件

1. H12：129　　2. H12：131　　3. H13：102　　4. H22：34　　5. TN01E02②：61　　6. TN01E03③：617　　7. Y2①：10　　8. Y2①：12
9. Y2①：13　　10. F4垮：115　　11. F4垮：114

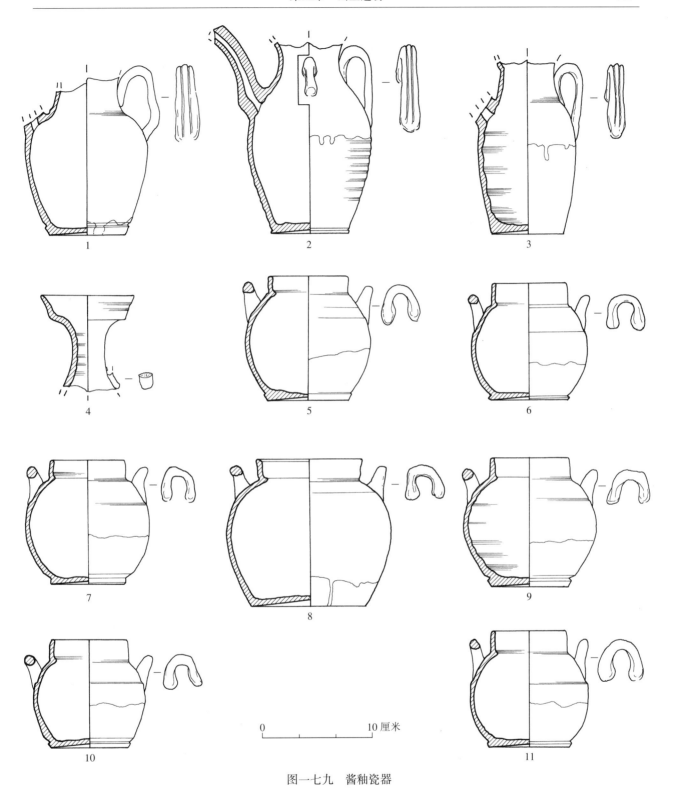

图一七九　酱釉瓷器

1~4. 注壶残件（F4 垫：399、Y2②：14、Y2②：16、Y2②：17）　5~11. Aa 型罐（H2：324、H2：453、H9：28、H9：2015、H9：2017、H9：2018、H9：2028）

部一处窑裂、残留叠烧痕。口径 6.6、腹径 10.2、底径 6.8、高 10.4 厘米（图一八〇，1）。H10：1215，肩部以化妆土绘团彩，口沿刮釉一周。口径 7.6、腹径 12.2、底径 8.3、高 10.2 厘米（图一八〇，2；彩版七〇，2）。Y2②：13，肩部以化妆土绘团彩，口沿刮釉一周。口径 5.4、腹径9、底径5.8、高8.7厘米（图一八〇，4）。H10：911，肩部一道折棱，口沿刮釉一周，残留叠烧痕，外底残留一周叠烧痕。口径8.3、腹径14.1、底径8.7、高13.2厘米（图一八〇，3）。H10：1411，肩部一道折棱，釉面粘少量窑渣，鬃眼现象明显，口沿刮釉一周，外底残留一周叠烧痕。口径5.4、腹径9.2、底径5.8、高9厘米（图一八〇，5）。TN01E03③：353，肩部一道折棱，釉面粘少量窑渣，口沿釉面残损，外底残留叠烧痕。口径5.6、腹径9.9、底径6.8、高10.2厘米（图一八〇，6）。TN01E03③：619，釉面脱落，粘少量窑渣，口沿刮釉一周。口径6、腹径9.4、底径6、高10厘米（图一八〇，7）。TN01E03③：621，肩部一道折棱，口沿刮釉一周，残留叠烧痕，外底残留一周叠烧痕。口径6、腹径10、底径6.4、高10.2厘米（图一八〇，8）。

　　Ab 型　16件。竖系。绝大部分器物胎面不挂化妆土，直接施釉。H2：336，釉面鬃眼现象较明显，口沿刮釉一周，外底残留一周叠烧痕。口径6.7、腹径10.3、底径7.8、高8.7厘米（图一八一，1）。H2：337，釉面粘一窑渣，口沿刮釉一周，外底残留一周叠烧痕。口径6.4、腹径10.1、底径6.4、高8.4厘米（图一八一，2）。H2：339，釉面脱落较甚，口沿釉面部分残损。口径5.5、腹径8.8、底径5.8、高7.6厘米（图一八一，3）。H9：43，肩部一周凹弦纹，口沿刮釉一周，残留叠烧痕，底部一处窑裂，残留一周叠烧痕。口径7.8、腹径12、底径7.6、高9.4厘米

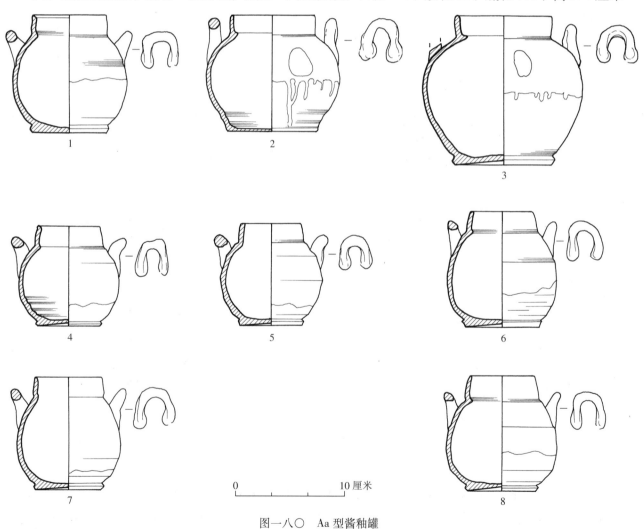

0　　　　　　　　10 厘米

图一八〇　Aa 型酱釉罐

1. H2：456　2. H10：1215　3. H10：911　4. Y2②：13　5. H10：1411　6. TN01E03③：353　7. TN01E03③：619　8. TN01E03③：621

图一八一　Ab 型酱釉罐

1. H2：336　2. H2：337　3. H2：339　4. H9：43　5. H9：44　6. H9：50　7. H9：54　8. H9：57　9. H10：1216　10. H10：1217
11. Y2①：53　12. Y2①：56　13. Y2①：57　14. Y2①：59

（图一八一，4）。H9：44，肩部一周凹弦纹，口沿刮釉一周，残留叠烧痕，外底残留一周叠烧痕。
口径 7.4、腹径 12、底径 8、高 10.6 厘米（图一八一，5）。H9：50，肩部一周凹弦纹，口沿釉面
残损，残留叠烧痕，器身一侧窑裂，外底残留一周叠烧痕。口径 7.4、腹径 12、底径 7.6、高 9.6
厘米（图一八一，6）。H9：54，口沿刮釉一周，底部一处窑裂，粘少量窑渣。口径 7.4、腹径

11.1、底径7.8、高8.8厘米（图一八一，7）。H9：57，肩部一周凹弦纹，口沿刮釉一周，残留叠烧痕，器身一侧窑裂。口径7.8、腹径11.7、底径8.4、高10厘米（图一八一，8）。H10：1216，肩部以化妆土施团彩，釉面脱落较甚，外底残留一周叠烧痕。口径5.4、腹径8.4、底径5.8、高7.2厘米（图一八一，9）。H10：1217，口沿釉面残损，残留叠烧痕。口径5、腹径7.6、底径5.4、高7.4厘米（图一八一，10）。Y2①：53，肩部一周凹弦纹，口沿刮釉一周，底部一处窑裂。口径7、腹径11.4、底径7.6、高9.7厘米（图一八一，11）。Y2①：56，肩部以化妆土绘团彩，口沿釉面部分残损。口径6.4、腹径9.4、底径6.6、高7.5厘米（图一八一，12）。Y2①：57，釉面鬃眼现象明显，粘少量窑渣，口沿刮釉一周，外底残留一周叠烧痕。口径7.8、腹径11.4、底径7.2、高9.6厘米（图一八一，13）。Y2①：59，肩部一周凹弦纹，口沿刮釉一周，器身一侧窑裂，外底残留一周叠烧痕。口径6.8、腹径11、底径7.2、高9.4厘米（图一八一，14）。Y2②：12，肩部一周凹弦纹，口沿刮釉一周，外底留一周叠烧痕。口径7.8、腹径12、底径7.4、高10厘米（图一八二，1）。Y2②：29，口径6.8、残高7.3厘米（图一八二，2）。

B型　10件。双唇，直口，短直颈，溜肩，肩部置一对称横系，椭圆形腹。器物胎面不挂化妆土，直接施釉。根据底部形态差异，可分为2亚型。

Ba型　7件。饼足。H9：3，肩部及上腹部三周凹弦纹，口沿刮釉一周，外底残留一周叠烧痕。口径7.6、腹径11.3、底径8、高14.6厘米（图一八二，3）。H9：5，肩部一周凹弦纹，上腹部一周折棱，口沿刮釉一周，底部一处窑裂，残留一周叠烧痕。口径8、腹径11、底径8.6、高14.1厘米（图一八二，4；彩版七一，1）。H9：6，肩部及上腹部各一周凹弦纹，口沿刮釉一周，残留叠烧痕，底部一处窑裂，残留一周叠烧痕。口径7.2、腹径10.8、底径8.4、高15厘米（图一八二，5）。H9：8，肩部两周凹弦纹，口沿刮釉，残留一周叠烧痕，外底残留一周叠烧痕。口径7、腹径10.6、底径7.6、高14.6厘米（图一八二，6）。H9：12，肩部及上腹部各一周凹弦纹，口沿刮釉一周，器身一处窑裂，外底残留一周叠烧痕。口径7.6、腹径11.1、底径8.4、高14厘米（图一八二，7）。H9：17，肩部及上腹部三周凹弦纹，口沿釉面部分残损，残留叠烧痕，外底粘较多窑渣。口径8.6、腹径11.6、底径8.4、高13.8厘米（图一八二，8）。H10：906，肩部一周凹弦纹，上腹部一周折棱，口沿刮釉一周。口径7.4、腹径11.2、底径8、高14厘米（图一八二，9）。

Bb型　3件。平底。H2：457，肩部一周凹弦纹，口沿刮釉一周，底部一处窑裂。口径6.5、腹径9.8、底径7、高12厘米（图一八三，1）。H9：23，肩部一周凹弦纹，口沿釉面部分残损。口径6.5、腹径9.2、底径6.8、高11.8厘米（图一八三，2）。H16：29，肩部一周凹弦纹，釉面脱落较甚，口沿刮釉一周，底部一处窑裂。口径6.2、腹径9.3、底径7、高10.5厘米（图一八三，3）。

C型　11件。双唇，直口或微敞，短直颈，肩部较丰满，肩部横系，弧腹，腹部弧度大于B型，平底或饼足。部分器物胎面挂化妆土。H1：15，口沿釉面残损、残留叠烧痕。口径6.6、腹径9.3、底径5.6、高11.6厘米（图一八三，4）。H7：24，口沿釉面残损，外底残留一周叠烧痕。腹径8、底径5.4、高10厘米（图一八三，8）。H9：90，釉面残留较多窑渣落灰，口沿刮釉，残留叠烧痕。口径8.5、腹径14.6、底径9.2、高16.2厘米（图一八三，5）。H9：91，口沿刮釉，残留叠烧痕。口径8.6、腹径14.3、底径8.7、高16.2厘米（图一八三，6）。H9：2014，釉面脱

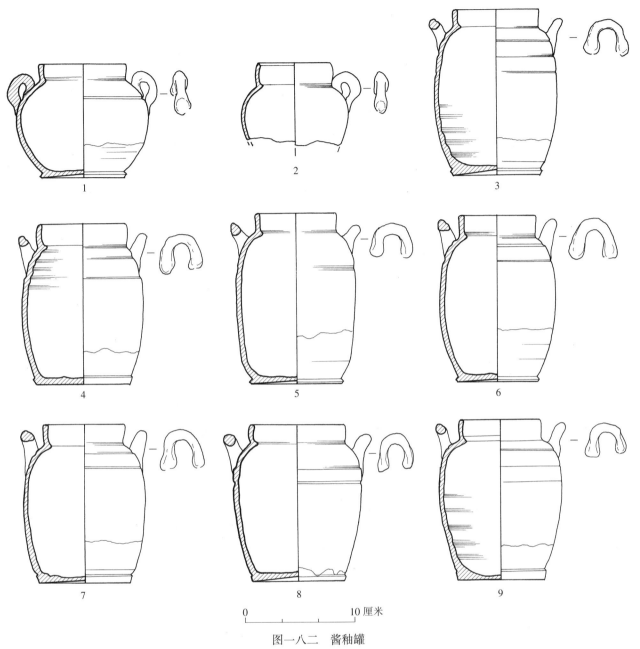

图一八二 酱釉罐

1、2. Ab 型（Y2②：12、Y2②：29） 3～9. Ba 型（H9：3、H9：5、H9：6、H9：8、H9：12、H9：17、H10：906）

落较甚，口沿刮釉，残留叠烧痕。口径 9.8、腹径 14、底径 10、高 14.8 厘米（图一八三，7）。
H9：2016，釉面脱落较甚，口沿刮釉，残留叠烧痕。口径 9、腹径 13.9、底径 9.7、高 13.4 厘米
（图一八三，9）。H17：118，部分釉面窑变呈蓝色，口沿刮釉，残留叠烧痕。口径 8、腹径 12.4、
底径 8.5、高 12.2 厘米（图一八三，10）。H17：119，口沿刮釉，残留叠烧痕，外底残留一周叠
烧痕。口径 8、腹径 12.1、底径 8.2、高 13.8 厘米（图一八三，11）。H17：120，釉面脱落较甚，
口沿刮釉，残留叠烧痕。口径 8.8、腹径 15.4、底径 9.6、高 18 厘米（图一八四，1）。H22：123，
口沿刮釉，残留叠烧痕。口径 9、腹径 14.5、底径 9、高 14 厘米（图一八四，2）。F4 垫：147，
口沿刮釉，残留叠烧痕。口径 8.6、腹径 13.8、底径 9.2、高 15.2 厘米（图一八四，3）。

图一八三　酱釉罐

1～3. Bb 型（H2：457、H9：23、H16：29）　　4～11. C 型（H1：15、H9：90、H9：91、H9：2014、H7：24、H9：2016、H17：118、H17：119）

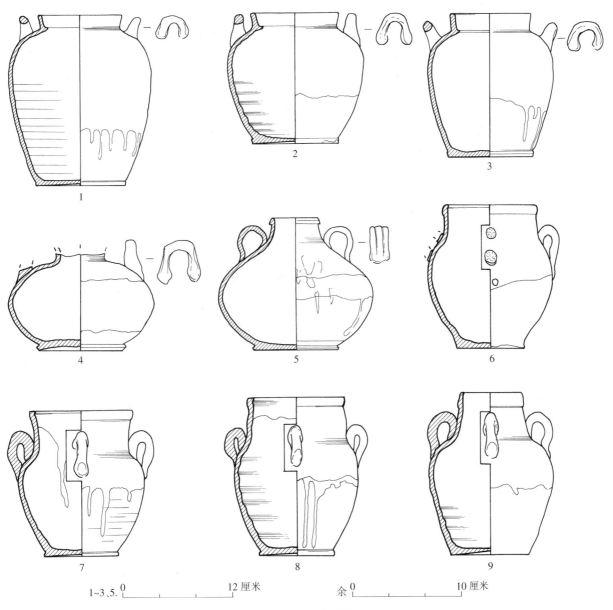

图一八四　酱釉罐

1~3. C 型（H17：120、H22：123、F4 垫：147）　　4. Da 型（H10：913）　　5. Db 型（H1：40）　　6~9. Ea 型 I 式（H12：132、H22：37、H22：313、F4 垫：148）

　　D 型　2 件。斜方唇，直口，斜直颈较细，溜肩，肩部带系，扁球形腹，饼足。肩部以下挂粉黄色化妆土。根据系部形态差异，可分为 2 亚型。

　　Da 型　1 件。横系。H10：913，外底残留一周叠烧痕。腹径 13.4、底径 8、残高 10 厘米（图一八四，4）。

　　Db 型　1 件。竖系。H1：40，釉面粘大量窑渣，近底处残留一周叠烧痕。口径 4.8、腹径 16.6、底径 9.1、高 14 厘米（图一八四，5）。

　　E 型　8 件。宽方唇，直口，筒形直颈，肩腹部带竖系，弧腹，平底或略带饼足。根据系部数量差异，可分为 2 亚型。

Ea 型　6 件。四系。可分为 2 式。

Ⅰ式　4 件。圆肩，肩部明显宽于颈部。大部分器物肩部以上胎面挂粉黄色化妆土。H12：132，釉面脱落较甚。口径 8.2、腹径 11、底径 6、高 12.8 厘米（图一八四，6）。H22：37，近底部残留叠烧痕。口径 9.2、腹径 11.6、底径 6.6、高 13 厘米（图一八四，7）。H22：313，近底部残留叠烧痕。口径 8.8、腹径 11.2、底径 6.6、高 14 厘米（图一八四，8）。F4 垫：148，胎面较多"黑米点"，口沿刮釉。口径 5.6、腹径 11.4、底径 7.2、高 14.4 厘米（图一八四，9）。

Ⅱ式　2 件。溜肩，肩部略宽于颈部。器物胎面不挂化妆土，直接施釉。H9：100，近底处残留一周叠烧痕。口径 7.1、腹径 8、底径 4.4、高 9.2 厘米（图一八五，1）。H9：2058，近底处残留一周叠烧痕。口径 6.5、腹径 7.1、底径 4、高 9.1 厘米（图一八五，2）。

Eb 型　2 件。溜肩，双系。器物胎面不挂化妆土，直接施釉。H2：437，釉面较多窑渣落灰，口沿刮釉，残留叠烧痕，外底残留一桌叠烧痕。口径 6、腹径 10.1、底径 7、高 10.6 厘米（图一八五，3）。H2：443，口沿刮釉，外底残留一桌叠烧痕。口径 6.2、腹径 10、底径 6.2、高 11.4 厘米（图一八五，4）。

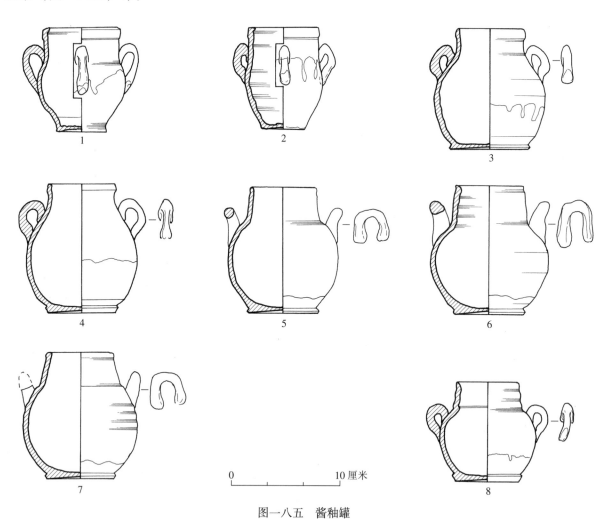

图一八五　酱釉罐

1、2. Ea 型Ⅱ式（H9：100、H9：2058）　3、4. Eb 型（H2：437、H2：443）　5~7. Fa 型（H10：907、H10：908、H10：909）
8. Fb 型（H9：2034）

　　F 型　4 件。方唇，直口微敛，斜直颈，肩腹部置一对称双系，球形腹，饼足。根据系部形态差异，可分为 2 亚型。

　　Fa 型　3 件。横系。器物下腹部及底部胎面挂粉黄色化妆土。H10：907，口沿刮釉一周，外底残留一周叠烧痕。口径 5.7、腹径 10.1、底径 6.5、高 11 厘米（图一八五，5）。H10：908，釉面黏粘较多窑渣，鬃眼现象明显，口沿釉面残损，残留一周叠烧痕。口径 6.2、腹径 10.8、底径 6.4、高 11.4 厘米（图一八五，6）。H10：909，釉面脱落较甚，口沿部分刮釉，残留叠烧痕。口径 6、腹径 10.5、底径 6.2、高 11.2 厘米（图一八五，7）。

　　Fb 型　1 件。竖系。器物胎面不挂化妆土，直接施釉。H9：2034，口径 5.8、腹径 8.8、底径 5.8、高 8.8 厘米（图一八五，8）。

　　G 型　15 件。斜方唇，侈口，束颈或微束，肩部置一对称双系，球形腹，饼足。根据系部差异，可分为 2 亚型。

　　Ga 型　5 件。横系。部分器物肩部及以上胎面挂粉黄色化妆土。H1：17，口沿釉面部分残损，外底残留一周叠烧痕。口径 5、腹径 10.5、底径 6.4、高 10.7 厘米（图一八六，1）。H1：18，釉面少量窑渣，口沿釉面残损，外底残留一周叠烧痕。口径 4.8、腹径 10、底径 6.2、高 10.6 厘米（图一八六，2）。H1：19，釉面脱落较甚，口沿釉面部分残损。口径 4.4、腹径 9.9、底径 6.2、高 10.7 厘米（图一八六，3）。H7：25，釉面脱落较甚，少量釉泡，口沿釉面部分残损，残留叠烧痕，外底残留一周叠烧痕。口径 5、腹径 9.3、底径 6、高 9 厘米（图一八六，4）。TN01E03③：623，釉面大部分脱落，口沿釉面残损，残留叠烧痕。口径 6、腹径 10、底径 6.4、高 8 厘米（图一八六，5）。

　　Gb 型　10 件。竖系。大部分器物胎面不挂化妆土，直接施釉。H2：438，口沿釉面残损，残留一周叠烧痕，底部一处窑裂，残留一周叠烧痕。口径 5.2、腹径 7.5、底径 5.6、高 6.7 厘米（图一八六，6）。H2：440，釉面粘大量窑渣，口沿釉面残损，残留一周叠烧痕，底部一处窑裂，残留一周叠烧痕。口径 5.2、腹径 8、底径 5.8、高 6.2 厘米（图一八六，7）。H2：442，底部一处窑裂。口径 4.8、腹径 7.2、底径 5.2、高 6.5 厘米（图一八六，8）。H9：2036，口沿釉面残损，残留叠烧痕，底部一处窑裂，残留一周叠烧痕。口径 5.2、腹径 8、底径 5.8、高 7.2 厘米（图一八六，9）。H9：2039，口沿釉面部分残损，底部一处窑裂，残留一周叠烧痕。口径 5.2、腹径 8、底径 5.6、高 6.8 厘米（图一八六，10）。H9：2040，棕红胎，酱黑釉，底部一处窑裂，残留一周叠烧痕。口径 4.9、腹径 7.8、底径 5.8、高 6.8（图一八六，11）。H9：2044，釉面少量釉泡且粘大量窑渣，口沿釉面部分残损。口径 5.4、腹径 7.4、底径 5、高 6.8 厘米（图一八六，12）。H10：914，釉面脱落较甚，外底残留一周叠烧痕。口径 4、腹径 7.9、底径 5.2、高 6.7 厘米（图一八六，13）。F8：5，底部一处窑裂，残留一周叠烧痕。口径 4.6、腹径 6.9、底径 5.4、高 6 厘米（图一八六，14）。TN01E03③：628，釉面脱落较甚，口沿釉面残损，残留叠烧痕。口径 5.2、腹径 7.4、底径 6、高 6.6 厘米（图一八七，1）。

　　H 型　2 件。方圆唇，敞口，管状颈带一周凸棱，丰肩，肩部置一对称横系，扁球形腹。器物胎面皆挂化妆土。根据底部形态差异，可分为 2 亚型。

　　Ha 型　1 件。平底。TN01E03③：618，口沿釉面部分残损，底部一处窑裂。口径 4.6、腹径

图一八六　酱釉罐

1~5. Ga 型（H1：17、H1：18、H1：19、H7：25、TN01E03③：623）　　6~14. Gb 型（H2：438、H2：440、H2：442、H9：2036、H9：2039、H9：2040、H9：2044、H10：914、F8：5）

13.2、底径 10、高 12.8 厘米（图一八七，5）。

　　Hb 型　1 件。颈部以上均残，饼足。H2：334，釉面粘较多窑渣。腹径 13.8、底径 8、残高 12 厘米（图一八七，8）。

　　I 型　12 件。方唇，直口微敛，斜直短颈，溜肩，肩部置一对称双系，卵形腹，饼足。根据

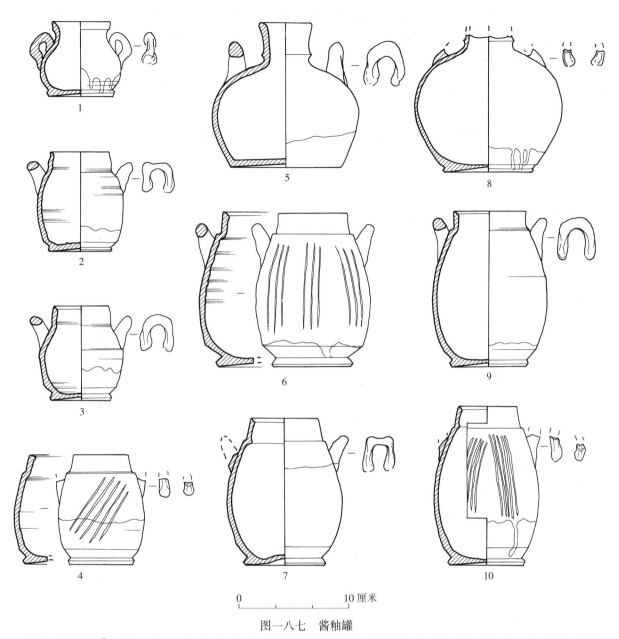

图一八七　酱釉罐

1. Gb 型（TN01E03③：628）　2～4、6、7、9、10. Ⅰa 型（H1：20、H1：23、H7：26、H1：13、H2：455、H1：14、H10：912）
5. Ha 型（TN01E03③：618）　8. Hb 型（H2：334）

系部形态差异，可分为 2 亚型。

　　Ⅰa 型　9 件。横系。少量器物肩部以下胎面挂粉黄色化妆土。H1：13，肩腹部以粉黄色化妆土绘斜线纹，口沿釉面部分残损，残留叠烧痕，外底残留一周叠烧痕。口径 6.2、腹径 10.2、底径 7.2、高 13.5 厘米（图一八七，6；彩版七一，2）。H1：14，釉面脱落较甚，口沿釉面部分残损，残留叠烧痕。口径 6.9、腹径 10.5、底径 7、高 13.8 厘米（图一八七，9）。H1：20，口沿釉面部分残损，残留叠烧痕，外底粘较多窑渣。口径 5、腹径 7.9、底径 5.7、高 8.8 厘米（图一八七，2）。H1：23，腹部一道折棱，口沿釉面部分残损，外底残留一周叠烧痕。口径 5、腹径 7.6、底径 5.5、高 8.3 厘米（图一八七，3）。H2：455，口沿釉面部分残损，残留叠烧痕，外底残留一周叠烧痕。口径 6、腹径 10.5、底径 7、高 13 厘米（图一八七，7）。H7：26，肩腹部以粉黄色化妆土绘斜线纹，釉面脱落较甚，口沿釉面部分残损，残留叠烧痕，外底粘一窑渣。口径5、腹径7.8、底径5.8、高9.7厘米（图一八七，4）。H10：912，肩腹部以粉黄色化妆土绘斜线纹，釉面脱落，口沿釉面部分残损，残留叠烧痕。口径5.4、腹径9.9、底径7、高14厘米（图一八七，10；彩版七一，3）。H10：905，变形严重，釉面粘较多窑渣，口沿釉面残损，残留一周叠烧痕。口径7.4、腹径12.7、底径8.6、高15.6厘米（图一八八，1）。F9：14，釉面较多釉泡，口沿釉面残损，残留叠烧痕。口径4.4、腹径7.8、底径5.4、高8.7厘米（图一八八，3）。

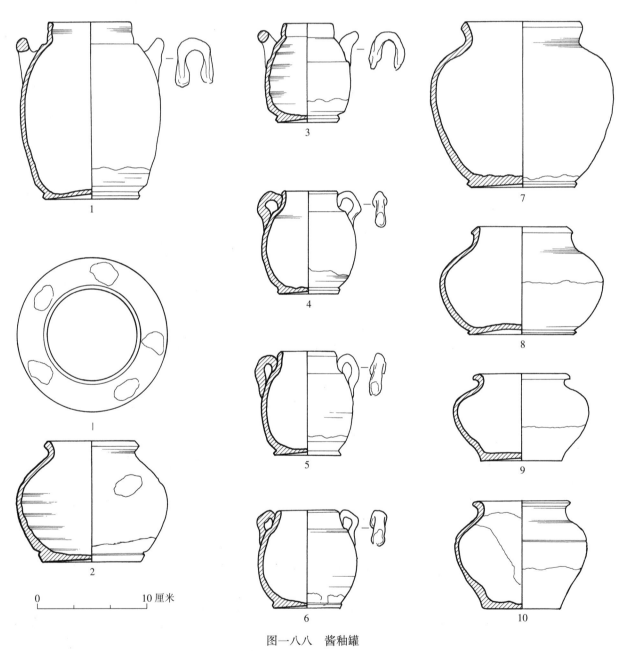

图一八八　酱釉罐

1、3. Ⅰa型（H10：905、F9：14）　　2、7、8. Ja型（H9：1993、H9：103、H9：1992）　　4～6. Ⅰb型（H1：42、H1：44、H9：2032）　　9、10. Jb型（H13：101、H15：16）

Ib 型 3 件。竖系。胎面不挂化妆土，直接施釉。H1：42，口沿釉面残损，残留叠烧痕，外底残留一周叠烧痕。口径 5、腹径 8.6、底径 5.4、高 9.1 厘米（图一八八，4）。H1：44，釉面残留少量窑渣落灰，口沿釉面部分残损、残留叠烧痕，外底残留一周叠烧痕。口径 5、腹径 8.2、底径 6、高 9.2 厘米（图一八八，5）。H9：2032，肩部一周凹弦纹，外底残留一周叠烧痕。口径 5、腹径 9、底径 6、高 8.6 厘米（图一八八，6）。

J 型 5 件。侈口，短颈内束，丰肩，圆弧腹。根据唇部及底部形态差异，可分为 2 亚型。

Ja 型 3 件。斜方唇，饼足。绝大部分胎面不挂化妆土，直接施釉。H9：103，口沿釉面刮釉一周，残留叠烧痕，器身一侧窑裂及底。口径 10.6、腹径 16.6、底径 9.6、高 14.6 厘米（图一八八，7）。H9：1992，釉面部分脱落，底部一处窑裂，残留一周叠烧痕。口径 8、腹径 14.8、底径 9.4、高 9.5 厘米（图一八八，8）。H9：1993，肩部以粉黄色化妆土等距绘五处团彩，釉面大量釉泡，口沿釉面残损，残留叠烧痕。口径 8、腹径 13.7、底径 9、高 10.7 厘米（图一八八，2）。

Jb 型 2 件。翻唇，平底。器物胎面皆挂化妆土。H13：101，肩部一周凹弦纹，釉面开片现象明显且粘少量窑渣。口径 8.8、腹径 12.2、底径 7.4、高 7.7 厘米（图一八八，9；彩版七二，1）。H15：16，肩部一周凹弦纹，釉面脱落。口径 9、腹径 12.1、底径 6.8、高 9.6 厘米（图一八八，10）。

K 型 1 件。盘口，颈部斜直较长，丰肩，肩部横系，弧腹，平底。胎面不挂化妆土，直接施釉。Y2D1：3，口径 32、底径 23.2、高 60.3 厘米（图一八九，1）。

L 型 7 件。宽方唇或斜方唇，侈口，束颈，溜肩置一对称横系，弧腹略长，平底。绝大部分器物胎面不挂化妆土，直接施釉。H2：328，口沿釉面残损、残留叠烧痕，外底残留一周叠烧痕。口径 5.8、腹径 8.2、底径 6.4、高 9.8 厘米（图一八九，2）。H2：330，口沿釉面部分残损、残留叠烧痕，外底残留一周叠烧痕。口径 5.6、腹径 7.5、底径 5.7、高 9.2 厘米（图一八九，3）。H2：461，口沿釉面残损，残留叠烧痕，底部一处窑裂。口径 5.4、腹径 7.8、底径 6、高 9 厘米（图一八九，4）。H9：2023，釉面脱落较甚，口沿釉面残损，残留叠烧痕。口径 5.4、腹径 7.8、底径 6、高 9.5 厘米（图一八九，5）。H9：2024，口沿釉面残损，残留叠烧痕，外底残留一周叠烧痕。口径 5.5、腹径 8、底径 5.8、高 9.2 厘米（图一八九，6）。TN01E03③：624，口沿釉面残损，残留叠烧痕。口径 4.7、腹径 6.9、底径 5.4、高 9.6 厘米（图一八九，7）。TN01E03③：625，外底残留一周叠烧痕。口径 4.7、腹径 6.8、底径 5.4、高 9 厘米（图一八九，8）。

M 型 9 件。颈部以上残，筒形颈较长，溜肩，肩部置系，长弧腹，平底。根据系部形态差异，可分为 2 亚型。

Ma 型 3 件。肩部横系。胎面不挂化妆土，直接施釉。H9：2054，外底一处窑裂。腹径 9.2、底径 6.5、残高 15.4 厘米（图一九〇，1）。H10：943，外壁残留跳刀痕。腹径 10.3、底径 7.4、残高 15 厘米（图一九〇，2）。H10：944，釉面脱落较甚。腹径 8.2、底径 5.4、残高 16.3 厘米（图一九〇，3）。

Mb 型 6 件。肩部竖系。绝大部分胎面不挂化妆土，直接施釉。H1：50，外底粘连窑渣。腹径 6.8、底径 5.2、残高 9.8 厘米（图一九〇，4）。H1：52，外壁粘连少量窑渣，外底变形较甚。腹径 7.4、底径 5.5、残高 12.6 厘米（图一九〇，5）。H2：335，外壁残留跳刀痕，粘连少量窑渣。腹径 9.6、底径 6.4、残高 16.4 厘米（图一九〇，6）。H2：436，外底残留一周叠烧痕。腹径

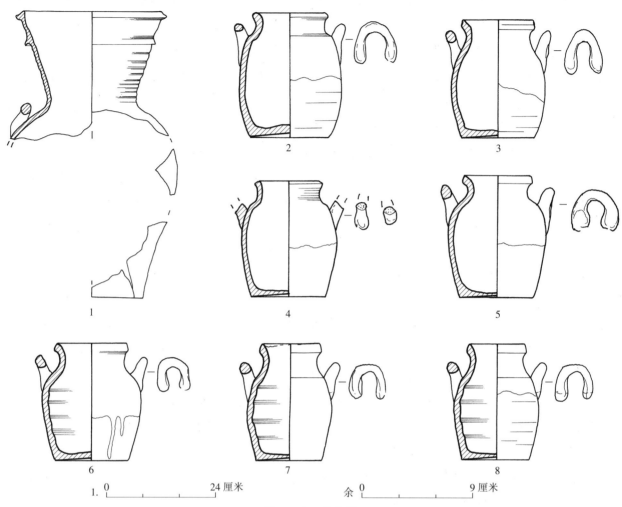

图一八九　酱釉罐

1. K 型（Y2D1：3）　2～8. L 型（H2：328、H2：330、H2：461、H9：2023、H9：2024、TN01E03③：624、TN01E03③：625）

9.3、底径 6.4、残高 16.6 厘米（图一九〇，7）。TN01E03③：626，外壁粘连窑渣且坯泡及釉泡现象明显。腹径 9.6、底径 6.2、残高 16.8 厘米（图一九〇，8）。F4 垫：401，外底残留一周叠烧痕。腹径 9、底径 6.5、残高 17.8 厘米（图一九〇，9）。

小罐　83 件。体型较小，制作不规整。根据颈部、肩部及腹部形态差异，可分为 9 型。

A 型　44 件。束颈，溜肩，弧腹，平底或略带饼足。根据口部及系部形态差异，可分为 2 亚型。

Aa 型　23 件。圆唇或尖圆唇，敞口，肩部置一对称竖系。大部分胎面不挂化妆土，直接施釉。T3④：4，口径 3.7、腹径 5、底径 3.5、高 5.1 厘米（图一九一，1）。H1：46，底部一处窑裂。口径 3.3、腹径 5.2、底径 3.8、高 5.1 厘米（图一九一，2）。H2：344，口径 4.2、腹径 6.1、底径 4、高 5.8 厘米（图一九一，3）。H2：444，釉面脱落较甚。口径 4、腹径 6.3、底径 4、高 6 厘米（图一九一，4）。H2：447，釉面脱较甚。口径 3.8、腹径 6.1、底径 4、高 6.1 厘米（图一九一，5）。H2：448，口径 4.1、腹径 6.1、底径 4、高 5.6 厘米（图一九一，6）。H9：2047，口径 3.8、腹径 6.1、底径 3.6、高 6 厘米（图一九一，7）。H9：2048，与 H9：2166 叠烧粘连同一

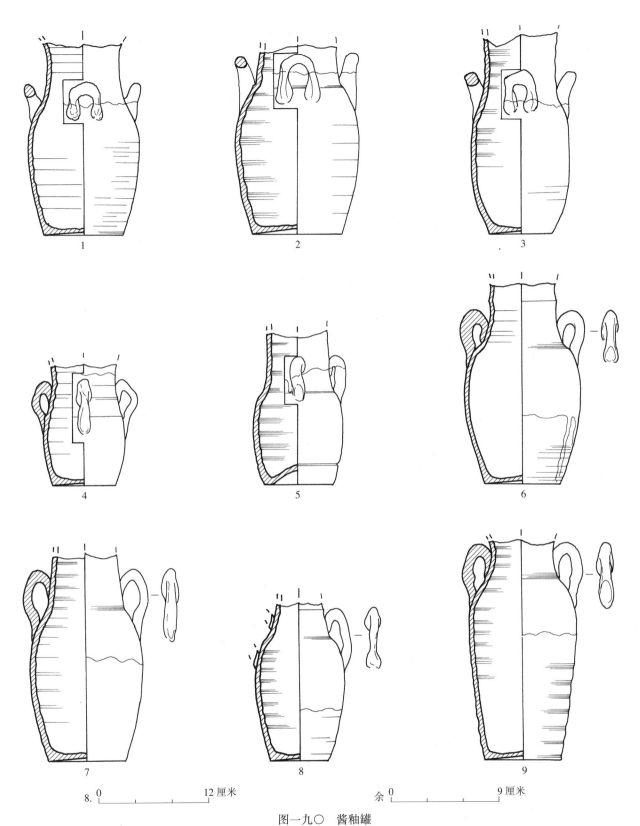

8. ├─────── 0 ─────── 12 厘米

余 ├─────── 0 ─────── 9 厘米

图一九〇　酱釉罐

1～3. Ma 型（H9：2054、H10：943、H10：944）　　4～9. Mb 型（H1：50、H1：52、H2：335、H2：436、TN01E03③：626、F4 垫：401）

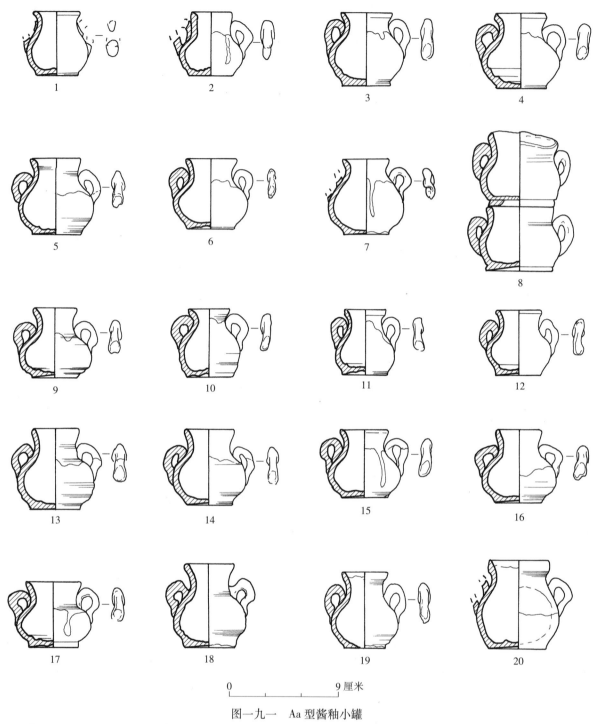

0　　　　　　　　　9厘米

图一九一　Aa 型酱釉小罐

1. T3④：4　2. H1：46　3. H2：344　4. H2：444　5. H2：447　6. H2：448　7. H9：2047　8. H9：2048/H9：2166　9. H9：2049
10. H10：918　11. H10：929　12. H10：1407　13. TN01E03③：367　14. TN01E03③：369　15. TN01E03③：372　16. TN01E03③：
644　17. F4 垫：35　18. F4 垮：167　19. 采：85　20. F4 垮：109

垫环，釉面粘少量窑渣，坯泡现象较明显。口径5.3、腹径6.5、底径5.5、高5.5厘米（图一九一，
8）。H9：2166，釉面较多坯泡且脱落较甚，口沿釉面残损，残留一周叠烧痕。口径5.4、腹径
6.5、底径5.5、高5.2厘米（图一九一，8）。H9：2049，口径3.7、腹径6、底径3.8、高5.6厘
米（图一九一，9）。H10：918，口径3.4、腹径5、底径3.8、高5.5厘米（图一九一，10）。

H10：929，釉面脱落较甚。口径 3.4、腹径 4.8、底径 3.8、高 5.2 厘米（图一九一，11）。H10：1407，釉面脱落较甚，底部一处窑裂。口径 3.8、腹径 5.2、底径 3.8、高 5.2 厘米（图一九一，12）。TN01E03③：367，口径 3.8、腹径 6.2、底径 4.2、高 6.4 厘米（图一九一，13）。TN01E03③：369，口径 4、腹径 6、底径 3.9、高 6 厘米（图一九一，14）。TN01E03③：372，釉面脱落较甚。口径 4、腹径 5.8、底径 3.8、高 5.4 厘米（图一九一，15）。TN01E03③：644，釉面开片现象较明显。口径 3.8、腹径 6、底径 3.8、高 5.9 厘米（图一九一，16）。F4 垫：35，口径 4.2、腹径 6.1、底径 4、高 5.2 厘米（图一九一，17）。F4 垮：167，口径 4、腹径 6、底径 4.2、高 6.5 厘米（图一九一，18）。采：85，釉面脱落。口径 3.9、腹径 5.4、底径 3.4、高 6 厘米（图一九一，19）。TN01E03③：947，口径 5.4、腹径 7.6、底径 6、高 6.7 厘米（图一九二，1）。TN01E03③：964，口沿残存叠烧痕。口径 5、腹径 7.4、底径 5.5、高 6.8 厘米（图一九二，2）。F4 垫：503，口沿残存叠烧痕。口径 5.2、腹径 7.5、底径 5.9、高 6.8 厘米（图一九二，3）。F4 垮：109，口径 4.8、腹径 6.7、底径 4.8、高 7 厘米（图一九一，20）。

Ab 型　21 件。圆唇或尖圆唇，敞口，无系。部分器物胎面挂化妆土。T3④：5，釉面脱落较甚。口径 3、腹径 3.6、底径 2.5、高 3.4 厘米（图一九二，4）。H1：87，釉面粘少量窑渣。口径 3.5、腹径 3.8、底径 3.2、高 4 厘米（图一九二，5）。H2：386，口径 3.8、腹径 5.6、底径 4、高 5 厘米（图一九二，6）。H2：388，口径 3.6、腹径 4.6、底径 3.2、高 4.2 厘米（图一九二，7）。H2：394，口径 3.8、腹径 5.4、底径 3.4、高 5 厘米（图一九二，8）。H9：106，口沿釉面部分残损。口径 4.9、腹径 6.7、底径 4.2、高 6.2 厘米（图一九二，9）。H9：108，釉面粘少量窑渣。口径 4.1、腹径 5.9、底径 3.6、高 6.1 厘米（图一九二，10）。H9：112，口径 3.8、腹径 5.8、底径 3.9、高 5.6 厘米（图一九二，11）。H9：117，口径 3.2、腹径 4.6、底径 3.1、高 5.2 厘米（图一九二，12）。H9：1995，口径 4、腹径 6.6、底径 4.5、高 6.4 厘米（图一九二，13）。H10：950，釉面粘少量窑渣。口径 3.4、腹径 4.2、底径 3.2、高 3.7 厘米（图一九二，14）。TN01E02②：8，口径 4.4、腹径 6.1、底径 3.8、高 6.6 厘米（图一九二，15）。TN01E03③：381，釉面粘较多窑渣。口径 4、腹径 6.3、底径 4、高 5.6 厘米（图一九二，16）。TN01E03③：386，口径 3.4、腹径 4.4、底径 3.2、高 3.7 厘米（图一九二，17）。TN01E03③：387，口径 3.3、腹径 4.2、底径 3.3、高 4.4 厘米（图一九二，18）。TN01E03③：388，口径 3.6、腹径 4.8、底径 3、高 4 厘米（图一九二，19）。TN01E03③：663，釉面脱落。口径 3.3、腹径 4.2、底径 3.2、高 4 厘米（图一九二，20）。F2：1，口径 3.4、腹径 4、底径 3、高 3.6 厘米（图一九二，21）。F4 垫：17，口径 3.4、腹径 4、底径 3、高 3.8 厘米（图一九二，22）。F4 垫：74，口径 4.5、腹径 6.8、底径 4.5、高 6.2 厘米（图一九二，23）。

B 型　11 件。圆唇或尖圆唇，敞口，颈部较短，斜直内束，溜肩，弧腹，略带饼足。绝大部分器物胎面不挂化妆土，直接施釉。H2：378，口径 6、腹径 6.6、底径 4.2、高 5.6 厘米（图一九三，1）。H2：380，釉面脱落较甚。口径 5.4、腹径 6.5、底径 4.4、高 5.6 厘米（图一九三，2）。H2：381，口沿残留一周叠烧痕。口径 5、腹径 6.4、底径 4.7、高 6.2 厘米（图一九三，3）。H2：392，口径 5.6、腹径 7.4、底径 5、高 6.2 厘米（图一九三，4）。H9：1994，口径 5、腹径 7.1、底径 4.4、高 6 厘米（图一九三，5）。H10：946，釉面脱落较甚。口径 4.9、腹径 6.6、底径

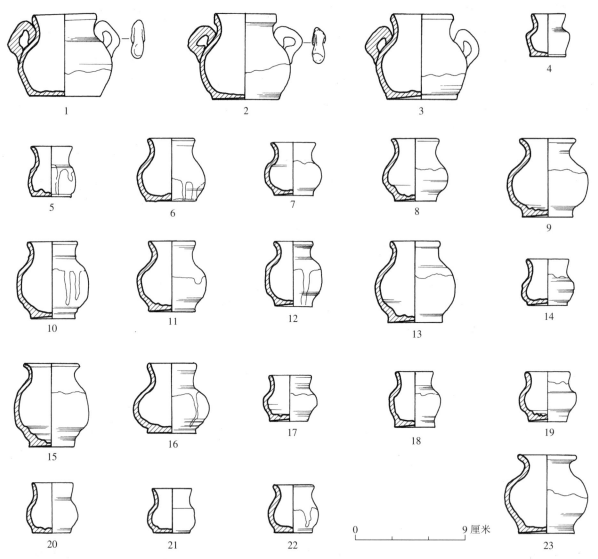

图一九二　A 型酱釉小罐

1~3. Aa 型（TN01E03③：947、TN01E03③：964、F4 垫：503）　4~23. Ab 型（T3④：5、H1：87、H2：386、H2：388、H2：394、H9：106、H9：108、H9：112、H9：117、H9：1995、H10：950、TN01E02②：8、TN01E03③：381、TN01E03③：386、TN01E03③：387、TN01E03③：388、TN01E03③：663、F2：1、F4 垫：17、F4 垫：74）

4.4、高 6 厘米（图一九三，6）。H10：947，外壁粘连少量窑渣，坯泡现象较明显。口径 5.2、腹径 6.2、底径 4.4、高 5.5 厘米（图一九三，7）。H10：948，外壁坯泡现象较明显。口径 5、腹径 6.1、底径 3.7、高 6 厘米（图一九三，8）。TN01E03③：655，口径 5.2、腹径 6.6、底径 4、高 5.5 厘米（图一九三，9）。TN01E03③：656，口沿釉面残损。口径 4.8、腹径 6.5、底径 4.2、高 5.6 厘米（图一九三，10）。采：83，外壁坯泡现象较明显，口沿釉面残损。口径 5.6、腹径 6.3、底径 4.2、高 5.7 厘米（图一九三，11）。

C 型　2 件。方唇，直口，短直颈，溜肩，肩部带横系，弧腹，略带饼足。胎面皆不挂化妆土，直接施釉。H1：25，口径 4.6、腹径 6.8、底径 4.8、高 6.2 厘米（图一九三，12）。H1：33，口沿残留一周叠烧痕。口径 4.5、腹径 6.9、底径 4.9、高 5.4 厘米（图一九三，13）。

D 型　9 件。颈微束，溜肩，弧腹较长，平底。绝大部分胎面不挂化妆土，直接施釉。根据唇

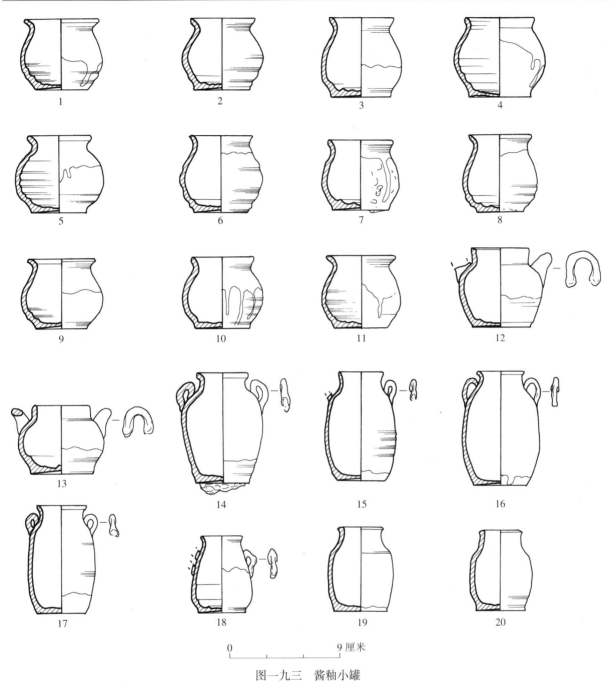

0　　　　　　　　9厘米

图一九三　酱釉小罐

1～11. B 型（H2：378、H2：380、H2：381、H2：392、H9：1994、H10：946、H10：947、H10：948、TN01E03③：655、
TN01E03③：656、采：83）　12、13. C 型（H1：25、H1：33）　14～18. Da 型（H1：45、H2：452、H9：85、H10：916、
H10：1406）　19、20. Db 型（TN01E03③：382、TN01E03③：658）

部、口部及系部形态差异，可分为 2 亚型。

　　Da 型　5 件。尖圆唇或凸圆唇，敞口，肩部置一对称竖系。H1：45，口沿釉面部分残损，残留
叠烧痕，底部粘连一窑渣。口径 4、腹径 6.4、底径 4.2、高 9.3 厘米（图一九三，14）。H2：452，
口径 3.4、腹径 5.7、底径 4、高 8.5 厘米（图一九三，15）。H9：85，口径 3.8、腹径 6.4、底径
4.4、高 8.9 厘米（图一九三，16）。H10：916，釉面脱落较甚。口径 4、腹径 5.5、底径 3.7、高
8.4 厘米（图一九三，17）。H10：1406，口径 3.4、腹径 4.9、底径 3.7、高 6 厘米（图一九三，18）。

Db 型　4 件。方唇，直口，无系。TN01E03③：382，釉面脱落较甚。口径 3.7、腹径 5.3、底径 4.2、高 6.6 厘米（图一九三，19）。TN01E03③：658，口径 3.8、腹径 5.2、底径 4.2、高 6.3 厘米（图一九三，20）。TN01E03③：659，口径 3.6、腹径 5、底径 4、高 6.2 厘米（图一九四，1）。TN01E03③：661，釉面脱落较甚。口径 3.6、腹径 5.1、底径 4、高 6.2 厘米（图一九四，2）。

E 型　7 件。尖圆唇或宽方唇，敞口，束颈较 D 型长，溜肩，竖系或横系，弧腹，较长，平底。少数器物胎面挂化妆土。H2：342，口径 4.4、腹径 6.4、底径 5、高 8.6 厘米（图一九四，3）。H2：451，器身少量坯泡。口径 4、腹径 5.8、底径 4、高 8 厘米（图一九四，4）。H10：931，釉面

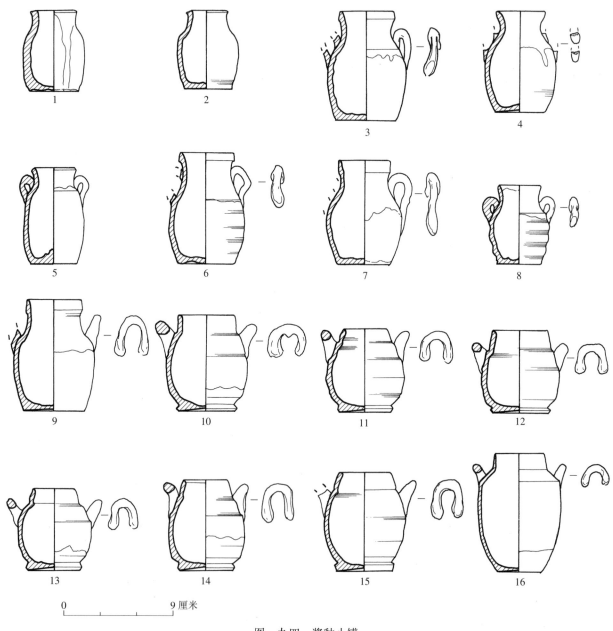

图一九四　酱釉小罐

1、2. Db 型（TN01E03③：659、TN01E03③：661）　3～9. E 型（H2：342、H2：451、H10：931、TN01E03③：629、TN01E03③：638、F2 垫：603、F4 垮：186）　10～15. F 型（H1：24、H1：26、H1：27、H1：34、H1：37、H2：462）　16. G 型（H9：36）

脱落，底部一处窑裂。口径3.5、腹径4.8、底径4、高7.6厘米（图一九四，5）。TN01E03③：629，口径4.4、腹径6.2、底径4.6、高8.8厘米（图一九四，6）。TN01E03③：638，釉面大部分脱落。口径4.2、腹径6.1、底径4.2、高8.2厘米（图一九四，7）。F2垫：603，口径3.5、腹径5、底径3.5、高6.3厘米（图一九四，8）。F4垮：186，釉面脱落较甚。口径4.4、腹径6.5、底径5、高8.8厘米（图一九四，9）。

F型　6件。尖唇或方圆唇，口微敛，斜直颈较短，内倾，溜肩，肩部置一对称横系，椭圆形腹，饼足。胎面不挂化妆土，直接施釉。H1：24，外壁釉泡，坯泡现象较明显。口径4.6、腹径6.7、底径4.6、高7.6厘米（图一九四，10）。H1：26，口径3.6、腹径6.3、底径4.5、高6.6厘米（图一九四，11）。H1：27，口沿釉面部分残损，残留叠烧痕，外底残留一周叠烧痕。口径4.4、腹径6.4、底径4.8、高6.6厘米（图一九四，12）。H1：34，外底残留一周叠烧痕。口径3.5、腹径6、底径4.4、高6.5厘米（图一九四，13）。H1：37，口径3.6、腹径6.3、底径4.5、高7.1厘米（图一九四，14）。H2：462，口沿釉面部分残损，外底残留一周叠烧痕。口径4.2、腹径6.6、底径4.6、高7.9厘米（图一九四，15）。

G型　1件。尖唇，直口，短直颈，折肩，肩部置一对称横系，弧腹，较长，平底。胎面不挂化妆土，直接施釉。H9：36，釉面较多棕眼。口径4.4、腹径6.8、底径3.5、高9.4厘米（图一九四，16）。

H型　2件。尖圆唇，敞口，束颈，甚短，丰肩，圆弧腹，平底或略带饼足。胎面皆挂化妆土。H2：433，釉面粘少量窑渣。口径3.1、腹径6.4、底径3、高7.3厘米（图一九五，1）。F9：15，釉面粘大量窑渣。口径3、腹径5.6、底径3、高6.2厘米（图一九五，2）。

I型　1件。底残，尖唇，直口，短直颈，丰肩，弧腹，较长。胎面挂化妆土。H9：2077，釉面残留少量窑渣落灰，橘皮现象明显，器表有拉坯形成的细弦纹。口径2.4、腹径5.5、残高7.6厘米（图一九五，3）。

罐残件　12件。胎面皆挂粉黄色化妆土。根据器物形态差异，可分为4型。

A型　9件。口部呈盘状，束颈，圆肩，肩部带横系，皆残。H10：1255，釉面大部分脱落，口沿釉面残损，残留叠烧痕。口径26、残高10.2厘米（图一九五，4）。H12：96，釉面脱落较甚，开片现象明显，口沿釉面残损，残留叠烧痕。口径23.4、残高14.6厘米（图一九五，5）。H12：97，釉面大量釉泡，开片现象明显，口沿釉面残损，残留叠烧痕。口径23.4、残高19.8厘米（图一九五，6；彩版七二，2）。H13：123，釉面大部分脱落。残高14.4厘米（图一九五，7）。H18：121，釉面脱落较甚。口径24.6、残高15厘米（图一九五，8）。H22：60，釉面部分脱落，口沿釉面残损。口径34、残高21厘米（图一九五，9）。H22：61，肩部残留两枚支钉痕。残高18.8厘米（图一九五，10）。H23：6，釉面开片现象明显，口沿釉面残损。口径30、残高15.6厘米（图一九六，1）。

B型　1件。斜方唇，直口，短直颈，圆肩，肩部饰双股竖系，其下残。H18：114，器表少量釉泡及"黑米点"，口沿釉面残损，残留叠烧痕。口径11.2、残高9厘米（图一九六，2）。

C型　1件。方唇，直口，短直颈呈瓦棱状，圆肩，肩部饰双股竖系，其下残。H18：427，釉面粘少量窑渣。口径16.5、残高8.6厘米（图一九六，3）。

D型　1件。方唇，口微敛，短颈，溜肩，肩部横系，弧腹，其下残。F8：13，口径16、残

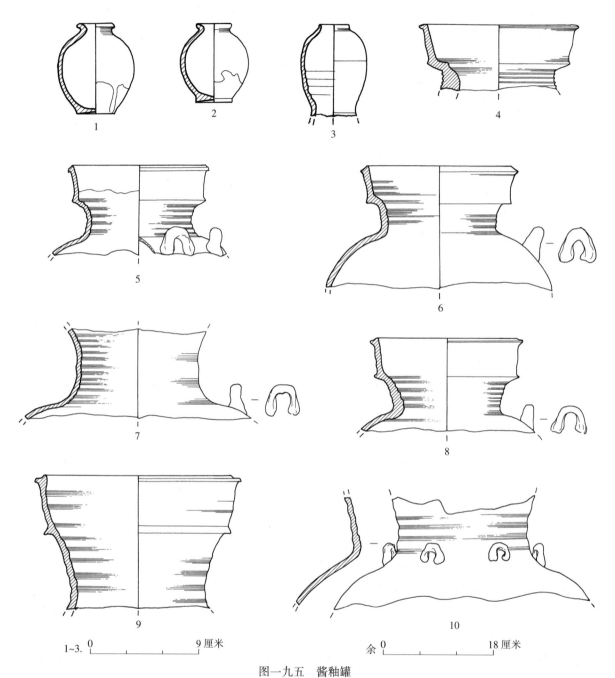

图一九五　酱釉罐

1、2. H 型小罐（H2：433、F9：15）　3. I 型小罐（H9：2077）　4～10. A 型罐残件（H10：1255、H12：96、H12：97、H13：123、
H18：121、H22：60、H22：61）

高 12.5 厘米（图一九六，4）。

瓶　7 件。根据器物形态差异，可分为 5 型。

A 型　3 件。方唇或尖圆唇，盘口，颈部微束较长，鼓肩，无系，圆弧腹，饼足。部分器物胎面挂化妆土。H9：246，釉面粘少量窑渣及较多釉泡，口沿刮釉一周。口径 11.6、腹径 12、底径7.8、高 19 厘米（图一九六，5）。H9：247，釉面较多釉泡。口径 10、腹径 13、底径 8.6、高20.8 厘米（图一九六，6）。H9：2131，腹径 12.2、底径 7.6、残高 17 厘米（图一九六，7）。

B 型　1 件。方唇，盘口较 A 型小，束颈较 A 型短，溜肩，弧腹，平底。胎面不挂化妆土，直接

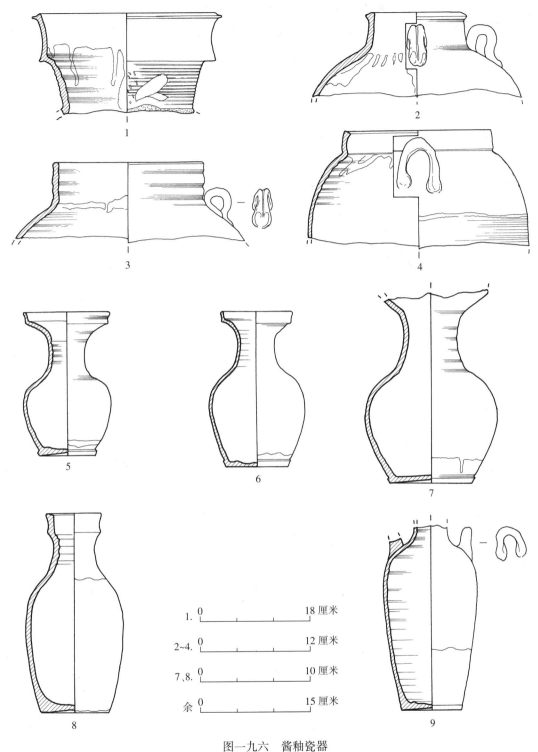

图一九六　酱釉瓷器

1. A 型罐残件（H23∶6）　　2. B 型罐残件（H18∶114）　　3. C 型罐残件（H18∶427）　　4. D 型罐残件（F8∶13）

5～7. A 型瓶（H9∶246、H9∶247、H9∶2131）　　8. B 型瓶（H9∶2070）　　9. C 型瓶（TN03E05①∶1）

施釉。H9∶2070，无系，器身一侧窑裂。口径 5、腹径 9、底径6.2、高17.4厘米（图一九六，8）。

C 型　1件。颈部以上残，丰肩，横系，长弧腹，呈鸡腿状，平底。胎面不挂化妆土，直接施釉。TN03E05①∶1，釉面粘大量窑渣。腹径12.9、底径8.2、残高24.4厘米（图一九六，9）。

　　D 型　1 件。口部以上残，束颈，颈部一周凸棱，丰肩，竖系，长弧腹，呈鸡腿状，平底。胎面不挂化妆土，直接施釉。H9：248，釉面部分脱落。腹径 11.8、底径 8、残高 26.7 厘米（图一九七，1）。

　　E 型　1 件。方唇，直口，颈部较短，带一周凸棱，丰肩，下残。胎面不挂化妆土，直接施釉。F4 垮：116，口径 6、残高 10.4 厘米（图一九七，2）。

图一九七　酱釉瓷器

1. D 型瓶（H9：248）　2. E 型瓶残件（F4 垮：116）　3～5、7. A 型瓶残件（TN01E04③：7、H1：67、H1：68、H1：69）　6. B 型瓶残件（F4 垫：396）　8. Aa 型小瓶（H10：1412）　9. Ab 型小瓶（H9：126）

瓶残件　5 件。部分器物胎面挂化妆土。根据形制差异，可分为 2 型。

A 型　4 件。颈部以上均残，溜肩，球形腹，饼足，形制疑似玉壶春瓶残件。TN01E04③：7，釉面脱落较甚。腹径 10.1、底径 7、残高 14 厘米（图一九七，3）。H1：67，釉面酱釉等距绘斜线纹，外底残留一周叠烧痕。腹径 10.2、底径 7、残高 13 厘米（图一九七，4；彩版七三，1）。H1：68，器身一处窑裂，外底残留一周叠烧痕。腹径 8.8、底径 5.7、残高 12.2 厘米（图一九七，5）。H1：69，底部一处窑裂。腹径 7.3、底径 4.7、残高 9.4 厘米（图一九七，7）。

B 型　1 件。颈部较长，丰肩，弧腹，饼足，形如 A 型瓶。F4 垫：396，腹径 13.3、底径 8.8、残高 17.6 厘米（图一九七，6）。

小瓶　21 件。根据口部、颈部、肩部及腹部形态差异，可分为 5 型。

A 型　2 件。唇部残，直口，长直颈，折肩，弧腹较长。部分器物胎面挂化妆土。根据足部形态差异，可分为 2 亚型。

Aa 型　1 件。圈足。H10：1412，棕红胎，挂粉黄色化妆土，酱黄釉。腹径 6.3、底径 4.3、残高 8.5 厘米（图一九七，8）。

Ab 型　1 件。平底。H9：126，棕红胎，酱釉，釉面脱落较甚，黏连大量窑渣。口径 2.5、腹径 6.3、底径 4、高 9 厘米（图一九七，9）。

B 型　12 件。直口，直颈，丰肩，弧腹较长，饼足。大部分器物胎面不挂化妆土，直接施釉。根据唇部及系部形态差异，可分为 2 亚型。

Ba 型　11 件。尖唇，无系。H1：74，口径 2.6、腹径 6、底径 3、高 9.5 厘米（图一九八，1）。H1：76，釉面脱落较甚。口径 2.7、腹径 6.4、底径 3.2、高 9.5 厘米（图一九八，2）。H2：403，口径 2.6、腹径 6.6、底径 3.4、高 8.8 厘米（图一九八，3）。H2：406，口径 2.8、腹径 6.1、底径 3.6、高 8.2 厘米（图一九八，4）。H2：431，釉面较多釉泡，鬃眼现象明显。口径 2.6、腹径 6、底径 3.2、高 8 厘米（图一九八，5）。H9：121，外底残留一周叠烧痕。口径 2.8、腹径 6、底径 3.6、高 9 厘米（图一九八，6）。H9：123，口径 2.6、腹径 6.4、底径 3.2、高 9 厘米（图一九八，7）。H9：124，釉面较多釉泡，鬃眼现象明显。口径 2.6、腹径 6、底径 3.5、高 8.5 厘米（图一九八，8）。H9：133，口径 2.6、腹径 6.5、底径 3.1、高 8.6 厘米（图一九八，9）。H10：954，外底残留一周叠烧痕。口径 2.7、腹径 6.3、底径 3.8、高 8.4 厘米（图一九八，10）。F6：66，外底残留一窑渣。口径 2.6、腹径 6.2、底径 3.7、高 8.3 厘米（图一九八，11）。

Bb 型　1 件。圆唇，竖系。H2：439，釉面脱落。口径 3.3、腹径 8.2、底径 4、高 9.8 厘米（图一九八，12）。

C 型　3 件。方唇或圆唇，直口，无颈，溜肩，垂腹，饼足。大部分器物胎面挂粉黄色化妆土。H1：77，釉面开片现象较明显，口沿釉面部分残损，残留叠烧痕，外底残留叠烧痕。口径 2.6、腹径 5.3、底径 2.6、高 5.2 厘米（图一九八，13）。H1：78，釉面开片现象较明显，口沿釉面部分残损，残留叠烧痕。口径 2.7、腹径 4.8、底径 2.8、高 4.8 厘米（图一九八，14）。H1：79，口径 2.4、腹径 4.2、底径 2.8、高 4.6 厘米（图一九八，15）。

D 型　2 件。尖唇，直口，短直颈，溜肩，球形腹，饼足。大部分器物胎面挂粉黄色化妆土。H2：434，釉面橘皮现象较明显。口径 1.4、腹径 6、底径 3.2、高 5.4 厘米（图一九八，16）。

H10：1415，釉面粘少量窑渣。腹径6、底径3.4、残高5.5厘米（图一九八，17）。

　　E型　2件。尖唇，侈口，束颈，溜肩，扁圆腹，饼足。器物胎面皆挂化妆土。H1：81，釉面脱落。口径2.4、腹径4.7、底径2.6、高5厘米（图一九八，18）。H1：104，酱黄釉，釉面粘大量窑渣。腹径4.4、底径2.2、残高4.4厘米（图一九八，19）。

　　小瓶残件　2件。H9：89，颈部以上残，丰肩，肩部置一对称竖系，圆弧腹，略带饼足。腹径6.1、底径3.8、残高6.5厘米（图一九八，20）。H13：112，颈部以上残，丰肩，斜弧腹，喇

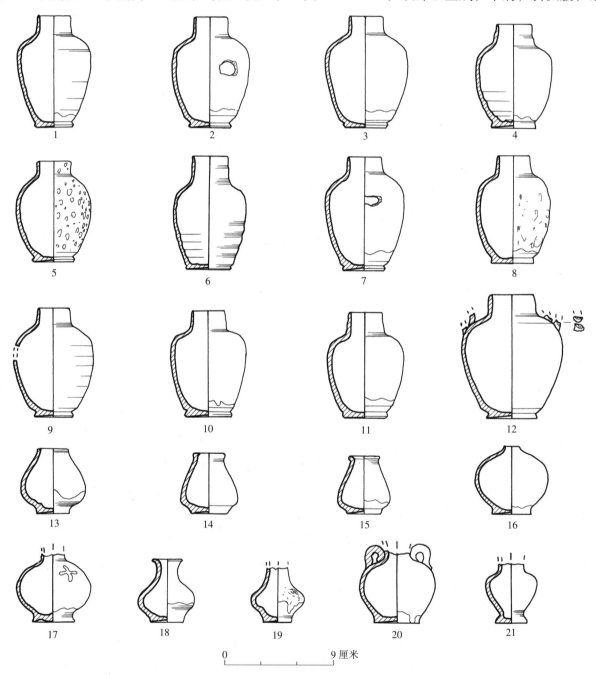

0　　　　　　　9厘米

图一九八　酱釉小瓶

1～11. Ba 型小瓶（H1：74、H1：76、H2：403、H2：406、H2：431、H9：121、H9：123、H9：124、H9：133、H10：954、F6：66）　12. Bb 型小瓶（H2：439）　13～15. C 型小瓶（H1：77、H1：78、H1：79）　16、17. D 型小瓶（H2：434、H10：1415）　18、19. E 型小瓶（H1：81、H1：104）　20、21. 小瓶残件（H9：89、H13：112）

叭形底。釉面脱落。腹径4.2、底径2.6、残高4.8厘米（图一九八，21）。

杯　10件。可分为单杯及双联杯。

单杯　8件。根据有无系的差异，可分为2型。

A型　4件。器身一侧置一竖系。部分器物胎面挂化妆土。根据唇部、口部、腹部及足部形态差异，可分为4亚型。

Aa型　1件。圆唇，敛口，扁圆腹，略带饼足。H10：939，釉面粘大量窑渣，开片现象明显，外底残留一周叠烧痕。口径4.2、腹径7.3、底径3.6、高5.5厘米（图一九九，1）。

Ab型　1件。尖唇，敛口，椭圆腹，略带饼足，体型较小。H1：96，釉面粘大量窑渣。口径1.8、腹径3、底径1.6、高2.7厘米（图一九九，2）。

Ac型　1件。方唇，直口，筒形直腹较浅，近底处斜直内收，略带饼足，体型较小。H1：94，口径3、腹径3.1、底径2.5、高2.3厘米（图一九九，3）。

Ad型　1件。圆唇，直口，筒形腹，较深，平底。T1②：86，口径2.8、腹径3.4、底径3.2、高5.2厘米（图一九九，4）。

B型　4件。无系。胎面皆不挂化妆土，直接施釉。根据口部、唇部、腹部及足部形态差异，可分为2亚型。

Ba型　1件。尖圆唇，敞口，斜直腹，平底。H1：103，口径2.6、底径1.9、高1.5厘米（图一九九，5）。

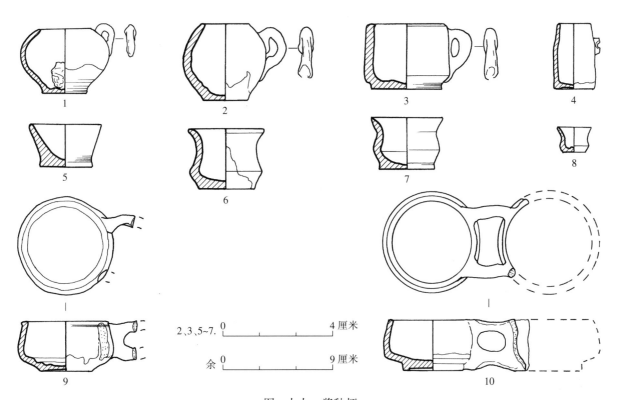

图一九九　酱釉杯

1. Aa型单杯（H10：939）　2. Ab型单杯（H1：96）　3. Ac型单杯（H1：94）　4. Ad型单杯（T1②：86）　5. Ba型单杯（H1：103）　6~8. Bb型单杯（T2③：112、T3④：6、H1：98）　9、10. 双联杯（H1：377、H10：815）

　　Bb型　3件。尖唇，敞口，折腹，平底。T2③：112，釉面脱落较甚。口径2.8、底径2、高2.1厘米（图一九九，6）。T3④：6，口径2.6、底径2、高1.8厘米（图一九九，7）。H1：98，釉面脱落较甚。口径2.8、底径1.8、高2厘米（图一九九，8）。

　　双联杯　2件。直口，方唇，杯身一侧通过粘接的双柄连接一同形制杯。胎面皆挂粉黄色化妆土。H1：377，斜直腹，近底处斜直内收，平底，口沿刮釉一周。口径7、底径4.3、高3.9厘米（图一九九，9）。H10：815，斜直腹，近底处斜直内收，圈足。口径6.8、底径4.8、高4厘米（图一九九，10；彩版七三，2）。

　　铃铛　11件。圆球形，顶部带一穿孔系，器身内含一陶球。部分器物器身下部挂化妆土。TN02E03②：38，釉面脱落较甚。直径4.6、高5.8厘米（图二〇〇，1）。TN01E01③：122，直径4.3、高5.2厘米（图二〇〇，2）。TN02E01③：60，直径4.7、高5.3厘米（图二〇〇，3）。TN02W01③：16，釉面脱落。直径4.3、残高5厘米（图二〇〇，4）。H2：508，直径5.3、高5.2厘米（图二〇〇，5）。H7：32，器身一侧残。高5.6厘米（图二〇〇，6）。H9：1063，器身一侧残，釉面部分脱落。高6厘米（图二〇〇，7）。H10：839，釉面脱落。直径4.8、高6厘米（图二〇〇，8）。H10：1247，釉面大部分脱落。直径4.4、高5.3厘米（图二〇〇，9）。F6：67，釉面部分脱落，粘连少量窑渣。直径4.8、高5.5厘米（图二〇〇，10）。F6：68，釉面部分脱落。直径4.8、高5.5厘米（图二〇〇，11）。

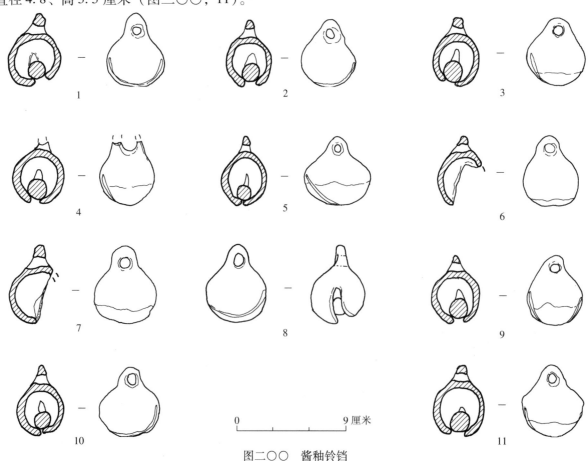

0　　　　　　　　　9厘米

图二〇〇　酱釉铃铛

1. TN02E03②：38　2. TN01E01③：122　3. TN02E01③：60　4. TN02W01③：16　5. H2：508　6. H7：32　7. H9：1063
8. H10：839　9. H10：1247　10. F6：67　11. F6：68

腰鼓 7 件。中部呈筒状，两端呈喇叭状，皆残存中段。H1：722，器身中间一周凸棱，釉下粉黄色化妆土绘卷草纹。筒径6.2、残高11.7厘米（图二〇一，1）。H2：492，器身中间一道凹槽，整器外壁酱釉，剔刻卷草纹，剔刻部分填白色化妆土。长18、残高8厘米（图二〇一，2；彩版七四，1）。H9：2134，整器外壁酱釉，剔刻卷草纹，剔花部分填白色化妆土，釉面脱落较甚。筒径7.7、残长18厘米（图二〇一，3）。H9：1089，整器外壁酱釉，剔刻卷草纹，剔花部分填白色化妆土，釉面脱落较甚，器身一处窑裂。筒径7.5、残长18.3厘米（图二〇一，4；彩版七四，2）。H9：2135，器身中间一道凹槽，外壁化妆土施团彩。筒径7.6、残长15厘米（图二〇一，5）。H10：1261，素面。筒径7.4、残长24.1厘米（图二〇一，6）。TN01E03③：443，器身中间一道凹槽，整器外壁酱釉，剔刻卷草纹，剔花部分填白色化妆土，釉面脱落较甚。筒径8.1、残长17.9厘米（图二〇一，7）。

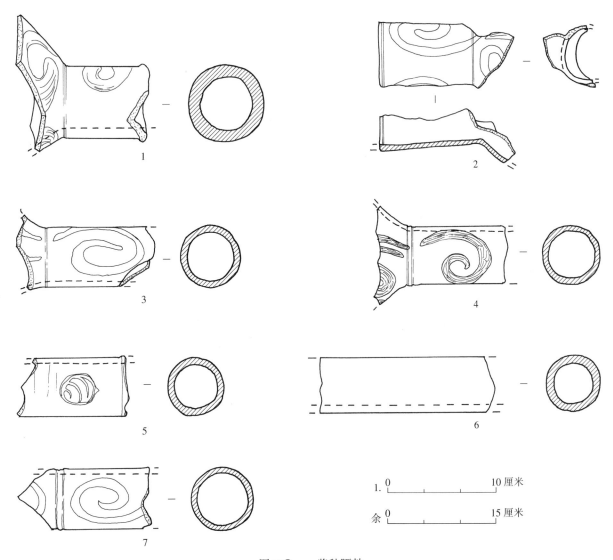

图二〇一 酱釉腰鼓
1. H1：722 2. H2：492 3. H9：2134 4. H9：1089 5. H9：2135 6. H10：1261 7. TN01E03③：443

　　球　4件。整体呈球形，实心。胎面皆挂化妆土。H11：12，釉面部分脱落，开裂现象明显。直径2.4厘米（图二〇二，1）。H18：145，釉面脱落较甚。直径2.8厘米（图二〇二，2）。H18：148，釉面脱落较甚。直径2.4厘米（图二〇二，3）。F6：79，釉面粘连少量窑渣。直径2.2厘米（图二〇二，4）。

　　器足　1件。柱形，中空，上小下大，或为灯类器物足部。H9：2149，胎面不挂化妆土。器身一处窑裂，柄身化妆土书写两列汉字，从左至右为"赵家□／□□□"，底部刻写"□元祐八年"。残高19.3厘米（图二〇二，5）。

　　器座　1件。座面斜弧上拱，上接一插孔。H1：726，胎面不挂化妆土。座双面皆残留一周叠烧痕。孔径4.2、残高7.8厘米（图二〇二，6）。

　　骆驼　1件。侧脸，匍匐，驼身上配鞍。H9：1110，胎面不挂化妆土，部分釉面脱落。高5.1、长11.3厘米（图二〇二，7）。

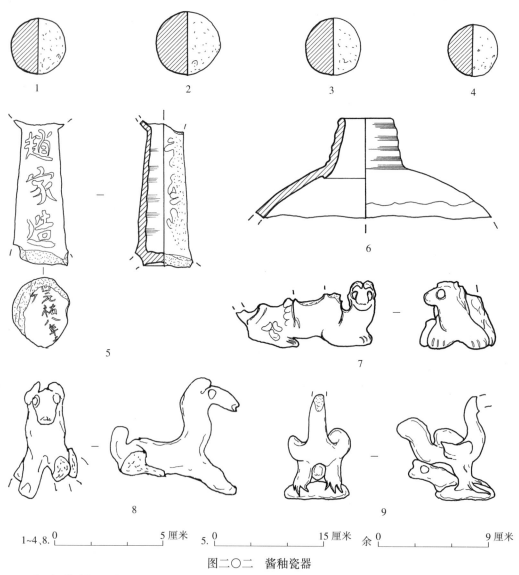

图二〇二　酱釉瓷器

1~4. 球（H11：12、H18：145、H18：148、F6：79）　5. 器足（H9：2149）　6. 器座（H1：726）
7. 骆驼（H9：1110）　8. 马（H9：1115）　9. 鸟（H9：1108）

马　1件。目视前方，口微张，长颈，右前肢前迈，尾上扬，似奔跑状。H9：1115，胎面不挂化妆土，釉面脱落较甚。长6、高5厘米（图二○二，8）。

鸟　1件。胎面皆不挂化妆土。H9：1108，头残，长颈，昂胸，两翼微张，双腿作站立状，尾上翘，尾下庇护一雏鸟。残长7.2、残高8厘米（图二○二，9）。

骑马俑　11件。捏制，皆有不同程度的残损。马长颈，短尾，呈奔跑状，骑马者手握缰绳坐于其上。少数器物胎面挂化妆土。H1：850，长6.4、高6.4厘米（图二○三，1）。H2：518，釉面脱落较甚。残长5.1、残高5.1厘米（图二○三，2）。H9：1111，釉面脱落较甚。残长6.6、残高7.4厘米（图二○三，3）。H12：136，长8.2、高7.5厘米（图二○三，4；彩版六○，2）。H12：274，骑马者，高鼻深目，头戴尖帽，釉面脱落较甚。长6、高7.6厘米（图二○三，5）。H13：185，残长7.2、高9厘米（图二○三，6）。H19：36，骑马者幞头，釉面脱落较甚。残长6、高7.8厘米（图二○三，7）。H22：131，骑马者幞头。釉面脱落较甚。长6.9、高7厘米（图二○三，8）。H22：132，釉面脱落较甚。残长5、残高6.2厘米（图二○三，9）。TN01E03③：348，长7.2、残高6.2厘米（图二○三，10）。采：292，釉面脱落较深。长9.1、高7.2厘米（图二○三，11）。

匍匐俑　1件。高鼻，深目，头戴宽沿尖顶帽，呈匍匐状。H9：1109，胎面不挂化妆土。长6、高6.1厘米（图二○三，12）。

狮　1件。采：1063，头微侧，瞠目呲牙，屈后腿呈盘卧状，卷尾，缩釉现象明显。长18、高7厘米（图二○四，1）。

鱼　1件。H9：2169，残存头部，圆目，面部、鱼鳃纹饰清晰，挂粉黄色化妆土。残高5.3厘米（图二○四，2）。

俑残件　2件。H2：517，颈部中空，棕红胎，酱釉。残高6.2厘米（图二○三，14）。H2：519，四肢着地，有尾。残高3.2厘米（图二○三，13）。

不明器物　2件。H2：493，似灯座，口微敛，中空，平底。底部一处窑裂。口径19、底径12.3、残高7.3厘米（图二○四，4）。H9：1142，另一面无釉，刻写"家永传"三字。残高8、残宽8厘米（图二○四，3）。

（四）黑釉瓷器

黑釉瓷器的出土数量不多，但仍占有一定比例，主要器形包括碗、盘、盏、碟、盒、炉、唾壶、蛙形灯、盖、研磨器、罐、瓶、缸、杯、腰鼓等十余种。大部分胎色棕红或砖红，不挂化妆土，素面，少数釉色偏酱黑。大体可以分为两类：一类为釉色较光亮者，这种产品似在模仿建窑、吉州窑等产品；另一类釉色发木无光泽，制作十分粗糙。

碗　56件。尖唇或尖圆唇，敞口或微侈。根据腹部形态差异及胎体厚薄，可分为3型。

A型　17件。深弧腹，胎体较薄。据口部及足部形态差异，可分为4亚型。

Aa型　3件。圆口碗，饼足。T1③：65，口沿釉面残损一周。口径14.2、底径5.8、高6.1厘米（图二○五，1）。H2：218，口沿残损一周，残留对口烧痕。口径14.6、底径5.5、高6厘米（图二○五，2）。Y3：12，内底粘连少量窑渣，口沿釉面残损一周。口径14.2、底径5.8、高6.2

0　　　　　　　　　9厘米

图二〇三　酱釉俑

1~11. 骑马俑（H1：850、H2：518、H9：1111、H12：136、H12：274、H13：185、H19：36、H22：131、H22：132、TN01E03③：348、采：292）　12. 匍匐俑（H9：1109）　13、14. 俑残件（H2：519、H2：517）

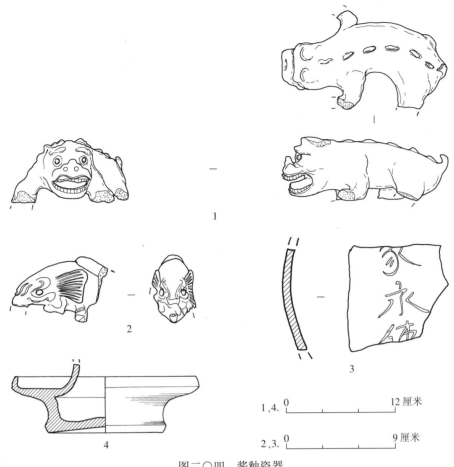

图二〇四　酱釉瓷器
1. 狮（采：1063）　　2. 鱼（H9：2169）　　3、4. 不明器物（H9：1142、H2：493）

厘米（图二〇五，3）。

　　Ab 型　8 件。圆口碗，矮圈足。F4 垮：81，口沿釉面残损一周。口径 14.8、底径 7、高 6.6 厘米（图二〇五，4）。F4 垫：420，口沿釉面残损一周，内壁粘连同类器物口沿。口径 14.2、底径 7.2、高 7.4 厘米（图二〇五，5）。H9：912，釉面部分脱落，口沿刮釉一周。口径 15、底径 6.8、高 6.4 厘米（图二〇五，6；彩版七五，1）。H9：914，口沿刮釉一周。口径 14.2、底径 7、高 6.8 厘米（图二〇五，7）。H9：916，因叠烧所致，碗内粘连一黑釉盘，盘内粘连一黑釉花口盘口沿，口沿刮釉一周。口径 15.8、底径 7、高 7.3 厘米（图二〇五，8）。H9：1967，与 H9：2162 对口粘连同一垫环。口径 16、底径 6.6、高 7 厘米（图二〇五，9）。H9：2162，口径 16、底径 6.6、高 6 厘米（图二〇五，9）。H10：1241，口沿刮釉一周。口径 13.4、底径 6.8、高 6.7 厘米（图二〇五，10）。

　　Ac 型　4 件。圆口碗，高圈足。F4 垮：78，口沿釉面残损。口径 14.4、底径 7.6、高 8.3 厘米（图二〇五，11）。H9：922，口沿刮釉一周。口径 13.4、底径 6.4、高 7.5 厘米（图二〇五，12）。H9：920，口沿及足底刮釉一周。口径 15、底径 7.2、高 7.6 厘米（图二〇五，13）。H9：927，口沿处挂一周米白色化妆土，口沿及足底刮釉一周。口径 15.8、底径 8.5、高 8.2 厘米（图二〇五，14）。

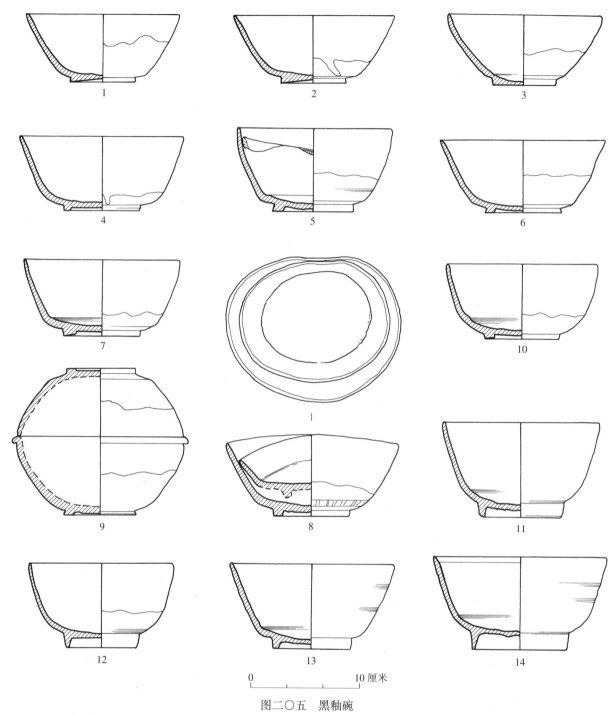

图二〇五　黑釉碗

1～3. Aa 型（T1③：65、H2：218、Y3：12）　　4～10. Ab 型（F4垮：81、F4垫：420、H9：912、H9：914、H9：916、H9：1967/
H9：2162、H10：1241）　　11～14. Ac 型（F4垮：78、H9：922、H9：920、H9：927）

　　Ad 型　2 件。花口碗，高圈足。H9：932，釉面大部分脱落，口沿刮釉一周。口径 15.6、底径 7.4、高 7.6 厘米（图二〇六，1）。H9：931，口沿及足底刮釉一周。口径 14.6、底径 7、高 6.3 厘米（图二〇六，4）。

　　B 型　27 件。斜弧腹，圈足，胎体较厚。根据体型大小差异，可分为 2 亚型。

　　Ba 型　12 件。体型较小，内底粘连石英砂，外底残留石英砂垫烧痕。T1③：210，釉面窑变

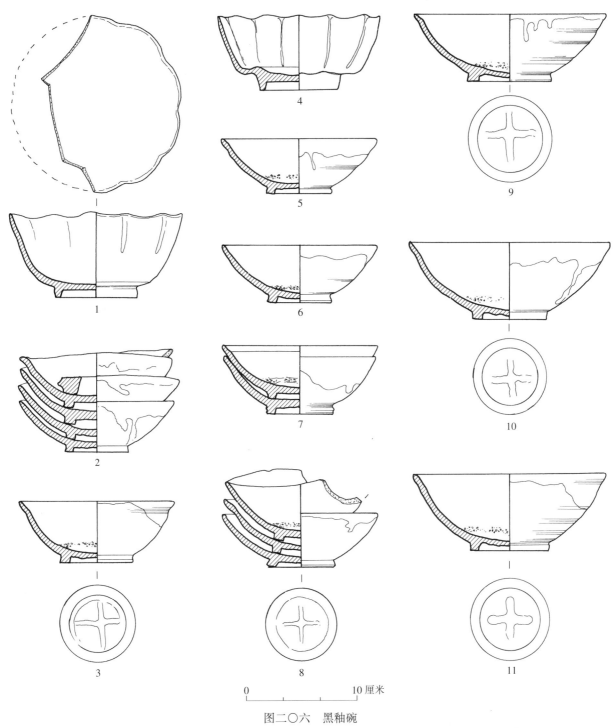

图二〇六　黑釉碗

1、4. Ad 型（H9：932、H9：931）　　2、3、5～8. Ba 型（J1：86/J1：123/J1：124/J1：125、T1③：210、T2③：119、J1：48、

J1：87/J1：122、J1：85/J1：120/J1：121）　　9～11. Bb 型（T2③：118、T1③：207、T1③：208）

呈灰蓝色，内底粘石英砂，圈足内模印一"十"字。口径 14.7、底径 6.4、高 5.4 厘米
（图二〇六，3）。T2③：119，釉面窑变呈灰蓝色，内底粘石英砂。口径 14、底径 5.8、高 4.8 厘
米（图二〇六，5）。J1：48，口径 14、底径 5、高 5 厘米（图二〇六，6）。J1：85，与 J1：120、
J1：121 粘连，釉面窑变呈灰蓝色。口径 14.1、底径 6.2、高 8.6 厘米（图二〇六，8）。J1：120，
釉面窑变呈灰蓝色。J1：121，釉面窑变呈灰蓝色。J1：86，与 J1：123、J1：124、J1：125 粘连，

四者外壁皆粘连较多窑渣。口径 13.8、底径 5.7、高 9 厘米（图二〇六，2）。J1：123，口径 14.5 厘米（图二〇六，2）。J1：124，口径 14.4 厘米（图二〇六，2）。J1：125，内底粘连一垫圈。口径 14.5 厘米（图二〇六，2）。J1：87，与 J1：122 上下粘连。口径 13.8、底径 6、高 6.1 厘米（图二〇六，7；彩版七五，2）。

Bb 型　15 件。体型较大。T2③：118，釉面部分脱落，内底粘石英砂，圈足内模印一"十"字。口径 17.2、底径 7.6、高 6 厘米（图二〇六，9）。T1③：207，釉面窑变呈灰蓝色，内底粘石英砂，圈足内模印一"十"字。口径 18.4、底径 7、高 6.8 厘米（图二〇六，10）。T1③：208，内底粘石英砂，圈足内模印一"十"字。口径 17.4、底径 7.2、高 6.8 厘米（图二〇六，11）。T2③：120，釉面窑变呈灰蓝色，内底粘石英砂，圈足内模印一"十"字。口径 17.8、底径 6.6、高 6 厘米（图二〇七，1）。TN01E02③：36，内底粘连石英砂，圈足内模印窑工印记。口径 17.6、底径 6、高 5.6 厘米（图二〇七，5）。TN01E04③：13，部分釉面窑变至灰蓝色，内底残留石英砂痕，粘连一泥饼。口径 17.4、底径 7.2、高 6 厘米（图二〇七，2）。TN02E02③：16，内壁叠烧粘连数个同类器物，圈足内模印窑工印记。底径 8、高 13.6 厘米（图二〇七，6）。TN03E02③：26，内底粘石英砂。口 18.4、底径 6.6、高 6.4 厘米（图二〇七，3）。H3：7，部分釉面窑变至灰蓝色，且釉面脱落较甚。内底粘石英砂，圈足内模印窑工印记。口径 19.2、底径 6.8、高 6.6 厘米（图二〇七，4）。J1：55，内壁少量鸡爪纹，内壁粘连石英砂，外底残留石英砂垫烧痕。口径 17.8、底径 6.6、高 6.6 厘米（图二〇七，7）。J1：70，釉面釉泡、縠眼、开片现象较明显，腹部一处窑裂，内壁粘连石英砂，外底残留石英砂垫烧痕，圈足内模印窑工印记。口径 17.9、底径 7.2、高 6.8 厘米（图二〇八，1）。J1：90，圈足内模印窑工印记，外底残留石英砂垫烧痕，内底与 J1：119 上下粘连。底径 6.8、高 6.1 厘米（图二〇八，2）。J1：119，内底残留一垫圈。口径 17.3、高 6.2 厘米（图二〇八，2）。J1：92，内壁与 J1：126 上下粘粘，外壁粘粘一器物口部。外底残留石英砂垫烧痕，圈足内模印窑工印记。口径 18、底径 7、高 6.4 厘米（图二〇八，3）。J1：126，部分釉面窑变至蓝黑色。内壁粘石英砂。口径 17.8、高 5.4 厘米（图二〇八，3）。

C 型　12 件。斜弧腹，圈足，胎体较薄。根据体型大小差异，可分为 2 亚型。

Ca 型　1 件。体型较小。H2：216，胎面挂粉黄色化妆土。内底一处窑裂。口径 13.6、底径 4.4、高 5.8 厘米（图二〇八，4）。

Cb 型　11 件。体型较大。H1：704，内、外底残留石英砂垫烧痕。口径 18.1、底径 6.4、高 5.8 厘米（图二〇八，5）。TN01E01③：119，内壁粘连一残片，内底残留石英砂垫烧痕，圈足内模印窑工印记。口径 18.1、底径 6.2、高 6.2 厘米（图二〇八，6）。H2：238，内底残留石英砂垫烧痕，圈足内模印窑工印记。口径 19、底径 6.6、高 6.6 厘米（图二〇八，7）。H2：239，内底残留石英砂垫烧痕，圈足内模印窑工印记。口径 17、底径 6、高 6 厘米（图二〇八，8）。H2：241，内底残留石英砂垫烧痕，圈足内模印窑工印记。口径 18.8、底径 7、高 6.6 厘米（图二〇八，9）。H2：242，内、外底残留石英砂垫烧痕，圈足内模印窑工印记。口径 18.4、底径 6.2、高 6 厘米（图二〇八，10）。H2：243，部分釉面窑变成灰蓝色。内壁粘连石英砂，外底残留石英砂垫烧痕，圈足内模印窑工印记。口径 18.4、底径 6.6、高 5.6 厘米（图二〇八，11）。H3：6，部分釉面窑变成灰蓝色。内壁粘连石英砂，外底残留石英砂垫烧痕，圈足内模印窑工印记。口径 18.4、底径

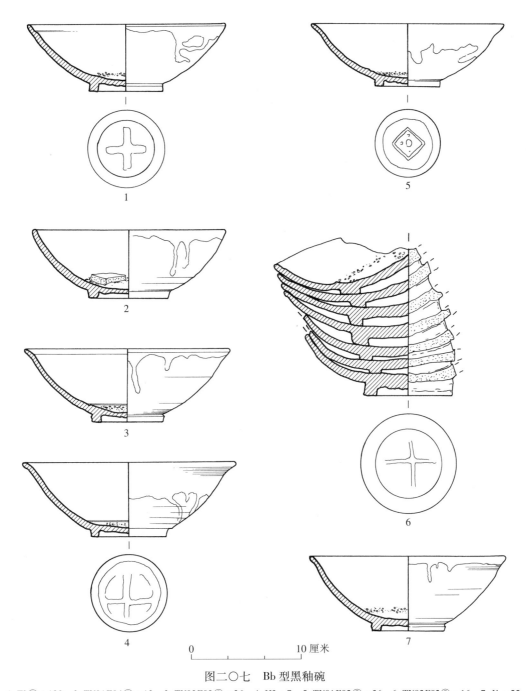

图二〇七 Bb 型黑釉碗

1. T2③：120　2. TN01E04③：13　3. TN03E02③：26　4. H3：7　5. TN01E02③：36　6. TN02E02③：16　7. J1：55

7、高 5.5 厘米（图二〇九，1）。H3：9，内底残留石英砂垫烧痕。口径 18、底径 6、高 6 厘米（图二〇九，2）。F2 垫：361，内壁粘连石英砂，外底残留石英砂垫烧痕。口径 18、底径 6、高 5.2 厘米（图二〇九，3）。H3：10，腹部一处窑裂，内壁粘连石英砂，外底残留石英砂垫烧痕。口径 17.8、底径 6.2、高 5.6 厘米（图二〇九，4）。

碗残件　1 件。H9：930，高圈足，为 Ac 型或 Ad 型碗，足底刮釉一周。底径 7.8、残高 4.5 厘米（图二〇九，5）。

盘　17 件。敞口。根据器物腹部形态差异，可分为 2 型。

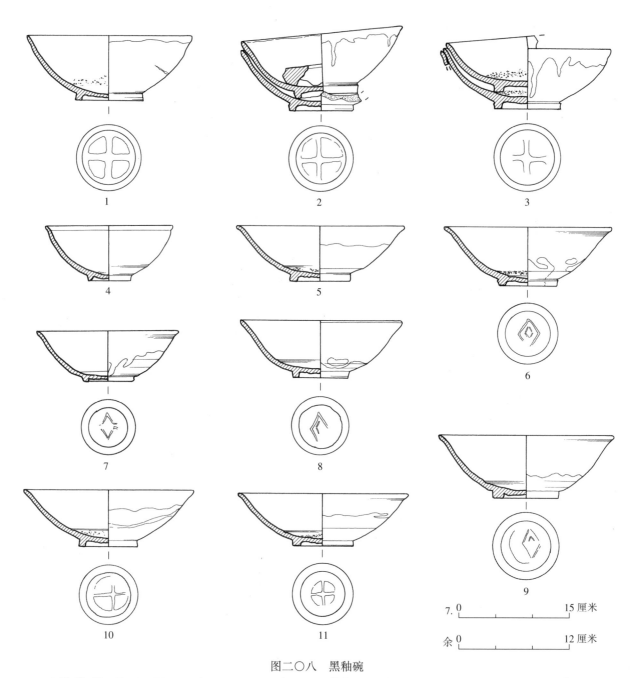

图二○八　黑釉碗

1～3. Bb 型（J1：70、J1：90/J1：119、J1：92/J1：126）　　4. Ca 型（H2：216）　　5～11. Cb 型（H1：704、TN01E01③：119、
H2：238、H2：239、H2：241、H2：242、H2：243）

　　A 型　4 件。圆唇，斜弧腹，圈足。J1：79，釉面窑变成灰黑色，内、外底粘连石英砂。口径
15、底径 6.6、高 4.6 厘米（图二○九，6）。J1：95，外壁釉面部分破损，外底黏连石英砂，内底
与 J1：117 粘连。口径 15.6、底径 6.4、高 4 厘米（图二○九，8）。J1：117，内底粘连石英砂。圈
足内模印窑工印记。口径 15.5、底径 6.3、高 4.1 厘米（图二○九，8）。H1：705，圈足内模印窑工
印记，内底粘连石英砂，外底残留垫烧痕。口径 15.6、底径 5.6、高 4.1 厘米（图二○九，7）。

　　B 型　13 件。圆唇或尖圆唇，折腹。根据口部及足部形态差异，可分为 4 亚型。

　　Ba 型　5 件。圆口，饼足。H2：223，釉面"橘皮"现象较明显。口径 13、底径 5、高 3.5 厘

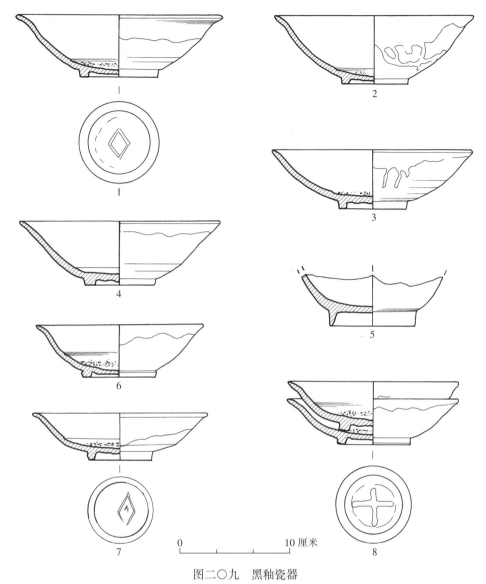

图二〇九　黑釉瓷器

1～4. Cb 型碗（H3：6、H3：9、F2 垫：361、H3：10）　　5. 碗残件（H9：930）　　6～8. A 型盘
（J1：79、H1：705、J1：95/J1：117）

米（图二一〇，1）。H2：225，唇部刮釉一周，残存对口烧痕迹。口径 14.8、底径 5.8、高 3.5 厘
米（图二一〇，2）。H9：503，釉面较多棕眼及釉泡，唇部残留一周对口烧痕迹。口径 15.4、底
径 6.1、高 2.6 厘米（图二一〇，3）。H9：1870，唇部残留一周对口烧痕迹。口径 15.1、底径
6.1、高 5.4 厘米（图二一〇，4）。H9：1968，釉泡及缩釉现象较明显，唇部残留一周对口烧痕
迹。口径 15.1、底径 6.1、高 4.5 厘米（图二一〇，5）。

　　Bb 型　5 件。圆口，圈足。H2：224，口沿刮釉一周，残存对口烧痕迹。口径 15.1、底径
5.8、高 3.6 厘米（图二一〇，6）。H9：904，唇部刮釉一周，残存对口烧痕迹。口径 15.8、底径
5.8、高 3.6 厘米（图二一〇，7）。H9：906，口径 14.8、底径 5.8、高 4 厘米（图二一〇，8）。
H9：908，唇部刮釉一周。口径 17.4、底径 6.6、高 4.3 厘米（图二一〇，9）。H9：634，缩釉现
象较明显，唇部刮釉一周。口径 14.5、底径 6.7、高 4.2 厘米（图二一〇，10）。

　　Bc 型　1 件。尖圆唇，花口，平底。H9：1872，唇部残存对口烧痕迹。口径 11.7、底径 4.3、

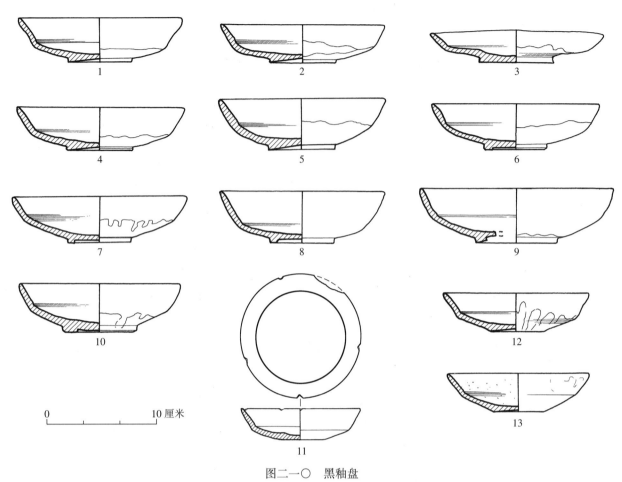

图二一〇　黑釉盘

1～5. Ba 型（H2：223、H2：225、H9：503、H9：1870、H9：1968）　　6～10. Bb 型（H2：224、H9：904、H9：906、H9：908、
H9：634）　　11. Bc 型（H9：1872）　　12、13. Bd 型（H9：502、H9：633）

高 3 厘米（图二一〇，11）。

　　Bd 型　2 件。尖圆唇，圆口，平底。H9：502，唇部刮釉一周，残存对口烧痕迹。口径 11.7、底径 4.2、高 3 厘米（图二一〇，12）。H9：633，内壁釉面较多棕眼，外壁缩釉现象较明显。口径 12.9、底径 4、高 3 厘米（图二一〇，13）。

　　盏　8 件。根据口部形态差异，可分为 2 型。

　　A 型　2 件。圆唇，束口，斜弧腹。根据足部差异，可分为 2 亚型。

　　Aa 型　1 件。饼足。H1：297，唇部刮釉一周。口径 9.8、底径 3.4、高 3 厘米（图二一一，1）。

　　Ab 型　1 件。圈足。H10：1002，外壁近底部挂粉黄色化妆土，釉面缩釉现象较甚。口径 10.9、底径 3.6、高 3.9 厘米（图二一一，2）。

　　B 型　6 件。圆唇，敞口，斜弧腹，圈足。J1：1，唇部釉面残损，釉面有窑变现象，内、外底残留石英砂垫烧痕。口径 11.3、底径 5.4、高 4 厘米（图二一一，3）。J1：18，内壁粘有少量窑渣，内、外底残留石英砂垫烧痕。口径 11.4、底径 5.6、高 4.4 厘米（图二一一，4）。J1：30，底部一处窑裂，内壁粘有石英砂，外底残留石英砂垫烧痕。口径 11.6、底径 5.2、高 4.5 厘米（图二一一，5；彩版七六，1）。J1：31，釉面鬃眼现象较明显，内、外底残留石英砂垫烧痕。口径

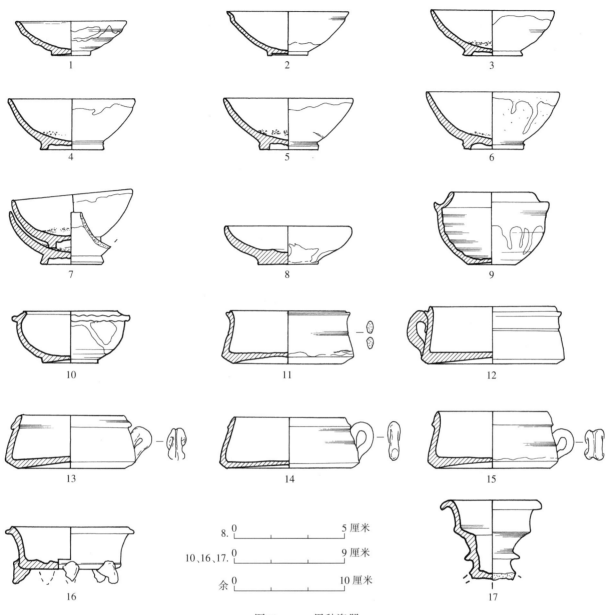

图二一一　黑釉瓷器

1. Aa 型盏（H1：297）　2. Ab 型盏（H10：1002）　3~7. B 型盏（J1：1、J1：18、J1：30、J1：31、J1：84/J1：116）　8. 碟
（H9：345）　9. A 型盒（H2：262）　10. B 型盒（H2：261）　11、12. Aa 型炉（H9：862、H9：865）　13~15. Ab 型炉
（H2：253、H9：863、H9：867）　16. B 型炉（H10：812）　17. C 型炉（H1：695）

12、底径5.2、高4厘米（图二一一，6）。J1：84，内壁粘贴 J1：116，外底残留石英砂垫烧痕。
口径11.4、高4.4厘米（图二一一，7）。J1：116，内壁粘有石英砂。口径11.3、底径5.5、高
4.3厘米（图二一一，7）。

　　碟　1件。圆唇，敞口，斜弧腹，平底。H9：345，近底处内凹，釉面粘有少量窑渣。口径
5.7、底径2.6、高1.7厘米（图二一一，8）。

　　盒　2件。皆为盒身，尖唇，子口内敛。根据腹部、肩部及足部形态差异，可分为2型。

　　A 型　1件。斜弧腹，肩部无装饰，平底。H2：262，口径7、底径4.4、高6.3厘米（图
二一一，9）。

B 型　1 件。弧腹，肩部呈花瓣状，饼足。H2：261，下腹部一周叠烧痕。口径 7.4、底径 4.4、高 4 厘米（图二一一，10；彩版七六，2）。

炉　7 件。筒形腹。根据沿部及足部形态差异，可分为 3 型。

A 型　5 件。敛口，无沿，腹部带一系，平底。根据唇部形态差异，可分为 2 亚型。

Aa 型　2 件。尖唇，口沿下一周凸棱。H9：862，系部残，釉面黏连少量窑渣，底部一处窑裂，口沿釉面残损一周，残留对口烧痕。口径 10.8、底径 9.6、高 4.6 厘米（图二一一，11）。H9：865，单股竖系，口沿釉面残损一周，残留对口烧痕。口径 11.2、底径 11.6、高 5 厘米（图二一一，12；彩版七七，1）。

Ab 型　3 件。斜方唇。H2：253，双股竖系，口沿部分刮釉，残留对口烧痕。口径 10、底径 9.6、高 4.6 厘米（图二一一，13）。H9：863，单股竖系，底部窑裂，口沿刮釉一周，残留对口烧痕。口径 10、底径 11.2、高 4.4 厘米（图二一一，14）。H9：867，双股竖系，釉面粘连少量窑渣，口沿釉面部分残损，底部窑裂。口径 10、底径 10.3、高 5 厘米（图二一一，15）。

B 型　1 件。尖圆唇，口微敞，折沿，腹下接五只锥形足。H10：812，釉面部分脱落，粘有少量窑渣。口径 10.4、腹深 2.7、高 4.3 厘米（图二一一，16）。

C 型　1 件。尖唇，口微敞，卷沿，腹部下凹呈柄形足。H1：695，口径 8.4、腹深 5.6、残高 6.2 厘米（图二一一，17）。

唾壶　3 件。尖唇，喇叭口呈花瓣状，束颈，鼓腹，圈足。H9：955，腹上饰一周凹弦纹。口径 12.4、底径 8.2、高 10 厘米（图二一二，1）。H9：956，口径 12.4、底径 7.4、高 8.8 厘米（图二一二，2；彩版七七，2）。H9：2061，腹上饰一周凹弦纹，釉面粘连少量窑渣，外壁下腹部残存一周叠烧痕。口径 12、底径 7.2、高 8.5 厘米（图二一二，3）。

蛙形灯　7 件。圆唇或尖圆唇，敛口，近口沿处带一兽形提梁，平底或略带饼足。根据腹部形态差异，可分为 2 型。

A 型　2 件。圆鼓腹，腹部贴饰一周花瓣。H9：1055，底部一处窑裂，外底残留叠烧痕。口径 6.3、底径 7、高 8.4 厘米（图二一二，4；彩版七八，1）。H9：2062，提梁残。釉面缩釉现象较明显，外底粘有少量窑渣。口径 6、底径 7、残高 6.7 厘米（图二一二，6）。

B 型　5 件。折腹。根据腹部深浅差异，可分为 2 亚型。

Ba 型　1 件。腹部较深。H10：807，提梁残。釉面脱落较甚，外底残留叠烧痕。口径 5、底径 4.2、残高 3.2 厘米（图二一二，5）。

Bb 型　4 件。腹部较浅，口部两侧附加一蛙形提梁。H1：340，口部多处窑裂，上腹粘有少量窑渣，下腹残留叠烧痕。口径 4、底径 4.2、残高 3.5 厘米（图二一二，7）。H1：342，口径 3.7、底径 4.2、高 2.8 厘米（图二一二，8）。H1：345，器身多处窑裂，外壁粘有少量窑渣。口径 3.6、底径 4、高 3.4 厘米（图二一二，9）。H1：346，口径 3、底径 3.4、高 3 厘米（图二一二，10）。

盖　19 件。皆子口，顶部带纽。皆盖内无釉，盖面黑釉。根据盖面形态差异，可分为 3 型。

A 型 10 件。盖面弧拱。根据纽部及沿部形态差异，可分为 3 亚型。

Aa 型　1 件。饼形纽。H1：368，口径 6.6、高 2.8 厘米（图二一三，1）。

Ab 型　2 件。柱形纽，折沿。H1：367，盖面挂粉黄色化妆土，釉面脱落较甚，残存一周叠

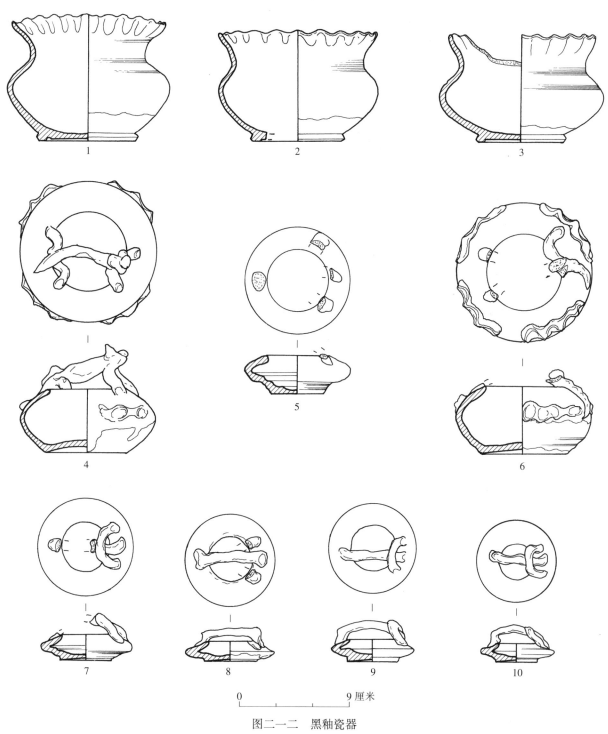

图二一二　黑釉瓷器

1~3. 唾壶（H9：955、H9：956、H9：2061）　　4、6. A 型蛙形灯（H9：1055、H9：2062）　5. Ba 型蛙形灯（H10：807）
7~10. Bb 型蛙形灯（H1：340、H1：342、H1：345、H1：346）

烧痕。口径 9.4、高 4.2 厘米（图二一三，2）。H2：270，釉面脱落较甚，内壁沿部残留一周叠烧痕。口径 10、高 3.8 厘米（图二一三，3）。

　　Ac 型　7 件。简易宝塔形纽，折沿。H9：1024，缩釉现象较甚。口径 5.2、高 5 厘米（图二一三，11）。H9：1026，釉面大量窑渣。内壁沿部残存一周叠烧痕。口径 5.2、高 5.2 厘米（图二一三，12）。H9：1029，内壁沿部残存叠烧痕。口径 4.4、高 5.6 厘米（图二一三，13）。

H9：1030，口径5.4、高5.8厘米（图二一三，14）。H9：1032，釉面大量釉泡。口径7、高6厘米（图二一三，15）。H10：816，口径4.4、高5.8厘米（图二一三，10）。H9：2080，口径5.9、高4.6厘米（图二一三，9）。

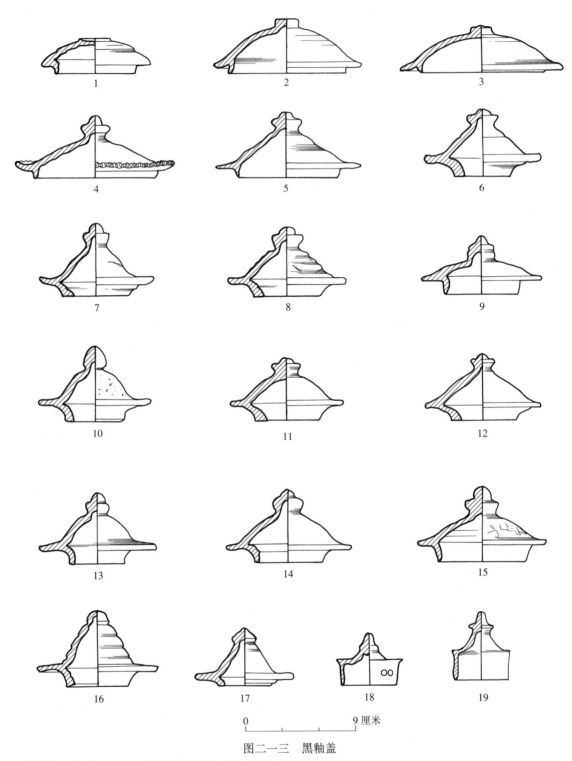

图二一三　黑釉盖

1. Aa 型（H1：368）　　2、3. Ab 型（H1：367、H2：270）　　4 ~ 8、16、17. B 型（H9：1040、H9：1033、H2：273、H2：274、H2：275、H9：2082、H10：821）　　9 ~ 15. Ac 型（H9：2080、H10：816、H9：1024、H9：1026、H9：1029、H9：1030、H9：1032）　　18、19. C 型（H9：1015、TN01E03③：915）

B 型　7 件。简易宝塔形纽，盖面斜直上拱，折沿。H9：1040，沿部呈波浪状。口径 9.8、高 4.9 厘米（图二一三，4）。H9：1033，盖面釉层脱落。口径 8、高 5.2 厘米（图二一三，5）。H2：273，大片釉面黏粘窑渣。口径 4.8、高 5.4 厘米（图二一三，6）。H2：274，器身一侧窑裂，口部残留叠烧痕。口径 5.5、高 5.8 厘米（图二一三，7）。H2：275，器身多处窑裂。口径 5.4、高 5.5 厘米（图二一三，8）。H9：2082，口径 5、高 5.9 厘米（图二一三，16）。H10：821，口径 4.2、高 4.4 厘米（图二一三，17）。

C 型　2 件。宝塔形纽，盖面平直，子口较长，口壁穿二小孔。H9：1015，口径 4.4、高 4.1 厘米（图二一三，18）。TN01E03③：915，口径 4.3、高 5.5 厘米（图二一三，19）。

研磨器　5 件。方唇，直口或微敞，折腹，下腹斜直内收，内壁戳刻有呈放射状锯齿面，足部制作不规整，平底或略带饼足。根据上腹深浅差异，可分为 2 型。

A 型　4 件。上腹较浅，外壁上、下腹之间一周凸棱。H1：329，唇部残留一周对口烧痕迹，且有一处窑裂，内底残留一周叠烧痕。口径 10、底径 3.8、高 2.3 厘米（图二一四，1）。H1：335，口径 9.5、底径 3.8、高 2.2 厘米（图二一四，2）。H1：336，底部一处窑裂。口径 9.8、底径 3.6、高 2.8 厘米（图二一四，3）。H1：337，内底部有一周叠烧痕。口径 9.8、底径 4、高 3 厘米（图二一四，4）。

B 型　1 件。上腹较 A 型更深，外壁上、下腹之间无明显凸棱。H10：499，釉面脱落较甚。唇部残留一周对口烧痕迹。口径 11.6、底径 4、高 2.6 厘米（图二一四，5）。

罐　11 件。制作不规整，形制较小。根据口部、颈部、系部及腹部形态差异，可分为 3 型。

A 型　9 件。圆唇或方唇，敞口，束颈，溜肩，肩部置一对竖系，弧腹，平底，略带饼足。大部分仅肩部以上或口部施釉。H2：347，口径 4、腹径 5.8、底径 4、高 6 厘米（图二一四，6）。H2：445，口径 3.6、腹径 6.1、底径 4、高 6 厘米（图二一四，7）。H10：921，釉面脱落较甚。口径 3.2、腹径 4.8、底径 3.6、高 4.8 厘米（图二一四，8）。H10：925，口径 3.5、腹径 4.9、底径 3.6、高 5 厘米（图二一四，9）。H18：10，釉面脱落较甚。口径 3.6、腹径 6、底径 3.5、高 5.5 厘米（图二一四，10）。TN01E02②：65，釉面脱落。口径 4.2、腹径 6、底径 3.8、高 6 厘米（图二一四，11）。TN01E03③：363，口径 3.8、腹径 6.5、底径 3.7、高 6 厘米（图二一四，12）。TN01E03③：639，口径 4.1、腹径 6.2、底径 3.8、高 6 厘米（图二一五，1）。F2 垫：577，釉面脱落较甚。口径 4.2、腹径 6、底径 4.2、高 5.6 厘米（图二一五，2）。

B 型　1 件。圆唇，敞口，束颈较粗，溜肩，弧腹，略带饼足。H10：1410，釉面脱落较甚。口径 3.5、腹径 4、底径 2.9、高 3.5 厘米（图二一五，3）。

C 型　1 件。尖唇，口微敛，短直颈，溜肩，肩部置一对横系，卵形腹，饼足。H10：915，外底残留一周叠烧痕。口径 4、腹径 6.3、底径 4.8、高 8.3 厘米（图二一五，4）。

瓶　5 件。尖唇，口部近直，短直颈，丰肩，弧腹，较长，饼足。H2：410，口径 2.6、腹径 6.5、底径 3.4、高 9.1 厘米（图二一五，5）。H2：412，釉面橘皮现象较明显。口径 2.4、腹径 6.2、底径 3.5、高 8.5 厘米（图二一五，6）。H2：415，口径 2.6、腹径 6.3、底径 3.2、高 8.4 厘米（图二一五，7）。H9：122，口径 2.6、腹径 6.2、底径 3.8、高 8.8 厘米（图二一五，8；彩版七八，2）。H10：1413，釉面脱落较甚且棕眼现象较明显。口径 2.8、腹径 5.8、底径 3.7、高 8

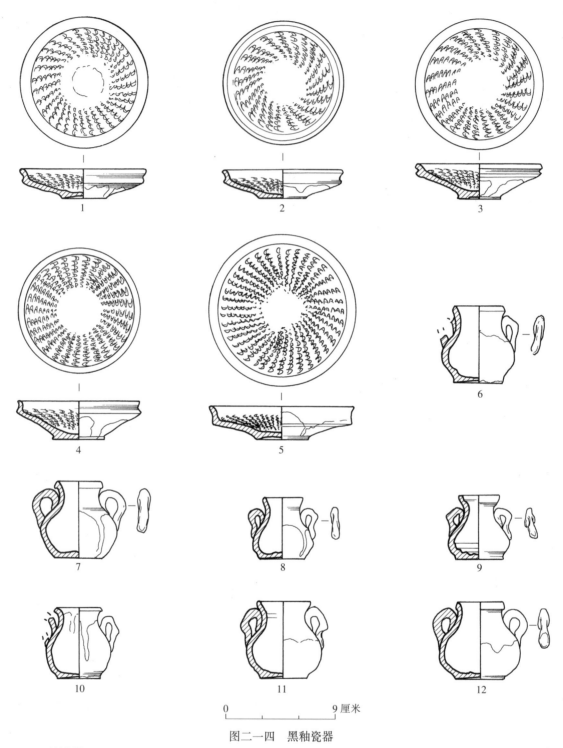

图二一四　黑釉瓷器

1~4. A 型研磨器（H1：329、H1：335、H1：336、H1：337）　5. B 型研磨器（H10：499）　6~12. A 型罐（H2：347、
H2：445、H10：921、H10：925、H18：10、TN01E02②：65、TN01E03③：363）

厘米（图二一五，9）。

　　缸残件　1件。尖圆唇，直口，平折沿，弧腹。H18：127，釉面部分缩釉，脱釉较甚。口径
44.8、残高20.2厘米（图二一五，10）。

　　杯　1件。尖唇，敛口，弧腹，下垂，饼足。H1：95，口径2、腹径3.4、底径2.3、高2.7

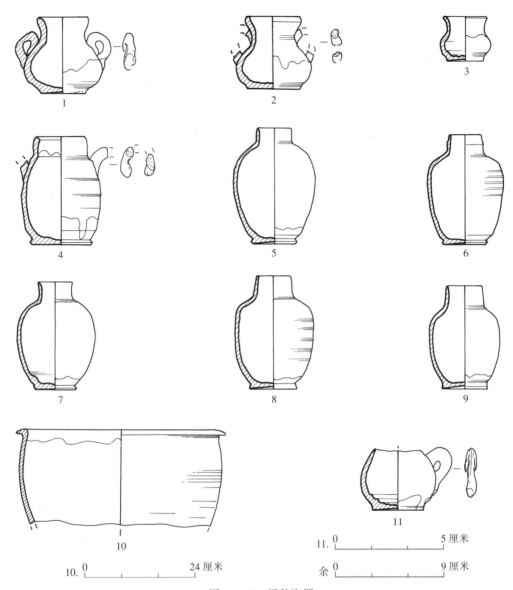

图二一五 黑釉瓷器

1、2. A 型罐（TN01E03③：639、F2 垫：577） 3. B 型罐（H10：1410） 4. C 型罐（H10：915） 5~9. 瓶（H2：410、H2：412、H2：415、H9：122、H10：1413） 10. 缸残件（H18：127） 11. 杯（H1：95）

厘米（图二一五，11）。

腰鼓 3 件。中部呈筒状，两端呈喇叭状，皆残存中段。H9：2132，筒径 7.6、残长 22.5 厘米（图二一六，1）。H9：2133，整器外壁黑釉，剔刻卷草纹，剔花部分填白色化妆土。筒径 7.8、残长 31.9 厘米（图二一六，2；彩版七九）。H10：1260，器身中间一周凹槽。筒径 7.6、残长 45 厘米（图二一六，3）。

狗 1 件。立耳，口微张，仰头，前肢直立，后肢残。H17：95，高 5.5、长 7.5 厘米（图二一六，4）。

（五）绿釉瓷器

绿釉瓷器的出土数量在整个瓷器中最少，器形十分单一，几乎只见盏、碗、碟三类。胎体绝

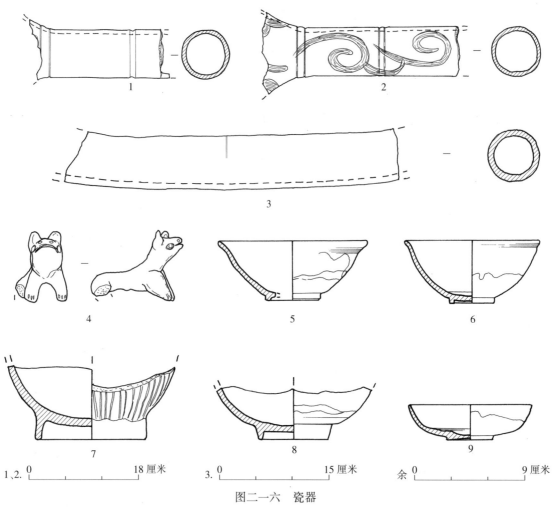

图二一六　瓷器

1~3. 黑釉腰鼓（H9：2132、H9：2133、H10：1260）　4. 黑釉狗（H17：95）　5、6. 绿釉盏（H9：2137、H9：1101）
7、8. 绿釉碗残件（H9：2087、H9：1098）　9. 绿釉碟（H9：631）

大多数呈砖红色及棕红色，胎面皆挂化妆土，绿釉。

盏　2件。尖圆唇，敞口微侈，斜弧腹，圈足。H9：2137，近内底处内凹，口径12、底径4.4、高4.7厘米（图二一六，5）。H9：1101，近内底处内凹，釉面有较多釉泡。口径10.8、底径3.6、高5厘米（图二一六，6）。

碗残件　2件。残存底部，高圈足。H9：2087，外壁模印莲瓣纹。底径8.8、残高5.7厘米（图二一六，7）。H9：1098，底径5.6、残高4厘米（图二一六，8）。

碟　1件。尖圆唇，敞口，斜弧腹，饼足。H9：631，内底一周凹弦纹。口径10、底径3.8、高2.8厘米（图二一六，9；彩版八〇）。

（六）素烧器

胎体绝大部分呈棕红色或砖红色，个别呈棕灰色。与釉陶器疏松的胎质不同，这类器物胎质坚实而细密，烧成温度明显高于陶器，且有一部分能在瓷器中找到对应的器形。器形可辨瓶、杯、球、仓、罐、盖、杯等。

瓶　30 件。体型较小，部分制作不规整。根据口部、颈部、肩部、腹部及底部形态差异，可分为 6 型。

A 型　17 件。尖唇或方唇，直口或口近直，长直颈，折肩，弧腹较长，平底。T3④：3，口径 2.8、腹径 4.8、底径 3、高 5.8 厘米（图二一七，1）。H1：73，器表较多坯泡。口径 2.5、腹径 6.4、底径 3.5、高 10 厘米（图二一七，2）。H2：407，器表粘连大量窑渣。口径 2.3、腹径 6.3、底径 4、高 9.2 厘米（图二一七，3）。H2：411，器表少量坯泡。口径 3、腹径 6.3、底径 4.1、高 9 厘米（图二一七，4）。H2：413，外底一周叠烧痕。口径 3、腹径 6.2、底径 4.2、高 9 厘米（图二一七，5）。H2：429，口径 2.8、腹径 5.4、底径 3.9、高 8 厘米（图二一七，6）。H9：131，口径 2.8、腹径 6.2、底径 4.1、高 8.9 厘米（图二一七，7）。H9：142，口径 3.1、腹径 6.3、底径 3.8、高 9.4 厘米（图二一七，8）。H10：960，器表粘连窑渣。口径 3、腹径 4.6、底径 3.4、高 6 厘米（图二一七，9）。TN01E02②：67，唇部残。口径 2.8、腹径 4.6、底径 3.4、残高 5.8 厘米（图二一七，10）。TN01E03③：669，口径 2.8、腹径 5、底径 3.4、高 7.4 厘米（图二一七，11）。TN01E03③：671，口径 2.8、腹径 5.6、底径 3.8、高 8 厘米（图二一七，12）。TN01E03③：672，口径 2.6、腹径 5.4、底径 4、高 8 厘米（图二一七，13）。F4 垫：37，口部残。腹径 5.4、底径 3.4、残高 6 厘米（图二一七，14）。F4：23，口径 3、腹径 4.6、底径 3.8、高 6.4 厘米（图二一七，15）。F4 垮：100，外底残留叠烧痕。口径 2.8、腹径 5.2、底径 4、高 6.5 厘米（图二一七，16）。采：87，口径 2.8、腹径 5.4、底径 3.8、高 7.2 厘米（图二一七，17）。

B 型　1 件。尖唇，口微敞，长颈、微束，折肩，斜直腹，平底。H18：59，口径 2.9、腹径 3.7、底径 2.6、高 4.3 厘米（图二一八，1）。

C 型　4 件。圆唇或尖唇，敞口，长颈微束，溜肩，弧腹，平底或略带饼足。H1：53，口径 3.3、腹径 4.8、底径 3.4、高 6.2 厘米（图二一八，2）。H1：55，口径 2.9、腹径 4、底径 2.9、高 5.8 厘米（图二一八，3）。H1：56，器表粘连大量窑渣。口径 2.9、腹径 4.3、底径 3.4、高 5.6 厘米（图二一八，4）。F4 垮：111，口径 3.2、腹径 4.1、底径 3.2、高 3.8 厘米（图二一八，5）。

D 型　1 件。尖唇，直口，略折沿，无颈，溜肩，弧腹，下腹部一道凸棱，喇叭形平底。TN01E03③：402，口径 2.2、腹径 2.4、底径 2.3、高 4.2 厘米（图二一八，6）。

E 型　6 件。唇部外翻呈凸圆形，口近直或微敞，斜直颈，丰肩，斜弧腹，饼足。H9：2011，颈部及其以上挂粉黄色化妆土。口径 2.7、腹径 3.2、底径 1.4、高 4.5 厘米（图二一八，7）。H10：962，口径 2.8、腹径 3.6、底径 2.2、高 5 厘米（图二一八，8）。H12：133，颈部及其以上挂粉黄色化妆土。口径 3.1、腹径 4.8、底径 2.6、高 6.2 厘米（图二一八，9）。H12：135，局部挂粉黄色化妆土。口径 3.2、腹径 3.6、底径 2.2、高 5.5 厘米（图二一八，10）。H20：18，局部挂粉黄色化妆土。口径 3、腹径 3.7、底径 2、高 5.2 厘米（图二一八，11）。H22：39，局部挂粉黄色化妆土。口径 2.9、腹径 3.8、底径 2.2、高 4.8 厘米（图二一八，12）。

F 型　1 件。凸圆唇，敞口，腹部斜直呈阶梯状，下腹部内收呈柄状足。F4 垫：427，口径 2.8、腹径 3、底径 1.6、高 4.4 厘米（图二一八，13）。

杯　15 件。形体较小，制作不规整。根据系部形态差异，可分为 2 型。

A 型　10 件。圆唇或尖圆唇，直口，上腹部近直、下腹部内收，柄状足，器身置对称竖系。

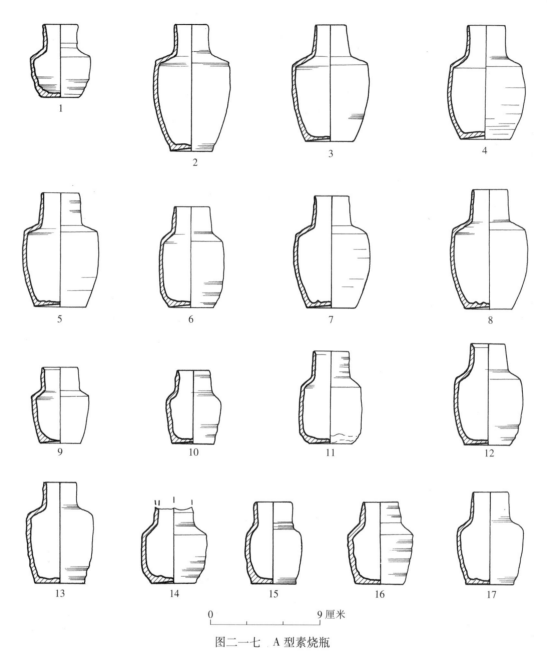

0 ————————————— 9厘米

图二一七　A 型素烧瓶

1. T3④：3　2. H1：73　3. H2：407　4. H2：411　5. H2：413　6. H2：429　7. H9：131　8. H9：142　9. H10：960　10. TN01E02②：67　11. TN01E03③：669　12. TN01E03③：671　13. TN01E03③：672　14. F4垫：37　15. F4：23　16. F4垮：100　17. 采：87

F4 垮：338，系部残。口径3.8、腹径3.6、底径1.5、高3.7厘米（图二一八，14）。H1：89，口径3、腹径3、底径1.8、高2.8厘米（图二一八，15）。H2：351，底部一处窑裂。口径4、腹径4、底径1.8、高3.8厘米（图二一八，16）。H2：352，口径4.8、腹径4.8、底径2、高3.7厘米（图二一八，17）。H2：355，口径4.3、腹径4、底径1.8、高4厘米（图二一八，18）。H2：356，口径3.8、腹径3.7、底径1.8、高3.6厘米（图二一八，19）。H2：358，口径4.2、腹径4.1、底径1.8、高4厘米（图二一八，20）。H9：2052，口径3.6、腹径4.1、底径2、高3.8厘米（图二一八，21）。TN01E03③：973，口径5、腹径4.8、底径2.2、高4厘米（图二一八，22）。采：86，口径3.3、腹径3、底径1.8、高2.6厘米（图二一八，23）。

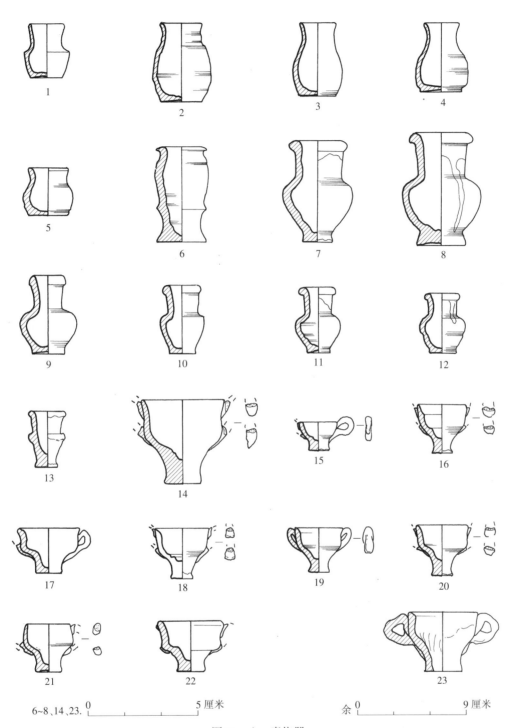

图二一八　素烧器

1. B 型瓶（H18：59）　　2～5. C 型瓶（H1：53、H1：55、H1：56、F4 垮：111）　　6. D 型瓶（TN01E03③：402）　　7～12. E
型瓶（H9：2011、H10：962、H12：133、H12：135、H20：18、H22：39）　　13. F 型瓶（F4 垫：427）　　14～23. A 型杯（F4
垮：338、H1：89、H2：351、H2：352、H2：355、H2：356、H2：358、H9：2052、TN01E03③：973、采：86）

　　B 型　5 件。尖唇，敞口，斜直腹，无系。根据足部形态差异，可分为 2 亚型。

　　Ba 型　3 件。平底。T2③：115，口径 2.4、底径 1.6、高 2 厘米（图二一九，1）。T3④：7，
口径 2.5、底径 1.6、高 1.7 厘米（图二一九，2）。H18：88，口径 2.2、底径 1.5、高 1.5 厘米
（图二一九，3）。

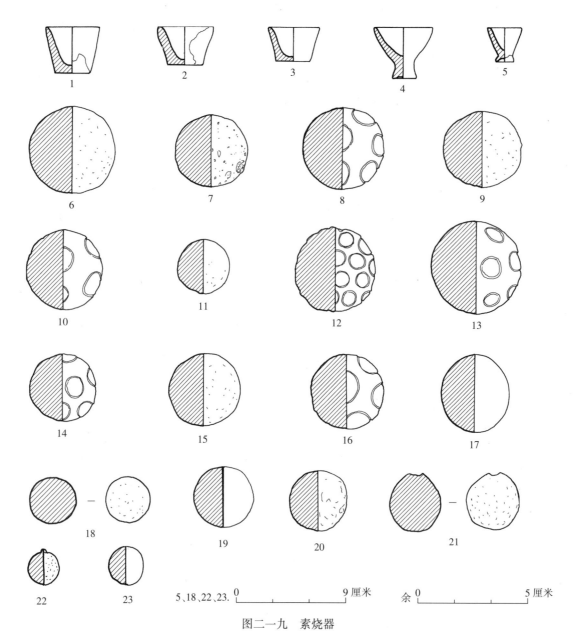

图二一九　素烧器

1~3. Ba 型杯（T2③：115、T3④：7、H18：88）　4、5. Bb 型杯（H1：101、H1：102）　6~23. 球（TN02E03②：37、TN03E03②：45、T2③：28、T3③：83、TN02E01③：116、TN03E02③：28、TN01E03③：347、H1：790、H1：794、H2：480、H2：512、H3：19、H7：31、H10：855、H11：11、H13：184、H9：1122、TN03E01③：149）

Bb 型　2 件。柄状实足。H1：101，口径 2.6、底径 1.1、高 2.2 厘米（图二一九，4）。H1：102，口径 2.8、底径 1.5、高 2.6 厘米（图二一九，5）。

球　25 件。整体呈球形，实心。TN02E03②：37，直径 3.8 厘米（图二一九，6）。TN03E03②：45，直径 3.3 厘米（图二一九，7）。T2③：28，器身模印蜂窝纹。直径 3.7 厘米（图二一九，8）。T3③：83，直径 3.4 厘米（图二一九，9）。TN02E01③：116，器身模印蜂窝纹，直径 3.4 厘米（图二一九，10）。TN03E01③：149，直径 2.9 厘米（图二一九，23）。TN03E02③：28，直径 2.3 厘米（图二一九，11）。TN01E03③：347，器身模印蜂窝纹，器身一处窑裂。直径 3.6 厘米（图二一九，12）。H1：790，器身模印蜂窝纹。直径 4 厘米（图二一九，13）。H1：794，器身模印蜂窝纹。直径2.9厘米（图二一九，14）。H2：480，直径3.2（图二一九，15）。H2：512，器身模印蜂窝纹。直径3.2厘米（图二一九，16）。H3：19，直径3.3厘米（图二一九，17）。H7：31，直径3.6厘米（图二一九，18）。H9：1122，胎面粘有较多窑渣。直径2.6厘米（图二一九，22）。H10：855，挂粉黄色化妆土。直径2.6厘米（图二一九，19）。H11：11，直径2.6厘米（图二一九，20）。H13：184，直径2.5厘米（图二一九，21）。H22：78，直径2.4厘米（图二二〇，1）。H23：7，挂粉黄色化妆土。直径2.7厘米（图二二〇，2）。C1：28，挂米白色化妆土。直径3.6厘米（图二二〇，3）。F2垫：17，器身一处窑裂。直径2.6厘米（图二二〇，4）。F4垮：340，直径2.8厘米（图二二〇，5）。F6：75，直径2.5厘米（图二二〇，6）。F6：80，器身戳印数堆圆孔。直径1.9厘米（图二二〇，7）。

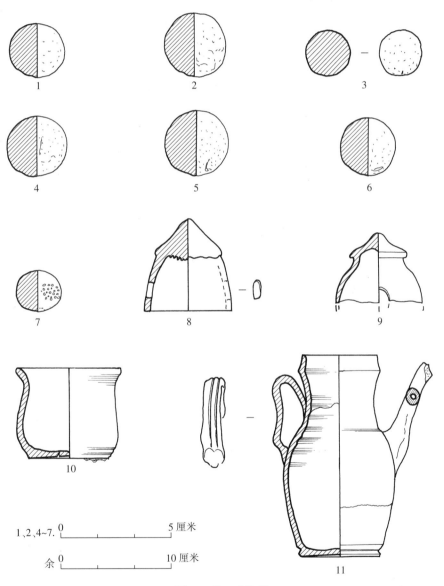

图二二〇　素烧器

1~7. 球（H22：78、H23：7、C1：28、F2垫：17、F4垮：340、F6：75、F6：80）　　8、9. 仓（H9：1061、H12：79）
10. 罐（H1：85）　　11. 壶（TN01E03③：212）

仓　2件。攒尖顶，圆弧形壁，开窗。H9：1061，宽7、高7.2厘米（图二二〇，8）。H12：79，宽7、残高5.6厘米（图二二〇，9）。

罐　1件。圆唇，敞口，束颈，垂腹，平底。H1：85，底部一处窑裂，外底粘有少量窑渣。口径8.2、底径6.4、高8厘米（图二二〇，10）。

壶　1件。TN01E03③：212，方唇，盘口较浅，束颈，溜肩，弧腹，肩腹部一侧置柄，器身一侧置流，无系，饼足。口径6、腹径9.1、底径6.5、高15.8厘米（图二二〇，11）。

盖　5件。根据盖面形态差异，可分为2型。

A型　3件。乳丁纽，盖面斜直下沉，沿部尖圆唇。F2垫：583，口径5.8、高1.7厘米（图二二一，1）。H1：366，口径4.9、高2厘米（图二二一，2）。H1：370，两面皆残留一周叠烧痕。口径4、高1.6厘米（图二二一，3）。

B型　2件。柱形纽，盖面斜直上拱，有孔，沿部圆唇，上翘。H14：3，口径7.2、高2.6厘米（图二二一，4）。F4垫：33，口径7.9、高2.3厘米（图二二一，5）。

器柄　1件。H1：731，高7.4厘米（图二二一，6）。

器座　1件。一面中心下凹，另一面平底，胎壁厚实。H18：151，面径14.2、底径7.2、高2.7厘米（图二二一，7）。

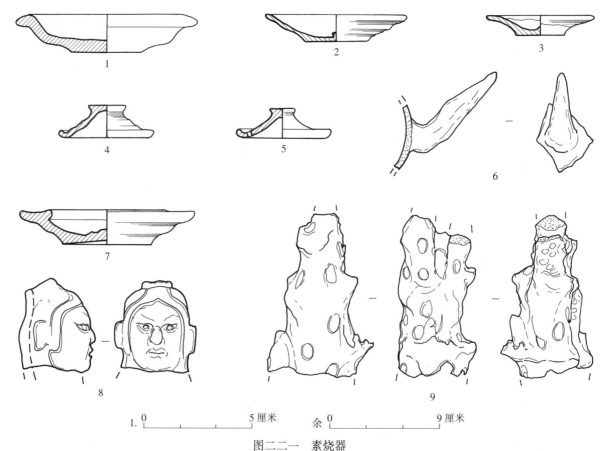

图二二一　素烧器

1～3. A型盖（F2垫：583、H1：366、H1：370）　4、5. B型盖（H14：3、F4垫：33）　6. 器柄（H1：731）　7. 器座（H18：151）
8. 武士俑（TN01E03③：160）　9. 假山（TN01E03③：1002）

武士俑　1件。TN01E03③：160，残存头部。头戴兜鍪顿项，鍪顶残缺穿孔，两侧有护耳，面部丰满。护耳挂米白色化妆土。残高7厘米（图二二一，8）。

假山　1件。TN01E03③：1002，顶部及底部残，器身多处戳印孔洞，器身粘连大量窑汗。残高12.4厘米（图二二一，9）。

二　陶器

出土数量较少，可分为普通陶器及釉陶器两类。

（一）普通陶器

普通陶器指烧造火候较低，胎质较粗松，不施釉者，以俑类及生活用品类居多，器形可辨女俑、狗、乌龟、炉、杯、盒、盆、盖、缸、瓮等。

女俑　1件。H1：811，泥质红陶。残存头部。头顶高髻，双耳处挂垂鬟，面部丰满。残高6.9厘米（图二二二，1）。

狗　1件。H1：808，泥质红陶。残存头部。立耳，长眼，方嘴，颈部较长。残高8.2厘米（图二二二，2）。

乌龟　1件。采：1064，夹砂红陶。昂首前视，背部戳印圆环形龟甲纹，腹中空，短尾。长8.5、高4.9厘米（图二二二，3）。

炉　1件。H14：4，泥质灰陶。残，直腹，近底处斜直内收，平底，下接三锥形足。外施黑色陶衣。底径4、残高5.7厘米（图二二二，5）。

杯　3件。根据口部、底部及是否带系的差异，可分为2型。

A型　1件。方唇，敞口，直腹，平底，内底残留三枚支钉。C1：27，泥质灰陶。口径6.6、底径4.2、高2.7厘米（图二二二，4）。

B型　2件。圆唇或尖圆唇，直口，上腹部近直，下腹部内收呈柄状，平底，器身置对称竖系。H1：88，泥质红陶。口径3.2、腹径3、底径2.4、高2.6厘米（图二二二，6）。H2：373，泥质红陶。口径3.8、腹径3.6、底径1.8、高3.6厘米（图二二二，7）。

盒　1件。H1：692，泥质灰陶。尖唇，子口内敛，弧腹，饼足。口径9、底径6.6、高6.7厘米（图二二二，9）。

盆　3件。均残，直口，折沿，腹近直。H2：489，泥质灰陶。方圆唇，沿下一周凸棱，外施黑色陶衣。残高16厘米（图二二二，11）。H18：125，泥质灰陶。圆唇，腹部带耳形系。残高10.8厘米（图二二二，10）。F2垫：14，泥质灰陶。圆唇。残高10.5厘米（图二二二，8）。

盖　11件。根据纽部（捉手）及盖面形态差异，可分为2型。

A型　10件。圈形环状捉手，盖面斜直。H1：697，泥质红陶。捉手直径7.2、残高8.8厘米（图二二三，1）。H1：701，泥质红陶。捉手与盖顶相交处有二对称穿孔。捉手直径9.4、残高7.7厘米（图二二三，2）。H2：493，泥质红陶。捉手直径8.2、残高7.5厘米（图二二三，3）。H2：494，泥质灰陶。捉手与盖顶相交处三等距穿孔。捉手直径8.2、残高6厘米（图二二三，4）。H9：2088，泥质灰陶。捉手与盖顶相交处二对称穿孔。捉手直径7、残高7.2厘米（图二二三，5）。

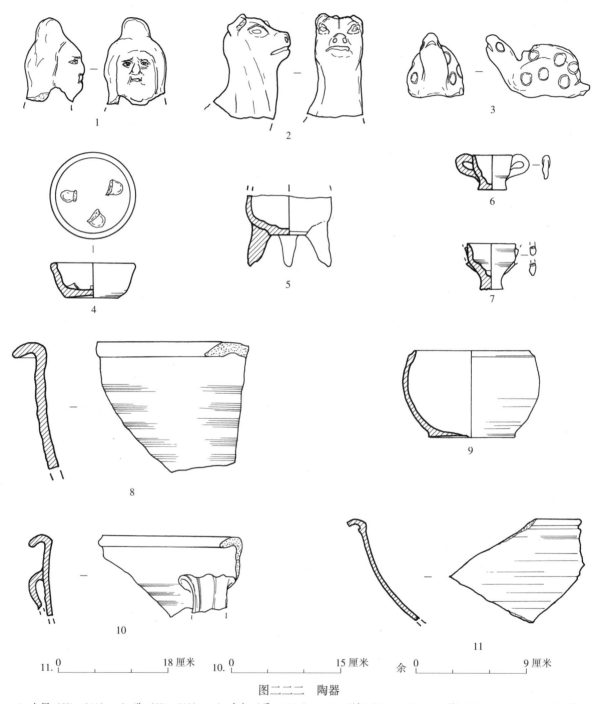

图二二二　陶器

1. 女俑（H1：811）　2. 狗（H1：808）　3. 乌龟（采：1064）　4. A 型杯（C1：27）　5. 炉（H14：4）　6、7. B 型杯（H1：88、H2：373）　8、10、11. 盆（F2 垫：14、H18：125、H2：489）　9. 盒（H1：692）

H10：1157，泥质灰陶。捉手与盖顶相交处有二对称穿孔，外施黑衣。捉手直径 8.6、残高 8.4 厘米（图二二三，6）。TN01E03③：567，泥质灰陶。捉手与盖顶相交处有二对称穿孔，外施黑衣。捉手直径 7、残高 5.2 厘米（图二二三，8）。F2 垫：581，泥质灰陶。捉手与盖顶相交处有二对称穿孔。捉手直径 7.2、残高 5 厘米（图二二三，9）。F4 垫：38，泥质灰陶。捉手与盖顶相交处有二对称穿孔。捉手直径 8、残高 6 厘米（图二二三，10）。F6：82，泥质红褐陶。捉手与盖顶相交处有二对称穿孔，外施陶衣。捉手直径 7、残高 6.2 厘米（图二二三，11）。

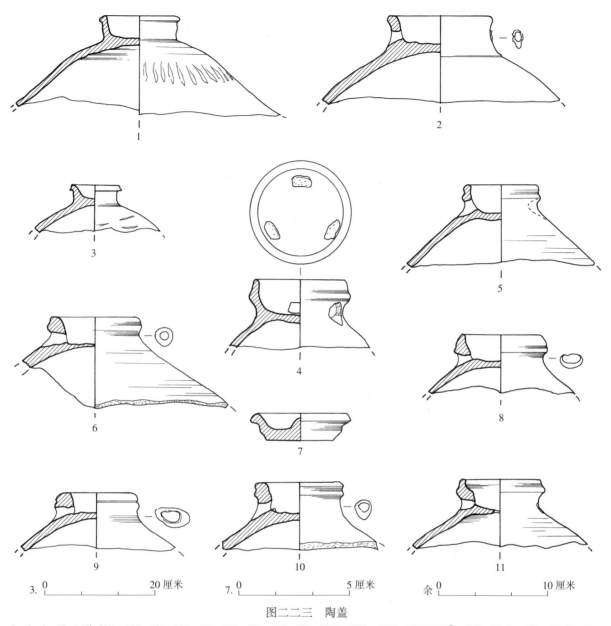

图二二三　陶盖

1～6、8～10. A 型（H1：697、H1：701、H2：493、H2：494、H9：2088、H10：1157、TN01E03③：567、F2 垫：581、F4 垫：38、F6：82）　7. B 型（F2：2）

B 型　1 件。乳丁形纽，盖面平直，下沉，沿部上翘。F2：2，泥质红陶。直径 4.4、高 1.2 厘米（图二二三，7）。

缸　7 件。皆残，且体型较大，胎壁较厚。根据唇部及口部形态差异，可分为 2 型。

A 型　6 件。凸圆唇，敛口。H2：491，泥质灰陶，外施陶衣。口径 60、残高 16.7 厘米（图二二四，1）。H10：1254，泥质灰陶，外施陶衣。残高 9 厘米（图二二四，3）。H12：94，泥质灰陶，胎体内褐外灰。口径 40、残高 12.6 厘米（图二二四，5）。H15：20，泥质灰陶，外施陶衣。口径 28.8、残高 6.8 厘米（图二二四，2）。H16：21，泥质灰陶，外施陶衣。口径 34、残高 12.4 厘米（图二二四，4）。F4 垫：21，泥质灰陶。口径 66、残高 8 厘米（图二二四，6）。

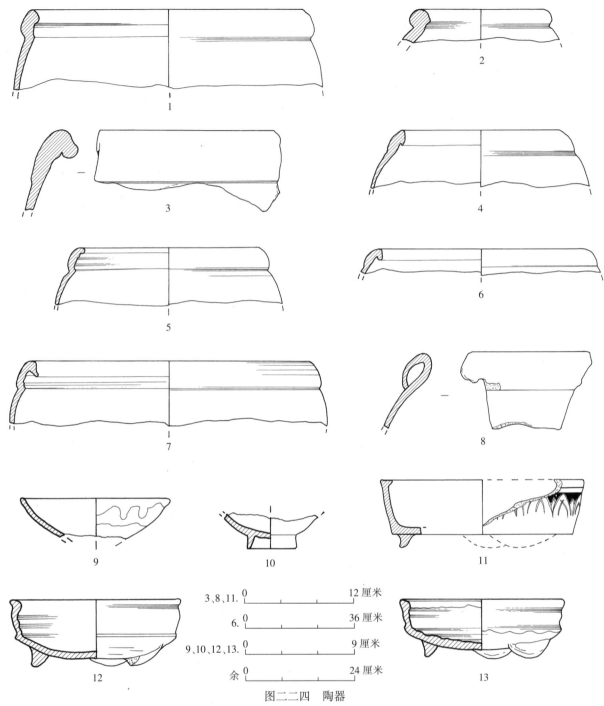

图二二四　陶器

1～6. A 型陶缸（H2：491、H15：20、H10：1254、H16：21、H12：94、F4 垫：21）　7. B 型陶缸（H10：1203）　8. 陶瓮
（H15：19）　9、10. 釉陶盏残件（H1：761、H1：767）　11～13. A 型釉陶炉（TN03E03②：48、TN03E01③：133、H1：747）

B 型　1 件。方圆唇，敛口，口沿下一周凹槽。H10：1203，泥质灰陶。口径 59、残高 14
厘米（图二二四，7）。

瓮　1 件。H15：19，残，唇部下卷呈圆形，敛口，胎壁较薄。残高 8.4 厘米（图二二四，8）。

（二）釉陶器

釉陶器烧制时火候较低，胎质较粗松，大部分为泥质红陶，胎面局部挂化妆土，器表皆施釉。

可分为陈设用品、丧葬明器以及建筑构件三类。

1. 陈设用品

包括盏、炉、瓶、鼓钉洗、盆、荷叶柱状器等。

盏残件　2件。H1：767，残存器底，圈足，绿釉，内底残留一枚芝麻钉装烧痕。底径4、残高2.4厘米（图二二四，10）。H1：761，绿釉。口径12、残高3.1厘米（图二二四，9）。

炉　14件。根据腹部及足部形态差异，可分为5型。

A型　7件。方唇，直口，筒形腹较浅，平底，下接三如意云头足。TN03E03②：48，外壁施绿釉。残高7.2厘米（图二二四，11）。TN03E01③：133，外壁施绿釉，近底处施酱釉，釉面部分脱落，开片现象较明显。口径13.6、高5.2厘米（图二二四，12）。H1：747，口沿及外壁施绿釉及酱釉，其余部位无釉，釉面开片现象较明显。口径13、高4.6厘米（图二二四，13）。H1：748，口沿及外壁施绿釉及酱釉，内外底施酱釉，釉面大部分脱落，开片现象较明显。口径14、高5厘米（图二二五，1）。H1：749，口沿及外壁施绿釉及酱釉，釉面部分脱落，开片现象较明显，其余部位无釉。口径14.4、高5.2厘米（图二二五，2）。H1：753，口沿及外壁施绿釉及酱釉，釉面部分脱落，开片现象较明显，其余无釉。口径14.4、高5厘米（图二二五，3）。H1：756，口沿及外壁施绿釉及酱釉，釉面开片现象较明显，其余部位无釉。口径14.4、高4.2厘米（图二二五，4）。

B型　4件。弧腹，腹部贴饰莲瓣，足部残。T2③：25，残存腹部，绿釉。残高10.6厘米（图二二五，7）。H9：1107，底部穿孔与器座相连，绿釉，釉面大部分脱落。残高4.5厘米（图二二五，5）。H9：2090，尖唇，子口内敛，器身一侧一穿孔，绿釉，釉面大部分脱落。残高11厘米（图二二五，8；彩版八一，1）。H10：1169，双唇，敞口，炉底呈榫头状，酱、绿釉交融，釉面脱落，开片现象较明显。口径13.8、残高7.6厘米（图二二五，6）。

C型　1件。平面呈长方形，方唇，敞口，斜直腹，平底，下接三角形云头状足。H1：751，绿釉剔花，有化妆土的部分施绿釉，剔去化妆土的部分呈酱黑釉，釉面脱落，开片较明显，腹部纹饰分两层，上层缠枝花卉纹，下层莲瓣纹。口径14.6、残高8.6厘米（图二二五，10；彩版八一，2）。

D型　1件。直腹，圈足。H10：1175，腹部以上残，绿釉剔花，有化妆土的部分施绿釉，剔去化妆土的部分呈酱黑釉，釉面部分脱落，粘少量窑渣，腹部纹饰为缠枝花卉纹。底径21.4、残高5厘米（图二二五，11）。

E型　1件。圆唇，直口，筒形腹较浅，器身一侧接一提梁，已残，平底，TN01E01③：124，口沿及上腹下部外壁施酱釉，上腹部施绿釉，釉面部分脱落，开片现象较明显。口径13.5、底径5.4、残高4.6厘米（图二二五，12）。

炉残件　1件。F2：6，内壁酱釉，外壁挂粉黄色化妆土，绿釉剔花，有化妆土的部分施绿釉，剔去化妆土的部分呈酱黑釉。纹饰可分为两层，上层为网格纹，下层为莲瓣纹。残高6.6厘米（图二二五，9）。

瓶残件　9件。TN03E01③：138，细长颈，绿釉，釉面泛银光。口径6.2、残高15厘米（图二二六，1）。H1：83，胆形腹，圈足，绿釉。底径4.4、残高7.5厘米（图二二六，6）。H1：754，胆形腹，绿釉，釉面开片现象较明显。残高7.2厘米（图二二六，7）。H1：768，细长颈。残高11.8厘米（图二二六，2）。H1：769，细长颈，绿釉，釉面开片现象较明显。残高5.2厘米（图

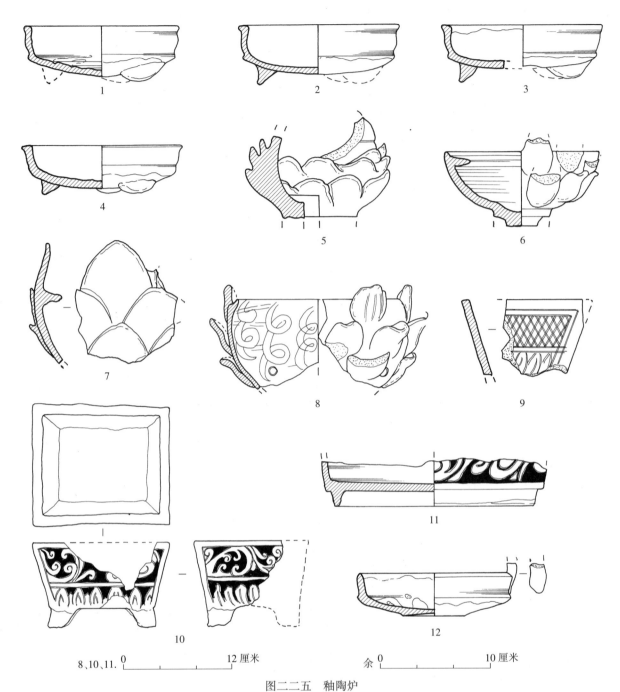

图二二五　釉陶炉

1~4. A 型（H1：748、H1：749、H1：753、H1：756）　5~8. B 型炉（H9：1107、H10：1169、T2③：25、H9：2090）

9. 炉残件（F2：6）　10. C 型炉（H1：751）　11. D 型（H10：1175）　12. E 型（TN01E01③：124）

二二六，5）。H1：770，花口、细长颈，绿釉，釉面泛银光。口径 6.2、残高 7.6 厘米（图二二六，3）。H7：33，胆形腹，圈足。釉面脱落。底径 6.9、残高 8.5 厘米（图二二六，8）。H7：40，弧腹，近底处内收，圈足，腹部施绿釉及酱釉，釉面脱落及开片现象较明显。底径 4.3、残高 4.6 厘米（图二二六，9）。H10：1167，花口、细长颈，绿釉，釉面泛银光、且脱落及开片现象较明显。口径 18.4、残高 9.4 厘米（图二二六，4）。

　　鼓钉洗　4 件。方唇，直口，筒形腹较深，平底，下接三如意云头足，外壁饰两周鼓丁纹。

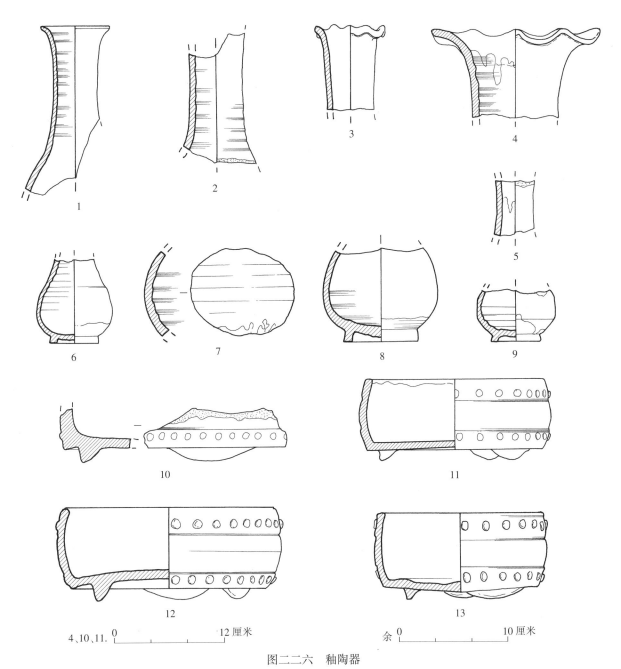

图二二六　釉陶器

1~9. 瓶残件（TN03E01③：138、H1：768、H1：770、H10：1167、H1：769、H1：83、H1：754、H7：33、H7：40）

10~13. 鼓钉洗（TN01E03③：114、H1：744、H2：503、H10：1168）

TN01E03③：114，残存器底，外壁施绿釉，近底处施酱釉，釉面部分脱落，开片现象较明显。残高5.6厘米（图二二六，10）。H1：744，口沿及外壁施绿釉，外壁近底处施酱釉，釉面部分脱落，开片现象较明显，其余部位无釉。口径19.5、底径19.4、高8.6厘米（图二二六，11；彩版八二，1）。H2：503，口径19、底径17.6、高8厘米（图二二六，12）。H10：1168，口沿及外壁施绿釉，外壁近底处一周施酱釉，釉面部分脱落，开片现象较明显。口径15、底径14、高7.5厘米（图二二六，13；彩版八二，2）。

盆残件　2件。H1：766，为盆底部，内底刻划鱼藻纹，纹饰之间施绿釉及黄釉，釉面脱落较

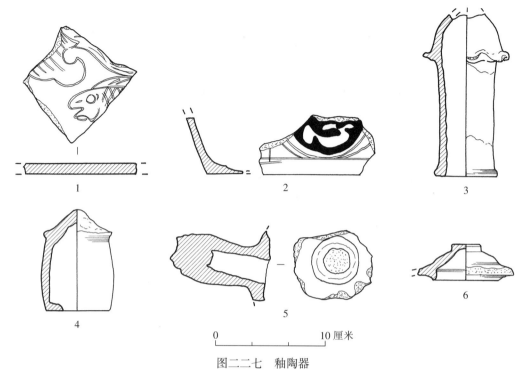

图二二七　釉陶器

1、2. 盆残件（H1：766、H7：36）　3. 荷叶柱状器（H1：802）　4. 仓（TN03E01③：139）　5. 柄（T1③：16）
6. 器盖（TN03E02②：27）

甚。残宽10厘米（图二二七，1）。H7：36，平底，绿釉剔花，有化妆土的部分施绿釉，剔去化妆土的部分呈酱黑釉。残高5.1厘米（图二二七，2）。

器盖　1件。子口，盖面斜直，沿残，柱形纽。TN03E02②：27，盖内无釉，盖面绿釉，釉面开片现象明显。口径6、高3.2厘米（图二二七，6）。

荷叶柱状器　1件。H1：802，顶部呈荷叶盖形，下部为圆柱形，顶部绿釉。直径7.6、高14.2厘米（图二二七，3；彩版八三，1）。

柄　1件。中空，一端与器身相连。T1③：16，绿釉。柄径3.3、残长8.6厘米（图二二七，5）。

2. 丧葬明器

包括仓、文俑、武俑、女俑、狗、鼠、鸡。

仓　1件。攒尖顶，壁略弧，平底。TN03E01③：139，釉面脱落。底径6.2、高9厘米（图二二七，4）。

文俑　2件。残存头部。头戴进贤冠，冠顶较宽，面部丰满。H1：815，冠部施绿釉，面部黄釉。残高5.5厘米（图二二八，1）。H1：812，冠部绿釉，面部黄釉。残高6.6厘米（图二二八，2；彩版八三，2）。

武俑　5件。T1②：83，残存头部。头戴兜鍪顿项，鍪顶残缺，两侧有护耳，面部丰满。额部挂粉黄色化妆土，护耳施绿釉，脸部施酱釉。残高6.7厘米（图二二八，4）。TN01E01③：123，残存头部。头戴兜鍪顿项，两侧有护耳，面部丰满。额部及领部挂粉黄色化妆土，护耳施绿釉，额部及领部施黄釉，其余部位施酱釉。残高9厘米（图二二八，5；彩版八三，3）。H1：810，残存头部。头戴兜鍪顿项，鍪顶残缺，两侧有护耳，面部丰满。额部及领部挂粉黄色化妆土，护耳

图二二八　丧葬明器

1、2. 文俑（H1：815、H1：812）　　3～7. 武俑（H1：803、T1②：83、TN01E01③：123、H1：810、H2：507）

8、9. 女俑（H1：809、H1：814）

施绿釉，额部及领部施黄釉，其余部位施酱釉。残高9.4厘米（图二二八，6）。H1：803，头部及足部残，身着紧袖长袍，胸前罩鳞状甲身，腰系宽带，下身着铠甲腿裙，双手交叉握于腹前。铠甲处施酱釉，胳膊及前裆施绿釉及黄釉。残高 17.8 厘米（图二二八，3；彩版八三，4）。H2：507，残存头部。头戴兜鍪顿项，鍪顶残缺，两侧有护耳，面部丰满。面部酱釉，其余部位施酱釉。残高6.4厘米（图二二八，7）。

女俑　2 件。残存头部。H1：809，头束高髻，有发带，面部丰满，护耳宽大。釉面脱落。残高8.8厘米（图二二八，8）。H1：814，头顶挽髻，面部丰腴，神态安然，面部挂粉黄色化妆土、黄釉，其余部位施酱釉。残高6.2厘米（图二二八，9）。

俑身残件　2 件。头及足部残。H1：807，身着右衽宽袖长袍，双手拢袖合于腹前。领部黄釉，前裆绿釉，其余部位施酱釉。残高13.6厘米（图二二九，1；彩版八四，1）。H1：805，身着长袍，前裆绿釉，其余部位施酱釉。残高 12.4 厘米（图二二九，3）。

狗　2 件。TN02E01③：117，残存头部。耳向前耷拉，长眼，尖嘴，釉面脱落。残高 9.9 厘米（图二二九，4；彩版八四，2）。H1：813，残存头部。耳向前耷拉，长眼，尖嘴，黄釉。残高 5.4 厘米（图二二九，5；彩版八四，3）。

鼠　1 件。H1：817，尖嘴，圆眼，立耳，头部左侧呈环状，右侧残，绿釉。残长 8.2、残高 4.9 厘米（图二二九，8）。

鸡　3 件。头部均残，颈部及其上残，昂首挺胸，敛翼站立。T1②：81，颈部及胸部施酱釉，羽翼及尾部施黄绿釉。残高 12.6 厘米（图二二九，6）。TN03E01③：103，周身施酱釉。残高

0　　　　　　　　10 厘米

图二二九　丧葬明器

1、3. 俑身残件（H1：807、H1：805）　2、6、7. 鸡（TN03E01③：103、T1②：81、TN03E03②：49）　4、5. 狗（TN02E01③：117、H1：813）　8. 鼠（H1：817）

11.5 厘米（图二二九，2；彩版八四，4）。TN03E03②：49，两翼施粉黄色化妆土、绿釉，其余施酱釉。残高 8.7 厘米（图二二九，7）。

不明器形　1 件。T2③：82，整体呈半球形，中空，外壁刻划几何纹。大部分施绿釉，局部施酱釉及黄釉。直径 5.3 厘米（图二三〇，1）。

3. 建筑构件

包括筒瓦、平口条、板瓦、滴水、瓦当。

筒瓦　5 件。H10：1171，内壁残留麻布纹，外壁挂粉黄色化妆土、绿釉。残长 11.4、残宽 6.2、厚 1 厘米（图二三〇，2）。H10：1172，内壁残留麻布纹，外壁挂粉黄色化妆土、绿釉。残长 12、残宽 6.7、厚 1.1 厘米（图二三〇，3）。H9：2140，断面呈半圆弧形，有雄头。泥质灰陶，釉面脱落，内壁残留麻布纹。残长 19.8、宽 12.1、高 7.2、厚 1.3 厘米（图二三〇，6）。H18：87，内壁残留麻布纹，外壁挂粉黄色化妆土、绿釉。残长 29、残宽 11.6、高 6、厚 2.4 厘米（图二三〇，7）。TN03E02②：26，内壁残留麻布纹，绿釉。残长 28.6、残宽 13.9、高 5.4、厚 2.3 厘米（图二三〇，4）。

平口条　1 件。TN01E03③：537，呈长条砖形，釉面脱落。残长 27.4、宽 8.4、厚 2.9 厘米（图二三〇，8）。

板瓦　4 件。断面略弧。H12：121，绿釉。残长 11.2、残宽 10、厚 1.8 厘米（图二三〇，9）。TN01E03③：566，绿釉。残长 12.4、残宽 10.5、厚 3.3 厘米（图二三〇，10）。TN03E02②：29，绿釉。残长 18、残宽 8.3、厚 2.5 厘米（图二三〇，11）。F4 垫：240，内壁残留麻布纹。长 28.8、残宽 14、厚 1.9 厘米（图二三〇，5）。

滴水　3 件。舌片呈如意形，与瓦面垂直相接。根据舌片纹饰差异，可分为 2 型。

A 型　1 件。舌面模印缠枝花卉纹。H18：433，挂粉黄色化妆土，釉面脱落。残长 14.5、厚 2.2 厘米（图二三〇，12；彩版八五，1）。

B 型　2 件。舌面模印云龙戏珠纹。TN03E02②：28，长 21.4、高 18.3、厚 5.2 厘米（图二三一，1）。TN02E03②：51，泥质黄陶。残长 23.6、高 21.2、厚 4.5 厘米（图二三一，2；彩版八五，2）。

瓦当　2 件。圆形，边轮低于当面，当面模印一狰狞兽面。TN01E01③：125，挂粉黄色化妆土，边轮施黄釉，当面施绿釉。厚 2 厘米（图二三一，3；彩版八六，1）。TN03E01③：136，挂粉黄色化妆土，釉面脱落。直径 11.6、厚 2 厘米（图二三一，4；彩版八六，2）。

三　窑工印记

窑工印记多见于碗、盘类瓷器，模印于圈足内底，有姓氏、一般文字、几何图案、花卉图案、飞鸟图案等。

（一）姓氏文字

可见范皿、吴、席、罗□、何□等。

范皿　H1：621，青釉。底径 4.9～5.9 厘米（图二三二，1）。F2 垫：8，白釉。底径 4.5 厘

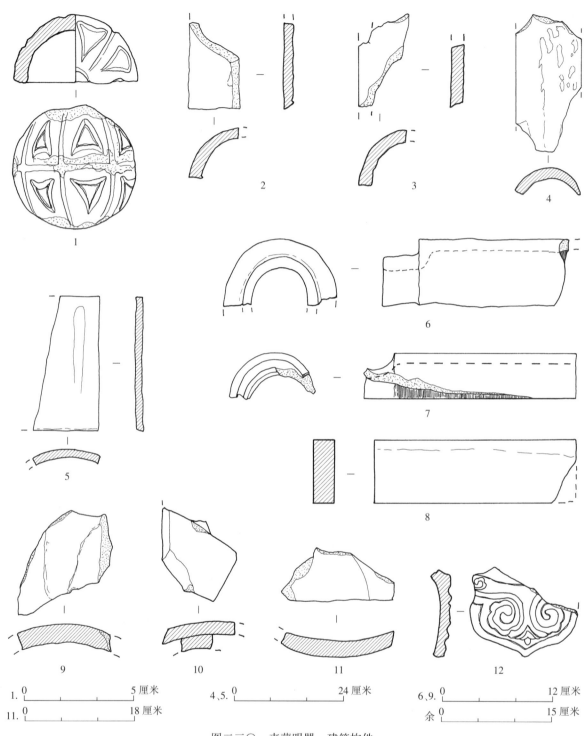

图二三〇　丧葬明器、建筑构件

1. 不明器形（T2③：82）　2～4、6、7. 筒瓦（H10：1171、H10：1172、TN03E02②：26、H9：2140、H18：87）　5、9～
11. 板瓦（F4垫：240、H12：121、TN01E03③：566、TN03E02②：29）　8. 平口条（TN01E03③：537）　12. A型滴水
（H18：433）

米（图二三二，2）。F2垫：576，白釉。底径5.7厘米（图二三二，3）。

　　吴　H1：567，白釉。底径6.4厘米（图二三二，4）。

　　席　H9：1930，白釉。底径5.1～5.8厘米（图二三二，5）。H20：13，白釉。底径5.6～6.2

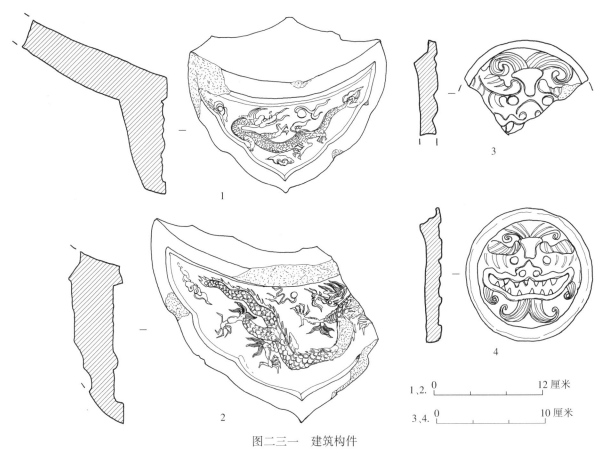

图二三一　建筑构件
1、2. B 型滴水（TN03E02②：28、TN02E03②：51）　3、4. 瓦当（TN01E01③：125、TN03E01③：136）

厘米（图二三二，6）。

罗□　H9：1929，白釉。底径 5.6 厘米（图二三二，7）。

何□　L1①：1，反书，白釉。底径 5.4 厘米（图二三二，8）。

（二）一般文字

可见利、九、吉、竹、正、介、十、卐等。

利　H1：525，白釉。底径 5.8 厘米（图二三二，9）。H1：529，白釉。底径 5.9 厘米（图二三二，10）。H1：532，白釉。底径 6.2 厘米（图二三二，11）。H1：533，青釉。底径 6 厘米（图二三二，12）。H1：534，白釉。底径 5.6 厘米（图二三二，13）。

九　H1：559，白釉。底径 5～5.2 厘米（图二三二，14）。H2：231，白釉。底径 5.7 厘米（图二三二，15）。L1①：39，白釉。底径 5～5.4 厘米（图二三二，16）。L1②：40，白釉。底径 5.6～6.1 厘米（图二三三，1）。F4 垫：5，白釉，底径 5.8 厘米（图二三三，2）。Y1：15，白釉，底径 5.6 厘米（图二三三，3）。采：61，白釉。底径 5.5 厘米（图二三三，4）。

吉　H1：562，绿釉。底径 6 厘米（图二三三，5）。H1：563，白釉。底径 5.5 厘米（图二三三，6）。采：64，白釉。底径 5 厘米（图二三三，7）。

竹　H10：1110，白釉。底径 5.3 厘米（图二三三，8）。

图二三二　窑工印记

1. H1：621　2. F2 垫：8　3. F2 垫：576　4. H1：567　5. H9：1930　6. H20：13　7. H9：1929　8. L1①：1　9. H1：525
10. H1：529　11. H1：532　12. H1：533　13. H1：534　14. H1：559　15. H2：231　16. L1①：39

正　H12：61，青釉。底径6.1厘米（图二三三，9）。

介　字迹不甚清晰。H18：434，白釉。底径5.6厘米（图二三三，10）。H13：435，白釉。底径5.3～5.7厘米（图二三三，11）。

十　H1：521，白釉。底径6厘米（图二三三，12）。H1：623，青釉。底径6.3厘米（图二三三，13）。H1：624，青釉。底径6.1厘米（图二三三，14）。H10：1109，白釉。底径5.2厘米（图二三三，15）。L1①：17，白釉。底径5.9厘米（图二三三，16）。F1：12，白釉。底径5.3厘米（图二三四，1）。Y1：12，白釉。底径5.4厘米（图二三四，2）。Y1：14，白釉。底径5.9厘米（图二三四，3）。

卍　H1：523，白釉。底径5.7厘米（图二三四，4）。H1：524，青釉。底径6.4厘米（图

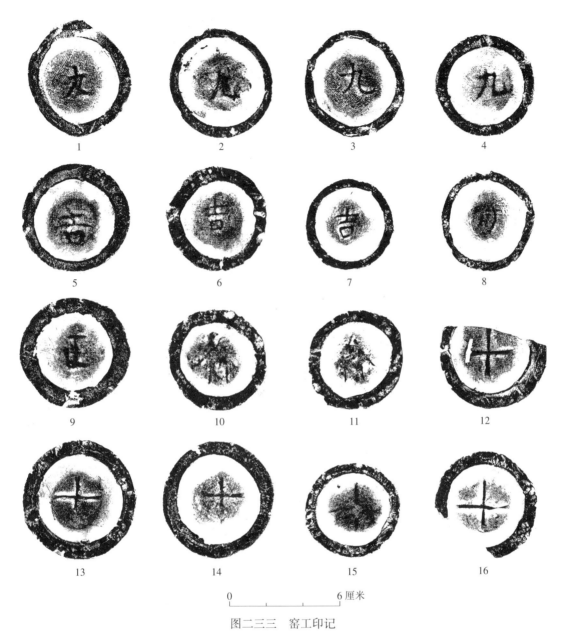

图二三三 窑工印记

1. L1②：40 2. F4垫：5 3. Y1：15 4. 采：61 5. H1：562 6. H1：563 7. 采：64 8. H10：1110 9. H12：61
10. H18：434 11. H13：435 12. H1：521 13. H1：623 14. H1：624 15. H10：1109 16. L1①：17

二三四，5）。L1①：11，白釉。底径5.2厘米（图二三四，6）。

（三）几何图案

以菱形纹和直线相交纹居多，另外还有少量圆点纹、点线结合纹、五角星纹等。

菱形纹 H1：543，双重菱形纹，绿釉。底径6.3厘米（图二三四，7）。H2：229，双重菱形图案，白釉。底径5.4厘米（图二三四，8）。H9：1921，双重菱形纹，白釉。底径5.6厘米（图二三四，9）。H10：1122，双重菱形纹，白釉。底径5.3厘米（图二三四，10）。H12：62，双重菱形纹，白釉。底径5.6厘米（图二三四，11）。F1：15，双重菱形纹，白釉。底径5.3厘米（图二三四，12）。F4垫：4，双重菱形纹，白釉。底径5.5厘米（图二三四，13）。F5垫：1，双

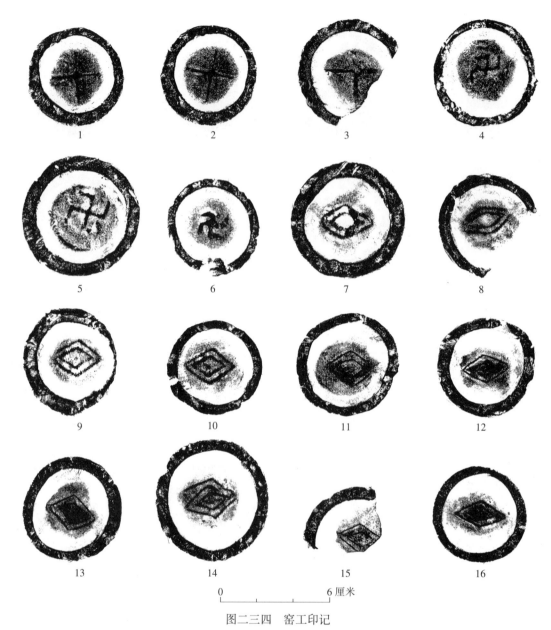

0   6厘米

图二三四　窑工印记

1. F1：12　2. Y1：12　3. Y1：14　4. H1：523　5. H1：524　6. L1①：11　7. H1：543　8. H2：229　9. H9：1921
10. H10：1122　11. H12：62　12. F1：15　13. F4垫：4　14. F5垫：1　15. Y1：24　16. J1：104

重菱形纹，白釉。底径6.3厘米（图二三四，14）。Y1：24，双重菱形纹，白釉。残径3.4厘米
（图二三四，15）。J1：104，双重菱形纹，白釉。底径5厘米（图二三四，16）。采：63，相交菱
形纹，白釉。底径5.6厘米（图二三五，1）。

　　直线相交纹　H1：503，五条短直线相交呈放射状，白釉。底径5.4厘米（图二三五，2）。
H1：512，三直线相交呈放射状，绿釉。底径6.3厘米（图二三五，3）。H1：516，横、竖相交呈
网格状，白釉。底径5.7厘米（图二三五，4）。H1：517，横、竖相交呈网格状，绿釉。底径6
厘米（图二三五，5）。

　　圆点纹　L1①：6，团状七点纹，白釉。底径5.2～5.4厘米（图二三五，6）。L1①：15，团
状六点纹，白釉。底径5.5厘米（图二三五，7）。L1①：18，平行二点纹，白釉。底径4.9～5.1

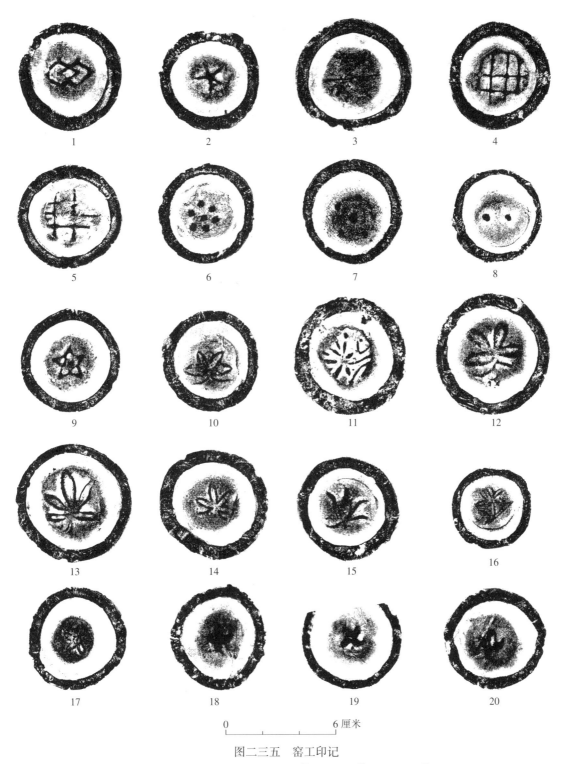

图二三五　窑工印记

1. 采：63　2. H1：503　3. H1：512　4. H1：516　5. H1：517　6. L1①：6　7. L1①：15　8. L1①：18　9. H1：557　10. H1：504　11. H1：507　12. H1：515　13. H1：819　14. H9：1927　15. H18：83　16. L1①：4　17. Y1：8　18. L1①：7　19. L1①：9　20. L1①：38

厘米（图二三五，8）。

五角星纹　H1：557，白釉。底径 5.5 厘米（图二三五，9）。

（四）花卉图案

花卉纹饰种类较多，有花瓣略长的五瓣花卉纹、莲花纹、折枝花卉纹等。H1：504，青釉。底径5.2厘米（图二三五，10）。H1：507，青釉。底径6.2厘米（图二三五，11）。H1：515，青釉。底径6.3厘米（图二三五，12）。H1：819，白釉。底径6.4厘米（图二三五，13）。H9：1927，白釉。底径5.9厘米（图二三五，14）。H18：83，青釉。底径5.6厘米（图二三五，15）。L1①：4，白釉。底径4.5厘米（图二三五，16）。Y1：8，白釉。底径5.4厘米（图二三五，17）。

（五）飞鸟图案

L1①：7，白釉。底径5.2厘米（图二三五，18）。L1①：9，白釉。底径5.5厘米（图二三五，19）。L1①：38，白釉。底径5.2~5.7厘米（图二三五，20）。

第二节　生产工具

生产工具是指琉璃厂窑生产过程中使用的工具，可分为窑具及作坊具两类。

一　窑具

窑具是窑场烧制陶瓷器过程中在窑炉内使用的工具的总称，其目的在于减少废品的出现和提高窑炉内空间的利用率，从而达到降低生产成本、提高产品质量的效果。琉璃厂窑出土窑具数量庞大，主要包括试火器、间隔具、支垫具以及匣钵。

（一）试火器

在器物入窑烧成过程中用来测试窑室内温度和胎、釉烧成情况的工具。仅见火照一类。

火照　16件。捏制，胎体、釉色各异。根据器物形制差异，可分为3型。

A型　12件。整体呈球形，内部一穿孔。H1：789，砖红胎，挂粉黄色化妆土。直径2.4厘米（图二三六，1）。H2：479，棕红胎，黑釉，釉面部分脱落。直径3.7厘米（图二三六，2）。H2：520，砖红胎，挂粉黄色化妆土，酱黄釉，釉面部分脱落。直径2.5厘米（图二三六，3）。H9：1119，棕红胎，酱釉，釉面部分脱落。直径2.8厘米（图二三六，4）。H9：1120，棕红胎，酱釉，釉上薄抹一层粉黄色化妆土。直径3厘米（图二三六，5）。H9：1124，棕红胎，酱釉，釉上薄抹一层粉黄色化妆土。直径3.1厘米（图二三六，6）。H10：1419，棕红胎，酱釉。直径3.8厘米（图二三六，7）。H10：856，棕红胎，酱釉，釉面部分脱落，釉上薄抹一层粉黄色化妆土。直径2.9厘米（图二三六，8）。F4垫：34，顶部胎色砖红，其余呈棕红色，无釉。直径4.5厘米（图二三六，9；彩版八七，1）。F9：18，砖红胎，无釉。直径3.2厘米（图二三六，10）。F6：71，棕红胎，挂粉黄色化妆土。直径3.1厘米（图二三六，11）。F6：72，棕红胎。直径3.6厘米（图二三六，12）。

B型　3件。整体呈不规则形。H1：820，砖红胎，无釉。长5.8、高4.8厘米（图二三六，13）。H9：1128，棕红胎，酱釉。长4.4厘米（图二三六，14）。Y2①：50，棕红胎，酱釉。长

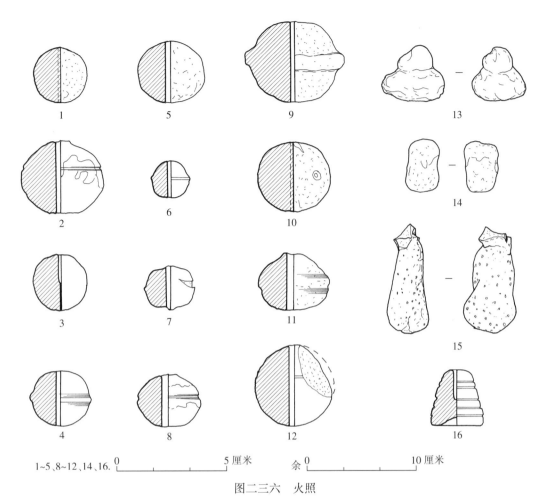

图二三六　火照

1～12. A 型（H1∶789、H2∶479、H2∶520、H9∶1119、H9∶1120、H9∶1124、H10∶1419、H10∶856、F4 垫∶34、F9∶18、F6∶71、F6∶72）　　13～15. B 型（H1∶820、H9∶1128、Y2①∶50）　　16. C 型（H1∶799）

9.4 厘米（图二三六，15）。

　　C 型　1 件。整体呈圆堆形。H1∶799，器身刻划数条凹弦纹，棕红胎，顶部一穿孔。直径 2.4、高 2.5 厘米（图二三六，16）。

　　（二）间隔具

　　间隔具是指烧成过程中用于间隔器物与器物的窑具，可分为垫环、垫片、垫圈及支钉四类。

　　垫环　11 件。呈环形，轮制，绝大多数胎体呈棕红色，少数为砖红胎或棕灰胎，极个别施釉或黏釉料。根据穿孔大小及厚薄差异，可分为 3 型。

　　A 型　6 件。穿孔较大，胎体较薄。H2∶652，两面各残留一周垫烧痕。直径 10.8、孔径 4、厚 0.8 厘米（图二三七，1）。H9∶776，两面各残留一周垫烧痕。直径 10.4、孔径 4.4、厚 0.7 厘米（图二三七，2）。H9∶777，两面各残留两周垫烧痕。直径 11.6、孔径 4.8、厚 0.9 厘米（图二三七，3）。H10∶1211，两面各残留一周垫烧痕。直径 8.8、孔径 2.6、厚 0.7 厘米（图二三七，4）。TN01E03③∶581，两面各残留一周垫烧痕。直径 9、孔径 3.2、厚 0.8 厘米（图二三七，5）。采∶289，一面残留一周垫烧痕，另一面残留数周垫烧痕。直径 13.5、孔径 8、厚 0.8 厘米

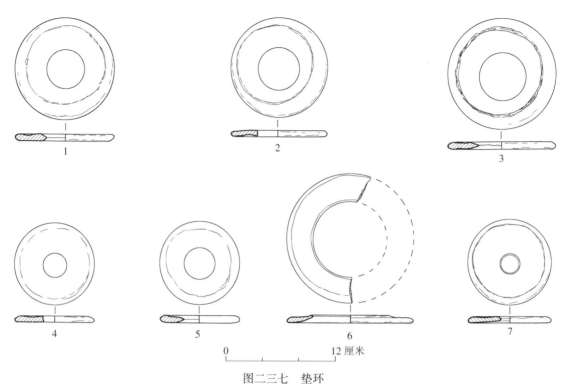

图二三七　垫环

1~6. A 型（H2：652、H9：776、H9：777、H10：1211、TN01E03③：581、采：289）　　7. B 型（H9：767）

（图二三七，6）。

B 型　1 件。穿孔较小，胎体较薄。H9：767，一面残留一周垫烧痕。直径 9、孔径 1.8、厚 0.7 厘米（图二三七，7）。

C 型　4 件。穿孔较大，胎体较厚。H9：1602，器身一面残留一周垫烧痕，另一面残留一处环形垫烧痕。直径 33、孔径 17.4、厚 2.2 厘米（图二三八，1）。H12：248，器身一面残留一周垫烧痕。直径 29.6、孔径 15、厚 2.1 厘米（图二三八，2）。H12：249，器身一面残留一周垫烧痕。直径 30、孔径 15.5、厚 2.1 厘米（图二三八，3）。H18：364，器身两面各残留一周垫烧痕。直径 28.8、孔径 15.9、厚 1.6 厘米（图二三八，4）。

垫片　42 件。绝大多数胎体呈棕红色，少数为砖红胎或棕灰胎。根据其形态差异，可分为 2 型。

A 型　36 件。呈盖形，轮制。根据顶部形态差异，可分为 3 亚型。

Aa 型　14 件。顶部戳有一洞。H2：640，凹面残留较多窑渣落灰，且残留一周垫烧痕，凸面残留两周垫烧痕。直径 10.4、厚 0.6、高 1.6 厘米（图二三九，1）。H2：642，凹面残留较多窑渣落灰，凸面残留一周垫烧痕。直径 9.2、厚 0.4、高 1.6 厘米（图二三九，2）。H2：646，凹面残留较多窑渣落灰，且残留一周垫烧痕，凸面残留两周垫烧痕。直径 10.7、厚 0.6、高 1.7 厘米（图二三九，3）。H2：649，凹面残留两周垫烧痕。直径 10、厚 0.6、高 2.2 厘米（图二三九，4）。H9：750，凹面较多坯泡，凸面残留一周垫烧痕。直径 10、厚 0.6、高 1.7 厘米（图二三九，5）。H9：760，凹面残留较多窑渣落灰，凸面皆残一周垫烧痕。直径 10.6、厚 0.5、高 2 厘米（图二三九，6）。H9：770，两面各残留一周垫烧痕。直径 16.8、厚 0.5、高 2.8 厘米（图二三九，13）。

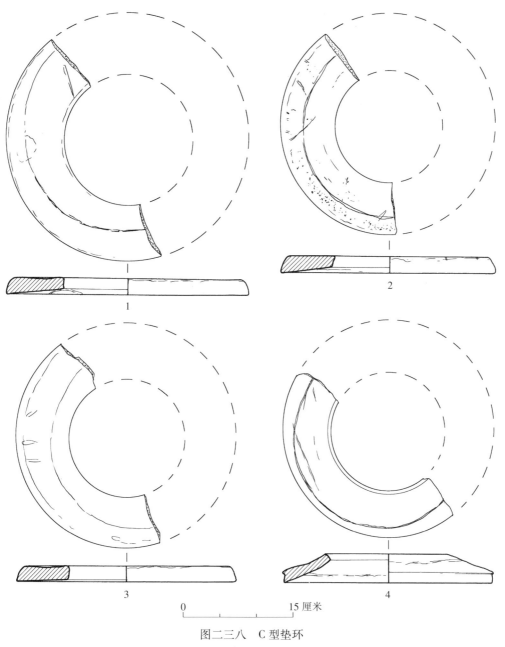

图二三八　C 型垫环

1. H9：1602　2. H12：248　3. H12：249　4. H18：364

H9：771，凹面残留两周垫烧痕，凸面残留一周垫烧痕。直径 16.4、厚 0.5、高 3 厘米（图二三九，14）。H10：973，残，两面各残留一周垫烧痕。残径 5.6、厚 0.5、残高 2.3 厘米（图二三九，7）。TN01E03③：439，凹面残留数周垫烧痕，凸面残留一周垫烧痕。直径 12.7、厚 0.5、高 2.6 厘米（图二三九，8）。TN01E03③：440，凹面残留较多窑渣落灰，凸面残留一周垫烧痕。直径 16.5、厚 0.7、高 4.5 厘米（图二三九，15）。TN01E03③：585，凹面残留较多窑渣落灰，凸面残留一周垫烧痕。直径 12.4、厚 0.6、高 3.2 厘米（图二三九，9）。TN01E03③：588，凹面残留数周垫烧痕，凸面残留一周垫烧痕。直径 12.4、厚 0.5、高 2.8 厘米（图二三九，10）。F8：9，凹面残留较多窑渣落灰，凸面残留三周垫烧痕。直径 11.4、厚 0.6、高 2 厘米（图二三九，11）。

Ab 型　4 件。顶部无洞。H1：364，凹面残留较多窑渣落灰，凸面残留一周垫烧痕。直径

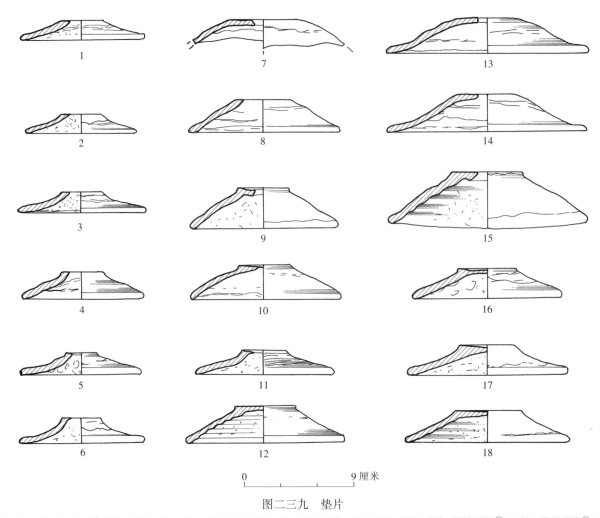

0   9厘米

图二三九　垫片

1～11、13～15. Aa 型（H2：640、H2：642、H2：646、H2：649、H9：750、H9：760、H10：973、TN01E03③：439、TN01E03③：585、TN01E03③：588、F8：9、H9：770、H9：771、TN01E03③：440）　12、16～18. Ab 型（H1：364、H9：153、H9：2069、采：94）

13.2、厚 0.5、高 3 厘米（图二三九，12）。H9：153，凹面较多坯泡，凸面残留两周垫烧痕。直径 12.4、厚 0.65、高 2.4 厘米（图二三九，16）。H9：2069，凹面残留较多窑渣落灰，凸面残留一周垫烧痕。直径 13、厚 0.7、高 2.4 厘米（图二三九，17）。采：94，凹面残留较多窑渣落灰，凸面残留一周垫烧痕。直径 13.2、厚 0.6、高 2.4 厘米（图二三九，18）。

　　Ac 型　18 件。顶部有纽。H1：372，两面均残留一周叠烧痕。直径 8.1、厚 0.6、高 1.6 厘米（图二四〇，1）。H2：278，直径 8、厚 0.5、高 2.7 厘米（图二四〇，2）。H2：282，凹面残留一周叠烧痕。直径 6.9、厚 0.45、高 1.8 厘米（图二四〇，3）。H9：984，直径 6.6、厚 0.6、高 2.2 厘米（图二四〇，4）。H9：999，凸面残留一周叠烧痕，凹面大量细小坯泡。直径 7.5、厚 0.6、高 2 厘米（图二四〇，5）。H9：1004，凹面一周叠烧痕，凸面有大量坯泡，粘有少量黑釉。直径 8.7、厚 0.5、高 2.4 厘米（图二四〇，6）。H9：1035，与 H9：2168 对口粘连，凸面有大量坯泡，残留一周叠烧痕及少量黑釉。直径 9.8、厚 0.7、高 2.5 厘米（图二四〇，7）。H9：2168，凸面有大量坯泡及少量黑釉。直径 9.8、厚 0.6、高 2.5 厘米（图二四〇，7）。H10：1250，直径 5.8、厚 0.5、高 2 厘米（图二四〇，8）。H12：70，直径 11.5、厚 0.5、高 2.8 厘米（图二四〇，9）。H12：74，凹面残留一周叠烧痕。直径 9、厚 0.5、高 2.2 厘米（图二四〇，10）。H15：14，凹面

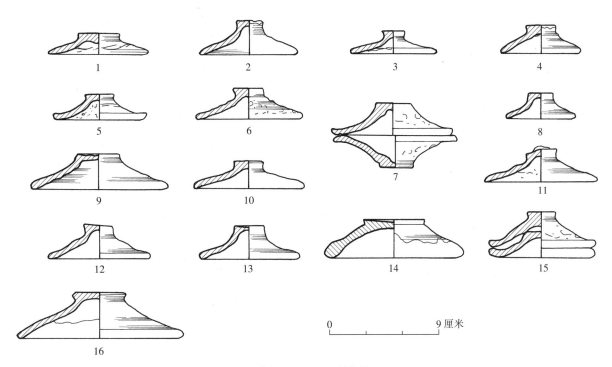

图二四〇　Ac 型垫片

1. H1：372　2. H2：278　3. H2：282　4. H9：984　5. H9：999　6. H9：1004　7. H9：1035/H9：2168　8. H10：1250　9. H12：70
10. H12：74　11. H15：14　12. H16：23　13. H17：88　14. H18：26　15. H18：78/H18：452　16. TN01E03③：558

炸纹现象较明显且残留一周叠烧痕。直径9、厚0.5、高2.6厘米（图二四〇，11）。H16：23，直径8.1、厚0.5、高2.8厘米（图二四〇，12）。H17：88，直径8.1、厚0.45、高2.6厘米（图二四〇，13）。H18：26，凹面粘有少量黑釉。直径11.2、厚1、高3厘米（图二四〇，14）。H18：78，凸面与H18：452凹面粘连，器身大量坯泡。直径8.5、厚0.5、高2厘米（图二四〇，15）。H18：452，器身大量坯泡。直径8.5、厚0.5、高2.8厘米（图二四〇，15）。TN01E03③：558，凹面残留一周叠烧痕。直径13.5、厚0.5、高3.6厘米（图二四〇，16）。

B型　6件。呈椭圆形饼状，捏制，夹砂。F4垫：26，一面残留圈足印记。长6.5、宽3.3、厚0.7厘米（图二四一，1）。F4垫：42，一面残留圈足印记。长6.8、宽4、厚0.8厘米（图二四一，2）。F4垫：43，一面残留圈足印记。长7.4、宽4.2、厚0.8厘米（图二四一，3）。采：288，一面残留大量窑汗。长7、宽4.3、厚0.8厘米（图二四一，6）。F2垫：565，一面残留圈足印记。长6.7、宽4、厚1厘米（图二四一，7）。F2垫：566，一面残留圈足印记。长7.5、宽4、厚0.5厘米（图二四一，8）。

垫圈　21件。轮制，绝大多数胎体呈棕红色，少数为砖红胎或棕灰胎。H2：654，器表裹一层粉黄色烧结面，一面残留一周垫烧痕。直径5.8、孔径1.1、高2厘米（图二四一，4）。H9：1590，一面粘连泥饼残块，另一面粘连一周石英砂。直径8.3、孔径1.7、高2.6厘米（图二四一，5）。H9：1592，一面粘连一泥饼残块，另一面粘连一周石英砂。直径8.5、孔径1.2、高2.2厘米（图二四一，9）。H9：1593，一面粘连泥饼残块，另一面粘连一周石英砂。直径8.5、孔径1.9、高2.6厘米（图二四一，10）。H9：1609，一面残留一周石英砂，另一面粘连一黑釉器底。直径9、孔径1.9、高4.5厘米（图二四一，17）。H10：778，一面粘连泥饼残块，另一面残

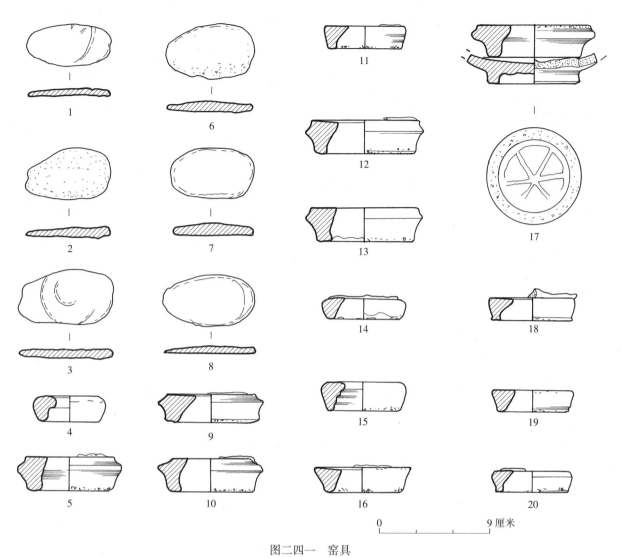

图二四一　窑具

1～3、6～8. B 型垫片（F4 垫：26、F4 垫：42、F4 垫：43、采：288、F2 垫：565、F2 垫：566）　4、5、9～20. 垫圈（H2：654、
H9：1590、H9：1592、H9：1593、H10：778、H10：1206、H12：237、H7：122、H18：365、H20：24、H9：1609、H20：25、
F2：9、F2：10）

留六处等距石英砂。直径 6.5、孔径 1.3、高 1.8 厘米（图二四一，11）。H10：1206，一面粘连泥饼残块，另一面粘连一周石英砂。直径 9.2、孔径 2.1、高 2.6 厘米（图二四一，12）。H12：237，一面粘连一周石英砂。直径 8.2、孔径 2.2、高 2.6 厘米（图二四一，13）。H7：122，一面粘连泥饼残块，另一面残留六处等距垫烧痕，另残留器物叠烧痕。直径 6.8、孔径 1.5、高 1.6 厘米（图二四一，14）。H18：365，器表裹一层粉黄色烧结面，一面残留石英砂垫烧痕。直径 6.6、孔径 1.4、高 2.2 厘米（图二四一，15）。H20：24，一面粘连泥饼残块及石英砂，另一面残留六处等距石英砂。直径 7.6、孔径 1.6、高 2 厘米（图二四一，16）。H20：25，一面粘连泥饼，另一面残留六处等距石英砂。直径 6.7、孔径 1.5、高 1.8 厘米（图二四一，18）。F2：9，一面残留石英砂。直径 6.5、孔径 1.4、高 1.7 厘米（图二四一，19）。F2：10，一面粘连垫片残块，另一面残留六处等距石英砂。直径 6、孔径 1.5、高 1.6 厘米（图二四一，20）。F2 垫：562，一面粘连一周石英砂。直径 5、孔径 1、高 1.6 厘米（图二四二，1）。F4 垫：24，一面粘连一周石英砂。直径 5.8、

孔径1.2、高2厘米（图二四二，2）。F4垫：215，直径7、孔径1.6、高1.5厘米（图二四二，3）。J1：112，一面残留六处等距石英砂。直径6.4、孔径1.1、高2厘米（图二四二，4）。J1：113，一面粘连泥饼残块，另一面残留一周黑釉器物垫烧痕。直径5.8、孔径1.1、高2.1厘米（图二四二，5）。J1：114，一面粘连泥饼残块，另一面残留六处等距石英砂。直径6.9、孔径1.6、高2厘米（图二四二，6）。L1①：58，器身残留一周窑汗，一面粘连一周石英砂。直径7.2、孔径1.6、高2.2厘米（图二四二，7）。

支钉　237件。绝大多数胎体呈棕红色，少数为砖红胎或棕灰胎，且大部分器身（托面及支钉面）涂抹一层粉黄色涂料。根据齿钉数量可分为五齿支钉、六齿支钉、七齿支钉、八齿支钉及多齿支钉。

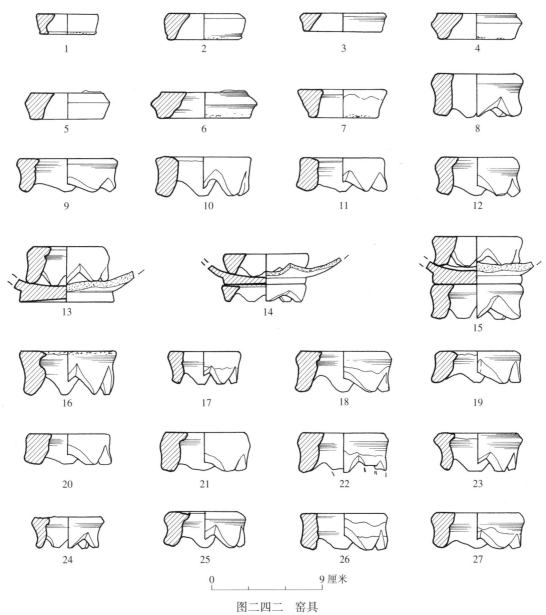

0　　　　　　9厘米

图二四二　窑具

1~7. 垫圈（F2垫：562、F4垫：24、F4垫：215、J1：112、J1：113、J1：114、L1①：58）　　8~27. A型I式支钉（H2：592、H9：679、H9：1307、H10：663、H11：31、H9：1610、H9：1611、H9：1612、H11：33、H12：140、H12：260、H13：131、H13：136、H17：96、H18：175、H18：185、H18：367、H20：23、H21：14、H21：21）

五齿支钉　124件。根据器物形态差异，可分为4型。

A型　69件。圈环形。根据托座厚薄差异，可分为2式。

Ⅰ式　26件。托座较厚。H2：592，直径6.6、高3.4厘米（图二四二，8）。H9：679，直径8、高2.6厘米（图二四二，9）。H9：1307，直径7.8、高3厘米（图二四二，10）。H9：1610，支面与饼足碗内底粘连。直径6.4、高3.1厘米（图二四二，13）。H9：1611，支面与饼足碗内底粘连。直径6.8、高3.7厘米（图二四二，14）。H9：1612，支面与饼足碗内底粘连。直径7.3、高6.5厘米（图二四二，15）。H10：663，直径6.8、高2.6厘米（图二四二，11）。H11：31，直径5.8、高3厘米（图二四二，12）。H11：33，托面粘连一周石英砂。直径7.8、高3.4厘米（图二四二，16）。H12：140，托面较多窑汗。直径5.8、高2.5厘米（图二四二，17）。H12：260，直径7.9、高3.2厘米（图二四二，18）。H13：131，直径7、高2.5厘米（图二四二，19）。H13：136，直径6.7、高2.4厘米（图二四二，20）。H17：96，直径6.4、高3厘米（图二四二，21）。H18：175，直径6.6、高3.1厘米（图二四二，22）。H18：185，直径6.4、高3厘米（图二四二，23）。H18：367，直径5.4、高2.4厘米（图二四二，24）。H20：23，直径5.5、高2.8厘米（图二四二，25）。H21：14，直径6.1、高2.8厘米（图二四二，26）。H21：21，直径7.5、高2.8厘米（图二四二，27）。H22：83，直径6.1、高3.2厘米（图二四三，1）。H23：11，直径7.2、高3.2厘米（图二四三，2）。TN01E02②：17，直径7.2、高3.2厘米（图二四三，3）。Y1：59，直径7.5、高2.9厘米（图二四三，4）。Y1：61，直径6.4、高2.8厘米（图二四三，5）。F2垫：385，直径6.8、高2.7厘米（图二四三，6）。

Ⅱ式　43件。托座较薄。T1④：16，黑色胎，直径6.6、高2厘米（图二四三，7）。H2：546，托面粘连泥饼残块。直径7.2、高1.7厘米（图二四三，8）。H2：569，直径6.8、高1.6厘米（图二四三，9）。H3：24，直径6.9、高1.6厘米（图二四三，10）。H7：61，直径6.2、高1.5厘米（图二四三，11）。H7：104，直径6.8、高1.6厘米（图二四三，12）。H8：30，直径7、高1.6厘米（图二四三，13）。H9：662，托面粘连泥饼残块。直径7.6、高1.7厘米（图二四三，14）。H9：682，支钉之间粘连一块窑渣。直径6、高1.5厘米（图二四三，15）。H10：520，直径5.8、高1.6厘米（图二四三，16）。H10：569，直径6.7、高1.6厘米（图二四三，17）。H11：24，直径6.2、高2厘米（图二四三，18）。H12：139，托面粘连泥饼残块。直径7、高2厘米（图二四三，19）。H12：258，托面粘连泥饼残块，直径6.6、高1.6厘米（图二四三，20）。H13：132，托面粘连泥饼残块。直径6.8、高1.8厘米（图二四三，21）。H14：11，托面粘连泥饼残块。直径6.7、高1.3厘米（图二四三，22）。H15：33，托面粘连少量窑渣。直径6.2、高1.7厘米（图二四三，23）。H16：30，托面粘连泥饼残块。直径6.8、高1.4厘米（图二四三，24）。H18：162，托面粘连泥饼残块。直径6、高2厘米（图二四三，25）。H19：24，直径7.4、高1.8厘米（图二四三，26）。H20：20，直径6.8、高1.6厘米（图二四三，27）。H21：12，托面粘连泥饼残块。直径6.5、高1.5厘米（图二四三，28）。H22：125，托面粘连泥饼残块。直径7.2、高1.6厘米（图二四三，29）。TN01E03③：569，托面残留一周石英砂。直径7.4、高1.8厘米（图二四四，1）。F2垫：30，直径7.5、高1.4厘米（图二四四，2）。F2垫：544，直径6.2、高1.4厘米（图二四四，3）。F2垫：554，托面粘连一周石英砂。直径4、高1厘米（图

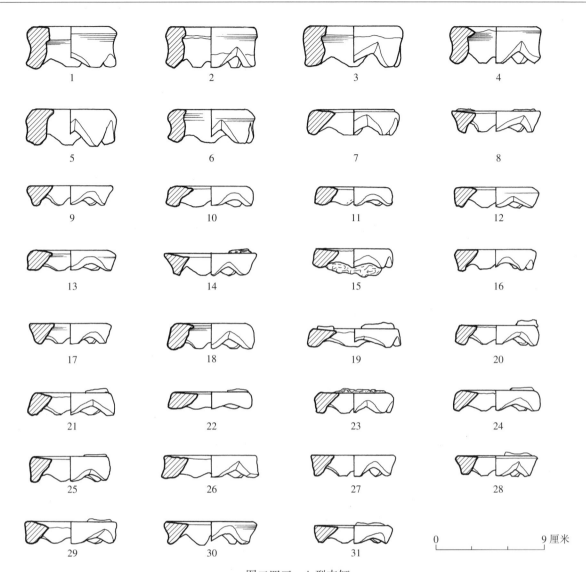

图二四三　A型支钉

1～6. I式（H22：83、H23：11、TN01E02②：17、Y1：59、Y1：61、F2垫：385）　　7～31. II式（T1④：16、H2：546、H2：569、H3：24、H7：61、H7：104、H8：30、H9：662、H9：682、H10：520、H10：569、H11：24、H12：139、H12：258、H13：132、H14：11、H15：33、H16：30、H18：162、H19：24、H20：20、H21：12、H22：125、Y3：14、采：228）

二四四，4）。F3垫：22，托面粘连泥饼残块。直径6.6、高1.4厘米（图二四四，5）。F3垫：35，直径6.3、高1.5厘米（图二四四，6）。F6：85，支钉部分涂抹一层粉黄色涂料。直径7.2、高1.6厘米（图二四四，7）。F9：19，直径6.5、高1.5厘米（图二四四，8）。J1：107，直径6.8、高1.5厘米（图二四四，9）。L1①：55，托面粘连较多窑渣。直径6.6、高1.6厘米（图二四四，10）。L1②：8，直径7、高1.5厘米（图二四四，11）。L1③：3，直径5.8、高1.3厘米（图二四四，12）。Y1：37，直径6.6、高1.6厘米（图二四四，13）。Y1：41，托面粘连泥饼残块。直径7.3、高1.5厘米（图二四四，14）。Y1：43，直径7、高1.5厘米（图二四四，15）。Y2①：38，直径7、高1.6厘米（图二四四，16）。Y2②：10，托面粘连泥饼残块。直径6.2、高1.5厘米（图二四四，17）。Y2②：19，直径5.8、高1.2厘米（图二四四，18）。Y3：14，直径7.5、高1.9厘米（图二四三，30）。采：228，托面粘连泥饼残块。直径6.2、高1.3厘米（图二四三，31）。

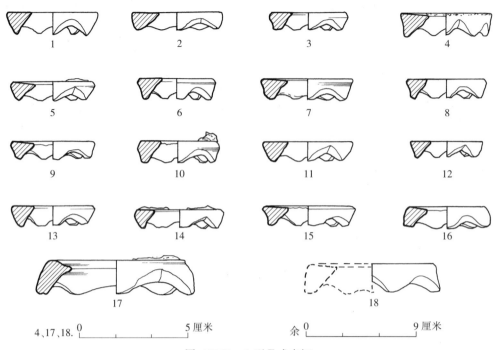

图二四四　A 型 Ⅱ 式支钉

1. TN01E03③：569　2. F2 垫：30　3. F2 垫：544　4. F2 垫：554　5. F3 垫：22　6. F3 垫：35　7. F6：85　8. F9：19　9. J1：107　10. L1①：55　11. L1②：8　12. L1③：3　13. Y1：37　14. Y1：41　15. Y1：43　16. Y2①：38　17. Y2②：10　18. Y2②：19

B 型　10 件。支钉上接圆饼形底座。H9：709，直径 9.8、高 3.1 厘米（图二四五，1）。H13：159，直径 8.5、高 3.2 厘米（图二四五，2）。H13：160，直径 8.1、高 3 厘米（图二四五，3）。H13：163，直径 7.9、高 3.7 厘米（图二四五，4）。H15：47，直径 12.7、高 4.8 厘米（图二四五，5）。H15：49，托面粘连泥饼残片。直径 12、高 4.2 厘米（图二四五，6）。H15：51，托面粘连一垫环。直径 12.8、高 5.4 厘米（图二四五，7）。H16：37，直径 12.6、残高 4.2 厘米（图二四五，8）。H18：188，直径 9.8、高 3.4 厘米（图二四五，9）。H22：97，直径 9、高 3.3 厘米（图二四五，10）。

C 型　34 件。亚腰型。T1④：26，直径 6、高 3.1 厘米（图二四五，11）。H2：600，托面无穿孔。直径 6、高 3.7 厘米（图二四五，12）。H2：608，托面粘连泥饼残块。直径 6.4、高 4 厘米（图二四五，13）。H2：610，直径 10.2、高 5.8 厘米（图二四五，14）。H9：693，直径 5.9、高 4 厘米（图二四五，15）。H9：1096，支面与青釉 Aa 型盏内底粘连。残高 3.4 厘米（图二四五，16）。H9：1405，直径 8、高 5.4 厘米（图二四五，17）。H9：1418，直径 7.1、高 4.2 厘米（图二四五，18）。H10：685，托面无穿孔，残留石英砂。直径 5.3、高 4.6 厘米。H10：694，直径 9、高 4.8 厘米（图二四六，1）。H11：46，托面粘连石英砂。直径 7.2、高 5.4 厘米（图二四六，2）。H12：163，托面粘连泥饼残块。直径 7.1、高 5.8 厘米（图二四六，3）。H12：168，直径 8.2、高 5.2 厘米（图二四六，4）。H12：182，托面粘连一周石英砂，器身残留少量窑汗。直径 7.5、高 7 厘米（图二四六，5）。H12：183，与 A 型 Ⅰ 式五齿支钉组合使用。其下粘连器物内底。直径 6.7、高 9.5 厘米（图二四六，6）。H13：149，直径 5.8、高 5.2 厘米（图二四六，7）。H13：156，托面粘连一周石英砂。直径 6.1、高 4 厘米（图二四六，8）。H14：12，直径 7、高 4.8 厘米（图

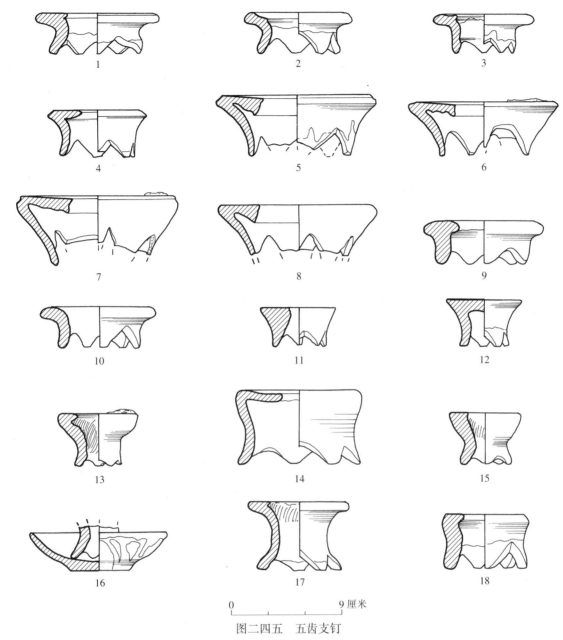

0   9厘米

图二四五　五齿支钉

1～10. B型（H9：709、H13：159、H13：160、H13：163、H15：47、H15：49、H15：51、H16：37、H18：188、H22：97）

11～18. C型（T1④：26、H2：600、H2：608、H2：610、H9：693、H9：1096、H9：1405、H9：1418）

二四六，9）。H15：40，器身粘连少量窑渣。直径6.8、高4.2厘米（图二四六，10）。H16：33，器身粘连大量窑汗。直径5.8、高3.8厘米（图二四六，11）。H17：102，托面粘连石英砂，支面粘连一器底。直径5.8、高5.2厘米（图二四六，12）。H18：333，托面粘连泥饼残片。直径7.3、高5.8厘米（图二四六，13）。H19：30，直径5.4、高4.8厘米（图二四六，14）。H22：89，直径6、高4.6厘米（图二四六，15）。H22：93，托面粘连泥饼残块。直径6、高4.8厘米（图二四六，16）。H23：14，支钉残留酱绿釉。直径7.6、高7厘米（图二四六，17）。TN01E02②：21，直径7、高6.2厘米（图二四六，18）。TN01E03③：685，直径6.5、高5.5厘米（图二四七，1）。F2垫：555，直径5、高3.5厘米（图二四七，2）。F2垫：561，直径5.5、高3.4厘米（图二四七，

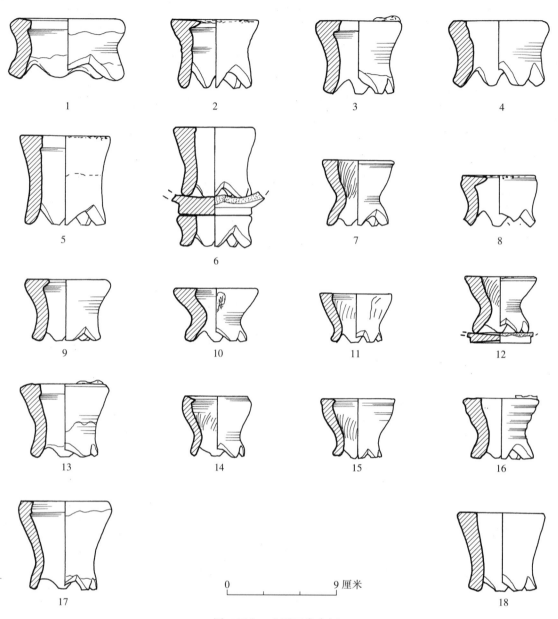

0　　　　　　　　9厘米

图二四六　C型五齿支钉

1. H10：694　2. H11：46　3. H12：163　4. H12：168　5. H12：182　6. H12：183　7. H13：149　8. H13：156　9. H14：12　10. H15：40　11. H16：33　12. H17：102　13. H18：333　14. H19：30　15. H22：89　16. H22：93　17. H23：14　18. TN01E02②：21

3）。F4垫：41，直径5.2、高3.2厘米（图二四七，4）。F6：86，直径5.8、高4.1厘米（图二四七，5）。J1：111，直径5.8、高3.5厘米（图二四七，6）。Y1：62，直径7.4、高4.6厘米（图二四七，7）。

D型　11件。筒形。根据形制差异，可分为2亚型。

Da型　4件。通体扁宽。H2：611，直径11.4、高6厘米（图二四七，8）。H9：1415，器身三处穿孔。直径12、高7厘米（图二四七，9）。H10：1315，直径8.8、高4.6厘米（图二四七，10）。H18：376，直径6.8、高4.3厘米（图二四七，11）。

Db型　7件。通体瘦高。H2：609，器身呈螺旋凸棱状。直径7、高5.8厘米（图二四七，12）。

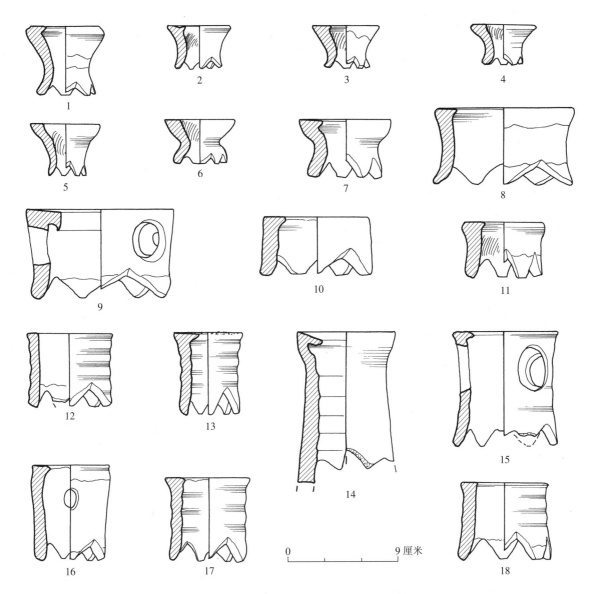

图二四七　五齿支钉

1~7. C 型（TN01E03③：685、F2 垫：555、F2 垫：561、F4 垫：41、F6：86、J1：111、Y1：62）　　8~11. Da 型（H2：611、H9：1415、H10：1315、H18：376）　　12~18. Db 型（H2：609、H9：711、H9：1413、H9：1414、H10：605、H11：46、H13：158）

H9：711，器身呈螺旋凸棱状，托面粘连石英砂。直径 5.7、高 6.4 厘米（图二四七，13）。H9：1413，直径 8、高 12.1 厘米（图二四七，14）。H9：1414，器身三穿孔。直径 8.5、高 9 厘米（图二四七，15）。H10：605，器身二处穿孔。直径 6.7、高 7.5 厘米（图二四七，16）。H11：46，器身饰瓦棱。直径 7、高 6.6 厘米（图二四七，17）。H13：158，直径 7.2、高 6 厘米（图二四七，18）。

六齿支钉　73 件。根据形态差异，可分为 4 型。

A 型　31 件。圈环形。根据托面厚薄差异，可分为 2 式。

I 式　16 件。托面较厚。H2：619，直径 10.6、高 5 厘米（图二四八，1）。H9：712，直径 6.8、高 2.5 厘米（图二四八，2）。H9：713，直径 7.3、高 3.2 厘米（图二四八，3）。H11：51，直径 8.1、高 3.2 厘米（图二四八，4）。H12：189，直径 7.2、高 3.5 厘米（图二四八，5）。H12：

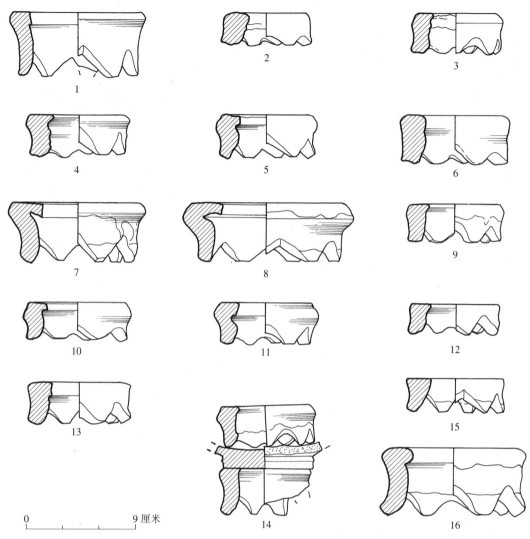

图二四八　A 型 I 式六齿支钉

1. H2：619　2. H9：712　3. H9：713　4. H11：51　5. H12：189　6. H12：207　7. H12：232　8. H12：233　9. H17：137
10. H17：138　11. H18：310　12. H18：397　13. H21：84　14. H21：92　15. H22：100　16. TN01E02②：27

207，直径8.6、高3.8厘米（图二四八，6）。H12：232，直径10.8、高4.7厘米（图二四八，7）。H12：233，直径13.4、高4.6厘米（图二四八，8）。H17：137，直径7.6、高3厘米（图二四八，9）。H17：138，直径8.6、高3厘米（图二四八，10）。H18：310，直径8.2、高3.2厘米（图二四八，11）。H18：397，直径7、高2.5厘米（图二四八，12）。H21：84，直径8.2、高3.2厘米（图二四八，13）。H21：92，直径7.2、高8.5厘米（图二四八，14）。H22：100，直径7.8、高2.6厘米（图二四八，15）。TN01E02②：27，直径10.1、高5.3厘米（图二四八，16）。

II式　15件。托面较薄。H2：614，托面粘连泥饼残块。直径9.2、高1.8厘米（图二四九，1）。H2：616，托面粘连泥饼残块。直径10.4、高2.1厘米（图二四九，2）。H7：42，支面与盆内底粘连。直径9、高1.4厘米（图二四九，3）。H7：120，托面粘连泥饼残块。直径10.6、高2.5厘米（图二四九，4）。H9：715，直径8、高1.8厘米（图二四九，5）。H9：1464，直径9.4、高2.3厘米（图二四九，6）。H9：1466，直径9.8、高2.3厘米（图二四九，7）。H9：2064，直

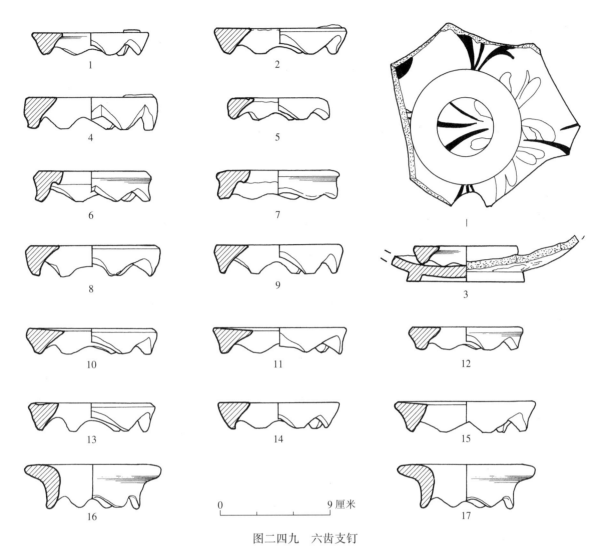

图二四九　六齿支钉

1~15. A 型 Ⅱ 式（H2：614、H2：616、H7：42、H7：120、H9：715、H9：1464、H9：1466、H9：2064、H10：706、H1：719、H10：1200、TN01E03③：428、TN01E03③：572、F2 垫：258、采：272）　16、17. B 型（H15：53、H15：54）

径 10.7、高 2.3（图二四九，8；彩版八七，2）。H10：706，直径 10.2、高 2.3 厘米（图二四九，9）。H10：719，直径 10.2、高 2 厘米（图二四九，10）。H10：1200，直径 10.6、高 2 厘米（图二四九，11）。TN01E03③：428，直径 9.2、高 1.8 厘米（图二四九，12）。TN01E03③：572，直径 9.9、高 2.2 厘米（图二四九，13）。F2 垫：258，直径 9.8、高 2 厘米（图二四九，14）。采：272，直径 11.2、高 2.4 厘米（图二四九，15）。

B 型　2 件。托座呈圆饼形。H15：53，直径 11.2、高 3.5 厘米（图二四九，16）。H15：54，直径 11.2、高 3.4 厘米（图二四九，17）。

C 型　24 件。亚腰形。根据体型差异，可分为 3 亚型。

Ca 型　9 件。通体较宽矮。H9：1489，直径 8.8、高 5.3 厘米（图二五〇，1）。H9：1497，直径 7.3、高 5.2 厘米（图二五〇，2）。H12：219，直径 9、高 4.6 厘米（图二五〇，3）。H17：105，直径 8.8、高 5.4 厘米（图二五〇，4）。H18：327，直径 8.8、高 5.2 厘米（图二五〇，5）。H18：390，直径 7.8、高 4.7 厘米（图二五〇，6）。H21：171，直径 9.4、高 4.7 厘米

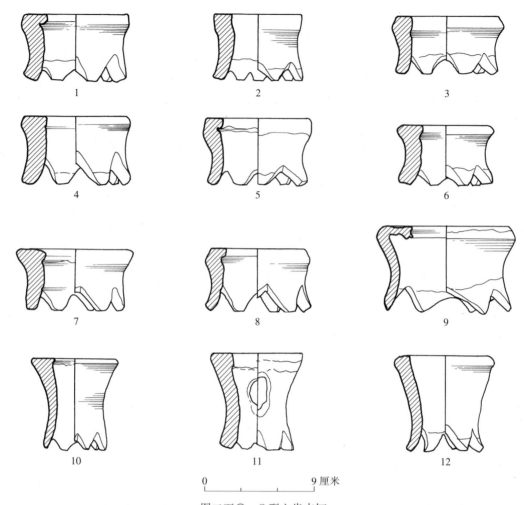

图二五〇　C 型六齿支钉

1～9. Ca 型（H9：1489、H9：1497、H12：219、H17：105、H18：327、H18：390、H21：171、TN01E02②：36、
TN01E03③：429）　　10～12. Cb 型（H9：1480、H9：1498、TN01E02②：45）

（图二五〇，7）。TN01E02②：36，直径8.4、高5厘米（图二五〇，8）。TN01E03③：429，直径
11.3、高6.8厘米（图二五〇，9）。

　　Cb 型　3件。通体较瘦高。H9：1480，直径7、高7.2厘米（图二五〇，10）。H9：1498，器
身二处穿孔。直径7.5、高7.7厘米（图二五〇，11）。TN01E02②：45，直径8、高7.6厘米
（图二五〇，12）。

　　Cc 型　12件。体型介于 Ca、Cb 之间。H9：1482，直径9、高6.5厘米（图二五一，1）。
H11：55，直径6.5、高5.6厘米（图二五一，2）。H12：228，器身一侧窑裂。直径7、高5.5厘
米（图二五一，3）。H12：246，腹部四处等距穿孔。直径17.6、高16.4厘米（图二五一，4；
彩版八七，3）。H13：166，直径6.5、高5.4厘米（图二五一，5）。H17：104，直径7、高6.2厘
米（图二五一，6）。H18：349，直径8.4、高6.8厘米（图二五一，7）。H18：403，器身粘连少
量窑渣，直径6.4、高5.3厘米（图二五一，12）。H21：90，器身粘连大量窑汗。直径7.4、高
6.1厘米（图二五一，9）。TN01E02②：46，直径6.8、高6.3厘米（图二五一，10）。F6：84，
直径7.6、高5.6厘米（图二五一，11）。Y2①：42，直径7.4、高4.4厘米（图二五一，8）。

　　D 型　16件。筒形。根据腹部形态及体型差异，可分为 3 亚型。

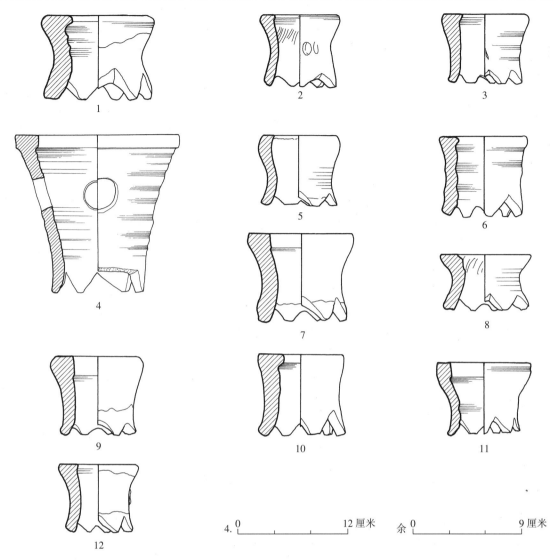

4. 0 ——— 12 厘米　余 0 ——— 9 厘米

图二五一　Cc 型六齿支钉

1. H9：1482　2. H11：55　3. H12：228　4. H12：246　5. H13：166　6. H17：104　7. H18：349　8. Y2①：42　9. H21：90
10. TN01E02②：46　11. F6：84　12. H18：403

Da 型　6 件。直腹，筒径较宽，整体较宽矮。H9：1504，直径 11.6、高 6.8 厘米（图二五二，1）。H9：1506，腹部三个等距穿孔。直径 14.2、高 6.8 厘米（图二五二，2）。H13：170，直径 9.5、高 6 厘米（图二五二，3）。H16：34，直径 9.4、高 5.3 厘米（图二五二，4）。H19：33，直径 9.6、高 6.5 厘米（图二五二，5）。H22：102，直径 9.8、高 7.5 厘米（图二五二，6）。

Db 型　8 件。直腹，筒径较窄，整体较瘦高。H9：1503，腹部三个等距穿孔。直径 9、高 10.4 厘米（图二五二，7）。H9：2065，腹部呈螺旋凸棱状，另有三个等距穿孔。直径 9、高 9.3 厘米（图二五二，8）。H10：971，直径 7、高 5.8 厘米（图二五二，9）。H11：58，腹部三处穿孔。直径 7.7、高 7.4 厘米（图二五二，10）。H13：169，腹部呈螺旋凸棱状。直径 7.2、高 7.4 厘米（图二五二，11）。H18：317，腹部三个等距穿孔。直径 7.8、高 7.5 厘米（图二五二，12）。H22：18，腹部呈螺旋凸棱状。直径 7.4、高 8.8 厘米（图二五二，13）。H22：130，腹部呈螺旋凸棱状。直径 7.6、高 6.5 厘米（图二五二，14）。

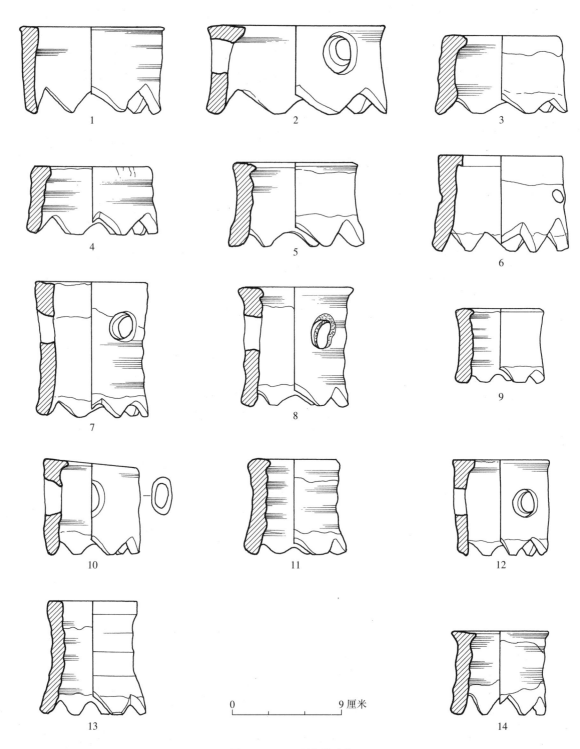

图二五二　D 型六齿支钉

1～6. Da 型（H9：1504、H9：1506、H13：170、H16：34、H19：33、H22：102）　　7～14. Db 型（H9：1503、H9：2065、H10：971、H11：58、H13：169、H18：317、H22：18、H22：130）

　　Dc 型　2 件。斜直腹，整体较瘦高。H9：1515，腹部呈螺旋凸棱状，另有三个等距穿孔，器身有多处以手指压印的坑痕。直径 12.8、高 12.2 厘米（图二五三，1）。H10：912，直径 6.6、高 7.1 厘米（图二五三，2）。

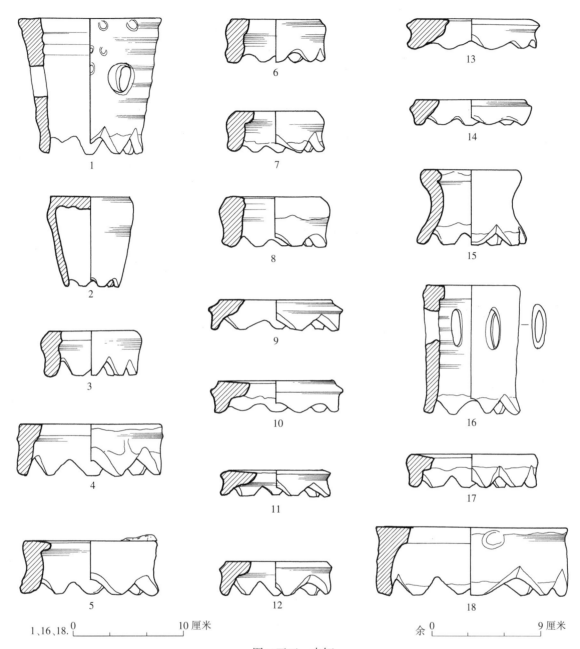

图二五三　支钉

1、2. Dc 型六齿支钉（H9：1515、H10：912）　3～8. A 型 I 式七齿支钉（H10：1202、H13：172、H16：36、H18：355、H18：356、TN01E02②：49）　9～14. A 型 II 式七齿支钉（H2：621、H2：623、H9：721、H9：722、H9：724、H9：2066）　15. B 型七齿支钉（H18：407）　16. C 型七齿支钉（H9：1507）　17、18. 八齿支钉（H2：625、H14：14）

七齿支钉　14 件。根据形制差异，可分为 3 型。

A 型　12 件。圈环形。根据托面厚薄差异，可分为 2 式。

I 式　6 件。托面较厚。H10：1202，直径 8、高 3.5 厘米（图二五三，3）。H13：172，直径 11.2、高 4.1 厘米（图二五三，4）。H16：36，托面粘连泥饼残块。直径 10.7、高 4.2 厘米（图二五三，5）。H18：355，直径 8、高 3.4 厘米（图二五三，6）。H18：356，直径 7.9、高 3.2 厘米（图二五三，7）。TN01E02②：49，直径 8.7、高 3.9 厘米（图二五三，8）。

II 式　6 件。托面较薄。H2：621，直径 10.5、高 2.3 厘米（图二五三，9）。H2：623，直径

10.4、高 2.5 厘米（图二五三，10）。H9：721，直径 8.6、高 2 厘米（图二五三，11）。H9：722，直径 8.9、高 2.6 厘米（图二五三，12）。H9：724，直径 10.6、高 2.3 厘米（图二五三，13）。H9：2066，直径 9.8、高 2.1 厘米（图二五三，14）。

B 型　1 件。亚腰形。H18：407，直径 8.2、高 5.8 厘米（图二五三，15）。

C 型　1 件。筒形。H9：1507，腹部六处等距穿孔。直径 7.8、高 10.1 厘米（图二五三，16）。

八齿支钉　2 件。圈环形。H2：625，直径 10.6、高 2.6 厘米（图二五三，17）。H14：14，近托面处残留一以手指压印的坑痕。直径 15.9、高 6 厘米（图二五三，18）。

多齿支钉　24 件。皆为残件，故支钉数量不明。根据支钉形制差异，可分为 2 型。

A 型　20 件。圈环形，支钉较矮。H2：628，直径 14.5、高 4.3 厘米（图二五四，1）。H2：639，直径 26、高 5.2 厘米（图二五四，2；彩版八八，1）。H9：743，直径 32、高 7 厘米（图二五四，3）。H9：730，直径 15.4、高 5.5 厘米（图二五四，4）。H9：1512，器身大量窑汗及窑渣。直径 16.8、高 5 厘米（图二五四，5）。H10：732，直径 17.2、高 5.3 厘米（图二五四，6）。H10：734，直径 22.8、高 6 厘米（图二五四，7）。H10：1203，直径 21.6、高 5.4 厘米（图二五四，8）。H12：243，器身外侧残留一手指压坑。直径 15.2、高 5.1 厘米（图二五四，9）。H12：245，器身外侧残留数个手指压坑。直径 28、高 7.6 厘米（图二五四，10）。H13：176，器身外侧残留一手指压坑。直径 30、高 8.7 厘米（图二五四，11）。H13：177，器身外侧残留一手指压坑。直径 18.7、高 5.3 厘米（图二五四，12）。H14：15，器身外侧残留一手指压坑。直径 18.4、高 6.1 厘米（图二五五，1）。H15：55，直径 14.9、高 4 厘米（图二五五，2）。H15：56，腹部一穿孔。直径 23、高 9.5 厘米（图二五五，3）。H16：41，直径 18.4、高 5 厘米（图二五五，4）。H17：106，器身外侧残留一手指压坑。直径 17.6、高 5 厘米（图二五五，5）。H22：105，直径 23.2、高 6.6 厘米（图二五五，6）。TN01E03③：430，直径 18、高 6.5 厘米（图二五五，7）。Y2①：44，直径 19、高 4.4 厘米（图二五五，8）。

B 型　4 件。钵形，支钉较高。H2：665，腹部一穿孔。直径 20、高 10.8 厘米（图二五六，1）。H9：746，腹部数个穿孔，托面内侧及器身外侧残留数个手指压坑。直径 22、高 11 厘米（图二五六，2）。H9：2068，腹部数个穿孔。直径 20、高 11.2 厘米（图二五六，9）。H18：360，器身外侧残留数个手指压坑。直径 20、高 8.8 厘米（图二五六，8）。

（三）支垫具

支垫具在器物装烧过程中用于承托器物、间隔窑具与器物，使其达到最佳烧成高度。包括支顶钵、托座、窑柱、垫饼及支垫。

支顶钵　2 件。顶面略斜直，底平，壁斜直，由上及下变厚，中空。轮制，棕红胎。H10：779，顶部残留一周叠烧痕。顶径 4.2、底径 6.2、高 4.4 厘米（图二五六，4；彩版八八，2）。H12：234，顶部残留一周石英砂垫烧痕，底部及下壁裹一层粉黄色耐火涂料。顶径 4.6、底径 6.8、高 4.2 厘米（图二五六，5）。

托座　2 件。一面较平，另一面呈空心圈状，中空。轮制，胎色棕红或砖红。H9：824，使用时平面朝上，残留一周垫烧痕。顶径 6.8、底径 4.2、高 4.3 厘米（图二五六，6）。H10：781，使

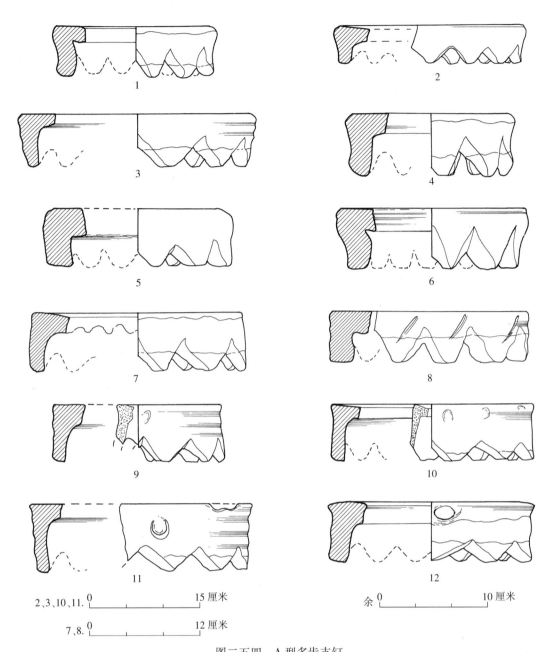

2、3、10、11. 0　　　　　　15 厘米

7、8. 0　　　　　　12 厘米

余 0　　　　　　10 厘米

图二五四　A 型多齿支钉

1. H2：628　2. H2：639　3. H9：743　4. H9：730　5. H9：1512　6. H10：732　7. H10：734　8. H10：1203
9. H12：243　10. H12：245　11. H13：176　12. H13：177

用时平面朝下，圈足底残留一周石英砂垫烧痕。顶径 6.4、底径 4.4、高 4.2 厘米（图二五六，7）。

窑柱　91 件。轮制，绝大多数胎体呈棕红色，少量砖红胎或棕灰胎。根据形制差异，可分为 6 型。

A 型　26 件。圆柱形，腹部斜直，上小下大，呈凸棱状，空心。根据腹壁厚薄差异，可分为 3 亚型。

Aa 型　2 件。胎壁厚实。H2：672，器表呈黑色蜂窝状。顶径 6、底径 11.2、高 12.6 厘米（图二五六，3）。H9：1545，托面及支面裹粉黄色涂料。顶径 6.6、底径 9.8、高 13.2 厘米（图二五六，10）。

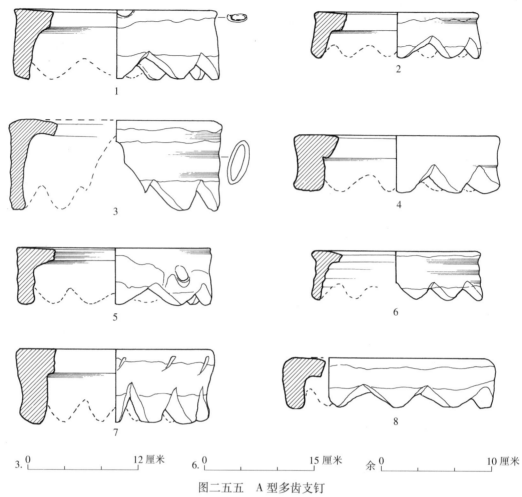

3. ⊢0————————————12厘米　6. ⊢0————————————15厘米　余 ⊢0————————————10厘米

图二五五　A 型多齿支钉

1. H14：15　2. H15：55　3. H15：56　4. H16：41　5. H17：106　6. H22：105　7. TN01E03③：430　8. Y2①：44

　　Ab 型　12 件。胎壁较 Aa 型薄。H7：123，器身大部分裹粉黄色涂料。顶径 7、底径 7.8、高 12 厘米（图二五七，1）。H8：33，器身局部裹粉黄色涂料。顶径 5.6、底径 9、高 10 厘米（图二五七，2）。H9：2151，顶径 6.2、底径 9.6、高 12.7 厘米（图二五七，3）。H10：738，顶径 6.1、底径 9.4、高 14.2 厘米（图二五七，4）。H10：756，托面残留泥饼残块。顶径 6、底径 8.6、高 13 厘米（图二五七，5）。H10：1207，支面及托面裹粉黄色涂料，器身较多窑汗。顶径 6.4、底径 9.8、高 13.6 厘米（图二五七，6）。H10：1265，变形较甚，托面残留泥饼残块。顶径 6.8、底径 9.6、高 10.2 厘米（图二五七，7）。TN01E03③：575，器表较多窑汗。顶径 5.6、底径 8.8、高 14.4 厘米（图二五七，8）。Y1：68，器表较多窑汗，柱内残留较多窑渣。顶径 5.6、底径 8.7、高 12.6 厘米（图二五七，9）。C1：75，顶径 5.6、底径 7、高 12.2 厘米（图二五七，10）。F8：13，支面及托面裹粉黄色涂料，外壁粘连较多窑渣。顶径 6、底径 7.8、高 12.1 厘米（图二五七，11）。F10：3，支面及托面裹粉黄色涂料，底部窑裂较甚。顶径 6、底径 9、高 10.2 厘米（图二五七，12）。

　　Ac 型　12 件。胎壁继续变薄，整体感觉较轻盈，凸棱变浅。H2：666，器身近底部有穿孔。顶径 18.4、底径 22.8、高 21.6 厘米（图二五八，1）。H2：667，外壁近底部数个手指压坑。底径

第三章　出土遗物

图二五六

窑具

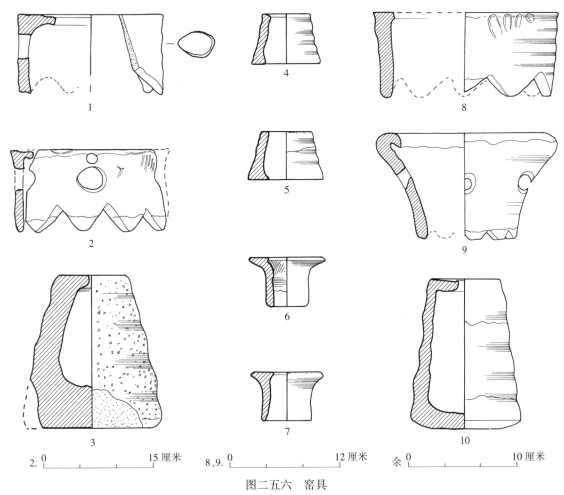

图二五六　窑具

1、2、8、9. 多齿支钉 B 型（H2：665、H9：746、H18：360、H9：2068）　3、10. Aa 型窑柱（H2：672、H9：1545）
4、5. 支顶钵（H10：779、H12：234）　6、7. 托座（H9：824、H10：781）

15.6、残高 13.6 厘米（图二五八，2）。H9：1548，顶径 8、底径 10.5、高 18.9 厘米（图二五八，3；彩版八八，3）。H9：1552，器表呈黑色蜂窝状，托面粘连一支钉。顶径 7.6、底径 11.2、高 20 厘米（图二五八，4）。H9：1555，外壁近底部数个手指压坑。顶径 8.5、底径 11、高 16.5 厘米（图二五八，5）。H9：1556，外壁凸棱状。顶径 7.7、底径 12、高 17 厘米（图二五八，6）。H9：1613，托面粘连一五齿支钉。顶径 8.2、底径 12.2、高 20 厘米（图二五八，7）。H9：1614，近底部数个手指压坑，支面粘连一六齿支钉。顶径 7.3、底径 11.8、高 14.6 厘米（图二五八，8）。H12：668，外壁近底部一穿孔及数个手指压坑，托面涂抹粉黄色涂料。顶径 11.8、底径 19.4、高 20.8 厘米（图二五八，9）。H17：108，器身三处等距穿孔，外壁近底处数个手指压坑，支面涂抹粉黄色涂料。顶径 10.4、底径 12.4、高 14.2 厘米（图二五九，1；彩版八九，1）。H23：19，顶径 7.8、残高 10.6 厘米（图二五九，2）。J1：115，托面粘连泥饼残块。顶径 5.6、底径 9、高 9.6 厘米（图二五九，3）。

B 型　29 件。盅形，平底，壁薄，中空。根据腹部形态差异，可分为 4 亚型。

Ba 型　3 件。直腹。H2：663，器身及支面粘连大量窑渣。顶径 8、底径 8.2、高 9.7 厘米（图二五九，5）。H2：664，托面及支面涂抹粉黄色涂料，底部一穿孔。顶径 13.6、底径 13.8、高

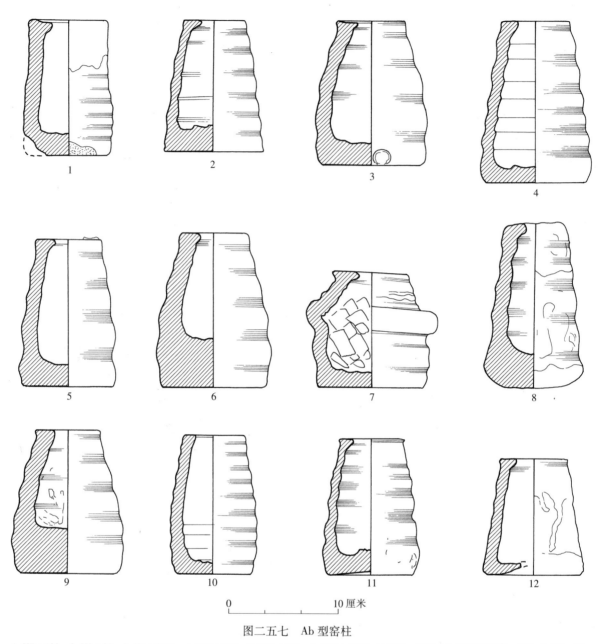

0   10厘米

图二五七　Ab 型窑柱

1. H7：123　2. H8：33　3. H9：2151　4. H10：738　5. H10：756　6. H10：1207　7. H10：1265　8. TN01E03③：575　9. Y1：68　
10. C1：75　11. F8：13　12. F10：3

9 厘米（图二五九，4）。H9：832，器身涂抹粉黄色涂料。顶径 7.4、底径 7.5、高 8.4 厘米（图二五九，6）。

Bb 型　4 件。斜直腹。H9：1606，器身刻划字符，托面及支面涂抹粉黄色涂料，近底处三处手指压印坑。顶径 14.6、底径 16.4、高 8.2 厘米（图二五九，7）。H9：1570，顶径 6.4、底径 7.4、高 6 厘米（图二五九，8）。H9：1571，支面粘连少量窑渣。顶径 6.2、底径 7.5、高 6 厘米（图二五九，9）。H9：1981，器身涂抹粉黄色涂料。顶径 7.6、底径 8.4、高 5 厘米（图二五九，10）。

Bc 型　13 件。腹部较高，微束。H2：655，托面及支面涂抹粉黄色涂料，底部一穿孔。顶径 9.2、底径 9.4、高 4.7 厘米（图二六〇，1）。H9：836，器表黑色蜂窝状，器底粘连大量窑渣。

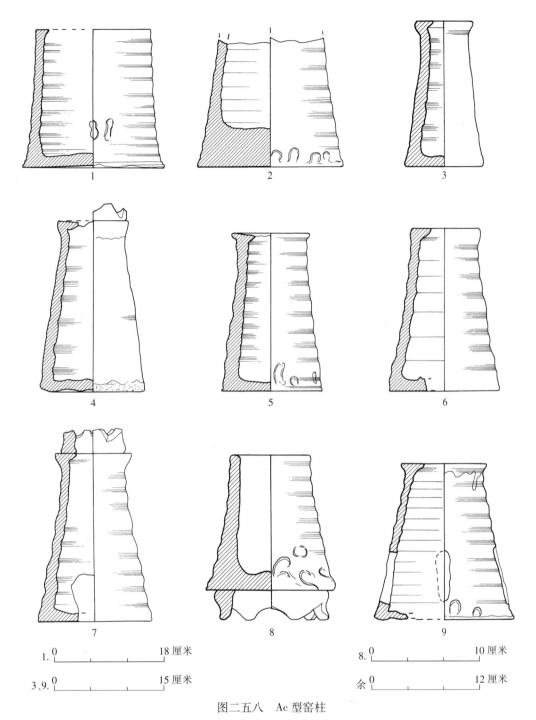

图二五八　Ac 型窑柱

1. H2∶666　2. H2∶667　3. H9∶1548　4. H9∶1552　5. H9∶1555　6. H9∶1556　7. H9∶1613　8. H9∶1614　9. H12∶668

顶径 7.7、高 7.3 厘米（图二六○，2）。H9∶845，托面粘连大量窑渣。顶径 11、底径 10、高 7.1
厘米（图二六○，3）。H9∶853，器表呈黑色蜂窝状，内底粘连大量窑渣，托面与同形制的窑柱
粘连。顶径 9.2、底径 9.4、总高 13.4 厘米（图二六○，4）。H9∶1561，托面及支面涂抹粉黄色
涂料。顶径 9、底径 8.8、高 7 厘米（图二六○，5）。H10∶1424，托面粘连窑渣。顶径 8、底径
8、高 6.4 厘米（图二六○，6）。H11∶60，顶径 8.4、底径 7.8、高 5.4 厘米（图二六○，7）。
H13∶179，顶径 8.8、底径 9、高 5.8 厘米（图二六○，8）。H14∶16，顶径 7.4、底径 7.2、高 5

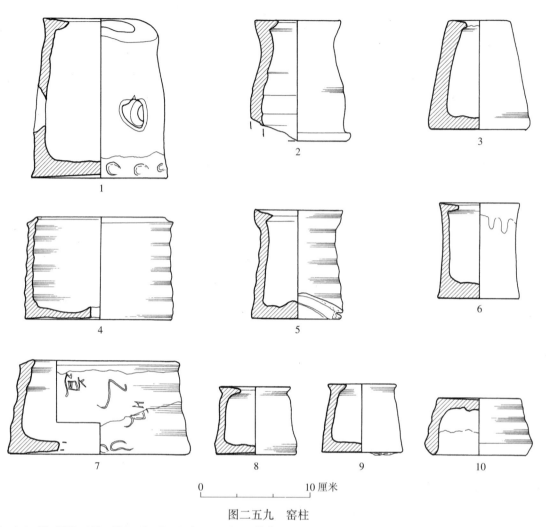

图二五九　窑柱

1～3. Ac 型（H17：108、H23：19、J1：115）　　4～6. Ba 型（H2：664、H2：663、H9：832）　　7～10. Bb 型（H9：1606、
H9：1570、H9：1571、H9：1981）

厘米（图二六〇，9）。H16：50，托面涂抹粉黄色涂料，器身粘连窑汗。顶径 6、底径 6.8、高
6.8 厘米（图二六〇，10）。H19：34，顶径 10.4、底径 10.1、高 5.5 厘米（图二六〇，11）。
H22：110，顶径 7.8、底径 7、高 4.7 厘米（图二六〇，12）。TN01E03③：579，托面涂抹粉黄色
涂料，器身粘连大量窑汗。顶径 9.5、底径 9.8、高 6.8 厘米（图二六〇，13）。

　　Bd 型　9 件。腹部较矮，压腰较甚。H9：1580，器身涂抹粉黄色涂料。顶径 7.5、底径 8.4、
高 3.8 厘米（图二六一，1）。H9：1581，器身大量窑汗，底部一穿孔。顶径 7.7、底径 8.3、高
4.2 厘米（图二六一，2）。H10：765，托面涂抹粉黄色涂料，底部一穿孔。顶径 12.2、底径 9、高
5.2 厘米（图二六一，3）。H10：773，底部一处窑裂。顶径 8.4、底径 8.4、高 4 厘米（图二六一，
4）。H12：239，托面涂抹粉黄色涂料。顶径 9.5、底径 9.5、高 2.7 厘米（图二六一，5）。
H13：182，顶径 11.4、底径 11.3、高 2.6 厘米（图二六一，6）。H22：112，顶径 9.5、底径 8、高
4.3 厘米（图二六一，7）。F6：90，底部一穿孔。顶径 8.8、底径 7.8、高 4.5 厘米（图二六一，8）。
Y2①：46，器身大量坯泡，涂抹粉黄色涂料。顶径 7.5、底径 7、高 3.5 厘米（图二六一，9）。

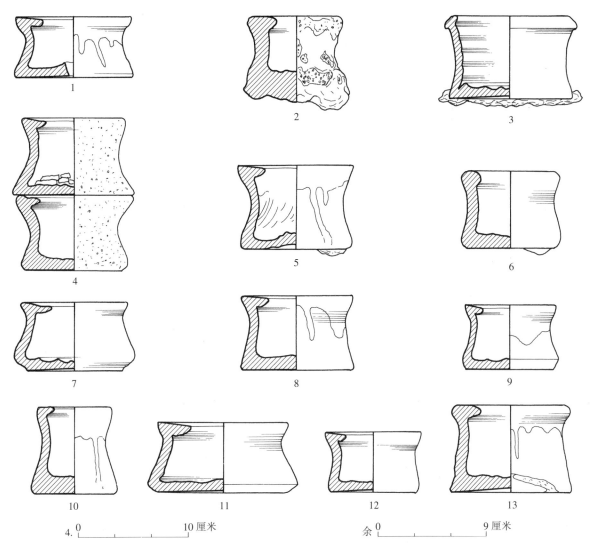

图二六〇　Bc 型窑柱

1. H2：655　2. H9：836　3. H9：845　4. H9：853　5. H9：1561　6. H10：1424　7. H11：60　8. H13：179　9. H14：16　10. H16：50
11. H19：34　12. H22：110　13. TN01E03③：579

　　C 型　17 件。体型较 A 型稍小，上（托面）小下（支面）大，腹部斜直。根据胎壁厚薄差异，可分为 2 亚型。

　　Ca 型　10 件。胎壁较厚，中有小孔或实心。H2：674，外壁凸棱状，托面及支面凸粉黄色涂料。顶径 4.7、底径 7，高 10.2 厘米（图二六一，10）。H9：807，外壁大量窑汗，托面黏连泥饼残件。顶径 4.4、底径 7、高 9.2 厘米（图二六一，11）。H9：1596，器身裹粉黄色涂料。顶径 4.6、底径 6.7、高 9.2 厘米（图二六一，12）。H10：753，器身大量窑汗。顶径 4.6、底径 6.2，高 9.6 厘米（图二六一，13）。H12：227，器身裹粉黄色涂料，顶径 3.6、底径 5.6、高 7.7 厘米（图二六一，14）。Y1：65，顶径 3.6、底径 4.8、高 6.3 厘米（图二六二，1）。F6：93，托面黏连泥饼残件。顶径 3.9、底径 5、高 9.6 厘米（图二六二，5）。F6：94，外壁凸棱状，一端黏连泥饼残件。顶径 3.8、底径 4.9、高 9.8 厘米（图二六二，6）。F8：10，支面及托面涂抹粉黄色涂料。顶径 4.6、底径 6.8、高 9.9 厘米（图二六二，7）。F9：22，支面黏连泥饼残块。顶径 4、底径 7、

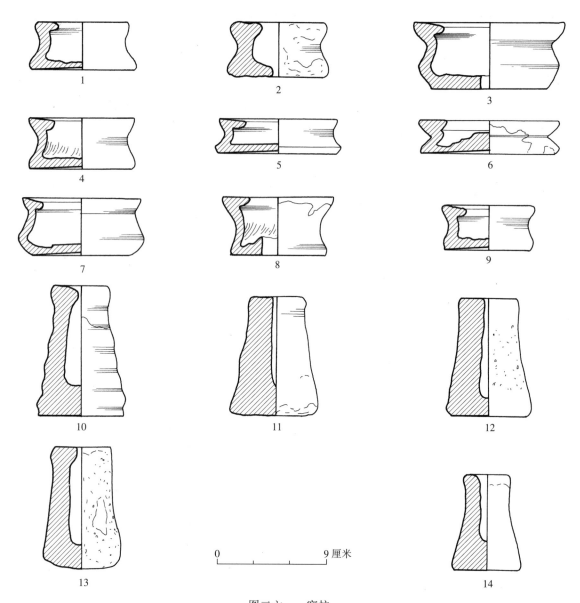

图二六一　窑柱

1～9. Bd 型（H9：1580、H9：1581、H10：765、H10：773、H12：239、H13：182、H22：112、F6：90、Y2①：46）

10～14. Ca 型（H2：674、H9：807、H9：1596、H10：753、H12：227）

高 10 厘米（图二六二，8）。

　　Cb 型　7 件。胎壁较薄，中空。H2：678，外壁凸棱状，支面及托面涂抹粉黄色涂料。顶径 4.4、底径 6、高 9.2 厘米（图二六二，9）。H7：121，器身裹粉黄色涂料。顶径 3.8、底径 4.3、高 5.7 厘米（图二六二，4）。H9：1525，外壁凸棱状，支面及托面涂抹粉黄色涂料。顶径 3.8、底径 5、高 9 厘米（图二六二，10）。H10：758，托面涂抹粉黄色涂料。顶径 3.1、底径 4.8、高 7.8 厘米（图二六二，12）。TN01E03③：431，外壁凸棱状，支面及托面涂抹粉黄色涂料。顶径 4.4、底径 4.3、高 8.1 厘米（图二六二，15）。F6：96，器身裹粉黄色涂料。顶径 3.8、底径 5.6、高 6.3 厘米（图二六二，16）。Y2①：47，外壁凸棱状。顶径 4、底径 5、高 7.6 厘米（图二六二，18）。

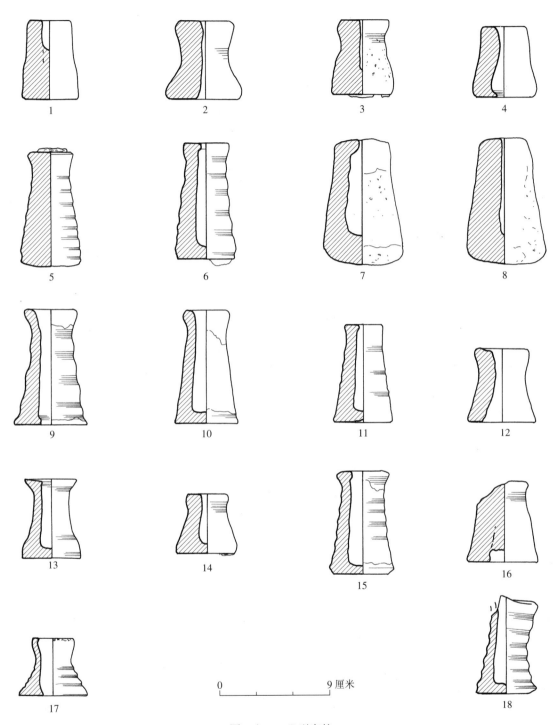

0   9厘米

图二六二 C型窑柱

1、5~8. Ca 型（Y1：65、F6：93、F6：94、F8：10、F9：22）　2、3、12~14、17. D 型（H16：47、TN01E03③：434、H18：48、

H19：35、F4：26、Y1：67）　4、9、10、11、15、16、18. Cb 型（H7：121、H2：678、H9：1525、H10：758、TN01E03③：

431、F6：96、Y2①：47）

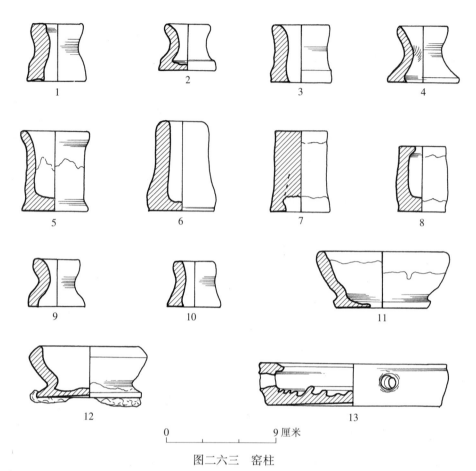

图二六三　窑柱

1～10. D 型（H2：695、H9：1516、H10：780、H11：61、H9：823、H10：764、H12：240、H15：60、F9：20、采：269）
11、12. E 型（H9：1072、H9：1582）　　13. F 型（H9：1587）

D 型　16 件。体型小，"工"形或筒形，中空。H2：695，顶径 4.2、底径 4.7、高 4.5 厘米（图二六三，1）。H9：823，顶径 5.6、底径 5.2、高 6.2 厘米（图二六三，5）。H9：1516，顶径 3.7、底径 4.5、高 3.6 厘米（图二六三，2）。H10：764，顶径 4、底径 5.2、高 7 厘米（图二六三，6）。H10：780，托面及支面涂抹粉黄色涂料。顶径 4.5、底径 4.8、高 4.4 厘米（图二六三，3）。H11：61，顶径 4、底径 5.6、高 4.3 厘米（图二六三，4）。H12：240，托面及支面涂抹粉黄色涂料。顶径 4.2、底径 5、高 6.3 厘米（图二六三，7）。H15：60，托面及支面涂抹粉黄色涂料。顶径 3.8、底径 3.8、高 5 厘米（图二六三，8）。H16：47，器身裹粉黄色涂料。顶径 4.6、底径 6、高 6.2 厘米（图二六二，2）。H18：48，器身裹粉黄色涂料。顶径 4.5、底径 5.4、高 5.8 厘米（图二六二，12）。H19：35，外壁凸棱状，支面涂抹粉黄色涂料。顶径 4.3、底径 4.8、高 6.2 厘米（图二六二，13）。F4：26，支面黏连少量泥饼残块。顶径 3.4、底径 4.8、高 4.7 厘米（图二六二，14）。F9：20，顶径 3.5、底径 4.6、高 3.6 厘米（图二六三，9）。Y1：67，托面黏连一周石英砂，器身及支面涂抹粉黄色涂料。顶径 3.5、底径 5.6、高 4.5 厘米（图二六二，17）。TN01E03③：434，托面黏连泥饼残件。顶径 4.2、底径 5、高 6.2 厘米（图二六二，3）。采：269，顶径 3.4、底径 4.4、高 3.5 厘米（图二六三，10）。

E 型　2 件。碗形，饼足，壁薄，中空。H9：1072，托面涂抹粉黄色涂料，底部一穿孔。顶径

10.7、底径 7.5、高 4.4 厘米（图二六三，11）。H9：1582，托面涂抹粉黄色涂料，支面粘连大量窑渣。顶径 7.2、底径 8.4、高 4 厘米（图二六三，12）。

F 型　1 件。垫圈形，直腹，平底，壁薄。H9：1587，器壁有三处穿孔。顶径 14.8、底径 14、高 3.3 厘米（图二六三，13）。

垫饼　17 件。轮制。根据形制差异，可分为 2 型。

A 型　13 件。整体呈玉璧状。H2：670，器身一面粘少量窑渣。直径 23.2、孔径 7.2、厚 2.1 厘米（图二六四，1）。H9：1077，器身一面残留多处环形垫烧痕、两枚垫片及少量酱釉。直径 25.6、孔径 6、厚 1.8 厘米（图二六四，2）。H7：123，器身一面刻划"十"字，另一面粘少量窑渣及酱绿釉。直径 25.6、孔径 6.3、厚 2 厘米（图二六四，3）。H9：1678，器身一面粘大片窑汗。直径 26.4、孔径 7.5、厚 3.6 厘米（图二六四，4）。H8：34，器身一面残留少量窑渣及酱绿釉。直径 26、厚 1.8 厘米（图二六四，5）。H9：1800，器身一面数周凹弦纹，另一面残留一周垫烧痕。直径 18、孔径 2、厚 1.8 厘米（图二六四，6）。H10：737，器身一面残留两处环形垫烧痕，另一面粘连大量窑汗。直径 37.6、厚 2.8 厘米（图二六五，1）。H11：59，器身一面粘少

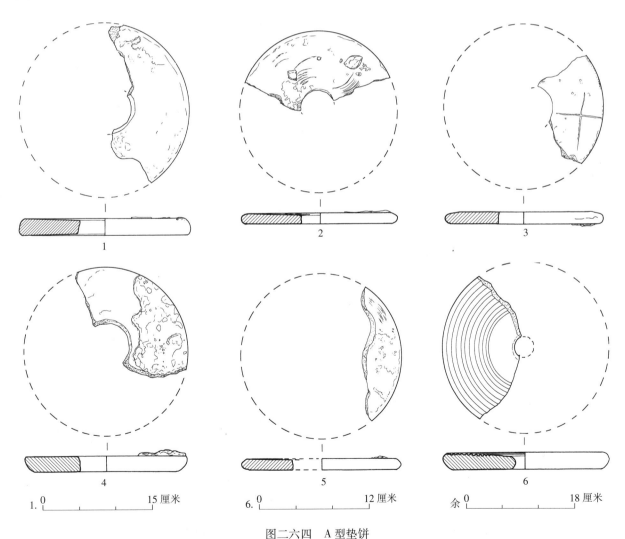

图二六四　A 型垫饼

1. H2：670　2. H9：1077　3. H7：123　4. H9：1678　5. H8：34　6. H9：1800

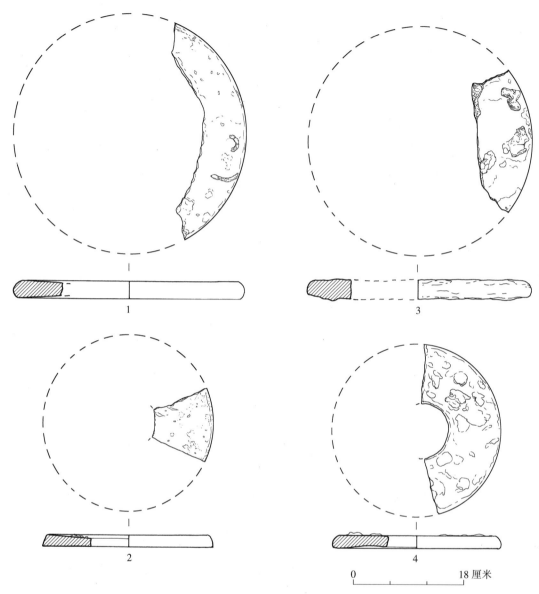

图二六五　A 型垫饼
1. H10：737　2. H11：59　3. H17：107　4. TN01E03③：582

量窑渣及酱绿釉。直径 28、孔径 12、厚 2 厘米（图二六五，2）。H17：107，器身一面残留三处
环形垫烧痕，一面粘大量窑汗。直径 36.5、厚 2 厘米（图二六五，3）。TN01E03③：582，器身一面
粘大量泥团及酱绿釉。直径 27.2、孔径 8.7、厚 2.3 厘米（图二六五，4）。F4：27，器身一面粘
少量窑渣。直径 25.6、孔径 6.3、厚 2 厘米（图二六六，1）。Y1：69，器身双面残留多处环形垫
烧痕、少量泥团及酱绿釉。直径 26.2、孔径 6.4、厚 2.2 厘米（图二六六，2；彩版八九，2）。
Y3：13，器身一面粘连少量窑渣。直径 23、孔径 6、厚 2.2 厘米（图二六六，3）。

　　B 型　4 件。整体呈圆饼状。H2：671，器身两面皆残留多处环形垫烧痕、大量窑汗及酱绿
釉。直径 28.4、厚 2.4 厘米（图二六六，4）。H9：1603，器身粘少量窑渣。直径 16.7、厚 2.1 厘
米（图二六六，5）。H10：1321，器身一面残留少量酱绿釉、多处环形垫烧痕。直径 26、厚 2.5 厘米

（图二六六，6）。H10：1323，一面残留少量酱绿釉、两处环形垫烧痕及一枚垫片。直径28、厚2.4厘米（图二六六，7）。

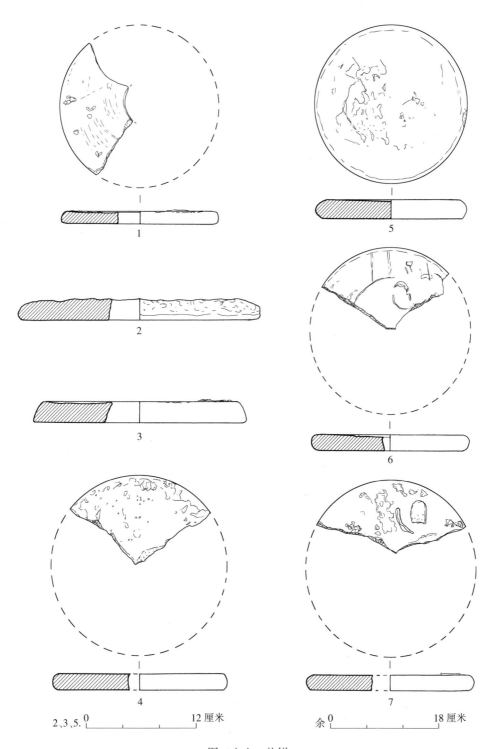

图二六六　垫饼

1~3. A 型（F4：27、Y1：69、Y3：13）　　4~7. B 型（H2：671、H9：1603、H10：1321、H10：1323）

支垫　2件。"工"形，实心，捏制而成。H10：857，底径2.6、口径2.4、高3.7厘米（图二六七，1）。H10：858，底径1.6、口径1.65、高3厘米（图二六七，2）。

（四）匣钵类

匣钵残件　2件。轮制，外壁饰瓦棱，均残。根据腹部及底部形态差异，可分为2型。

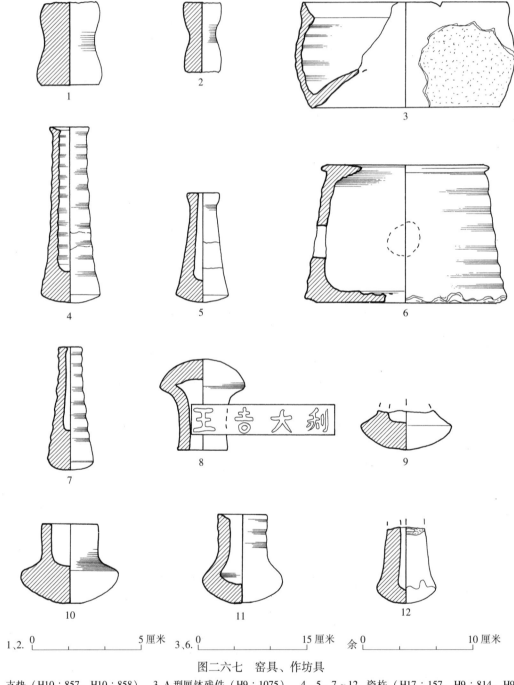

图二六七　窑具、作坊具

1、2. 支垫（H10：857、H10：858）　3. A型匣钵残件（H9：1075）　4、5、7～12. 瓷杵（H17：157、H9：814、H9：815、H1：732、H9：2091、H10：832、H10：834、F2垫：580）　6. B型匣钵残件（H2：669）

A 型　1 件。尖圆唇，口近直，削成斜面，壁略弧，底内凹。H9：1075，砖红胎，口部一处窑裂，底部粘连大量烧结块。口径 28、高 14 厘米（图二六七，3；彩版八九，3）。

B 型　1 件。尖圆唇，直口较宽平，斜直腹，平底。H2：669，棕灰胎，腹部残留二处穿孔，内底数周凹槽。口径 22.4、高 17.8 厘米（图二六七，6）。

二　作坊具

作坊具是指在制瓷窑场中用于研磨原料和瓷器拉胚、施釉、装饰到入窑烧成以前这一过程中使用的工具，根据材质，可分为瓷质及石质两类。

（一）瓷质

包括杵及印模。

杵　8 件。杵头呈扁圆球形、实心，长柄与头部连为一体，中空。H17：157，棕红胎，挂粉黄色化妆土，青釉，釉面粘窑渣落灰，杵孔处残留支烧痕。柄径 3.6、高 15.4 厘米（图二六七，4）。H9：814，棕红胎，挂橙黄色化妆土，酱釉。柄径 3、高 9.6 厘米（图二六七，5）。H9：815，棕红胎，挂粉黄色化妆土，酱绿釉，杵面光滑。柄径 2.3、高 10.8 厘米（图二六七，7）。H1：732，棕红胎，杵面光滑无釉，杵柄挂粉黄色化妆土、酱黄釉，刻印“王吉大利”四字。柄径 4.4、高 8 厘米（图二六七，8；彩版九〇，1）。H9：2091，柄部残，棕红胎，杵面光滑，粘少量粉黄色化妆土。残高 3.5 厘米（图二六七，9）。H10：832，棕红胎，杵面光滑，略有残损。柄径 5、高 7 厘米（图二六七，10）。H10：834，棕红胎，酱釉，釉面粘较多窑渣，杵面光滑。柄径 4.5、高 7.8 厘米（图二六七，11）。F2 垫：580，棕红胎，杵面光滑无釉，粘少量化妆土。杵柄挂粉黄色化妆土、酱黄釉。残高 6.6 厘米（图二六七，12）。

印模　2 件。数量较少。H1：738，印面呈六叶形，刻划树叶纹，上接环形柄，捏制，砖红胎。残高 3.6 厘米（图二六八，1；彩版九〇，2）。H18：150，圆形，模内刻划花朵纹及线条纹，一侧接圆形柄，捏制，棕红胎。残高 2.5、长 6 厘米（图二六八，2）。

（二）石质

包括杵及臼。

杵　2 件。F2 垫：71，杵头呈扁圆球形，有柄。杵头直径 8.6、高 10.7 厘米（图二六八，3）。H9：2170，整体呈短柱形，圆头，底部略弧。杵头直径 6、高 6.7 厘米（图二六八，4）。

臼　1 件。整器呈方形，顶面下挖呈直壁圜底。H21：96，长 21、宽 14.5、高 9.6 厘米（图二六八，5）。

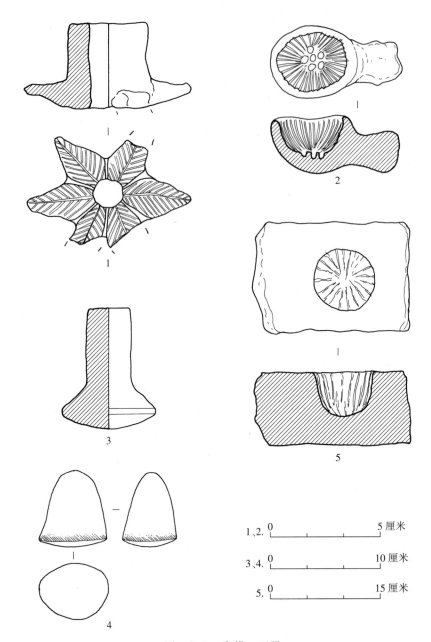

图二六八　印模、石器

1、2. 印模（H1∶738、H18∶150）　3、4. 石杵（F2垫∶71、H9∶2170）　5. 石臼（H21∶96）

第三节　生活用具

推测主要属于窑工的日常生活用品，数量较少，包括外地窑口瓷器、石器及钱币。

一　外地窑口瓷器

器形多不完整，可辨有邛窑、磁州窑、金凤窑、景德镇窑、定窑等窑口，另有少量窑口无法确定。

（一）邛窑瓷器

数量较少，见有盘、饼足碗、圈足碗、急须等。

盘 1件。上下皆残，盘身下接喇叭形圈足。TN01E03③：535，灰黄色胎，青绿色乳浊釉。底径10.8、残高6.2厘米（图二六九，1）。

碗 5件。按足部形态差异，可分为2型。

A型 2件。饼足。H22：16，尖圆唇，敞口微束，斜弧腹。褐胎，挂粉黄色化妆土，青釉。内底残留五枚支钉痕。口径12.4、底径5.4、高4.5厘米（图二六九，2）。F2垫：582，残存底部，灰胎，绿釉，内底残留支钉痕。底径5.8、残高1.4厘米（图二六九，3）。

B型 3件。圈足。H2：289，腹部以上残，弧腹。黄褐色胎，挂粉黄色化妆土，青绿色乳浊釉。内底残留四枚支钉痕。底径6.4、残高3.8厘米（图二六九，4）。H9：1131，口部残，弧腹，外壁模印莲瓣纹。黄褐色胎，挂粉黄色化妆土，青绿色乳浊釉。内底残留五枚支钉痕。底径7.5、残高6.4厘米（图二六九，5）。采：98，尖唇，敞口，斜弧腹。灰胎，绿色乳浊釉，釉面有不同程度的窑变现象，口沿一周青釉边。口径17.4、底径5.1、高4.4厘米（图二六九，6）。

碗腹残片 2件。H9：1963，尖圆唇，敞口，弧腹，黄褐色胎，青白色乳浊釉。口径16、残高6厘米（图二六九，7）。H9：1129，斜方唇，敞口，褐胎，青绿色乳浊釉。残高3厘米（图二六九，8）。

急须 1件。H13：99，圆唇，侈口，"U"形流，折腹，饼足，器身一侧带柄，柄残。褐胎，

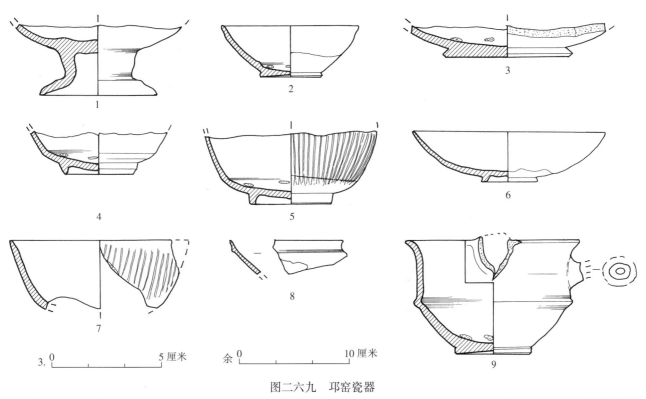

图二六九 邛窑瓷器

1. 盘（TN01E03③：535） 2、3. A型碗（H22：16、F2垫：582） 4~6. B型碗（H2：289、H9：1131、采：98） 7、8. 碗腹残片（H9：1963、H9：1129） 9. 急须（H13：99）

挂粉黄色化妆土，浅绿色乳浊釉，内底残留五枚支钉痕。口径 15.8、底径 7、高 10 厘米（图二六九，9；彩版九一，1）。

（二）磁峰窑瓷器

数量较少，器类较单一，仅见碗、碟和盏。

碗 14 件。均残。根据腹部形态差异，可分为 4 型。

A 型 7 件。斜直腹，圈足，挖足过肩。H1：733，内壁出筋，白胎，挂白色化妆土，白釉，釉面少量开片，内底残留石英砂垫烧痕。底径 7.2、残高 3.6 厘米（图二七〇，1）。H1：734，灰白胎，挂白色化妆土，白釉，内底残留石英砂垫烧痕。底径 9、残高 4.2 厘米（图二七〇，2）。H1：736，内壁为六出筋，白胎，挂白色化妆土，白釉，内底残留四枚支钉垫烧痕。底径 8、残高

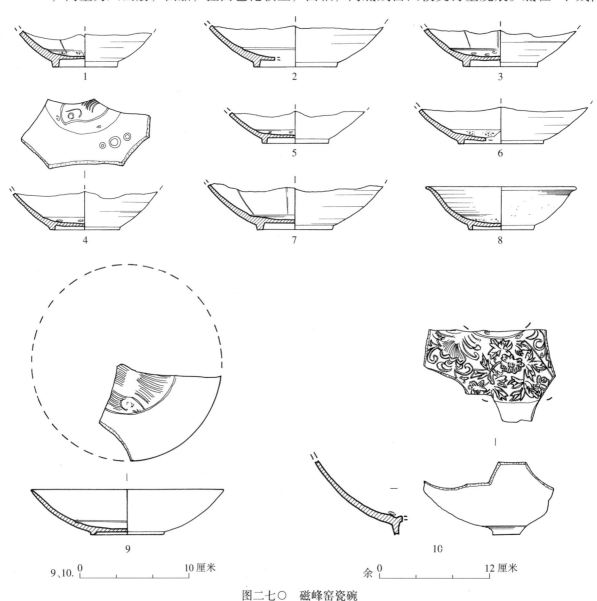

图二七〇　磁峰窑瓷碗

1~7. A 型（H1：733、H1：734、H1：736、H1：737、H1：738、H1：742、H1：739）　8~10. Ba 型（H1：735、TN01E01③：113、H2：125）

4.2 厘米（图二七〇，3）。H1：737，白胎，挂白色化妆土，白釉，釉面有缩釉现象，内底模印鱼纹，残留两枚支钉痕。底径7.6、残高4.2厘米（图二七〇，4）。H1：738，白胎，挂白色化妆土，白釉，内底残留两枚支钉痕。底径7.2、残高3.4厘米（图二七〇，5）。H1：742，白胎，挂白色化妆土，白釉，内底残留石英砂垫烧痕。底径9.2、残高4厘米（图二七〇，6）。H1：739，内壁为六出筋，白胎，挂白色化妆土，白釉，内底残留石英砂垫烧痕。底径8.2、残高4.6厘米（图二七〇，7）。

B型　4件。斜弧腹。根据足部形态差异，可分为2亚型。

Ba型　3件。圈足。H1：735，尖圆唇，葵口，圈足，白胎，挂白色化妆土，白釉，外壁釉面粘大片窑灰，内底残留石英砂垫烧痕。口径15.8、底径6.7、高4.6厘米（图二七〇，8）。TN01E01③：113，尖唇，敞口，白胎，挂白色化妆土，白釉，内底饰刻划、篦划花纹，内底残留托珠垫烧痕。口径17.6、底径6.6、残高4厘米（图二七〇，9）。H2：125，口部残，白胎，挂白色化妆土，白釉，内壁模印花草纹，内底残留两枚支钉痕。残高6.4厘米（图二七〇，10）。

Bb型　1件。圈足且挖足过肩。H7：41，方唇，口沿下一周凸棱，敞口，白胎，挂白色化妆土，白釉，内壁刻划花草纹，口沿釉面残损一周，内底残留两枚支钉痕。口径23.2、底径7.3、高6.6厘米（图二七一，1；彩版九一，2）。

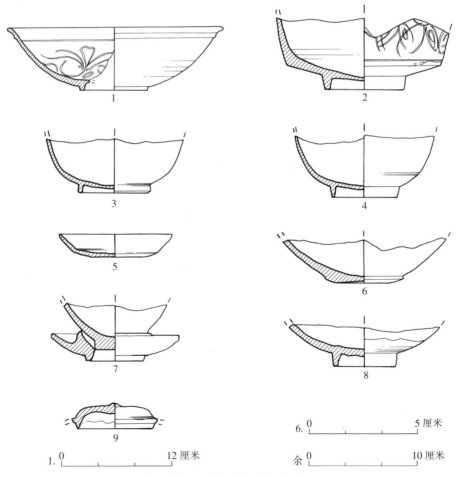

图二七一　磁峰窑、金凤窑瓷器

1. Bb型碗（H7：41）　2. C型碗（H1：741）　3、4. D型碗（T1③：18、T2③：38）　5. 碟（T2③：73）　6. 盏残片（H1：740）　7. 盏托（H1：725）　8. 器底（TN04E03②：19）　9. 器盖（H10：1000）

C型　1件。直腹略弧，近底处斜折内收，圈足。H1：741，圈足较高，白胎，挂白色化妆土，白釉，内壁露胎，无釉，内、外底粘较多窑渣。底径7.2、残高6.6厘米（图二七一，2）。

D型　2件。弧腹，圈足。T1③：18，白胎，挂白色化妆土，白釉。底径6.4、残高4.9厘米（图二七一，3）。T2③：38，白胎，挂白色化妆土，白釉。底径6、残高5.6厘米（图二七一，4）。

碟　1件。尖唇，敞口，折腹，平底。T2③：73，白胎，白釉。口径10.2、底径4.4、高2.1厘米（图二七一，5）。

盏残片　1件。H1：740，腹部以上残，斜直腹，小饼足，形如"斗笠"，白胎，挂白色化妆土，白釉，外底粘石英砂垫烧痕。底径3.5、残高2厘米（图二七一，6）。

（三）金凤窑瓷器

数量较少，器类较单一，仅见盏托、器盖和器底。

盏托　1件。H1：725，与盏粘连，托口近直，尖唇，托盘为方圆唇，敞口，斜弧腹，圈足，盏残半，斜直腹，饼足。粉黄色胎，黑釉。托口直径6.3、托盘直径11.5、圈足直径3.1、托高2.6、盏残高3.9厘米（图二七一，7）。

器盖　1件。H10：1000，纽残，盖面弧拱，有沿，沿残，子口。灰白胎，酱釉。口径6.8、残高2.1厘米（图二七一，9）。

器底　1件。TN04E03②：19，圈足，足墙内倾。粉黄色胎，酱釉。底径5.6、残高3.6厘米（图二七一，8）。

（四）景德镇窑瓷器

皆为青白釉，可辨器形有碗、盏、盘、碟。

碗残件　7件。腹部以上皆残，圈足。T2③：29，斜直腹略弧，圈足较矮，灰白胎，青白釉，内底蓖划鱼藻纹。底径5.2、残高2.6厘米（图二七二，1）。H2：292，腹部外弧鼓，呈墩式，圈足较高，白胎，青白釉泛黄色，釉面开片现象较明显。底径6.4、残高4.8厘米（图二七二，2）。H2：294，腹部外弧鼓，呈墩式，圈足较高，白胎，青白釉，内壁有出筋制法将其划分为六瓣。底径5.4、残高5厘米（图二七二，3）。H9：1137，斜弧腹，圈足较高，略外撇，灰白胎，青白釉泛灰。底径6.4、残高5.3厘米（图二七二，5）。H10：1189，斜弧腹，圈足较矮，灰白胎，青白釉，外底残留一周垫烧痕。底径5.8、残高3.8厘米（图二七二，6）。TN01E03③：444，斜弧腹，圈足较高，白胎，青白釉，釉面开片现象较明显。底径5.2、残高4.6厘米（图二七二，7）。采：100，斜弧腹，高圈足，白胎，青白釉，釉面开片现象较明显。底径6.6、残高4.5厘米（图二七二，8）。

盏残件　3件。圈足。H2：521，形似斗笠，斜直腹，内底有脐凸，圈足浅挖，白胎，青白釉，釉面有开片现象。底径3.1、残高3.6厘米（图二七二，10）。H9：1127，圆唇，敞口，斜弧腹，矮圈足，白胎，青白釉，釉面开片现象较明显。口径11.4、底径4.6、高3.8厘米（图二七二，4）。H15：24，形似斗笠，斜直腹，白胎，青白釉，内壁刻划菊瓣纹及水波纹，外壁刻划莲瓣纹。底径3.7、残高4厘米（图二七二，9）。

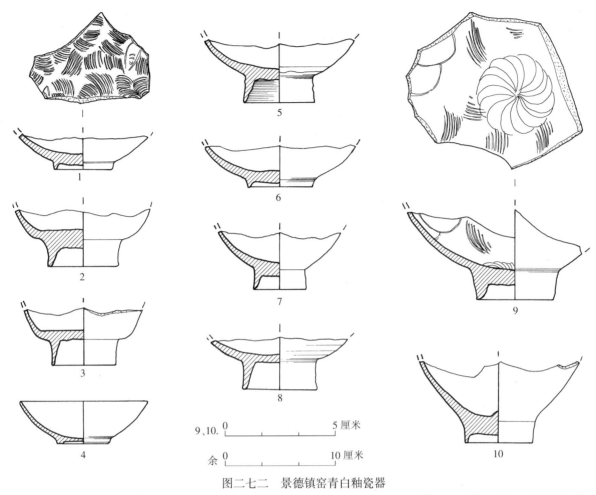

图二七二　景德镇窑青白釉瓷器

1~3、5~8. 碗残件（T2③：29、H2：292、H2：294、H9：1137、H10：1189、TN01E03③：444、采：100）　4、9、10. 盏
残件（H9：1127、H15：24、H2：521）

　　盘残件　5件。根据腹部及足部形态差异，可分为3型。

　　A型　2件。斜弧腹，圈足。根据足部形态差异，可分为2亚型。

　　Aa型　1件。圈足较高。H2：293，尖唇，侈口，白胎，青白釉，釉面开片现象较明显。口径
13.2、底径4.5、高4.5厘米（图二七三，1）。

　　Ab型　1件。圈足较矮。H2：291，尖圆唇，花口，白胎，青白釉泛黄色，釉面开片现象较
明显。口径12.6、底径6.6、高3.8厘米（图二七三，5）。

　　B型　2件。斜直腹，卧足。采：101，白胎，青白釉泛黄色，外壁刻划菊瓣纹。残高1.6厘
米（图二七三，9）。采：102，白胎，青白釉，釉面开片现象较明显，外壁刻划菊瓣纹。底径6.4、
残高1.6厘米（图二七三，2）。

　　C型　1件。斜弧腹，饼足浅挖。H9：1073，尖圆唇，侈口，白胎，青白釉泛黄色，釉面开片
现象较明显，外壁刻仰莲瓣纹。口径12.6、底径4.1、高3.8厘米（图二七三，6）。

　　碟残件　2件。H18：153，卧足，白胎，青白釉，釉面开片现象较明显。底径3.4、残高1.1
厘米（图二七三，10）。F2垫：345，方唇，敞口，斜弧腹，平底，白胎，青白釉，釉面有开片现
象，唇部刮釉一周。口径9.6、底径7.6、高1.7厘米（图二七三，4）。

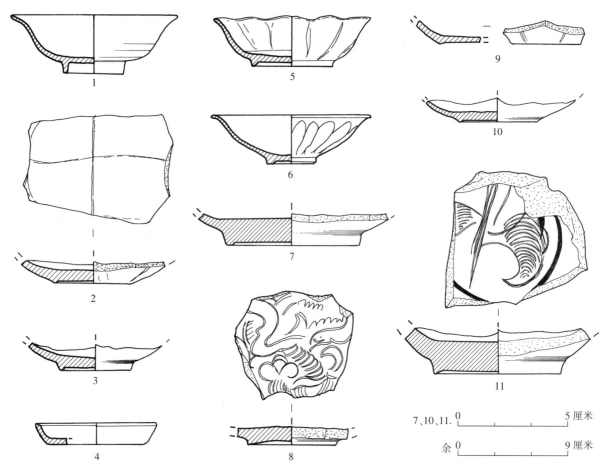

图二七三　景德镇窑青白釉瓷器

1. Aa 型盘残件（H2：293）　2、9. B 型盘（采：102、采：101）　3、7、8、11. 器底（TN01E03③：972、TN04E03②：20、F2 垫：22、H9：1959）　4、10. 碟残件（F2 垫：345、H18：153）　5. Ab 型盘（H2：291）　6. C 型盘（H9：1073）

　　器底　4 件。饼足浅挖。TN04E03②：20，白胎，青白釉。底径 6.1、残高 1.4 厘米（图二七三，7）。H9：1959，白胎，青白釉，内底篦划鱼藻纹，外底残留一周垫烧痕。底径 5.8、残高 2 厘米（图二七三，11）。TN01E03③：972，白胎，青白釉。底径 5.6、残高 2 厘米（图二七三，3）。F2 垫：22，白胎，青白釉，内底刻划卷云纹。底径 7、残高 1.4 厘米（图二七三，8）。

　　（五）定窑瓷器

　　皆为碗残片。

　　碗残件　3 件。H9：1139，凸圆唇，敞口，斜弧腹，似为唇口碗残片，白胎，白釉。残高 4 厘米（图二七四，1）。H12：124，圆唇，敞口，斜弧腹，圈足，白胎，挂米白色化妆土，白釉泛黄，釉面细小开片现象明显。口径 14、底径 5.4、高 4.2 厘米（图二七四，2）。H22：73，斜弧腹，白胎，白釉。残高 3.8 厘米（图二七四，3）。

　　（六）不明窑口瓷器

　　胎质疏松，呈粉黄色或浅褐色，部分产品外壁饰莲瓣纹，可辨盏、杯、碗等。

　　盏　3 件。斜直腹，近底处斜削一周，饼足。H9：650，尖唇，敞口，灰白色胎，绿釉。口径

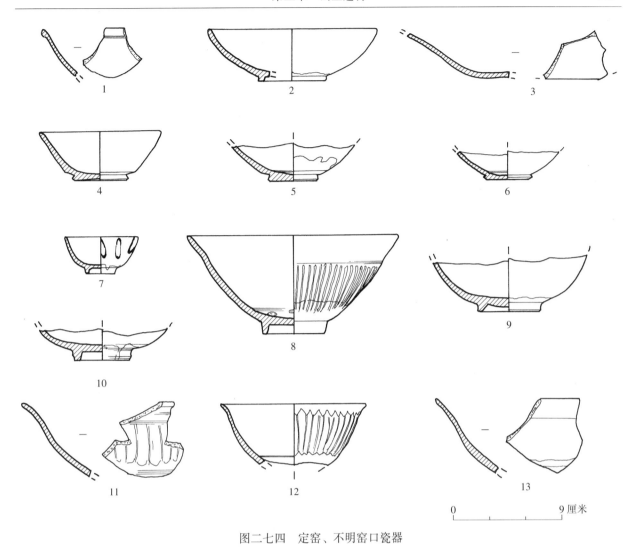

图二七四　定窑、不明窑口瓷器

1～3. 碗残件（H9：1139、H12：124、H22：73）　4～6. 盏（H9：650、H9：1140、F4 垫：153）　7. 杯（TN04E02②：19）
8. 碗（H2：485）　9～13. 碗残件（H2：287、H2：288、F2 垫：21、H9：1138、H9：1143）

10.3、底径 4.4、高 4 厘米（图二七四，4）。H9：1140，粉黄色胎，挂粉黄色化妆土，绿釉。底径 4、残高 3 厘米（图二七四，5）。F4 垫：153，粉黄色胎，器内施酱黄色釉。底径 4、残高 2.4 厘米（图二七四，6）。

杯　1 件。TN04E02②：19，尖唇，敞口，弧腹，圈足。灰胎，釉色青灰，青花发色深沉、灰暗，外壁绘梵纹，内壁素面，外底露胎。口径 6.2、底径 2.6、高 3.1 厘米（图二七四，7）。

碗　1 件。H2：485，圆唇，敞口，斜弧腹较深，圈足。内底一周凹弦纹，外壁模印莲瓣纹。浅褐色胎，挂粉黄色化妆土，绿釉。口径 17.7、底径 5.5、高 8 厘米（图二七四，8）。

碗残件　5 件。H2：287，器底，圈足。粉黄色胎，绿釉。底径 5.4、残高 4.4 厘米（图二七四，9）。H2：288，器底，圈足。粉黄色胎，绿釉。底径 4.5、残高 2.5 厘米（图二七四，10）。H9：1138，腹片，尖唇，敞口微侈。外壁模印莲瓣纹，粉黄胎，绿釉。口径 12、残高 5 厘米（图二七四，12）。H9：1143，腹片，尖圆唇，敞口微侈。粉黄胎，绿釉。残高 6.2 厘米（图二七四，13）。F2 垫：21，腹片，圆唇，敞口微侈。外壁模印简易莲瓣纹，粉黄色胎，绿釉。残高 6 厘米（图二七四，11）。

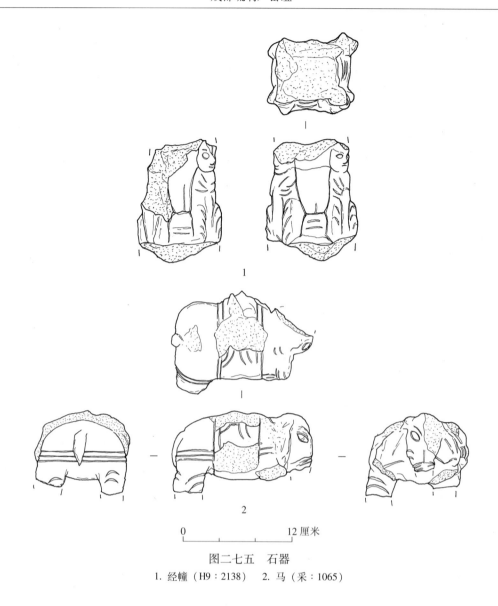

图二七五　石器
1. 经幢（H9：2138）　2. 马（采：1065）

二　石器

出土数量较少，见有经幢和马。

经幢　1件。H9：2138，残，四角分别雕刻呈坐姿的天王一座，天王双手执剑，红砂岩质。
宽10、残高13厘米（图二七五，1）。

马　1件。采：1065，器身一侧残，短尾，着鞍蹬，青砂岩质。残长15.2、残高8.8厘米
（图二七五，2）。

三　钱币

仅见开元通宝。

开元通宝　11枚。根据形制差异，可分为4型。

A型　5枚。周郭、轮廓规整，铸造工艺考究，钱文清晰规范，"元"字首划为一短横，"通"
字走部前三笔各不相连，略呈三撇状，"宝"字贝部内为两短横，不与左右两竖笔连接。无背文。

H17：159，钱径2.4、穿宽0.7厘米，重3.88克（图二七六，1）。H18：454，钱径2.4、穿宽0.7厘米，重3.02克（图二七六，2）。H18：456，钱径2.4、穿宽0.7厘米，重2.98克（图二七六，3）。采：1068，钱径2.4、穿宽0.7厘米，重3.14克（图二七六，4）。F4垫：512，钱径2.4、穿宽0.7厘米，重3.22克（图二七六，5）。

B型　3枚。周郭、轮廓规整，铸造较好，钱文笔划纤细清秀，"元"字首横加长，"通"字走部前三笔呈似连非连的顿折状，"宝"字贝部中间双横加长，与左右两竖笔相衔接，有背文。根据背文差异，可分为2亚型。

Ba型　2枚。周郭尚称工整，铸造较好，钱背加铸掐文。H18：455，背文呈月牙形。钱径2.4、穿宽0.7厘米，重3.55克（图二七六，6）。H18：457，背文呈"月牙纹"。钱径2.4、穿宽0.7厘米，重3.22克（图二七六，7）。

Bb型　1枚。周郭、轮廓规整，铸造较好，钱背加铸州名或钱监名。TN02E01③：122，背文为"洛"字。钱径2.4、穿宽0.7厘米，重3.49克（图二七六，8）。

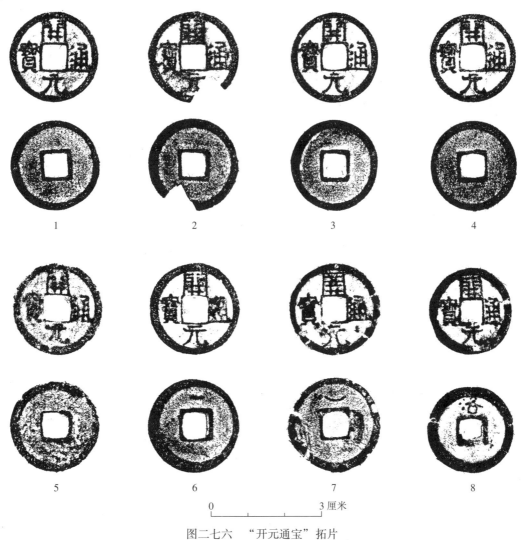

1　　　　2　　　　3　　　　4

5　　　　6　　　　7　　　　8

0 　　　　 3厘米

图二七六　"开元通宝"拓片

1～5. A型（H17：159、H18：454、H18：456、采：1068、F4垫：512）　6、7. Ba型（H18：455、H18：457）
8. Bb型（TN02E01③：122）

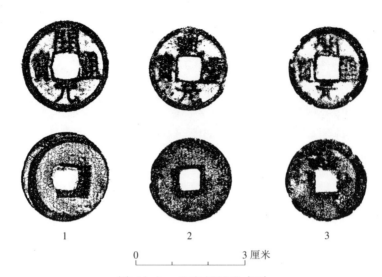

图二七七　"开元通宝"拓片

1. C 型（TN01E03③：1006）　2、3. D 型（采：1067、采：1069）

C 型　1 枚。周郭、轮廓规整，铸造较好，钱文字体及制作工艺与 B 型接近，无背文。TN01E03③：1006，钱径2.4、穿宽0.7厘米，重2.5克（图二七七，1）。

D 型　2 件。背部穿郭近平，钱径较小，质薄量轻，铸造较差。钱文字体模糊，无背文。采：1067，钱径2.2、穿宽0.7厘米，重2.75克（图二七七，2）。采：1069，钱径2.2、穿宽0.7厘米，重2.73克（图二七七，3）。

第四章　分期与年代

根据地层与遗迹间的叠压、打破关系，结合出土遗物的类别、形制、胎釉、装饰手法和装烧方式等特征综合分析，将此次发掘的琉璃厂窑遗存划分为四期。

第一节　第一期

未见原生地层，遗迹单位有窑炉 Y2，水池 C1，房屋基址 F3、F6、F7、F8，灰坑 H13、H19、H21、H22、H23，挡墙 Q1。

这一阶段琉璃厂窑产品主要以日常生活用瓷为主，包括碗、盘、碟、盏、钵、注壶、罐、盆、急须、研磨器等。另有极少量的宗教用器、文房用具及玩具，如炉、砚台、骑马俑等。

釉色以青釉为主，酱釉次之。青釉产品除素面外，装饰技法以酱釉、青釉进行釉下彩绘为最流行。点彩、卷草纹、草叶纹都是本期流行的纹饰，常绘于碗、盆等器物内壁，钵、炉等口沿，罐、壶肩腹部。刻划纹配合釉下彩也较为常见，主要运用于盆内壁及注壶腹部，这些刻划纹主要有卷草纹、荷叶纹、双鱼纹、鸟纹。酱釉器则普遍素面。

制作工艺方面，本期器物制作较规整，胎釉结合较好，但"橘皮"、釉泡、落渣、窑裂等缺陷仍占有一定比例。装烧方式有支钉叠烧、无间隔具直接叠烧、对口烧以及套烧等，以叠烧使用频率最高。绝大部分碗、盘、盏、盆采用支钉叠烧（图二七八，1、2）。无间隔具直接叠烧（图二七八，3、4）也是本期常见的装烧方法，多运用于罐、注壶、钵、盒等器物，具体方法是将同类器坯以相同的方向，口、底相接直接堆叠起来进行装烧，故这类器物口沿及底部（或下腹部）见有一周明显的叠烧痕，且部分器物口沿进行过刮釉处理。对口烧（图二七八，5）及套烧使用频率较低。其中，对口烧仅用于碟及个别盘；套烧，能确定的，有炉、急须。另外，灰坑 H9、H21 出土少量匣钵，无论其形制、大小及质地都与邛窑十方堂五号窑包堆积中所出的同类器十分相似。后者的烧造年代主要集中于五代至北宋早期[①]。故琉璃厂窑 H9、H21 出土的这几件匣钵年代也应该不晚于五代，这也符合该时期产品质量相对较高的情况。从这一现象来看，该时期琉璃厂窑已经掌握了匣钵装烧技术，但出于其以生产粗朴的大众生活用器为主的市场定位，匣钵的使用实属寥寥可数。

本期所见器物多胎体厚重、器形丰满者。碗、盘、钵等器类饼足流行；注壶、罐腹部最大径偏上，流行短直流；炉兽面蹄足捏制生动形象。本期代表性器物有青釉 Ba 型 I 式、Ca 型 I 式盏，Aa 型、Ab 型盘，Aa 型、Ac 型、B 型、C 型、D 型横系罐，B 型 I 式、Ca 型、D 型、F 型竖系罐，

---

① 耿宝昌：《邛窑古陶瓷研究》，中国科学技术大学出版社，2002 年，第 223、231 页。

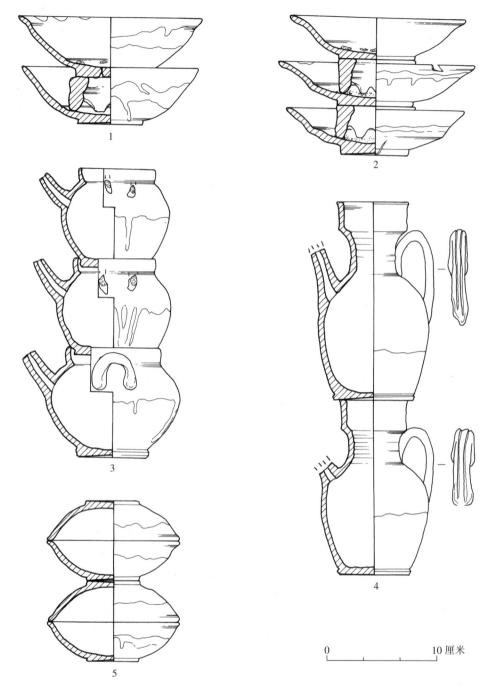

图二七八　第一期装烧方式复原示意图

1、2. 支钉叠烧　3、4. 无间隔具叠烧　5. 对口烧

Ca 型注壶，Aa 型、Ba 型、Bb 型、Ca 型 I 式、Ca 型 II 式、Cb 型饼足碗，Bc 型器盖，A 型炉，A
型盒，B 型、C 型、Db 型、E 型、F 型、H 型、I 型、J 型盆，A 型、C 型、Eb 型钵，A 型、B 型
砚台，碟；酱釉 Aa 型 I 式盏，Aa 型、Ab 型、Ac 型、Ba 型、Bb 型碟，Aa 型钵，Ab 型、K 型罐，
Da 型盆，Ab 型炉，C 型、Ha 型 I 式、Kb 型、Ma 型注壶，Aa 型、Bb 型盘，B 型盒，砚台等。另
外，需要特别指出的是，相当一部分具有该期时代特征的典型器物受地层扰动影响，仅出现于第
二期，如青釉 Ab 型、Da 型、Db 型、E 型饼足碗，Ba 型、Bb 型器盖，B 型炉，B 型、C 型盒，Da

型、Db 型、G 型盆；酱釉 Da 型碗，Ab 型钵，Ea 型 I 式、Eb 型罐，Aa 型炉，Ib 型、Ic 型、J 型、Md 型注壶，Ba 型盘，A 型、E 型盒，Bb 型研磨器；釉陶器 B 型炉等。

青釉 Ca 型 II 式饼足碗及酱釉 Aa 盘，形制分别与成都青龙乡海滨村 M24 出土的瓷碗及 M23 出土的瓷盘相似[①]。海滨村 M23、M24 下葬时间明确，分别出土后蜀广政十九年（954 年）买地券、后蜀广政二十年（955 年）墓幢。青釉 B 型、C 型、E 型、I 型、J 型盆，不仅器形分别与成都指挥街遗址 B 型 I 式、C 型 I 式、C 型 IV 式盆[②]、成都金河路遗址 A 型 IV 式、A 型 II 式盆[③]相似，且盆内采用的刻划与填彩相结合的装饰技法与指挥街 T4④: 76 及 T5④: 3 也如出一辙。指挥街及金河路遗址的主体年代为唐代晚期及五代，年代下限皆不超过北宋早期。青釉 Ca 型注壶，喇叭口，长颈，最大腹径偏上，与成都天府广场 H67、H68、H86、H104 等唐末至北宋早期遗迹中出土的邛窑 A 型、B 型、琉璃厂窑 C 型注壶相同[④]。青釉 Aa 横系罐，短直颈，垂直于肩部，肩部丰满，形制相似的罐还出土于成都龙泉驿前蜀乾德五年（923 年）王宗侃墓[⑤]。酱釉 K 型罐则与双流籍田竹林村五代后蜀徐公墓（后蜀广政二十七年，964 年）M1: 2[⑥]形制相近。

综上，第一期的年代主要在五代时期，下限至北宋早期。

第二节　第二期

地层包括 T1④、T2④ 及 T3④，遗迹单位有窑炉 Y1、Y3，房屋基址 F4、F9、F10、F11，墓葬 M1，灰坑 H2、H9～H12、H14～H18、H20，沟渠 G1，挡墙 Q1，水井 J1。

这一时期琉璃厂窑产品仍以生活用品占大宗，除上期即已出现的碗、盘、盏、碟、钵、罐、盆、注壶、急须等器形外，还增加了瓶、杯、盏托等新器类。另外，本期在艺术陈设用器、宗教用器、丧葬明器及建筑构建生产方面也有了更大的突破，不仅数量增加，器类和器形也更加丰富。主要产品有腰鼓、瓶、俑、动物模型、鼓钉洗、炉、蛙形灯、筒瓦、板瓦、滴水等。

釉色以酱釉为主，青釉产品次之，且新出现一定数量的黑釉、白釉、绿釉及低温釉产品。酱釉产品以素面居多，带纹饰者多以化妆土施于釉下。如碗、盏类器物流行以化妆土于内壁釉下绘制草叶纹、出筋纹、口沿描白边；瓶、罐流行以化妆土于肩腹部绘制斜线纹、网格纹、卷草纹；壶、急须流行以化妆土于肩部釉下绘团彩。另有少量盏于内壁模印花草纹、团菊纹等。青釉器的装饰则继续流行以酱釉或绿釉绘制草叶纹，圈足碗、盏内壁及壶肩腹部多见此类纹饰，也有部分圈足碗、盏于口沿装饰一周酱釉边，或以化妆土于器底绘制出多角星纹的装饰方法。黑釉者除腰鼓流行剔釉划花外，皆素面。白釉器以素面居多，碗盘类器物流行口沿处装饰一周青釉或酱釉边，

① 成都文物考古研究院：《成都市青龙乡海滨村年家院子墓地发掘简报》，《成都考古发现·2016》，科学出版社，2018 年，第 251、255 页。
② 成都市博物馆、四川大学博物馆：《成都指挥街唐宋遗址发掘报告》，《南方民族考古》（第二辑），四川省科学技术出版社，1990 年。
③ 成都文物考古研究院：《成都金河路古遗址发掘报告》，《成都考古发现·2015 年》，科学出版社，2017 年，第 356 页。
④ 成都文物考古研究所：《成都天府广场东北侧古遗址发掘报告》，文物出版社，2016 年，第 187、205 页。
⑤ 成都市文物考古研究所、龙泉驿区文物保护管理所：《成都市龙泉驿五代前蜀王宗侃夫妇墓》，《考古》2001 年第 6 期。
⑥ 成都市文物考古研究所、双流县文物管理所：《成都双流籍田竹林村五代后蜀双室合葬墓》，《成都考古发现·2004 年》，科学出版社，2006 年，第 342 页。

瓶以酱釉或绿釉于腹部绘花草纹。绿釉碗有个别于外壁模印莲瓣纹。此外碗、盏类器物圈足内多模印文字等窑工记号。

就制作工艺而言，该期整体制作较粗糙，器形规整程度及胎釉结合程度远逊于一期，脱釉、釉泡、鬃眼、橘皮、落渣、窑裂、变形、缩釉等现象常见。装烧方法丰富，第一期流行的支钉叠烧以及无间隔具直接叠烧继续存在。第一期使用较少的对口烧，本期在碗、碟、盏、盘、研磨器等产品上广为应用，具体方法是将两件口径相当的同类型器坯一仰一覆口缘相对扣合在窑炉中焙烧。另外新出现了石英砂叠烧法（图二七九，1、5）及垫环叠烧法（图二七九，2、4）。石英砂叠烧法是一种简单随意的装烧方式，在白釉、黑釉中使用比例较高，从出土实物来看，这种装烧方式是在叠烧的碗、盏等器物之间间以砂粒及垫圈，具体方式是先在内底铺一周砂粒，再在砂粒上放置垫圈。垫环叠烧是在对口烧或叠烧的两件器物之间以垫环相隔，碗、罐的装烧常采用此方法。为充分利用窑内空间，炉、碗等腹部较深的器物中仍然套烧其他小件器物，甚至不同大小的碟、盏采用对口烧与叠烧相组合的焙烧方式（图二七九，3）。

本期碗、盏、盘流行圈足；罐不见上一期流行的双股竖系；壶、瓶腹部更为瘦长，弯曲形长流取代了上一期的短直流；炉足部变短小；出现大量体型较小的器物，如小罐、小瓶、小壶、小杯、小碟等。代表器物有酱釉 A 型、Bb 型、Bc 型、C 型、Db 型、E 型碗，Ab 型、B 型、C 型、

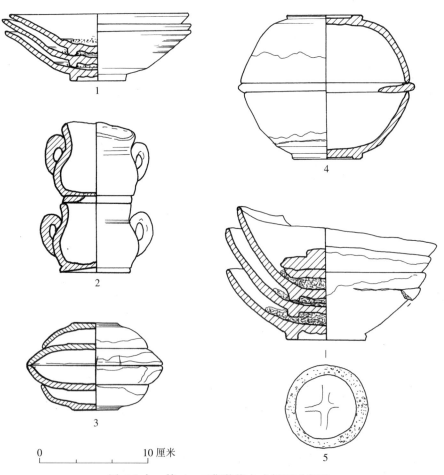

图二七九　第二、三期装烧方式复原示意图

1、5. 石英砂堆叠烧　2、4. 垫环叠烧　3. 组合式装烧

D 型、E 型、F 型盏，C 型、D 型、E 型、F 型、G 型、H 型、I 型碟，Ac 型、Db 型钵，B 型、D 型、Ea 型Ⅱ式、F 型、G 型、H 型、I 型、Ja 型、L 型、M 型罐，A 型、B 型、D 型、E 型、F 型、G 型、H 型小罐，A 型、B 型、C 型盆，B 型、C 型、D 型、E 型炉，A 型、B 型、Da 型、Dc 型、E 型、F 型、G 型、Ha 型Ⅱ式、Hb 型、Ia 型、Id 型、Ie 型、Ka 型、L 型、Mb 型、Mc 型注壶，Bd 型、Bf 型盘，A 型、B 型、D 型、E 型急须，瓶，A 型、B 型、D 型、E 型、F 型小壶，A 型、Ba 型、C 型、Db 型、Eb 型、Fa 型、Fb 型、G 型子口盖，母口盖，非子母口盖，盏托，杯，蛙形灯，A 型研磨器，骆驼，马，鸡，匍匐俑，鱼；青釉圈足碗，Aa 型、Ac 型、Ba 型Ⅱ式、Ca 型Ⅱ式、Cb 型、D 型盏，A 型瓶，Ab 型横系罐，A 型、B 型Ⅱ式、G 型、H 型、I 型竖系罐，D 型注壶，C 型、D 型炉，杯，A 型盆，匍匐俑；黑釉 A 型、Ca 型碗，B 型盘，罐，Ab 盏，Ab 型、B 型、C 型、D 型、E 型盖，碟，腰鼓，瓶，盒，炉，唾壶，蛙形灯，狗；白釉碗，盘，A 型瓶，碟，盏；绿釉盏、碟、碗；素烧器杯，A 型、B 型、C 型、D 型、F 型瓶，壶，B 型盖；釉陶器鼓钉洗，A 型、C 型、D 型炉等。

Bb 型酱釉碗圈足低矮，内壁以化妆土绘制出筋，与温江学府尚郡淳熙十一年（1184 年）M3 东出土的瓷碗[1]相同。B 型酱釉盏口部微束，这类盏在金凤窑[2]、涂山窑[3]、广元窑[4]、吉州窑[5]、建窑[6]皆有生产，就各地出土的墓葬材料来看，年代明确者多集中在南宋中期左右，如庆元元年（1195 年）张同之墓[7]、嘉熙元年至宝祐元年（1237～1254 年）张重四墓[8]、青龙乡石岭村嘉定六年（1213 年）M1[9]。酱釉 E 型瓶颈部带一周凸棱，肩部丰满，腹部修长，完整器形如经瓶。磁州窑[10]、耀州窑[11]、灵武窑[12]、缸瓦窑[13]、景德镇窑[14]等皆烧制这类产品，其年代不早于北宋中期。这类器物在成都地区也有少量发现，出现时间约在北宋晚期左右，如北宋宣和六年（1124 年）宋京墓出土的Ⅰ式和Ⅱ式罐[15]。酱釉 Ia 型罐罐、A 型瓶的腹部用化妆土描绘斜线纹，这种做法在成都地区南宋墓葬的出土瓷器中十分常见，如花果村庆元六年（1200 年）墓[16]、石墙村嘉定四年

① 成都文物考古研究所、温江区文物保护管理所：《成都温江区"学府尚郡"工地五代及宋代墓葬发掘简报》，《成都考古发现·2006》，科学出版社，2008 年，第 316 页。
② 成都市文物考古研究所、都江堰市文物局：《都江堰市金凤窑址发掘简报》，《成都考古发现·2000》，科学出版社，2002 年，第 222～287 页。
③ 重庆市文物考古所：《重庆涂山窑》，科学出版社，2007 年，第 49 页。
④ 四川省文物考古研究所、广元市文物保护管理所：《广元市瓷窑铺窑址发掘简报》，《四川文物》2003 年第 3 期。
⑤ 江西省文物工作队、吉安县文物办公室：《江西吉州窑遗址发掘简报》，《文物》1982 年第 5 期。
⑥ 中国社会科学院考古研究所、福建省博物馆建窑考古队：《福建建阳县水吉北宋建窑遗址发掘简报》，《考古》1990 年第 12 期。
⑦ 南京市博物馆：《江浦黄悦岭南宋张同之夫妇墓》，《文物》1973 年第 4 期。
⑧ 陈定荣：《江西吉水纪年宋墓出土文物》，《文物》1987 年第 2 期。
⑨ 成都市文物考古研究所：《成都市青龙乡石岭村宋墓发掘简报》，《成都考古发现·2003》，科学出版社，2005 年，第 411 页。
⑩ 北京大学考古系等：《观台磁州窑址》，文物出版社，1997 年，第 119、128、214 页。
⑪ 陕西省考古研究所、耀州窑博物馆：《宋代耀州窑》，文物出版社，1998 年，第 281～288、598 页。
⑫ 中国社会科学院考古研究所内蒙古工作队：《宁夏灵武县磁窑堡瓷窑址发掘简报》，《考古》1987 年第 10 期。
⑬ 张柏主编：《中国出土瓷器全集》（天津、辽宁、吉林、黑龙江卷），科学出版社，2008 年，第 81、109 页。
⑭ 江西省文物考古研究所、景德镇民窑博物馆：《景德镇湖田窑址 1988～1999 年考古发掘报告》，文物出版社，2007 年，第 172 页；刘涛：《宋辽金纪念瓷器》，文物出版社，2004 年，第 105 页。
⑮ 成都市文物考古研究所：《四川成都北宋宋京夫妇墓》，《文物》2006 年第 12 期。
⑯ 成都市文物考古工作队：《成都市成华区三圣乡花果村宋墓发掘简报》，《成都考古发现·2001》，科学出版社，2003 年，第 209 页。

（1211 年）墓①、清江东路嘉定十年（1217 年）墓②出土的酱釉罐、瓶等。蛙形灯及酱釉 C 型炉，还见于金鱼村南宋淳熙十五年（1188 年）墓 M2。Da 型酱釉注壶与洪雅红星公社北宋中期墓出土的执壶③形制相似，其口部呈杯状，相同的壶在湖田窑三期前段（北宋中晚期）多有生产④，也曾出土于治平二年（1065 年）舒氏墓。Ⅰ型罐腹部最大径靠下，呈卵形，这种特征的罐还出现于成都"川音大厦" M10⑤及金鱼村 M11，二者年代明确，分别为南宋嘉定十一年（1218 年）及淳熙九年（1182 年）。H 型罐则与青龙乡海滨村北宋绍圣二年（1095 年）墓葬 M4 出土的双耳罐⑥相同。此外，低温釉陶器中的文官俑和武士俑制作较为简单粗犷，体型显得矮小，主要流行于南宋时期⑦。

综上，第二期的年代主要在北宋中晚期至南宋中期。

第三节　第三期

地层包括第Ⅰ发掘区 T1③、T2③、T3③和第Ⅱ发掘区第③层，遗迹单位有房屋基址 F1、F2、F5，灰坑 H1、H3、H7、H8。

这一阶段琉璃厂窑产品器类急剧减少，只有碗、盘、盏等少数几种生活用品。胎体十分厚重，一部分呈砖红色。以无纹饰的黑釉占据了主导，且多数无光泽、发木光。器底模印窑工记号。器物全部采用石英砂垫烧，大部分在石英砂上增加垫圈以增强承重力（图二七九，5）。

本段流行宽圈足器。典型器物仅黑釉 Ba 型、Bb 型碗，B 型盏及 A 型盘。黑釉 B 型碗与成都宾隆街遗址元代地层（T1④）⑧及成都天府广场东北侧遗址元代中、晚期遗存⑨出土的琉璃厂窑瓷碗相同，且圈足足墙宽而厚的特征，也见于乐山西坝窑的 B 型、D 型敞口碗和 A 型侈口碗上，这些碗都属于西坝窑的第二期遗存，年代相当于南宋晚期至元代中期⑩。其次，这类碗底残片还可以在成都市青莲上街城墙遗址的元代活动面中找到，圈足底部多带有窑工印记⑪。另外，金凤窑盏托（H1：725）的腹部以上虽残，但其形制与重庆涂山窑小湾窑 3 号窑炉出土的盏托相似度极高，发掘者认为小湾窑 3 号窑炉出土器物具有明显的元代风格，时代约在元代初期⑫。

综上，第三期的年代主要在南宋晚期至元代。

① 成都市文物考古研究所：《成都市高新区石墙村宋墓发掘简报》，《成都考古发现·1999》，科学出版社，2001 年，第 258 页。
② 四川大学考古系、成都文物考古研究院：《成都市清江东路张家墩隋唐至南宋砖室墓》，《考古》2018 年第 12 期。
③ 四川省博物馆、洪雅县文化馆：《四川洪雅宋墓发掘简报》，《考古》1982 年第 10 期。
④ 江西省文物考古研究所、景德镇民窑博物馆：《景德镇湖田窑址 1988～1999 年考古发掘报告》，文物出版社，2007 年，第 185 页。
⑤ 成都文物考古研究院：《成都市武侯区川音大厦工地唐宋墓葬发掘简报》，《成都考古发现·2015》，科学出版社，2017 年，第 606 页。
⑥ 成都市文物考古研究所：《成都市青龙乡海滨村墓葬发掘简报》，《成都考古发现·2003》，科学出版社，2005 年，第 291 页。
⑦ 陈云洪：《四川地区宋代墓葬研究》，《南方民族考古》第 7 辑，科学出版社，2011 年，第 295 页。
⑧ 成都文物考古研究院：《成都市锦江区宾隆街古遗址发掘简报》，《成都考古发现·2016》，科学出版社，2018 年，第 275 页。
⑨ 成都文物考古研究所：《成都天府广场东北侧古遗址发掘报告》，文物出版社，2016 年，第 196 页。
⑩ 四川省文物考古研究院等：《乐山西坝窑址》，文物出版社，2017 年，第 38、39 页。
⑪ 资料现存成都文物考古研究院。
⑫ 重庆市博物馆：《重庆涂山窑小湾瓷窑发掘报告》，《四川考古报告集》，文物出版社，1998 年，第 448 页。

第四节　第四期

未见原生地层或遗迹单位，仅于发掘区第②层获取少量筒瓦、板瓦、B 型滴水等遗物。

滴水为表面未施釉的素烧坯件，显然属于尚未完工的半成品，其舌面模印云龙戏珠纹，与成都东华门明蜀王府宫城苑囿建筑群遗址[①]、天府广场西侧明蜀王府山川坛遗址[②]、双流黄龙溪明蜀藩王陵园遗址[③]等出土的滴水、瓦当图案完全一致。

综上，第四期的年代应在明代，主要是为蜀藩内部烧造的建筑材料。

---

① 成都文物考古研究院：《四川成都东华门明蜀王府宫城苑囿建筑群发掘简报》，《文物》2020 年第 3 期。

② 成都文物考古研究所：《成都市博物馆新址发掘简报》，《成都考古发现·2009》，科学出版社，2011 年，第 415 页。

③ 成都文物考古研究所、双流县文物管理所：《双流县黄龙溪镇明蜀藩王墓调查与试掘报告》，《成都考古发现·2011》，科学出版社，2013 年，第 536～539 页。

第五章　相关问题研究

第一节　从考古材料看琉璃厂窑的兴衰变迁

通过对琉璃厂窑的分期和年代问题研究，我们可以了解该窑址兴起、发展和衰亡的过程。本节将琉璃厂窑的烧造活动分为创始、繁荣、衰弱与专控四个阶段来探讨其发展、变化以讨论不同时期琉璃厂窑与当时成都及其与整个南方地区经济生产、政治变动、制瓷业发展的关系及相互影响。

一　创始阶段

五代到北宋早期是琉璃厂窑的创始期。创始期的产品以基本的日常用品为主，器形较为粗壮，胎面多挂化妆土，且以青釉为大宗。

琉璃厂窑创烧于五代，从时空关系考察，其与成都青羊宫窑的停烧存在密切关联。青羊宫窑坐落于成都罗城西南郊，其瓷器生产活动可上溯到两晋时期，隋唐两代尤为兴旺繁盛，其青釉产品胎体厚重，多呈暗红色或紫红色，表面常挂有粉黄色或米白色化妆土，与琉璃厂窑瓷器的胎釉特征相似度较高。有学者曾分析指出，原料和燃料紧缺、成本上升、工艺和技术落后、市场竞争加剧等现实问题，是青羊宫窑于五代以后停烧衰亡的主要因素①。此外，还有一点因素不容忽视，据文献记载，唐中和年间，僖宗皇帝下诏赐予紧邻青羊宫窑的元中观土地二顷以扩大庙宇，并改名青羊宫②。实地考古调查显示，现今青羊宫（唐元中观）的三清殿后仍有三座凸出地面约10、直径约50米的大土堆，从被破坏的断面看，满是废弃的窑具、瓷片、烧土瓦砾等堆积③，当是古代窑包无疑。可以想见，随着道观规模的不断扩大，青羊宫窑势必会因此丧失大片土地，窑场空间受到挤占，生产活动面临停滞，这些境遇迫使失去工作场地的窑工另觅他处，建立新窑以维持生计。而位于市中心东南7公里外的琉璃厂（场）一带，旁有府河、小沙河流经，植被茂密，黏土丰厚，不仅为窑业生产提供了取之不尽的原材料和水源，且其地势以延绵起伏的丘陵为主，便于依山建造空间大、产量高的斜坡式龙窑，有利于降低生产成本，加上水陆路交通便利，依托成都城内外作为主要市场，销路顺畅，自然成为创立新窑的理想去处。另一方面，唐末五代是中国历史上的一个大动乱时期，中原及北方地区战乱频仍，而地处西南边陲的成都平原社会经济则相

---

①　刘雨茂：《青羊宫窑初探》，《文物考古研究》，成都出版社，1993年，第307~310页。
②　（清）董诰等：《全唐文》卷八七《改元中观为青羊宫诏》，上海古籍出版社，1990年，第399页。
③　江学礼、陈建中：《青羊宫古窑址试掘简报》，《文物参考资料》1956年第6期。

对安定，成为外来移民的重要迁入地。城市规模的扩张和人口的逐步增多，使得对日常生活中最重要的一类商品——陶瓷器的需求也相应扩大。在这两方面的大背景下，琉璃厂窑的设立也就顺理成章了。

二　繁荣阶段

北宋中后期，琉璃厂窑进入了繁荣阶段，一直持续到南宋中期。这一阶段不仅产量增加，且器类、器形也逐渐丰富，生产大量生活用品的同时，也生产了较多的宗教用品、丧葬用品及陈设用品。釉色以酱釉为主，青釉产品次之，且新出现了较多黑釉、白釉、绿釉及低温釉产品。琉璃厂窑在北宋中后期进入繁荣阶段，这与成都宋代经济的发展状况是一致的。

首先，宋初平蜀，急于从蜀中征敛财物，造成民众积怨，社会动荡，爆发了全师雄蜀兵反宋、王小波与李顺起义、王均兵变等武装斗争，波及成都城、青城县、彭山县、江源县（位于今崇州）、双流县、邛州、汉洲（位于今广汉）、绵州等四川大部分地区，这势必人员逃散，对成都的经济生产造成极大的冲击，琉璃厂窑业生产活动也处于停滞状态。经过宋初历时三十多年的四川人民反宋武装斗争，北宋政府认识到要维持在四川的统治，必须调整治蜀方略，整顿吏治，团结蜀人，缓和阶级矛盾。北宋中后期，蜀中社会安定，出现了由乱而治的政治局面。这是琉璃厂窑得以繁荣发展的社会条件。

其二，北宋晚期，全国陶瓷生产出现了色彩纷呈的局面，五大名窑并驾齐驱，耀州窑、建窑、景德镇窑、龙泉窑、磁州窑也十分兴盛，且逐渐流入成都市场。商品竞争促使琉璃厂窑不断向其他窑口学习先进的生产工艺、模仿市场上最为畅销的器物风格。比如该阶段出现了较多白釉，其中A型盏，腹部斜直呈斗笠状，与景德镇流行的青白釉芒口斗笠碗造型十分相似，并且不少白釉器在口沿处刷一周青黄釉边，以模仿景德镇窑覆烧器口沿露一线胎骨的特征。同时，第二期还出现了大量黑釉以及酱黑釉产品，这与建窑产品的盛行密不可分。如酱釉B型盏以及黑釉A型盏，明显束口，这类盏兴于建窑，受斗茶之风的影响，在南方地区十分流行，吉州窑、涂山窑、广元窑皆模仿生产。另外，琉璃厂出土少量绿釉器，釉色青绿，这似在模仿耀州窑青釉产品，且个别器物外壁模印的莲瓣纹与耀州窑流行的扇折纹十分相似。

除上述两点以外，北宋中期以来工商业以及商品经济的发展、人口的大量增加、饮茶之风的盛行也都是促使琉璃厂窑在该时期得以繁荣发展的原因。

三　衰弱阶段

南宋晚期以后，琉璃厂窑开始走向衰弱。窑址发掘所得的标本器形单一，制作粗糙，而且成都及周边地区的墓葬发掘材料中，随葬琉璃厂窑瓷器的纪年墓最晚可见端平二年（1235年）者[①]。

从1235年蒙古军队兵攻四川开始，到1279年元朝攻克四川，四川境内的抗蒙战争长达四十余年，毫无疑问，这阻碍了经济社会的发展，摧毁了大批生产力，给琉璃厂窑的制瓷业以重大打击，致使产品单一，质量粗劣。

---

① 成都文物考古研究所：《成都市西郊外化成小区唐宋墓葬的清理》，《考古》2005年第10期。

另一方面，元朝建立后不久，结束了南北对峙的分裂局面，辽阔的疆域使其更加注重推进水陆交通的建设。成都借由长江可通达江西、浙江等中下游地区，也可转入京杭大运河，上达河洛、大都等地，加上统一的国内市场，使龙泉窑青瓷、景德镇窑青白瓷、青花瓷以及钧窑天蓝釉瓷等精美产品能十分便利地运送至成都。这一情况对于刚遭受宋蒙战争打击的琉璃厂窑来说无疑是雪上加霜，从此窑厂一蹶不振，仅靠少量生产器形简单、质量粗糙的生活必需品以勉强维持营生。

四　专控阶段

直至明代，琉璃厂窑又经历了一个小高潮，它成为专为蜀王以及各地郡王生产建筑材料及随葬用品的窑厂。有研究表明，明代皇室成员死后，依例当由官府造坟，丧仪用品亦由工部造办送用。然而，由于皇室集团庞大，丧仪用品供应不求，明皇室改以委派下司，就地置窑烧造，故琉璃厂窑在明代属于蜀王府的下属机构，为其烧制建筑构件及冥器[①]。民国二十二年（1933 年）版《华阳县志》"山水条"载："马家坡之东南约二里曰祝王山，山下多蜀王墓……而北山之北即琉璃厂，明世官烧琉璃地也。"[②] 从考古发现来看，成都东华门明蜀王府宫城园囿建筑群[③]、成都市宾隆街古遗址[④]、成都鼓楼街古遗址[⑤]、双流县黄龙溪明蜀藩王墓[⑥]、成都十陵镇蜀僖王陵园[⑦]、成都龙泉驿蜀昭王陵园[⑧]、成都三圣乡蜀怀王墓[⑨]、成都琉璃乡蜀定王次妃王氏墓[⑩]都发现有大量的琉璃筒瓦、勾头、滴水、鸱吻、脊兽等建筑构件。其中，宾隆街古遗址应为明代蜀王府萧墙范围内的东南角；鼓楼街古遗址明代遗存应与内江王府的建设有关，地位皆非同一般。另外，成都凤凰山蜀王朱悦燫墓[⑪]、蜀僖王朱友壎墓[⑫]、蜀怀王朱申钺墓[⑬]以及蜀定王次妃王氏墓[⑭]皆出土大规模的釉陶仪仗俑。发掘所获的建筑构件以及墓葬冥器应皆为明代琉璃厂窑所烧。另据成都外西瘟祖庙嘉靖二十一年（1542 年）蜀藩太监丁祥墓出土的墓志铭载："正德初，侍于今上，尤重其能。屡命于琉璃厂董督陶冶，建诸瓴甓……"[⑮]，可知至迟于明代中晚期，琉璃厂窑仍为蜀王府的专属窑厂。

此次发掘出土的琉璃构件较少，应属附近作坊堆积扰动至此，但结合文献及市内出土资料，

① 成都文物考古研究院、双流县文物管理所：《双流县黄龙溪镇明蜀藩王墓调查与试掘报告》，《成都考古发现·2011》，科学出版社，2013 年，第 522 ~ 561 页。

② （民国）陈法驾等修，曾鉴等纂，王晓波等点校：《民国华阳县志》卷二（民国二十三年刻本），《成都旧志》（16），成都时代出版社，2008 年，第 54 页。

③ 四川大学历史文化学院、成都文物考古研究院：《四川成都东华门明蜀王府宫城园囿建筑群发掘简报》，《文物》2020 年第 3 期。

④ 成都文物考古研究所：《成都市锦江区宾隆街古遗址发掘简报》，《成都考古发现·2016》，科学出版社，2018 年，第 311、312 页。

⑤ 资料现存成都文物考古研究院。

⑥ 成都文物考古研究院、双流县文物管理所：《双流县黄龙溪镇明蜀藩王墓调查与试掘报告》，《成都考古发现·2011》，科学出版社，2013 年，第 522 ~ 561 页。

⑦ 成都市文物考古研究所：《成都明代蜀僖王陵发掘简报》，《文物》2002 年第 4 期。

⑧ 王毅等：《成都地区今年考古综述》，《四川文物》1999 年第 3 期。

⑨ 成都文物考古研究所：《成都市三圣乡明蜀"怀王"墓》，《成都考古发现·2005》，科学出版社，2007 年，第 382 ~ 428 页。

⑩ 成都市文物考古研究所：《明蜀定王次妃王氏墓》，《成都考古发现·1999》，科学出版社，2001 年，第 295 ~ 314 页。

⑪ 中国社会科学院考古研究所、四川省博物馆成都明墓发掘队：《成都凤凰山明墓》，《考古》1978 年第 5 期。

⑫ 成都市文物考古研究所：《成都明代蜀僖王陵发掘简报》，《文物》2002 年第 4 期。

⑬ 成都市文物考古研究所：《成都市三圣乡明蜀"怀王"墓》，《成都考古发现·2005》，科学出版社，2007 年，第 382 ~ 428 页。

⑭ 成都市文物考古研究所：《明蜀定王次妃王氏墓》，《成都考古发现·1999》，科学出版社，2001 年，第 295 ~ 314 页。

⑮ 四川省文物管理局：《四川文物志（上）》，巴蜀书社，2005 年，第 355 页。

仍能说明琉璃厂窑在明代经历了一个专控于蜀王府的生产小高潮。

第二节　琉璃厂窑产品的受众阶层与流布范围

除窑址外，琉璃厂窑的陶瓷器产品在成都及周边区域的遗址、墓葬中也有大量考古发现，以下分别介绍。

一　遗址材料

遗址材料特别集中于成都旧城区，包括宫室衙署、池苑园林、佛教寺院、民居坊市、市政沟渠等，另在城郊和周边区域的乡里聚落也有广泛分布，上迄五代，下至元明，类型繁多，五代至宋元时期以生活实用器具占据绝对比重，少数为陈设用具，明代则常见琉璃建筑瓦件。

成都东华门摩诃池池苑遗址：所见瓷器出土于地层和灰坑、水井、沟渠等遗迹内，类型可辨碗、盘、盏、碟、盆、炉、带系罐、盘口罐、经瓶、玉壶春瓶、注壶等，年代从五代至两宋时期[1]。

成都正科甲巷坊市遗址：所见瓷器出土于地层和沟渠、水井等遗迹内，类型可辨碗、盘、盏、碟、盆、注壶、带系罐等，年代从五代至两宋时期[2]。

成都金河路池苑园林遗址：所见瓷器出土于地层和水池等遗迹内，类型可辨碗、盘、碟、炉、盘口罐、带系罐、弹珠、研磨器等，年代主要在五代时期[3]。

成都下东大街遗址：所见瓷器出土于地层和灰坑等遗迹内，类型可辨碗、碟、钵、急须、注壶等，年代主要在两宋时期[4]。

成都天府广场东北侧遗址：所见瓷器和琉璃瓦件出土于地层和房屋、水井、灰坑、散水等遗迹内，类型丰富，可辨碗、盘、盏、钵、盂、瓶、炉、带系罐、盘口罐、注壶、急须、器座、器盖、筒瓦、天马等，年代涵盖五代、宋元和明代[5]。

成都下同仁路佛教造像坑遗址：所见瓷器出土于造像坑内，类型可辨碗、盘、盏、钵、盆、瓶、注壶、盘口罐、带系罐、炉、盒、砚台、器盖、弹珠等，年代主要在五代时期[6]。

成都通锦路唐净众寺园林遗址：所见瓷器出土于地层和沟渠、水池、水井等遗迹内，类型可辨碗、盘、盏、带系罐、注壶、钵、瓷塑模型等，年代主要在五代时期[7]。

成都东丁字街遗址：所见瓷器出土于地层和灰坑等遗迹内，类型丰富，可辨碗、盘、盏、盆、钵、注壶、带系罐、盘口罐、器盖、砚台、急须、提梁杯、研磨器、炉、瓶、弹珠、动物模型等，

① 易立等：《四川成都东华门遗址》，《2014 中国重要考古发现》，文物出版社，2015 年，第 108 ~ 111 页。
② 现存成都文物考古研究院。
③ 成都文物考古研究院：《成都金河路古遗址发掘报告》，《成都考古发现·2015》，科学出版社，2017 年，第 320 ~ 416 页。
④ 成都文物考古研究所：《成都市下东大街遗址考古发掘报告》，《成都考古发现·2007》，科学出版社，2009 年，第 452 ~ 539 页。
⑤ 成都文物考古研究所：《成都天府广场东北侧古遗址发掘报告》，文物出版社，2016 年，第 192 ~ 211 页。
⑥ 成都文物考古研究所：《成都市下同仁路遗址南朝至唐代佛教造像坑》，《考古》2016 年第 6 期；成都文物考古研究院：《成都下同仁路——佛教造像坑及城市生活址发掘报告》，文物出版社，2017 年，第 88 ~ 105 页。
⑦ 成都文物考古研究院：《成都通锦路唐净众寺园林遗址》，文物出版社，2018 年，第 80 ~ 85 页。

年代从五代至两宋时期①。

　　成都杜甫草堂唐正觉寺（龙兴寺）遗址：所见瓷器出土于地层和水井、沟渠、灰坑等遗迹内，类型可辨碗、盘、盏、注壶、带系罐、盘口罐、炉等，年代从五代至两宋时期②。

　　成都内姜街遗址：所见瓷器出土于地层和沟渠等遗迹内，类型以碗、盏、碟、盆、带系罐、器盖等为主，年代从五代至两宋时期③。

　　成都金沙遗址雍锦湾地点：所见瓷器出土于灰沟内，类型可辨碗、盏、碟、盆、研磨器等，年代在两宋时期④。

　　成都羊市街东口沟渠遗址：所见瓷器出土于沟渠内，数量很少，类型可辨碗、盏、钵、带系罐、瓶、注壶、器盖、瓷塑等，年代主要在元代⑤。

　　成都东华门蜀王府宫城园林遗址：所见琉璃瓦件出土河道和水池内，类型可辨筒瓦、瓦当、滴水、垂兽、套兽等⑥。

　　新都区褚家村遗址：所见瓷器出土于灰沟和水井内，类型可辨碗、盏、盘、钵、盆、碟、瓶、急须、带系罐、研磨器等，年代主要在南宋⑦。

　　彭州市中梁山遗址：所见瓷器出土于地层和灰沟内，类型可辨碗、盏、带系罐、盘口罐、研磨器等，年代主要在五代至北宋时期⑧。

　　双流县周家院子遗址：所见瓷器出土于地层和灰坑、水井等遗迹内，类型可辨碗、盘、盏、碟、带系罐、盘口罐、注壶、炉等，年代从五代至两宋时期⑨。

二　墓葬材料

　　墓葬材料丰富，亦集中于成都及其周边地区，年代跨度从五代至元明，五代至宋元时期的受众群体广泛，上至帝王将相，下及普通民众，明代则基本限定在蜀藩内部使用。类型和组合较遗址材料相对单一而固定，除碗、盏、碟、罐、壶等生活实用器具外，还有人物俑、神怪俑、动物模型等大量陶质明器。较有代表性的有如下几批。

　　成都老西门外前蜀高祖王建墓：瓷器类型见有碗、盆、带系罐，墓葬年代为前蜀光天元年

　①　成都文物考古研究所：《成都市东丁字街古遗址发掘简报》，《成都考古发现·2014》，科学出版社，2016 年，第 324 ~ 346 页。
　②　成都市文物考古研究所、成都杜甫草堂博物馆：《成都杜甫草堂唐宋遗址发掘报告》，《成都考古发现·2002》，科学出版社，2004 年，第 209 ~ 265 页。成都文物考古研究所：《成都市杜甫草堂唐宋遗址 2012 年发掘简报》，《成都考古发现·2012》，科学出版社，2014 年，第 491 ~ 449 页。
　③　成都文物考古研究所：《成都市内姜街遗址发掘报告》，《成都考古发现·2004》，科学出版社，2006 年，第 364 ~ 391 页。
　④　成都文物考古研究所、四川大学考古学系：《成都金沙遗址雍锦湾地点出土唐宋瓷器》，《四川文物》2014 年第 6 期。成都文物考古研究院等：《成都金沙遗址雍锦湾地点秦汉至明清遗存》，《南方民族考古》第十四辑，科学出版社，2017 年，第 7 ~ 72 页。
　⑤　资料现存成都文物考古研究院。
　⑥　成都文物考古研究院：《四川成都东华门明蜀王府宫城苑囿建筑群发掘简报》，《文物》2020 年第 3 期。
　⑦　成都文物考古研究所：《成都市新都区褚家村遗址宋代文化遗存发掘简报》，《成都考古发现·2011》，科学出版社，2013 年，第 461 ~ 482 页。
　⑧　成都文物考古研究所、彭州文物保护管理所：《彭州市中梁山遗址发掘简报》，《成都考古发现·2011》，科学出版社，2013 年，第 396 ~ 417 页。
　⑨　成都文物考古研究所、双流县文物保护管理所：《第二绕城高速双流段永安镇周家院子唐宋遗址发掘简报》，《成都考古发现·2013》，科学出版社，2015 年，第 519 ~ 541 页。

(918 年)①，是目前琉璃厂窑纪年瓷器中最早的实例。

成都龙泉驿青龙村前蜀魏王王宗侃墓：瓷器类型见有碗、小罐、带系罐，墓葬年代为前蜀乾德五年（923 年）②。

成都八里庄前蜀武泰军节度使晋晖墓：瓷器类型见有盏、盆、带系罐，墓葬年代为前蜀乾德五年（923 年）③。

成都东郊保和乡后蜀太尉张虔钊墓：瓷器类型见有碗、带系罐，墓葬年代为后蜀广政十一年（948 年）④。

成都龙泉驿青龙村后蜀宋王赵廷隐墓：瓷器类型见有碗、盏、碟、带系罐、提梁壶，墓葬年代为后蜀广政十三年（950 年）⑤。

成都海滨村后蜀左定戎指挥使刘塘墓：瓷器类型见有盘、带系罐、龙形俑，墓葬年代为后蜀广政十九年（956 年）⑥。

成都洪河大道南延线五代墓 M1：瓷器类型为带系罐⑦，该墓为同穴合葬的双室券顶墓，虽未出土任何文字材料，但每个墓室皆由墓道、封门墙、甬道、前室、中室、棺室、后室、耳室等部分组成，规模宏大，结构复杂，且随葬有石刻的墓主人造像，应属于与帝陵相近的高等级墓葬。

成都海滨村北宋刘氏家族墓群：瓷器类型见有碗、盏、洗、壶、带系罐，陶器类型见有武士俑、文吏俑、侍俑、神怪俑等，墓葬纪年从元丰五年（1083 年）至元符二年（1100 年）⑧。

成都清江东路张家墩南宋墓群：瓷器类型见有碗、盏、瓶、带系罐，陶器类型见有炉、匍匐俑、武士俑、文吏俑等，墓葬纪年从绍兴六年（1136 年）至嘉定十年（1217 年）⑨。

成都西郊金鱼村南宋墓群：瓷器类型见有碗、盏、盏托、带系罐、提梁罐，陶器类型见有匍匐俑、武士俑、文吏俑、伏听俑、神怪俑、鼓、鸡、狗等，墓葬纪年从淳熙九年（1182 年）至绍定二年（1229 年）⑩。

成都川音大厦工地南宋墓群：瓷器类型见有碗、盏、炉、带系罐、提梁罐，陶器类型见有匍匐俑、武士俑、文吏俑、侍俑、鸡、狗等，墓葬纪年从嘉定十一年（1218 年）至绍定元年（1228 年）⑪。

成都倒石桥元代高氏家族墓群：陶器类型见有盏、盏托、瓶、罐、炉、匍匐俑、武士俑、文吏俑、侍俑、鸡、狗等，墓葬纪年从皇庆二年（1313 年）至延佑三年（1316 年）⑫。

① 冯汉骥：《前蜀王建墓发掘报告》，文物出版社，2002 年，第 63～65 页。
② 成都文物考古研究所、龙泉驿区文物保护管理所：《成都市龙泉驿五代前蜀王宗侃夫妇墓》，《考古》2011 年第 6 期。
③ 四川省文物管理委员会：《前蜀晋晖墓清理简报》，《考古》1983 年第 10 期。
④ 翁善良：《成都市东郊后蜀张虔钊墓》，《文物》1982 年第 3 期。
⑤ 王毅等：《四川后蜀宋王赵廷隐墓发掘记》，《中国社会科学报》2011 年 5 月 26 日。
⑥ 成都文物考古研究院：《四川成都海滨村五代后蜀墓发掘简报》，《文物》2019 年第 7 期。
⑦ 成都市文物考古研究所、龙泉驿区文物保管所：《成都市龙泉驿区洪河大道南延线唐宋墓葬发掘简报》，《成都考古发现·2001》，科学出版社，2003 年，第 170 页。
⑧ 成都市文物考古研究所：《成都市青龙乡海滨村墓葬发掘简报》，《成都考古发现·2003》，科学出版社，2005 年，第 286～293 页。
⑨ 四川大学考古系、成都文物考古研究院：《成都市清江东路张家墩隋唐至南宋砖室墓发掘简报》，《考古》2018 年第 12 期。
⑩ 成都市文物考古工作队：《四川成都市西郊金鱼村南宋砖室火葬墓》，《考古》1997 年第 10 期。
⑪ 成都市文物考古研究院：《成都市武侯区川音大厦工地唐宋墓葬发掘简报》，《成都考古发现·2015》，科学出版社，2017 年，第 603～623 页。
⑫ 张才俊、袁明森：《四川华阳县发现元代墓葬》，《考古通讯》1957 年第 3 期。

　　成都三圣乡明代蜀怀王墓：均为陶器，类型丰富，包括俑（武士俑、文官俑、侍俑、仪仗俑）、家具模型（案、柜、轿、盾等）、生活用具（碗、盘、罐、炉、瓶、灯、盆、盒等）、建筑瓦件（鸱吻、瑞兽）四大类，墓葬年代为成化八年（1472 年）①。

　　成都红牌楼明代蜀藩太监墓群：均为陶器，包括俑（武士俑、文官俑、侍俑、仪仗俑）、家具模型（椅）、生活用具（罐、炉、瓶、盒）三大类，墓葬纪年从弘治十七年（1504 年）至万历四十二年（1614 年）②。

　　综合上述材料，可对琉璃厂窑产品的受众阶层与流布范围，作出以下几点总结。

　　第一，五代至宋元时期的受众阶层广泛，上至帝王将相，下及普通民众，皆无贵贱通用之。明代时琉璃厂窑因受蜀藩机构掌控，产品基本限定在蜀藩内部使用。

　　第二，整个五代至元明时期，产品流布范围保持稳定，大致囿于成都城区及周邻郊县一带。

　　第三，五代至两宋遗址和墓葬出土的同时期瓷器产品，在外形、胎釉特征及质量上似乎没有显著差异，仅前者的器形种类更丰富。

　　第四，五代至两宋宫室、衙署遗址出土的瓷器产品，除购买外，也可能是通过瓷器实物税形式获得的（另见第三节）。

第三节　琉璃厂窑与文献所谓"均（埍）窑"之关系

　　《成都文类》引南宋田楙《丞相张公祠堂铭》："大丞相文忠张公，以治平三年（1066 年）春初仕为雒县簿。其年冬十有二月，来摄华阳县衡山镇之征官。"③ 又书中卷五引何麒一诗，称"外大父丞相初登科为雒县主簿，经摄埍窑镇税官，留诗护国寺中"④。两段文字所记为同事，"衡山镇"与"埍窑镇"亦指同地。"文忠张公"即张商英，《宋史》有传，字天觉，号无尽居士，北宋蜀州新津人，仕宦生涯历英宗、神宗、哲宗、徽宗四朝，著有《护法论》，宣和三年（1121 年）卒⑤。或许因履任时间甚短，且官阶不高的缘故，《宋史》中对张商英早年曾担任汉州雒县主簿及成都府华阳县衡山（埍窑）镇征税官的经历并未提及。除《文类》所引两文外，宋代文献中还见有"均窑镇"一地，《元丰九域志·成都府路》："次赤，华阳。八乡，均窑一镇。"校勘记注曰："'均'，底本作'埍'。"⑥ 可知"埍窑镇"与"均窑镇"系同一地名之不同写法。然而需要厘清的一个问题是，两文既指一镇，又为何会有衡山、埍窑之差异？民国《华阳县志》认为"盖田楙本之身历，而何麟由于录寄者也。当是衡山为治平以前之名，埍窑乃元丰之际所改……"⑦，所言可从。《县志》随后进一步考证："今县属太平镇，俗通呼为窑子坝，旧多大窑，当即宋之埍

①　成都市文物考古研究所：《成都市三圣乡明蜀怀王墓》，《成都考古发现·2005》，科学出版社，2007 年，第 400～423 页。
②　成都市文物考古研究所：《成都市红牌楼明蜀太监墓群发掘简报》，《成都考古发现·2003》，科学出版社，2005 年，第 447～476 页。
③　（宋）袁说友等编，赵晓兰整理：《成都文类》卷四八，中华书局，2011 年，第 930 页。
④　（宋）袁说友等编，赵晓兰整理：《成都文类》卷五，中华书局，2011 年，第 86 页。
⑤　（元）脱脱等：《宋史》卷三五一，中华书局，1977 年，第 11095 页。
⑥　（宋）王存撰，王文楚、魏嵩山点校：《元丰九域志》卷七，中华书局，1984 年，第 308 页。
⑦　（民国）陈法驾等修，曾鉴等纂，王晓波等点校：《民国华阳县志》卷二七（民国二十三年刻本），《成都旧志》（16），成都时代出版社，2008 年，第 646 页。

窑……今镇左右，尚多窑作甕盎者，其质坚埒，与《说文》说合，是埒窑镇即窑子坝。"① 笔者对此说法持有异议，试从三个方面予以商榷。

第一，前文已言明衡山（埒窑）镇辖于华阳县，县域地处成都府城东面，本汉广都县地，唐贞观十七年（643 年）析成都县之东偏置蜀县，乾元元年（758 年）玄宗幸蜀，驻跸成都，改华阳县，华阳本蜀国之号，因以为名②。《太平寰宇记·剑南西道》："华阳县，旧二十乡，今十六乡。"③《九域志》载华阳县辖八乡，可能为裁撤、合并后的数量。另考出土志券及其他文献明确提到过的有十乡，分别为履贤、普安、积善、星桥、升仙、景福、龙池、居贤、晋安、安养，辖区范围大致相当于今成都市三环城区的东半部，即川陕立交至府河琉璃厂段一线以东，最远可达今龙泉驿区十陵镇、洪河镇一带④。华阳县的东南面与灵池（泉）县接壤，武周久视元年（700年）析蜀县、广都县地置东阳县，唐天宝元年（742 年）改灵池县，因县南灵池得名，北宋天圣四年（1026 年）改灵泉县，《九域志》载灵泉县 "府东五十里，一十五乡。洛带、王店、小东阳三镇"⑤。关于其县治所在，《清一统志》、咸丰《简州志》皆言在今龙泉驿区龙泉镇，民国《四川郡县志》谓 "治今简阳西北九十里"⑥，后薛登考证为小东阳镇，即今龙泉驿区柏合镇一带⑦。1989 年，柏合镇马坝村四组南宋石室墓出土嘉定十六年（1223 年）"董士和、任氏大娘及胡氏二娘买地券"，券文中提到的葬地即属于 "成都府灵泉县石泉乡义会里"⑧。再看太平镇的地理位置，其位于双流县东部边缘、龙泉山脉中段的西麓，往北与柏合镇相邻，当属唐代设置灵池县时自广都县并入的部分。元代时，广都县撤销，全境并入双流，灵泉县的西境和南境则并入华阳县，太平镇一带才自此辖于华阳，沿袭至民国。

第二，宋代的地方行政制度中，置镇需具备两个必要条件：一是人口或生活区聚集于县城外某地，并达到一定的规模。《宋史》卷一六七《职官》："诸镇置于管下人烟繁盛处。"⑨绍兴五年（1135 年），徽州乞升歙县之新馆、岩寺为镇，尽管新馆税钱数达两千余贯，然 "缘本处不满百家，不可为镇"⑩。二是地当要冲，商业繁盛⑪。如江州德化县之星子镇，地当要津，为商旅必经之地，故杨吴时置镇，入宋后升县⑫。又两宋川峡四路共有草市镇 779 处，梓州路占据近半，达378 处⑬，所辖之果州 "郡当舟车往来之冲"⑭，资州 "北通普、遂，南接荣、嘉，西达隆、简，

① （民国）陈法驾、叶大锵等修，曾鉴、林思进等纂，王晓波等点校：《民国华阳县志》卷二七（民国二十三年刻本），《成都旧志》（16），成都时代出版社，2008 年，第 646 页。
② （唐）李吉甫撰，贺次君点校：《元和郡县图志》卷三一，中华书局，1983 年，第 769 页。
③ （宋）乐史撰，王文楚等点校：《太平寰宇记》卷七二，中华书局，2007 年，第 1463 页。
④ 易立：《唐宋时期成都府辖县乡、里考》，《成都考古研究》（三），科学出版社，2013 年，第 424～455 页。
⑤ （宋）王存撰，王文楚、魏嵩山点校：《元丰九域志》卷七，中华书局，1984 年，第 308 页。
⑥ 龚煦春撰，四川大学历史研究所地方史研究室等点校：《四川郡县志》，成都古籍书店，1983 年，第 224 页。
⑦ 薛登：《灵泉故址今何在》，《成都文物》1986 年第 4 期。
⑧ 薛登：《成都龙泉出土部分买地券汇辑》，《成都文物》2008 年第 1 期。
⑨ （元）脱脱等：《宋史》卷一六七，中华书局，1977 年，第 3979 页。
⑩ （清）徐松辑：《宋会要辑稿》"方域"一二，中华书局，1957 年，第 192 册，第 7520 页。
⑪ 余蔚：《宋代地方行政制度研究》，复旦大学博士学位论文，2003 年，第 38 页。
⑫ （宋）乐史撰，王文楚等点校：《太平寰宇记》卷一一一，中华书局，2007 年，第 2261 页。
⑬ 蓝勇：《唐宋时期西南地区城镇分布演变研究》，《中国历史地理论丛》1993 年第 4 期。
⑭ （宋）王象之：《舆地纪胜》卷一五六，中华书局，2003 年，第 4226 页。

东抵昌、泸"①。因此，作为北宋华阳县下辖的唯一市镇，衡山（均窑）镇无疑应处在当时的交通要道之沿线。唐宋时期由成都府途经华阳县的交通要道，除通行最早、为入蜀之咽喉的金牛道外，在嘉陵江、中江水（今沱江）流域还分布着数条纵横的交通线，其中就有一条从成都府出发至简州的道路，俗称成简古道或成渝南道②。对于这条线路，严耕望在《唐代交通图考》中曾有简要叙述："成都东南一百五十里至简州治所阳安县（今简阳东二里），又沿中江水一百里至资阳县，又一百二十里至资州。"③ 以唐宋时期的州（县）域范围而言，大致是由成都府，经华阳县、广都县、灵池（泉）县，直抵简州和资州。《成都文类》引北宋刘泾《少休亭记》："自成都趋陵、简，如在蜀，必由灵泉过分栋山。"④ 同书又引北宋袁辉《通惠桥记》："益之南、简之西、陵之北，吾乡在焉。冲三州之会，民间仅千室，而商贾轮蹄，往来憧憧，不减大郡。"⑤ 前文所谓"分栋山"即今龙泉山脉，后文所谓"冲三州之会，民间仅千室……不减大郡"则是指灵泉县治。如此看来，灵泉县治必为成简古道上的重要枢纽，故有学者进一步推测这条交通路线的具体走向是由成都出发，沿府河东岸，经琉璃厂、中和场（广都）、双流新店子（新兴镇）、龙泉驿柏合镇，过赤水河之鹿鹤桥（通惠桥）、东阳桥，由小堰口入分栋山，又沿山间谷地经简阳五指、贾家，然后大体沿老成渝公路一线而达于简阳城区⑥。选择这样的走向，一个主要因素大概是由此通过分栋山直线距离最短。太平镇虽为双流、龙泉、简阳三地交汇带，但并未处在成简古道之上，且附近无河流以供舟楫之便，因而缺乏成为古代市镇的先决条件。

第三，均窑镇既以窑为名，镇之附近应有窑业作坊存在，按"均"又作"垍"，本意是指坚硬的土或土质坚硬。《说文解字》卷一三《土部》："垍，坚土也。从土，自声。读若臮。"⑦ 根据近年来成都、双流两级文物部门的考古调查与发掘，双流县中东部、府河两岸的牧马山、东山黏土丘陵带的确分布着众多的古代窑场与窑业遗存，时代与文化面貌亦大体相同，这些区域主要包括了现今的公兴镇、永兴镇、合江镇、太平镇等地，当地多以坛罐窑、罐罐窑、瓦窑坝称之。以双流县公兴镇藕塘六组坛罐窑址为例，2008 年的发掘中揭露出斜坡式龙窑 1 座及料土坑、辘轳坑、排水管等作坊遗迹，出土遗物有瓷器、窑具、工具、钱币四类，瓷器以缸胎粗瓷最常见，器形可辨罐、壶、缸、研钵、碟、器盖等，窑具有支柱、垫圈、支钉和火照，未见匣钵。制瓷工具发现印拍、轴顶帽（碗）等，数量较少，其中一件轴顶帽底部刻划有"□生记康熙十二年五月十日造"字样。另出土钱币十余枚，部分因锈蚀严重而字迹不清，可辨"顺治通宝""康熙通宝""乾隆通宝"三种⑧。旧时成都老东门大桥以北、油篓街靠近城墙边原有一条名为"坛罐窑巷"的小街，大概就是贩卖这些粗瓷制品的场所⑨。以坛罐窑为代表的这些粗瓷窑场，其时代基本都可判定

① （宋）王象之：《舆地纪胜》卷一五七，中华书局，2003 年，第 4255 页。
② 蓝勇：《四川古代交通路线史》，西南师范大学出版社，1989 年，第 263、264 页。
③ 严耕望：《唐代交通图考》卷四，上海古籍出版社，2007 年，第 1177 页。
④ （宋）袁说友等编，赵晓兰整理：《成都文类》卷四三，中华书局，2011 年，第 838 页。
⑤ （宋）袁说友等编，赵晓兰整理：《成都文类》卷二五，中华书局，2011 年，第 514 页。
⑥ 薛登：《灵泉故址今何在》，《成都文物》1986 年第 4 期。
⑦ 臧克和、王平校订：《说文解字新订》卷一三，中华书局，2002 年，第 906 页。
⑧ 成都文物考古研究所、双流县文物管理所：《四川双流县坛罐窑址发掘取得重要收获》，《中国考古学年鉴·2009》，文物出版社，2010 年，第 395～397 页。
⑨ 袁庭栋：《成都街巷志》（上卷），四川教育出版社、四川出版集团，2010 年，第 437 页。

在清代或更晚，自然与北宋衡山（均窑）镇上的窑场无涉。

综上所述，宋代文献记载的"衡山镇""均（埍）窑镇"并非现在的双流县太平镇，那么它的位置究竟在哪里呢？我们认为以今成都市东南郊、府河东岸的琉璃厂可能性最大，主要有三个方面的依据。

第一，前文已谈到，唐宋时期华阳县的辖境大致相当于今成都市三环城区的东半部，即川陕立交至府河琉璃厂段一线以东，而琉璃厂窑正处在这个范围内。此外，本次发掘的窑址M1出土的北宋宣和七年（1125年）买地券明确提及墓葬所在地为华阳县安养乡，该乡为华阳县所辖的情况甚至一直可以延续到明代①。

第二，晚唐以后，随着罗城的扩筑与大慈寺的兴盛，成都的城市重心逐步东移，送客东下的地点移到了府河与南河交汇的合江亭，停泊下江货船的水运码头移到了九眼桥至老东门大桥一线，坊间集市与各式店铺作坊亦先后在城东一带兴起。在此背景下，琉璃厂因地处府河东岸的浅丘台地，溯水而行可达成都府城，顺流而下直抵汉晋广都故城（今中和镇）和唐宋广都县治（今华阳镇）②，皆是成简古道上重要的交通节点，无疑为人员往来及货物流通提供了便利的中转场所。

第三，琉璃厂一带存在着大量的五代至宋元时期窑址遗存，此已为历年来的考古工作所证实。此外，窑址所在的浅丘台地为成都黏土层的主要分布区，土壤结构紧密，质地坚硬，可塑性强，出土瓷器胎体坚致粗糙，施釉不及底，显得极为朴实耐用，这些情况与"埍"字的本意也是基本相符的。

要之，今成都市东南郊的琉璃厂一带很可能就是"衡山镇"或"均（埍）窑镇"所在，而"均（埍）窑"自当为琉璃厂窑在宋代较正式的书面称谓，这也是成都乃至整个川渝地区唯一见于明清以前文献记载的制瓷窑场。

宋代以前，镇并不是一个正式的行政单位，县以下之等级为乡，故晚唐修《元和郡县图志》、宋初撰《太平寰宇记》每县只记乡数，而均未有镇的记载。北宋建立后，随着国家统一、中央集权的完成与社会生产力的恢复，镇市的发展趋于成熟，开始具备行政等级的形态，并占据重要的经济地位，是为国家财政提供各种征榷税课收入的来源之一，南宋高承《事物纪原》卷七："民聚不成县，而有税课者，则为镇。"③ 大体而言，宋代的镇市通常有四种确立途径④：一是直接由军事镇戍转化而来，如成都府新都县的弥牟镇，北宋初仍为一个重要的军事据点，后因社会安定，逐渐演变为有驿舍、邮亭、市场的区域经济体⑤；二是省县为镇，如熙宁五年（1072年）省犀浦为镇入郫县，南宋范成大《吴船录》卷上："（犀浦）今废为郫，犹为壮镇。"⑥ 三是由村改镇，如

---

① 如明《两溪文集》收录之"故武德将军成都护卫千户黄府君墓表"："宣德九年……黄府君卒明年……其配宜人徐氏又卒卜以其年……合葬于华阳县安养乡之原"，参见（明）刘球：《两溪文集》卷二三《影印本四库全书》，上海古籍出版社，1987年，第1096册，第299页。又，《民国华阳县志·古迹》收录明蜀府长史郑楷"翰林学士承旨宋公墓志"言："濂孙恪负骨改葬……献王给路费，赐葬具……窆于华阳县安养乡"，（民国）陈法驾等修，曾鉴等纂，王晓波等点校：《民国华阳县志》卷三〇（民国二十三年刻本），《成都旧志》（16），成都时代出版社，2008年，第766页。
② 成都文物考古研究院：《唐广都城遗址调查简报》，《成都考古发现·2015》，科学出版社，2017年，第583～590页。
③ （宋）高承：《事物纪原》（丛书集成初编本）卷七，中华书局，1985年，第251页。
④ 傅宗文：《宋代草市镇研究》，福建人民出版社，1989年，第86、87页；粟品孝等：《成都通史》卷四《五代两宋时期》，四川人民出版社、四川出版集团，2011年，第210、211页。
⑤ （宋）陆游：《陆游集·剑南诗稿》卷六，中华书局，1976年，第171页。
⑥ （宋）范成大：《吴船录》卷上《范成大笔记六种》，中华书局，2002年，第188页。

永康军导江县蒲村镇，即是由村演变而来，成都府灵泉县的洛带，北宋初年尚称村①，《九域志》中已被列为镇；四是草市升格。最迟于真宗大中祥符四年（1011年），朝廷已在镇市设置文、武官员②，如《宋史》卷一六七《职官》："（镇）设监官，管火禁或兼酒税之事"③，又《文献通考》卷六三《职官》："宋制，诸镇监官掌巡逻、盗窃及火禁之事，兼征税榷酤，则掌其出纳会计"④，张商英早年在衡山（均窑）镇担任的征官、税官就应属于监官之类。

《宋史》卷一八六《食货》："商税，凡州县皆置务，关镇亦或有之。大则专置官监临，小则令、佐兼领，诸州仍令都监、监押同掌。行者赍货，谓之过税……居者市鬻，谓之住税……""（元丰二年）琼管奏：海南收税，较船之丈尺，谓之格纳。其法分三等，有所较无几，而输钱多寡十倍……（贾物）自高、化至者，唯米包、瓦器、牛畜之类，直才百一，而概收以丈尺……（大观）二年，诏在京诸门，凡民衣屦、谷菽、鸡鱼、蔬果、柴炭、瓷瓦器之类，并蠲其税。"⑤在宋代各地窑业大发展的背景下，瓷器的生产与交易必然成为国家税收的主要课征对象。《宋会要辑稿》虽载华阳县衡山（均窑）镇为成都府的酒税征收单位之一⑥，但镇既以窑为名，故可能还开征窑业税。于同一镇并征酒税和窑业税，在宋代亦是有案可循的，如陕西铜川耀州窑址发现的"宋耀州太守阎公奏封德应侯碑"提到"三班奉职监耀州黄堡镇酒税兼烟火吕闰"，当中的"烟火"可能就指窑业⑦。至于在瓷窑所在地专门置务收税，五代两宋时期是比较普遍的，兹罗列如下。

清光绪《重修曲阳县志》卷一一著录有后周显德四年（957年）《大周五子山禅院长老和尚（敬晖）舍利塔之记》碑文，其碑阴题记有"□□使押衙银青光禄大夫检校太子宾客兼殿中侍御史充龙泉镇使铃辖瓷窑商税务使冯翱"⑧。

南宋李焘《续资治通鉴长编》卷二〇："（太平兴国四年六月）庚申，车驾北征……辛酉，次定州……癸酉，移幸城北，督诸将攻城……甲戌，幽州山后八军瓷窑务官三人以所受契丹牌印来献。"⑨

《辽史》卷七五《王郁传》："天赞二年（923年）秋，（王）郁与阿古只略地燕、赵，攻下磁窑务。"⑩

南宋周密《云烟过眼录》卷四："李公路收雷威百纳琴，云和样，内外皆细纹，腹内容三指，内题：'大宋太平兴国七年（982年）岁次壬午六月望日，殿前承旨、监杭州瓷司务赵仁济再补修

① （宋）黄休复撰，李梦生点校：《茅亭客话》卷八，上海古籍出版社，2012年，第146页。
② （宋）李焘撰，上海师范大学古籍整理研究所、华东师范大学古籍研究所点校：《续资治通鉴长编》卷七六，中华书局，1995年，第1726页。
③ （元）脱脱等：《宋史》卷一六七，中华书局，1977年，第3977页。
④ （元）马端临：《文献通考》卷六三，中华书局，1986年，第574页。
⑤ （元）脱脱等：《宋史》卷一八六，中华书局，1977年，第4541页。
⑥ （清）徐松：《宋会要辑稿》食货一九，第一三〇册，中华书局，1957年，第5108页。
⑦ 陕西省考古研究所：《陕西铜川耀州窑》，科学出版社，1965年，第62页；傅振伦：（跋宋德应侯 庙碑记两通》，《文献》第15辑，1983年。
⑧ 中国硅酸盐学会：《中国陶瓷史》，文物出版社，1982年，第232页。
⑨ （宋）李焘：《续资治通鉴长编》卷二〇，中华书局，1985年，第442页。
⑩ （元）脱脱等：《辽史》卷七五，中华书局，1974年，第1241页。

进入吴越国王雷威百纳琴。'极薄而轻，异物也。"[1]

山西介休洪山镇北宋大中祥符元年（1008 年）源神庙碑碑阴题名有："瓷窑税务任韬""前瓷窑税务武忠"[2]。

辽宁省博物馆藏金正隆五年（1160 年）"明堂之券"记："维大金正隆五年岁次庚辰……东京辽阳府辽阳县辽阳乡瓷窑务住故王公之券"[3]。

与宋代其他行业以实物充作赋税内容的情况相同，在瓷窑务管理下的各地窑场，通常也是用瓷器产品来缴纳赋税的，"（宋制）凡岁赋，谷以石计，钱以缗计，帛以匹计，金丝绵以两计，蒿秸、薪蒸以围计，他物各以其数计"[4]，这些瓷器同时也成为官府用瓷的主要来源[5]。窑业税的实物化，一方面是建立在瓷器的产量与质量不断提升的基础上，另一方面也是瓷器作为生活必需品日益商品化的必然结果。在窑址出土的大量宋代遗物中，以碗的数量占大宗，其圈足底常模印各种式样的窑工记号，具有十分显著的特色，这些文字、符号、图案等无疑都代表了一定的商标、标志和款识意义，是当时琉璃厂窑的窑户之间相互竞争和商品经济高度发达的真实反映。

① （宋）周密：《云烟过眼录》卷四，影印本《四库全书》，第 871 册，上海古籍出版社，1987 年，第 77 页。
② 吴连城：《山西介休洪山镇宋代窑址介绍》，《文物参考资料》1958 年第 10 期。
③ 彭善国、徐戎戎：《辽阳金正隆五年瓷质"明堂之券"》，《文物》2010 年第 12 期。
④ （元）脱脱等：《宋史》卷一七四，中华书局，1977 年，第 4202 页；（元）马端临：《文献通考》卷四，中华书局，1986 年，第 58 页。
⑤ 王光尧：《唐宋时期的贡瓷与瓷业税》，《中国古代官窑制度》，紫禁城出版社，2004 年，第 28～39 页。

附录一

成都市琉璃厂古窑址 2010 年试掘报告

成都文物考古研究所

琉璃厂窑，又称"琉璃场窑"或"华阳窑"。遗址位于今成都市锦江区柳江街道琉璃厂老镇片区内，旧属华阳县胜利乡琉璃村，南临三环路琉璃立交段，东临锦华路（新成仁公路），西距府河约 1000 米，北距成昆铁路约 800 米，老成仁公路（今琉璃路）南北向穿越整个窑区（图一）。中心地理坐标为北纬 30°36′02″，东经 104°05′25″，平均海拔约 495 米。这一带属于龙泉山脉与成都平原的交界区域，地势以延绵起伏的浅丘为主，地层剖面的上部为黄褐色含铁锰结核、钙质结核的黏土，中部为黄色—黄红色黏土，裂隙发育，其倾角陡缓不一，隙壁由灰白色黏土组成，裂隙交叉呈现网纹状，下部为砖红色黏土，地质结构属更新世的成都黏土层（Chengdu clay）。大量的窑址及窑业废品在这些浅丘之上日积月累，堆积形成了若干个大小不一的窑包，至今仍依稀可辨。

由于对琉璃厂窑的文献记载极少，因此有关其烧造的历史长期以来并不为人所知。民国二十三年（1934 年）版《华阳县志》卷二"山水条"对此曾有零星的记述："马家坡之东南约二里曰祝王山，山下多蜀王墓，故亦名蜀王山……屋舍参差，仿佛城郭。而此山之北，即琉璃厂，明世官烧琉璃地也。"1955 年，考古工作者在成都外西的瘟祖庙清理了一座明嘉靖二十一年（1542 年）蜀藩太监丁祥墓，据墓志铭载："（丁祥）至正德初，侍于今上，尤重其能，屡命于琉璃厂董督陶冶"[1]。上述两段有关琉璃厂窑的文字虽语焉不详，但可以肯定的是，至迟到明代后期，琉璃厂窑仍作为蜀王府的下属机构而一度存在，只是明代以前的情况依旧一片空白。早在 20 世纪 20～30年代，时任华西协合大学古物博物馆（今四川大学博物馆前身）馆长的美国学者葛维汉（David Crockett Graham，任期 1932～1941 年）已注意到窑址的存在，开始着力收集相关遗物，并于 1933 年 3 月组织开展了一次短期的发掘活动，资料发表于 1939 年的《华西边疆研究学会杂志》（Journal of the West China Border Society）第 11 卷。这次发掘出土的器物十分丰富，有碗、碟、壶、坛、罐、盆、瓶、砚台、玩具模型、"纺锤球"等，经分析后，葛维汉氏认为该窑的年代应较邛窑为晚，"当在北宋初，经历南宋，下至元朝前半期"[2]。然而在随后不久的 1936 年夏，窑址遭到四川军阀的大肆盗掘，破坏严重。1942～1943 年，"中央研究院"历史语言研究所、四川省博物馆等

---

[1] 林坤雪：《四川华阳县琉璃厂调查记》，《文物参考资料》1956 年第 9 期。
[2] 〔美〕葛维汉：《琉璃厂窑址》，《华西边疆学会研究杂志》第 11 卷，1939 年；〔美〕葛维汉著，成恩元译：《琉璃厂窑址》，《四川古陶瓷研究》（一），四川省社会科学院出版社，1984 年。

图一 琉璃厂窑位置示意图

单位联合发掘了成都西门外的前蜀王建墓（光天元年，918 年），冯汉骥在正式报告中将墓内出土的几件瓷器认定为琉璃厂窑的产品，器形见有碗、盆、四系罐三种，琉璃厂窑的烧造历史首次被提早到五代时期[①]。

中华人民共和国成立后，国内的文物考古事业得到空前的快速发展。1955 年 3 月，四川省文物管理委员会傅汉良、袁明森、林坤雪一行在胜利乡一带清理明墓时，对琉璃厂窑做了初步的考古调查和勘测，当时测量窑址的占地面积约 340 亩，共发现大小窑包 21 处。相关资料写作有《四川华阳县琉璃厂调查记》一文，刊载于《文物参考资料》1956 年第 9 期[②]。至 20 世纪 70 年代末，《四川陶瓷史资料》编写组（丁祖春等）又先后四次对琉璃厂窑址展开田野调查，采集到大量的实物标本，对该窑的产品类型、制作技术、装烧工艺及烧造时代等问题有了更为全面的认识[③]。1997 年 9 月，成都市文物考古工作队在配合琉璃厂当地供销社的修建过程中，对该窑址也进行过局部的试掘工作，然详细资料尚未发表。除专业的田野调查发掘外，一些业余爱

---

① 冯汉骥：《前蜀王建墓发掘报告》，文物出版社，2002 年，第 63 ~ 65 页。

② 林坤雪：《四川华阳县琉璃厂调查记》，《文物参考资料》1956 年第 9 期。

③ 丁祖春：《成都胜利公社琉璃厂古窑》，原载《四川陶瓷史资料》第 1 辑，1979 年，后收录于《四川古陶瓷研究》（一），四川省社会科学院出版社，1984 年。

好者也通过实地走访获取了相当多的琉璃厂窑遗物，如蒲存忠对其在 1998～2002 年采集的 5200 余件圈足碗底的窑工印记符号进行了分类和排比，为研究两宋时期琉璃厂窑的窑户组织结构及商品化进程提供了重要的参考依据①。另一方面，由于多年来的考古工作开展得非常薄弱，可运用的一手材料匮乏，学术界对琉璃厂窑的研究工作也一直处于停滞不前的状态。

近年来，随着大规模的城乡统筹规划建设、农田水利工程的修缮和改造，琉璃厂窑的考古发掘迎来了难得的契机，虽然目前当地的地势、地貌已发生了翻天覆地的变化，但至今仍依稀可辨少量的窑包遗存。特别是在农民自建房的前屋后院、菜田、河岸、林间及台地断面均散布有较多的陶瓷器和窑具标本，俯拾即是。2010 年 7～9 月，为配合成都市中锦建设投资有限公司的开发建设，同时为揭示和了解琉璃厂窑的文化内涵，促进和加强对该窑的研究及文物保护工作，成都文物考古研究所对成都市针织器材厂内的窑址区进行了考古试掘，地点位于琉璃厂老镇的西南角，东临老成仁公路，往西百余米有一条名为"洗瓦堰河"的沙河支流（图二）。此次试掘的区域选择在厂区内一块较平整的篮球场，按正南北方向布 10 米×10 米探方 6 个，加上局部扩方，实际发

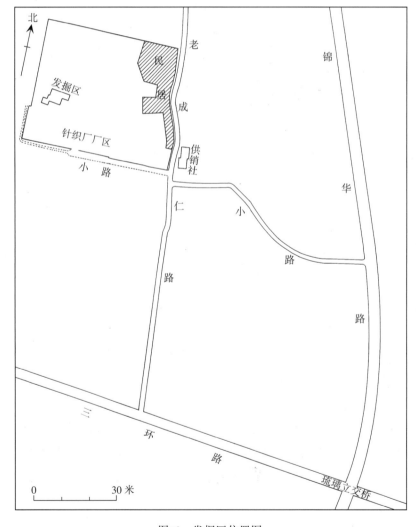

图二 发掘区位置图

① 蒲存忠：《成都琉璃厂窑北宋窑工印记》，《四川文物》2004 年第 6 期。

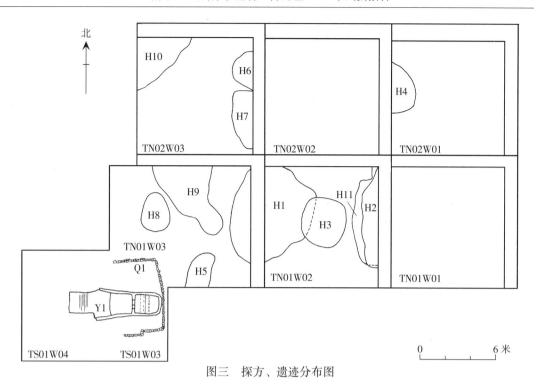

图三　探方、遗迹分布图

掘面积 500 余平方米（图三），清理出窑炉遗迹 1 处（编号 2010CLY1，以下简称 Y1），挡墙体 1 道（编号 2010CLQ1，以下简称 Q1）及灰坑 11 个（编号 2010CLH1 ~ 2010CLH11，以下简称 H1 ~ H11），并出土了大量的陶瓷器和窑具标本。现将本次试掘的主要情况简报如下。

一　地层堆积

整个发掘区探方的地层堆积做了统一划分，现以 TN01W02 北壁剖面（图四）为例说明。

第①层：现代建筑废弃后残留的砖瓦及水泥铺筑面，厚 0.5 ~ 0.75 米。此层水平分布于整个发掘区。

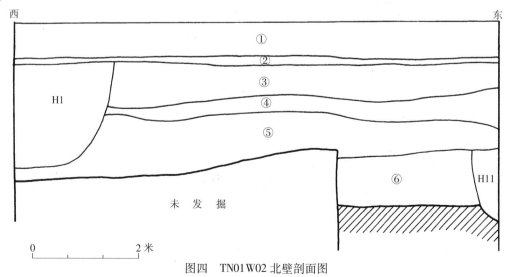

图四　TN01W02 北壁剖面图

第②层：灰黄色土，土质带黏性，泥土包含量少，厚0.1~0.15米。此层水平分布于整个发掘区。夹杂较多碎小的陶瓷器及窑具残片，堆积较疏松。Y1、Q1、H1~H9叠压于此层下。

第③层：灰黄色土，土质带黏性，泥土包含量偏少，厚0.48~0.83米。此层堆积呈西厚东薄倾斜状，分布于整个发掘区。夹杂大量的陶瓷器、窑具残片和一些红烧土块，出土的陶瓷器和窑具残片相对于第②层较为完整，堆积疏松。

第④层：暗黄色土，土质带黏性，泥土的包含量多，局部混杂有一些暗红色黏土，厚0.25~1.1米。此层堆积呈西薄东厚倾斜状，分布于整个发掘区。出土的陶瓷器和窑具残片相对第②、③层较少，堆积较紧密。H10叠压于此层下。

第②~④层时代接近，为北宋后期至南宋文化层，出土的陶瓷器和窑具类型差别不大，陶瓷器以青釉、白釉和酱釉为主，器形多为碗、灯盏、罐等，窑具常见垫环、支钉、支柱等。

第⑤层：土质土色与第④层相近，亦为带黏性的暗黄色土，泥土的包含量多，局部混杂有暗红色黏土，堆积较紧密，厚0.35~1.15米。此层堆积呈西厚东薄倾斜状，分布于整个发掘区。出土陶瓷器以青釉和酱釉为主，有少量带彩绘纹饰，器形以穿带瓶、注壶、灯盏、盘、罐居多，窑具常见支钉、支柱，另有少量的匣钵残件。H11叠压于此层下。

第⑥层：暗黄色土，土质带黏性，较纯净，厚0.85~1米。此层大体水平分布于整个发掘区。包含少量陶瓷器和窑具碎片，类型上与第⑤层无差别。

第⑤、⑥层时代接近，为唐末至五代文化层。

第⑥层以下为纯净的暗黄色黏土，未包含文化遗物，应属于生土。

二　遗　迹

由于发掘面积有限，此次揭露的遗迹较为简单，有窑炉1座（Y1）、挡墙体1道（Q1）和灰坑11个（H1~H11）。择要介绍如下。

（一）窑炉

Y1　位于TS01W03和TS01W04内，叠压于第②层下，打破第③层。斜坡式龙窑，方向270°，现存火膛和窑床两部分，窑床仅保存前段，中段及后段均被破坏无存。火膛平面呈略带弧度的长方形，长2.06、宽1.5~1.84米。窑床平面呈长条形，前窄后宽，残长4.9、宽1.8~2.54米，呈西高东底的斜坡状，坡度约20°。窑床之下铺垫窑灰，主要起到保温和防潮的作用，窑灰厚达0.5米，可分为若干个小层，每一层的厚度为0.04~0.16米。火膛顶部的券拱是保存较好的部分，主要使用素面耐火砖横联建造，砖的规格有三种，分别为30×17-10厘米、32×18-10厘米和32×18-8.5厘米。砖与砖之间填塞瓷片及窑具残片起到加固的作用，火膛与窑床之间砌有一道宽约0.2米的隔墙，主要使用长方形耐火砖错缝平铺垒筑，隔墙体两侧与券拱之间的部分用已烧制成型的罐、支柱等器物重叠放置，器物间的空隙留出用以传导火力和热量（图五）。

（二）挡墙

Q1　位于TN01W04、TS01W03和TS01W04内，叠压于第②层下，打破第③层。属于Y1的附属设施，揭露部分围绕于 Y1 之外，距 Y1 最近处 0.19、最远处 2.62 米，东西走向两段墙体长 3.06 ~ 3.14 米，南北走向一段墙体长约 5.4、宽 0.1 ~ 0.3、残高 0.52 ~ 1.26 米，修筑挡墙的材料比较杂乱，有长方形青砖、耐火砖、红沙石、匣钵、支柱、垫板等（图六）。

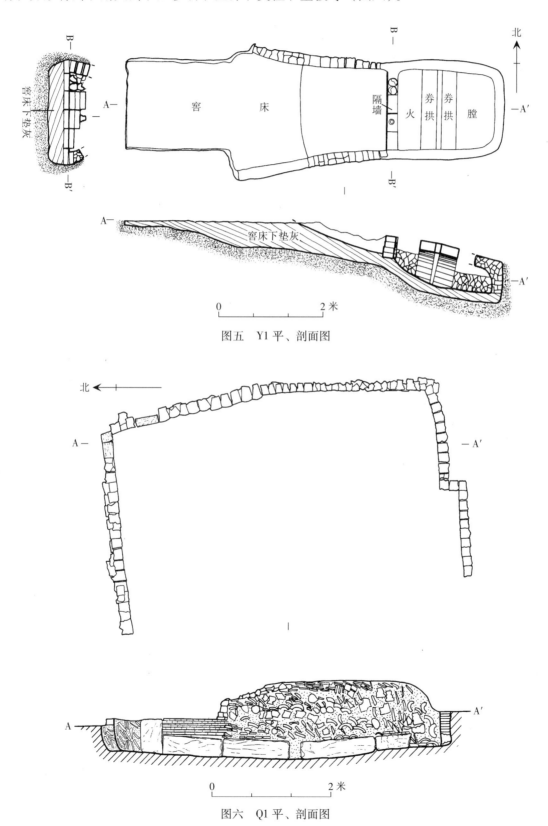

图五　Y1 平、剖面图

图六　Q1 平、剖面图

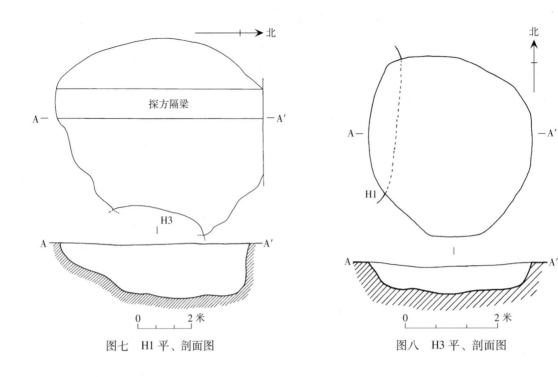

图七　H1平、剖面图　　　　　　　图八　H3平、剖面图

（三）灰坑

H1　位于TN01W02西半部，西侧局部延伸至TN01W03，隔梁下部分未清理。叠压于第②层下，打破第③、④、⑤层，东侧被H3打破。坑口平面近圆形，弧壁，锅形底。直径约6.82、深约1.78米。坑内填黏土及大量的陶瓷器、窑具残片，结构较紧密，瓷器可辨器形有碗、注壶，窑具有垫圈等（图七）。

H3　位于TN01W02中部，叠压于第②层下，打破第③、④层。坑口平面呈圆形，弧壁，锅形底。直径约3.6、深约0.6米。坑内填黏土及大量的陶瓷器、窑具残片，结构较紧密，瓷器可辨器形有碗、盏、罐、杯，窑具有支钉、垫圈等（图八）。

H5　位于TN01W03南部，部分延伸至探方外未清理。叠压于第②层下，打破第③层。坑口平面呈不规则形，弧壁，锅形底。长约2.5、宽约1.64、深约0.5米。坑内填黏土及大量的陶瓷器、窑具残片，结构较紧密，瓷器可辨器形有碗、盏、研磨器、蛙形灯，窑具有支钉、垫圈等（图九）。

H9　位于TN01W03北部，部分延伸至隔梁下未清理。叠压于第②层下，打破第③、④、⑤层和生土。坑口平面呈不规则形，弧壁，锅形底。最宽处约4.6、深约2.82米。坑内填黏土及大量的陶瓷器、窑具残片，结

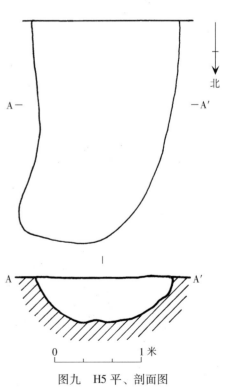

图九　H5平、剖面图

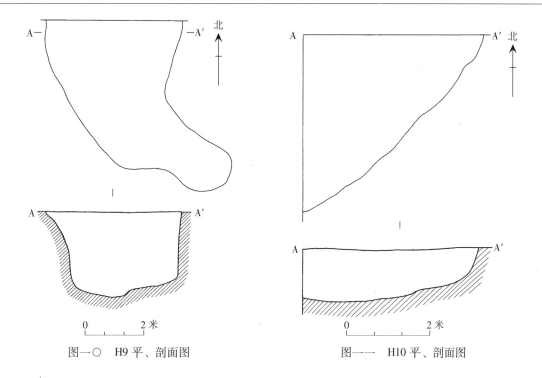

图一〇 H9 平、剖面图　　　　　图一一 H10 平、剖面图

构较紧密，瓷器可辨器形有碗、盆、瓶、盏、钵、灯碟、罐、急须等（图一〇）。

H10　位于 TN02W03 西北角，部分延伸至探方外未清理。叠压于第④层下，打破第⑤层和生土。坑口平面呈扇形，弧壁，锅形底。长 4.1 ～ 4.42、深约 1.2 米。坑内填黏土及大量的陶瓷器、窑具残片，结构较紧密，瓷器可辨器形有钵、穿带瓶、注壶、研磨器等（图一一）。

三　出土遗物

出土遗物按其质地和功用可具体划分为瓷器、陶器、窑具和工具四类。

（一）瓷器

瓷器的出土数量最多，总量多达数千件，均是以当地的暗黄色黏土制作成坯料，拉坯成型后涂挂化妆土并施釉，入窑在高温环境下一次烧成，按釉色区分主要包括青釉、白釉、酱釉和缸釉瓷器四类。由于所选用的黏土含铁量高，加之淘洗不够精细等缘故，使得多数器物显得粗朴耐用，胎体一般较粗，有暗红、黑灰、浅灰、棕灰等色调。瓷器外壁的化妆土一般不及底足，施釉的部分也以化妆土覆盖的范围为限。

1. 青釉瓷器

青釉瓷器的出土量在整个瓷器中居于第二位，仅次于酱釉瓷器。器形可辨有碗、盘、钵、盏、罐、小罐、穿带瓶、炉、注壶、盆、套盒、盒盖、异形器等。

碗　14 件。侈口，尖唇。按腹部和足部形态的差异，可分为 3 型。

A 型　1 件。深鼓腹，饼足。TN01W02⑤：87，完整。棕灰胎，挂米黄色化妆土，青黄釉，口沿一周带褐色点彩，内底残留五齿支钉支烧痕。口径 14、足径 7.2、高 5.7 厘米（图一二，8）。

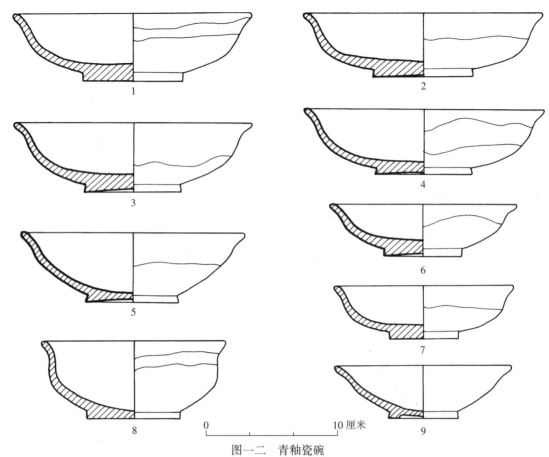

图一二　青釉瓷碗

1～7. B 型（TN01W02④：215、TN01W02④：34、TN01W02⑥：27、TN01W02④：129、TN01W02④：1、
TN01W02⑤：86、TN01W02④：92）　8. A 型（TN01W02⑤：87）　9. C 型（Y1：45）

B 型　7 件。弧腹较坦，饼足。胎面挂化妆土，内底残留支烧痕。TN01W02④：215，完整。棕灰胎，青黄釉。口径 18.2、足径 7.6、高 5 厘米（图一二，1）。TN01W02④：34，可复原。暗红胎，青黄釉，釉面可见细密的开片。口径 18、足径 7.6、高 4.7 厘米（图一二，2）。TN01W02⑥：27，可复原，变形。棕灰胎，淡青釉。口径 18、足径 7.4、高 5 厘米（图一二，3）。TN01W02④：129，可复原。暗红胎，青黄釉，施釉厚薄不均。口径 18、足径 7.4、高 4.8 厘米（图一二，4）。TN01W02④：1，可复原。棕灰胎，釉面大部分脱落。口径 17、足径 7、高 5.2 厘米（图一二，5）。TN01W02⑤：86，完整。棕灰胎，淡青釉。口径 13.9、足径 5.7、高 3.8 厘米（图一二，6）。TN01W02④：92，可复原。暗红胎，青黄釉。口径 13.4、足径 5、高 3.9 厘米（图一二，7）。

C 型　6 件。斜直腹，圈足。胎面挂化妆土，内底残留一周石英垫烧痕。Y1：45，可复原。棕灰胎，青灰釉，口沿一周酱釉边。口径 13.4、足径 5.1、高 3.9 厘米（图一二，9）。H5：16，可复原。暗红胎，青黄釉，口沿一周酱釉边，釉面光泽。口径 20、足径 6.4、高 5.2 厘米（图一三，1）。H9：93，可复原。暗红胎，青黄釉。口径 18.5、足径 6.4、高 5.5 厘米（图一三，2）。H9：85，可复原。暗红胎，青黄釉，露胎部分呈多角星纹，口沿一周酱釉边。口径 18、足径 6、高 5 厘米（图一三，3）。Y1：35，残。棕灰胎，青绿釉，釉面光泽，圈足内模印一字符。足径 6.8、残高 4.4 厘米（图一三，4；图一四，2）。TN01W03③：148，可复原。暗红胎，内壁用化妆土描绘草叶纹，青黄釉。口径 21、足径 7、高 6.4 厘米（图一三，5）。

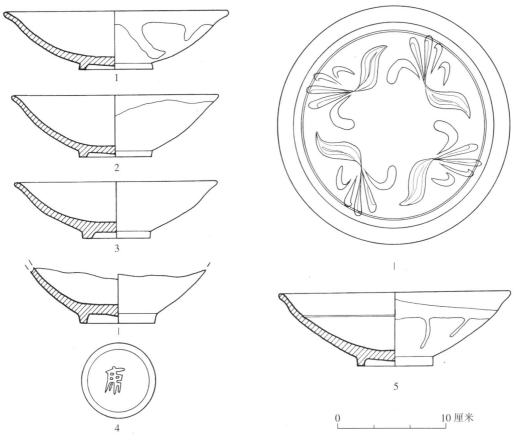

图一三 C 型青釉瓷碗
1. H5：16 2. H9：93 3. H9：85 4. Y1：35 5. TN01W03③：148

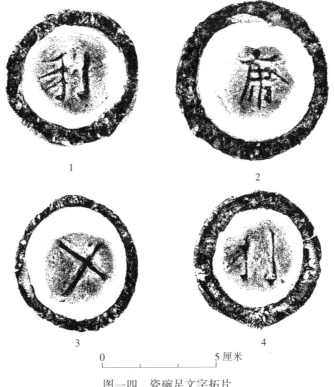

图一四 瓷碗足文字拓片
1. TN01W02②：186 2. Y1：35 3. H5：13 4. H9：170

　　盘　4件。侈口，尖唇，折腹，饼足。胎面挂化妆土，内底残留支烧痕。TN01W02④：103，可复原。棕灰胎，青黄釉，釉面有细密的开片。口径16.8、足径6.7、高4厘米（图一五，1）。TN01W02④：94，完整。棕灰胎，青灰釉，釉面黏连大片窑灰。口径15.6、足径6.1、高3.5厘米（图一五，2）。TN01W02④：63，可复原。棕灰胎，青灰釉。口径16.6、足径7、高3.3厘米（图一五，3）。TN01W02④：40，可复原。棕灰胎，青黄釉，釉面有气泡。口径17.4、足径6.6、高3.2厘米（图一五，4）。

　　钵　4件。敛口，圆唇，折肩，斜直腹，饼足。胎面挂化妆土，釉面大部分脱落。TN01W02④：75，可复原。棕灰胎，内底残留支烧痕。口径12、足径6.6、高5厘米（图一五，5）。TN01W02④：211，完整。棕灰胎，肩部一周施有褐色团彩，内底黏连一支钉。口径12.2、足径6.2、高5.6厘米（图一五，9）。H10：97，完整。棕灰胎，肩部一周施有绿色团彩。口径11.5、足径6、高7.9厘米（图一五，10）。

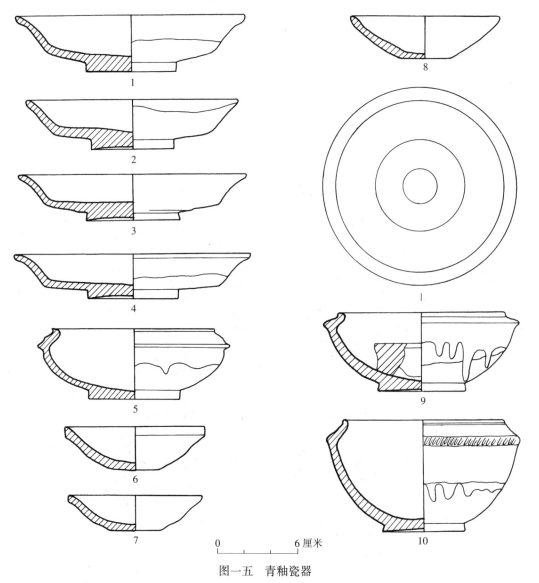

图一五　青釉瓷器

1～4. 盘（TN01W02④：103、TN01W02④：94、TN01W02④：63、TN01W02④：40）　5、9、10. 钵（TN01W02④：75、TN01W02④：211、H10：97）　6～8. 盏（TN01W02④：125、TN01W02④：90、TN01W02④：87）

盏 3件。形制相同，为敞口，圆唇或方唇，浅斜直腹，平底。胎面挂化妆土。TN01W02④：125，完整。棕灰胎，青黄釉。口径10.2、底径4、高3厘米（图一五，6）。TN01W02④：90，可复原。棕灰胎，釉面黏连大片窑灰。口径10、底径3.6、高2.5厘米（图一五，7）。TN01W02④：87，完整，变形。棕灰胎，青黄釉。口径10.6、底径4、高3.1厘米（图一五，8）。

罐 7件。形制接近，均为直口，圆唇或方唇，矮领，鼓腹，平底，肩部一周对称置四个系耳。胎面挂化妆土。按系耳形态的差异，可分为2型。

A型 5件。纵系。TN01W02④：102，残。棕灰胎，青黄釉。口径13、残高10厘米（图一六，1）。TN01W02④：19，残。黑灰胎，淡青釉，釉面有大量的气泡。口径8.4、腹径13.8、残高10厘米（图一六，2）。TN02W03④：148，完整，变形。棕灰胎，青黄釉，施釉厚薄不均。口径9.9、腹径18.6、底径10.8、高18.5厘米（图一六，3）。TN02W03⑤：131，可复原，变形。棕灰胎，青黄釉，施釉厚薄不均，釉面有较多的气泡。口径10.8、腹径19.5、底径11.7、高19.8厘米（图一六，4）。TN01W02④：95，残。棕灰胎，青黄釉。口径10.8、残高9.5厘米（图一六，5）。

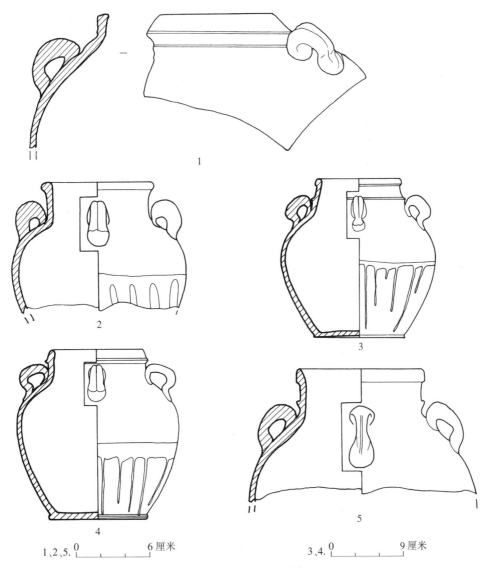

1、2、5. 0 6厘米　　　　3、4. 0 9厘米

图一六 A型青釉瓷罐

1. TN01W02④：102 2. TN01W02④：19 3. TN02W03④：148 4. TN02W03⑤：131 5. TN01W02④：95

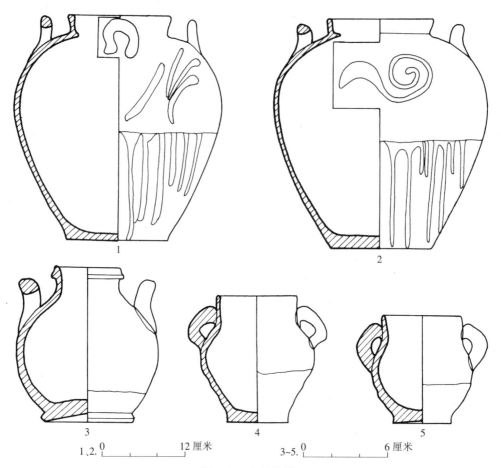

图一七　青釉瓷罐

1、2. B 型罐（TN02W03⑤：139、TN02W03⑤：78）　　3. B 型小罐（TN01W02④：88）　　4、5. A 型小罐（TN02W03⑤：23、TN01W02④：65）

B 型　2 件。横系。TN02W03⑤：139，可复原，变形。棕灰胎，青黄釉，釉面多脱落，外腹壁化妆土之上描绘绿彩草叶纹。口径 14.4、腹径 28.8、底径 14.4、高 30.5 厘米（图一七，1）。TN02W03⑤：78，可复原。暗红胎，青黄釉，外腹壁一周装饰三处绿彩卷草纹。口径 14.8、腹径 29.6、底径 14、高 30.8 厘米（图一七，2；图版一，1）。

小罐　3 件。均为直口，尖唇或方唇，矮领，肩部两侧对称置双系。胎面挂化妆土。按系耳和腹部形态的差异，可分为 2 型。

A 型　2 件。纵系，鼓腹。TN02W03⑤：23，可复原。棕灰胎，釉面脱落。口径 5.6、腹径 8、底径 4.4、高 8.6 厘米（图一七，4）。TN01W02④：65，可复原。暗红胎，釉面脱落。口径 5.6、腹径 7、底径 4、高 7.3 厘米（图一七，5）。

B 型　1 件。横系，扁球腹。TN01W02④：88，可复原。暗红胎，青黄釉。口径 4.6、腹径 10、底径 6.2、高 10.4 厘米（图一七，3）。

穿带瓶　4 件。小盘口，短束颈，椭圆腹，肩、腹部两侧对称置四个桥形系耳。胎面挂化妆土。H10：107，可复原。暗红胎，釉面多脱落，外腹壁对称装饰两处褐彩卷草纹。尖唇。口径 7.6、腹径 18、底径 10.4、高 36.8 厘米（图一八，1）。TN02W03⑤：136，可复原。棕灰胎，青黄釉，外腹壁对称装饰两处绿彩卷草纹。腹径 24、底径 10、残高 39 厘米（图一八，2；图版一，2）。

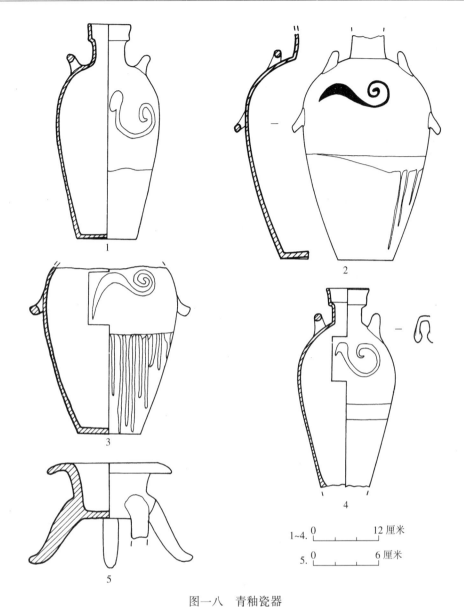

图一八 青釉瓷器

1~4. 穿带瓶（H10：107、TN02W03⑤：136、TN02W03⑤：135、H10：106） 5. 炉（TN01W02⑤：55）

TN02W03⑤：135，残。棕灰胎，青黄釉，外腹壁对称装饰两处褐彩卷草纹。腹径 23.8、底径 11.2、残高 29 厘米（图一八，3）。H10：106，残。暗红胎，青黄釉，釉面多脱落，外腹壁对称装饰两处褐彩卷草纹。尖唇。口径 7.4、腹径 17.2、残高 34.3 厘米（图一八，4）。

炉　1 件。宽折口沿，圆唇，筒形腹，下接五只蹄足。TN01W02⑤：55，可复原。棕灰胎，挂米黄色化妆土，青黄釉。口径 11、腹径 6.4、高 9 厘米（图一八，5）。

注壶　8 件。可分为有柄注壶和无柄注壶两类。

有柄注壶　7 件。共同特征是壶身一侧带执柄。胎面挂化妆土。按器形的差异，可分为 2 型。

A 型　4 件。直口，尖唇或圆唇，直领，鼓腹，肩部两侧对称置双系。TN02W03⑤：134，完整。棕灰胎，青黄釉，外腹壁对称装饰两处绿彩卷草纹。口径 8.6、腹径 19.2、底径 11.2、高 22.4 厘米（图一九，1；图版一，3）。TN01W02⑤：60，可复原，变形。棕灰胎，淡青釉。口径 10.6、腹径 16.4、足径 10.2、高 22.6 厘米（图一九，2）。TN02W03⑤：138，可复原。暗红胎，淡青釉，外腹壁对称装饰两处绿彩卷草纹。口径 10、腹径 19.8、底径 11.2、高 27.4 厘米（图一九，3）。Y1：8，残。棕灰胎，釉面多脱落，外腹壁对称装饰两处褐彩卷草纹。口径 9.2、腹径 16.1、残高 13 厘米（图一九，4）。

B 型　3 件。小盘口或喇叭口，束颈，鼓腹，无系。TN01W02④：29，可复原。棕灰胎，青绿釉，釉面可见细密的开片。腹径 13.2、足径 8.4、残高 19 厘米（图二〇，1）。TN01W02④：132，残。棕灰胎，青绿釉。圆唇。口径 9、残高 9 厘米（图二〇，3）。H1：34，完整。暗红胎，釉面多脱落。尖唇。口径 3.5、腹径 5.2、底径 3.4、高 8 厘米（图二〇，4；图版一，4）。

无柄注壶　1 件。直口，圆唇，矮领，扁球腹，肩部两侧对称置双系。H10：93，完整。暗红胎，无化妆土，青黄釉。口径 8、腹径 11.8、足径 6、高 9.6 厘米（图二〇，2）。

盆　3 件。形制相同，敞口，尖唇或圆唇，斜直腹，大平底。胎面挂化妆土。H9：26，可复原。棕灰胎，青黄釉，内壁釉面书写"宅口"字样，内底残留支烧痕。口径 24、底径 9.6、高 6.8 厘米（图二一，2）。TN01W02④：61，可复原。暗红胎，釉面多脱落。口径 36.4、底径 28.8、高 8

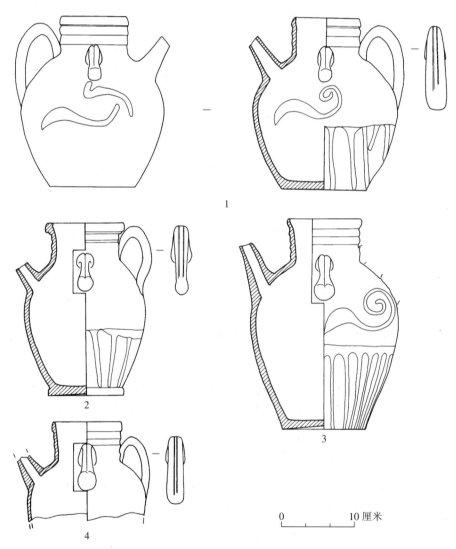

1

2

3

4

0　　　　　　　　10 厘米

图一九　A 型青釉瓷有柄注壶
1. TN02W03⑤：134　　2. TN01W02⑤：60　　3. TN02W03⑤：138　　4. Y1：8

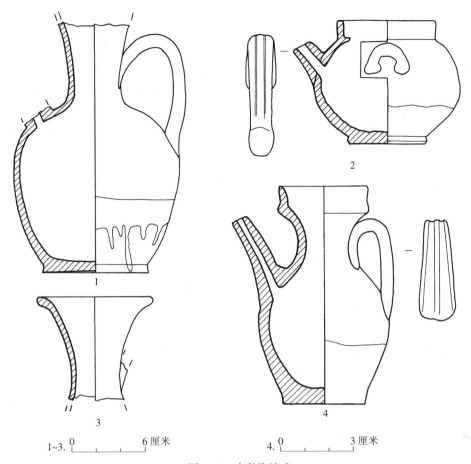

图二〇 青釉瓷注壶

1、3、4. B 型有柄注壶（TN01W02④：29、TN01W02④：132、H1：34） 2. 无柄注壶（H10：93）

厘米（图二一，3）。TN01W02④：59，残。棕灰胎，釉面多脱落。口径 32.8、残高 8.8 厘米
（图二一，4）。

套盒 1 件。套盒是唐代金银器中的造型，一般一套多件，每件形制相同，上下套放以子母口扣
合。琉璃厂窑烧造的套盒为圆形，子口，筒形腹，内壁下凹。TN01W02④：98，可复原。棕灰胎，
挂米黄色化妆土，青黄釉。残高 7.6 厘米（图二一，1）。

盒盖 3 件。斜直壁，平顶，顶部带宝塔形纽。胎面挂化妆土。TN01W02⑤：70，残。暗红胎，
青黄釉。残高 4.5 厘米（图二一，5）。TN01W02④：86，残。暗红胎，釉面大部分脱落。残高 3 厘米
（图二一，6）。TN01W02④：47，残。暗红胎，釉面大部分脱落。残高 4.5 厘米（图二一，7）。

异形器 1 件。圆筒形腹，腹部带三个穿孔，下接六足。TN01W03②：152，残。暗红胎，挂
米黄色化妆土，青黄釉。口径 4、残高 5.8 厘米（图二一，8）。

2. 白釉瓷器

白釉瓷器的出土量在整个瓷器中最少，器形亦十分单一，几乎只见有碗、盏两种。暗红色居
多，棕灰色次之。釉色偏灰白或米黄色。

碗 6 件。敞口，尖唇，斜直腹，矮圈足。胎面挂化妆土，内底残留石英垫烧痕。TN02W03
③：12，可复原，属彭州磁峰窑产品。灰白胎，内壁刻划缠枝花卉纹。口径 22.2、足径 8、高 6 厘

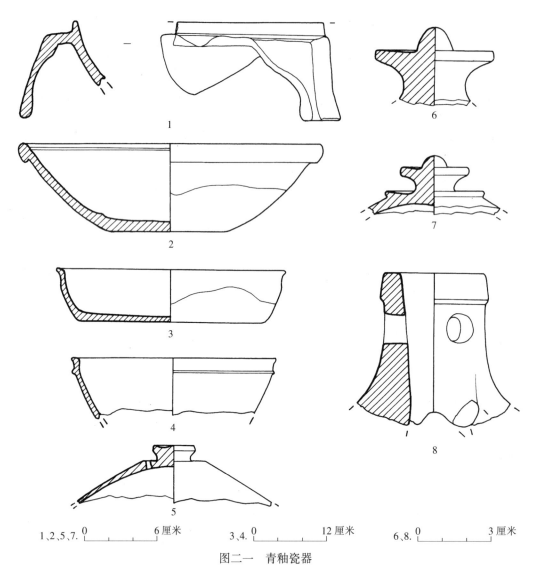

图二一　青釉瓷器

1. 套盒（TN01W02④：98）　　2～4. 盆（H9：26、TN01W02④：61、TN01W02④：59）　　5～7. 盒盖（TN01W02⑤：70、
TN01W02④：86、TN01W02④：47）　　8. 异形器（TN01W03②：152）

米（图二二，1）。TN01W02②：186，可复原，为上下两件黏连。棕灰胎，釉面泛米黄色，口沿处
一周青黄釉边，圈足内模印一"利"字。口径16.4、足径7.8、高4.2厘米（图一四，1；
图二二，2）。H9：170，可复原。暗红胎，釉面泛米黄色，口沿处一周青黄釉边，圈足内模印一
"利"字。口径16.2、足径5.4、高4.5厘米（图一四，4；图二二，3）。H5：13，残。暗红胎，
釉面泛米黄色，圈足内模印一"十"字。足径5.4、残高4.6厘米（图一四，3；图二三，1）。
H9：90，可复原。棕灰胎，釉面泛米黄色，口沿处一周青黄釉边。口径18.6、足径6.2、高5.6
厘米（图二三，4）。H9：168，可复原。暗红胎，釉面泛米黄色，口沿处一周青黄釉边。口径18、
足径6.1、高5.2厘米（图二三，7）。

　　盏　4件。即所谓"斗笠盏"，敞口，尖唇或圆唇，斜直腹，小圈足。胎面挂化妆土，内底残
留石英垫烧痕。TN01W02④：8，可复原。棕灰胎，釉面泛米黄色，口沿处一周青黄釉边，圈足内
模印一花卉符号。口径16、足径4.7、高4.7厘米（图二三，2）。Y1：27，可复原，为上下两件

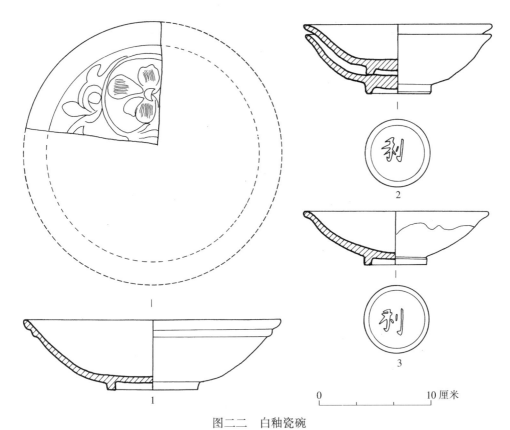

图二二　白釉瓷碗
1. TN02W03③：12　2. TN01W02②：186　3. H9：170

黏连。黑灰胎，釉面泛米黄色，口沿处一周青黄釉边。口径 13.6、足径 6、高 4 厘米（图二三，3）。H3：78，完整。棕灰胎，釉面泛米黄色，口沿处一周青黄釉边。口径 12、足径 4.2、高 4.1 厘米（图二三，5；图版一，5）。TN01W02④：18，可复原。暗红胎，釉面泛米黄色，口沿处一周青黄釉边。口径 12.2、足径 4.2、高 3.7 厘米（图二三，6）。

3. 酱釉瓷器

酱釉瓷器的出土量在整个瓷器中最多，制作水平普遍较低，质量与青釉、白釉瓷器有明显的差距。一般不涂挂化妆土，釉色以酱黑、酱黄居多。通体大多素面无纹饰，个别器物如瓶、罐的外壁有使用化妆土描画的花草、斜线等图案。

酱釉瓷器的器形可辨有碗、盘、钵、灯碟、罐、带系壶、注壶、水盂、瓶、研磨器、急须、蛙形灯、砚台、器盖等十余种。

碗　1 件。敞口，尖唇，斜直腹，矮圈足。H5：11，可复原，变形。棕灰胎，口沿一周挂有白色化妆土，酱黄釉，内底残留支烧痕。口径 17、足径 6.4、高 5 厘米（图二四，8）。

盘　1 件。曲花口，尖唇，浅斜弧腹，饼足。H8：35，可复原。暗红胎，釉面大部分脱落。口径 10.8、足径 3.2、高 3.2 厘米（图二四，2）。

钵　2 件。敛口，鼓腹，饼足。TN01W02④：112，完整。暗红胎，釉面大部分脱落。方唇。口径 11.4、足径 6.5、高 8 厘米（图二四，9）。H8：33，可复原。棕灰胎，酱黑釉。尖唇。口径 12.2、足径 8.8、高 15.8 厘米（图二四，10）。

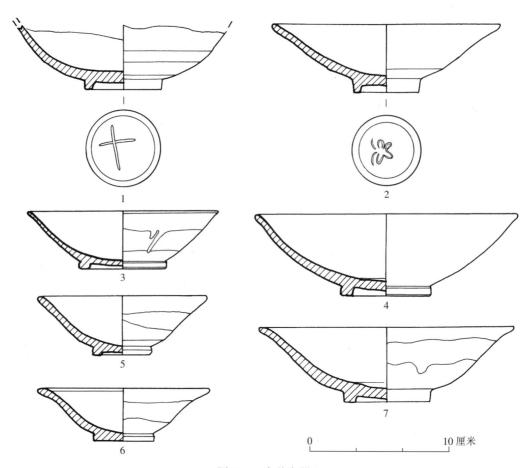

图二三　白釉瓷器

4、7. 碗（H5：13、H9：90、H9：168）　2、3、5、6. 盏（TN01W02④：8、Y1：27、H3：78、TN01W02④：18）

灯碟　7件。均为敞口，浅斜腹。按唇部及底足部形态的差异，可分为3型。

A型　3件。厚圆唇，饼足或平底。TN01W02④：50，完整。棕灰胎，酱黑釉。口径10.3、足径3、高2.5厘米（图二四，6）。TN01W02④：51，完整。棕灰胎，酱黑釉。口径10.6、残高3厘米（图二四，7）。

B型　1件。厚方唇，圈足。TN01W02③：161，可复原。棕灰胎，酱黄釉，釉面光洁，内壁近口沿处刻划"政和四年谢家沉泥灯椀口"字样。口径11.8、足径4.1、高3.5厘米（图二四，1；图版一，6）。

C型　3件。方唇较薄，平底。胎面挂化妆土。TN01W02④：58，完整，变形。棕灰胎，酱褐釉。口径9.2、底径3.6、高2.6厘米（图二四，3）。TN01W02④：14，完整，变形。棕灰胎，酱青釉。口径9.5、底径3.8、高2.8厘米（图二四，4）。TN01W02④：9，完整。棕灰胎，酱红釉。口径9.4、底径3.8、高2.4厘米（图二四，5）。

罐　8件。均为带系罐，尖唇或圆唇，可分为四系罐和双系罐两类。

四系罐　3件。直口，矮领，鼓腹，饼足或平底。TN02W03④：147，可复原。棕灰胎，酱黑釉。口径14.5、腹径22.6、残高21厘米（图二五，4）。TN01W02⑤：8，完整。暗红胎，挂米黄色化妆土，釉面多脱落。口径8.2、腹径15.2、足径7.3、高15.5厘米（图二五，5）。

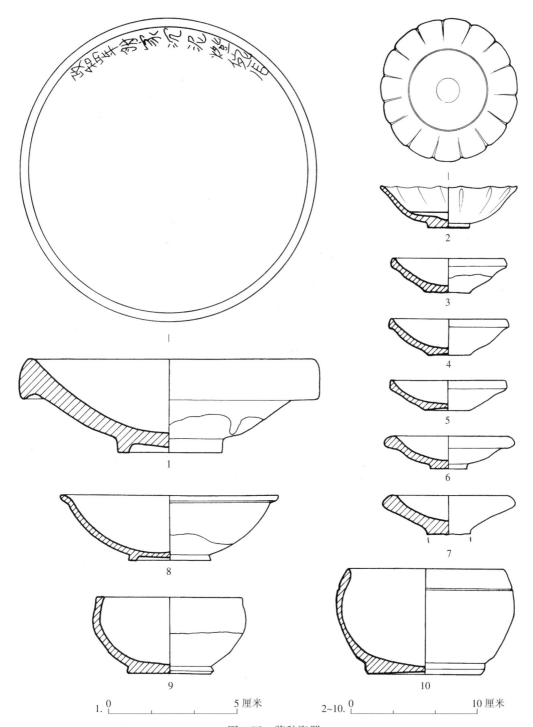

1. 0 _____ 5 厘米

2~10. 0 _____ 10 厘米

图二四　酱釉瓷器

1. B 型灯碟（TN01W02③：161）　　2. 盘（H8：35）　　3~5. C 型灯碟（TN01W02④：58、TN01W02④：14、
TN01W02④：9）　　6、7. A 型灯碟（TN01W02④：50、TN01W02④：51）　　8. 碗（H5：11）　　9、10. 钵
（TN01W02④：112、H8：33）

双系罐　5 件。按领部形态的差异，可分为 2 型。

A 型　4 件。有领。按腹部形态的差异，可分为 2 亚型。

Aa 型　3 件。扁球腹。按领部的变化，可分为 2 式。

Ⅰ式：2 件。矮领。TN01W02④：210，可复原，变形。黑灰胎，酱黑釉。口径 10.6、腹径

19、足径 10.8、高 17.5 厘米（图二五，6）。TN01W02⑤：7，完整。棕灰胎，酱黑釉。口径 8.2、腹径 15、足径 10、高 11.2 厘米（图二五，7）。

　　Ⅱ式：1 件。领部略高。TN01W02④：79，可复原。棕灰胎，酱黑釉，外壁釉下装饰线条纹。口径 6.4、腹径 10.2、足径 6.4、高 12 厘米（图二五，1）。

　　Ab 型　1 件。椭圆腹。TN01W03③：145，可复原。暗红胎，挂粉黄色化妆土，酱黄釉。口径 8.2、腹径 16、底径 9.2、高 20.2 厘米（图二五，3）。

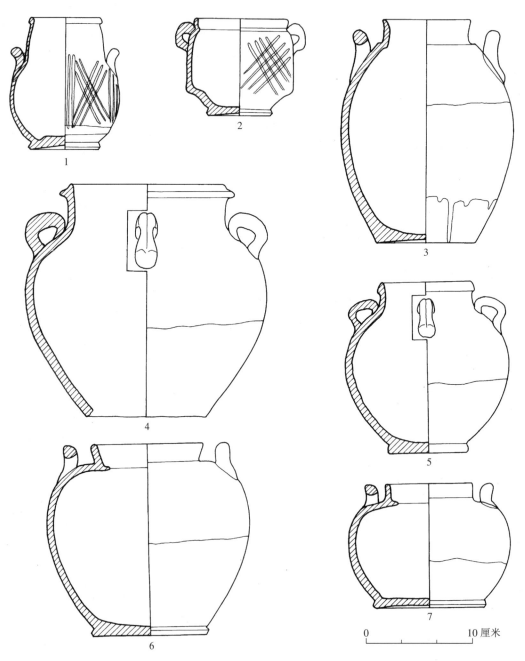

图二五　酱釉瓷罐

1. Aa 型Ⅱ式双系罐（TN01W02④：79）　2. B 型双系罐（Y1：32）　3. Ab 型双系罐（TN01W03③：145）　4、5. 四系罐（TN02W03④：147、TN01W02⑤：8）　6、7. Aa 型Ⅰ式双系罐（TN01W02④：210、TN01W02⑤：7）

　　B 型　1 件。无领。Y1：32，完整。棕灰胎，酱黄釉，外壁釉下用化妆土描画线条纹。口径 8.6、腹径 10、足径 5.8、高 8.8 厘米（图二五，2）。

　　带系壶　1 件。小盘口，方唇，束颈，鼓腹，肩部两侧对称置双系。Y1：22，可复原。棕灰胎，酱黄釉。口径 4.8、腹径 8.4、足径 5、高 9 厘米（图二六，6）。

　　注壶　7 件。可分为有柄注壶和无柄注壶两类。

　　有柄注壶　5 件。按领部形态的差异，可分为 2 型。

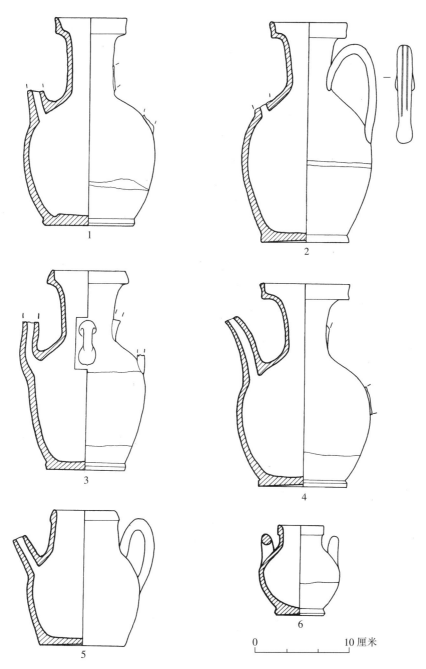

图二六　酱釉瓷器

　　1～4. A 型有柄注壶（TN02W03⑤：132、H2：30、H8：36、TN01W02④：23）　　5. B 型有柄注壶（TN01W02④：49）

　　6. 带系壶（Y1：22）

A 型　4 件。盘口，尖唇，高领，饼足。TN02W03⑤：132，可复原。棕灰胎，挂灰白色化妆土，酱黑釉。口径 7.3、腹径 13.4、足径 9、高 20.7 厘米（图二六，1）。H2：30，可复原。黑灰胎，酱黑釉。口径 8、腹径 13.4、足径 8.8、高 22 厘米（图二六，2）。H8：36，可复原。棕灰胎，挂灰白色化妆土，酱黑釉。口径 7.2、腹径 12、足径 7.8、高 20 厘米（图二六，3）。TN01W02④：23，可复原。棕灰胎，挂灰白色化妆土，酱黄釉。口径 9.4、腹径 14、足径 9.2、高 20.4 厘米（图二六，4）。

B 型　1 件。直口，圆唇，矮粗领，平底。TN01W02④：49，完整。棕灰胎，酱黑釉。口径 6.4、腹径 11.4、底径 8.6、高 13.6 厘米（图二六，5）。

无柄注壶　2 件。直口，圆唇，矮粗领，扁球腹，肩部两侧对称置双系，饼足。TN01W02④：2，完整。棕灰胎，酱黑釉。口径 5.6、腹径 9.6、足径 4.8、高 8.6 厘米（图二七，6）。TN01W02④：97，完整。棕灰胎，酱黑釉。口径 8、腹径 12、足径 5.6、高 10.4 厘米（图二七，8；图版二，1）。

水盂　1 件。敛口，方唇，扁球腹，平底。TN01W02④：212，完整。棕灰胎，酱黄釉。口径 17.6、腹径 24.4、底径 5、高 12.4 厘米（图二七，7）。

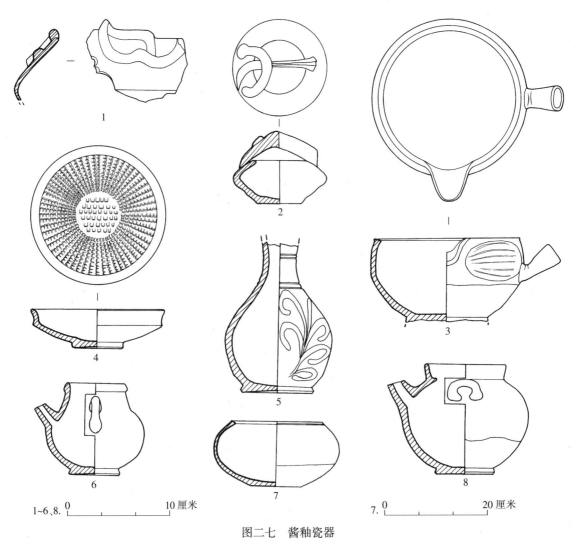

1~6、8.　0　　　　　　　10 厘米
7.　0　　　　　　　20 厘米

图二七　酱釉瓷器

1、2. 蛙形灯（H5：1、TN01W03②：149）　3. 急须（TN01W03③：147）　4. 研磨器（H5：23）　5. 瓶（H9：167）
6、8. 无柄注壶（TN01W02④：2、TN01W02④：97）　7. 水盂（TN01W02④：212）

瓶　1件。细长颈，胆形腹，饼足，即所谓"玉壶春瓶"。H9：167，残。暗红胎，挂米黄色化妆土，酱黄釉，外壁用化妆土描绘草叶纹。腹径10.4、足径6.8、残高14.4厘米（图二七，5）。

研磨器　1件。侈口，尖唇，折腹，饼足，内壁戳刻有锯齿面。H5：23，可复原。棕灰胎，挂米黄色化妆土，酱黄釉。口径13、足径5、高3.7厘米（图二七，4）。

急须　1件。急须是一种煎煮器具，因其基本形制为一侧带流，一侧带管状把，故有的考古报告又称"偏把壶"。TN01W03③：147，可复原。暗红胎，酱红釉，外壁釉下有化妆土装饰。敛口，方唇，深弧腹，饼足。口径14、腹径15、残高8厘米（图二七，3）。

蛙形灯　2件。敛口，圆唇，扁鼓腹，口沿两侧附加一蛙形提梁。H5：1，残。暗红胎，挂米黄色化妆土，酱黄釉。残高7.8厘米（图二七，1）。TN01W03②：149，完整。棕灰胎，酱黑釉。口径5.2、腹径9、底径4.2、高6.8厘米（图二七，2；图版二，2）。

砚台　1件。砚体呈"风"字形。TN01W02④：210，完整。暗红胎，挂米黄色化妆土，酱黄釉。长12.5、高3.5厘米（图二八，2）。

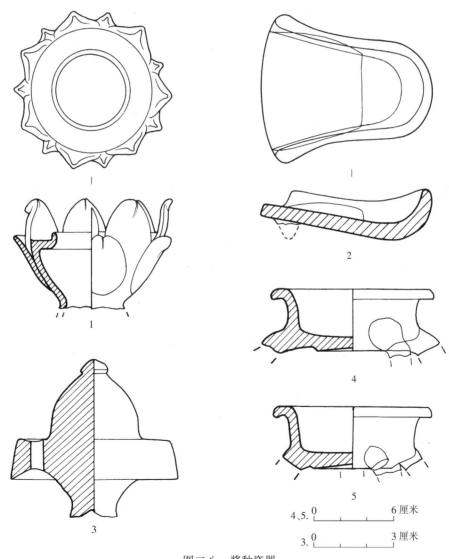

图二八　酱釉瓷器

1. B型炉（TN01W02④：214）　2. 砚台（TN01W02④：210）　3. 器盖（TN01W02④：76）　4、5. A型炉
（TN01W02④：32、TN01W02③：123）

炉　3 件。尖唇或圆唇。按形制的不同，可分为 2 型。

A 型　2 件。宽折口沿，筒形腹，下接五只蹄足。TN01W02④：32，可复原。暗红胎，酱黑釉。口径 11.8、残高 4.3 厘米（图二八，4）。TN01W02③：123，可复原。暗红胎，酱黄釉。口径 11.3、残高 4.3 厘米（图二八，5）。

B 型　1 件。通体呈莲花形。TN01W02④：214，残。暗红胎，酱黑釉。残高 7.6 厘米（图二八，1）。

器盖　1 件。宝塔形。TN01W02④：76，完整。黑灰胎，酱黑釉。高 5.5 厘米（图二八，3）。

4. 缸釉瓷器

缸釉瓷器制作粗糙，质量上不及青釉、白釉和酱釉瓷器。大多数胎体表面不涂挂化妆土，而施罩一层很薄的棕色缸釉，有的仅口沿一周施釉，釉面失透发木光，也有的小型器物如小杯、小罐等未施釉。器形可辨碗、盏、钵、灯碟、罐、小罐、瓶、注壶、急须、小杯、研磨器、铃铛等十余种。

碗　3 件。敞口，斜直腹，矮圈足。TN01W03②：150，残。暗红胎，挂米黄色化妆土，棕红釉，内底残留一周石英垫烧痕，圈足内模印花卉图案。足径 5.6、残高 2.3 厘米（图二九，1）。TN01W03③：79，可复原。黑灰胎，内壁挂灰白色化妆土，露胎部分呈多角星纹，外壁施棕黑釉，内底残留一周石英垫烧痕。尖唇。口径 16.6、足径 5.6、高 5 厘米（图二九，4）。

盏　2 件。按口部和足部形态的差异，可分为 2 型。

A 型　1 件。即所谓"斗笠盏"，敞口，尖唇。斜直腹，圈足。H5：5，可复原。棕灰胎，挂粉黄色化妆土，棕黑釉。口径 11、足径 3.9、高 3.9 厘米（图二九，9）。

B 型　1 件。即所谓"束口盏"，束口，尖唇。斜直腹，饼足。H9：175，完整。暗红胎，棕红釉。口径 8、足径 3.6、高 4 厘米（图二九，7）。

钵　4 件。按底足部形态的差异，分为 2 型。

A 型　3 件。饼足。Y1：28，可复原。黑灰胎，棕黑釉，外壁釉下用化妆土描画斜线纹。口径 14.4、足径 8、高 9.4 厘米（图二九，2）。Y1：13，完整。暗红胎，棕红釉，外壁釉下用化妆土描画斜线纹。口径 11.4、足径 6.2、高 8 厘米（图二九，5；图版二，3）。TN01W02④：213，可复原。暗红胎，棕红釉，外壁釉下用化妆土描画斜线纹。口径 10、足径 6、高 6 厘米（图二九，10）。

B 型　1 件。平底。H9：178，完整。暗红胎。口径 15、底径 6、高 8.2 厘米（图二九，3）。

灯碟　2 件。敞口，尖唇，浅斜直腹，平底。TN01W02④：33，完整。暗红胎，棕色釉。口径 5.8、底径 2.8、高 1.6 厘米（图二九，6）。H9：177，完整。暗红胎，棕色釉。口径 5.6、底径 2.8、高 1.4 厘米（图二九，8）。

罐　6 件。均为带系罐。按领部与腹部形态的差异，可分为 4 型。

A 型　2 件。矮领，椭圆腹。Y1：23，可复原。黑灰胎，棕红釉，外壁釉下用化妆土描画斜线纹。口径 6.8、腹径 11、足径 7.2、高 15.4 厘米（图三〇，1）。H2：97，可复原。暗红胎，棕红釉，外壁釉下用化妆土描画斜线纹。口径 6.2、腹径 8.8、足径 6.6、高 12.4 厘米（图三〇，4）。

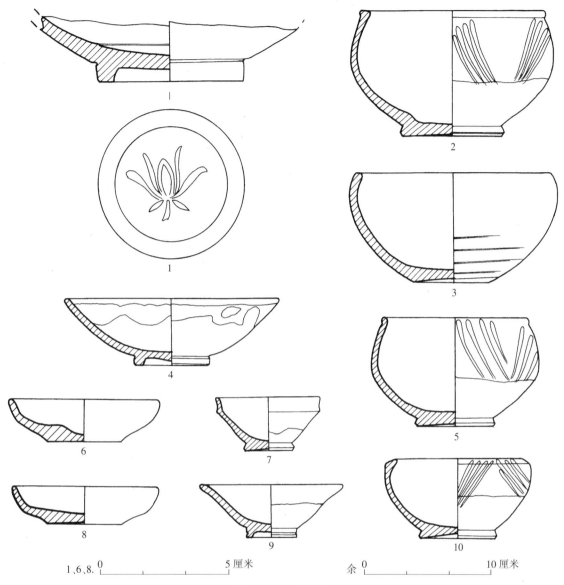

图二九 缸釉瓷器

1、4. 碗（TN01W03②：150、TN01W03③：79） 2、5、10. A 型钵（Y1：28、Y1：13、TN01W02④：213） 3. B 型钵（H9：178） 6、8. 灯碟（TN01W02④：33、H9：177） 7. B 型盏（H9：175） 9. A 型盏（H5：5）

B 型 2 件。束颈，胆形腹。H9：173，残。黑灰胎，釉面多脱落，外壁釉下用化妆土描画斜线纹。腹径 8、足径 5.4、残高 8 厘米（图三〇，3）。TN01W02④：60，残。暗红胎，棕红釉，外壁釉下用化妆土描画斜线纹。腹径 8.8、足径 5.4、残高 10 厘米（图三〇，5）。

C 型 1 件。矮领，斜腹内收。H9：176，可复原。暗红胎，挂粉黄色化妆土，棕红釉。口径 7.8、腹径 8.2、底径 4.4、高 6.8 厘米（图三〇，6）。

D 型 1 件。扁鼓腹。TN01W02④：105，残。暗红胎，棕色釉。腹径 16.8、底径 8.6、残高 13.6 厘米（图三〇，2）。

小罐 5 件。按器形差异，可分为 3 型。

A 型 2 件。束颈，肩部两侧对称置双系。TN01W03②：151，完整。暗红胎，棕色釉。口径 3.5、底径 3.5、高 5.5 厘米（图三一，1）。H3：79，可复原。暗红胎，釉面多脱落。口径 3.4、

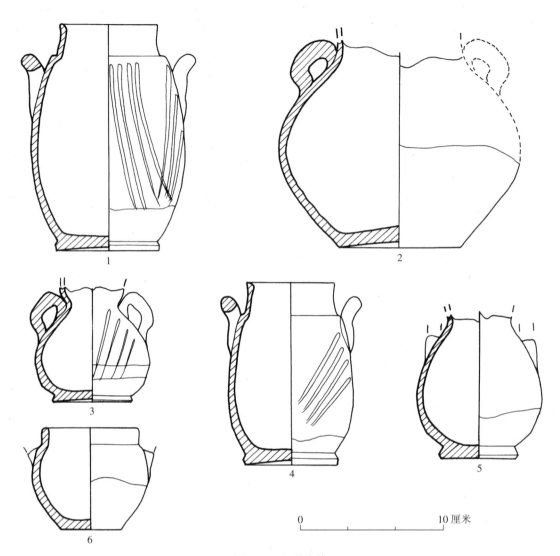

图三〇　缸釉瓷罐

1、4. A 型（Y1：23、H2：97）　　2. D 型（TN01W02④：105）　　3、5. B 型（H9：173、TN01W02④：60）　　6. C 型（H9：176）

底径 4、高 6 厘米（图三一，2）。

　　B 型　2 件。束颈，无系。H8：32，完整。暗红胎，棕色釉。口径 3.6、底径 3.4、高 4 厘米（图三一，3）。TN01W02④：54，可复原。暗红胎，棕色釉。口径 3.5、底径 3、高 4.5 厘米（图三一，4）。

　　C 型　1 件。折肩，无系，下接矮喇叭形实足。TN01W03③：149，完整。暗红胎，棕色釉。口径 2.1、足径 2.2、高 4.4 厘米（图三一，5）。

　　瓶　1 件。小盘口，尖唇，束颈，垂腹，颈部对称置四系，平底。Y1：30，可复原。暗红胎，棕色釉。口径 6.8、腹径 8.2、底径 5.8、高 14.8 厘米（图三一，7）。

　　注壶　1 件。细长颈，椭圆形腹，饼足。TN01W02④：106，残。暗红胎，釉面多脱落。腹径 13.2、足径 8.6、残高 19 厘米（图三一，6）。

　　急须　2 件。敛口，方唇，深弧腹，饼足，口部一侧带"U"形流，腹部一侧带把。H9：172，可复原，变形。暗红胎，棕色釉。口径 14.6、腹径 16、足径 8.4、残高 8.5 厘米（图三二，1）。H9：171，可复原，变形。棕灰胎，黑釉。口径 14.2、腹径 15.6、足径 7.4、残高 8.4 厘米（图三二，2）。

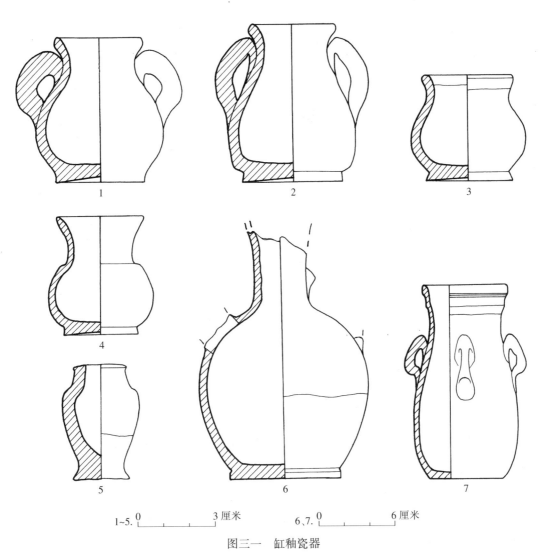

1~5. 0 ____ 3 厘米　　　6、7. 0 ____ 6 厘米

图三一　缸釉瓷器

1、2. A 型小罐（TN01W03②：151、H3：79）　　3、4. B 型小罐（H8：32、TN01W02④：54）　　5. C 型小罐
（TN01W03③：149）　　6. 注壶（TN01W02④：106）　　7. 瓶（Y1：30）

小杯　2 件。直口，尖唇，直腹，下接小实足，有的腹部两侧对称置双系。H3：80，完整。暗红胎，釉层极薄，呈棕色。口径 3.6、足径 1.9、高 3.2 厘米（图三三，4）。TN01W02④：78，可复原。黑灰胎，釉层极薄，呈棕色。口径 2.8、足径 2、高 3.3 厘米（图三三，5）。

研磨器　2 件。侈口，尖唇，折腹，饼足，内壁戳刻有锯齿面。H10：34，可复原。暗红胎，釉面多脱落。口径 12.8、底径 4.8、高 3.2 厘米（图三三，2）。TN01W02④：37，完整，变形。黑灰胎，棕色釉。口径 10、底径 3.6、高 2.4 厘米（图三三，3）。

铃铛　1 件。TN01W02④：45，完整。棕灰胎，黑釉。残高 4.2 厘米（图三三，1）。

（二）陶器

陶器的出土量很少，按其质地可分为素面陶和低温铅釉陶两种，素面陶为一次烧成，器形仅见有急须、钵、杯三类；低温铅釉陶是在已经烧制成形的素胎器上施加以铜、铁等金属矿物作着色剂的釉料，同时在釉料里加入铅或铅的氧化物作助熔剂，最后入特制窑炉在约 800℃ 的低温环境

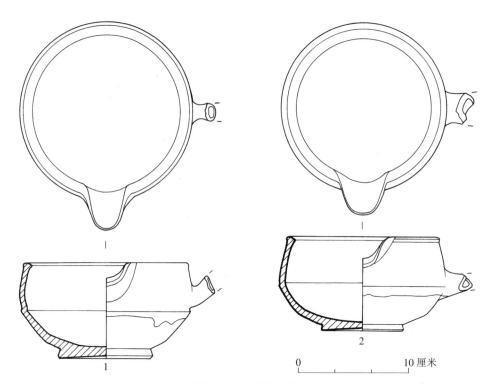

图三二　缸釉瓷急须
1. H9：172　2. H9：171

下焙烤，属于二次烧成，这类陶器的器形见有瓶、匍匐俑、武士俑、神怪俑等。

　　急须　1件。敞口，尖唇，弧腹，圈底，口部一侧带"U"形流，腹部一侧带把，下接三足。Y1：16，完整。红胎，胎体坚致较粗。口径12.5、腹径14.6、高13.6厘米（图三四，1）。

　　钵　1件。敛口，尖唇，斜直腹，一侧带长柄。TN01W03③：146，可复原。黑灰胎，胎体坚致较粗。口径8、底径5、高4.6厘米（图三四，2）。

　　杯　1件。侈口，尖唇，束腰，下收为平底。TN01W02④：107，可复原。黑灰胎，胎体坚致较粗。口径6.8、底径5、高5.4厘米（图三四，3）。

　　瓶　1件。细长颈，胆形腹，圈足，即所谓"玉壶春瓶"。TN01W03②：138，残。暗红胎，胎体较粗松，挂米黄色化妆土，绿釉，釉面泛银光。腹径9.6、足径6.5、残高15厘米（图三四，4）。

　　匍匐俑　1件。TN01W02②：188，残。暗红胎，胎体较粗松，挂米黄色化妆土，局部施绿釉。残长6.3、残高9.3厘米（图三五，1；图版二，4左）。

　　武士俑　1件。TN01W03②：148，残。暗红胎，胎体较粗松，局部施绿釉。残高9.8厘米（图三五，2；图版二，5）。

　　神怪俑　1件。TN01W03②：107，残。暗红胎，胎体较粗松，局部施绿釉和褐釉。残高6厘米（图三五，4；图版二，4右）。

　　俑身残片　1件。Y1：21，残。暗红胎，施褐釉，釉面泛银光。残长16.2厘米（图三五，3）。

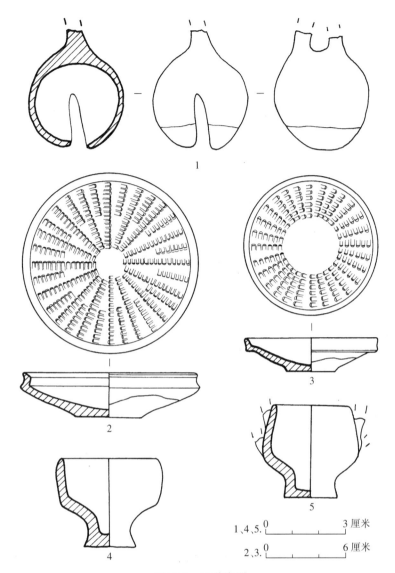

图三三　缸釉瓷器

1. 铃铛（TN01W02④：45）　　2、3. 研磨器（H10：34、TN01W02④：37）　　4、5. 小杯（H3：80、TN01W02④：78）

（三）窑具

窑具是窑场烧制陶瓷器过程中在窑炉内所使用到的工具的总称，其目的在于减少废品的出现和提高窑炉内空间的利用率，从而达到降低生产成本，提高产品质量的效果。窑具的种类、组合及与工具配套的先进程度，又是评价窑业技术发展水平的重要标志。琉璃厂窑址出土的窑具数量庞大，发掘时仅选取了小部分标本，包括支钉、垫圈（饼）、支柱、匣钵、火照等。

支钉　15 件。按齿钉的数目可分为五齿支钉、六齿支钉、七齿支钉和锯齿支钉。

五齿支钉　9 件。按形制差异，可分为 4 型。

A 型　4 件。圈环形。按齿钉面厚薄的差异，可分为 2 式。

I 式：3 件。齿钉面较厚。TN01W02④：122，完整。棕灰胎。直径 7.4、高 2.4 厘米（图三六，1）。TN01W02④：104，完整。棕灰胎。直径 6.8、高 1.9 厘米（图三六，3）。TN01W02⑥：24，完

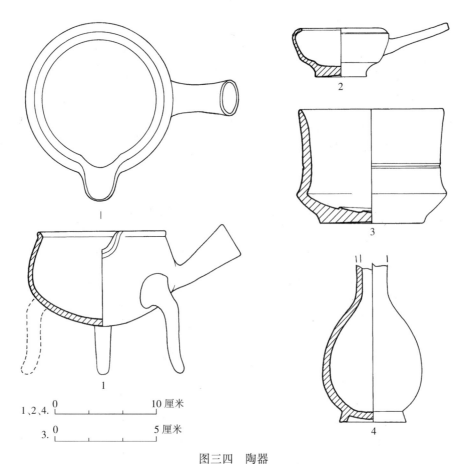

图三四　陶器

1. 急须（Y1∶16）　　2. 钵（TN01W03③∶146）　　3. 杯（TN01W02④∶107）　　4. 瓶（TN01W03②∶138）

整。棕灰胎。直径7.2、高2.4厘米（图三六，5）。

Ⅱ式：1件。齿钉面较薄。H5∶2，完整。棕灰胎。直径7、高1.5厘米（图三六，7）。

B型　2件。支钉上接喇叭形底座。TN01W02④∶108，完整。黑灰胎。直径7、高4厘米（图三六，8）。

C型　2件。支钉上接圆饼形底座。TN01W02④∶83，完整。棕灰胎。直径9.2、高3厘米（图三六，2）。TN01W02④∶133，完整。棕灰胎。直径9.2、高3.4厘米（图三六，4）。

D型　1件。矮筒形。TN01W02④∶120，完整。棕灰胎。直径6.5、高8厘米（图三六，6）。

六齿支钉　3件。按形制差异，可分为2型。

A型　2件。圈环形。TN01W02④∶127，完整。棕灰胎。直径10.8、高4.6厘米（图三七，3）。TN02W03⑤∶10，可复原。棕灰胎。直径10.5、高3.6厘米（图三七，5）。

B型　1件。支钉上接圆饼形底座。TN01W02④∶31，完整。棕灰胎。直径15、高3厘米（图三七，1）。

七齿支钉　1件。TN01W02②∶176，完整。棕灰胎。直径33.6、高5.2厘米（图三七，2）。

锯齿支钉　2件。H5∶15，可复原。黑灰胎。直径18、高6.6厘米（图三七，4）。TN01W02④∶196，可复原。棕灰胎。直径15、高8.4厘米（图三七，6）。

垫圈（饼）　9件。按形制差异，可分为4型。

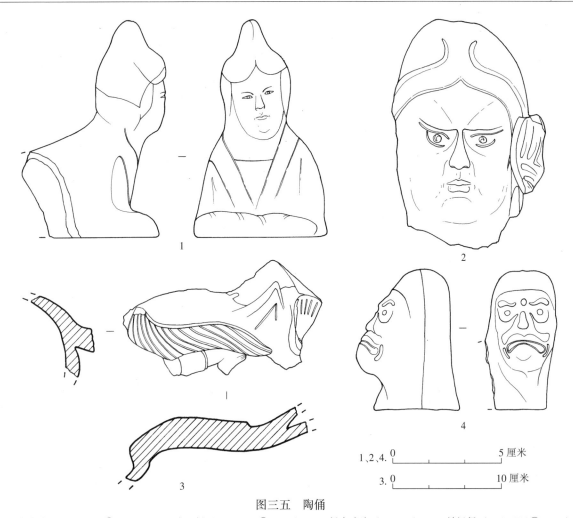

图三五　陶俑

1. 匍匐俑（TN01W02②：188）　2. 武士俑（TN01W03②：148）　3. 俑身残片（Y1：21）　4. 神怪俑（TN01W03②：107）

A 型　3 件。器座形，束腰。TN01W02④：7，完整。棕灰胎。直径 9.6、高 5.6 厘米（图三七，7）。Y1：36，完整。黑灰胎。直径 8.8、高 4.2 厘米（图三七，8）。H1：25，完整。棕灰胎。直径 10、高 3.8 厘米（图三七，10）。

B 型　2 件。圆饼形。TN01W02④：27，可复原。棕灰胎，上下两面均有与器物黏连的痕迹。直径 11.8、厚 1 厘米（图三八，1）。TN01W02④：46，完整。棕灰胎。直径 8.2、厚 0.4 厘米（图三八，2）。

C 型　3 件。器盖形。TN01W02⑥：21，完整。暗红胎。直径 7.1、高 2.1 厘米（图三八，3）。TN01W02④：44，完整。棕灰胎。直径 7.1、高 2.3 厘米（图三八，4）。TN01W02④：24，完整。黑灰胎。直径 9.4、高 2.8 厘米（图三八，5）。

D 型　1 件。圆环形。H5：18，完整。棕灰胎。直径 5、高 1.5 厘米（图三七，9）。

支柱　3 件。按形制差异，可分为 2 型。

A 型　1 件。圆柱形，上窄下宽。TN01W02⑥：26，可复原。棕灰胎。顶径 7、底径 10、高 16 厘米（图三九，2）。

B 型　2 件。圆筒形。Y1：41，完整。棕灰胎。直径 9、高 8 厘米（图三九，5）。Y1：42，可复原。直径 14.2、高 7 厘米（图三九，6）。

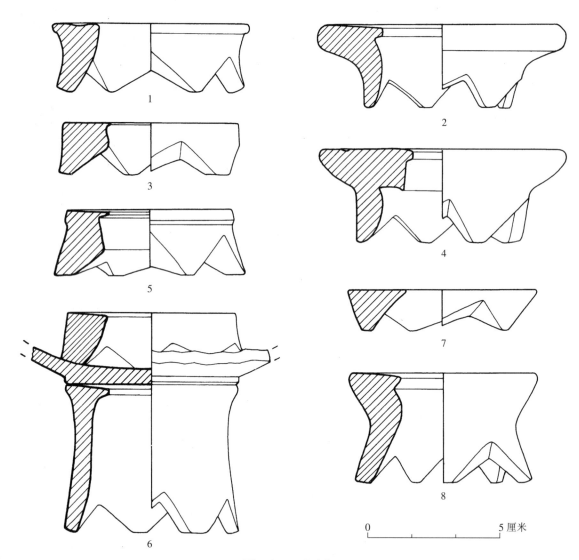

图三六　五齿支钉

1、3、5. A 型 I 式（TN01W02④：122、TN01W02④：104、TN01W02⑥：24）　　2、4. C 型（TN01W02④：83、
TN01W02④：133）　6. D 型（TN01W02④：120）　7. A 型 II 式（H5：2）　8. B 型（TN01W02④：108）

匣钵　2 件。形制相同，均为筒形匣钵。TN01W02④：6，残。棕灰胎。残高 6.6 厘米
（图三九，1；图版二，6）。TN01W02⑤：71，残。棕灰胎。残高 11.1 厘米（图三九，3）。

火照　1 件。不规则形，捏制。Y1：44，完整。长 4.7 厘米（图三九，4）。

（四）工具

工具的出土量很少，只有印模和碓臼两种。

印模　1 件。圆柱形。TN02W02②：2，暗红胎，挂粉黄色化妆土，模印面刻一"卐"字符
号。直径 4.4、残高 5.5 厘米（图四〇，1）。

碓臼　1 件。唇口，丰肩，腹部斜内收。TN01W02⑥：30，暗红胎。口径 13、残高 17 厘米
（图四〇，2）。

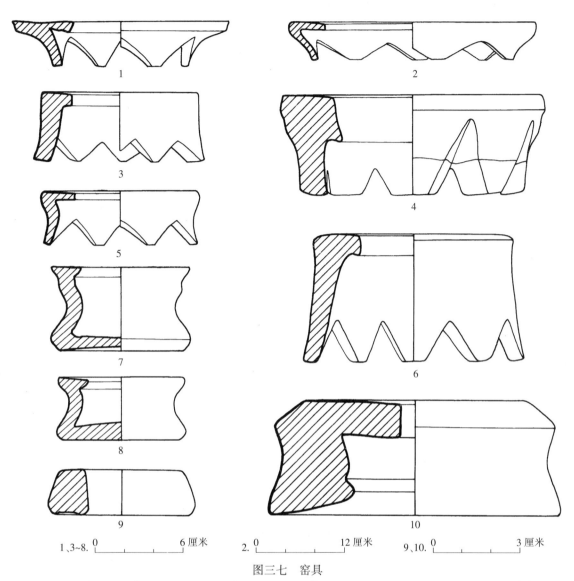

图三七　窑具

1. B 型六齿支钉（TN01W02④：31）　　2. 七齿支钉（TN01W02②：176）　　3、5. A 型六齿支钉（TN01W02④：127、
TN02W03⑤：10）　　4、6. 锯齿支钉（H5：15、TN01W02④：196）　　7、8、10. A 型垫圈（饼）（TN01W02④：7、Y1：36、
H1：25）　　9. D 型垫圈（饼）（H5：18）

四　分期与年代

参考地层与遗迹间的叠压和打破关系，结合对陶瓷器的形制、胎釉、装饰技法等方面进行考察，我们将琉璃厂窑针织厂地点的文化遗存划分为两期。

1. 第一期

第一期的地层包括第⑤、⑥层，遗迹单位有 H10、H11。

这一时期里主要生产青釉和酱釉瓷器，缸釉瓷器很少。其中青釉瓷器的出土量远高于后两类。青釉瓷器一般都涂挂有化妆土，化妆土多呈米黄色，胎釉结合程度稍差，有的存在脱釉的现象，垂釉则甚为普遍。釉面以青黄色居多，发木光或半木光，透明感不强，开片亦很少见。大多数的

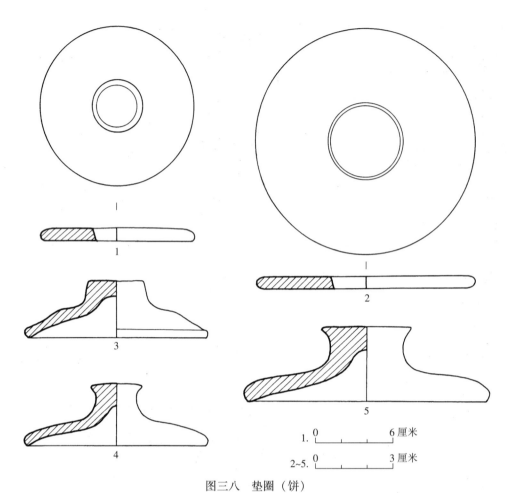

图三八　垫圈（饼）

1、2. B 型（TN01W02④：27、TN01W02④：46）　3～5. C 型（TN01W02⑥：21、TN01W02④：44、TN01W02④：24）

器物通体素面无纹饰，少数体形较大的四系罐、穿带瓶、注壶的表面装饰有简单的绿彩或褐彩纹饰。酱釉瓷器以注壶和灯碟的数量最多，一般不涂挂化妆土，釉面偏黑、褐色。

本期的代表性器物有青釉 A 型碗、B 型碗、钵、A 型罐、B 型罐、A 型小罐、穿带瓶、炉、A 型有柄注壶、无柄注壶、盒盖，酱釉 A 型灯碟、四系罐、Aa 型 I 式双系罐、A 型有柄注壶。

青釉 B 型碗的腹部弧坦，饼足，其形制与成都东郊保和公社后蜀张虔钊墓[1]及双流籍田竹林村后蜀徐公墓[2]出土的瓷碗相同，张虔钊墓的年代为广政十一年（948 年），徐公墓的年代略晚，为广政二十七年（964 年）。青釉 B 型罐的外壁描画有绿彩草叶纹，其胎釉、装饰特征与前蜀王建墓及洪河大道南延线 M1[3]出土的青釉四系罐相仿，王建墓的年代为光天元年（918 年），洪河大道南延线 M1 的年代也在唐末五代之际。青釉 A 型小罐与四川彭山后蜀宋琳墓[4]出土的双系罐相同，该墓的年代为广政十八年（955 年）。青釉 A 型有柄注壶为直领、短流，其形制与成都金牛区

①　成都市文物管理处：《成都市东郊后蜀张虔钊墓》，《文物》1982 年第 3 期。
②　成都文物考古研究所、双流县文物管理所：《成都双流籍田竹林村五代后蜀双室合葬墓》，《成都考古发现·2004》，科学出版社，2006 年。
③　成都市文物考古研究所、龙泉驿区文物管理所：《成都市龙泉驿区洪河大道南延线唐宋墓葬发掘简报》，《成都考古发现·2001》，科学出版社，2003 年。
④　四川省博物馆文物工作队：《四川彭山后蜀宋琳墓清理简报》，《考古通讯》1958 年第 5 期。

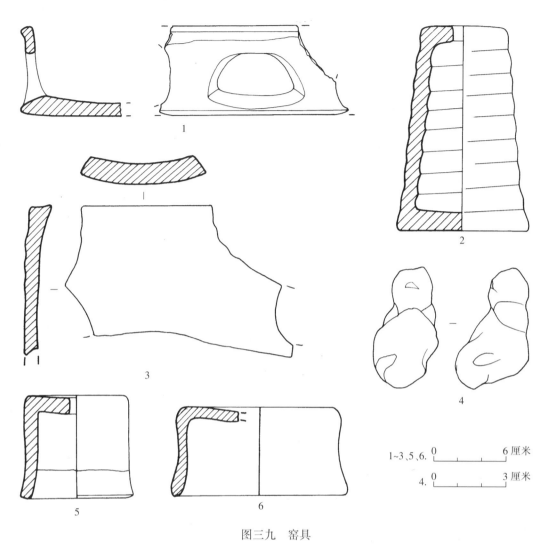

图三九　窑具

1、3. 匣钵（TN01W02④：6、TN01W02⑤：71）　　2. A 型支柱（TN01W02⑥：26）　　4. 火照（Y1：44）

5、6. B 型支柱（Y1：41、Y1：42）

城乡一体化拆迁安置房 5 号 A 地点 J1[①] 出土的注壶相同，J1 的年代约在唐代晚期至五代。此外，就各地出土的陶瓷穿带瓶而言，其流行时间主要在 10 世纪上半叶的五代时期，如内蒙古阿鲁科尔沁旗辽会同五年（942 年）耶律羽之墓[②]的白釉和绿釉穿带瓶。

综上所述，第一期的年代应主要在前后蜀时期，上限可能早到唐末。

2. **第二期**

第二期的地层包括第②、③、④层，遗迹单位有 Y1、Q1、H1～H9。

这一时期里除继续生产青釉和酱釉瓷器外，新出现一定数量的白釉瓷器和低温釉陶器，青釉瓷器的出土量急剧减少，酱釉和制作粗糙的缸釉瓷器成为大宗。由于缸釉瓷器和低温釉陶器常见于墓葬，故应当属于丧葬明器的范畴。青釉瓷器的胎釉结合程度较好，脱釉、垂釉的现象已很少

① 成都文物考古研究所：《成都金牛区城乡一体化拆迁安置房 5 号 A 地点唐—五代墓葬、水井发掘简报》，《成都考古发现·2007》，科学出版社，2009 年。

② 内蒙古文物考古研究所等：《辽耶律羽之墓发掘简报》，《文物》1996 年第 1 期。

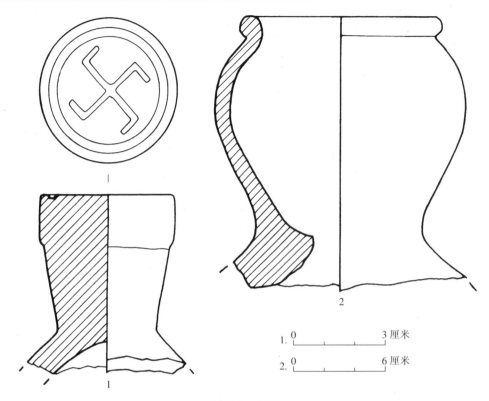

图四〇　工具
1. 印模（TN02W02②：2）　2. 碓臼（TN01W02⑥：30）

见，多数器物的釉面呈青绿、青黄色，发木光或半木光，透明感不强，通体素面，个别碗的内壁有使用化妆土描画的纹饰。白釉瓷器只见到碗、盏两种，釉色偏灰白，口沿一周装饰青黄釉边，应是模仿金银扣瓷器的做法。酱釉瓷器上出现涂挂化妆土的做法，器形以罐和灯碟最多。缸釉瓷器同样以各种类型的罐最为常见，器表流行用化妆土描画的斜线纹。此外，碗的圈足内带有不少模印的文字和符号。

本期的代表性器物有青釉 C 型碗、盏，白釉碗、盏，酱釉碗、盘、钵、B 型灯碟、C 型灯碟、Aa 型 Ⅱ 式双系罐、Ab 型双系罐、B 型双系罐、带系壶、急须、蛙形灯、研磨器，缸釉碗、A 型盏、B 型盏、A 型钵、B 型钵、灯碟、A 型罐、B 型罐、C 型罐、D 型罐、A 型小罐、B 型小罐、C 型小罐、瓶、急须、小杯、研磨器，低温釉陶器等。

编号 TN01W02③：161 的酱釉灯碟为明确的纪年瓷器，其内壁刻划"政和四年"题记，"政和"系北宋徽宗年号，即 1114 年。此外，青釉盏和酱釉 C 型灯碟的形制与成都青龙乡石岭村南宋嘉定六年（1213 年）墓①出土的瓷盏相同。编号 H9：85 的青釉 C 型碗及编号 TN01W03③：79 的缸釉碗内壁挂有化妆土，露胎部分呈多角星纹，类似的特征也见于观台磁州窑址 Ⅰ 型 Ⅰ 式黑釉盘（T3H3：83），年代约在金代中后期②。酱釉 Ab 型双系罐的腹部最大径居中，与成都二仙桥南宋绍兴二十二年（1152 年）墓③、外化成小区南宋端平二年（1235 年）墓④出土的双系罐相同。缸釉

①　成都市文物考古研究所：《成都市青龙乡石岭村宋墓发掘简报》，《成都考古发现·2003》，科学出版社，2005 年。
②　北京大学考古学系、河北省文物研究所等：《观台磁州窑址》，文物出版社，1997 年，第 195 页。
③　成都市文物考古研究所：《成都市二仙桥南宋墓发掘简报》，《成都考古发现·1999》，科学出版社，2001 年。
④　成都市文物考古研究所：《成都市外化成小区南宋墓发掘简报》，《成都考古发现·1999》，科学出版社，2001 年。

A 型罐和多件 B 型罐的外壁均带有化妆土描画的斜线纹，前者与成都三圣乡花果村南宋庆元六年（1200 年）墓①出土的双系罐相同，后者与成都高新区石墙村南宋嘉定四年（1211 年）墓②出土的双系壶相同。酱釉蛙形灯是成都地区南宋墓葬中常见的一类随葬品，典型如金鱼村南宋嘉定四年（1211 年）墓③、博瑞"都市花园"南宋墓（M12）④、温江区"学府尚郡"南宋墓⑤等。

综上所述，第二期的年代主要在北宋末至南宋中期。

五　初步认识

第一，根据考古发掘和出土物的情况，我们大致明确了琉璃厂窑针织厂地点的烧造时间主要集中于两个时期，第一期是唐末五代时期，约相当于 9 世纪末至 10 世纪中叶；第二期为北宋末至南宋中期，时间跨度较大。然而，第一、二期之间存在着一个相当长的缺环，主要表现在北宋早中期的遗物十分罕见，关于该时期窑场产品的面貌是今后的考古工作中一个亟待解决的问题。另外，我们未发现典型的唐末以前和南宋以后的遗物，加之发掘面积受限，就目前掌握的材料而言，尚不足以对整个琉璃厂窑烧造时间的上限和下限作出准确判断。

琉璃厂窑在唐末五代之际的崛起，有两个方面的因素是值得考虑的。一方面，唐末五代是中国历史上的一个大动乱时期，中原及北方地区战乱频繁，而地处西南边陲的成都平原社会经济则相对安定，成为外来移民的重要迁入地。城市规模的扩张和人口的逐步增多，使得对日常生活中最重要的一类商品——陶瓷器的需求也进一步扩大。与此同时，成都近郊最早兴起的民间窑场——青羊宫窑却已经衰落并逐步停烧，而这一时期成都市场的陶瓷器在窑口构成上又呈现出一个相对封闭的状态，市场上充斥的是大量的本地产品，因此琉璃厂窑在很大程度上是作为青羊宫窑的后继出现的，其产品弥补了本地陶瓷器消费的缺环。另一方面，琉璃厂窑的地理位置对于其自身的发展也有着得天独厚的优势，其地处府河东岸的浅丘之上，黏土层分布极其广泛，水资源丰富，同时也非常适合于建造空间大、产量高的斜坡式龙窑，更有利于降低生产成本，加之当地与罗城内外的水路沟通顺畅，对于陶瓷器的转运亦极为便利。

第二，由于未发现唐末五代时期的窑炉，因此，关于这一阶段窑炉的具体形制和构造尚不清楚。能够掌握的一点情况是，唐末五代时期采用了以支钉间隔的叠烧工艺，包括正烧和釉口伏烧两种方式，与同时代的邛窑、玉堂窑和已经走向衰落的青羊宫窑是保持一致的，都属于成都平原自东晋南朝以来由长江中下游的洞庭湖和宁绍平原青瓷窑场引入的装烧工艺。

南宋时期龙窑残迹的发现表明，琉璃厂窑在当时仍属于南方龙窑的技术系统，坯料采用当地之黏土，并使用柴作为燃料，这些应当于琉璃厂周边的地势地貌和自然资源有关。这一时期在装烧工艺上发生了两个重大变革，一是对匣钵的舍弃，明火叠烧占据主流；二是石英砂粒垫烧法的

---

① 成都市文物考古研究所：《成都市成华区三圣乡花果村宋墓发掘简报》，《成都考古发现·2001》，科学出版社，2003 年。
② 成都市文物考古研究所：《成都市高新区石墙村宋墓发掘简报》，《成都考古发现·1999》，科学出版社，2001 年。
③ 成都市文物考古工作队：《四川成都市西郊金鱼村南宋砖室火葬墓》，《考古》1997 年第 10 期。
④ 成都市文物考古研究所：《成都博瑞"都市花园"汉、宋墓葬发掘报告》，《成都考古发现·2001》，科学出版社，2003 年。
⑤ 成都文物考古研究所、温江区文物保护管理所：《成都温江区"学府尚郡"工地五代及宋代墓葬发掘简报》，《成都考古发现·2006》，科学出版社，2008 年。

普遍应用，与同时代并存的彭州瓷峰窑、都江堰玉堂窑和金凤窑属于同一个工艺体系，也是南宋时期成都平原窑场最为流行的装烧工艺。产生上述变革的主要目的是节约生产成本、提高产量，由此带来的相应结果是质量的急剧下降。

第三，唐末五代地层内出土的筒形匣钵残件也是一项重要的发现，说明琉璃厂窑在创建之初即采用了这一较为先进的装烧工具。出土的匣钵数量很少，说明其在当时还未得到普遍应用，但其在提高产品质量方面无疑起到了积极的推动作用。筒形匣钵，是目前成都平原唐五代窑场唯一发现的一种匣钵形制，而同时代的北方和江南地区窑场已普遍采用更加先进的漏斗形匣钵和 M 形匣钵，邛崃十方堂窑址出土的一件筒形匣钵上刻有"贞元六年润"字样，贞元六年为 790 年，是目前成都平原窑址出土的有明确纪年最早的匣钵材料①。琉璃厂窑在唐末五代之际采用筒形匣钵可能是受到了邛窑的影响。

第四，南宋时期的碗在圈足内有模印文字和符号的做法，以"利"字的出现频率最高，另有"十"字和各种花卉图案等。这与成都平原的另一处南宋时期窑场——玉堂窑的瓷器具有极为相似的特征，玉堂窑 7 号、10 号及 17 号窑包出土和采集的碗类器物底部也带有不少模印的文字和符号，如"＊"、"十"、"王"、"李"、"全"等②。我们认为，这样的标记与商品销售有着很大的关系，具有一定的广告、宣传作用，为研究成都平原窑场的窑户组织结构及商品化进程提供了大量的实物材料。除烧造大量日用生活器具外，南宋遗存中还包括了一些镇墓俑之类的丧葬明器，为成都平原南宋墓葬中常见的釉陶俑找到了窑口归属。

附记：参与现场发掘与整理的人员有成都文物考古研究所易立、杨洋、张雪芬、程远福、谢常，南开大学刘舒睿。

领　队：江章华
绘　图：曾　雳　陈　睿
拓　片：严　彬
执　笔：易　立

① 丁祖春：《四川邛崃十方堂古窑》，《四川陶瓷史资料》第 1 辑，1979 年；后收录于《四川古陶瓷研究》（一），四川省社会科学院出版社，1984 年。
② 成都文物考古研究所：《2007 年四川都江堰玉堂窑遗址 17 号窑包试掘简报》，《南方民族考古》第六辑，科学出版社，2010 年。

1.B型青釉罐（TN02W03⑤：78）

2.青釉穿带瓶（TN02W03⑤：136）

3.A型青釉有柄注壶（TN02W03⑤：134）

4.B型青釉有柄注壶（H1：34）

5.白釉盏（H3：78）

6.B型酱釉灯碟（TN01W02③：161）

图版一　成都琉璃厂古窑址出土瓷器

1.酱釉无柄注壶（TN01W02④：97）

2.酱釉蛙形灯（TN01W03②：149）

3.A型缸釉钵（Y1：13）

4.釉陶俑（左TN01W02②：188，右TN01W03②：107）

5.釉陶武士俑（TN01W03②：148）

6.匣钵（TN01W02④：6）

图版二　成都琉璃厂古窑址出土器物

附录二

成都琉璃厂窑址出土部分南宋陶瓷器的科技分析

——兼谈琉璃厂窑化妆土工艺与釉层剥离机制

马涛[1,2] 王瑾[3] 曾宝栋[2] 易立[3]

1. 宁波博物院 2. 南京大学考古文物系 3. 成都文物考古研究院

引 言

琉璃厂窑，又名"琉璃场窑"或"华阳窑"，始烧于五代，延续至明代，历时长达 700 余年，是成都平原著名的古代瓷窑之一。该窑早在 20 世纪 30 年代已引发学术界关注，原华西大学博物馆馆长、美国学者 David Crockett Graham（葛维汉）在 1933 年开展过短期试掘①。1942 ~ 1943 年，"中央研究院"历史语言研究所、四川省博物馆、中央博物院筹备处等单位联合发掘了成都老西门外的前蜀高祖王建墓（光天元年，918 年），冯汉骥在正式报告中，将墓内出土的青瓷碗、盆、罐判定为琉璃厂窑制品，其烧造历史首次被提早到五代时期②。1955 年，四川省文管会在成都市郊东南的胜利乡一带清理明墓时，对窑址做了初步的调查和勘测，当时测量窑址占地面积约 340 亩，大小窑包共计 21 处③。20 世纪 70 年代末，为配合《四川陶瓷史料》的编写，丁祖春等学者又先后 4 次对窑址开展田野调查④。2010 年 7 ~ 9 月，成都文物考古研究院对市针织器材厂内的窑址区进行了小规模试掘，清理出土五代至两宋时期的窑炉、挡墙、取土坑等，获得了大量的瓷器和窑具标本⑤。

2018 年 5 月以来，为配合成都市土地储备中心的用地需要，成都文物考古研究院再次对位于锦江区柳江街道琉璃村 6 组、包江桥村 1 组的琉璃厂窑址区开展了考古勘探和发掘，中心地理坐标北纬 30°35′51.21″，东经 104°05′31.35″，平均海拔约 492 米。发掘面积约 4300 平方米，清理了窑炉、房屋基址、水井、水池、道路、沟渠、墓葬、挡墙、灰坑等遗迹，还出土瓷器、

① 英文原文见 David Crockett Graham, "The Liu Li Chang Kilnsite", *Journal of the West China Border Research Society*, Vol. XI (1939), pp. 36 – 45. 中译文见（美）葛维汉著，成恩元译：《琉璃厂窑址》，《四川古陶瓷研究》（一），四川省社会科学院出版社，1984 年，第 154 ~ 168 页。

② 冯汉骥：《前蜀王建墓发掘报告》，文物出版社，2002 年，第 63、64 页。

③ 林坤雪：《四川华阳县琉璃厂调查记》，《文物参考资料》1956 年第 9 期。

④ 丁祖春：《成都胜利公社琉璃厂古窑》，《四川陶瓷史料》第 1 辑，1979 年。

⑤ 成都文物考古研究所：《成都市琉璃厂古窑址 2010 年试掘报告》，《成都考古发现·2010》，科学出版社，2012 年，第 352 ~ 395 页。

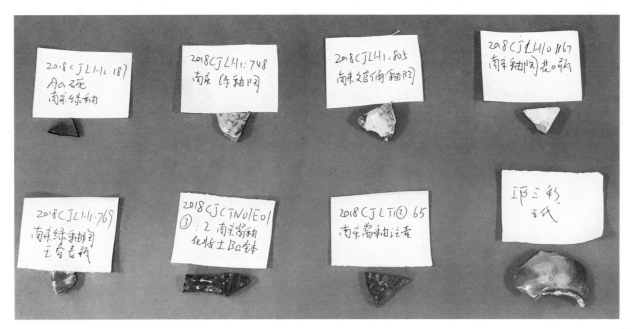

图一　所选取的样品

陶器、窑具、钱币等众多标本，对其品种类型、烧造工艺、时代变迁等问题有了更加全面的认识。

宋代在制瓷原料选用方面，做出了继往开来的重要贡献。在透明玻璃釉之外，新创造了结晶釉和乳浊釉，即便是玻璃釉，其配方进行了改进，使用"石灰—碱釉"。而多数瓷窑拉坯所用的瓷石，也要经过多次淘洗以去除杂质，使产品胎质纯净细腻。在装饰技法领域，更是推陈出新，包括刻花、剔花、划花、模印、釉下彩绘、雕刻等在内的装饰技法，在宋代都已有使用或者出现了滥觞。故而全面研究宋代制瓷工艺是极有现实意义的①。

本文主要拣选了 2018～2019 年琉璃厂窑出土的南宋铅釉陶、化妆土装饰瓷、青瓷样品共计 7 件和五代邛窑三彩样品 1 件（图一），对其釉层、化妆土层、胎体分别做理化分析，为探究南宋时期琉璃厂窑化妆土工艺及其釉层剥离机制提供了基础数据。

一　分析方法与条件

（一）样品制备

采用美国标乐（BUEHLER）公司生产的 Isomet 1000 型精密切割机、Cast N'Vac 1000 型真空冷镶机、Automet 250 全自动磨抛机对样品分别进行切割、镶嵌和磨抛，此后用超声波清洗机进行 15 分钟清洗，去除污染物。此外，用于扫描电镜观察的样品还使用了匈牙利 Technoorg Linda 公司生产的 SEM PREP 2 型离子研磨机对样品进行完全清洁。

---

① 马涛等：《传统制瓷工艺对海洋出水瓷器保护修复的指导研究——以宋代景德镇窑青白瓷为例》，《文物保护与考古科学》2018年第 5 期。

（二）显微观察

低倍采用德国蔡司（ZEISS）公司生产的 Smartzoom 5 型超景深三维光学显微系统对样品进行一般光学显微观察，物镜 1.6X 36mm。高倍采用荷兰飞纳（Phenom）公司生产的 Pro G6 型扫描电镜对样品进行电子显微观察，电压 15Kv，真空度 60Pa。

（三）元素分析

采用英国牛津（Oxford）公司生产的 X – MET8000 expert GEO 型 X 射线荧光光谱仪，束斑 3mm，主量元素采用电压 15KV，电流 150μA；微量元素采用的电压 36kV，电流 230μA，检测时间都为 60s，分别对釉层、化妆土和胎体进行 3 次检测，结果求取平均值。部分轻质元素使用扫描电镜配套 EDAX 公司生产的能谱进行验证。

（四）物相结构分析

采用英国雷尼绍（Renishaw）公司生产的 InVia 型显微共聚焦拉曼光谱仪，激光器波长选用：488nm、532nm，激光功率：2mW ~ 5mW，物镜：50 × LWD，曝光时间：2S ~ 5S，累加次数：5 次，分别对釉层、化妆土和胎体进行检测。

二　检测结果与分析

（一）超景深视频显微镜观察

图二 ~ 九为 8 件样品在同一条件下的 300 倍光学显微图片，可以看出这些样品无论是釉陶、化妆土装饰的特殊瓷器，还是一般青瓷器，都使用了化妆土工艺，且化妆土呈较为纯净的黄白色或者白色，其颗粒度和孔隙率明显低于胎体，其中釉陶的化妆土层是釉层厚度的 2 ~ 3 倍，而瓷器的化妆土层和釉层厚度基本一致。总体而言，所有样品釉面较为光洁，玻璃化程度较好；釉陶的胎体呈红色，而瓷器胎体呈褐色，都包含有大量杂质且空隙较多，应与制陶瓷过程中，炼泥、陈腐①、打泥②的工艺较为草率有关，即炼泥淘洗不精细，甚至未经过淘洗，会造成胎体含杂质较多。而陈腐期过于短暂或是打泥不充分，会导致泥料中存在大量未排出的气泡，造成胎体空隙。

此外，值得一提的是，这件邛窑三彩胎体内可见大量石英颗粒，证明其应该是一次性低温生烧而成，而不是有些铅釉瓷器，先烧制瓷质素坯，再挂铅釉二次烧成。

---

① 陈腐：泥料的混合不均匀或干湿不一致，会使泥胎在干燥和烧成过程中因为不均匀的收缩而导致变形。另外，泥料中存在的大量气泡会造成泥胎产生空隙、分层与开裂的缺陷，为了预防这些缺陷的产生，泥料需要在专用的陈腐池内陈腐一段时间来促使水分均匀，而且在细菌的作用下有机物腐烂产生有机酸促进气泡的排出来提高泥料的可塑性能。

② 打泥：经过陈腐后的泥料会经过人工赤脚与泥铲相结合的方式来进行有规律、有节奏的踩、拍、打的过程来促进泥料的均匀与气泡的排出，从而使泥料更加均匀与致密。

图二　样品（2018CJLH1∶748）断面 300 倍光学显微照片

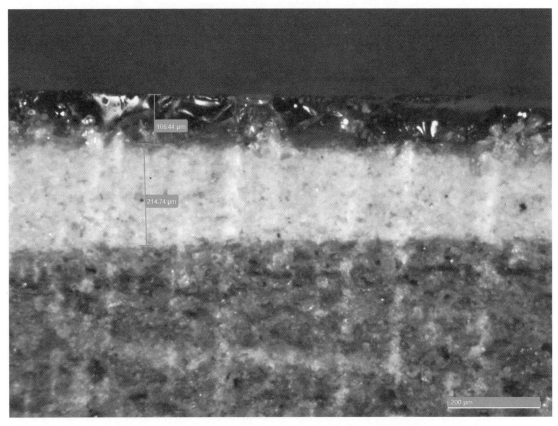

图三　样品（2018CJLH1∶769）断面 300 倍光学显微照片

图四　样品（2018CJLH1：805）断面 300 倍光学显微照片

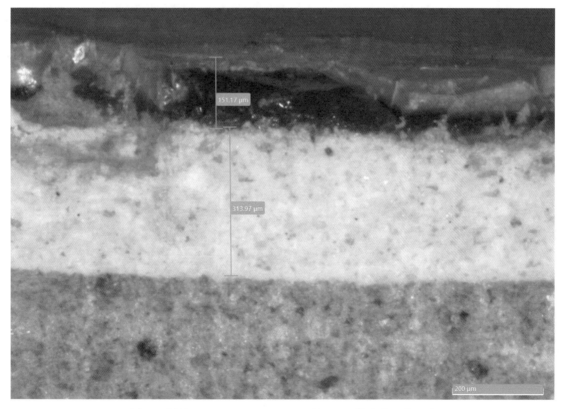

图五　样品（2018CJLH10：1167）断面 300 倍光学显微照片

图六　样品（五代邛窑三彩）断面 300 倍光学显微照片

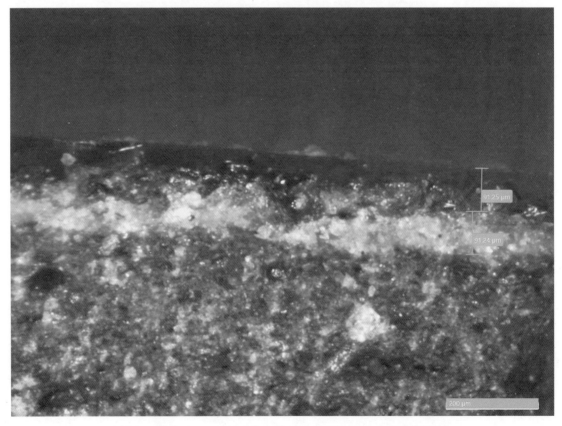

图七　样品（2018CJCTN01E01③：2）断面 300 倍光学显微照片

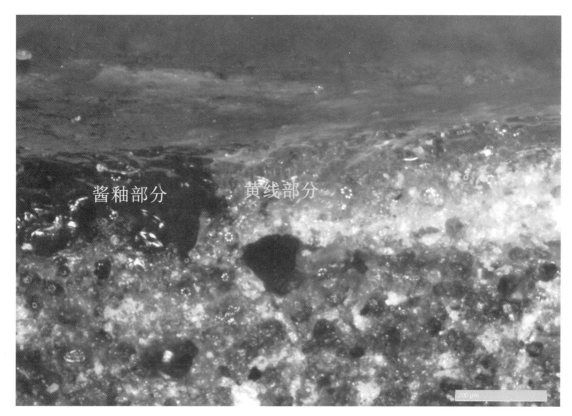

图八　样品（2018CJLT1②：65）断面 300 倍光学显微照片

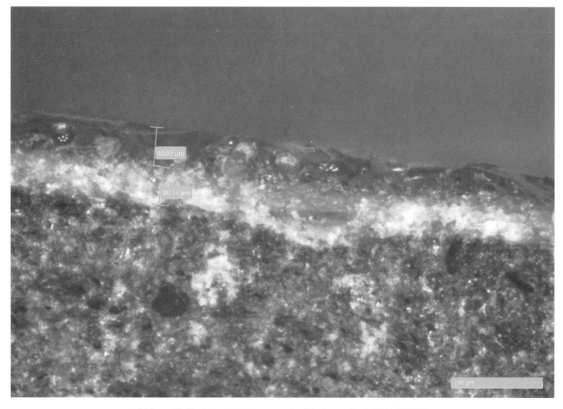

图九　样品（2019CJLH2：187）断面 300 倍光学显微照片

（二）扫描电镜（SEM – EDS）观察与能谱验证

选取样品（2018CJLT1②：65）的釉面做了扫描电镜—能谱（SEM – EDS）的检测，发现这件南宋化妆土装饰瓷釉面玻璃体发育较好，且有明显的铝富集和钛析出（图一〇～一二）。其中玻璃体上方铝富集区域的针状晶体从微观形貌来看，为莫来石相的可能性大，而析出区域从微观形貌和能谱来看，是钛榍石相的可能性大。其中莫来石这样大量生成的温度在1200℃以上，而陶瓷在1180℃～1220℃烧成时，瓷釉中存在分相与析晶现象，其析出的晶体主要就为钛榍石[①]。故而这件南宋化妆土装饰瓷的烧成温度在1200℃～1220℃的可能性最大。

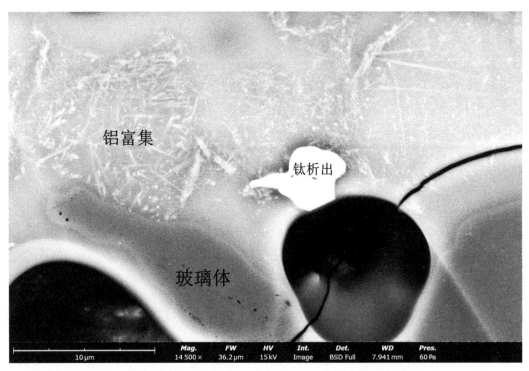

图一〇　样品（2018CJLT1②：65）釉面14500倍扫描电镜显微照片

（三）X射线荧光光谱的元素分析

表一、二分别为陶瓷样品的主量元素和重要微量元素的检测数据，数据都较为准确，可视为半定量结果参考。从结果来看，所有5件釉陶均为低温铅釉陶，其中琉璃厂窑4件的釉面PbO含量均约为43%，胎体中SiO_2含量较低，AL_2O_3含量较高，但Fe_2O_3含量在3%～8%，所以这些琉璃厂窑釉陶使用的胎料就是高铝高铁黏土，而五代邛窑三彩釉面的PbO含量明显更高，约为50%，胎体中SiO_2含量更高，Fe_2O_3含量仅为0.9%，达到瓷土标准，故而这件邛窑三彩应该是邛窑特色的低温三彩瓷，与琉璃厂窑铅釉陶差异巨大。3件南宋琉璃厂窑瓷器釉面中CaO含量不稳定，但b值温度在0.6～0.7之间[②]，证实南宋时期琉璃厂窑虽然已使用了CaO做助溶剂，但含量不够高，

①　王春玲、罗宏杰等：《中、高温钛乳浊釉显微结构的研究》，《中国陶瓷》1997年第5期。

②　罗宏杰等：《中国古瓷中钙系釉类型划分标准及其在瓷釉研究中的应用》，《硅酸盐通报》1995年第2期。

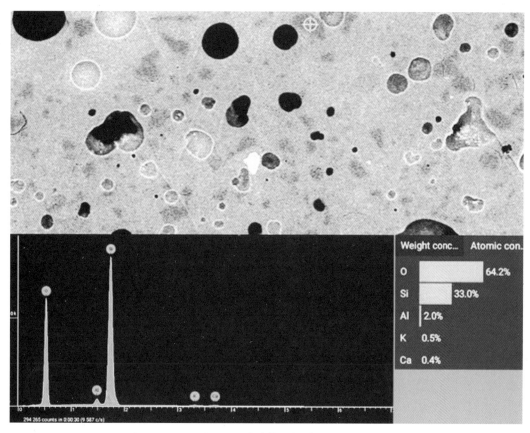

图一一　玻璃体的能谱验证

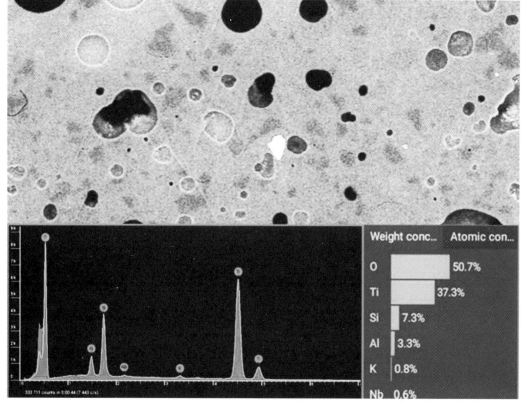

图一二　钛析出的能谱验证

表一　琉璃厂窑釉陶及部分瓷器样品胎釉主量元素含量表（%）

样品编号	MgO	Al₂O₃	SiO₂	P₂O₅	K₂O	CaO	TiO₂	MnO	Fe₂O₃	CuO	PbO
南宋绿釉陶釉（2018CJLH1:748）		3.7458	16.1282	0.1009	0.4872	0.3791	0.3974		0.6035	1.1521	43.1149
南宋绿釉陶胎（2018CJLH1:748）		20.1595	56.9765		1.8594	0.6139	2.2734	0.0159	3.9808	0.0081	0.0976
南宋釉陶釉 2018CJLH1:769		3.3651	17.4755	0.0769	1.0048	0.9229	0.2909		0.6675	2.4886	43.6794
南宋釉陶胎 2018CJLH1:769		16.0604	66.119		2.4708	0.3855	1.77	0.0119	4.9211	0.0285	0.3968
南宋釉陶釉 2018CJLH1:805		3.4757	16.2999	0.1051	0.5308	1.3659	0.4708		0.8469	1.0466	44.0198
南宋釉陶胎 2018CJLH1:805		21.2807	55.6434		2.6378	0.7488	2.1569	0.0192	5.3576	0.0094	0.0388
南宋釉陶釉（2018CJLH10:1167）		2.641	17.767	0.116	0.2214	1.3867			0.7427	0.976	43.0019
南宋釉陶胎（2018CJLH10:1167）		19.6934	57.0283		2.9238	0.5869	1.7967	0.035	8.496	0.0175	0.3315
邛窑三彩釉		2.7905	15.8401	0.1211	0.5322	0.1737	0.5892		0.4729	0.0262	50.8258
邛窑三彩胎		17.0214	69.0954		1.275	0.1025	1.7763		0.897	0.0029	0.2534
南宋酱釉（釉—黄色）2018CJCTN01E01③:2）	2.6151	17.279	52.4593	2.276	2.695	10.3077	1.6518	0.8924	6.2068	0.0205	
南宋酱釉（釉—酱色）2018CJCTN01E01③:2）	3.6855	16.9041	49.8724	2.2014	2.848	11.2468	1.603	1.0757	6.7653	0.0252	
南宋酱釉（胎）2018CJCTN01E01③:2）		21.9067	56.9116		3.053	0.6048	1.9791	0.0377	5.3823	0.0038	
南宋酱釉（釉－黄色）2018CJLT1②:65）		15.0468	64.603	1.9022	1.96	5.3565	1.7409	0.2387	2.8285	0.0085	
南宋酱釉（釉－酱色）2018CJLT1②:65）		17.4132	57.9172	2.0534	2.7116	7.9535	1.9953	0.4043	4.1162	0.0143	
南宋酱釉（胎）2018CJLT1②:65）		18.6822	58.74		1.756	0.3822	2.3423	0.0201	2.7755	0.003	
南宋青釉瓷釉（2019CJLH2:187）	1.6624	16.1103	63.0576	3.224	2.7292	10.3049	1.7723	0.4525	2.1072	0.5935	
南宋青釉瓷胎（2019CJLH2:187）		21.5277	55.273		2.1818	1.7594	2.3411	0.0568	3.5761	0.0871	

当属于钙—碱釉系统，与肉眼感官也一致。此外，琉璃厂窑釉陶和瓷器的胎体主量元素含量基本在一个数量范围内，偏差较小，也说明南宋时期琉璃厂窑生产釉陶和瓷器的胎料是同一种原料，即含杂质较多的黏土。这也指明了琉璃厂窑在南宋时期还广泛采用化妆土工艺的主要原因就是制陶瓷的原料不够优质，必须使用化妆土作为中间层来改善露胎部分粗糙、不够光洁的观感。此外，釉层、化妆土层和胎体中的 K_2O 含量都很低，应该可以排除琉璃厂窑化妆土使用了其它窑口多见报道过的云母类矿物[①]的可能性。而从微量元素看，琉璃厂窑产品和邛窑产品差异很大，可以较好地实现产地判别，待今后丰富数据后做进一步研究。

表二　琉璃厂窑釉陶及部分瓷器样品胎釉重要微量元素含量表（%）

样品编号	Rb	Sr	Zr
南宋绿釉陶釉（2018CJLH1：748）	0.058	0.0061	0.0718
南宋绿釉陶胎（2018CJLH1：748）	0.0082	0.0056	0.0238
南宋釉陶釉 2018CJLH1：769）	0.1244	0.0104	0.0999
南宋釉陶胎 2018CJLH1：769）	0.0109	0.0061	0.0327
南宋釉陶釉 2018CJLH1：805）	0.0605	0.0079	0.0717
南宋釉陶胎 2018CJLH1：805）	0.0138	0.0081	0.0341
南宋釉陶釉 2018CJLH10：1167）	0.0503	0.0101	0.0479
南宋釉陶胎 2018CJLH10：1167）	0.0157	0.0091	0.0432
邛窑三彩釉	0.0174	0.03	0.0397
邛窑三彩胎	0.02	0.0338	0.0466
南宋酱釉（釉—黄）2018CJCTN01E01③：2）	0.0145	0.0079	0.0342
南宋酱釉（釉—酱）2018CJCTN01E01③：2）	0.0095	0.0121	0.0209
南宋酱釉（胎）2018CJCTN01E01③：2）	0.0155	0.0206	0.0336
南宋酱釉（釉—黄）2018CJLT1②：65）	0.0068	0.004	0.0161
南宋酱釉（釉—酱）2018CJLT1②：65）	0.0141	0.0227	0.0286
南宋酱釉（胎）2018CJLT1②：65）	0.0092	0.0078	0.0196
南宋青釉瓷釉（2019CJLH2：187）	0.0302	0.002	0.0341
南宋青釉瓷胎（2019CJLH2：187）	0.0042	0.0023	0.0098

（四）拉曼光谱的物相结果分析

主要选取化妆土作为拉曼光谱的检测对象，结果显示无论釉陶、一般青瓷还是化妆土装饰瓷的化妆土都应该为高铝硅酸盐类矿物，还包含少了铜、铁杂质，只不过釉陶因烧成温度较低，化妆土层玻化程度明显低于瓷器，但琉璃厂窑化妆土选用的原料应该都是高岭土类高铝黏土（图一三）。

---

① 康葆强等：《故宫出土元代孔雀蓝釉琉璃瓦的原料及工艺研究》，《故宫学刊》2018 年第 1 期。

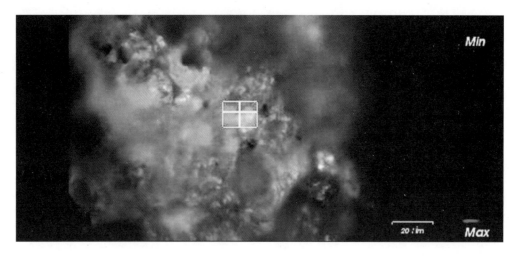

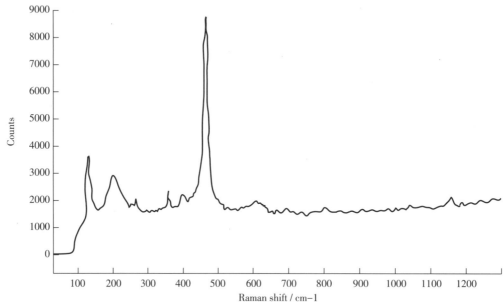

图一三　样品（2018CJLT1②∶65）化妆土层拉曼光谱面扫描谱图

三　讨论与研究

（一）南宋琉璃厂窑化妆土工艺

化妆土是用经过特别细加工的瓷土或专门选用的高铝低铁原料（如∶高岭土）调成的一种特殊泥浆。工匠将这种泥浆施于胎体质地较粗糙或胎色较深的陶瓷器的胎釉之间，以改善瓷器的观感，并起到美化瓷器或改变瓷器呈色的作用，这即是化妆土工艺。

目前已知最早运用化妆土工艺的是西晋时期的婺州窑，后来，工匠还进一步扩展了化妆土的功能，把化妆土直接用于瓷器装饰。磁州窑就将化妆土装饰工艺运用到了炉火纯青的地步，衍生出剔花和釉下加彩的珍珠地划花等特色产品。而许多窑口也使用了类似装饰手法，即划透化妆土，露出了较深的胎色，形成了带有铁线意味的纹饰，以突出胎色与化妆土的反差。

南宋时期的琉璃厂窑使用化妆土工艺十分普遍，釉陶和普通青瓷都施有高岭土类的化妆土作为中间层，主要为了改善陶瓷器质感。而其另有一类特殊的化妆土装饰瓷和其他许多窑口划透化妆土，露出了较深的胎色，施浅色釉后突出胎色与化妆土颜色的反差的装饰手法不同。南宋时期的琉璃厂窑这种化妆土装饰瓷反其道而行，以浅色化妆土为颜料，在深色胎体上画出纹饰后再一次性施釉，形成黄线酱釉瓷，而这种手法其实就是一种完全意义的釉下彩绘装饰，很有特色（图一四、一五）。

（二）南宋琉璃厂窑铅釉陶釉层剥离机制

釉陶器在埋藏过程中，受物理、化学、生物因素影响，会产生多种文物病害，釉层剥离是其中最常见的一种，其主要形式是沿着釉面开片的走向，依次从胎体剥离。而琉璃厂窑釉陶的化妆土层很厚，且从结合情况来看，化妆土层与胎体的结合远好于釉层与化妆土层的结合（图一六、一七），故而南宋琉璃厂窑釉陶釉层剥离就是釉面与化妆土层的剥离。

釉陶的釉层剥离情况，其实是一种较为普遍的现象①，主要原因可分为原料本身的缺陷和烧结程度太低两大类，当然在具体器物上可能是两种原因兼而有之。其中原料缺陷主要指的是釉陶使用云母类矿物作为化妆土，由于云母类矿物多为层状结构，本身就容易发生分层现象，而在加热过程中会发生更加明显地膨胀，会进一步加剧表面釉层的剥离。且因为铅釉在高温下会被烧坏，所以烧结度不够是所有铅釉陶的共性特征。

从元素和物相结构的检测结果来看，琉璃厂窑化妆土使用的是高岭土类黏土，如果经过高温烧制，其玻化程度会到达较高水平，与釉层和胎体的膨胀系数较为接近，结合会比较紧密，但铅釉陶器烧成温度太低，玻化水平低，故而釉面和化妆土层结合不够紧密，而南宋琉璃厂窑瓷器在同样的埋藏环境下，就很少见釉层剥离的现象，说明釉层剥离与原料本身无关，而与烧成温度低（烧结程度不够）有关。

四　结　论

综上所述，南宋琉璃厂窑产品胎料选用的都是高铝低硅高铁的黏土，化妆土使用了高铝低铁的高岭土类黏土；而釉料方面，釉陶器使用了铅釉，瓷器使用了钙—碱釉。其中南宋琉璃厂窑釉陶与五代邛窑三彩的配方存在很大的差异，琉璃厂窑在原料选取方面明显更差。

但琉璃厂窑在制陶瓷原料完全不占优势的局面下，却依然发展形成了极具特色的陶瓷生产业态，在制瓷（陶）工艺方面也有独到的建树，尤其对化妆土工艺的普遍应用，且在此基础上衍生出了使用化妆土作为颜料的釉下彩绘装饰手法，在中国陶瓷史上也应占有一席之地。琉璃厂窑釉陶器出现釉层剥离现象主要与器物烧结程度低有关，这类器物在出土后应该尽快营造恒温恒湿的环境，避免湿度过高和温度剧烈变化。

---

① 赵作勇等：《陕西、河南地区出土唐代釉陶器釉层剥离原因分析》，《文物保护与考古科学》2015年第3期。

图一四　样品（2018CJLT1②：65）黄线装饰部位 50 倍三维光学显微照片

图一五　样品（2018CJLT1②：65）黄线装饰部位 100 倍光学显微照片

图一六　样品（2018CJLH10：1167）表面100倍光学显微照片

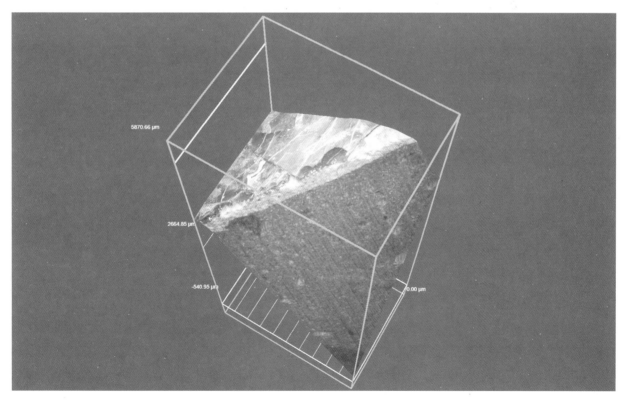

图一七　样品（2018CJLH10：1167）100倍三维光学显微照片

附录三

成都琉璃厂窑古陶瓷文献索引

序号	篇名	著者	图书（期刊）出处	出版时间
1	《琉璃厂窑址》（The Liu Li Chang Kiln Site）	葛维汉（D·C·Graham）	《华西边疆学会研究杂志》（Journal of the West China Border Society）第 11 卷	1939 年
2	《四川瓷器的化学分析鉴定》（Identification of Szechwan Porcelains by Chemical Analysis）	高毓灵	《华西边疆学会研究杂志》（Journal of the West China Border Society）第 11 卷	1939 年
3	《四川华阳县琉璃厂调查记》	林坤雪	《文物参考资料》1956 年第 9 期	1956 年
4	《邛崃、琉璃厂窑遗址》（The Kiln Site of Chiunglai and Liulichang）	郑德坤	《四川考古研究》（Archaeological Studies in Szechwan）	1957 年
5	《记唐印本陀罗尼经咒的发现》	冯汉骥	《文物参考资料》1957 年第 5 期	1957 年
6	《故宫博物院十年来对古窑址的调查》	陈万里、冯先铭	《故宫博物院院刊》总第 2 期	1960 年
7	《新中国陶瓷考古的主要收获》	冯先铭	《文物》1965 年第 9 期	1965 年
8	《成都胜利公社琉璃厂古窑》	丁祖春	《四川古陶瓷研究》（一）	1984 年
9	《成都太平横街南宋墓出土陶器浅析》	陈德富	《景德镇陶瓷》总第 26 期	1984 年
10	《唐宋时代四川陶瓷装饰艺术特点》	陈丽琼	《西南师范大学学报》（人文社会科学版）1984 年第 4 期	1984 年
11	《成都琉璃厂窑宋双鱼纹盆》	吕成龙	《四川文物》1993 年第 3 期	1993 年
12	《综论宋三彩》	孙新民	《中原文物》1998 年第 3 期	1998 年
13	《四川出土宋代瓷器初步研究》	黄晓枫	四川大学硕士学位论文	2002 年
14	《四川古瓷的造型和纹饰研究》	魏崴	《四川文物》2003 年第 3 期	2003 年
15	《成都琉璃厂窑北宋窑工印记》	蒲存忠	《四川文物》2004 年第 6 期	2004 年
16	《中国古代窑址标本展览（3）》	冯小琦	《收藏家》2006 年第 1 期	2006 年
17	《四川盆地唐宋时期制瓷工艺初步研究》	安剑华	四川大学硕士学位论文	2006 年

序号	篇名	著者	图书（期刊）出处	出版时间
18	《成都市琉璃厂古窑址 2010 年试掘报告》	成都文物考古研究所	《成都考古发现·2010》	2012 年
19	《衡山镇、均（坰）窑镇与琉璃厂窑》	易立	《边疆考古研究》第 13 辑	2013 年
20	《成都市黄龙溪镇明蜀藩王墓与琉璃厂窑出土釉陶分析研究》	杨颖东、罗武干、易立	《成都考古发现·2011》	2013 年
21	《四川成都五代至宋元琉璃厂窑遗址》	易立、王瑾	《大众考古》2019 年第 8 期	2019 年
22	《四川成都琉璃厂五代至宋元时期瓷窑遗址》	易立、王瑾、侯晓宁	《2019 中国重要考古发现》	2020 年
23	《21 世纪以来宋（辽金）元时期三彩暨低温釉陶窑址考古新进展》	郑建明、赵子豪	《文物天地》2020 年第 5 期	2020 年

注：按发表时间先后排序，资料截至 2020 年 12 月。

后　记

　　琉璃厂窑位于今成都市三环城区东南，是成都平原一处规模较大的民间制瓷窑场，从五代兴烧至明代停产，延续长达700余年，与该时期成都城的市民生活、商业贸易及社会文化有着极为密切的联系。为了配合土地整理，成都文物考古研究院于2018～2019年对窑址核心区开展了全面的调查和发掘工作，获取了丰富的窑业遗存资料，较为完整地揭示了成都琉璃厂窑的历史沿革、产品面貌、制作工艺、生产性质等文化内涵，为促进和加强对窑址的考古学、美术学、陶瓷工艺学等方面的研究，并开展相应的文物保护、展示利用及文创开发工作，提供了可靠的科学依据。

　　本次考古领队为易立，参加发掘和整理工作的人员还有王瑾、唐彬、高潘、钟宝峰、郑蝶、周杨、李万强，锦江区文物保护管理所包绍远，四川大学考古文博学院硕士研究生候晓宁、鲁云霞、吴雪、叶攀、张南金、张成杰等。发掘现场绘图由钟宝峰、高潘完成，航拍及测绘由唐彬、胡登彬完成，室内整理绘图由张立超、李福秀、曾雾完成，器物修复由王莉娟、代庆容、代东玲完成，拓片由严彬制作，照片由易立、王瑾拍摄，标本分析检测由宁波博物院文物科技保护中心马涛承担。

　　本报告第一章第一、二、四节由包绍远、易立执笔，第一章第三节由王瑾、易立执笔，第二章由王瑾、易立执笔，第三章第一、二节由王瑾、候晓宁执笔，第三章第三节由包绍远、王瑾执笔，第四章由王瑾执笔，第五章第一节由王瑾执笔，第五章第二节由王瑾、易立执笔，第五章第三节由易立执笔。附录一由易立执笔，附录二由马涛、王瑾、曾宝栋、易立执笔，附录三由王瑾、易立执笔。全书由王瑾、易立统稿审定。

　　在此次发掘和整理过程中，分别得到了四川省文物局、成都市文广旅局、成都文物考古研究院、锦江区文体旅局、锦江区文物保护管理所等单位的关心和支持，项目业主成都市土地储备中心为考古工作的及时进场提供了便利。四川省文物局王毅局长，成都文物考古研究院颜劲松院长、江章华副院长多次亲临工地现场指导和协调具体工作，成都文物考古研究院蒋成副院长、周志清研究员、陈云洪研究员、黄晓枫研究员、陈剑研究员、谢涛副研究员等都先后给予学术指导。北京大学考古文博学院秦大树教授，四川大学考古文博学院张勋燎教授、霍巍教授、李映福教授、白彬教授、罗二虎教授、范佳楠博士，西南民族大学历史文化学院乔栋教授，景德镇陶瓷大学艺术文博学院陈宁教授，故宫博物院冯小琦研究员等学界前辈和同仁也曾提出不少宝贵意见。

　　在此，对上述诸单位和领导、前辈、同仁一并致以诚挚谢意！

　　由于编写时间仓储，加之作者学识水平有限，书中难免存在谬误和疏漏不足之处，敬请读者批评指正。

编　者

Liulichang Kiln: 2018 ~ 2019 Excavation Report

(Abstract)

Liulichang (厂) Kiln, also known as "Liulichang (场) Kiln" or "Huayang Kiln," is located in the area of Liuli Road, Liuli Second Street, Liuli Middle Street, and Xiwayan River (Xiaosha River) in the southeast of Chengdu, Sichuan Province. It is an important large – scale folk kiln on the Chengdu Plain. Many archaeological projects have been conducted here since the kiln site was discovered in the 1930s. From 2018 to 2019, to cooperate with the land consolidation project, the Chengdu Institute of Cultural Relics and Archaeology carried out a comprehensive survey, exploration, and excavation of the site area, clarifying the core area and general functional divisions of the remaining kiln site. The work revealed an area of about 4, 300 sq. m and unearthed 3 dragon kilns with ramps, 11 house foundations, 2 wells, 1 pond, 1 road, 1 ditch, 2 tombs, 1 retaining wall, and 23 ash pits of different periods. In addition, more than 8, 100 complete or restorable pieces of porcelain, pottery, kiln furniture, and workshop utensils were discovered, including daily porcelain utensils with celadon, white, sauce, and black glazes that usually found in sites of the Five Dynasties to the Yuan Dynasty in Chengdu urban area; funerary wares (*mingqi*) such as glazed pottery figurines of humans and mysterious monsters and animal models that commonly discovered in tombs; and green glazed architectural tiles that often found in the site of Shuwang Mansion and Shuwang mausoleums of the Ming Dynasty.

In this report, researchers conducted a systematic typological study on the unearthed artifacts, combining superposition and intrusion relationships between the remains and strata as well as a comprehensive analysis of characteristics of artifacts such as type, shape, clay body and glaze, decoration and firing techniques, and finally divided the remains in the Liulichang kiln into four periods.

Period one is dated back to the Five Dynasties to the early Northern Song Dynasty. This period's majority of porcelain products were daily utensils and a minimal amount of religious utensils, stationaries, and toys. Celadon was the most common glaze color and then the sauce glaze. The most prevalent decoration technique was underglaze painting, and popular patterns included stippling, scrolling foliage, grass leaves, incised design collocated with underglaze paintings. In terms of production technique, artifacts were neatly made with tightly attached glaze and clay body. Firing methods involved stacked firing with spurs, stacked firing without separators, mouth – to – mouth firing, and nested firing, and stacked firing was most frequently used. Most artifacts embodied thick and heavy clay bodies and plump shapes.

Period two is from the middle and late Northern Song Dynasty to the mid – Southern Song Dynasty. The main porcelain products of this period were still daily utensils but went through a significant breakthrough in producing art decorations, religious utensils, funerary wares, and architectural components, obtaining quantitative improvement and more plentiful types and shapes. The most common glaze color was sauce glaze, followed by celadon, and some black, white, green glazes, and low – temperature glazed products. Underglaze painting was still the most popular decoration technique with prevalent patterns such as ribbed, twill, check, and scrolling foliage. Artifacts like bowls and teacups were usually moulded with makers' marks on the interior of the ring foot. The overall production standard in this period was relatively rough. Degrees of regularity and glaze – clay adherence were much lower than period one, with persistent phenomena of peeling – off glaze, glaze bubbles, pinholes, orange peel, slag dropping, and kiln cracks. Primary firing methods were mouth – to – mouth firing, quartz sand stacked firing, and stacked firing with branch rings. Compared with the previous period, this period's clay body became thinner, and the shape became slender.

Period three is from the late Southern Song Dynasty to the Yuan Dynasty. The product types reduced drastically, only left some daily utensils such as bowls, plates, and teacups with cumbersome clay bodies. The undecorated black – glazed wares became the dominant style and most of which were dull with wooden luster. All products were fired with quartz sand as separators, and makers' marks were moulded on the bottom.

Period four belongs to the Ming Dynasty, primarily producing *Liuli* and ordinary building tiles.

Based on the archaeological excavation and research, the development of Liulichang Kiln has gone through four stages of founding, prosperity, downturn, and authoritative control. The founding of the Liulichang kiln was closely related to the gradual suspension of the Qingyanggong kiln in Chengdu at the end of the Tang Dynasty, which can be regarded as the latter's successor. The kiln entered into remarkable prosperity during the Five Dynasties to the Northern Song Dynasty, which resulted from a series of factors – continuous social and economic developments of Chengdu, great progress of the porcelain industry, expansion of the porcelain consumption market, and prevalence of the tea – drinking custom. After the Song – Mongol (Yuan) War, the economy of the Shu State was damaged. Consequently, the production of Liulichang kiln has been negatively impacted and began to decline, showing a sharp deterioration in their products. In the Ming Dynasty, the Liulichang kiln was revitalized due to the establishment of the feudal vassal system. However, the kiln soon became the authoritative – controlled kiln that exclusively produced *Liuli* building materials for the Shu vassal administration.

On the other hand, by combing through archaeological materials of sites and tombs in Chengdu and surrounding areas, it can be found that, during the Five Dynasties to the Song and Yuan dynasties, consumers of Liulichang kiln's products widely ranged from emperors to the ordinary people. Moreover, in the Ming Dynasty, Liulichang's products were controlled by the Shu vassal administration, which supplied products for internal use only. Throughout the Five Dynasties to Yuan and Ming dynasties, the distribution range of the products remained stable – focusing on the urban area of Chengdu and nearby suburbs. Porcelains unearthed from sites and tombs of the Five Dynasties to the Northern and Southern Song dynasties show few significant differences in appearance, characteristics of glaze and clay, and quality; merely the artifacts unearthed from sites embrace a wider variety in types.

A place named "Jun (Ji) Kiln" is found under the entry of "Huayang County" in "Chengdu Prefecture (Fu) Circuit (Lu)" in the geographic book of the Northern Song Dynasty *Yuanfeng Treatise of the Nine Regions* (*Yuanfeng Jiuyu Zhi*). Combined with archaeological discoveries and other local chronicles data from the Southern Song to the Ming and Qing dynasties, it can be inferred that the "Jun (Ji) Kiln" was the name of Liulichang Kiln in the Northern Song Dynasty. It is also the only local porcelain kiln recorded in Song Dynasty's literature in southwest China.

第Ⅱ区

第Ⅰ区

彩版一　窑址发掘区全景

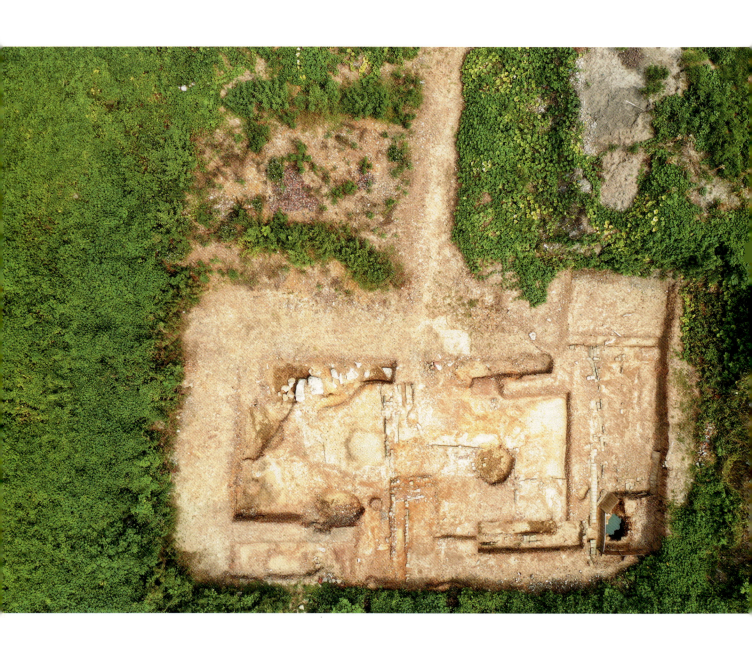

彩版二　第 I 发掘区俯视

彩版三 第 II 发掘区俯视

北

居民楼

地奥药厂

锦华路三段

2018至2019年发掘区

桥隧检测公司

加油站

锦华路三段

盐道街中学实验学校

沙河

南三环

图例	▬ 含文化堆积的解剖沟	▬ 含烧窑的解剖沟或断壁剖面	▬ 古河道或含河道淤积土的解剖沟	0 60 米
	▬ 无文化堆积的解剖沟	▭ 窑址现存范围	▭ 现状路	

彩版四　窑址调查勘探平面图

1. 调查采集的明代釉陶鸱吻（半成品）

2. 调查采集的明代绿釉龙纹瓦当

3. 调查采集的明代绿釉龙纹滴水

彩版五　调查采集的明代遗物

彩版六　第 II 发掘区现场（由西北向东南）

1. 第Ⅱ发掘区现场（由西向东）

2. 第Ⅱ发掘区作坊建筑（由东南向西北）

彩版七　第Ⅱ发掘区现场

彩版八 第Ⅱ发掘区作坊建筑基址俯视

1. 窑炉Y1（由西向东）

2. 窑炉Y2（由北向南）

彩版九　窑炉

1. 全景（由东南向西北）

2. 中段（由东北向西南）

彩版一〇　窑炉Y2

1. 坍塌的顶部券拱局部之一

2. 坍塌的顶部券拱局部之二

1. 窑炉内壁

2. 窑炉内残留的瓷器

彩版一二　窑炉Y2

1. 窑炉内残留的瓷器

2. 窑炉外堆放的瓷器成品

彩版一三　窑炉Y2出土瓷器

1. 窑炉Y2外堆放的瓷器成品

2. 窑炉Y3（由东南向西北）

彩版一四　窑炉

1.房址F1的墙基与柱础

2.房址F2砖砌散水局部

1. 房址F4俯视

2. 房址F6局部（由西向东）

彩版一六　房址

1. 房址F6东侧排水沟内放置的注壶

2. 房址F8局部（由东南向西北）

1. 房址F8局部（由东向西）

2. 房址F9局部（由南向北）

1. 房址F10局部（由东北向西南）

2. 井J1

彩版一九　房址、井

1. 井J2

2. 池C1（由东南向西北）

彩版二〇　井、池

1. 道路L1表层及剖面

2. 沟渠G1局部

彩版二一　道路、沟渠

1. 俯视（由东向西）

2. 侧视（由西向东）

彩版二二　墓葬M1

1. 揭顶前的M1南室（由西向东）

2. 清理后的M1南室

彩版二三　M1南室

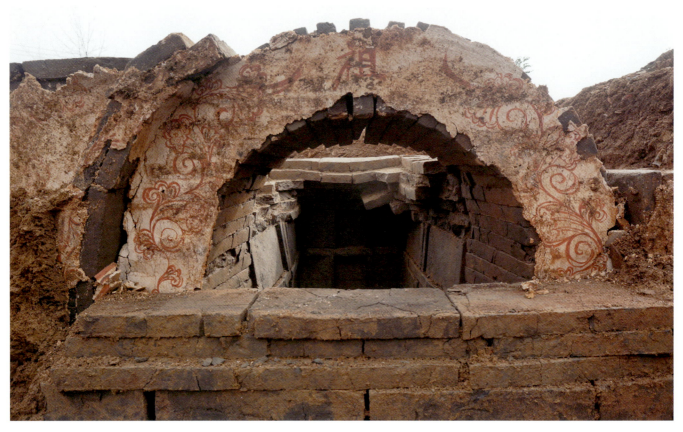

1. M1南室墓门处壁画（由西向东）

2. M1南室券拱

彩版二四　M1南室

1. 清理后的M1中室及北室（由东向西）

2. 墓葬M1北室出土买地券

3. 挡墙Q1

彩版二五　M1中室及北室、买地券与挡墙

1. Aa型（H1：588）

2. Ba型（H1：577）

彩版二六　白釉碗

1. H1：607

2. H1：619

彩版二七　Aa型白釉盏

1. Aa型盏（Y1：13）

2. Aa型瓶（H2：397）

彩版二八　白釉瓷器

1. Ab型（H1：70）

2. 残件（采：67）

彩版二九　白釉瓶

1. Aa型（H9∶1898）

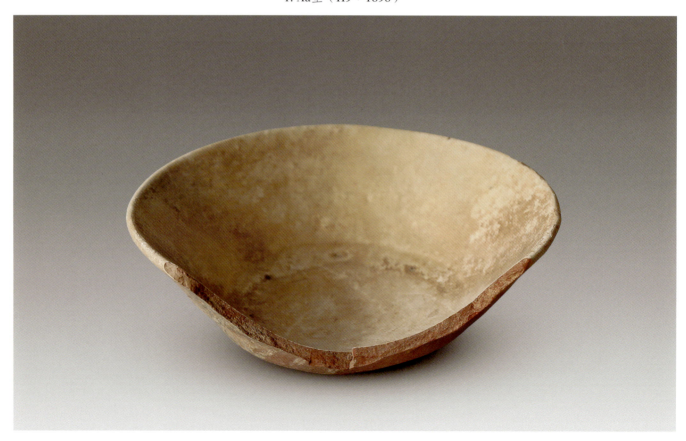

2. Ca型Ⅰ式（H9∶947）

彩版三〇　青釉饼足碗

1. H1：653

2. H10：1046

彩版三一　Aa型青釉圈足碗

1. Aa型（H10：1077）

2. B型（H1：500）

彩版三二　青釉圈足碗

1. Ca（H10：1074）

2. D型（H9：643）

彩版三三　青釉圈足碗

1. Ab型（H13：64）

2. Bb型（H9：1943）

彩版三四　青釉盘

1. D型盘（H9：1153）

2. A型盆（H10：1069）

彩版三五　青釉瓷器

1. H9：1157

2. H9：1159

彩版三六　Da型青釉盆

1. Db型（H2∶481）

2. G型（采∶90）

彩版三七　青釉盆

1. H型（H13：118）

2. I型（H13：115）

彩版三八　青釉盆

1. H9：1953

2. H10：1152

彩版三九　青釉盆残件

1. 盆残件（H10：1178）

2. A型钵（H13：89）

彩版四〇　青釉瓷器

1. A型无系罐（H13∶100）

2. Aa型横系罐（H10∶1160）

彩版四一　青釉罐

1. D型横系罐（H9：1170）

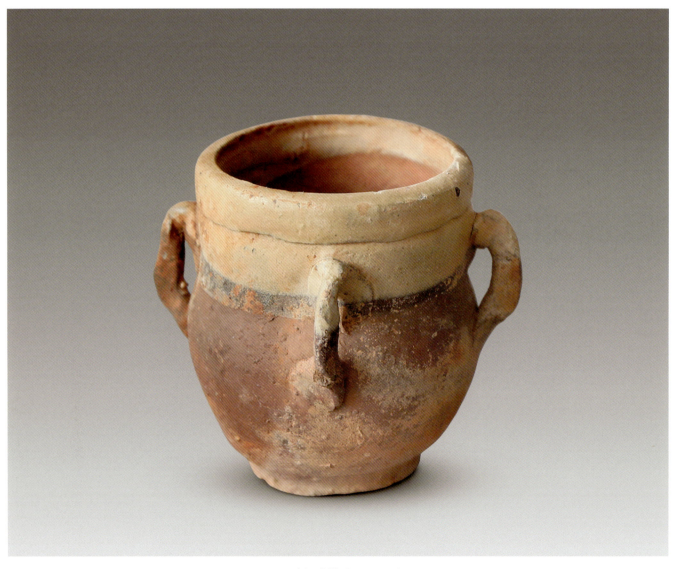

2. A型竖系罐（H9：98）

彩版四二　青釉罐

1. Ca型（F4垫：508）

2. D型（H13：120）

彩版四三　青釉竖系罐

彩版四四　Ba型青釉注壶（H9：202）

1. Ba型（F4垫：410）

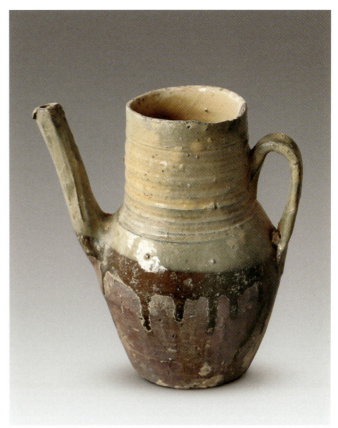

2. Bb型（H9：2112）

3. Ca型（H9：192）

4. Ca型（H9：193）

彩版四五　青釉注壶

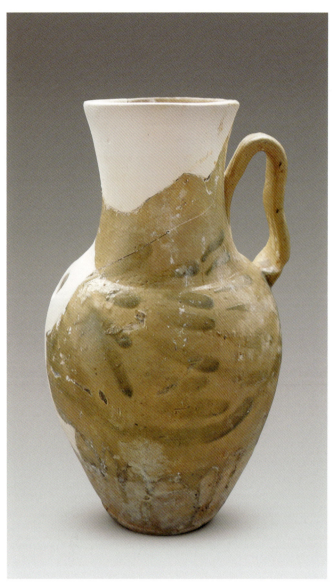

1. Da型（H9：1092）

2. Db型（H9：199）

彩版四六　D型青釉注壶

1. H1：63

2. H1：64

彩版四七　Aa型青釉瓶

1. H2：400

2. H10：904

彩版四八　Aa型青釉瓶

1. A型炉（H13：98）

2. Ac型器盖（H10：817）

3. Ac型器盖（H10：818）

彩版四九　青釉瓷器

1. A型砚台（H9：1920）

2. 腰鼓（H9：2136）

彩版五〇　青釉瓷器

1. A型器座（H9：1070）

2. 铃铛（H9：1065）

彩版五一　青釉瓷器

1. Aa型（H17：24）

2. Ca型（H9：1708）

彩版五二　酱釉碟

1. H2：145

2. H2：147

彩版五三　Gb型酱釉碟

1. Aa型（H9：2072）

2. Da型（H9：894）

彩版五四　酱釉炉

1. Db型炉（H9：1071）

2. A型研磨器（F4垫：395）

彩版五五　酱釉瓷器

1. Bc型（H3：11）

2. C型（H10：1008）

彩版五六　酱釉碗

1. Db型碗（H2：249）

2. Ba型钵（TN01E01③：2）

彩版五七　酱釉瓷器

1. D型盒（H9：1058）

2. Aa型急须（TN02E03③：33）

彩版五八　酱釉瓷器

1. B型（H1：693）

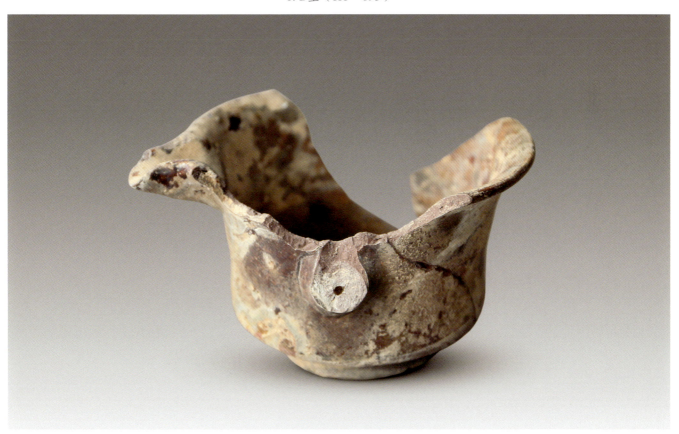

2. D型（H1：694）

彩版五九　酱釉急须

1. 砚台（C1：17）

2. 骑马俑（H12：136）

彩版六〇　酱釉瓷器

1. Aa型母口盖（H9：1042）

2. Da型子口盖（H10：819）

3. Eb型子口盖（H9：1043）

彩版六一　酱釉盖

1. Ba型（H10：803）

2. Bb型（H1：344）

彩版六二　B型酱釉蛙形灯

1. A型（H9：1790）

2. C型（F4垫：146）

彩版六三　酱釉省油灯

1. Aa型（H9：220）

2. C型（H9：215）

彩版六四　酱釉注壶

彩版六五　Aa型酱釉注壶（H10∶862）

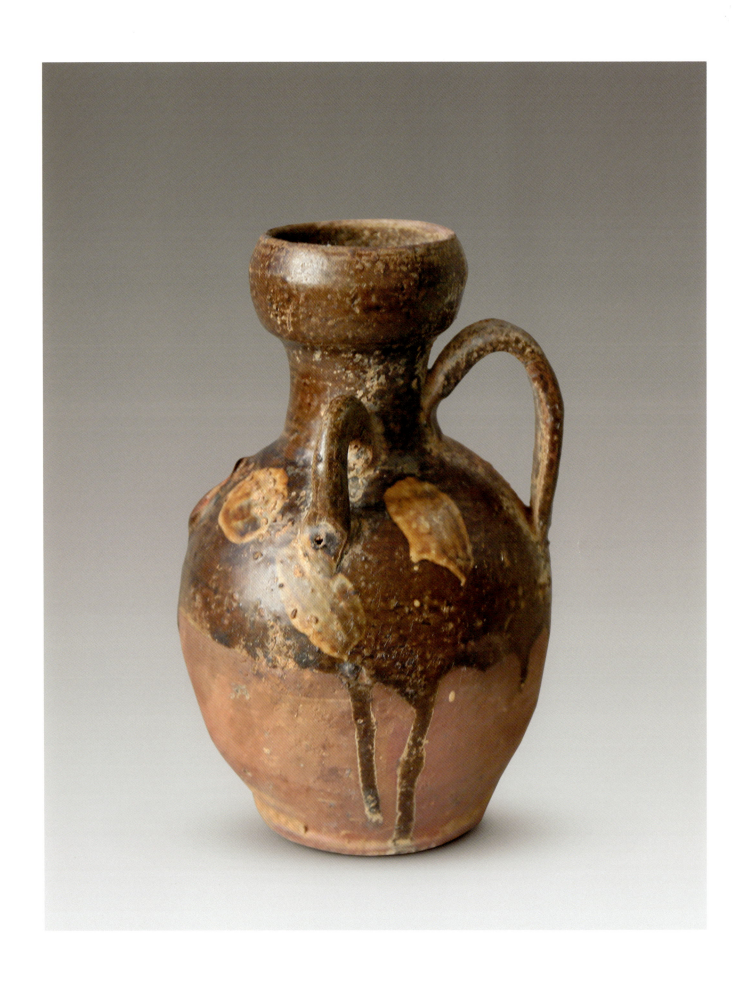

彩版六六　Db型酱釉注壶（H17：116）

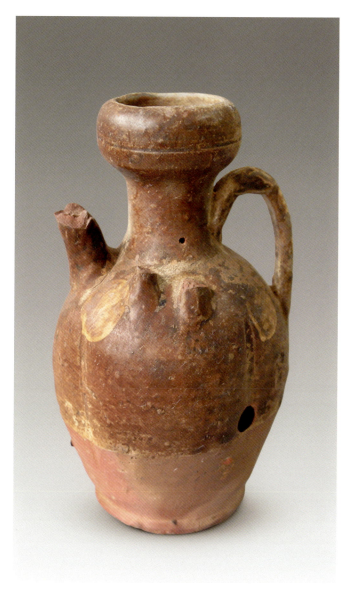 

1. Db型（H17：160）　　　　　　　2. E型（H9：241）

彩版六七　酱釉注壶

1. F6：164

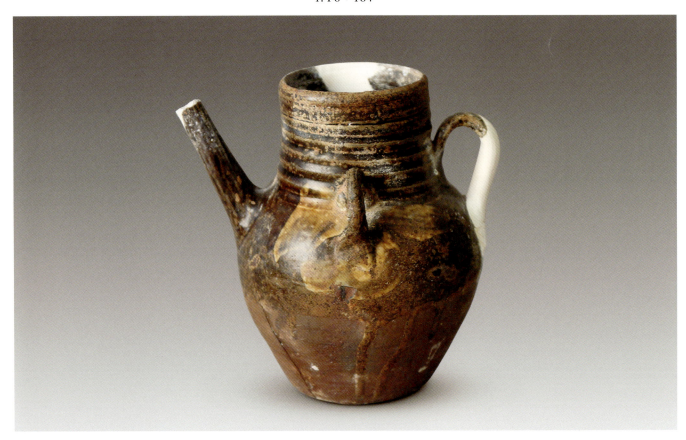

2. Y2②：15

彩版六八　Ha型Ⅰ式酱釉注壶

彩版六九　酱釉注壶残件（H22：34）

1. H9：2028

2. H10：1215

彩版七〇　Aa型酱釉罐

1. Ba型（H9：5）

2. Ia型（H1：13）

3. Ia型（H10：912）

彩版七一　酱釉罐

1. Jb型（H13：101）

2. A型罐残件（H12：97）

彩版七二　酱釉罐

1. A型瓶残件（H1：67）

2. 双联杯（H10：815）

彩版七三　酱釉瓷器

1. H2：492

2. H9：1089

彩版七四　酱釉腰鼓

1. Ab型（H9：912）

2. Ba型（J1：87 / J1：22）

彩版七五　黑釉碗

1. B型盏（J1：30）

2. B型盒（H2：261）

彩版七六　黑釉瓷器

1. Aa型炉（H9：865）

2. 唾壶（H9：956）

彩版七七　黑釉瓷器

1. A型蛙形灯（H9：1055）

2. 瓶（H9：122）

彩版七八　黑釉瓷器

彩版七九　黑釉腰鼓（H9：2133）

彩版八〇　绿釉碟（H9：631）

1. B型（H9：2090）

2. C型（H1：751）

彩版八一　釉陶炉

1. H1：744

2. H10：1168

彩版八二　釉陶鼓钉洗

1. 荷叶柱状器（H1：802）

2. 文俑（H1：812）

3. 武俑（TN01E01③：123）

4. 武俑（H1：803）

彩版八三　釉陶器

1. 俑身残件（H1：807）

2. 狗（TN02E01③：117）

3. 狗（H1：813）

4. 鸡（TN03E01③：103）

彩版八四　釉陶器

1. A型（H18：433）

2. B型（TN02E03②：51）

彩版八五　釉陶滴水

1. TN01E01③：125

2. TN03E01③：136

彩版八六　釉陶瓦当

1. A型火照（F4垫：34）

2. A型II式六齿支钉（H9：2064）

3. Ce型六齿支钉（H12：246）

彩版八七　作坊具及窑具

1. A型多齿支钉（H2：639）

2. 支顶钵（H10：779）

3. Ac型窑柱（H9：1548）

彩版八八　作坊具及窑具

1. Ac型窑柱（H17：108）

2. A型垫饼（Y1：69）

3. A型匣钵残件（H9：1075）

彩版八九　作坊具及窑具

1. 杵（H1：732）

2. 印模（H1：738）

彩版九〇 作坊具及窑具

1. 邛窑急须（H13：99）

2. 磁峰窑Bb型碗（H7：41）

彩版九一　其他窑口瓷器